Richard
Hartmann
Boller

Grundkurs der Volkswirtschaftslehre

Richard
Hartmann
Boller

Grundkurs der Volkswirtschaftslehre

Merkur
Verlag Rinteln

Wirtschaftswissenschaftliche Bücherei für Schule und Praxis
Begründet von Handelsschul-Direktor Dipl.-Hdl. Friedrich Hutkap †

Verfasser:

Dipl.-Hdl. Willi Richard, Studiendirektor

Dipl.-Hdl. Gernot B. Hartmann

Dr. Eberhard Boller, Oberstudienrat

Fast alle in diesem Buch erwähnten Hard- und Softwarebezeichnungen sind eingetragene Warenzeichen.

* * * * *

27. Auflage 2007

Gesamtherstellung:
MERKUR VERLAG RINTELN Hutkap GmbH & Co. KG, 31735 Rinteln

Umschlagfoto: Frankfurter Skyline – FAH, Rinteln

E-Mail: info@merkur-verlag.de
Internet: www.merkur-verlag.de

ISBN 978-3-8120-**0173-1**

Vorwort

Die 27. Auflage unseres Lehrbuchs wurde aktualisiert. Die Verfasser haben sich darüber hinaus in vielen Kapiteln bemüht, notwendige Grundinformationen und vertiefende Aussagen so abzugrenzen, dass sie entsprechend der jeweiligen Zielsetzung im Unterricht benutzt werden können.

Im Anhang befindet sich ein Verzeichnis von Internet-Adressen für Recherchen.

Für die zahlreichen Zuschriften und Anregungen für die Gestaltung des Buches sei an dieser Stelle gedankt.

Die Autoren danken Herrn Studiendirektor i.R. Dipl.-Hdl. Gerhard Schneider für seine langjährige Mitarbeit.

Im Sommer 2007

Die Verfasser

Inhaltsverzeichnis

1 Grundbegriffe der Volkswirtschaftslehre

1.1 Bedürfnisse

1.1.1 Begriff und Wesen

Jeder Mensch hat Wünsche, die er zu befriedigen sucht. Sie entspringen einem Gefühl des Mangels. Der Hungrige hat z. B. Mangel an Nahrung, der Frierende Mangel an Wärme usw.

Mangelgefühle, die mit dem Streben nach Beseitigung des Mangels verbunden sind, bezeichnet man in der Volkswirtschaftslehre als Bedürfnisse.

Bedürfnis = Mangelgefühl, verbunden mit dem Streben, den Mangel zu beseitigen.

Die Bedürfnisse des Menschen werden als unendlich groß gekennzeichnet.

Einsichtig ist die Tatsache, dass die Wünsche der Menschen die ihnen zur Befriedigung zur Verfügung stehenden Mittel übersteigen.

Die Bedürfnisse sind unendlich groß.
Die Wünsche des Menschen übersteigen die verfügbaren Mittel.

1.1.2 Arten der Bedürfnisse

Die Bedürfnisse des Menschen kann man nach verschiedenen Gesichtspunkten einteilen.

1.1.2.1 Unterscheidung nach der Dringlichkeit

Geht man von der Dringlichkeit aus, kann man von Existenzbedürfnissen und Luxusbedürfnissen sprechen.

- **Existenzbedürfnisse** sind Bedürfnisse, deren Befriedigung zur Sicherung der menschlichen Existenz notwendig ist (z. B. Bedürfnis nach Nahrung, Kleidung, Wohnung).

  Sie können absolut oder relativ sein. Ein absolutes Existenzbedürfnis ist z. B. das Bedürfnis nach einer Mindestmenge an Nahrung zur Sicherung der physischen Existenz. Ein relatives Existenzbedürfnis äußert sich z. B. in dem Wunsch nach Nahrung bestimmter Art und Güte.
- **Luxusbedürfnisse** sind solche Bedürfnisse, die über die Existenzbedürfnisse hinausgehen. Es sind Bedürfnisse, die auf verzichtbare Wünsche zielen und die die Stillung der Existenzbedürfnisse in der Regel voraussetzen.

Die Zuordnung eines Bedürfnisses zu einer der genannten Arten ist nicht immer ohne weiteres möglich. Sie ist vom Einzelnen, vom Lebensstandard usw. abhängig.

1.1.2.2 Unterscheidung nach der Bewusstheit

- **Offene Bedürfnisse** sind solche, deren sich der Mensch bewusst ist (z.B. Hungergefühl – Bedürfnis nach Nahrung).
- **Latente Bedürfnisse** sind noch nicht bewusst geworden. Sie sollen geweckt werden. (Kreditinstitute werben z.B. für Ratenkredite. Der Kunde soll zur Kreditaufnahme veranlasst werden, das Bedürfnis nach einem Kredit soll geweckt werden.)

1.1.2.3 Unterscheidung nach der Art der Befriedigung

Bei den

- **Individualbedürfnissen** bleibt die Bedürfnisbefriedigung dem Einzelnen überlassen (Beispiel: Bedürfnis nach einer Urlaubsreise).

Bei den

- **Kollektivbedürfnissen** erfolgt die Befriedigung der Bedürfnisse durch die Gemeinschaft, durch das Kollektiv (Beispiel: Bedürfnis nach Sicherheit).

  Der Kommunismus wird z.B. für weitgehende oder vollständige Bedürfnisbefriedigung durch die Gemeinschaft eintreten.

  Der Liberalismus tritt für weitgehend individuelle und möglichst geringe kollektive Bedürfnisbefriedigung ein.

Bedürfnisarten	Kennzeichnung	Einteilung
Existenzbedürfnisse	Sicherung der physischen Existenz	Dringlichkeit
Luxusbedürfnisse	Zielen auf verzichtbare Wünsche	
Offene Bedürfnisse	Bewusst gewordene Bedürfnisse	Bewusstheit
Latente Bedürfnisse	Noch nicht bewusst gewordene Bedürfnisse	
Individualbedürfnisse	Befriedigung durch den Einzelnen	Art der Befriedigung
Kollektivbedürfnisse	Befriedigung durch die Gemeinschaft	

1.1.3 Abhängigkeit und Beeinflussbarkeit der Bedürfnisse

Bedürfnishierarchie. Die Psychologie hat die Bedürfnisse des Menschen untersucht. Der amerikanische Psychologe Maslow geht von einer Bedürfnishierarchie – einer Rangordnung – der Bedürfnisse aus. Die Rangfolge der Bedürfnisse beginnt bei grundlegenden Bedürfnissen, die zuerst befriedigt werden müssen, und schreitet fort zu höheren Bedürfnissen (1 – 7).[1]

1 Maslow, Abraham Harold: Motivation and Personality, New York 1954.

Unter normalen Umständen werden zunächst die Bedürfnisse der Stufe 1 befriedigt, danach die der Stufe 2 usw. Nicht alle genannten Bedürfnisse sind Gegenstand ökonomischer Betrachtung.

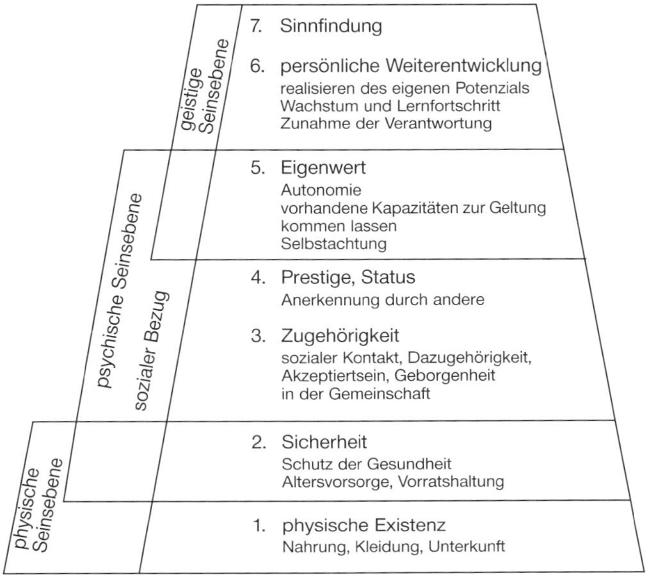

Bedürfnisstruktur. Jeder Mensch hat eine ihm eigene Bedürfnisstruktur. Die Bedürfnisse des Individuums sind qualitativ und quantitativ unterschiedlich. Das wird einsichtig, wenn man z. B. die Bedürfnisse eines alten und eines jungen Menschen vergleicht. Die Bedürfnisskalen unterscheiden sich.

Gruppenzugehörigkeit. Der Mensch ist als soziales Wesen Mitglied verschiedener sozialer Gruppen. Er orientiert sich an den Denk- und Verhaltensweisen und Normen der Gruppen, denen er angehört oder angehören möchte. Das wirkt sich auf die Art und Zusammensetzung seiner Bedürfnisse aus. Diesem Tatbestand trägt die Wirtschaft Rechnung, indem sie Güter anbietet, die auf die Bedürfnisse bestimmter Gruppen zugeschnitten sind (Beispiel: besondere Mode für „twens").

Soziokulturelles System. Die sozialen Gruppen sind Bestandteile einer bestimmten Gesellschaft und Kultur. Unter Kultur ist die Gesamtheit der typischen Lebensformen einer Bevölkerung, einschließlich der sie tragenden Geistesverfassung, insbesondere der Werteinstellungen zu verstehen.[1]

Die Kultur prägt auch die Methoden und Techniken der Bedürfnisbefriedigung, die für die Gesellschaft typisch sind.

Kultureller Wandel bleibt nicht ohne Einfluss auf die Bedürfnisse des Menschen.

Bedürfnisänderungen können unterschiedliche und mannigfaltige Ursachen haben: steigender Lebensstandard, steigendes Einkommen, neue technische Entwicklungen, Geltungskonsum usw.

Die modernen Industriekulturen mit Massenproduktion für den anonymen Markt tendieren dahin, die Bedürfnisse der Menschen von außen zu steuern (Werbung!)

1 Bernsdorf, Wilhelm: Wörterbuch der Soziologie, Band 2, Stuttgart 1972, S. 479.

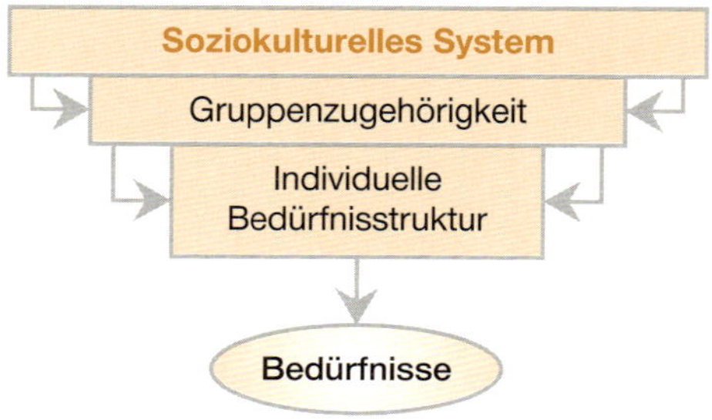

1.1.4 Bedarf und Nachfrage

1.1.4.1 Bedarf

Der Umfang der Bedürfnisbefriedigung hängt davon ab, ob die notwendige Kaufkraft zur Verfügung steht.

Da die Bedürfnisse mannigfaltig sind, müssen sie mit der vorhandenen Kaufkraft abgestimmt werden. In einer Bedürfnisskala werden die dringendsten Bedürfnisse an die Spitze gesetzt. Die Kaufkraft wird für die Befriedigung der Bedürfnisse entsprechend ihrer Dringlichkeit verwendet.

Man spricht von Bedarf, wenn ein Bedürfnis mit Kaufkraft versehen ist.

Bedarf = mit Kaufkraft ausgestattetes Bedürfnis.

1.1.4.2 Nachfrage

Den Teil des Bedarfs, der am Markt wirksam wird, bezeichnet man als Nachfrage.

Nachfrage = Teil des Bedarfs, der am Markt wirksam wird.

Unter Markt versteht man das Zusammentreffen von Angebot und Nachfrage.

Markt = Zusammentreffen von Angebot und Nachfrage.

Zusammenfassende Übersicht

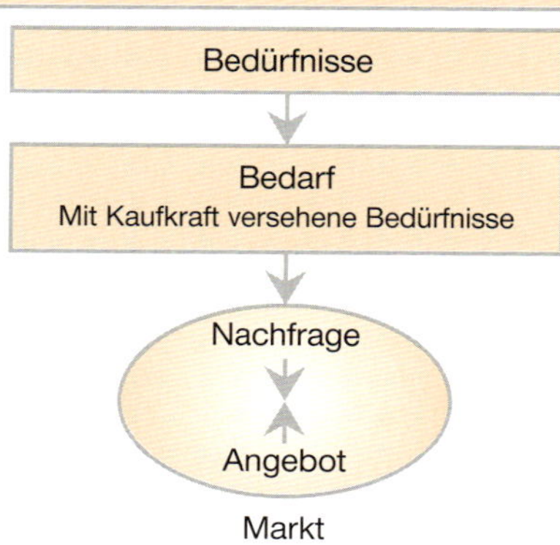

1.2 Güter

1.2.1 Begriff und Wesen

Die Mittel, die der Bedürfnisbefriedigung des Menschen dienen, bezeichnet man als Güter.

Güter = Mittel zur menschlichen Bedürfnisbefriedigung.

Diese Mittel können materielle Gegenstände wie z. B. Waren (= Sachgüter = Güter i. e. S.), Dienstleistungen oder auch Rechte (Forderungen, Patente, Lizenzen) sein. Zu einem Gut werden Sachgüter, Dienstleistungen und Rechte nur, wenn sie einen Nutzen stiften. Der Einzelne wählt die Güter nach ihrem Nutzen aus und fragt sie nach.

1.2.2 Arten der Güter

1.2.2.1 Freie und wirtschaftliche Güter

Wirtschaftliche Güter. Gegenstand wirtschaftlicher Betrachtung sind nur die Güter, die knapp sind. Sie bezeichnen wir als wirtschaftliche Güter.

Es ist zwischen Knappheit und Seltenheit zu unterscheiden. Ein seltenes Gut muss nicht knapp sein. Knappheit liegt vor, wenn die gewünschte Gütermenge und die vorhandene Gütermenge nachhaltig differieren.

Wirtschaftliche Güter sind dadurch gekennzeichnet, dass ihre Bereitstellung in der Regel Kosten verursacht.

Freie Güter. Sie sind Güter, die im Verhältnis zu den Bedürfnissen reichlich vorhanden sind. Sie sind nicht knapp und deshalb auch nicht Objekte des Wirtschaftens. Die Zahl der freien Güter ist gering.

Ob ein Gut „frei" ist, kann nur von Fall zu Fall entschieden werden: Luft am Meer – freies Gut; Luft in einem Bergwerk (Bewetterung) oder U-Bahn-Tunnel – wirtschaftliches Gut (Kosten!).

1.2.2.2 Konsumgüter und Produktionsgüter

Konsumgüter befriedigen unmittelbar Bedürfnisse in den Haushalten. Produktionsgüter dienen der Produktion, die neue und andere Güter bereitstellt.

Eine ähnliche Unterscheidung trifft man, wenn man von Gütern 1. Ordnung (Konsumgüter) und Gütern höherer Ordnung spricht (Unterscheidung nach der Konsumnähe).

1.2.2.3 Verbrauchsgüter und Gebrauchsgüter

Bei Konsum- und Produktionsgütern unterscheidet man ferner zwischen Verbrauchsgütern und Gebrauchsgütern.

Verbrauchsgüter gehen in einem einmaligen Konsumakt unter (z. B. Milch, Brot).

Verbrauchsgüter im Bereich der Produktion werden im Produktionsprozess verzehrt (z. B. Elektrizität zum Antrieb von Maschinen) oder werden wesentlicher Bestandteil des produzierten Gutes (z. B. Lack und Leim bei der Möbelherstellung).

2 Richard/Hartmann/Boller – ISBN 987-3-8120-0173-1

Gebrauchsgüter erlauben mehrmalige Nutzung. Konsumgüter, die Gebrauchsgüter sind, gestatten mehrere Konsumakte, nämlich so lange, wie das Gut funktionstüchtig ist (Beispiele: Fernsehgerät, Kühlschrank).

Typische Gebrauchsgüter in der Produktion sind Maschinen und Werkzeuge. Sie werden über einen längeren Zeitraum genutzt und nutzen sich beim Gebrauch ab. Der bei der Produktion stattfindende Werteverzehr wird durch die Abschreibung erfasst.

Alle materiellen Güter, die wir ge- und verbrauchen, entstammen letztlich unserer natürlichen Umwelt, dem Produktionsfaktor Natur. Werden die Güter gebrauchs- oder verbrauchsfertig von der Natur geliefert, bezeichnet man sie auch als Natur- oder Umweltgüter. Werden sie durch den Menschen in irgendeiner Weise verändert, z. B. Meerwasser zu Trinkwasser, Lehm zu Ziegeln, Eisenerz zu Industriestahl, Gold zu Schmuck oder Getreide zu Mehl, werden sie zu Industriegütern. Auch durch den Transport vom Fundort zum Verbrauchsort oder durch den Kauf bzw. Verkauf werden die Naturgüter zu Industriegütern.

1.2.2.4 Digitale Güter[1]

Digitale Güter sind immaterielle Mittel zur Bedürfnisbefriedigung; sie lassen sich als Binärdaten mit Hilfe von Informationssystemen entwickeln, vertreiben und anwenden. Die Spannbreite digitaler Güter reicht von einfach strukturierten Gütern (z. B. Wertpapierkurse) über komplexe Dienstleistungen (z. B. elektronische Abwicklung von Vertriebsvorgängen → Logistikabwicklung von DHL) bis zu Substitutionsgütern (→ Abwicklung von Zahlungsvorgängen im Online-Banking). Wichtiger Schwerpunkt bei den digitalen Gütern bildet die Informationsökonomie (z. B. Software, Internet). Man unterscheidet unterschiedliche Digitalisierungsgrade:

- vollständig digitale Güter
  (z. B. Herunterladen von Software eines Providers)
- semi-physisches Gut
  E-Commerce-Portale
  (physischer Versand, digitaler Informationsfluss)
- semidigitale Güter
  (z. B. Zusatzleistungen in physischer Form → Beratung beim Erwerb von Software)
- physisches Gut
  ohne digitalen Informationsfluss
  (→ traditionelle Versandhäuser, Kataloge, Bestellung per Post)

1 Clement, Reiner, WISU 2/06, Seite 238ff.

Arten der Güter (Übersicht)		
Güterarten	**Kennzeichnung**	**Beispiele**
Wirtschaftliche Güter	Knapp, Bereitstellung verursacht in der Regel Kosten	Brot, Kühlschrank
Freie Güter	Im Verhältnis zu den Bedürfnissen reichlich vorhanden	Meerwasser, Luft
Sachgüter (Güter i. e. S.)	Materielle Güter	Möbel, Nahrungsmittel
Dienstleistungen	Einrichtungen und Arbeitsleistungen werden bereitgestellt	Ausführung von Zahlungen durch Kreditinstitute
Immaterielle Güter	Rechte Digitale Güter	Forderungen, Patente Software, Internet
Verbrauchsgüter	Nutzung in einmaligem Konsumakt	Milch, Brot, Butter
Konsumgüter	Dienen unmittelbar der Bedürfnisbefriedigung	
Gebrauchsgüter	Nutzung in mehreren Konsumakten	Fernsehgerät
Verbrauchsgüter	Verzehr im Produktionsprozess	Roh-, Hilfs- und Betriebsstoffe
Produktionsgüter	Dienen der Produktion anderer Güter	
Gebrauchsgüter	Länger dauernde Nutzung im Produktionsprozess	Maschinen, Werkzeuge
Natur- oder Umweltgüter	Ge- oder verbrauchsfähige Bereitstellung durch die Natur	Meerwasser
Industriegüter	Durch den Menschen veränderte Naturgüter	Trinkwasser

Die privaten Haushalte in Deutschland haben im Jahr 2005 insgesamt 1 262 Milliarden Euro für den Konsum ausgegeben. Den größten Posten im Budget der Haushalte beanspruchte das Dach überm Kopf. Miete, Strom, Heizung, Wasser und Müll verschlangen 305 Milliarden Euro. An zweiter Stelle folgt das leibliche Wohl: Die Aufwendungen für Essen und Trinken summierten sich auf 149 Milliarden Euro. Ihre persönliche Mobilität ließen sich die deutschen Verbraucher 144 Milliarden Euro kosten; so viel beanspruchten Auto und Kraftstoffe. Auch für das Freizeitvergnügen, für Unterhaltung und Kultur gaben die Deutschen einen dreistelligen Milliardenbetrag aus (117 Milliarden Euro).

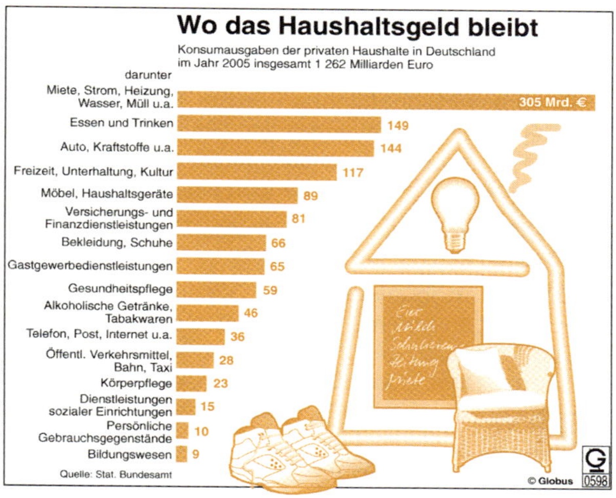

1.3 Wirtschaften und ökonomisches Prinzip

1.3.1 Wirtschaften

Die Tatsache, dass Güter nur begrenzt zur Verfügung stehen und dass die Bedürfnisse die erreichbaren Güter übersteigen, zwingt den Menschen dazu, Wahlentscheidungen zu treffen. Er muss seine Bedürfnisse mit den zur Verfügung stehenden Mitteln in Einklang bringen. Das erfordert Planung. Der Mensch wirtschaftet!

Wirtschaften = planmäßiger Einsatz knapper Mittel für die menschliche Bedürfnisbefriedigung.

1.3.2 Ökonomisches Prinzip

Die beim Wirtschaften zu treffenden Wahlentscheidungen richten sich nach bestimmten Kriterien.[1] Ein solches Kriterium ist das ökonomische Prinzip, das als Maximal- oder Minimalprinzip formuliert werden kann.

- **Das Maximalprinzip** besagt, dass mit gegebenen Mitteln ein möglichst großer Erfolg erzielt werden soll (Haushaltsprinzip).

  Einem Haushalt steht ein bestimmtes Einkommen zur Verfügung. Dieses soll so eingesetzt werden, dass die bestmögliche Bedürfnisbefriedigung erreicht wird.

- **Das Minimalprinzip** besagt, dass ein bestimmter Erfolg mit möglichst geringem Mitteleinsatz erzielt werden soll (Sparprinzip).

  Das Minimalprinzip findet vornehmlich im Bereich der Produktion Anwendung. Ein Unternehmen wird bemüht sein, die Produktion des Gutes A mit möglichst geringem Aufwand (an Arbeitszeit, Rohstoffen, Maschinen usw.) durchzuführen, um ein möglichst günstiges Verhältnis zwischen Aufwand und Leistung zu erzielen.

Maximalprinzip = mit gegebenen Mitteln maximalen Erfolg erzielen.
Minimalprinzip = bestimmten Erfolg mit minimalem Mitteleinsatz erzielen.

1.3.3 Leitmaximen wirtschaftlicher Betätigung

Unternehmungen in der Marktwirtschaft richten ihre Betätigung nach bestimmten Leitmaximen aus:

- **Erwerbswirtschaftliches Prinzip.** Es besagt, dass das Ziel des Unternehmens langfristig in der Maximierung des Gewinns besteht. Die geschäftlichen Maßnahmen werden so getroffen, dass das investierte Kapital unter Berücksichtigung der Risiken und Ausnutzung der Marktchancen einen möglichst hohen Gewinn erbringt.

- **Gemeinwirtschaftliches Prinzip.** Es besagt, dass das Unternehmen Kostendeckung erstrebt.

  Dieses Prinzip wird i.d.R. bei öffentlichen oder öffentlich kontrollierten Betrieben dann zum Tragen kommen, wenn z.B. der Verbraucher wegen mangelnder Konkurrenz vor Übervorteilung geschützt werden soll. Öffentliche Versorgungsunternehmen (Kostendeckungsbetriebe) können z.B. nach dem gemeinwirtschaftlichen Prinzip (Kostendeckungsprinzip) arbeiten (Wasserwerke, Verkehrsbetriebe u.a.).

1 Kriterium = Maßstab, Richtlinie.

Kostendeckung erstreben bedeutet allerdings nicht, dass dieses Ziel immer erreicht wird. Häufig werden Zuschüsse der öffentlichen Hand nötig, um Kostendeckung zu erreichen.

Erwerbswirtschaftliches Prinzip zielt auf Gewinnmaximierung.
Gemeinwirtschaftliches Prinzip zielt auf Kostendeckung.

Wirtschaftliche Grundbegriffe

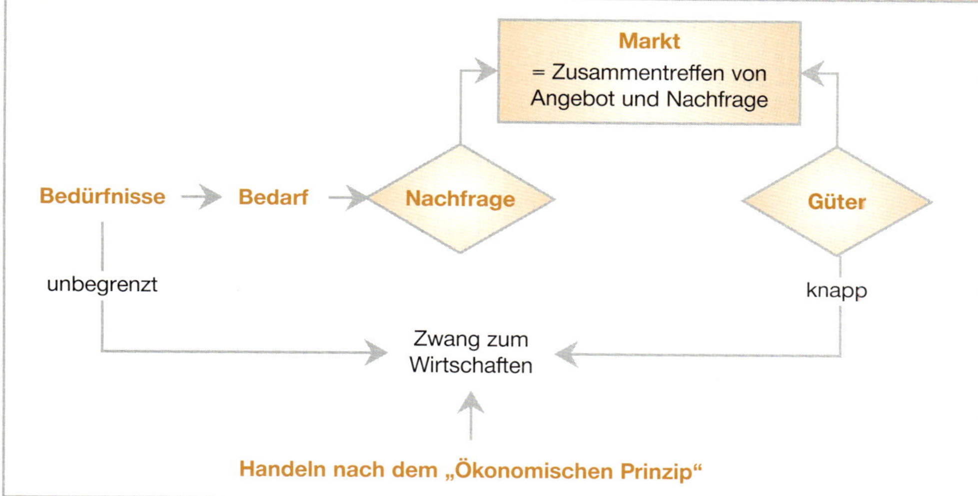

Wiederholungs- und Vertiefungsaufgaben zu Kapitel 1

1. Führen Sie Ursachen an, die den Menschen zum Wirtschaften zwingen!
2. Nach welchen Gesichtspunkten kann man die Bedürfnisse systematisieren?
3. Nennen Sie Beispiele für Luxusbedürfnisse und für Kollektivbedürfnisse!
4. Welcher Einfluss kann durch die Werbung auf die Bedürfnisse ausgeübt werden?
5. Stellen Sie an einem selbst gewählten Beispiel dar, wodurch die Bedürfnisse eines Menschen beeinflusst werden können!
6. Versuchen Sie, mit eigenen Worten den Begriff „Markt“ zu erklären!
7. Wodurch erfolgt die Befriedigung menschlicher Bedürfnisse?
8. Geben Sie je ein Beispiel für ein freies und ein wirtschaftliches Gut an! Begründen Sie, warum es sich bei den gewählten Beispielen um ein freies bzw. wirtschaftliches Gut handelt!
9. Welchen Güterarten können folgende Güter zugeordnet werden: Küchenmaschine, Moped des Büroboten, Mehl für die Brotherstellung (Brotfabrik), Urlaubsreise, Eigenheim, Benzin für betriebseigenen Lkw, Lagerhalle, Kamera eines Pressefotografen?
10. Erläutern Sie den Begriff „ökonomisches Prinzip“!

11. Schildern Sie anhand eines selbst gewählten Beispiels, unter welchen Bedingungen in einem Haushalt das ökonomische Prinzip beachtet wird!

12. Beschreiben Sie je ein Beispiel für das Handeln nach dem erwerbswirtschaftlichen und dem gemeinwirtschaftlichen Prinzip!

13. **Vom abnehmenden Grenznutzen**

„Wer mit einer einzigen Speise seinen Hunger stillt, dem wird der erste Bissen am besten schmecken; schon weniger gut der zweite, noch weniger der dritte, und so weiter, bis es ihm bei fast eingetretener Sättigung auch fast gleichgültig geworden sein wird, ob er diesen letzten Bissen noch zu sich nimmt oder nicht. Aber auch, dass bei der Wiederholung der Sättigung durch dieselbe Speise ein Sinken des Genusses und eine Verminderung der Quantität des Genossenen eintritt, der Verkürzung der Zeitdauer bei geistigen Genüssen entsprechend, sehen wir durch die Erfahrung unzweideutig bestätigt. Der Arme, der nur an Festtagen einen Braten zu verzehren hat, hat von der Sättigung durch Braten unstreitig mehr Genuss, als derjenige, der sich täglich diesen Genuss bis zur Sättigung verschafft, und bei diesem letztern steigert sich der Genuss, den die Sättigung durch Braten gewährt, je länger ihm dieser Genuss vorenthalten wird.“[1]

a) Welche Aussagen enthält der Textauszug über die Sättigung von Bedürfnissen?

b) Versuchen Sie herauszufinden, was mit dem in der Überschrift genannten Begriff „Grenznutzen“ gemeint ist!

c) Versuchen Sie, die beschriebene Gesetzmäßigkeit in einem Satz zu formulieren!

14.

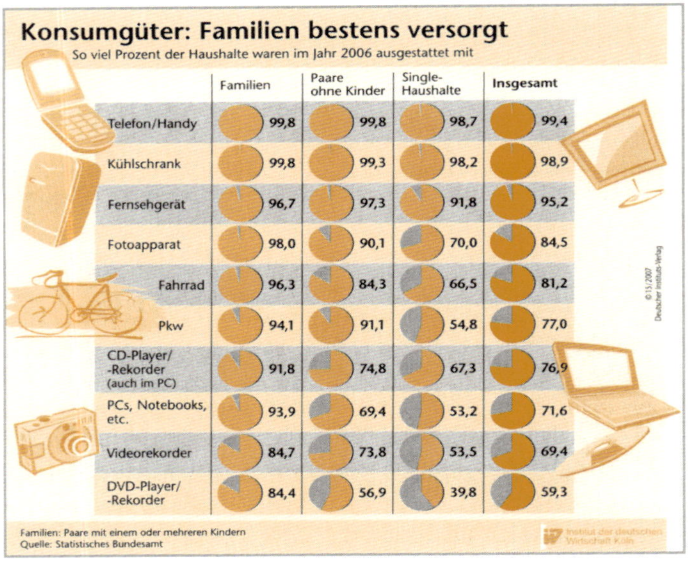

a) Marktforscher äußern, dass bei den Gütern Telefon/Handy, Fernseher und Kühlschrank die Sättigungsgrenze erreicht sei.

   aa) Was bedeutet der Begriff Sättigungsgrenze?

   ab) Nennen Sie Gründe, die für diese Meinung sprechen können!

b) Versuchen Sie, Gründe für den Rang der Gebrauchsgüter Telefon/Handy, Fernseher, Videorecorder, PCs, Notebooks und DVD-Player/-Rekorder zu finden!

1 Hermann Heinrich Gossen: Entwicklung der Gesetze des menschlichen Verkehrs und der daraus fließenden Regeln für menschliches Handeln, Braunschweig 1854, Seite 1 ff. Zitiert nach WiSt, Frankfurt und München, Juli 1974, Heft 7, Seite 356.

2 Bereiche volkswirtschaftlicher Produktion

2.1 Gütererzeugung in der modernen Volkswirtschaft

2.1.1 Arbeitsteilung als Grundlage der Gütererzeugung

Die zur Bedürfnisbefriedigung benötigten Güter werden heute nur in sehr begrenztem Umfang vom Konsumenten selbst hergestellt. Der Verbraucher kauft die gewünschten Güter unter Verwendung des ihm zur Verfügung stehenden Einkommens. Bis die Güter zum Verbraucher gelangen, haben sie regelmäßig einen langen Weg wirtschaftlicher Produktion durchlaufen. Die Wirtschaft bietet dem Verbraucher ein vielgestaltiges und differenziertes Angebot an Gütern, das vom Automobil, Kühlschrank, Fernseher bis zur Tiefkühlkost, zu Delikatessen, Nahrungs- und Genussmitteln aus fremden Ländern und dem Angebot von Reisen in alle Welt reicht, um nur einige Beispiele zu nennen.

Die Bereitstellung der vielfältigen Mittel zur Bedürfnisbefriedigung erfolgt in verschiedenen Bereichen der Wirtschaft, die sich auf die Erstellung bestimmter Güter spezialisiert haben. In der modernen Volkswirtschaft ist die Arbeitsteilung Grundlage der Gütererzeugung.

> ➢ Die Gütererzeugung erfolgt heute in verschiedenen Wirtschaftsbereichen.
> ➢ Die moderne Volkswirtschaft ist durch Arbeitsteilung gekennzeichnet.

2.1.2 Entwicklung der Arbeitsteilung

Bis zu ihrem heutigen Stand hat die Arbeitsteilung eine lange Entwicklung durchlaufen. In der geschlossenen Hauswirtschaft – einer Wirtschaft, die fast ausschließlich für den Eigenbedarf produzierte – gab es schon die Arbeitsteilung zwischen den Angehörigen der Familie. Der Mann war z.B. für die Jagd und den Schutz der Familie, die Frau für das Hauswesen zuständig.

Berufsbildung. In den geschlossenen Hauswirtschaften bildeten sich allmählich die Berufe aus. Mitglieder der Haus- und Dorfgemeinschaften, die für bestimmte Produktionsakte besondere Fähigkeiten besaßen, nutzten diese im Laufe der Zeit aus, indem sie sich auf die ihren Fähigkeiten entsprechenden Tätigkeiten spezialisierten. Jemand, der im Formen und Bearbeiten von Metall besonderes Geschick entwickelte, betätigte sich z.B. als Schmied. Die zu seiner Versorgung notwendige Nahrung, Kleidung usw. erwarb er durch Tausch gegen die von ihm hergestellten Produkte. Auf diese Weise kann man sich auch die Entstehung der Berufe des Bäckers, des Jägers, des Bauern usw. vorstellen.

Berufsspaltung. Später erfolgte innerhalb der bestehenden Berufe eine weitere Spezialisierung. Die einheitlichen Berufe spalteten sich auf. Es entstanden neue Berufe, die sich auf die Herstellung bestimmter Produkte beschränkten. Aus dem Beruf des Schmieds entstanden z.B. die Berufe Waffenschmied, Kupferschmied, Kesselschmied.

Gesellschaftliche Arbeitsteilung. Berufsbildung und Berufsspaltung fasst man unter dem Begriff „gesellschaftliche Arbeitsteilung“ zusammen.

Arbeitszerlegung. Bei der Arbeitszerlegung wird ein komplexer Arbeitsvorgang im Betrieb in einfache Teilarbeiten zerlegt. Der einheitliche Produktionsprozess wird in eine Kette von Teilverrichtungen aufgelöst. Man bezeichnet die Arbeitszerlegung auch als betriebliche oder technische Arbeitsteilung.

Beispiel:

In einer Möbelfabrik werden Schreibtische hergestellt. Das Zuschneiden und Bearbeiten des Holzes, das Zusammenfügen der Bretter zum Möbelstück, das Beizen und Lackieren, das Anbringen von Schlössern und Beschlägen erfolgt durch verschiedene Gruppen von Arbeitern, die zur Produktion des Schreibtisches jeweils nur einen begrenzten Teilbeitrag leisten, also ständig bestimmte Teilverrichtungen ausführen.

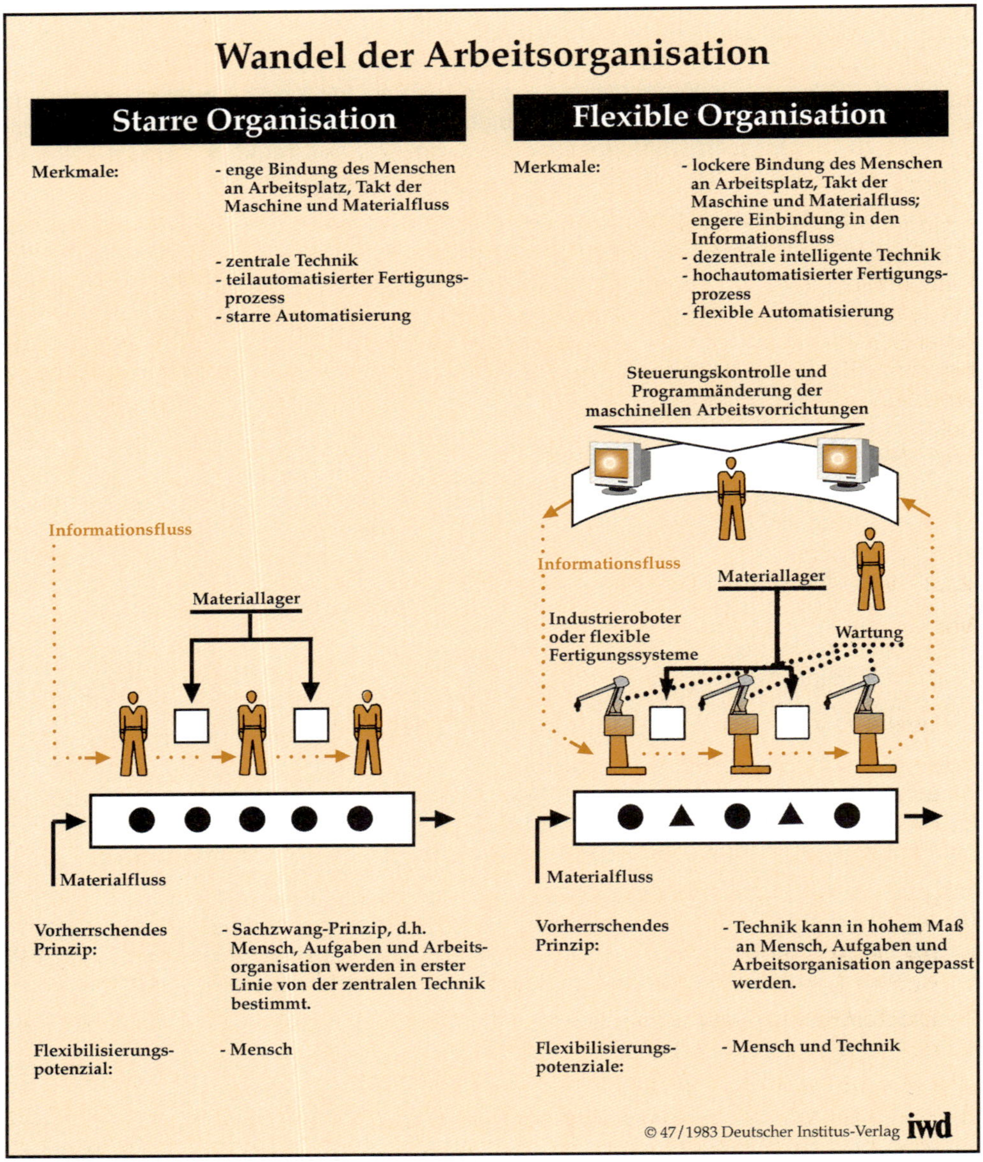

Am weitesten vorangetrieben ist die Arbeitszerlegung bei der Fließbandfertigung. Die Teilverrichtungen, die der einzelne Arbeiter auszuführen hat, beschränken sich auf wenige Handgriffe, die er an dem auf dem Fließband vorbeigeführten Werkstück vorzunehmen hat (vgl. Automobilproduktion). Das setzt natürlich eine ins Einzelne gehende Planung und Organisation des Produktionsprozesses voraus. Die Arbeitszerlegung und der Einsatz von Maschinen ermöglichen die Massenproduktion, bei der die Teil- und Vollautomation am weitesten fortgeschritten ist. Die Produktion auf Fertigungsstraßen bezeichnet man auch als *starre Automatisierung*, weil die Herstellung von Einzelstücken nicht möglich ist. Aller Voraussicht nach wird sich dies in Zukunft ändern, denn die rechnergesteuerte Fertigung (CIM = Computer Integrated Manufacturing, vgl. Schaubild Seite 26) macht es möglich, auch Einzelstücke automatisch zu produzieren *(flexible Automatisierung)*. Die Einführung für die Einzelfertigung programmierbarer „Roboter" ist vor allem für die deutsche Industrie von großer Bedeutung, denn eine ihrer Stärken ist der Maschinen- und Anlagenbau, bei dem die Einzel- und Kleinserienfertigung im Vordergrund steht.

Leanproduction („Schlanke Produktion") heißt ein Produktionssystem, das handwerkliche Fertigung (→ Vorteile: Flexibilität und Qualität) und Massenproduktion (→ Vorteile der Fließbandfertigung: Schnelligkeit, niedrige Stückkosten) verbindet. Im Vordergrund steht die Teamarbeit und selbstverantwortliche Arbeit der Mitarbeiter. Mitarbeiter unterschiedlicher Bereiche und Abteilungen planen, kalkulieren und fertigen ein Produkt von der Idee bis zum Verkauf. Das in der japanischen Automobilindustrie angewandte Verfahren hat zu erheblichen Einsparungen an Produktionsfaktoren bei gleichzeitiger Steigerung der Produktqualität geführt.

2.1.3 Vor- und Nachteile der Arbeitsteilung

Vorteile der Arbeitsteilung

- Die Arbeitsteilung führt zu einer Steigerung der Produktivität der menschlichen Arbeit. Das gilt in besonderem Maße für die Arbeitszerlegung. Verlust-, Zwischen- und Umstellzeiten im Produktionsprozess werden vermindert.

Beispiel:

Ein Arbeiter, der bei der Herstellung von Schreibtischen für das Zuschneiden von Brettern eingesetzt wird, führt laufend die gleiche Tätigkeit aus. Das steigert seine Geschicklichkeit. Da er die Tätigkeit nicht wechselt, tritt kein Zeitverlust durch Einstellung und Vorbereitung auf eine andere Arbeit auf. In der gleichen Zeiteinheit kann also mehr produziert werden. Das Verhältnis von Produktionsmenge zur Arbeit (= Arbeitsproduktivität) wird günstiger gestaltet.

- Bei der Arbeitsteilung kann jeder entsprechend seiner individuellen Eignung eingesetzt werden. Spezielle Fähigkeiten und Begabungen können nutzbar gemacht werden.
- Die Ausbildungs- und Anlernzeiten können bei arbeitsteiliger Produktion gesenkt werden.
- Die Arbeitsteilung ermöglicht und fördert den Einsatz von Spezialmaschinen.
- Durch die Arbeitsteilung kann insgesamt die Produktion gesteigert werden. Sie führt zu einer besseren Versorgung der Bevölkerung mit Gütern und damit zur Verbesserung des Lebensstandards und der Lebensqualität.

Denkmodell einer Fabrik der Zukunft

➢ Rückgang der Arbeitsteilung → ➢ Dezentralisierung der Verantwortung → ➢ Arbeit in teilautonomen Gruppen → ➢ Vernetzung der Informations- und Steuerungsabläufe der Produktion

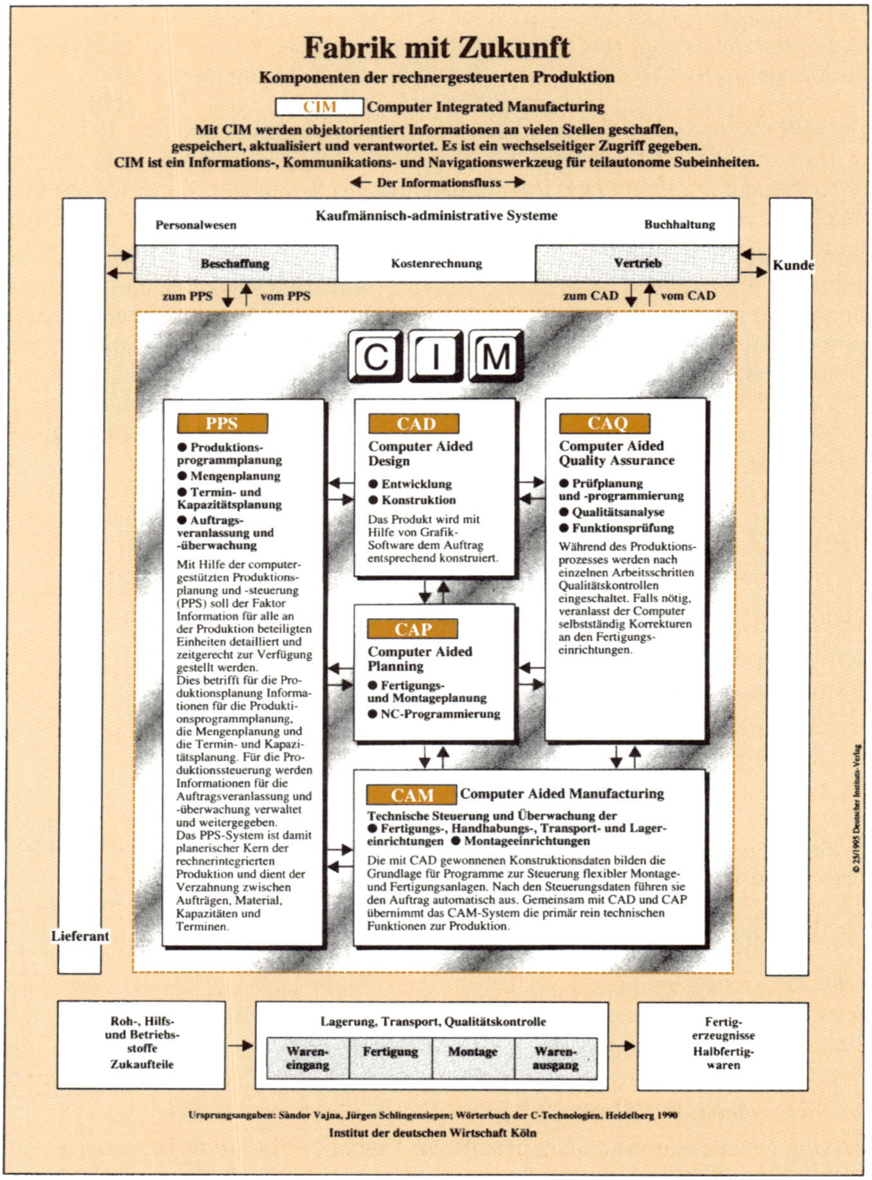

Quelle: iwd, Juni 1995.

Nachteile der Arbeitsteilung

- Die Einseitigkeit der Beschäftigung (gleich bleibende Verrichtungen) bei der arbeitsteiligen Produktion kann zu körperlichen Schäden führen.
- Die Gleichförmigkeit und Eintönigkeit der Arbeit (stets die gleichen Handgriffe) kann seelische Störungen verursachen.
- Die Beziehungen des Arbeitenden zum geschaffenen Werk gehen verloren, da er keinen Überblick über den Produktionsprozess hat und ihm eine sinnvolle Einordnung seiner Arbeit nicht möglich ist. Die Freude an der Arbeit geht verloren.
- Die Einseitigkeit der Ausbildung kann zur Beeinträchtigung der Berufsmobilität und verstärkter sozialer Abhängigkeit führen.
- Die Arbeitsteilung erhöht die Störanfälligkeit der Wirtschaft; sie führt zu gegenseitiger Abhängigkeit von Teilbereichen der Produktion. Störungen in Teilbereichen können zur Lähmung des Ganzen führen.

Beispiel:
Ein Streik der Bergarbeiter in England führte dazu, dass zeitweise die übrige Industrie weitgehend zur „Drei-Tage-Woche" übergehen musste.

Arbeitsteilung	
Vorteile	**Nachteile**
Steigerung der Arbeitsproduktivität; Nutzbarmachung spezieller Fähigkeiten und Begabungen; Reduzierung von Ausbildungs- und Anlernzeiten; Förderung des Maschineneinsatzes; Verbesserung der Güterversorgung, des Lebensstandards, der Lebensqualität.	Gefahr körperlicher Schäden; Gefahr seelischer Schäden (Monotonie der Arbeit); Beeinträchtigung der Berufsmobilität; Soziale Abhängigkeit; Erhöhung der Störanfälligkeit der Wirtschaft.

2.1.4 Volkswirtschaftliche Arbeitsteilung/Produktionsteilung in der modernen Wirtschaft

Ein Produktionsvorgang ist technisch abgeschlossen, wenn das erstellte Gut funktionstüchtig ist. Wirtschaftlich ist die Produktion vollendet, wenn ein Gut konsumreif ist.

> Produktion (im wirtschaftlichen Sinne) = Bereitstellung von Gütern (= Sachgüter, Dienstleistungen, Rechte) für den Konsum.

In der Volkswirtschaft teilen sich viele Betriebe die Aufgabe, Güter für den Konsum bereitzustellen. Man unterscheidet verschiedene Produktionsbereiche.

Urproduktion. Die Urproduktion umfasst alle Betriebe, die Güter unmittelbar aus der Natur gewinnen. Zu ihr gehören Landwirtschaft, Forstwirtschaft, Bergbau, Fischerei und Jagd. In der Urproduktion werden in großem Umfang Rohstoffe gewonnen.

Weiterverarbeitung. Die Weiterverarbeitung und -bearbeitung von Gütern übernehmen die Betriebe der Industrie und des Handwerks.

Industriebetriebe sind gekennzeichnet durch einen hohen Grad an Arbeitsteilung, durch großen Kapitaleinsatz (Maschinen) und durch Massenfertigung für den anonymen Markt.

In Handwerksbetrieben tritt der Maschineneinsatz gegenüber der menschlichen Arbeitsleistung zurück. Der Handwerker arbeitet überwiegend auf Bestellung und produziert nicht für den anonymen Markt.

Verteilung. Die „Verteilung“ (Distribution) der Güter ist Aufgabe des Handels. Er führt den Austausch von Gütern durch und stellt Verbindungen zwischen Produzenten und Konsumenten her; er entlastet die Betriebe der Urproduktion und der Weiterverarbeitung von den Aufgaben des Vertriebs.

Wesentliche Aufgaben sind: Lagerung von Waren, Gewährung von Lieferantenkrediten, Sortimentsgestaltung (Sortiment = Auswahl von Waren wesentlicher Produzenten bzw. wichtiger Produktionsgebiete in ausreichender Qualitätsmischung).

Großhandelsbetriebe verkaufen grundsätzlich nur an Wiederverkäufer bzw. Weiterverarbeiter. Sie stellen die Verbindung zwischen zwei Produktionsstufen oder zwischen Hersteller und Einzelhandel her. Einzelhandelsbetriebe beziehen Waren von Erzeugungs- und Großhandelsbetrieben und halten sie für den Konsumenten in den Mengen bereit, die benötigt werden.

Dienstleistungsbetriebe sind die Verkehrsbetriebe, die den Güter- und Nachrichtenverkehr übernehmen, die Versicherungsbetriebe, deren Hauptaufgabe im Risikoausgleich besteht, und die Kreditinstitute.

Zum Dienstleistungsbereich gehören ferner die Betriebe der Architekten, Rechtsanwälte, Marketingberater, Makler, Steuerberater, Ärzte usw.

Eine andere Einteilung der Wirtschaftsbereiche unterscheidet zwischen dem

Primärbereich (Landwirtschaft, Forstwirtschaft und Fischerei),

Sekundärbereich (Bergbau, Energiewirtschaft, verarbeitendes Gewerbe und Baugewerbe)

und dem

Tertiärbereich (Handel, Verkehr, Kommunikation, Kreditinstitute, Versicherungen, sonstige Dienstleistungen). Zu den sonstigen Dienstleistungen rechnen u. a.:

- Gastgewerbe, Heime für Säuglinge, Kinder und Jugendliche, Einrichtungen zur Eingliederung und Pflege Behinderter, Altenpflege- und -krankenheime;
- Bildung, Wissenschaft, Kultur; Verlagsgewerbe;
- Gesundheits- und Veterinärwesen;
- Übrige Dienstleistungen: Tätigkeiten, die mit dem Kredit- und Versicherungsgewerbe verbunden sind (Leasing, Versicherungsvertretungen), persönliche Dienstleistungen (Körperpflege und hygienische Einrichtungen), Abfallbeseitigung u. a., Rechtsberatung, Steuerberatung, Wirtschaftsprüfung und -beratung, technische Beratung und Planung, Werbung, für Unternehmen tätige Organisationen ohne Erwerbszweck (zum Beispiel Arbeitgeberverbände und Wirtschaftsverbände).

Der Tertiärbereich weist eine Tendenz zu stärkerer Ausdehnung auf. Die Zahl der Beschäftigten nimmt hier zu. Zu erklären ist dies u.a. aus dem Tatbestand, dass bei einer wachsenden Wirtschaft und steigendem Pro-Kopf-Einkommen der Absatz von landwirtschaftlichen Erzeugnissen nicht weiter wächst. Der Wachstumsstillstand erfasst mit zunehmender Sättigung auch den Markt für dauerhafte Konsumgüter und Produktionsgüter.

<table>
<tr><th colspan="4">Die Wirtschaftsstruktur im Überblick</th></tr>
<tr><th colspan="3">Sektoren</th><th>Wirtschaftsbereiche</th></tr>
<tr><td colspan="3">Gliederungsprinzip: Am Markt auftretende Haushalte, private und öffentliche Unternehmen. Waren und Dienstleistungen werden zu Marktpreisen verkauft.</td><td>Gliederungsprinzip → ausgeübte Tätigkeit, z. B. Erbringung von Bauleistungen, Finanzdienstleistungen</td></tr>
<tr><td colspan="2">Sektoren nach VGR[1]</td><td>Sektoren nach Fourastié[2]</td><td>Wirtschaftszweige nach VGR[1]</td></tr>
<tr><td>1. Nichtfinanzielle Kapitalgesellschaften
= alle Kapitalgesellschaften (ausgenommen Banken u. Versicherungen)
2. Finanzielle Kapitalgesellschaften
= Banken u. Versicherungen</td><td>Am Markt tätige Produzenten, z. B. in den Rechtsformen
→ AG, GmbH, Genossenschaft
→ OHG, KG</td><td rowspan="3">– Primärer Sektor: Land- und Forstwirtschaft sowie Fischerei
– Sekundärer Sektor: Produzierendes Gewerbe einschließlich Bau
– Tertiärer Sektor: Staatliche und unternehmerische Dienstleistungen</td><td rowspan="3">1. Land-, Forstwirtschaft, Fischerei
2. Produzierendes Gewerbe (Industrie u. a.)
3. Bau
4. Handel, Gastgewerbe, Verkehr
5. Finanzierung, Vermietung, Unternehmensdienstleistungen (z. B. Banken, Versicherungen, Datenverarbeitung sowie Forschung und Entwicklung)
6. Öffentliche und private Dienstleister, z. B. öffentliche Verwaltung, das Bildungs- und Gesundheitswesen, Kultur, Freizeit sowie die häuslichen Dienste</td></tr>
<tr><td colspan="2">3. Staat (→ einschl. öffentlich-rechtlicher Unternehmen, die weniger als die Hälfte ihrer Produktionskosten durch Verkäufe am Markt decken)</td></tr>
<tr><td>4. Private Haushalte
5. Private Organisationen ohne Erwerbszweck</td><td>Konsumenten, Arbeitnehmer
Vereine u. Verbände, z. B. auch Einzelkaufleute oder Freiberufler, das Bildungs- u. Gesundheitswesen, Kultur, Freizeit sowie die häuslichen Dienste</td></tr>
</table>

1 VGR → volkswirtschaftliche Gesamtrechnung → vgl. Kap. 6.1.

2 Jean Fourastié, französischer Ökonom.

Übersicht der Arbeitsteilung

Arbeitsteilung

- **Gesellschaftliche Arbeitsteilung**
  - **Berufsbildung** Herausbildung der Berufe
  - **Berufsspaltung** Spezialisierung innerhalb bestehender Berufe
- **Betriebliche Arbeitsteilung**
  - **Arbeitszerlegung** (technische Arbeitsteilung)
    Zerlegung der einheitlichen Produktion in unselbstständige Teilverrichtungen
    (Förderung des Maschineneinsatzes)
- **Volkswirtschaftliche Arbeitsteilung / Produktionsteilung**
  - nach der Verarbeitungsstufe
    - Urproduktion
    - Weiterverarbeitung
    - Verteilung
    - Dienstleistung
  - nach Wirtschaftssektoren
    - Primärer
    - Sekundärer
    - Tertiärer

    Sektor

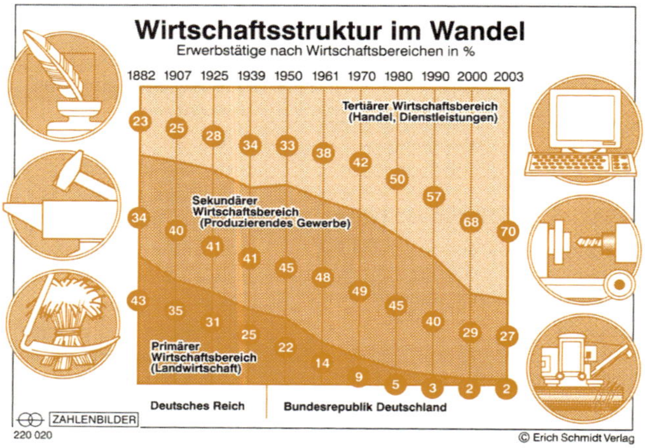

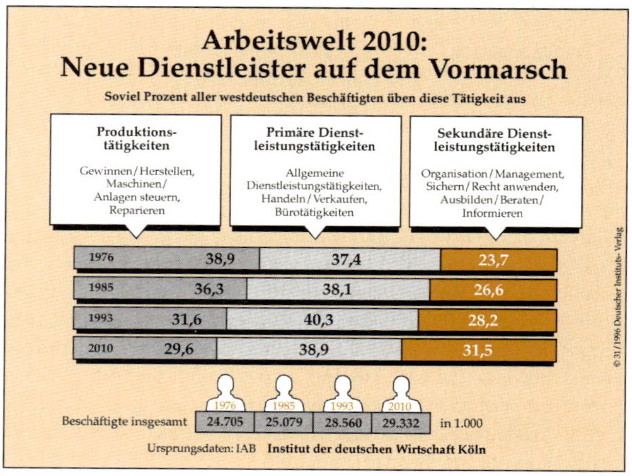

Wiederholungs- und Vertiefungsaufgaben zu Kapitel 2

1. Ordnen Sie den unten aufgeführten Sachverhalten die Begriffe
   a) Berufsbildung
   b) Berufsspaltung

   zu.

1. Sachverhalt	2. Sachverhalt
Aus dem Beruf des Arztes entwickelte sich u.a. der Beruf des Zahn-, Augen- oder Ohrenarztes.	Der Arzt- und Schmiedberuf entstand.

2. Welche Arten der Arbeitsteilung werden in den folgenden Beispielen angesprochen?
   a) Die besonderen Fähigkeiten und Neigungen der Menschen führten zur Entstehung der Grundberufe.
   b) Der Arbeiter stellt nicht das fertige Produkt her, sondern hat sich auf Teilverrichtungen spezialisiert.
   c) Ein Arbeiter ist am Fließband ständig mit sich wiederholenden Einzeltätigkeiten beschäftigt.
   d) Aus dem Beruf des Tischlers entwickelte sich durch Spezialisierung der Bau-, Möbel- und Modelltischler.
   e) Aus dem Beruf des Priesters entwickelte sich der Beruf des Arztes und Lehrers.
   f) Ein Montagewerk bezieht die Einzelteile von verschiedenen Zulieferbetrieben.

3. Bei dem folgenden Text handelt es sich um die Darstellung des bekannten „Stecknadelbeispiels“ von Adam Smith.

   Bearbeiten Sie den Text und beantworten Sie folgende Fragen:
   a) Welche Art der Arbeitsteilung wird von Smith geschildert?
   b) Welche Vorteile der Arbeitsteilung werden im Text dargestellt?
   c) Stellen Sie den angeführten Vorteilen mögliche Nachteile gegenüber!

„Die größte Vervollkommnung der Produktivkräfte der Arbeit und die vermehrte Geschicklichkeit, Fertigkeit und Einsicht, womit die Arbeit überall geleitet oder verrichtet wird, scheint eine Wirkung der Arbeitsteilung gewesen zu sein …

Um ein Beispiel von einem wenig belangreichen Gewerbe zu geben, bei welchem man jedoch sehr oft von der Arbeitsteilung Notiz genommen hat, nämlich von der Stecknadelfabrikation, so könnte ein für dies Geschäft (woraus die Arbeitsteilung ein eigenes Gewerbe gemacht hat) nicht angelernter Arbeiter, der mit dem Gebrauch der dazu verwendeten Maschine (zu deren Erfindung wahrscheinlich dieselbe Arbeitsteilung Gelegenheit gegeben hat) nicht vertraut wäre, vielleicht mit dem äußersten Fleiße täglich kaum eine, gewiss aber keine 20 Nadeln machen. In der Art aber, wie dies Geschäft jetzt betrieben wird, ist es nicht nur ein eigenes Gewerbe, sondern teilt sich in eine Zahl von Zweigen, von denen die meisten gewissermaßen wieder eigene Gewerbe sind. Einer zieht den Draht, ein anderer richtet ihn, ein dritter schrotet ihn ab, ein vierter spitzt ihn zu, ein fünfter schleift ihn am oberen Ende, damit der Kopf angesetzt werde; die Verfertigung des Kopfes erfordert zwei oder drei verschiedene Verrichtungen; das Ansetzen desselben ist ein eigenes Geschäft, das Weißglühen der Nadeln ein anderes; ja sogar das Einstecken der Nadeln in Papier bildet ein Gewerbe für sich. So ist das wichtige Geschäft der Stecknadelfabrikation in ungefähr 18 verschiedene Verrichtungen geteilt, die in manchen Fabriken alle von verschiedenen Händen vollbracht werden, während in anderen ein einziger Mensch zwei oder drei derselben auf sich nimmt. Ich habe eine kleine Fabrik dieser Art gesehen, wo nur zehn Menschen beschäftigt waren und manche daher zwei oder drei verschiedene Verrichtungen zu erfüllen hatten. Obgleich nun diese Menschen sehr arm und darum nur leidlich mit den nötigen Maschinen versehen waren, so konnten sie doch, wenn sie sich tüchtig daran hielten, zusammen zwölf Pfund Stecknadeln täglich liefern. Ein Pfund enthält über 4 000 Nadeln von mittlerer Größe. Es konnten demnach diese zehn Menschen täglich über 48 000 Nadeln machen. Da jeder den zehnten

Teil von 48 000 Nadeln machte, so lässt sich's so ansehen, als machte er 4 800 Nadeln an einem Tage, hätten sie dagegen alle einzeln und unabhängig gearbeitet und wäre keiner für dies besondere Geschäft angelernt worden, so hätte gewiss keiner 20, vielleicht nicht eine Nadel täglich machen können, d. h. nicht den zweihundertvierzigsten, vielleicht nicht den viertausendachthundertsten Teil von dem, was sie jetzt infolge einer geeigneten Teilung und Verbindung ihrer verschiedenen Verrichtungen zu leisten imstande sind."[1]

4. Man spricht häufig von internationaler Arbeitsteilung. Erklären Sie diesen Begriff. Nennen Sie Vorteile der internationalen Arbeitsteilung!

5. Erläutern Sie den Begriff Produktion im volkswirtschaftlichen Sinne!

6. Welche Wirtschaftsbereiche unterscheidet man?

7. Definieren Sie den Begriff Urproduktion!

8. Nennen Sie Beispiele für Betriebe der Urproduktion!

9. Die Herstellung eines Aktenschranks umfasst (vereinfacht) folgende Stufen: Gewinnung des Holzes – Herstellung von Brettern – Verarbeitung der Bretter zum Aktenschrank – Absatz des Aktenschranks.

   Stellen Sie zusammen, welche Betriebe und Wirtschaftsbereiche eingeschaltet werden, wenn man den Produktionsweg vom Ursprung bis zum Endabnehmer verfolgt!

10. Innerhalb der Volkswirtschaft unterscheidet man den Primärbereich, den Sekundärbereich und den Tertiärbereich. Ordnen Sie die nachstehenden Wirtschaftszweige dem jeweiligen Bereich zu.

    a) Handwerk
    b) Landwirtschaft
    c) Baugewerbe
    d) Großhandel
    e) Hochseefischerei

11. Welche Betriebe rechnet man zum Tertiärbereich?

12. Welche Dienstleistungsbetriebe unterscheidet man?

13. Innerhalb einer Volkswirtschaft lassen sich drei Sektoren unterscheiden. Entscheiden Sie bei den nachfolgenden Beispielen, ob es sich um ein Unternehmen aus dem

    (1) primären,

    (2) sekundären oder

    (3) tertiären Sektor handelt!

    Ordnen Sie die zugehörige Zahl dem jeweiligen Fall zu. Tragen Sie eine (9) ein, wenn keine Zuordnung möglich ist.

a) Diskothek „Kosmos"	
b) Biolandwirt Freiherr Konstantin von Ackershausen	
c) Schreinerei Eder und Söhne	
d) Reisebüro „Tropical"	
e) Modegeschäft „Overdressed"	
f) Bankakademie Frankfurt	
g) Windkraftanlagenbetreiber Hans Briese	
h) Beerdigungsinstitut „Pietät"	
i) Sägewerk Karl Schnitzler GmbH	
j) Bundeswehr	

1 Smith, Adam: Eine Untersuchung über Natur und Wesen des Volkswohlstandes, hrsg. von H. Waenting, Jena 1923, 3. Aufl., Band 1, S. 5 – 7.

3 Der volkswirtschaftliche Produktionsprozess

3.1 Die Produktionsfaktoren

Jede Produktion gründet sich auf bestimmte Grundelemente. Man bezeichnet diese „Elemente" als Produktionsfaktoren.

Um ein Gut produzieren zu können, ist zunächst einmal Arbeit nötig, ferner zu verarbeitende Naturstoffe und schließlich können zur Erleichterung der Arbeit Werkzeuge als Produktionsmittel benutzt werden.

Stellen wir uns in einer primitiven Kultur die Herstellung eines Bootes vor. Dazu ist ein Baumstamm erforderlich (Natur), den der Mensch bearbeitet (Arbeit). Zur Bearbeitung des Baumstamms soll der Mensch über ein Steinbeil als Produktionsmittel verfügen. Dieses Produktionsmittel muss er vorher angefertigt haben. Es handelt sich um ein produziertes Produktionsmittel (= Kapital).

An der im Beispiel dargestellten Produktion waren die

Produktionsfaktoren: Arbeit, Natur und Kapital

beteiligt. Da der Boden der wichtigste Bestandteil des Produktionsfaktors Natur ist, wird in der Volkswirtschaftslehre häufig vom „Boden" als Produktionsfaktor und nicht von Natur gesprochen (vgl. Kap. 3.3).

Neben den „klassischen" Produktionsfaktoren rückt zunehmend der Produktionsfaktor „Wissen" in den Vordergrund. Die „New Economy" („Internet Economy") ist durch die steigende Bedeutung immaterieller Werte gekennzeichnet: Verkauf von „Digitalisiertem Wissen" (z.B. Software) und steigendes Volumen von Finanzmitteln (Investmentfonds, Venture-Capital [Risikokapital]) der Gesellschaften.

Originäre Produktionsfaktoren. Arbeit und Natur (Boden) bezeichnet man als ursprüngliche oder originäre Produktionsfaktoren (= nicht produzierte Güter).

Derivativer Produktionsfaktor. Kapital ist ein abgeleiteter oder derivativer Produktionsfaktor. (Zu seiner Entstehung war die Kombination von Arbeit und Natur [Boden] erforderlich.)

Nicht alle Wirtschaftswissenschaftler gingen von drei Produktionsfaktoren aus.

Für Karl Marx gab es z.B. nur einen Produktionsfaktor, nämlich den Produktionsfaktor Arbeit. Die Physiokraten (volkswirtschaftliche Schule im 18. Jahrhundert) kannten nur den Produktionsfaktor Boden (Natur). Insbesondere von amerikanischen Wirtschaftswissenschaftlern wurde als vierter Produktionsfaktor (neben Arbeit, Boden und Kapital) „Bildung" (technisches Wissen, Human-Kapital, human capital) angeführt.

Betriebliche Leistungsfaktoren. Gutenbergs betriebswirtschaftliches System der produktiven Faktoren, auch betriebliche Leistungsfaktoren genannt, umfasst:

- die **menschlichen Leistungsfaktoren** als dispositive Faktoren[1] und ausführende Faktoren,

1 Dispositiv = entscheidend, festlegend.

3 Richard/Hartmann/Boller – ISBN 987-3-8120-0173-1

- die **materiellen Leistungsfaktoren**[1] in Form von Geldkapital, Grundstücken und Gebäuden sowie von Betriebsmitteln und
- die **immateriellen Leistungsfaktoren.**[2]

Der dispositive Faktor wird von der Geschäfts- und Betriebsleitung verkörpert. Die Aufgaben sind Planung, Organisation und Kontrolle nach innen sowie die Repräsentation nach außen.

Die ausführende Arbeit wird von der übrigen Belegschaft wahrgenommen.

Zu den materiellen Leistungsfaktoren gehören die Geldmittel, die Grundstücke sowie die *Betriebsmittel* (z. B. Maschinen, Fabrik-, Lager- und Büroausstattung, Vorrichtungen und Werkzeuge sowie Personen- und Lastkraftwagen). Ferner zählen die *Werkstoffe* (Roh-, Hilfs-, Betriebsstoffe und Handelswaren) zu den materiellen Leistungsfaktoren.

Immaterielle Leistungsfaktoren sind z. B. Patente und ähnliche Rechte, vertragliche Nutzungsrechte (Miet- und Pachtverträge) und der Firmenwert, der z. B. auf dem guten Ruf, den ein Unternehmen hat, beruhen kann.

3.2 Der Produktionsfaktor Arbeit

3.2.1 Begriff und Wesen der Arbeit

Unter Arbeit im wirtschaftlichen Sinne versteht man jede menschliche Tätigkeit, die auf ein wirtschaftliches Ziel gerichtet ist.

Produktionsfaktor Arbeit = jede auf ein wirtschaftliches Ziel gerichtete menschliche Tätigkeit.

Letztlich dient die Arbeit dem Arbeitenden dazu, Einkommen zu erzielen. Die Ausstattung der einzelnen Volkswirtschaften mit dem Produktionsfaktor Arbeit ist qualitativ und quantitativ unterschiedlich. Die Zahl der verfügbaren Arbeitskräfte ist abhängig von der Größe und Entwicklung der Bevölkerung. Die Qualität des Produktionsfaktors Arbeit wird bestimmt vom Stand des technisch-wirtschaftlichen Wissens und nicht zuletzt vom Ausbildungsstand der Bevölkerung. Umfang und Niveau der Produktion einer Volkswirtschaft werden von Quantität und Qualität des Produktionsfaktors Arbeit entscheidend mitbestimmt.

Beispiel:

Zur Durchführung komplizierter moderner Fertigungsprozesse genügt es nicht, über die notwendigen Maschinen und Einrichtungen zu verfügen. Es müssen Menschen vorhanden sein, die mit ihnen umzugehen verstehen. Die sinnvolle Industrialisierung von Entwicklungsländern setzt immer die Heranbildung und Ausbildung entsprechender Fachkräfte voraus. Eine bestimmte Qualität des Produktionsfaktors Arbeit muss gegeben sein.

1 Materiell = körperlich.

2 Immateriell = nicht körperlich, nicht sichtbar.

3.2.2 Arten der Arbeit

Arbeit im wirtschaftlichen Sinne wird nach unterschiedlichen Gesichtspunkten eingeteilt.

Struktur der Erwerbspersonen. Zu statistischen Zwecken unterteilt man die gesamte Wohnbevölkerung eines Landes in Erwerbspersonen und Berufslose.

Erwerbspersonen sind alle arbeitsfähigen und -willigen in- und ausländischen selbstständigen und nicht selbstständigen Personen. In der Statistik werden sie einmal nach ihrer Tätigkeit in Wirtschaftsbereichen (Industrie und Handwerk, Handel und Verkehr, öffentliche Dienste, Land- und Forstwirtschaft und Sonstige), zum anderen nach ihrer Stellung im Beruf erfasst (Arbeiter, Angestellte, Beamte und Selbstständige).

Berufslose sind Personen, die noch nicht oder nicht mehr beruflich tätig sind. Zu ihnen rechnen Kinder, Rentner, Pensionäre, nicht berufstätige Ehefrauen/Ehemänner.

Geistige und körperliche Arbeit. Eine klare und eindeutige Abgrenzung geistiger und körperlicher Arbeit ist nicht möglich, weil bei jeder Arbeit mehr oder weniger geistige und körperliche Funktionen beansprucht werden. Will man diese Einteilung verwenden, so sollte man von überwiegend geistiger bzw. überwiegend körperlicher Arbeit sprechen.

Beispiel:

Überwiegend geistige Arbeit ist z.B. beim Unternehmer und gelernten Angestellten gegeben, überwiegend körperliche Arbeit beim Handwerker und Facharbeiter.

Dispositive und exekutive Arbeit. Dispositive Arbeit ist leitende Tätigkeit. Zu ihr gehören die Funktionen der Planung, Organisation und Beaufsichtigung. Dispositive Arbeit leistet z.B. der Unternehmer und auch das höhere und mittlere Management.

Exekutive oder ausführende Arbeit ist weisungsgebundene Arbeit. Ihre Ausführung wird durch Anordnungen oder technische Einrichtungen genau bestimmt. Zur überwiegend exekutiven Arbeit kann man die Tätigkeiten eines Angestellten in der kaufmännischen Verwaltung und auch die eines Arbeiters an der Drehbank rechnen.

Gelernte, ungelernte und angelernte Arbeit. Hier wird nach der Vorbildung des Arbeitenden unterschieden. Gelernte Arbeit liegt vor, wenn eine Berufsausbildung durchlaufen und mit einer entsprechenden Abschlussprüfung (vor der Industrie- und Handelskammer, Handwerkskammer usw.) abgeschlossen wurde. Der gelernte Angestellte oder Arbeiter hat die für seinen Beruf typischen Tätigkeiten erlernt. Ungelernte Arbeit ist gegeben, wenn keine derartige Ausbildung erfolgte. Der angelernte Arbeiter oder Angestellte beherrscht nur einen bestimmten Ausschnitt eines größeren Arbeitsgebietes, auf den er spezialisiert ist.

Die deutsche Wirtschaft geriet in den neunziger Jahren unter starken Veränderungsdruck. Ursachen dafür waren neben der deutschen Einigung vor allem die informationstechnische Revolution und die fortschreitende Verflechtung der Weltwirtschaft. Aber wenn sich das Tempo des **Strukturwandels** dadurch auch verschärft haben mag, so war seine Richtung doch seit langem vorgezeichnet. Auch in den nächsten Jahren folgt die Entwicklung der Wirtschafts- und Beschäftigungsstruktur in Deutschland dem langfristig zu beobachtenden Trend. In einem Ausblick auf die **Entwicklung des Arbeitskräftebedarfs bis 2015** sieht das *Institut für Arbeitsmarkt- und Berufsforschung (IAB)* den Wirtschaftsstandort Deutschland künftig vor allem durch die Produktion von Industriegütern mit hoher Forschungs- und Entwicklungsintensität, durch hochwertige, meist unternehmensnahe Dienstleistungen, eine zunehmende internationale Arbeitsteilung und beschleunigte technische Innovationen gekennzeichnet. (Fortsetzung Text Seite 36)

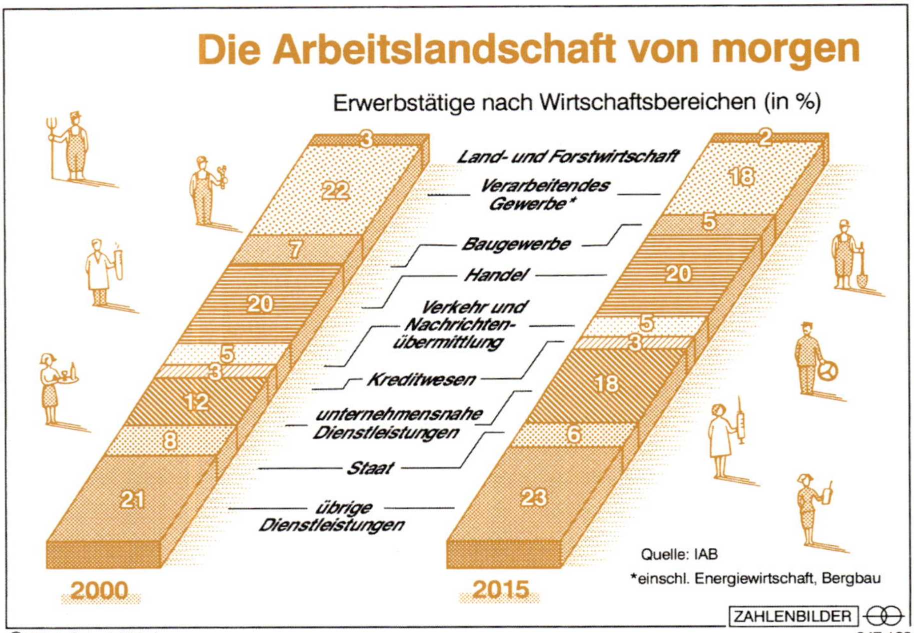

© Erich Schmidt Verlag 247 133

Unter den Prämissen, die den IAB-Berechnungen zugrunde liegen – u.a. ein durchschnittliches Wirtschaftswachstum von 1,7 % pro Jahr, ein Bevölkerungsrückgang um 2,5 Millionen bis 2015 und eine Arbeitszeitverkürzung um 5 % bis 2010 – steigt die Gesamtzahl der **Erwerbstätigen** zwischen 2000 und 2015 um etwa 1 Million auf 39,7 Millionen. Während im verarbeitenden Gewerbe in diesem Zeitraum aber fast 1 Million Arbeitsplätze verloren gehen, wächst die Beschäftigung in den Dienstleistungssparten um mehr als 3 Millionen. Im Vordergrund stehen dabei die **unternehmensbezogenen Dienstleistungen** (Software und EDV, Forschung und Entwicklung, Ingenieurleistungen, Rechts-, Steuer- und Unternehmensberatung, Werbung usw.) mit einer Beschäftigungszunahme um mehr als 2 Millionen. Sie ersetzen die industriellen Arbeitsplätze nicht, sondern ergänzen sich mit der hoch entwickelten Industrie zu einer international wettbewerbsfähigen Symbiose. Beschäftigungsgewinne im tertiären Sektor resultieren außerdem aus einer neuen Arbeitsteilung zwischen öffentlichen, halböffentlichen und privaten Dienstleistern, so etwa im Gesundheitswesen, in Bildung und Wissenschaft und im Kulturbereich.

3.3 Der Produktionsfaktor Boden/Natur

3.3.1 Begriff und Wesen

Der Begriff Natur als Produktionsfaktor umfasst z.B. natürliche Hilfsquellen, Bodenschätze, Gewässer, Felder, Wälder und Sonnenenergie.

Die natürlichen Produktionsfaktoren sind nur noch selten freie (= unbegrenzt vorhandene) Güter, weil immer größere Anteile des nicht beliebig vermehrbaren Faktors zu Produktionszwecken genutzt werden.

Da der Boden bei der Produktion eine ganz wesentliche Rolle spielt, wird oft statt vom Produktionsfaktor „Natur“ vom Produktionsfaktor „Boden“ gesprochen.

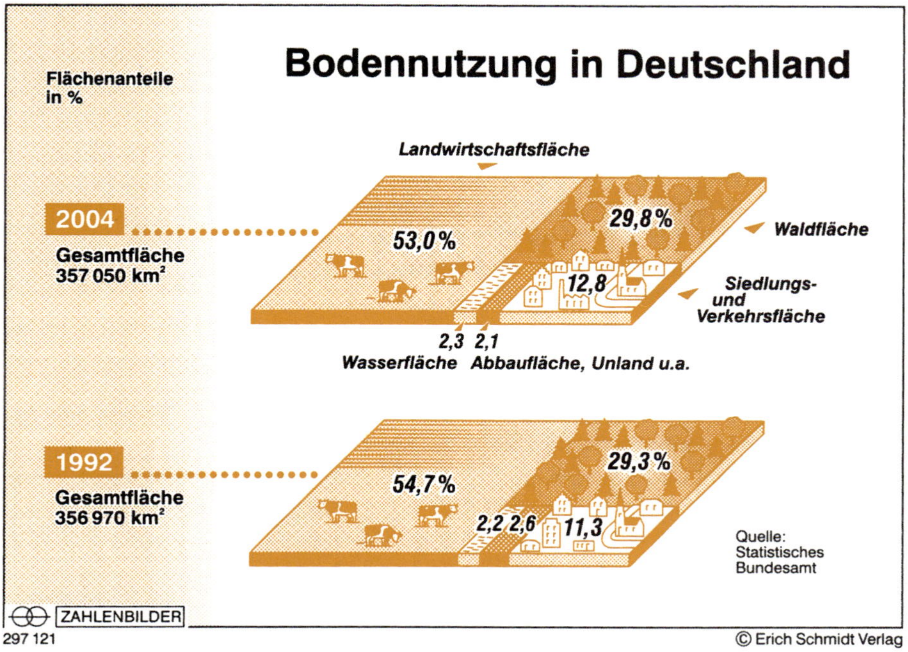

Anbauboden. Der Boden dient der Produktion auf vielfache Weise. In der landwirtschaftlichen Produktion ist er *Anbaufaktor*, indem mit seiner Hilfe Nahrungsmittel (z. B. Getreide) oder Rohstoffe (z. B. Baumwolle) hervorgebracht werden. Der Boden liefert der Forstwirtschaft den wichtigen Rohstoff Holz (z. B. zur Herstellung von Möbeln, Baumaterialien oder Papier).

Abbauboden. Zugleich ist der Boden ein *Abbaufaktor*, indem er uns Rohstoffe, wie z. B. Kohle, Erze, Erdgas oder Erdöl, liefert. Die Bodenschätze sind jedoch begrenzt, und es lässt sich absehen, dass diese bald erschöpft sein werden. Damit wird sich die Menschheit einem neuen Knappheitsproblem gegenübersehen, dem nicht mit primär wirtschaftlichen, sondern mit technischen Mitteln begegnet werden muss (z. B. Entwicklung neuer Technologien zur Erschließung weiterer Energiequellen).

Standortboden. Ferner gibt uns der Boden die Flächen, die wir für die Erstellung von Fabrikanlagen, Handelsgeschäften oder land- und forstwirtschaftlichen Betrieben benötigen. Der Boden wird als *Standortfaktor* bezeichnet.

Die übrigen Ressourcen als Produktionsfaktoren. Für die Produktion wirtschaftlicher Güter sind die übrigen Kräfte der Natur nicht weniger wichtig. Jedermann weiß z. B., welche Bedeutung das Klima für die Landwirtschaft hat. Die Kräfte der Flüsse dienen der Elektrizitätsgewinnung, die Gewässer der Fischwirtschaft. Mit Hilfe der Sonnenenergie hofft man, in Zukunft „saubere“ Energie gewinnen zu können.

Lange Zeit wurde die Natur als kostenloser Produktionsfaktor gesehen, den man beliebig „nutzen", „benutzen" und „ausbeuten" kann. In der heutigen Zeit, in der die natürlichen Ressourcen immer knapper werden, die Natur als „kostenlose" Lagerstätte für Abfälle aller Art missbraucht wird und täglich zahlreiche Tier- und Pflanzenarten für immer ausgerottet werden, beginnt sich die Ansicht durchzusetzen, dass die Natur nicht länger als „Gratisquelle" und als „Gratisdeponie" betrachtet werden darf.

Umweltbelastung, also die Benutzung der Natur als Deponie, tritt in folgenden Formen auf:

- **Luftverschmutzung.** Die Luft enthält viele Verunreinigungen, die teilweise auf natürliche Quellen (z. B. Staub aus Vulkanausbrüchen und aus Verwehungen), in immer stärkerem Maße jedoch auf das menschliche Produzieren und Verbrauchen zurückzuführen sind (z. B. industrielle Stäube, Abgase und Abwässer, Verbrennungsrückstände, Abwärme, Radioaktivität).
- **Gewässerbelastung.** Binnengewässer und Meere werden zunehmend durch giftige Stoffe verschmutzt. Dünge- und Reinigungsmittel enthalten Nitrate und Phosphate, die die Flüsse in die Meere schwemmen. Chemieabfälle werden auf den Meeren „verklappt". Ungereinigte Abwässer ergießen sich in Flüsse und Meere. Radioaktive Abfälle und andere gefährliche Stoffe werden in die Meere versenkt.
- **Bodenbelastung.** Luft-, Wasser- und Bodenverschmutzung hängen eng zusammen. Die in der Luft enthaltenen Schadstoffe werden abgeregnet und gelangen in den Boden und von dort in die Gewässer. Düngemittel, Unkraut- und Insektenvertilgungsmittel belasten die Böden in immer stärkerem Maße.

Folgen der Umweltverschmutzung sind die weitere Zerstörung von naturnahen Räumen und Erholungslandschaften, Vergiftung der Nahrungsmittel mit Chemierückständen und Radioaktivität, Klimaveränderungen, Vernichtung der Arten und letztlich Entziehung der Lebensgrundlagen der Menschen.

Die Frage ist, was man tun kann, um die verhängnisvolle Entwicklung zu bremsen.[1] Notwendig ist eine globale Umweltpolitik (Erdpolitik),[2] die bislang nur in Ansätzen vorhanden ist.

Umweltpolitik. Ein mögliches Mittel der Umweltpolitik ist die Einführung von *Umweltsteuern* und *-abgaben („Ökosteuern")*.[3] Mit ihrer Hilfe erhalten z. B. die Produktionsfaktoren, die bisher zum „Nulltarif" zu haben waren, einen Preis. Wird die Ökosteuer (der Preis) des zu schützenden Produktionsfaktors hoch genug angesetzt, wird die Wirtschaft den teuren Produktionsfaktor durch andere Produktionsfaktoren ersetzen (substituieren).

Beispiel:

Nach der Einführung einer „Neuversiegelungssteuer" von z. B. 100,00 € je Quadratmeter würde es billiger, alte Industriegrundstücke zu sanieren, als draußen vor der Stadt die letzten Grünflächen zu zerstören, um dort neue Industrieanlagen zu bauen.[4]

1 Siehe auch Kap. 11.2.2.3 Erhaltung einer lebenswerten Umwelt.

2 Weizsäcker, E.-U. von: Erdpolitik, ökologische Realpolitik an der Schwelle zum Jahrhundert der Umwelt, 1989.

3 Siehe auch Nutzinger, H. G./Zahrnt, H. (Hrsg.): Öko-Steuern. Umweltsteuern und -abgaben in der Diskussion, 1989. Vgl. ebenda, S. 171.

4 Vgl. Weizsäcker, E.-U. von, a. a. O., S. 171.

Weitere Mittel der Umweltpolitik sind Bauvorschriften (z. B. hinsichtlich der Wärmedämmung), die Einführung von Grenzwerten, das Haftungsrecht, Sicherheitsvorschriften und Verbote für Stoffe, die mit Sicherheit als gefährlich und/oder schädlich für Mensch und Umwelt anzusehen sind.

Umweltbelastung (Ursachen, Verursacher, Beeinflussung)

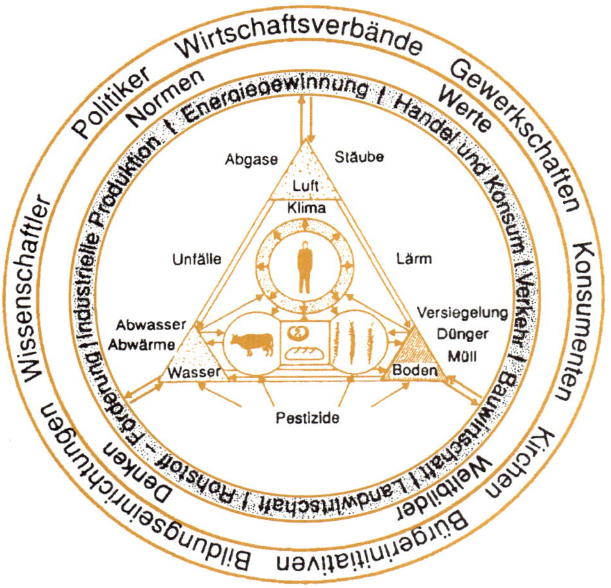

Quelle: Buddensiek, Wilfried: Ökologische Zusammenhänge begreifen lernen. Eine Herausforderung für die Schule. Aus: Schularbeiten · Heft 3 · November 1990; Herausgeber: Landesinstitut für Schule und Weiterbildung, Soest.

3.3.2 Wahl des Standorts

Zur Durchführung ihrer Geschäftstätigkeit benötigen Betriebe den Produktionsfaktor Boden als Standortboden.

Bei der Wahl des Standorts orientieren sie sich an vielfältigen Standortfaktoren. Häufig spielt dabei ein Standortfaktor eine besondere Rolle. Orientiert sich ein Betrieb z. B. vor allem an vorhandenen Verkehrsverbindungen, spricht man von einem „verkehrsorientierten Betrieb“.

Wichtige Standortorientierungen sind im Folgenden aufgeführt:

a) **Rohstofforientierte Betriebe.** Nicht nur für die Landwirtschaft, sondern auch für die Rohstoffe gewinnenden und Rohstoffe verarbeitenden Industrien, beispielsweise Eisenerzbergwerke, Kohlengruben, Steinbrüche usw., ist der Produktionsort geografisch bedingt. Sie werden deshalb auch als „bodenständige“ Betriebe bezeichnet. Indessen ist die Beförderung der Rohstoffe in den letzten Jahrzehnten durch immer bessere Verkehrswege und Verkehrsmittel erheblich erleichtert und verbilligt worden. So sind in Europa Industrien entstanden, die überseeische Rohstoffe verarbeiten.

b) **Energieorientierte Betriebe.** Wie die Beschaffung der Rohstoffe ist die Beschaffung der Energie seit jeher von größter Bedeutung. In den meisten Fällen werden der geringen Transportkosten wegen die zu verarbeitenden Roh- und Hilfsstoffe zur Kohle gebracht. Auf diese Tatsache ist die Zusammenballung der Industrie in den Kohlerevieren zurückzuführen. Erst der Transport des Rohöls in Tanks oder Pipelines (Ölleitungen) und die Zuleitung der Elektrizität führten zu einer Wahl des Standorts in anderen Gebieten.

c) **Arbeitsorientierte Betriebe.** Die Herstellung mancher Waren setzt in erster Linie einen geschulten Arbeiterstand voraus. Für diesen Fall ist der Standort zu wählen, wo die entsprechenden Arbeiter zur Verfügung stehen. So sind z. B. die Gold- und Silberwarenindustrien in Pforzheim, Schwäbisch-Gmünd und Hanau am Main arbeitsorientiert. Deutschlands wirtschaftliche Stellung im Rahmen der Weltwirtschaft beruht überwiegend auf dem gut vor- und ausgebildeten Arbeiter, dem *Facharbeiter*.

d) **Verkehrsorientierte Betriebe.** Hier sind die Verkehrswege für die Standortwahl von ausschlaggebender Bedeutung. Nach den Verkehrswegen orientieren sich Transport-, Tankstellen- und Lagerhausbetriebe. Auch Industriebetriebe können verkehrsorientiert sein. So nutzen z. B. chemische Großbetriebe und Ölraffinerien die niedrigen Frachtkosten der Schifffahrt für den Transport ihrer Rohstoffe und Erzeugnisse.

e) **Absatzorientierte Betriebe.** Vor allem der Einzelhandel sucht seinen Standort in der Nähe des Verbrauchers. Im Stadtkern befinden sich in erster Linie Fachgeschäfte und Kaufhäuser. Die zunehmende Motorisierung der Verbraucher und der damit verbundene Parkplatzmangel hat zur Entstehung von Supermärkten geführt, die sich am Stadtrand oder in Vorstädten ansiedeln, weil sie große Parkflächen zur Verfügung stellen können.

f) **Wirtschaftspolitisch beeinflusste Standortorientierung.** Vielfach ist die Standortwahl auch politisch bedingt, z. B. dann, wenn Not leidende Gemeinden Betrieben, die neu angesiedelt werden sollen, besondere Vorteile wie etwa billigen Grund und Boden, niedrige Gewerbesteuersätze usw. gewähren.

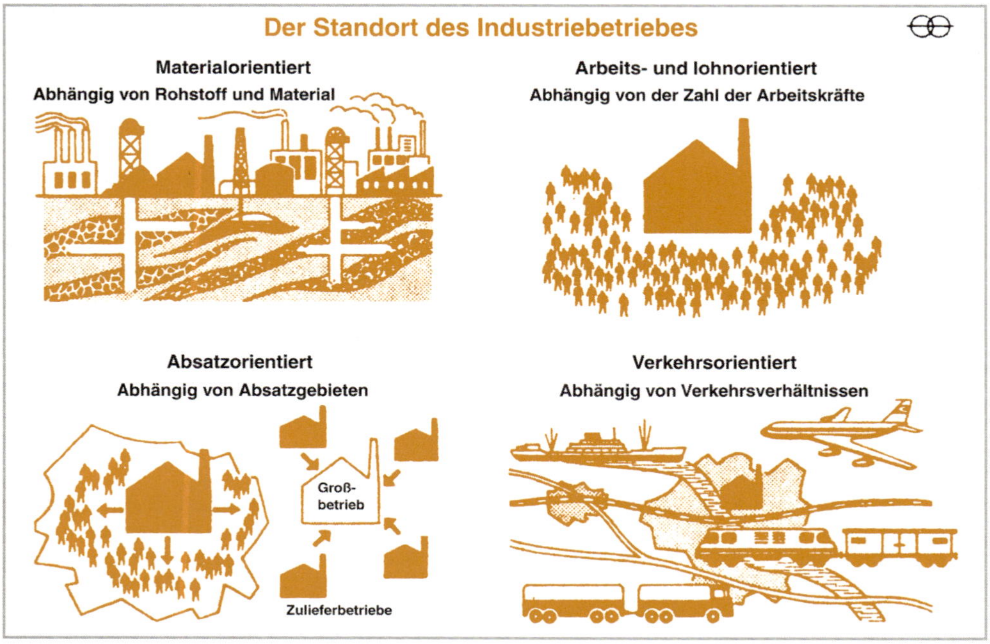

3.4 Der Produktionsfaktor Kapital

3.4.1 Kapitalbegriffe

Die Volkswirtschaftslehre kennt verschiedene Kapitalbegriffe:

Kapital im volkswirtschaftlichen Sinne = alle bei der Erzeugung beteiligten Produktionsmittel.

Zum Kapital im volkswirtschaftlichen Sinne rechnen alle vom Menschen hergestellten Güter, die der Produktion dienen: Sachanlagen wie z. B. Gebäude, Lagerhallen, Maschinen, Werkzeuge, Anlagen, Roh-, Hilfs- und Betriebsstoffe **(Sachkapital)** und immaterielle Anlagen[1] wie z. B. EDV-Software und Urheberrechte **(immaterielles Kapital).** Es handelt sich um „erzeugte" Güter, „produzierte" Güter, die nicht unmittelbar konsumiert werden, sondern dem Produktionsprozess dienen (Kapital im volkswirtschaftlichen Sinne = produzierte Produktionsmittel).

Im volkswirtschaftlichen Sinne ist Geld kein Kapital. Es ermöglicht aber die Beschaffung von „Sachkapital".

Geldkapital (Kapitaldisposition) = Geld, das zur produktiven Anlage bestimmt ist.

In der Betriebswirtschaftslehre wird der Kapitalbegriff anders bestimmt. Die einzelwirtschaftliche Betrachtung geht von der Bilanz aus. Die Passivseite der Bilanz enthält die Vermögensquellen. Die Vermögensquellen sind betriebswirtschaftlich das Kapital, unterteilt nach Eigen- und Fremdkapital.

3.4.2 Die Neubildung von Kapital

3.4.2.1 Güterwirtschaftliche Kapitalbildung

Die Neubildung von Kapital in einer einfachen Wirtschaft, in der kein Geld existiert, kann man sich am besten an einem Beispiel verdeutlichen.

Beispiel:

Ein Angler fängt Fische mit der Hand (Kombination von Arbeit und Boden). Er entschließt sich zur Herstellung einer Angel. Einen Teil der mit der Hand gefangenen Fische legt er zurück, um an dem Tag, an dem er die Angel herstellt, mit Nahrung versorgt zu sein. Er stellt die Angel her und fängt in Zukunft Fische mit der Angel.

Analysiert man das Beispiel, so lassen sich folgende Erkenntnisse daraus ziehen:

1. Es wird Konsumverzicht geleistet.
2. Ein Subsistenzmittelfonds wird gebildet (Gütervorrat).
3. Das Produktionsgut (Angel) wird hergestellt. Man spricht von produktiver Anlage oder Investition.
4. Der eingeschlagene Produktionsumweg (Herstellung der Angel) ermöglicht eine bessere Güterversorgung.

1 Die Statistik spricht von „sonstigen Anlagen".

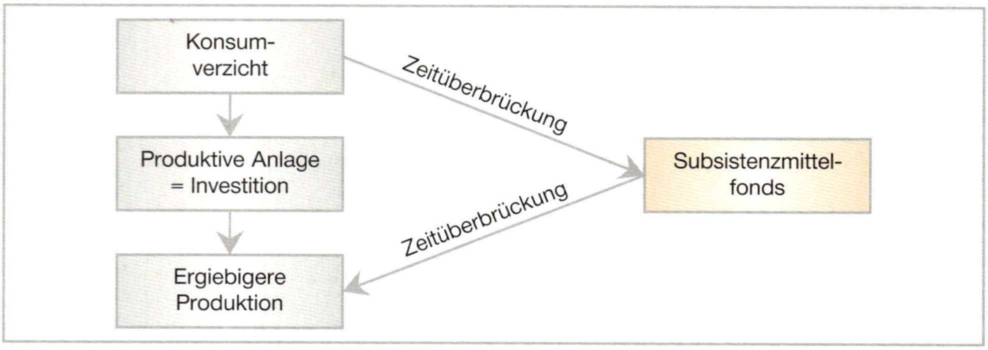

3.4.2.2 Geldwirtschaftliche Kapitalbildung

In der modernen Volkswirtschaft erfolgt die Kapitalneubildung ebenfalls durch Konsumverzicht und produktive Anlage.

Geht man von einem gegebenen Einkommen aus, so bestehen bezüglich der Verwendung des Einkommens grundsätzlich zwei Möglichkeiten:

Konsum oder Konsumverzicht.

Bei sehr niedrigen Einkommen besteht eine solche Möglichkeit nicht, weil in diesem Fall die Sparfähigkeit fehlt. Einkommen, das konsumtiv verwendet wird, wird als Nachfrage am Markt wirksam.

Sparen

Konsumverzicht bedeutet zunächst einmal, dass Einkommensteile nicht zum Konsum verwendet werden. Sie werden gespart. In der Geldwirtschaft werden die ersparten Einkommensteile in der Regel einem Kreditinstitut zugeführt, das sie produktiv anlegt.

Von Horten spricht man dann, wenn zwar Konsumverzicht geleistet wird, aber keine produktive Anlage erfolgt („Strumpfsparen").

Neben der Sparfähigkeit ist als weitere Voraussetzung zum Sparen der Sparwille zu nennen. Dieser wird von verschiedenen Faktoren beeinflusst: Zinshöhe, Geldwertentwicklung, Sparzweck, staatliche Sparförderung, Steuersystem, Angst vor Arbeitslosigkeit oder Inflation, erwartete Einkommen, schichtenspezifisches Verhalten der Konsumenten und politische Erwartungen.

Freiwilliges Sparen liegt vor, wenn der Konsumverzicht dem eigenen Entschluss des Sparers entspringt.

Dem privaten Sparer bieten sich vielfältige Möglichkeiten des Sparens:
- Kontensparen bei Kreditinstituten,
- Prämiensparen,
- Sparen bei Versicherungen (z. B. Lebensversicherungen),
- Wertpapiersparen oder
- Bausparen (Bausparkassen).

Sparprozesse können auch in Unternehmen stattfinden. Bei der Selbstfinanzierung wird ein Teil der Gewinne im Unternehmen belassen. Auf die Ausschüttung von Gewinnteilen wird also verzichtet, sie werden produktiv im Unternehmen angelegt.

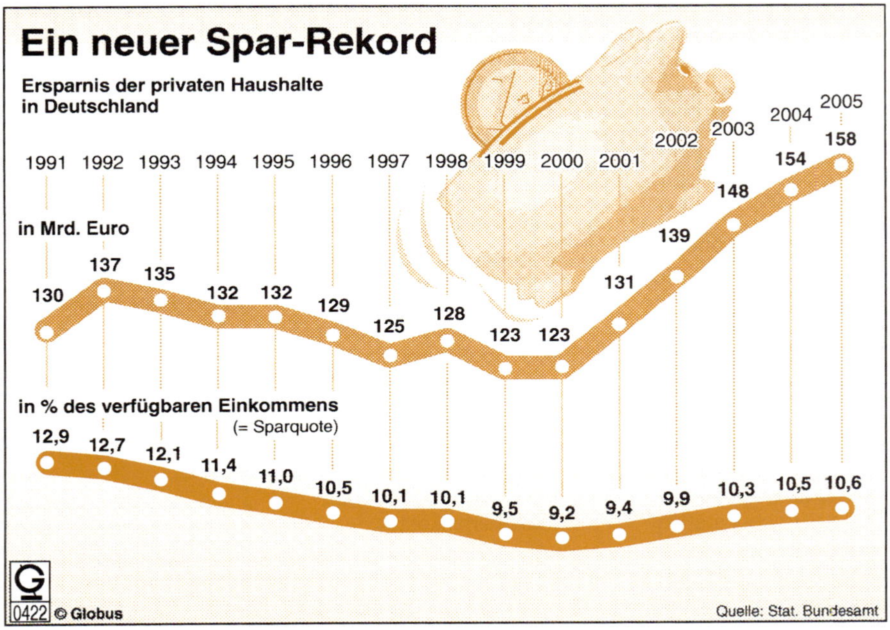

Zwangssparen. Beim Zwangssparen wird unfreiwillig Konsumverzicht geleistet.

1. **Steuern und Sozialabgaben.** Aufgrund gesetzlicher Vorschriften sind von den Einkommensbeziehern bestimmte Einkommensteile an den Staat oder an staatliche Institutionen abzuführen.

   Die Einbehaltung und Abführung der Sozialabgaben dient der sozialen Sicherung (Altersversorgung, Sicherung im Krankheitsfall und bei Arbeitslosigkeit). Da die einbehaltenen Beträge von den Versicherungsträgern unmittelbar wieder verwendet werden (z. B. zu Rentenzahlungen), erfolgt keine produktive Anlage.

   Auch die vom Staat vereinnahmten Steuern zwingen zum Konsumverzicht. Entscheidend für den Kapitalbildungsprozess ist hier, ob die Steuern für konsumtive Zwecke (z. B. Beamtengehälter) oder „werbend", d. h. produktiv (Subventionen an Unternehmen, Sozialinvestitionen) angelegt werden.

2. **Inflation.** Eine Inflation kann ebenfalls zum Konsumverzicht zwingen. Wenn bei gleich bleibenden Einkommen die Güterpreise ansteigen (steigende Güterpreise führen zum Kaufkraftverlust des Geldes), kann der Einzelne für sein Einkommen weniger Güter erwerben.

Investieren

Der Investitionsvorgang besteht in der Geldwirtschaft darin, dass Geldkapital in Sachkapital umgewandelt wird.

Sofern ein Unternehmen Geldkapital nicht aus eigenen Mitteln (Beteiligungs- oder Selbstfinanzierung) beschafft, kann es durch die Kreditinstitute in Form von Krediten bereitgestellt werden.

Die Zielsetzung des Investors kann sein:

Aufrechterhaltung der Produktion	Kostensenkung oder Drosselung des Kostenanstiegs	Ausweitung der Produktionskapazitäten
↓	↓	↓
Ersatzinvestitionen	**Rationalisierungsinvestitionen**	**Erweiterungsinvestitionen**
➢ eine überalterte Maschine wird ausgemustert und durch eine neue ersetzt; ➢ ein sanierungsbedürftiges Gebäude wird vollständig renoviert; ➢ ein schrottreifes Fahrzeug wird abgestoßen und durch ein neues ersetzt.	➢ ein Industrieroboter senkt den Arbeitseinsatz je Produktionseinheit; ➢ eine neue Werkzeugmaschine „optimiert" die Produktqualität; ➢ ein neues Wärmedämmungssystem reduziert die Energiekosten.	➢ eine zusätzliche Fertigungsstraße wird installiert; ➢ ein neues Werk wird gegründet; ➢ eine neue Filiale wird eröffnet; ➢ ein zusätzlicher Lieferwagen wird angeschafft.

↓

Bei der Investitionsentscheidung wird jeweils berücksichtigt …

- … der technische Fortschritt („Modernisierung des Produktionsapparates")
- … die Änderung der Kundenwünsche („Umstellung der Produktionspalette")

Vgl. Vajna, Thomas: Die Investitionen der Volkswirtschaft, Köln 1983, S. 9.

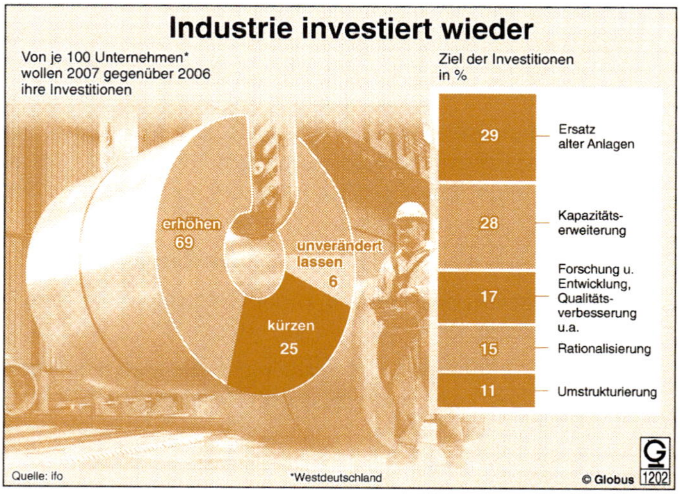

Die Unternehmen in Deutschland trauen sich angesichts der guten Wirtschaftslage im Jahr 2007 höhere Investitionen zu. Neben dem Wachstum des Außenhandels werden die inländischen Investitionen zunehmend zu einer Stütze der Konjunktur. 69 Prozent der Industrieunternehmen in Westdeutschland wollen ihre Ausgaben für Maschinen, Bauten und sonstige Ausrüstungsgegenstände im laufenden Jahr erhöhen. Dies gilt als Beleg für eine Fortsetzung des Wirtschaftswachstums, da die Nachfrage angeregt wird und zugleich durch den Ausbau der Kapazitäten neue Arbeitsplätze entstehen. Nach einer Umfrage des ifo Instituts unter knapp 1700 Unternehmen sollen die Investitionen 2007 um rund neun Prozent zulegen (nach fast acht Prozent im Vorjahr). 29 Prozent der beabsichtigten Investitionen werden für Ersatzanschaffungen aufgewendet. Erfreulich ist jedoch, dass 28 Prozent der Investitionen in Kapazitätserweiterungen fließen und demgegenüber der Mitteleinsatz für Rationalisierungen (15 Prozent) und Umstrukturierungen (11 Prozent) an Bedeutung verliert.

Die produktive Anlage von Geldkapital kann in Anlage- oder Vorratsinvestitionen vorgenommen werden.

- **Anlageinvestitionen** sind Investitionen in materielle Anlagegüter (Maschinen, maschinelle Anlagen, Fabrik- und Verwaltungsgebäude) und in immaterielle Anlagegüter (z. B. Erwerb eines Patents).
- **Vorratsinvestitionen** sind Investitionen in Beständen des Umlaufvermögens (Roh-, Hilfs- und Betriebsstoffe, Vorräte an unfertigen und fertigen Erzeugnissen, Warenvorräte beim Handel).

Der Kapitalverwertungsprozess im Unternehmen lässt sich in drei Phasen gliedern:

- **Investitionsphase.** Geldkapital wird vom Unternehmer in Produktionsmittel (Maschinen, Rohstoffe usw.) und liquide Mittel (z. B. Kassenhaltung) umgewandelt.

  Liquide Mittel müssen deshalb gehalten werden, weil z. B. Arbeitskräfte zu entlohnen und die Rohstoffvorräte zu erneuern sind, ehe die Fertigerzeugnisse am Markt abgesetzt worden sind.
- **Fertigungsphase.** Durchführung der Produktion. Produktionsmittel und Arbeitsleistungen werden in Ertragsgüter umgewandelt.
- **Liquidationsphase.** Die erzeugten Güter werden in Geld (Verkaufserlöse) umgesetzt. Die Phasen zwei und drei finden ihren Niederschlag in der Gewinn- und Verlustrechnung des Unternehmens.[1]

Übersicht über die geldwirtschaftliche Kapitalneubildung

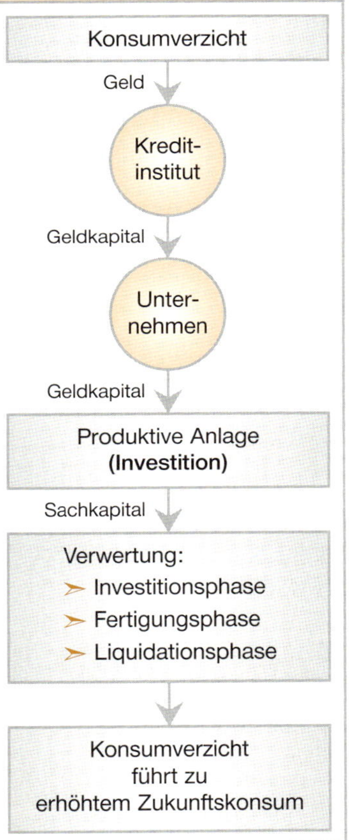

3.4.3 Die Kapitalerneuerung

Im Unternehmen bereits eingesetzte Produktionsmittel (z. B. Maschinen) unterliegen einem Werteverzehr, d. h., sie werden durch den Gebrauch abgenutzt und müssen eines Tages ersetzt werden.

Jedes Unternehmen wird bestrebt sein, seinen Bestand an Produktionsmitteln zu erhalten (Substanzerhaltung). Die Substanz wird dadurch gesichert, dass der Werteverzehr in Form der Abschreibungen in die Produktpreise eingerechnet wird. Abschreibungen stel-

1 In Anlehnung an: Becks, Rolf: Volkswirtschaftslehre, Berlin/Darmstadt/Wien o. J., S. 12–14.

len Kosten dar, die durch den Preis abzudecken sind. Deckt der Preis die Kosten, fließen also Mittel in das Unternehmen, die der Ersatzbeschaffung (Reinvestition) dienen können.

Wichtig bei diesem Vorgang ist, dass der Ersatzbeschaffung kein Sparakt vorausgeht. Sparen ist lediglich für die Vornahme zusätzlicher Investitionen (Nettoinvestitionen) erforderlich.

Übersicht über die Kapitalerneuerung		
Investitionsphase	Fertigungsphase	Liquidationsphase
Neuinvestition Kauf einer Maschine →	Nutzung der Maschine ↓	
	Kostenerfassung (Abschreibung) →	Einrechnung in den Preis Kalkulation ↓ Absatz des Produktes ↓ Umsatzerlöse ↓ Ansammlung von liquiden Mitteln für die Ersatzbeschaffung
Ersatzinvestition ← Ersatz der alten Maschine		

3.4.4 Bedeutung der Kapitalbildung/Investitionen

Die Kapitalbildung in einer Volkswirtschaft ist entscheidend für das wirtschaftliche Wachstum.

Die Arten der Investitionen lassen Rückschlüsse auf den Zustand und die Entwicklung der Volkswirtschaft zu.

Die Bruttoinvestitionen umfassen (Brutto-)Anlageinvestitionen und Vorratsinvestitionen. Zu den Anlageinvestitionen gehören Ausrüstungen, Bauten und immaterielle Sachanlagen (sonstige Sachanlagen).

Es gilt:

Nettoinvestition = Bruttoinvestition – Anlagereinvestition (Abschreibungen).

Ist bei gleich bleibendem technischen Stand die Nettoinvestition gleich null, ist kein wirtschaftliches Wachstum möglich (stationäre Wirtschaft). Es ist aber sehr wohl möglich, dass die Ersatzinvestitionen technische Verbesserungen beinhalten (= *Verbesserungsinvestitionen*), sodass selbst dann Produktivitätsfortschritte möglich sind, wenn die Nettoinvestitionen bei konstanten Preisen gleich null sind.

Die Investitionsquote ist eine Kennziffer für die Höhe der in einem Jahr getätigten Investitionen. (Die Quote wird auch bezogen auf die Anlageinvestitionen berechnet.)

$$\text{Investitionsquote} = \frac{\text{Investitionen} \cdot 100}{\text{Bruttoinlandsprodukt}}$$

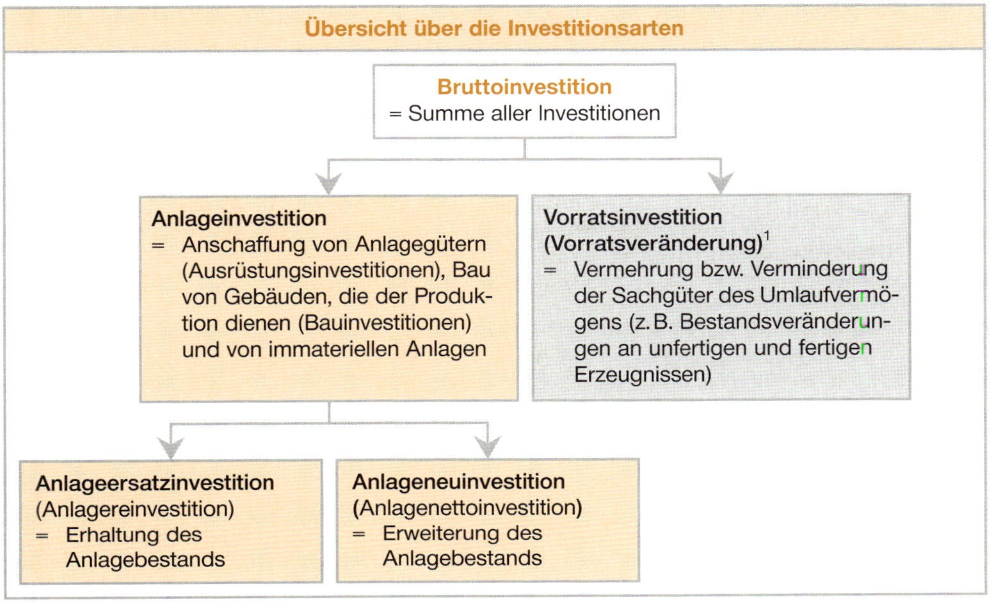

Der Kapitalstock einer Volkswirtschaft ist Ausdruck des Bestands an Ausrüstungen und Bauten. Veränderungen des Kapitalstocks geben Aufschluss über die Entwicklung der Kapitalausstattung einer Volkswirtschaft.

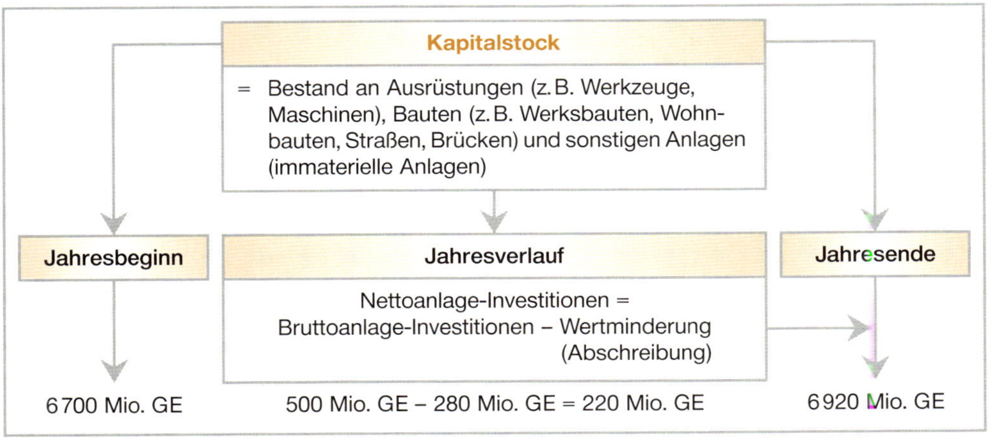

1 Der Begriff „Vorratsinvestition" (Vorratsveränderung) meint immer Bestandsveränderungen an Vorräten (Waren, unfertige und fertige Erzeugnisse, Roh-, Hilfs- und Betriebsstoffe). Wenn die Vorratsinvestitionen gleich null sind, bedeutet das nicht, dass die Unternehmen nichts in die Vorräte investiert hätten. In diesem Fall ist in der betrachteten Periode (z. B. ein Jahr) lediglich der Zu- und Abgang (bei konstanten Preisen) gleich hoch. Vorratsinvestitionen können auch negativ sein. In diesem Fall wurden mehr Vorräte abgesetzt als eingekauft bzw. neu produziert.
Sind die Anlageinvestitionen negativ, ist in einer bestimmten Periode ein Teil der Ersatzinvestitionen unterlassen worden.

Unternehmen investieren nicht, um Arbeitsplätze zu schaffen. Unternehmen investieren nur, wenn es sich lohnt, wenn also die Geschäftserwartungen gut sind und Gewinne in Aussicht stehen. Es gibt somit eine enge Verknüpfung von Konjunkturlage, Investitionsklima und Arbeitsplätzen. Läuft es mit der Wirtschaft reibungslos und sind zufrieden stellende Überschüsse zu erwarten, dann stecken die Unternehmen auch mehr Geld in neue Maschinen, Anlagen und Gebäude. Dann wächst – allerdings mit einer gewissen zeitlichen Verzögerung – auch die Zahl der Arbeitsplätze. In der Flaute dagegen, wenn die Betriebe sparen und ihre Investitionslust schwindet, gehen in der Regel auch Arbeitsplätze verloren. Während der flauen Konjunktur von 1992 bis 1997 wurden rund 1,2 Millionen Arbeitsplätze abgebaut. Von 1998 bis 2001 hingegen entstanden fast 1,9 Millionen neue Jobs.

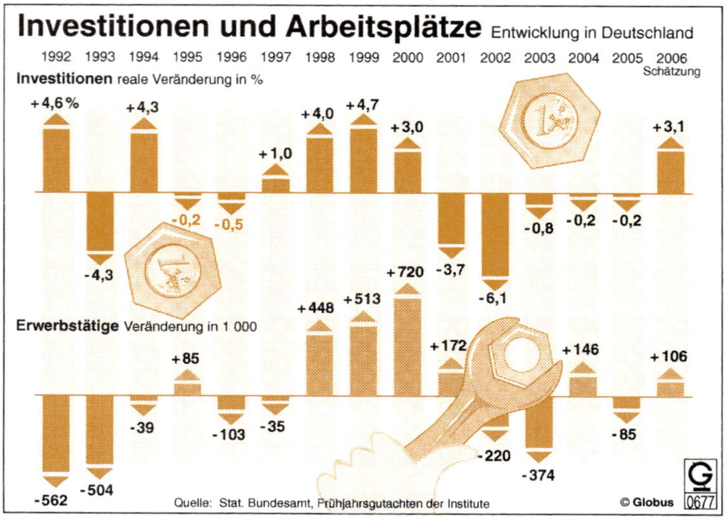

Die Bundesregierung erwartet für das laufende Jahr ein Wirtschaftswachstum von 1,7 Prozent. Damit hat sie ihre Prognose vom Herbst (1,4 Prozent) deutlich angehoben. Der Aufschwung sei robust genug, um die Mehrwertsteuererhöhung vom Jahresanfang zu verkraften, so die Bundesregierung im Jahreswirtschaftsbericht 2007. Die Arbeitslosigkeit soll der Projektion zufolge um 480 000 auf rund vier Millionen sinken und kann möglicherweise sogar die Vier-Millionen-Grenze unterschreiten. Der Aufschwung wird immer stärker von der Binnennachfrage getragen. Allerdings hält der Jahreswirtschaftsbericht auch eine schlechte Nachricht für die Verbraucher bereit: Die Teuerungsrate wird von 1,7 Prozent im Jahr 2006 auf voraussichtlich 2,3 Prozent im Jahr 2007 anziehen.

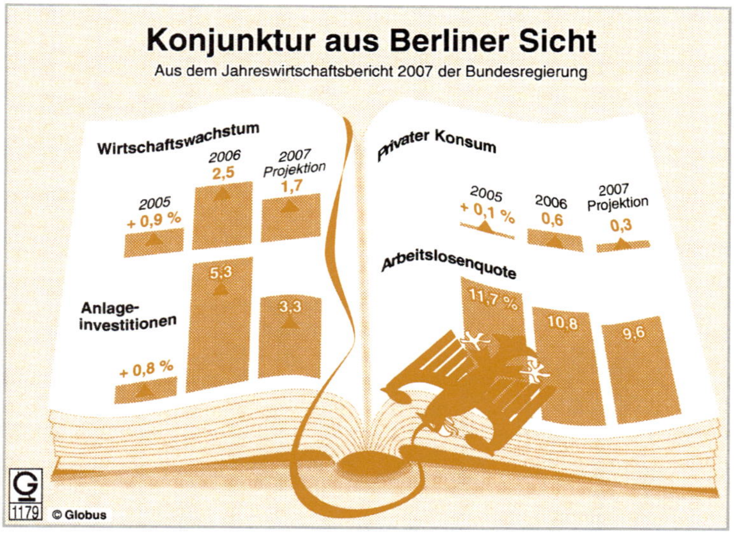

3.5 Die Produktion als Kombinations- und Substitutionsprozess

Kombinationsprozess. In den vorigen Abschnitten wurde bereits deutlich, dass die Produktion das Ergebnis eines Kombinationsprozesses von Produktionsfaktoren (kurz: „Faktoren“) ist. Ändern sich das technische Wissen und/oder die Faktorpreise, werden auch die Produktionsfaktoren ganz oder teilweise gegeneinander ausgetauscht, d.h. substituiert.

Beispiele:

Menschliche Arbeit wird durch Maschinenarbeit, Naturdünger wird durch Kunstdünger, Metall, Holz und Leder werden durch Kunststoffe, Heizöl durch Sonnenenergie ersetzt.

Substitutionsprozess. Die Wandlungen der Produktionsverhältnisse sind demnach durch ständige Substitutionsvorgänge gekennzeichnet.

Beispiel:

Das Kombinations- und Substitutionsproblem lässt sich am besten mit einer Boulding-Tabelle[1] verdeutlichen. Die Zeilen zeigen die mögliche mengenmäßige Produktion (= Ausbringung, Output) bei unterschiedlichem Einsatz (= Input) des Produktionsfaktors A (im Beispiel **A**rbeit), die Spalten die mögliche mengenmäßige Produktion bei unterschiedlichem Einsatz des Produktionsfaktors B (im Beispiel **B**oden).

Aus nebenstehender Tabelle lässt sich somit ablesen, dass z.B. beim Einsatz von vier Arbeitsstunden und sieben Feldern je Ernteperiode ein Output von 50 (im Beispiel 50 kg Spargel) erzeugt werden kann.

Ausbringung (kg Spargel)

Einsatzmenge des Produktionsfaktors B (Anzahl der Felder)										
10	25	40	50	58	66	74	81	89	95	100
9	24	39	49	56	63	70	78	84	90	95
8	23	38	48	53	60	68	74	80	85	89
7	22	37	46	50	57	64	70	74	75	81
6	21	35	43	47	54	60	66	70	72	74
5	20	33	40	44	50	55	59	63	65	66
4	18	29	36	40	44	50	52	54	57	58
3	16	25	30	33	37	40	43	46	48	50
2	13	20	23	25	28	30	33	36	38	40
1	10	13	15	17	19	21	22	23	24	25
Einsatzmenge des Produktionsfaktors A (Arbeit in Stunden)	1	2	3	4	5	6	7	8	9	10

Welche Kombination der landwirtschaftliche Betrieb tatsächlich wählt, hängt von den Faktorpreisen ab. Setzt sich der Betrieb z.B. zum Ziel, 50 kg Spargel zu produzieren, könnte er – falls er die Kosten[2] außer Betracht lässt – folgende Faktorkombinationen wählen:

Arbeit in Stunden:	3	4	5	6	10
Zahl der Felder:	10	7	5	4	3

Beträgt der Stundenlohn 10,00 GE und die Pacht je Feld 15,00 GE, erhält man folgende Werte:

Arbeitskosten (Löhne):	30,00	40,00	50,00	60,00	100,00
Pacht:	150,00	105,00	75,00	60,00	45,00
Gesamtkosten:	180,00	145,00	125,00	120,00	145,00

1 Vgl. Woll, A.: Allgemeine Volkswirtschaftslehre, 4. Auflage 1974, S. 113.

2 Kosten = Faktoreinsatzmengen · Preise.

4 Richard/Hartmann/Boller – ISBN 987-3-8120-0173-1

Bei einem Stundenlohn von 10,00 GE und einer Pacht von 15,00 GE je Feld wird der Betrieb die Faktorkombination **sechs** Arbeitsstunden und **vier** Felder wählen, weil dies die kostengünstigste Faktorkombination ist, um 50 kg Spargel zu erzeugen.

Steigen die Löhne bei gleich bleibender Pacht auf 20,00 GE, wird der Produktionsfaktor Arbeit im Verhältnis zum Produktionsfaktor Boden teurer. Deswegen wird Arbeit durch Boden *substituiert*, wenn der Betrieb nach dem ökonomischen Prinzip (hier nach dem Minimalprinzip) handelt.

Arbeitskosten (Löhne):	60,00	80,00	100,00	120,00	200,00
Pacht:	150,00	105,00	75,00	60,00	45,00
Gesamtkosten:	210,00	185,00	175,00	180,00	245,00

Minimalkostenkombination. Die kostengünstigste Faktorkombination besteht jetzt aus dem Arbeitseinsatz von **fünf** Stunden (5 · 20,00 GE) und **fünf** Feldern (5 · 15,00 GE).

Substitutionale Produktionsfaktoren. Produktionsfaktoren können austauschbar (substituierbar) sein. Eine Verminderung der aufgewendeten Arbeitszeit bei gleichzeitiger Vermehrung des bebauten Bodens (und umgekehrt) führt z. B. zu gleich bleibender Produktmenge. Eine völlige Substituierbarkeit von Arbeit und Boden ist nicht möglich: Arbeit ohne Boden kann ebenso wenig wie Boden ohne Arbeit einen landwirtschaftlichen Ertrag hervorbringen. Die Substitution ist nur innerhalb gewisser Grenzen möglich.

Limitationale Produktionsfaktoren. Der Fall, dass zwei oder mehrere Produktionsfaktoren nicht oder nur sehr schwer austauschbar sind, ist häufiger (limitationale Produktionsfaktoren). Man denke nur an die industrielle Produktion, in der beispielsweise eine Maschine so konstruiert sein kann, dass sie von einer Person bedient werden muss. Eine Substitution „Maschine – Mensch" ist in diesem Fall ausgeschlossen.

Beispiel:

Der Freiburger Kurierdienst „Blitz-Bike GmbH" hat sich auf den Transport von Briefen und Paketen mit einem Gewicht zwischen 100 und 2000 Gramm im innerstädtischen Bereich mittels Fahrrad spezialisiert. Die Transportdienstleistung wird in Anlehnung an die Geschäftszeiten der Kunden täglich zwischen 8:00 und 17:00 Uhr angeboten. Den Fahrern stellt das Unternehmen neben wetterfester Kleidung auch jeweils ein hochwertiges Spezialfahrrad zur Verfügung. Ein Fahrer schafft pro Arbeitstag im Durchschnitt die Abwicklung von ca. 25 Transportaufträgen.

Zur Produktion der Unternehmensleistung ist also der Einsatz beider Produktionsfaktoren – der Fahrer als Produktionsfaktor Arbeit sowie der Fahrräder als Produktionsfaktor Kapital – erforderlich. Dabei stehen diese beiden Faktoren in einem festen Verhältnis zueinander; pro Fahrer wird ein Fahrrad benötigt. Eine Substitution der Produktionsfaktoren ist nicht möglich. Will das Unternehmen seine „Ausbringungsmenge" von derzeit ca. 100 Transportleistungen täglich ausweiten, so muss es neben weiteren Fahrern auch die gleiche Anzahl von zusätzlichen Fahrrädern anschaffen. Mit zunehmender Ausbringungsmenge kommt es zu einem **proportionalen** Anstieg der beiden Einsatzfaktoren.

Das Verhältnis zwischen den eingesetzten Produktionsfakoren (Input in Form von Arbeit und Kapital) sowie den hergestellten Leistungen (Output in Form von Transportleistungen) verdeutlicht nachfolgende Tabelle.

Einsatz der Produktionsfaktoren Arbeit und Kapital	Ausbringungsmenge (Stück Transportleistungen)
1 Fahrer – 1 Fahrrad	25
2 Fahrer – 2 Fahrräder	50
3 Fahrer – 3 Fahrräder	75
4 Fahrer – 4 Fahrräder	100
5 Fahrer – 5 Fahrräder	125
6 Fahrer – 6 Fahrräder	150
7 Fahrer – 7 Fahrräder	175
8 Fahrer – 8 Fahrräder	200
.	.
.	.
.	.

Den Zusammenhang zwischen hergestellter Gütermenge (= Output) und der Menge der in den Produktionsprozess eingehenden Produktionsfaktoren (= Input) beschreibt die so genannte Produktionsfunktion.

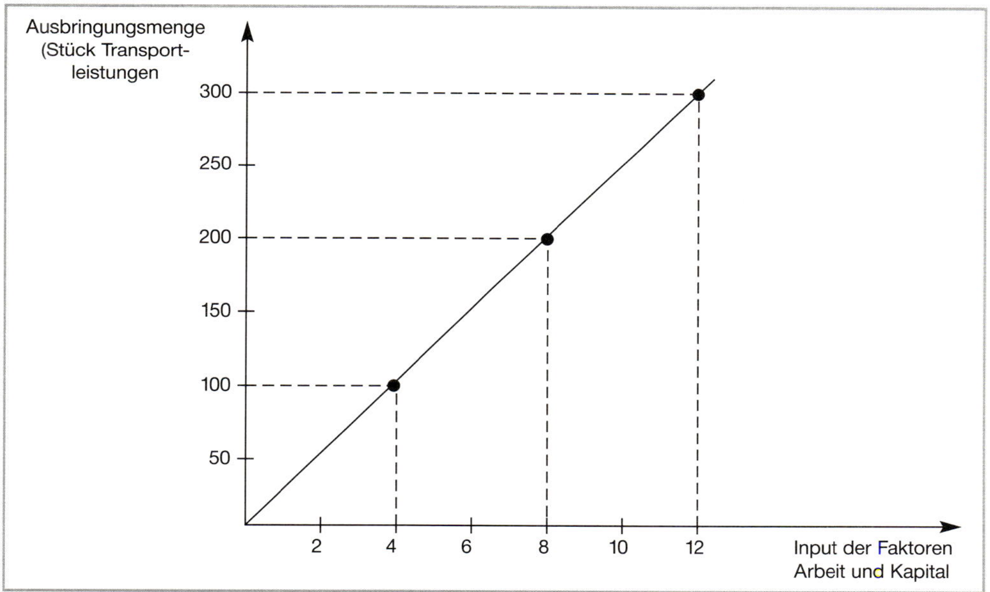

Abbildung: Verlauf der limitationalen Produktionsfunktion im obigen Beispiel

Wiederholungs- und Vertiefungsaufgaben zu Kapitel 3

1. Vergleichen Sie die Produktionsfaktoren Arbeit, Natur (Boden) und Kapital mit dem System der produktiven Faktoren nach Gutenberg!

2. Warum bezeichnet man Kapital als derivativen Produktionsfaktor?

3. Nennen Sie Aufgabenbereiche des „dispositiven Faktors“!

4. Wovon ist die Qualität des Produktionsfaktors Arbeit abhängig?

5. Welche Arten der Arbeit unterscheidet man?

   Ordnen Sie jeder Arbeitsart ein selbst gewähltes Beispiel zu!

6. Aus der WAZ (Westdeutsche Allgemeine Zeitung):

   „Ein komplizierter Wirtschaftsapparat sowie zunehmende Automatisierung und technischer Fortschritt erfordern einerseits mehr Planung und Kontrolle, Verwaltungsarbeit und Dienstleistungen, andererseits aber immer weniger Handarbeit.“

   Deuten Sie die vorstehende Notiz!

   Untersuchen Sie den möglichen Einfluss, den die Änderungen auf die Qualität des Produktionsfaktors Arbeit haben können!

7. Nennen Sie Beispiele für den Produktionsfaktor Natur!

8. Warum wird heute meist vom Produktionsfaktor Natur und nicht vom Produktionsfaktor Boden gesprochen?

9. Ein Landwirt ernährte in Polen sechs Menschen, in der UdSSR zehn Menschen, in Frankreich 36 Menschen, in der Bundesrepublik Deutschland 37 Menschen, in England 62 Menschen und in den USA 70 Menschen.

   Erklären Sie die unterschiedliche Leistungsfähigkeit der Landwirtschaft in den verschiedenen Ländern! Denken Sie daran, dass es mehrere Ursachen geben kann!

10. Von welchen Überlegungen hängt die Standortwahl eines Betriebes (u. a.) ab? Nennen Sie Beispiele!

11. Nennen Sie Beispiele für rohstoff- und absatzorientierte Betriebe!

12. Was will René Dubois mit Blick auf den Produktionsfaktor Natur mit folgendem Ausspruch sagen: „Wir benutzen die Erde, als wären wir die letzte Generation.“

13. Herbert Gruhl schrieb 1975 in seinem Buch „Ein Planet wird geplündert – die Schreckensbilanz unserer Politik“:[1] »Dass die Rohstoffe als freie Güter angesehen wurden, hielt jedermann für richtig; denn sie waren ja von der Natur ‚geschenkt‘. Ihr Abbau und ihre Verarbeitung kosteten in den ersten Jahrhunderten der Nutzung auch so viel Schweiß und Mühe, dass niemand solche Unternehmungen begonnen hätte, wenn auch noch große Summen allein für den Erwerb des Rohstoffes aufzubringen gewesen wären. So ergab es sich, dass der Eigentümer des jeweiligen Grund und Bodens nur ein kleines Entgelt für die Schürfrechte bekam, das in der Höhe etwa dem Ertrag der benötigten Fläche bei ihrer landwirtschaftlichen Nutzung entsprach, also sehr niedrig war. In der Bundesrepublik Deutschland betrug der Förderzins 1973 für Erdgas und Erdöl 5 % des Bruttoerlöses abzüglich der Manipulationskosten. Für den Steinkohleabbau wird gar nichts gezahlt.«

1 Gruhl, H.: Ein Planet wird geplündert. Die Schreckensbilanz unserer Politik, 1976, S. 71f.

a) Begründen Sie mit eigenen Worten, warum der Produktionsfaktor Natur bislang weitgehend als „Gratisfaktor“ betrachtet wurde!

b) Überlegen Sie sich Maßnahmen, wie der Raubbau an der Natur gebremst werden kann!

14. Bayreuth (AP/dpa). Die Grünen wollen durch Umweltabgaben in Höhe von rund 69,5 Mrd. Euro pro Jahr im vereinigten Deutschland eine vorrangig ökologisch orientierte Produktion durchsetzen. Zum Abschluss eines eintägigen Kongresses zum Umbau der Industriegesellschaft in Ost und West in Bayreuth riefen sie zugleich zum ökologischen Umbau der Wirtschaft auf. Dieser Umbau sei kein Luxus, sondern ein Zwang, um die Lebensgrundlagen auch für die Zukunft zu sichern, sagte der Berliner Wirtschaftswissenschaftler Martin Jänicke …

In ihrem auch mit Blick auf die deutsche Vereinigung aktualisierten Umbauprogramm von 1986 schlagen die bundesdeutschen Grünen unter anderem vor, neben Abgaben auf den Ausstoß von Luftschadstoffen und alle Verpackungen außer Mehrwegflaschen auch die Mineralölsteuer um 0,51 Euro pro Liter anzuheben. Allein durch die höhere Kraftstoffsteuer könnten in der heutigen Bundesrepublik im Jahr 23 Mrd. Euro zusätzlich eingenommen werden. Diese Abgabe solle vorrangig für die neuen fünf Bundesländer verwendet werden, sagte Verheyen. Dörfler kritisierte bundesdeutsche Pläne, in stark belasteten DDR-Regionen wie Bitterfeld zwar die Umwelt schädigende Produktion stillzulegen, unter Hinweis auf die nötigen Arbeitsplätze dort aber Müllverbrennungsanlagen zu planen …

Verheyen sagte, angesichts der für 1991 befürchteten zwei Mio. Arbeitslosen auf dem Gebiet der ehemaligen DDR zeige sich auch für die Menschen dort, dass „Marktwirtschaft nicht die Wunderdroge ist“. Durch die sozialen Probleme seien die Grünen mit ihrer Forderung nach Vorrang des Umweltschutzes kurzfristig zurückgeworfen worden. Mittelfristig aber gebe es die Chance, über die Ökologie „in einer ganz neuen Weise“ zu reden.[1]

a) Nennen Sie die im Text genannten Umweltsteuern bzw. -abgaben!

b) Überlegen Sie, welche gesamtwirtschaftlichen und ökologischen Folgen durch die Einführung dieser „Ökosteuern“ eintreten können!

15. Erläutern Sie nachstehendes Bild:

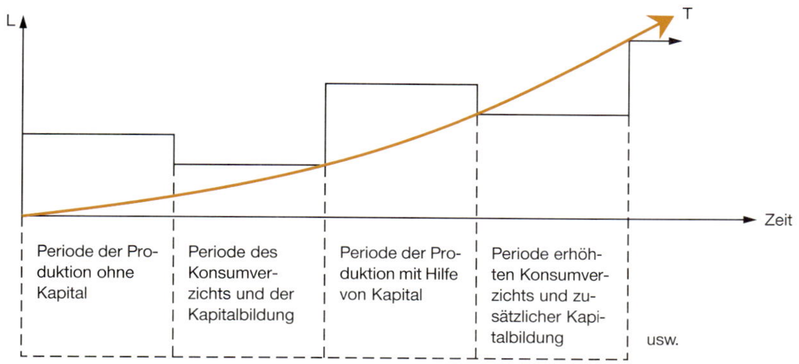

L = Menge und Qualität der erzeugten Konsumgüter (= materieller Lebensstandard)
T = durchschnittliches Wachstum der Wirtschaft (Trend)

16. Welche Voraussetzungen müssen für die güterwirtschaftliche und geldwirtschaftliche Kapitalbildung gegeben sein?

17. Unterscheiden Sie Sparen und Horten!

18. Wodurch kann der Sparwille beeinflusst werden?

1 Quelle: Badische Zeitung vom 24. September 1990. Ursprüngliche DM-Beträge in Euro umgerechnet.

19. Hat Sparen bei steigender Geldentwertung noch einen Sinn?

20. Man unterscheidet freiwilliges Sparen und Zwangssparen.

Worum handelt es sich in den folgenden Fällen?

a) Private Haushalte verwenden einen Teil ihrer Einkommen zum Erwerb neu emittierter Wertpapiere.

b) Bei konstantem Einkommen sind die privaten Haushalte aufgrund gestiegener Preise nicht mehr in der Lage, die gleiche Menge von Gütern zu konsumieren. Die Konsumausgaben bleiben nominal konstant.

c) Bei konstantem Einkommen haben die privaten Haushalte zur Finanzierung staatlicher Investitionen mehr Einkommensteuer zu zahlen.

21. Erläutern Sie an einem Beispiel den Kapitalverwertungsprozess im Unternehmen!

22. Bearbeiten Sie mit Hilfe der unten stehenden Tabelle die folgenden Aufgaben:

Verfügbares Einkommen und Sparen der privaten Haushalte – Angaben in Mio. Euro –

Jahre	00	01	02
Bruttolöhne und -gehälter	885,2	904,14	910,77
Sozialbeiträge der Arbeitgeber	214,76	217,76	220,23
Verfügbares Einkommen	1 310,38	1 359,00	1 365,28
Sparen	129,25	141,03	146,34

a) Wie viel Prozent beträgt der Anteil der Sozialbeiträge am Bruttoverdienst im Jahre 00 gegenüber 02?

b) Ermitteln Sie die prozentuale Veränderung der Sparquote der privaten Haushalte im Jahre 02 gegenüber 00!

c) Welche Erklärung gibt es für diese Entwicklung?

23. Das Statistische Amt eines Landes ermittelte u.a. folgende Zahlen:

Anlageinvestition: 18 Mrd. GE

Reinvestition: 15 Mrd. GE

Vorratsveränderung: + 2,4 Mrd. GE

Berechnen Sie die Höhe der

a) Nettoinvestitionen und

b) der Bruttoinvestitionen!

24. Errechnen Sie die fehlenden Größen:

Kapitalstock Jahresanfang	Bruttoanlageinvestitionen	Wertminderung während des Jahres	Nettoinvestitionen	Kapitalstock Jahresende
a) 3 200 GE	250	?	130	?
b) 2 300 GE	?	80	?	2 370
c) 4 850 GE	700	850	?	4 700

Interpretieren Sie die Zahlen!

25. Die Bilanzen von zwei aufeinander folgenden Jahren und die Ergebnisrechnungen weisen die nachstehenden Werte in GE aus:

Bilanz

Aktiva	Jahr 01	Jahr 02	Passiva	Jahr 01	Jahr 02
Anlagen	900	990	Eigenkapital	1 370	1 590
Vorräte	280	350			
Kasse	190	250			
	1 370	1 590		1 370	1 590

G+V

Aufwendungen		Erträge	
Löhne	4 500	Umsatzerlöse	5 980
Materialverbrauch	1 000		
Abschr./Anlagen	80		
Gewinn	400		
	5 980		5 980

Anmerkung: Abschreibung erfolgt zum Jahresende 01, Wiederanlage wurde vorgenommen.

Ermitteln Sie die

a) Bruttoanlageinvestition,
b) Ersatzinvestition,
c) Erweiterungsinvestition,
d) Bruttoinvestition,
e) Nettoinvestition!

26. „Das typische Entwicklungsland lebt überwiegend von der Landwirtschaft (von bäuerlichen Zwergbetrieben in Ägypten bis zu Latifundien in Lateinamerika). Die Geräte zur Bodenbearbeitung stammen mancherorts noch aus der Zeit vor Erfindung des Pfluges und des Rades (Afrika). Es gibt kaum Düngemittel oder wechselnde Fruchtfolge zur besseren Ausnutzung des Bodens.

Die Art der Wirtschaft bringt bei hohem Arbeitsaufwand nur geringen Ertrag. Man produziert für den eigenen Bedarf oder die nächste Umgebung. Arbeitsteilung und Produktion für den anonymen Markt sind kaum entwickelt. Ähnliches gilt für das Handwerk, das ohne Maschinen arbeitet, dafür aber oftmals reiche künstlerische Tradition besitzt … Der statischen, d.h. immer auf gleicher Produktionshöhe bleibenden Wirtschaft steht eine beinahe explosionsartige Bevölkerungszunahme gegenüber …“

a) Welche Gründe werden in dem Textauszug für den geringen Ertrag der Wirtschaft von Entwicklungsländern angeführt?
b) Warum ist der Maschineneinsatz gering?
c) Was soll die Entwicklungshilfe bewirken?

Nehmen Sie zu diesen Fragen ausführlich Stellung! Verwenden Sie Ihr Wissen über die Produktionsfaktoren!

27. Unterscheiden Sie

a) Limitationale Produktionsfaktoren – substitutionale Produktionsfaktoren
b) Horten – Sparen
c) Arbeitslose – Berufslose
d) Kapitalbegriff, betriebswirtschaftlich – Kapitalbegriff, volkswirtschaftlich!

28. Erklären Sie den Satz: „Die Produktion ist das Ergebnis einer sinnvollen Kombination der Produktionsfaktoren!“

29. In der Tabelle auf S. 49 (Kap. 3.5) wird gezeigt, mit welchen Faktorkombinationen ein Landwirt eine bestimmte Menge Spargel erzeugen kann.

a) Mit welchen Faktorkombinationen kann der Landwirt jeweils 40 kg Spargel erzeugen?

b) Angenommen, der Landwirt setzt sich zum Ziel, 40 kg Spargel zu erzeugen. Die Arbeitskosten betragen 20,00 GE je Stunde, die Pacht beläuft sich auf 15,00 GE je Feld. Welche Faktorkombination wird der Landwirt wählen, wenn er nach dem ökonomischen Prinzip („ein bestimmter Erfolg soll mit möglichst geringem Mitteleinsatz erreicht werden – Sparprinzip") handelt, also die Minimalkostenkombination sucht?

c) Inwieweit kann dieses einfache Modell zeigen, dass relativ steigende Arbeitskosten zur Substitution von Arbeit durch andere Produktionsfaktoren (z. B. Boden oder Kapital) führen?

30. Die Herstellung von Kreissägen ist mit folgenden Faktorkombinationen möglich:

Faktor-kombinationen:	Faktormenge:		Kosten der Faktorkombination:
	Arbeit 15 EUR/Einheit	Kapital 8 EUR/Einheit	
I	15	2	?
II	10	5	?
III	5	10	?
IV	2	15	?

a) Für welche Faktorkombination wird sich der Betrieb entscheiden?

b) Bezeichnen Sie diese Kombination mit dem volkswirtschaftlichen Fachausdruck!

31. In der Wochenzeitung DIE ZEIT wurde zum Artikel „Der Brötchenkrieg" folgende Grafik publiziert:

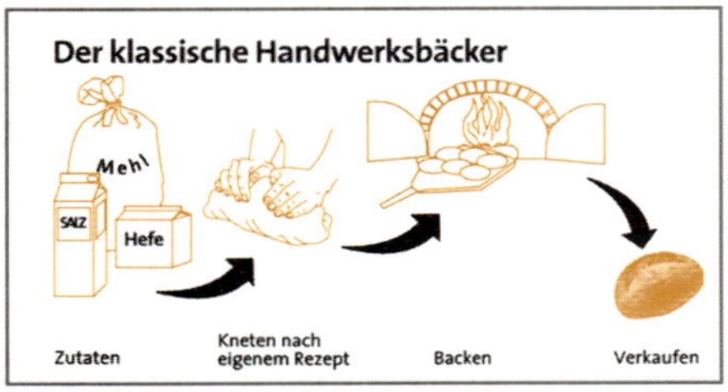

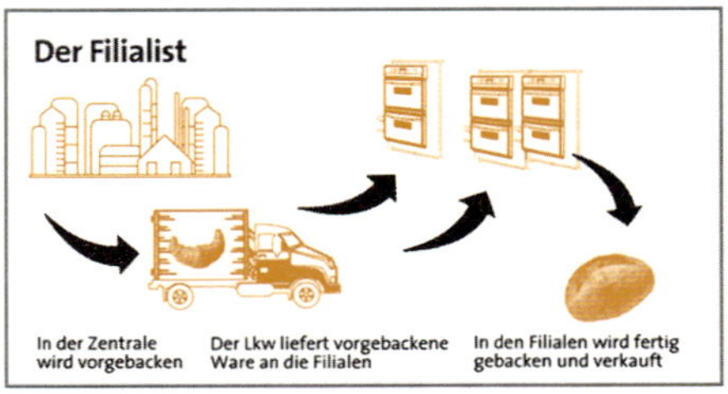

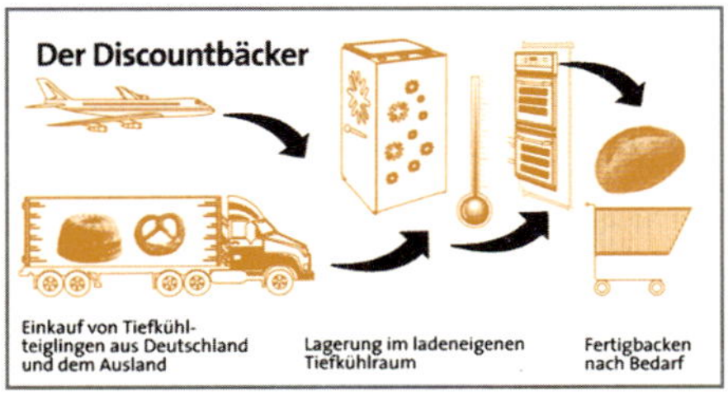

Werten Sie diese Grafik nach folgenden Gesichtspunkten aus:

a) Geben Sie an, welche Produktionsfaktoren bei den Produktionsprozessen (Handwerksbäcker, Filialist, Discountbäcker) eingesetzt werden! (Nennung der konkreten Faktoren.)

b) Kennzeichnen Sie die Veränderungen des Faktoreinsatzes in den Produktionsprozessen:
   - ba) Arbeit (Qualität, Quantität);
   - bb) Kapital;
   - bc) Standortboden!

c) **Textauszug 1:**

> Palettenweise kommen die kalten Minisemmeln vom Lastwagen, 80 Plastikbeutel à 155 Stück. Und das sind nur die Brötchen. Fast alles gibt es heutzutage aus dem Eisschrank, Vanilleteilchen, Schokohörnchen, Nussecken, Rosinenschnecken. Kirmaier berichtet von „Fabriken, die 60 000 Croissants pro Stunde herstellen. Da laufen keine Bäcker mehr rum – sondern Menschen mit Mundschutz und Stethoskop, die die Maschinen abhören, ob innen was hakt."

Textauszug 2:

> Der Bäckerverband will die Discounter daher nicht mit juristischen Mitteln stoppen, sondern mit einer Werbeaktion, die Ende September starten soll. Auf das bewährte Schlagwort der „Massenbrothaltung" – das schon im Kampf gegen Supermarktware herhalten musste – will man allerdings verzichten. „Die neue Kampagne", sagt Hauptgeschäftsführer Groebel, „wird etwas dezenter." Der Kampf gegen die Discounter wird hart - weil die Deutschen ein Volk von Pfennigfuchsern sind. „Der Preis wirkt immer stärker. Für immer mehr Menschen ist er der wichtigste Faktor beim Kauf", sagt Handelsberater Hecking. Gerade mal elf Prozent seines Budgets gibt ein Haushalt für Nahrungsmittel und alkoholfreie Getränke aus. In der Europäischen Union sind bloß Holländer, Luxemburger und Briten sparsamer.

Auf welche „Strategien" setzen die Kontrahenten im „Brötchenkrieg"?

4 Die Verteilung des Produktionsergebnisses

4.1 Die Entlohnung der Produktionsfaktoren

4.1.1 Die ursprünglichen Einkommen

Zur Durchführung einer Produktion benötigt man Produktionsfaktoren. Sie müssen von den Unternehmern auf den Faktormärkten erworben werden. Die Entgelte, die gezahlt werden müssen, stellen für die Unternehmen bei Nutzung der Faktoren im Produktionsprozess Kosten dar. (Kosten = in Geld gemessener Verzehr von Gütern zur Produktion von Gütern.)

Die Inhaber der Produktionsfaktoren erzielen durch die Zurverfügungstellung der Faktoren Einkommen.

Einkommen, die unmittelbare Entgelte für die Produktionsfaktoren darstellen, bezeichnet man als ursprüngliche Einkommen. Die Zahlung der Einkommen erfolgt aufgrund von Verträgen (Arbeitsverträge u. a.). Es handelt sich um Kontrakteinkommen (Kontrakte = Verträge).

Ursprüngliche Einkommen (= Kontrakteinkommen) sind:
Lohn, Zins und Grundrente.

4.1.1.1 Lohn

Begriff. Alle Arbeitseinkommen von abhängig Beschäftigten bezeichnet man in der Volkswirtschaftslehre als Lohn. Die Statistik spricht vom Arbeitnehmerentgelt.

Nominallohn und Reallohn. Das zu zahlende Arbeitsentgelt wird in Geldeinheiten ausgedrückt. Die Tarifpartner vereinbaren den Nominallohn (= in Geld ausgedrückter Lohn). Ihm steht der Reallohn (= in Kaufkraft ausgedrückter Lohn) gegenüber, das tatsächliche Einkommen des Arbeiters. Er gibt an, in welchem Maße der Nominallohn zur Bedürfnisbefriedigung ausreicht, welche Kaufkraft der Nominallohn besitzt. Die Höhe des Reallohns bestimmt den Umfang der Bedürfnisbefriedigung und die Höhe des individuellen Lebensstandards.

Naturallohn (= in Konsumgütern bezahlter Lohn) ist heute selten geworden. Er kommt z. B. in der Landwirtschaft in der Form des Deputats noch vor.

Je nach der Berechnungsart des Lohnes unterscheidet man verschiedene Lohnformen.

Lohnformen					
Lohnform	**Bemessungsgrundlage**	**Berechnung**	**Vorteile**	**Nachteile**	**Anwendungsbereiche**
Zeitlohn	Dauer der geleisteten Arbeitszeit.	Bruttolohn = Zeit x Lohnsatz – Stunde – Tag – Woche – Monat	Einfache Lohnabrechnung. Qualitätslohn. Schutz der Arbeitskräfte vor zu hohem Arbeitstempo.	Risiko der Arbeitsergiebigkeit liegt beim Betrieb. Kein Anreiz zur Leistungssteigerung.	Dispositive Tätigkeiten. Arbeiten, die Aufmerksamkeit, Sorgfalt und Qualität erfordern. Arbeiten mit vorgegebenem Arbeitstempo. Unregelmäßig auszuführende Arbeiten (Büroarbeiten, Fließbandarbeiten u. a.)
Akkordlohn	**Geldakkord** Festlegung eines bestimmten Lohnsatzes (in Geld) für eine bestimmte Arbeitsleistung.	Bruttolohn = Stückzahl x Lohnsatz	Anreiz zur Mehrleistung. Leistungsabhängige Lohnform.	Voraussetzungen für Akkord müssen gegeben sein. Genaue Festsetzung der Vorgabezeiten. Erhöhter Verschleiß an Betriebsmitteln. Übersteigerung des Arbeitstempos mit Gefahr gesundheitlicher Schädigung des Arbeitenden.	Voraussetzungen für Akkordlohn: Meßbares Ergebnis, gleichförmige Tätigkeiten, ungefährliche Arbeit, ausgereiftes Produktionsverfahren.
	Zeitakkord Festlegung von Vorgabezeiten für eine Arbeit. Unterschreitung dieser Zeit bringt Mehrverdienst.	Bruttolohn = Stückzahl x Stückzeit x Minutenfaktor (vergütet wird eine bestimmte Zeit pro Stück)			
Prämienlohn	Unterschiedliche Bezugsgrößen, z. B. ➢ Kostenersparnisse, ➢ Leistung.	Zeitlohn oder Akkordlohn + Prämie (gem. Bezugsgröße)	Steigerung der Arbeitsqualität und -ergiebigkeit. Schonung von Betriebsmitteln, Einsparung von Hilfs- und Betriebsstoffen.	Festlegung geeigneter Bezugsgrößen ist schwierig.	Weit gestreute Anwendungsbereiche u. a.: Verkaufsprämien (Automobilverkauf). Prämien für Materialeinsparungen oder Einhaltung von Terminen.

Arbeitsleistungen in verschiedenen Branchen und Betrieben sind nicht miteinander vergleichbar. Sogar die Bewertung der Leistungen innerhalb eines Betriebs ist auf Grund verschiedenartiger Anforderungen häufig sehr schwer. Um nach Möglichkeit zu einer möglichst gerechten und überschaubaren Lohnermittlung zu kommen, versucht man, durch Bewertung eines jeden Arbeitsplatzes nach bestimmten Kriterien eine gewisse Transparenz zu schaffen. Dabei gibt es eine ganze Reihe verschiedener Vorgehensweisen.

Lohnfindung auf der Grundlage einer analytischen Arbeitsplatzbewertung (Beispiel)

Genfer Schema			
Hauptmerkmal	Anforderungsart	Intensität	Gewichtungsziffer
I. Fachkenntnisse	Berufsausbildung/ Berufserfahrung	Kurze Anweisung	0
		Anweisung bis 6 Wochen	1
		Anlernen bis 6 Monate	2
		Anlernen mind. 6 Monate + zusätzl. Berufserfahrung	3
		abgeschlossene Anlernausbildung + zusätzl. Berufserfahrung	4
		abgeschlossene Facharbeiterausbildung	5
		abgeschlossene Facharbeiterausbildung + besondere Berufserfahrung	6
		abgeschlossene Facharbeiterausbildung + höchstes fachliches Können	7
II. Geschicklichkeit	Handfertigkeit	keine	0
		gering	1
		mittel	2
		hoch	3
		höchste	4
III. Anstrengung	a) Körperliche Beanspruchung	gering	1
		zeitweise mittel	2
		dauernd mittel	3
		dauernd hoch	4
		dauernd sehr hoch	5
		dauernd außergewöhnlich	6
	b) Geistige Beanspruchung	gering ... bis dauernd außergewöhnlich	0 ... 5
IV. Verantwortung	a) für Werkstück für Betriebsmittel	gering ... bis sehr hoch	0 ... 3
	b) für Arbeitsgüte	gering ... bis ganz außergewöhnlich	0 ... 4
	c) für Gesundheit anderer	gering ... bis sehr hoch	0 ... 3
V. Umgebungseinflüsse	a) Temperatur b) Öl, Fett, Schmutz, Staub c) Gase ... d) Unfallgefahr e) Lärm, Blendung, Erkältung ...	jeweils gering bis hoch bzw. sehr hoch	0 ... 2 o. 3

Abb. 1: Anforderungsarten nach Genfer Schema.

Das Stufenwertzahlverfahren.

Grundlage dieses Verfahrens ist zunächst eine ausführliche Stellenbeschreibung, die einen differenzierten Katalog der einzelnen Anforderungsarten enthält. Allerdings reicht jetzt eine allgemeine Definition der Anforderungsarten nicht mehr aus: sie sind nach mehreren, wenn auch unterschiedlich vielen Intensitätsgraden, die ihrerseits mit einer entsprechenden Punktzahl (Stufenwertzahl) zu belegen sind, abzustufen. Außerdem sind die sich hieraus ergebenden Anforderungsstufen innerhalb jeder Anforderungsart noch mit zusätzlichen Erklärungen näher zu beschreiben.

Beispiel:

Die Anforderungsart „Staubbelästigung" enthält vier Anforderungsstufen (vgl. Abb. 2).

Wie sind die Stundenfaktoren zu interpretieren? Ist zum Beispiel die Staubbelästigung an einem Arbeitsplatz so hoch, dass nur mit einem Atemschutzgerät gearbeitet werden kann, und ist der Arbeitnehmer dieser Belastung am Tag 2 Stunden ausgesetzt, so wird die Stufenwertzahl 3 mit dem Stundenfaktor 1,2 multipliziert – das Ergebnis ist die Punktzahl 3,6. Bei vierstündiger Belastung würde die Stufenwertzahl mit 1,4 multipliziert; das ergäbe dann die Punktzahl 4,2.

Auf diese Weise wird nun für jeden Arbeitsplatz für jede Anforderungsart eine Punktzahl ermittelt. Die Summe der Punkte eines Arbeitsplatzes macht dann den Wert dieses Arbeitsplatzes aus.

Anforderungsart: „Staubbelästigung"								
Anforderungsstufen	Stufenwertzahl	Stundenfaktor						
		1,0	1,1	1,2	1,3	1,4	1,5	1,6
ohne Bedeutung	0		–	–	–	–	–	–
geringe Belästigung	1	1,0	1,1	1,2	1,3	1,4	1,5	1,6
mittlere Belästigung	2	2,0	2,2	2,4	2,6	2,8	3,0	3,2
hohe Belästigung, nur mit Schutzgerät	3	3,0	3,3	3,6	3,9	4,2	4,5	4,8

Abb. 2: Mit Stundenfaktor gewichtete Anforderungsstufen einer Anforderungsart.

Arbeitsplatz: Zusammenschweißen von Fahrradrahmen				
Anforderungsart	Anforderungsstufe	Stufenwertzahl	Stundenfaktor	Punkte
Berufserfahrung	abgeschl. FA-Ausbildung	5	1,4	7,0
Handfertigkeit	hoch	3	1,6	4,8
Körperliche Beanspr.	dauernd hoch	4	1,7	6,8
Geistige Beanspr.	besondere Denkfähigkeit, Arbeit nach Zeichnungen	4	1,3	5,2
Verantwortung für Arbeitsgüte	hoch	3	1,5	4,5
Schmutz	groß	2	1,7	3,4
Lärm	mittel	1	1,4	1,4
		Punktsumme		39,1

Abb. 3: Ergebnis einer Arbeitsplatzbewertung nach dem Stufenwertzahlverfahren.

Beispiel:
Der Arbeitsplatz „Zusammenschweißen von Fahrradrahmen" wurde auf der Basis des Genfer Schemas bewertet (vgl. Abb. 3). Analog werden alle übrigen Arbeitsplätze bewertet. Am einfachsten wäre es nun, die jeweils ermittelte Punktzahl direkt in Geldeinheiten umzurechnen. Das würde bedeuten, dass es in einem Betrieb so viele verschiedene Löhne gäbe wie unterschiedliche Punktsummen vorhanden sind. In der Praxis werden jedoch mehrere Punktsummen zu einer Punktspanne zusammengefasst, die dann jeweils eine Tarifgruppe darstellt (vgl. Abb. 4).

Beispiel:
Neben der ausführlichen Stellenbeschreibung liegt das Hauptproblem in der Ermittlung der Zahl der Anforderungsstufen. Daher werden in der Praxis in den Unternehmen häufig paritätisch mit Vertretern der Arbeitnehmer und des Arbeitgebers besetzte Bewertungsausschüsse, unterstützt von Arbeitsanalytikern, vom Personalleiter und von Organisationsfachleuten, gebildet. Die Analyse der einzelnen Arbeitsplätze ist sehr aufwendig. Aufgrund von Erfahrungen werden die Kosten der Arbeitsbewertung mit circa 2 bis 5% der jährlichen Lohn- und Gehaltssumme beziffert.

Tarifgruppe	Punktspanne	Lohnhöhe
1	0 – 25	2000,00
2	26 – 50	2200,00
3	51 – 75	2400,00
4	76 – 100	2600,00
5	101 – 125	2800,00
usw.		

Abb. 4: Tarifgruppen aufgrund von Punktspannen.

Quelle: Industriekaufmann 6/1989.

4.1.1.2 Zins

Der Zins ist Entgelt für die Kapitalnutzung. Er ist ein Besitzeinkommen.

Originärer (ursprünglicher) Zins ist das Einkommen, das einem Kapitaleigentümer zufällt, wenn er sein Kapital selbst im eigenen Unternehmen einsetzt. Voraussetzung für seine Entstehung ist, dass durch den Kapitaleinsatz ein Ertrag erzielt wird.

Leihzins ist das Einkommen, das ein Kapitaleigentümer bezieht, wenn er sein Kapital (Geld- oder Realkapital) einem anderen zur Verfügung stellt.

Der Leihzins bildet sich auf dem Markt. Seine Höhe richtet sich u. a. nach Angebot und Nachfrage von Leihkapital. Leihkapital wird auf einer Reihe von Teilmärkten gehandelt, z. B. auf dem Geldmarkt (kurzfristige Gelder) und Kapitalmarkt (langfristige Gelder). Entsprechend unterscheidet man Geldmarktzins und Kapitalmarktzins (vgl. Kapitel 7.1.2.3).

Durchschnittlicher Kapitalzins und durchschnittlicher Leihzins sind selten gleich hoch. Dennoch sind ihre Durchschnittshöhen interdependent (= voneinander abhängig). So wird ein Unternehmer beispielsweise nur so lange investieren, wie seine Rendite (Verzinsung aus der Investition) mindestens so hoch ist wie der Geldzinssatz. Steigende Absatzpreise erhöhen somit – unter sonst gleichen Bedingungen – die Rentabilität des Sachkapitals (das Kapitaleinkommen) und umgekehrt.

Produktivzins und Konsumtivzins. Diese Unterscheidung richtet sich nach der Verwendung, der das Leihkapital zugeführt wird, für das der Zins gezahlt wird.

Wird das Leihkapital im Unternehmen verwendet, also zu produktiven Zwecken genutzt, wird als Entgelt für die güterwirtschaftliche Mehrleistung ein Produktivzins gezahlt.

Wenn Leihkapital zu konsumtiven Zwecken genutzt wird (z. B. Teilzahlungskredite), stellt der Konsumtivzins das Entgelt für die Überlassung von Kaufkraft dar. Die dem Schuldner überlassene Kaufkraft bringt ihm Nutzen (Er kann sofort über Konsumgüter verfügen!), für den er eine Vergütung in Form des Zinses zu entrichten hat.

Soll- und Habenzinsen sind für die Kreditinstitute die Zinsen, die sie im Aktivgeschäft vereinnahmen (Zinserträge) und im Passivgeschäft zu entrichten haben (Zinsaufwendungen). Die Differenz zwischen Zinsaufwendungen und Zinserträgen stellt die Zinsspanne der Kreditinstitute dar.

Übersicht: Arten des Zinses

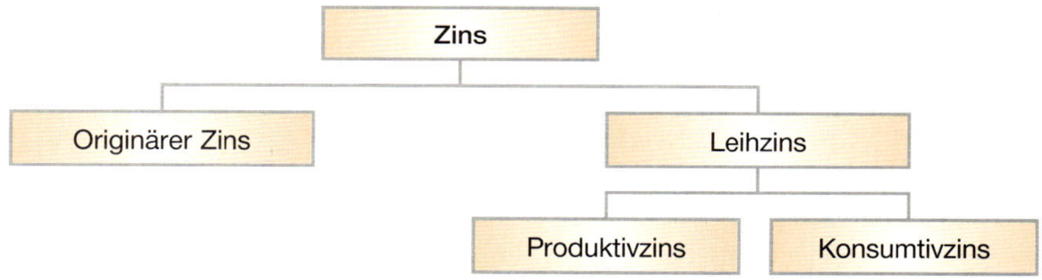

4.1.1.3 Grundrente

Die Grundrente (absolute Grundrente) stellt das Entgelt für die Überlassung des Produktionsfaktors Boden dar.

Die Erklärung für die Entstehung der absoluten Grundrente ist darin zu suchen, dass der Boden knapp ist. Auch weniger fruchtbarer Boden – z. B. in der Landwirtschaft – muss zur Deckung der Nachfrage herangezogen werden. Der schlechteste Boden, dessen Nutzung zur Bedarfsdeckung noch erforderlich ist, ist der Grenzboden. Der Preis, den er erzielt, ist die absolute Grundrente.

Bodenbesitzer, die über eine bessere Bodenqualität verfügen, erhalten höhere Bodeneinkommen, weil ihre Produktionskosten geringer sind. Sie erzielen einen Mehrertrag, den man als Differenzialgrundrente bezeichnet.

Die Differenzialgrundrente tritt in drei Arten auf, nämlich als

- **Qualitätsrente:** Bei gleichem Einsatz von Arbeit und Kapital kann ein Boden gegenüber einem anderen einen Mehrertrag erbringen, wenn die Bodenqualität besser ist.
- **Lagerente:** Eine Lagerente kann durch die unterschiedliche Höhe der Transportkosten zum Absatzmarkt entstehen. Der Eigentümer des näher am Markt liegenden Bodens erzielt einen Mehrertrag, weil er bei gegebenem Marktpreis niedrigere Transportkosten aufwenden muss.
- **Intensitätsrente:** Geht man von gleicher Bodenqualität aus, so erzielt der Boden, der intensiver bewirtschaftet wird, einen Mehrertrag durch stärkeren Einsatz von Arbeit und Kapital.[1]

Die genannten Arten der Differenzialgrundrente können als *landwirtschaftliche* oder *städtische Grundrente* auftreten. Die oben gegebenen Erklärungen sind auf die landwirtschaftliche Qualitäts-, Lage- und Intensitätsrente bezogen.

Die städtische Bodenrente entsteht aus der Nutzung des Bodens als Baugrund:

- **Qualitätsrente:** Eine Qualitätsrente kann entstehen, wenn der Baugrund unterschiedliche Beschaffenheit aufweist (Vorhandensein von Fließsand, hoher Grundwasserspiegel u.a.).
- **Lagerente:** Der Nutzungswert eines Ladens in der City ist für den Mieter höher, weil er aufgrund des Standortes höhere Erträge zu erzielen hofft.
- **Intensitätsrente:** Der besonders knappe Boden in Stadtzentren führt zu hohen Bodenpreisen. Der teure Boden wird intensiver genutzt, z.B. durch Errichtung von Hochhäusern.

Die Berechtigung der Bodenrente als Einkommensquelle ist seit langem umstritten, vor allem auch deshalb, weil der Boden prinzipiell nicht vermehrbar ist. Radikale *Bodenreformer*, vor allem die Sozialisten, forderten die Aufhebung des Privateigentums am Grundeigentum. Gemäßigtere Bodenreformer verlangen zwar nicht die Aufhebung des privaten Grundeigentums, wohl aber eine Steuergesetzgebung, die die Abschöpfung der Grundrente (mit Ausnahme der Intensitätsrente) zum Ziel hat.

Übersicht: Arten der Grundrente

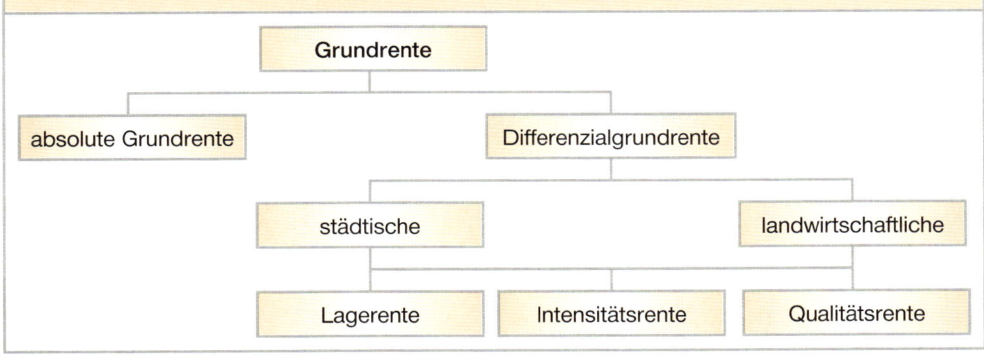

1 Die „Intensitätsrente" ist allerdings eine „unechte Bodenrente", weil der Mehrertrag nicht auf den Boden, sondern auf den zusätzlichen Einsatz anderer Produktionsfaktoren (z.B. Maschinen, Düngemittel, Saatgut, Arbeit) zurückzuführen ist.

4.1.2 Die abgeleiteten Einkommen (Transfereinkommen)[1]

Die Mehrheit der Bevölkerung bezieht den Hauptteil ihres Einkommens aus dem Produktionsfaktor Arbeit, da sie nur wenig Vermögen besitzt. Nicht arbeitsfähige oder arbeitslose Personen können demnach kein Arbeitseinkommen beziehen. Ihr Lebensunterhalt muss anderweitig gesichert werden. Das geschieht durch ein System der sozialen Sicherung. Im Prinzip bieten sich hierzu folgende Möglichkeiten an:

Grundprinzipien sozialer Sicherung			
	Versicherungsprinzip	**Versorgungsprinzip**	**Fürsorgeprinzip**
Gestaltungsgrundsätze	Die zu sichernden Personen werden in Versicherungsgemeinschaften zusammengeschlossen, haben Beiträge zu zahlen und erwerben damit den Anspruch, beim Eintritt des Versicherungsfalls (z. B. Krankheit, Unfall, Alter) Leistungen gemäß dem geltenden Leistungsrecht zu empfangen. Im Gegensatz zur Privatversicherung müssen bei einer Sozialversicherung aber Beiträge und Leistungen nicht für jeden Versicherten gleichwertig sein, sondern die Beiträge müssen nur insgesamt zur Leistungsfinanzierung ausreichen (Budgetausgleich).	Den zu sichernden Personen wird ebenfalls ein Anspruch auf Sicherungsleistungen eingeräumt, aber nicht aufgrund finanzieller Gegenleistungen, sondern in der Regel wegen besonderer sonstiger Vorleistungen oder besonderer Opfer; die Finanzierung erfolgt aus dem öffentlichen Haushalt, praktisch also aus Steuereinnahmen und anderen allgemeinen Haushaltsmitteln.	Unabhängig von irgendwelchen Vorleistungen oder Opfern hat jeder insoweit einen Anspruch auf Hilfe, als er aufgrund seiner besonderen individuellen Situation als bedürftig gilt; finanziert werden die Leistungen aus allgemeinen öffentlichen Haushaltsmitteln.

Quelle: Informationen zur politischen Bildung, Der Sozialstaat, Bonn 1987, S. 27.

Einkommen, die aus der Sozialversicherung den Empfängern zufließen, bezeichnet man als abgeleitete Einkommen, Sozialeinkommen oder Transfereinkommen. Von seinem Bruttoarbeitsentgelt werden dem Arbeitnehmer – sofern er versicherungspflichtig ist – bestimmte Beträge einbehalten, die den Sozialversicherungsträgern zufließen und aus denen die Versicherungsleistungen bestritten werden. Der Staat selbst tritt ein, wenn die Sozialversicherungsträger zeitweise oder gar nicht zur Leistung verpflichtet sind. Besondere Gesetze regeln die staatlichen Transferzahlungen wie Arbeitslosengeld II (ALG II) bzw. Sozialgeld gemäß Sozialgesetzbuch II (SGB II), die jedem Bürger bestimmte Mindesteinkünfte sichern. Die Mittel hierzu werden von der Allgemeinheit durch Steuern aufgebracht.

1 Transfer = Übertragung. Vgl. Kapitel 12.2.11.4.

4.1.3 Unternehmereinkommen

Das Unternehmereinkommen (= Gewinn i.w.S.) enthält verschiedene Bestandteile; sie sind abhängig von den Funktionen, die der Unternehmer ausübt. Das Unternehmereinkommen ist ein **Residualeinkommen,**[1] weil erst am Ende einer Rechnungsperiode (z.B. ein Jahr) festgestellt werden kann, ob und in welcher Höhe ein Gewinn entstanden ist.

- **Unternehmerlohn.** Der private Unternehmer übt bei der Geschäfts- und Betriebsleitung dispositive Tätigkeiten aus (Festlegung der Geschäftspolitik, Kombination der betrieblichen Teilbereiche, Planung, Organisation). Als Entgelt dafür steht ihm der Unternehmerlohn zu. Der Unternehmerlohn ist eine rechnerische, kalkulatorische Größe. Seine Höhe kann durch Heranziehung von Vergleichsgrößen festgelegt werden. Man geht davon aus, dass die Aufgaben der Unternehmensführung auch einem Geschäftsführer übertragen werden könnten. Diesem wäre für seine Tätigkeit ein Gehalt zu zahlen. Man setzt den Unternehmerlohn in Höhe dieses zu zahlenden Gehalts an.
- **Grundrente.** Stellt der Unternehmer den Faktor Boden selbst zur Verfügung, enthält sein Einkommen als weiteren Bestandteil eine Grundrente.
- **Kapitalzins.** Als Vergütung für die produktive Nutzung des Eigenkapitals ist der Kapitalzins anzusetzen.
- **Risikoprämie.** Die unternehmerische Tätigkeit ist mit vielfältigen Risiken verbunden, die sich nur zum Teil durch Abschluss von Versicherungen (spezielle Unternehmerrisiken) ausschalten lassen. (Beispiele: Versicherung gegen Brand, Diebstahl, Einbruch.) Die zu entrichtenden Versicherungsprämien stellen Kosten dar, die im Preis einkalkuliert und dadurch abgedeckt werden. Die unwägbaren Risiken (allgemeines Unternehmerrisiko) – z.B. Forderungsausfälle, Preisverfall, Gefahr des Kapitalverlusts – sollen durch die Risikoprämie abgedeckt werden.
- **Unternehmergewinn.** Der Unternehmergewinn (= Gewinn i.e.S.) ist ein Resteinkommen oder Residualeinkommen, das übrig bleibt, wenn man vom Gesamtgewinn (Gewinn i.w.S.) des Unternehmens die Kosten der Faktoren (Unternehmerlohn, Grundrente und Kapitalzins) und die Risikoprämie abzieht.

  Die Entstehung des Unternehmergewinns i.e.S. kann verschiedene Ursachen haben wie z.B.:

  - bessere betriebliche Organisation,
  - bessere unternehmerische Qualifikation (Tüchtigkeit, Initiative, Erkennen und Ausnutzen von Marktchancen),
  - Ausnutzung wirtschaftlichen und technischen Fortschritts (neue Produktionsverfahren, Einsatz moderner Maschinen).

  Unternehmergewinne, die die genannten Ursachen haben, kann man als echte Leistungsentgelte betrachten. Kritisch werden solche Resteinkommen anzusehen sein, die ihre Ursache nicht in der wirtschaftlichen Leistung, sondern z.B. in einer Monopolstellung haben.

1 Residuum (lat.) = Rest.

5 Richard/Hartmann/Boller – ISBN 987-3-8120-0173-1

Bestandteile des Unternehmereinkommens				
Gesamtgewinn / Gewinn i. w. S.				
Unternehmerlohn	Kapitalzins	Grundrente	Risikoprämie	Unternehmergewinn (Gewinn i. e. S.) Residualeinkommen
↓	↓	↓	↓	↓
unternehmerische Arbeit	Faktor Kapital	Faktor Boden	unwägbare unternehmerische Risiken	besondere Marktleistungen

Wiederholungs- und Vertiefungsaufgaben zu Kapitel 4

1. Erklären Sie den Begriff „ursprüngliche Einkommen" und nennen Sie die verschiedenen Arten!
2. Wie bezeichnet und definiert man in der Volkswirtschaftslehre das Entgelt für den Produktionsfaktor Arbeit?
3. Definieren Sie den Begriff „Zins"!
4. Grenzen Sie die Begriffe originärer Zins und Leihzins voneinander ab!
5. Begründen Sie die Interdependenz (gegenseitige Abhängigkeit) von Leihzins und originärem Zins!
6. Stellen Sie den Unterschied zwischen absoluter Grundrente und Differenzialgrundrente heraus!
7. Unterscheiden Sie:
   a) Nominallohn – Reallohn
   b) abgeleitete Einkommen – ursprüngliche Einkommen
   c) Geldakkord – Zeitakkord
8. Halten Sie die Grundrente für gerechtfertigt? Nehmen Sie Stellung!
9. Welche Zielsetzung hat die Sozialversicherung?
10. Welche Bestandteile hat das Unternehmereinkommen?
11. Welche Ursachen kann der Unternehmergewinn (Gewinn i. e. S.) haben?

5 Der Wirtschaftskreislauf

5.1 Einfacher Wirtschaftskreislauf

Alle wirtschaftliche Produktion ist letztlich auf den Verbrauch ausgerichtet. Die Produktion erfolgt durch Kombination von Produktionsfaktoren. Das geschieht in den Unternehmen, die in der modernen arbeitsteiligen Wirtschaft die Faktorkombination vornehmen.

Die erzeugten Güter (Sachgüter und Dienstleistungen) gehen von den Produktionseinheiten, den Unternehmen, an die Verbrauchseinheiten, die wir als Haushalte bezeichnen.

Von den Unternehmen fließt ein Strom von Konsumgütern an die Haushalte. Die Haushalte stellen den Unternehmen die benötigten Produktionsfaktoren zur Verfügung. Es handelt sich ebenfalls um einen Strom von knappen Gütern (Arbeit, Boden, Kapital), der von den Haushalten zu den Unternehmen fließt.

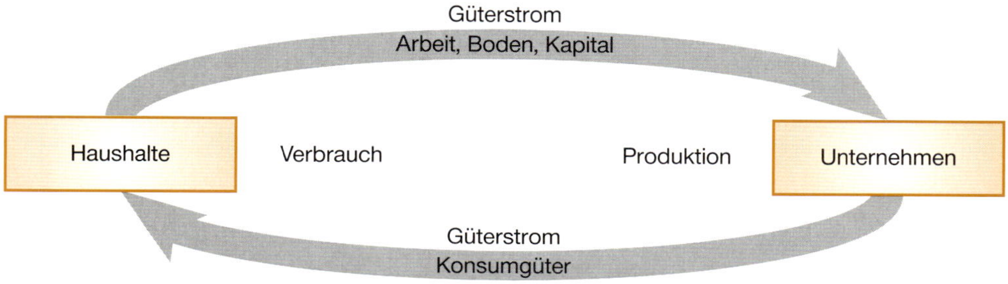

Durch die Zurverfügungstellung von Arbeit, Boden und Kapital erzielen die Haushalte Einkommen (Lohn,[1] Zins, Grundrente). Von den Unternehmen zu den Haushalten fließt demnach ein – dem Güterstrom entgegengerichteter – Geldstrom. Die Haushalte müssen die von ihnen erworbenen Konsumgüter bezahlen. Dem Konsumgüterstrom entspricht also ein von den Haushalten zu den Unternehmen fließender Geldstrom in Form von Konsumausgaben.

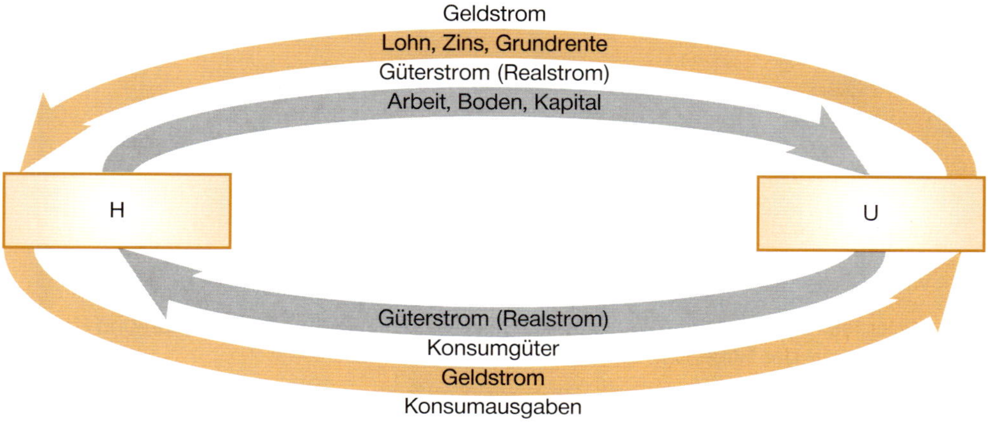

1 Lohn im volkswirtschaftlichen Sinne ist das Arbeitsentgelt für abhängig Beschäftigte (z.B. für Arbeiter, Angestellte, Richter, Soldaten).

5.2 Erweiterter Wirtschaftskreislauf

Bei der Darstellung des einfachen Wirtschaftskreislaufs wurde von der vereinfachten Annahme ausgegangen, dass die Haushalte die erzielten Einkommen nur konsumtiv verwenden. Das Sparen als weitere Möglichkeit der Einkommensverwendung wurde also nicht berücksichtigt.

Bezieht man das Sparen in die Kreislaufbetrachtung ein, so muss man den Institutionen Haushalte und Unternehmen die Kapitalsammelstellen hinzufügen. Zu den Kapitalsammelstellen rechnen in erster Linie die Kreditinstitute, aber auch die Versicherungen.

Von den Haushalten fließt ein Geldstrom in Form von Ersparnissen zu den Kapitalsammelstellen und von diesen ein Zinsstrom zu den Haushalten. Unterstellt man, dass auch betriebliches Sparen über die Kapitalsammelstellen erfolgt, werden auch die Kapitalsammelstellen und die Unternehmen durch je einen Strom von Ersparnissen und Zinsen verbunden.

Die Kreditinstitute (Versicherungen u. a.) arbeiten mit den ihnen zugeflossenen Geldern. Sie führen sie als Kredite den Haushalten (Konsumkredite) und Unternehmen (Kredite für Investitionen) zu. Die Kredite für Investitionszwecke dienen der Bildung von Produktivkapital und sollen letztlich zur Ausweitung des Güterangebots führen. Unternehmen und Haushalte zahlen für die gewährten Kredite Zinsen an die Kapitalsammelstellen.

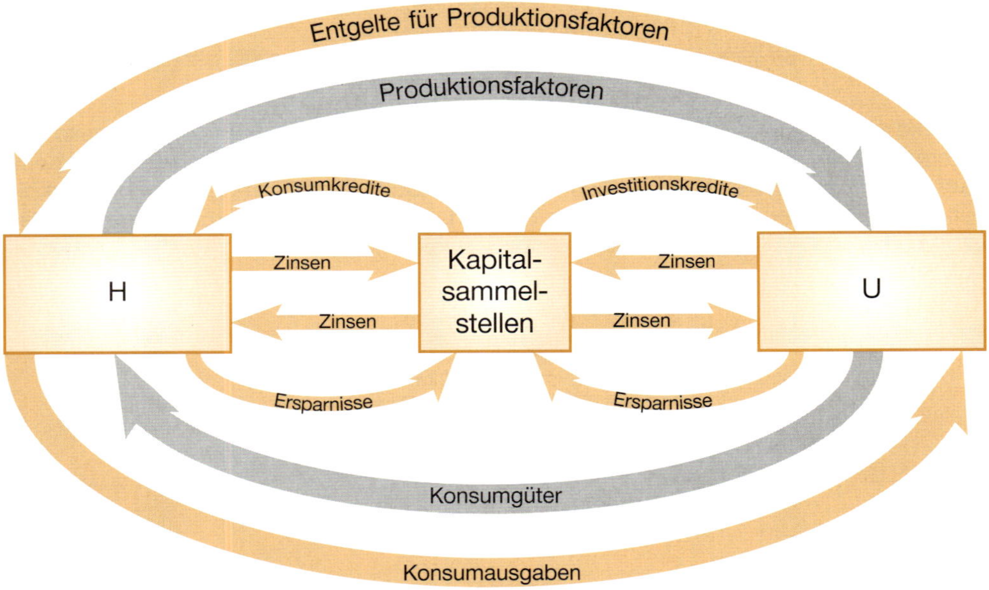

Eine bedeutsame Wirtschaftseinheit stellt – neben Haushalten, Unternehmen und Kapitalsammelstellen – der Staat dar.

Unter den Sektor Staat fallen bei unserer Betrachtung: Bund, Länder, Gemeinden, Gemeindeverbände, Zweckverbände und Organisationen ohne Erwerbscharakter (z. B. Sozialversicherungen).

Der Staat erbringt für die Allgemeinheit – und damit auch für die Wirtschaft – vielfältige Leistungen wie z. B.: Verwaltung, Sozialleistungen (Arbeitslosengeld II bzw. Sozialgeld, Elterngeld, Unterhaltszuschuss, Hilfe in außergewöhnlichen Notlagen, Sozialversicherung), Rechtsprechung, Bildungswesen, Verkehrs- und Versorgungseinrichtungen (Unterhalt von Straßen und Autobahnen, Betrieb von Nahverkehrsmitteln, Gas-, Wasser- und Elektrizitätsversorgung), Gesundheitswesen.

Die Finanzierung der staatlichen Leistungen erfolgt überwiegend durch die Erhebung von

- Steuern (= Zwangsabgaben ohne spezielle Entgeltlichkeit),
- Gebühren (= spezielles Entgelt für die Inanspruchnahme einer staatlichen Institution; z. B. Gebühr für die Ausstellung eines Passes oder für ein polizeiliches Führungszeugnis) und
- Beiträgen (= von öffentlich-rechtlichen Institutionen erhobene Geldleistungen bei denjenigen, die einen unmittelbaren Vorteil aus im öffentlichen Interesse gemachten Aufwendungen erlangen; z. B. Sozialversicherungsbeiträge, Straßenbaukosten bei Grundstückserwerb).

Staatliche Investitionen werden teilweise durch Aufnahme von Krediten (Staatsanleihen, Kommunalobligationen) finanziert, die auf dem Kapitalmarkt aufgenommen werden.

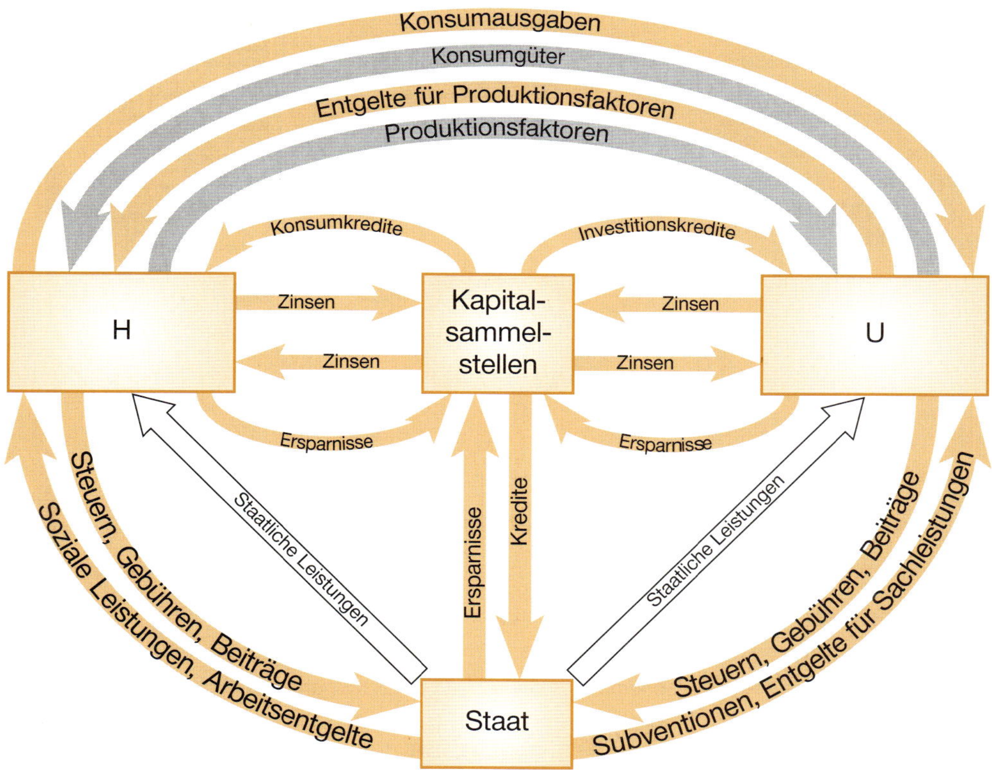

Die Einbeziehung des Staates in die Kreislaufbetrachtung gibt genauere Aufschlüsse:

- Geldströme zwischen Staat und Haushalten:

  Der Staat empfängt von den Haushalten Steuern (z.B. Einkommensteuer), Gebühren und Beiträge zur Finanzierung von staatlichen Leistungen.

  Der Staat leitet den Haushalten soziale Leistungen und Entgelte für die Arbeitsleistungen seiner Bediensteten zu.

- Geldströme zwischen Staat und Unternehmen:

  Die Unternehmen haben Steuern (Mehrwertsteuer, Verbrauchsteuern, Gewerbesteuer u.a.), Gebühren und Beiträge an den Staat zu zahlen.

  Der Staat entrichtet an die Unternehmen Entgelte für Sachleistungen (z.B. Bauleistungen, Kauf von Rüstungsgütern) und zahlt Subventionen.[1]

- Geldströme zwischen Staat und Kapitalsammelstellen:

  Er nimmt zur Finanzierung von Investitionen Kredite am Kapitalmarkt auf.

  Der Staat gibt der Bundesbank Mittel, die er z.B. vorübergehend nicht benötigt oder die aus konjunkturpolitischen Gründen stillgelegt werden sollen.

Wird der Kreislauf um das Ausland erweitert, erhält man weitere Geldströme:

- Exportüberschüsse führen zu einem Geldstrom zu den inländischen Banken.
- Importüberschüsse führen zu einem Geldstrom von den inländischen Banken ins Ausland.

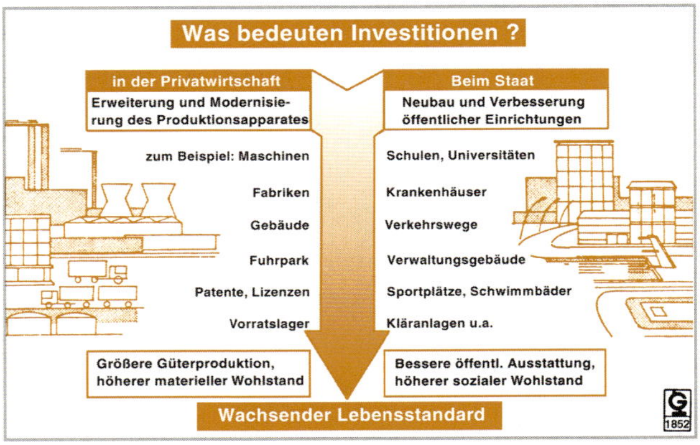

Wiederholungs- und Vertiefungsaufgaben zu Kapitel 5

1. Welche Wirtschaftseinheiten unterscheidet man beim einfachen Wirtschaftskreislauf?
2. Welche Ströme verbinden die Wirtschaftseinheiten im einfachen Wirtschaftskreislauf?
3. Von welcher vereinfachten Annahme geht man beim einfachen Wirtschaftskreislauf aus?
4. Welche Institutionen werden beim erweiterten Wirtschaftskreislauf in die Betrachtung einbezogen?
5. Skizzieren Sie ein Kreislaufschema, das den Konsumverzicht berücksichtigt!
6. Welche Ströme verbinden Staat und Unternehmen?

1 Es handelt sich um Transferzahlungen = finanzielle Leistungen des Staates an private Haushalte oder Unternehmen, ohne dass eine wirtschaftliche Gegenleistung erfolgt.

6 Inlandsprodukt, Nationaleinkommen und Volkseinkommen

6.1 Grundbegriffe der volkswirtschaftlichen Gesamtrechnung

Selbst eine vereinfachte Darstellung des Wirtschaftskreislaufs mit Geld- und Güterströmen wird zu kompliziert. Deswegen beschränkt man sich in der Regel auf die Darstellung des Geldkreislaufs. In der nachstehenden Darstellung nehmen wir noch weitere Vereinfachungen vor, ohne dass dadurch die Richtigkeit des Ergebnisses unserer Überlegungen erheblich beeinträchtigt wird.

6.1.1 Geldkreislauf und volkswirtschaftliche Gesamtrechnung

6.1.1.1 Modellannahmen

(1) Im nachstehenden Modell werden folgende Annahmen getroffen:

- Die direkten Steuern der privaten Haushalte (H) und der Unternehmen (U) bleiben außer Betracht, ebenso die Sozialversicherungsabgaben.
- Soweit der Staat (St) Sach- oder Dienstleistungen erbringt, wird er dem Sektor Unternehmen (U) zugerechnet.
- Die Sozialleistungen des Staates werden nicht berücksichtigt, wohl aber die staatlichen Zuschüsse (Z) an die Unternehmen (U).

(2) In unserem Modell werden somit noch folgende gesamtwirtschaftliche Größen verwendet:

a)	Konsumausgaben der privaten Haushalte (C_{pr})	500 Mrd. GE[1]
b)	Konsumausgaben des Staates (C_{St})	180 Mrd. GE
c)	Arbeitnehmerentgelt (E_{nu} = Nichtunternehmereinkommen), d. h. Einkommen aus unselbstständiger Arbeit	450 Mrd. GE
d)	Unternehmens- und Vermögenseinkommen (Unternehmenseinkommen = E_u)	198 Mrd. GE
e)	Produktions- und Importabgaben (= Gütersteuern = indirekte Steuern = T_{ind})[2]	200 Mrd. GE
f)	Subventionen (= Gütersubventionen = Zuschüsse an Unternehmen = Z)	20 Mrd. GE
g)	Exporterlöse (Ex)	19 Mrd. GE
h)	Importausgaben (Im)	11 Mrd. GE

1 GE = Geldeinheiten (z. B. €, US-$, £).

2 T von „Tax" (engl.) = Steuer. Die Produktions- und Importabgaben sind Steuern und Zölle, die die Unternehmen nach dem Willen des Gesetzgebers in ihre Absatzpreise einkalkulieren und auf die Letztverbraucher überwälzen. Die Steuerbelastung durch die indirekten Steuern wird durch die Subventionen an die Unternehmen (Gütersubventionen) verringert. Die Statistik saldiert daher die Gütersteuern mit den Gütersubventionen (T_{ind} – Z). Der Saldo zwischen den Gütersteuern und -subventionen heißt **Nettoproduktionsabgaben**. Manchmal wird auch von Nettogütersteuern gesprochen.

i)	Saldo der Erwerbs- und Vermögenseinkünfte zwischen In- und Ausland zuzüglich des Saldos aus empfangenen Subventionen aus der EU und geleisteten Produktions- und Importabgaben an die EU (F)[1]	2 Mrd. GE
j)	Bruttoinvestitionen (I_{br})	250 Mrd. GE
k)	Ersatzinvestitionen (Ab)	110 Mrd. GE

(3) Unterstellt wird weiterhin, dass die Unternehmen ihre gesamten Gewinne an die privaten Haushalte ausschütten und der Staatshaushalt ausgeglichen ist. In diesem Fall erfolgt das gesamtwirtschaftliche Sparen (S) in den privaten Haushalten.

6.1.1.2 Grundbegriffe

Zum Verständnis des nachstehenden Kreislaufbilds (S. 74) müssen folgende Grundbegriffe und Grundtatbestände bekannt sein:

(1) Die statistische Erfassung aller wesentlichen gesamtwirtschaftlichen Zahlungsströme (Kreislaufgrößen) bezeichnet man als **volkswirtschaftliche Gesamtrechnung (VGR).**

(2) In einer wachsenden (evolutorischen) Volkswirtschaft muss **gespart** werden, damit die zusätzlichen Investitionen (= Nettoinvestitionen = I) finanziert werden können. Eine Wirtschaft, die alles verbraucht, was sie erzeugt, kann nicht wachsen.

(3) Aber auch eine stationäre Wirtschaft muss **investieren,** um den Bestand an Produktionsmitteln zu erhalten, denn im Laufe einer Wirtschaftsperiode (z.B. ein Jahr) verlieren die meisten materiellen und immateriellen Anlagegüter an Wert. So werden z.B. Kraftfahrzeuge, Maschinen und maschinelle Anlagen abgenutzt, sodass sie abgeschrieben und durch neue ersetzt werden müssen. Soweit Investitionen zum Erhalt des Anlagebestands erforderlich sind, handelt es sich um **Ersatzinvestitionen (Reinvestitionen).** Sie werden in der volkswirtschaftlichen Gesamtrechnung mit den Abschreibungen (Ab) gleichgesetzt.

Die **Bruttoinvestitionen** (I_{br}) sind die gesamten Investitionen einer Volkswirtschaft während einer Periode. Sie setzen sich aus den **Ersatzinvestitionen** und den zusätzlichen Investitionen **(Erweiterungsinvestitionen = I)** zusammen. Die Erweiterungsinvestitionen – auch **Nettoinvestitionen** genannt – *vergrößern* den Anlagenbestand und damit die Kapazität der Volkswirtschaft.

Beispiel:

	Bruttoinvestitionen	250 Mrd. GE
–	Reinvestitionen (Ab)	110 Mrd. GE
=	Nettoinvestitionen	140 Mrd. GE

1 Der Saldo F setzt sich wie folgt zusammen:

	Aus dem Ausland bezogene Erwerbs- und Vermögenseinkommen	7 Mrd. GE
	Von der EU erhaltene Subventionen	3 Mrd. GE
	Aus dem Ausland bezogen	10 Mrd. GE
–	An das Ausland bezahlte Erwerbs- und Vermögenseinkommen	5 Mrd. GE
–	An die EU bezahlte Produktions- und Importabgaben	3 Mrd. GE
	Saldo der Primäreinkommen aus der übrigen Welt (F)	2 Mrd. GE

(4) Um einen geschlossenen Geldkreislauf zu erhalten, benötigt man eine **Vermögensänderungsrechnung.** Zur Erfassung der volkswirtschaftlichen Vermögensänderungen verwendet das **E**uropäische **S**ystem **V**olkswirtschaftlicher **G**esamtrechnungen (ESVG)[1] zwei **Vermögensänderungskonten,** nämlich das Konto *„Reinvermögensänderung durch Sparen und Vermögenstransfers“* und das *„Sachvermögensänderungskonto“*. Aus Vereinfachungsgründen beschränken wir uns hier auf ein *zusammengefasstes Vermögensänderungskonto* (siehe Abbildung auf S. 74).

Das Vermögensänderungskonto sagt Folgendes aus:

- **Bruttoinvestitionen (I_{br})** vergrößern das volkswirtschaftliche Gesamtvermögen. Sie werden (ebenso wie in der Bilanz eines einzelnen Unternehmens) auf der Sollseite (Aktivseite) des Vermögensänderungskontos erfasst.
- Sind die **Exporterlöse (Ex)** *höher* als die **Importausgaben (Im)**, so steigt per Saldo das volkswirtschaftliche Vermögen, weil die Forderungen gegenüber dem Ausland *höher* sind als die Verbindlichkeiten des Inlands gegenüber dem Ausland. Der Saldo aus Exporterlösen und Importausgaben (Ex – Im) wird als **Außenbeitrag** bezeichnet. Ein positiver Außenbeitrag wird deshalb auf der Sollseite (Aktivseite) des Vermögensänderungskontos erfasst, ein negativer Außenbeitrag auf der Habenseite (Passivseite).
- Ist der Saldo der Erwerbs- und Vermögenseinkommen zwischen In- und Ausland zuzüglich des Saldos aus empfangenen Subventionen aus der EU und den geleisteten Produktions- und Importabgaben an die EU (F) positiv, so steigt das gesamtwirtschaftliche Vermögen. Der positive Saldo F wird infolgedessen auf der Sollseite (Aktivseite) des Vermögensänderungskontos gebucht. Ein negativer Saldo F erscheint auf der Habenseite (Passivseite) des Vermögensänderungskontos.
- Das gesamtwirtschaftliche Vermögen vermindert sich durch die **Abschreibungen (Ab),** denn diese stellen die in Zahlenwerten ausgedrückten Wertverluste der Ausrüstungen (z.B. maschinelle Anlagen), Bauten (z.B. Handelshäuser, Werkstätten) und „sonstigen Anlagen“ (immaterielle Anlagen wie z.B. EDV-Software, Urheberrechte, Nutztiere und Pflanzen) dar. Die Abschreibungen müssen deshalb auf der Habenseite (der Passivseite) des Vermögensänderungskontos gebucht werden.
- Der **Saldo** des Vermögensänderungskontos zeigt das gesamtwirtschaftliche **Sparen (S).** Er steht zum *Ausgleich* auf der Habenseite des Vermögensänderungskontos. Ist der Vermögenszuwachs größer als die Vermögensminderung, *muss* die Differenz (der Saldo) gespart (nicht verbraucht) worden sein.

1 Das ESVG ist ein Kontensystem der volkswirtschaftlichen Gesamtrechnungen, das für alle Mitgliedsländer der Europäischen Union (EU) verbindlich ist.

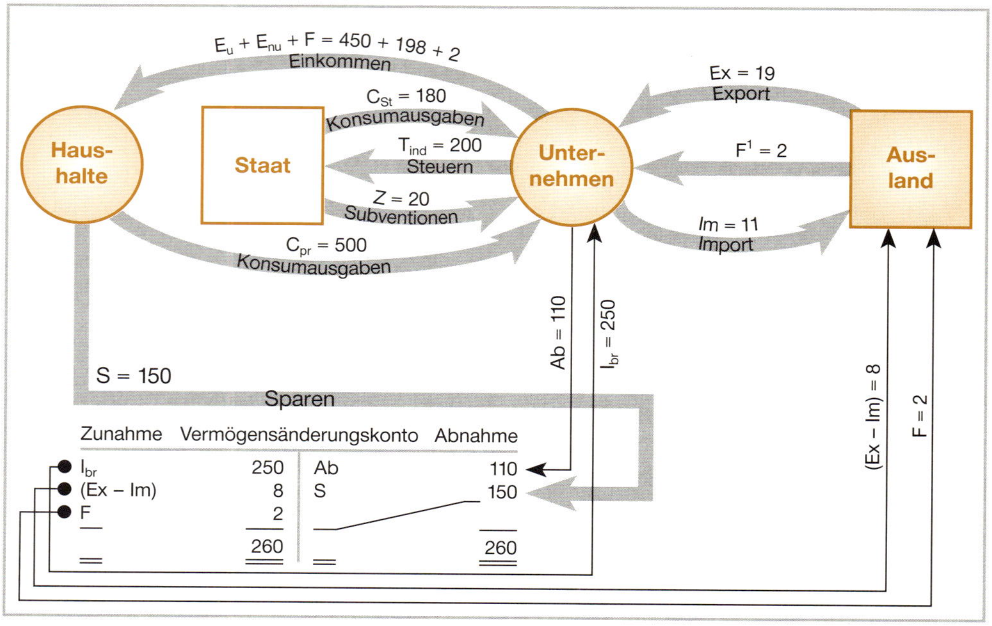

6.1.2 Inlandsprodukt, Nationaleinkommen und Volkseinkommen

Die nachfolgende Darstellung zeigt auf übersichtliche Weise die Zusammensetzung der wichtigsten Messzahlen der gesamtwirtschaftlichen Leistung wie z.B. des Inlandsprodukts und des Nationaleinkommens (früher: Sozialprodukts).

Gegenüberstellung wichtiger Messzahlen der gesamtwirtschaftlichen Leistung

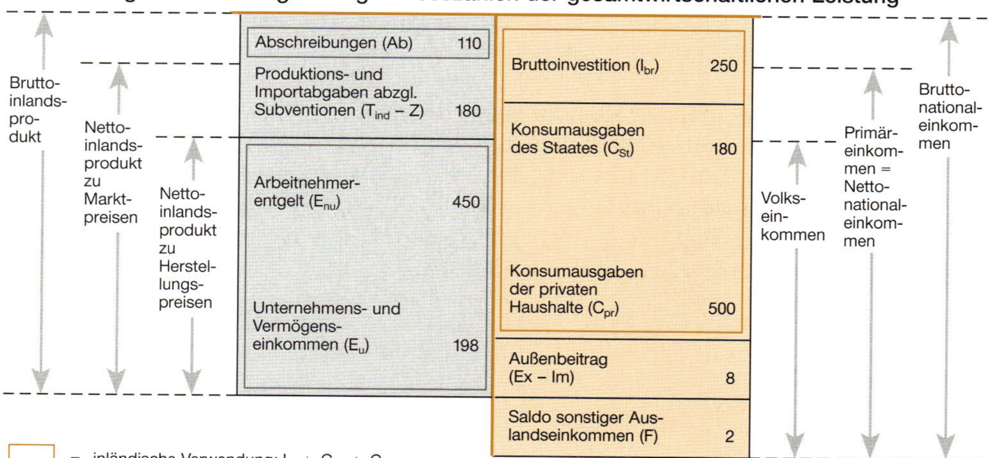

▭ = inländische Verwendung: I_{br} + C_{St} + C_{pr}

▭ = Bruttowertschöpfung nach Abzug der Produktions- und Importabgaben (= Gütersteuern) abzgl. Subventionen (= Gütersubventionen): BIP – (T_{ind} – Z)

1 Siehe Fußnote 1 auf S. 72.

Erläuterungen zum Inlandsprodukt

1. Vom **Bruttoinlandsprodukt (BIP)** wird gesprochen, weil in dieser Messgröße die Bruttoinvestitionen (I_{br}) enthalten sind. Das Bruttoinlandsprodukt ist daher größer als das Nettoinlandsprodukt, es sei denn, die Abschreibungen entsprechen den Bruttoinvestitionen (die Nettoinvestitionen sind null) oder sie übersteigen diese (die Nettoinvestitionen sind negativ).
2. Zieht man vom Bruttoinlandsprodukt die Abschreibungen (= Reinvestitionen = Ab) ab, erhält man das **Nettoinlandsprodukt.** In ihm sind nicht mehr die Bruttoinvestitionen (I_{br}), sondern die Nettoinvestitionen (I) enthalten.

   Da die Unternehmen in ihre Verkaufspreise für Anlage- und Konsumgüter die Gütersteuern abzüglich der Gütersubventionen (T_{ind} – Z) einkalkulieren, handelt es sich hier um das **Nettoinlandsprodukt zu Marktpreisen (NIP_M).**
3. Das um die Nettoproduktionsabgaben (T_{ind} – Z) verminderte Nettoinlandsprodukt zu Marktpreisen (NIP_M) ist das **Nettoinlandsprodukt zu Herstellungspreisen (NIP_H)**, das auch als **Nettowertschöpfung (W_n)** bezeichnet wird. Wenn im Sprachgebrauch vom „Nettoinlandsprodukt" oder von der „Nettowertschöpfung" gesprochen wird, ist i.d.R. das Nettoinlandsprodukt zu Herstellungspreisen gemeint.
4. Die **Bruttowertschöpfung (W_{br})** ist die Summe aus dem Nettoinlandsprodukt zu Herstellungspreisen (NIP_H) und den Abschreibungen (Ab).

Erläuterungen zum Nationaleinkommen

1. Das **Bruttonationaleinkommen (BNE)** ergibt sich, indem zum Bruttoinlandsprodukt der Saldo der Erwerbs- und Vermögenseinkommen zwischen In- und Ausland zuzüglich des Saldos der empfangenen Subventionen aus der EU und den geleisteten Produktions- und Importabgaben an die EU (F) hinzugerechnet wird:

   $$BNE = BIP + F$$

   Von der *Verwendungsseite* her gesehen errechnet sich das Bruttonationaleinkommen wie folgt:

   $$BNE = I_{br} + C_{St} + C_{pr} + (Ex - Im) + F$$
2. Zum **Primäreinkommen (Nettonationaleinkommen zu Marktpreisen = NNE_M)** gelangt man, wenn man vom Bruttonationaleinkommen (BNE) die Abschreibungen (Ab) absetzt.
3. Werden vom Primäreinkommen die Nettoproduktionsabgaben (T_{ind} – Z) abgezogen, ergibt sich das **Volkseinkommen (E),** das auch als Nettonationaleinkommen zu Herstellungspreisen (NNE_H) bezeichnet werden kann.

Das Verhältnis von Nettoinlandsprodukt (zu Herstellungspreisen) zum Volkseinkommen stellt sich in unserem Beispiel wie folgt dar:

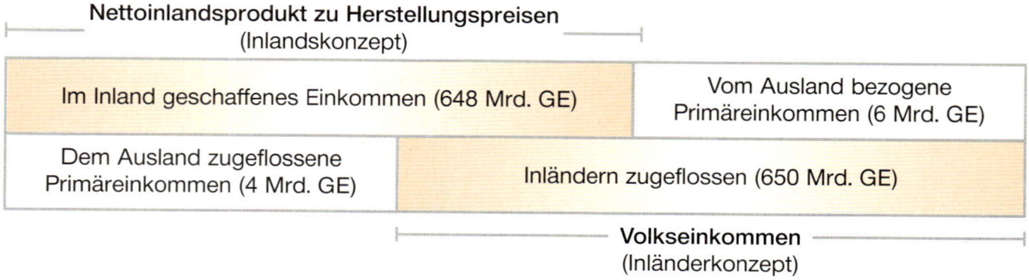

Der **Saldo** zwischen den vom Ausland bezogenen Einkommen und dem Ausland zugeflossenen Einkommen (F) beträgt **2 Mrd. GE.**

Somit gilt:

	Nettoinlandsprodukt zu Herstellungspreisen (NIP_H)	648 Mrd. GE
+	Saldo zwischen den vom Ausland bezogenen Einkommen und dem Ausland zugeflossenen Einkommen (F)	2 Mrd. GE
=	Volkseinkommen (E)	650 Mrd. GE

Oder:

	Volkseinkommen (E)	650 Mrd. GE
–	Saldo zwischen den vom Ausland bezogenen Einkommen und dem Ausland zugeflossenen Einkommen (F)	2 Mrd. GE
=	Nettoinlandsprodukt zu Herstellungspreisen (NIP_H)	648 Mrd. GE

Entsprechendes gilt für das Verhältnis zwischen **Bruttoinlandsprodukt** und **Bruttonationaleinkommen:**

	Bruttoinlandsprodukt (BIP)	938 Mrd. GE
+	Saldo zwischen den vom Ausland bezogenen Einkommen und dem Ausland zugeflossenen Einkommen (F)	2 Mrd. GE
=	Bruttonationaleinkommen (BNE)	940 Mrd. GE

Oder:

	Bruttonationaleinkommen (BNE)	940 Mrd. GE
–	Saldo zwischen den vom Ausland bezogenen Einkommen und dem Ausland zugeflossenen Einkommen (F)	2 Mrd. GE
=	Bruttoinlandsprodukt (BIP)	938 Mrd. GE

6.1.3 Nominelles und reales Inlandsprodukt

Steigendes Inlandsprodukt bedeutet noch nicht, dass die Volkswirtschaft tatsächlich im angezeigten Umfang mehr produziert hat. Das Wachstum kann ganz oder teilweise auf gestiegene Preise zurückzuführen sein. Das zu tatsächlichen Preisen bewertete Inlandsprodukt bezeichnet man als **nominelles**[1] **Inlandsprodukt.**

Will man die tatsächliche Mehrleistung einer Volkswirtschaft erfahren, muss man vom nominellen Inlandsprodukt die Preissteigerungen abziehen. Dann erhält man das **reale**[2] **Inlandsprodukt.** Die Bereinigung des nominellen Inlandsprodukts um die jeweiligen Inflationsraten bezeichnen die Statistiker als **Deflationierung.** Seit 2005 erfolgt die Berechnung der Entwicklung der realen Wirtschaftsleistung nicht mehr in Preisen eines festen Basisjahrs (das letzte Basisjahr war 1995), sondern in den Preisen des Vorjahrs. Um langfristige Preisänderungen abzubilden, sind die Preisänderungen miteinander verkettet, d.h., die Preisänderungen von 2006 beziehen sich auf 2005, die von 2005 auf 2004 usw. Bei der Ermittlung der jährlichen Preisveränderungsraten wird außerdem auf die **hedonische**[3] **Preisermittlung** zurückgegriffen.

Beispiel:

Ein Standard-PC von heute ist nahezu ein anderes Produkt als vor fünf Jahren. Er rechnet schneller, hat eine größere Festplatte und einen leistungsfähigeren Arbeitsspeicher. Hedonische Preisindizes berücksichtigen solche Qualitätsveränderungen. Sie zeigen im Fall des Standard-PCs, dass sein Preis je Einheit „Rechenleistung“ noch stärker gesunken ist als sein Marktpreis. Die allgemeine Inflationsrate wird nach unten korrigiert.

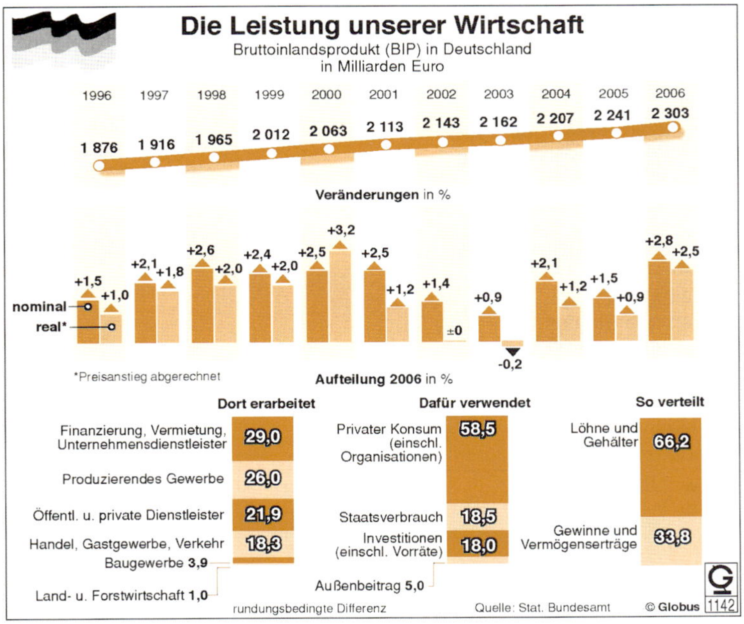

1 Nominell (oder „nominal“) = dem Nennwert nach.
2 Real = wirklich, tatsächlich.
3 Zum Begriff hedonisch → S. 182.

6.2 Entstehung, Verwendung und Verteilung der gesamtwirtschaftlichen Leistung

6.2.1 Entstehungsrechnung

Die Entstehungsrechnung erfasst die wirtschaftliche Leistung einer Periode nach ihren Quellen, d.h. nach den **Wirtschaftsbereichen** (z.B. produzierendes Gewerbe [ohne Baugewerbe], Baugewerbe, Handel, Gastgewerbe und Verkehr, Finanzierung, Vermietung und Unternehmensdienstleister, öffentliche und private Dienstleister).

Die Statistik geht zunächst von der **Bruttowertschöpfung** aus. Diese ist (abgesehen von bestimmten statistischen Korrekturen, auf die wir hier nicht eingehen wollen) mit dem **Bruttoinlandsprodukt** identisch.

Für die Bundesrepublik Deutschland galten für 2006 folgende Zahlen (Basisjahr[1] 2000):[2]

Entstehung des Inlandsprodukts (preisbereinigt)	
Produzierendes Gewerbe (ohne Baugewerbe)	112,2
Baugewerbe	83,8
Handel, Gastgewerbe und Verkehr	110,0
Finanzierung, Vermietung und Unternehmensdienstleister	109,4
Öffentliche und private Dienstleister	102,9
Bruttoinlandsprodukt	**107,3**

6.2.2 Verwendungsrechnung

Aus der Verwendungsrechnung kann entnommen werden, für welche Zwecke das Bruttonationaleinkommen ausgegeben wurde.

Für die Bundesrepublik Deutschland ergaben sich für 2006 folgende Zahlen (jeweilige Preise):[2]

Verwendung des Bruttoinlandsprodukts (Zahlen in Mrd. Euro)		
Private Konsumausgaben		1 348,7
Konsumausgaben des Staates		426,6
Bruttoinvestition		
Ausrüstungen	169,6	
Bauten	215,9	
Sonstige Anlagen	25,9	
Vorratsveränderungen	– 2,2	409,2
Inländische Verwendung		2 184,5
Außenbeitrag		
Exporte	1 035,7	
Importe	– 913,0	122,7
Bruttoinlandsprodukt		**2 307,2**

1 Index 2000 ≙ 100.

2 Quelle: Monatsbericht der Deutschen Bundesbank, März 2007, S. 61*.

6.2.3 Verteilungsrechnung

Die Verteilungsrechnung ermittelt die Aufteilung des Volkseinkommens auf das Arbeitnehmerentgelt und das Unternehmens- und Vermögenseinkommen.

Für die Bundesrepublik Deutschland ergaben sich für 2006 folgende Zahlen (jeweilige Preise):[1]

Verteilung des Volkseinkommens (Zahlen in Mrd. Euro)	
Arbeitnehmerentgelt	1 144,9
Unternehmens- und Vermögenseinkommen	585,5
Volkseinkommen	**1 730,4**

Der prozentuale Anteil des Arbeitnehmerentgelts am Volkseinkommen (E) wird als **Lohnquote** bezeichnet. 2006 betrug die Lohnquote in der Bundesrepublik Deutschland 66,2 %.

Die Lohnquote stellt die materielle Einkommenslage der Arbeitnehmer schlechter dar als sie ist, weil in der Bundesrepublik Deutschland rund die Hälfte aller Vermögenseinkommen (Zinsen, Mieten, Pachten) den Arbeitnehmerhaushalten zufließen.

Der prozentuale Anteil des Unternehmens- und Vermögenseinkommens am Volkseinkommen (E) heißt **Gewinnquote** (Profitquote). Er belief sich in der Bundesrepublik Deutschland 2006 auf 33,8 %.

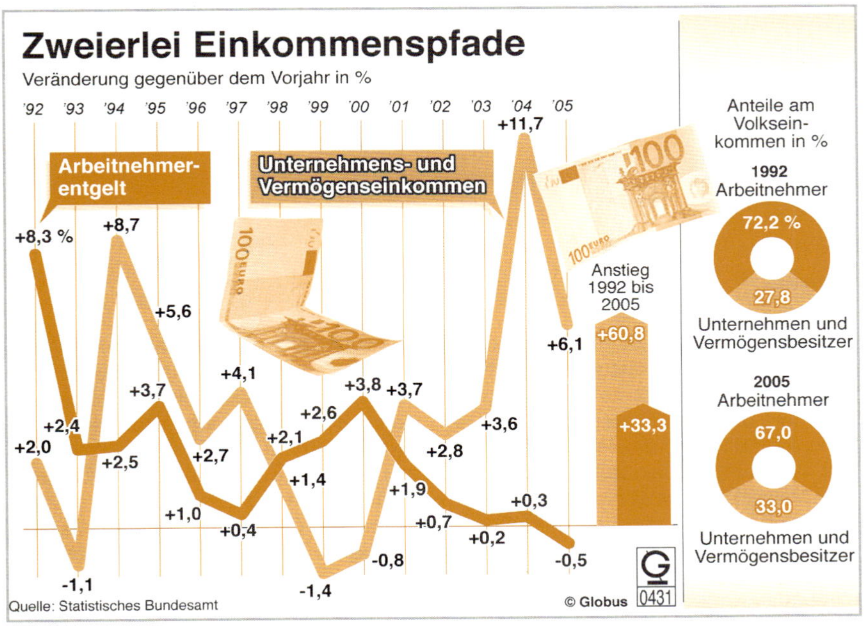

1 Quelle: Monatsbericht der Deutschen Bundesbank, März 2007, S. 61*.

6.3 Bedeutung und Problematik der Berechnung des Bruttoinlandsprodukts

Die Inlandsproduktberechnung dient u.a.

- der Regierung, die ihre wirtschaftspolitischen Erfolge oder Misserfolge am Wachstum des realen Inlandsprodukts ablesen kann (Zeitvergleich);
- dem internationalen Wohlstandsvergleich;
- der Konjunktur- und Wachstumsmessung.

Das Inlandsprodukt wird häufig als „Wirtschaftsleistung" bezeichnet.

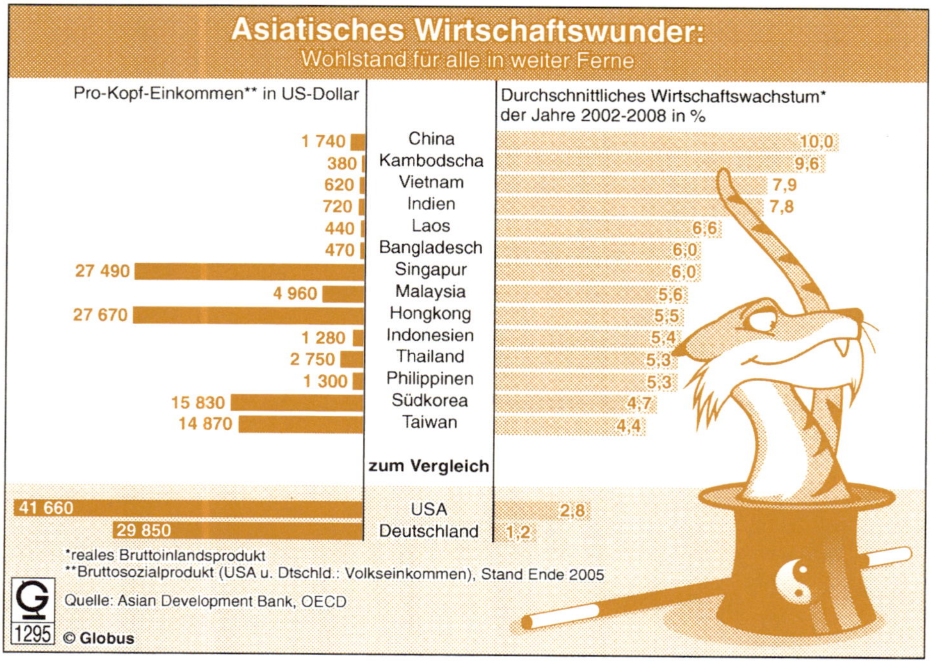

Schon seit Jahren glänzen zahlreiche asiatische Volkswirtschaften mit sensationellen Wachstumsraten. Die Asiatische Entwicklungsbank bestätigt in ihrem jüngsten Wirtschaftsausblick diesen Trend für das laufende und das nächste Jahr. Zwischen 2002 und 2008 legt allein die chinesische Wirtschaft im Durchschnitt um zehn Prozent zu. Von welch niedriger Basis das Wachstum seinen Ausgang nimmt, belegt ein Blick auf das Pro-Kopf-Einkommen. Mit 1 740 US-Dollar liegt es um ein Vielfaches unter dem Wert entwickelter Volkswirtschaften. Selbst ehemalige Tigerstaaten wie Singapur, Südkorea oder Malaysia sind weit enteilt. Nach wie vor sind im chinesischen Riesenreich weite Bevölkerungsteile vom Wachstum abgeschnitten. Denn die Segnungen der Marktwirtschaft entfalten sich vor allem in den östlichen Küstenprovinzen. Da viele asiatische Länder zudem eine vergleichsweise hohe Geburtenrate aufweisen, wird es noch Jahrzehnte dauern, bis ein den Industriestaaten vergleichbarer Massenwohlstand erreicht ist.

BIP als Wachstumsmaßstab. Das Bruttoinlandsprodukt ist ein wichtiger Indikator des *materiellen Wohlstands* eines Volkes. Im Großen und Ganzen ist dieser Maßstab auch aussagekräftig. So ist z. B. nicht zu bezweifeln, dass mit der Verdoppelung des realen Bruttoinlandsprodukts in den letzten 20 Jahren der Anstieg des materiellen Lebensstandards in den westlichen Ländern der Bundesrepublik Deutschland treffend zum Ausdruck kommt.

Dennoch ist das Bruttoinlandsprodukt ein recht ungenauer Wohlstandsmaßstab, weil es teils zu hoch, teils zu niedrig ausgewiesen wird.

Kürzungen des BIP. Das Bruttoinlandsprodukt ist vor allem deshalb zu *hoch* berechnet, weil es die sozialen Kosten, die abgesetzt werden müssten, nicht erfasst.

Soziale Kosten. Unter sozialen Kosten versteht man Verbrauch von Produktionsfaktoren, der nicht vom einzelnen Verursacher, sondern von der gesamten Gesellschaft getragen wird (z. B. stetiger Abbau nicht ersetzbarer Rohstoffe, Zerstörung der natürlichen Umwelt durch Verbauung und Verschmutzung, Entstehung von Krankheiten durch Lärm, Schmutz und Unfälle).

In der Bundesrepublik Deutschland wird das Bruttoinlandsprodukt auch deswegen zu hoch wiedergegeben, weil Teile der sozialen Kosten der Gesamtleistung hinzugerechnet werden, so z. B. die Behandlungskosten von Unfallopfern und Berufskranken, die Reparaturen von Unfallfahrzeugen und Maschinen sowie die Neuanschaffung von Fahrzeugen und Maschinen, die aufgrund von Unfällen erforderlich werden.

Hinzurechnungen zum BIP. Zu *niedrig* ausgewiesen ist das Bruttoinlandsprodukt insofern, als die nicht auf den Märkten in Erscheinung tretenden Leistungen teilweise unberücksichtigt bleiben. Hierzu rechnen z. B. die Tätigkeiten der Hausfrauen (Kindererziehung, Arbeitsleistungen im privaten Haushalt), die Leistungen der Kleingärtner sowie die Nachbarschaftshilfe.

Neben diesen legalen schattenwirtschaftlichen Aktivitäten bleiben viele illegale, wie z. B. Schwarzarbeit, teilweise außer Ansatz, weil sie statistisch nicht genau genug erfassbar sind.

Die Leistungen des Staates sind nicht ausreichend bewertet. Da es für staatliche Leistungen keine „Marktpreise" gibt (z. B. für Dienstleistungen der Justiz, der Behörden, der Schulen und Universitäten usw.), müssen diese zu Herstellkosten (Faktorkosten) bewertet werden.

Ferner sollten dem Bruttoinlandsprodukt die *sozialen Leistungen* (der „soziale Nutzen", die „sozialen Erträge") hinzugerechnet werden.

Zu den sozialen Leistungen rechnen alle der gesamten Gesellschaft zugute kommenden Nutzeffekte wie z. B. die umwelterhaltende Tätigkeit der Höhenlandwirtschaft, der Erholungswert rekultivierter Industrielandschaften, die Ausbildungsleistungen der Unternehmen oder die Nutzung der Infrastruktur.

6 Richard/Hartmann/Boller – ISBN 987-3-8120-0173-1

Eine „neue“ Berechnung des Inlandsprodukts könnte in etwa wie folgt aussehen:

– **Kürzungen:** ➢ soziale Kosten ➢ Kosten aus Unfällen	←—— „Neues“ Bruttoinlandsprodukt ——→	
traditionell berechnetes **BIP** (BIP = C + I_{br} + Ex – Im)		+ **Hinzurechnungen:** ➢ soziale Leistungen ➢ Hausfrauentätigkeit

Eindimensionaler Wohlstandsmaßstab. Das durch Mehr- oder Wenigerrechnung bereinigte Bruttoinlandsprodukt bleibt aber nach wie vor ein *eindimensionaler Wohlstandsmaßstab,* da lediglich quantitativ (zahlenmäßig) erfassbare Größen berücksichtigt werden können.

Soziale Indikatoren. Um die Gesamtheit aller Lebensumstände in einer Gesellschaft – die so genannte Lebensqualität – beurteilen zu können, reichen jedoch eindimensionale Wohlfahrtsmaßstäbe wie Nationaleinkommen, Pro-Kopf-Einkommen, Bruttonationaleinkommen usw. nicht aus. Zur „Messung“ der Lebensqualität benötigt man weitere soziale Indikatoren, die dazu beitragen, den gesellschaftlichen Zustand der Bevölkerung eines Landes zu beschreiben. Solche Indikatoren sind qualitativer Natur, weil sie sich meist einer Bewertung in Geld entziehen.

Beispiele:

Die Qualität der medizinischen Versorgung lässt sich z. B. ablesen an der Geburtensterblichkeit, der Müttersterblichkeit, der Zahl der Krankenbetten oder an den Wartezeiten zwischen dem Auftreten einer Krankheit und der Aufnahme in ein Krankenhaus.

Die Qualität des Arbeitslebens spiegelt sich z. B. in den Arbeitslosenzahlen, in der Zahl der offenen Stellen oder in der Zahl der Arbeitsunfälle und Berufskrankheiten wider. Weitere Indikatoren sind: Wochenarbeitszeit, Jahresarbeitszeit, Lohnhöhe oder Kündigungsschutz.

Die Möglichkeiten der Bildung sozialer Indikatoren sind zahlreich.

Beispiele:

1. Menschliche Entwicklung (HDI),[1] Einkommen, Kaufkraft;
2. Verteilung von Einkommen, Konsum;
3. Lebenserwartung, Sterblichkeit;
4. Bevölkerungswachstum, Altersstruktur;
5. Ernährung, Gesundheit und Versorgung;
6. Krankheitsraten, Gesundheitswesen;
7. Bildungssituation;
8. Arbeitsmarktsituation.

1 Der Human Development Index (HDI) berechnet sich aus Werten für die Lebenserwartung, Alphabetisierungs- und Einschulungsquoten sowie aus dem Bruttoinlandsprodukt.

6.4 Umweltökonomische Gesamtrechnung

Es ist heute unstrittig, dass vor allem zur Lösung umweltpolitischer („ökologischer") Aufgaben die statistischen Informationen vor allem über den Rohstoff- und Energieverbrauch, den Schadstoffausstoß, den Flächen- und Raumbedarf und die umweltpolitischen Maßnahmen verbessert werden müssen. Deswegen veröffentlicht das Statistische Bundesamt neben der volkswirtschaftlichen Gesamtrechnung auch eine umweltökonomische Gesamtrechnung (UGR).

Diese Statistik zeigt die Wechselwirkungen zwischen Wirtschaft und Umwelt. Das Berichtssystem gibt darüber Auskunft, welche Umweltbelastungen entstehen und welche Maßnahmen zum Schutz der Umwelt ergriffen werden.[1]

Umweltökonomische Gesamtrechnung (UGR)

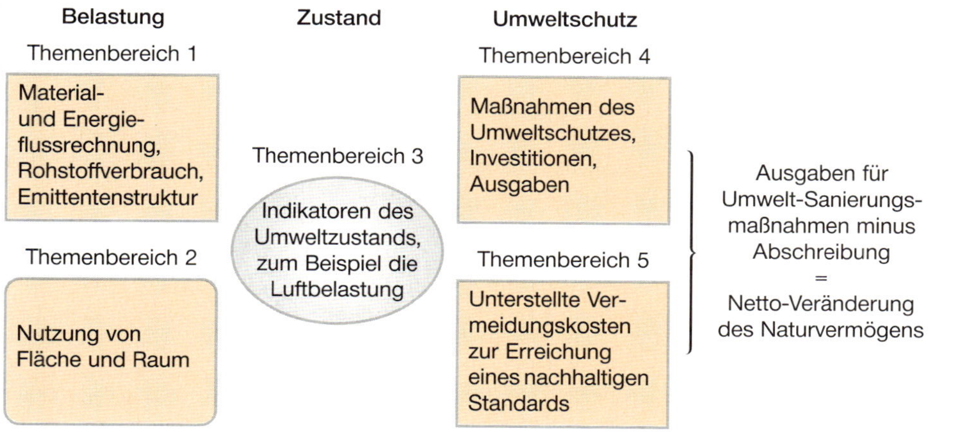

Wie die unterschiedlichen Symbole (Ellipse, Rechteck usw.) andeuten, sind die verschiedenen Themenbereiche jeweils durch eine ihnen eigene charakteristische Methode gekennzeichnet: In den Themenbereichen 1, 4 und 5 werden Wirtschaftsstatistiken und Gesamtrechnungsmethoden angewandt, um die von den Wirtschaftssektoren verursachten Stoffströme sowie die getroffenen Umweltschutzmaßnahmen zu bilanzieren. Themenbereich 2 befasst sich mit den Belastungen, die nicht stofflicher Art sind, sondern auf einer geänderten Nutzungsverteilung des Raumes, auf physikalischen Eingriffen usw. beruhen; methodische Instrumente sind Fernerkundung, etwa die Ermittlung von Bodenbelastungen per Flugzeug, und Geoinformationssysteme, zum Beispiel Bohrungen zur Suche nach Altlasten. Im Themenbereich 3 besteht die Aufgabe im Wesentlichen darin, die räumlich und inhaltlich isolierten Mess- und Beobachtungsdaten zu geeigneten Indikatoren zu verdichten; aufbauend auf Themenbereich 2 wird eine Flächenstichprobe mit dem Ziel von Ökoindikatoren/-indizes entwickelt. Der UGR-Gesamtdarstellungsbereich umfasst nicht das Setzen von allgemein einzuhaltenden Standards. Die UGR-Informationen haben jedoch das ausdrückliche Ziel, für den politischen Entscheidungsprozess zum Setzen solcher Standards – soweit verfügbar – Sachdaten über Kosten und Nutzen alternativer Standardwerte zur Verfügung zu stellen.

Quelle: Wirtschaftswachstum und Umwelt, a. a. O., S. 3.

1 Vgl. Wirtschaftswachstum und Umwelt, in: Wirtschaft und Unterricht, hrsg. vom Institut der deutschen Wirtschaft, Nr. 3 vom 27. April 1995, S. 3.

Wiederholungs- und Vertiefungsaufgaben zu Kapitel 6

1. Erklären Sie die Begriffe Bruttoinvestition, Reinvestition, Nettoinvestition, Außenbeitrag und Produktionsabgaben!

2. In einem Land weist die volkswirtschaftliche Gesamtrechnung folgende Werte aus:

Konsumausgaben der privaten Haushalte (C_{pr})	1 157,2 Mrd. GE
Konsumausgaben des Staates (C_{St})	409,7 Mrd. GE
Bruttoinvestitionen (I_{br})	435,0 Mrd. GE
Abschreibungen (Ab)	251,7 Mrd. GE
Nettoproduktionsabgaben (T_{ind} – Z)	218,2 Mrd. GE
Arbeitnehmerentgelt (E_{nu})	1 123,3 Mrd. GE
Unternehmens- und Vermögenseinkommen (E_u)	528,3 Mrd. GE
Außenbeitrag (Ex – Im)	+ 119,6 Mrd. GE

Der Saldo sonstiger Auslandseinkommen (F) ist null.

a) Berechnen Sie das Bruttonationaleinkommen, das Primäreinkommen und das Volkseinkommen!

b) Warum sind in diesem Fall Bruttoinlandsprodukt und Bruttonationaleinkommen gleich hoch?

c) Unterscheiden Sie die Begriffe nominelles und reales Bruttoinlandsprodukt!

d) Welche Bedeutung hat die Inlandsproduktberechnung?

3. Nehmen Sie zur Bearbeitung der folgenden Aufgaben den Auszug aus dem Bundesbankbericht „Entstehung und Verwendung des Inlandsprodukts, Verteilung des Volkseinkommens Deutschland" zu Hilfe (siehe Seite 85):

a) Um wie viel Prozent ist das nominale Bruttoinlandsprodukt von 2005 auf 2006 gestiegen? (Ergebnis auf zwei Stellen hinter dem Komma!)

b) Um wie viel Prozent hat sich das reale Bruttoinlandsprodukt von 2005 auf 2006 verändert? (Ergebnis auf zwei Stellen hinter dem Komma!)

c) Wie viel Prozentpunkte des Wachstums des nominalen Bruttoinlandsprodukts sind auf Preissteigerungen zurückzuführen?

d) Erklären Sie den Unterschied zwischen dem nominalen und dem realen Bruttoinlandsprodukt!

e) Wie viel Prozent betrugen im Jahre 2006 die Lohnquote und die Gewinnquote?

f) Wie hoch waren die nominellen Bruttoinvestitionen im Jahre 2006?

g) Was bedeutet „Vorratsveränderung – 2,2 Mrd. €" (im Jahr 2006)?

h) Wodurch unterscheidet sich das Bruttoinlandsprodukt vom Bruttonationaleinkommen?

i) Wie hoch ist der preisbereinigte Außenbeitrag im Jahre 2006?

j) Wie errechnet man aus dem Volkseinkommen das Bruttonationaleinkommen?

1. Entstehung und Verwendung des Inlandsprodukts, Verteilung des Volkseinkommens Deutschland

Position	2004	2005	2006	2004	2005	2006	2005 2.Vj.	2005 3.Vj.	2005 4.Vj.	2006 1.Vj.	2006 2.Vj.	2006 3.Vj.	2006 4.Vj.
	Index 2000=100			Veränderung gegen Vorjahr in %									
Preisbereinigt, verkettet													
I. Entstehung des Inlandsprodukts													
Produzierendes Gewerbe (ohne Baugewerbe)	103,7	106,8	112,2	3,4	2,9	5,0	4,6	3,2	3,9	8,1	2,1	5,2	4,9
Baugewerbe	83,0	80,1	83,8	– 4,5	– 3,4	4,6	– 1,3	– 0,8	– 1,4	2,1	1,5	5,3	9,1
Handel, Gastgewerbe und Verkehr 1)	105,1	106,5	110,0	3,5	1,3	3,3	2,6	1,9	0,8	3,7	1,7	3,4	4,3
Finanzierung, Vermietung und Unternehmensdienstleister 2)	106,1	107,3	109,4	0,5	1,1	1,9	1,5	0,8	0,8	1,2	1,5	2,3	2,6
Öffentliche und private Dienstleister 3)	102,5	102,5	102,9	0,1	– 0,1	0,4	– 0,3	0,2	– 0,1	0,7	0,2	0,4	0,4
Bruttowertschöpfung	103,4	104,5	107,3	1,6	1,1	2,7	1,9	1,3	1,2	3,2	1,3	2,9	3,2
Bruttoinlandsprodukt 4)	102,3	103,2	106,0	1,2	0,9	2,7	1,7	1,4	1,1	3,2	1,4	2,6	3,5
⋮					⋮								⋮
In jeweiligen Preisen (Mrd €)													
III. Verwendung des Inlandsprodukts													
Private Konsumausgaben 5)	1 302,9	1 321,1	1 348,7	1,7	1,4	2,1	1,8	2,3	0,8	2,9	1,3	1,6	2,6
Konsumausgaben des Staates	415,1	419,6	426,6	– 0,5	1,1	1,7	1,8	1,5	1,1	3,6	1,0	0,7	1,4
Ausrüstungen	151,9	159,4	169,6	3,1	5,0	6,4	8,2	3,2	4,1	9,7	5,4	6,1	5,0
Bauten	207,9	202,3	215,9	– 2,5	– 2,7	6,7	– 0,9	– 0,9	– 1,0	3,4	3,7	7,8	11,6
Sonstige Anlagen 6)	24,7	25,2	25,9	1,5	2,1	3,0	2,3	2,4	2,9	2,7	3,2	3,0	3,0
Vorratsveränderungen 7)	– 6,1	– 2,6	– 2,2	.	.	.	.	.	.	.	.	.	.
Inländische Verwendung	2 096,3	2 125,0	2 184,5	1,0	1,4	2,8	2,8	1,4	1,4	4,5	2,4	3,1	1,3
Außenbeitrag	110,9	116,0	122,7	.	.	.	.	.	.	.	.	.	.
Exporte	844,1	912,3	1 035,7	9,5	8,1	13,5	6,6	10,3	9,4	15,4	10,1	12,1	16,5
Importe	733,2	796,3	913,0	7,0	8,6	14,7	9,1	9,8	9,8	20,7	13,3	13,4	12,0
Bruttoinlandsprodukt 4)	2 207,2	2 241,0	2 307,2	2,1	1,5	3,0	2,2	1,9	1,7	3,4	1,7	3,0	3,7
⋮					⋮								⋮
V. Verteilung des Volkseinkommens													
Arbeitnehmerentgelt	1 136,8	1 129,3	1 144,9	0,5	– 0,7	1,4	– 0,6	– 0,8	– 0,7	0,2	1,2	2,0	2,0
Unternehmens- und Vermögenseinkommen	513,8	545,9	585,5	10,4	6,2	7,3	7,7	6,5	7,1	11,0	2,2	5,8	10,7
Volkseinkommen	1 650,6	1 675,1	1 730,4	3,4	1,5	3,3	2,1	1,6	1,5	3,8	1,5	3,3	4,5
Nachr.: Bruttonationaleinkommen	2 209,4	2 248,2	2 318,8	3,0	1,8	3,1	2,4	2,1	1,6	3,4	1,9	3,1	4,1

Quelle: Statistisches Bundesamt; Rechenstand: Februar 2007. — **1** Einschl. Nachrichtenübermittlung. — **2** Kredit- und Versicherungsgewerbe, Grundstückswesen, Vermietung und Unternehmensdienstleister. — **3** Einschl. Häusliche Dienste. — **4** Bruttowertschöpfung zuzüglich Gütersteuern (saldiert mit Gütersubventionen). — **5** Einschl. Private Organisationen ohne Erwerbszweck. — **6** Immaterielle Anlageinvestitionen (u. a. EDV-Software, Urheberrechte) sowie Nutztiere und -pflanzen. — **7** Einschl. Nettozugang an Wertsachen. — **8** Wachstumsbeitrag zum BIP.

Quelle: Monatsbericht der Deutschen Bundesbank, März 2007, S. 61.

4. Textauszug:

Wie die Weltbank Wohlstand definiert

WASHINGTON. Die reichsten Nationen der Welt sind Australien, Kanada, Luxemburg und die Schweiz. Die deutsche Wohlstandsgesellschaft rangiert nur an 15. Stelle. Zu diesem Schluss kommt eine Studie der Weltbank, die sich erstmals um eine differenzierte Definition des Begriffs „Wohlstand" bemüht. Neben dem Pro-Kopf-Einkommen eines Landes werden auch natürliche Ressourcen, Humankapital und produziertes Vermögen berücksichtigt.

„Es geht darum, neben reinen Konjunkturdaten auch andere Kriterien einzubeziehen", erklärte der Vizepräsident der Weltbank bei der Präsentation der Studie in Washington. Natürliche Ressourcen, insbesondere Rohstoffe, seien genauso wichtig, ebenso das Humankapital. Dies beinhaltet insbesondere das Bildungsniveau und das damit verbundene wirtschaftliche Leistungspotenzial einer Nation. Unter produziertem Vermögen fasst die Weltbank neben finanziellem Vermögen und Investitionsgütern auch die Vorteile einer modernen Infrastruktur zusammen.

Nach der neuen Formel wird jedem Faktor ein Geldwert zugeordnet. Demnach verfügt Australien über ein Pro-Kopf-Vermögen von umgerechnet 634 000 €, Kanada liegt mit 542 000 € an zweiter Stelle. Im Vergleich dazu entfallen auf jeden Deutschen knapp 307 000 €. Knapp davor an zwölfter Stelle liegen die USA mit 322 000 €. Die drei ärmsten Länder der Welt sind Äthiopien (1 074 €), Nepal (1 227 €) und Burundi (1 611 €).

Die neue Erfassungsmethode könne frühere Ergebnisse völlig auf den Kopf stellen, sagte der Vizepräsident. „Nach der herkömmlichen Bewertung des Wohlstands würde eine Nation als reicher gelten, wenn sie Öl und Kohle exportiert und die Erlöse dann konsumiert werden." Die Weltbank sieht es von nun an anders: Der Verkauf von Rohstoffen bedeutet einen Verlust an Nettovermögen. Wenn die Erlöse nicht reinvestiert, sondern konsumiert werden, schrumpft das Vermögen weiter.

Es sei „ein großer Unterschied, ob Exporterlöse benutzt werden, um teure Importwagen zu finanzieren oder für den Durchschnittsbürger die Schulausbildung zu verbessern", sagte John O'Connor, Hauptverfasser der Studie. Rohstoffe und Humankapital habe man bisher deutlich unterschätzt. Demnach macht „produziertes Vermögen" bei den meisten der 192 Länder im Schnitt weniger als 20 Prozent aus. „Wohlhabend" sind insbesondere Nationen mit hohen Investitionen in ihr Humankapital.

80 Prozent des Weltvermögens befindet sich der Studie zufolge in den Händen der reichsten 29 Länder. Sie zeichnen sich insbesondere durch ein überdurchschnittliches Bildungsniveau aus. Japan und die Schweiz lägen trotz erheblichen Rückstands bei natürlichen Ressourcen in der Endabrechnung deswegen deutlich vor den USA, weil mehr Geld in Ausbildung und das Gesundheitswesen investiert wird. Auch die Bundesrepublik liege mit weitaus weniger natürlichen Ressourcen nur knapp hinter den USA (12. Rang), weil relativ größere Investitionen in das Humankapital den Rückstand wettmachten. Als wohlhabend betrachtet die Weltbank jede Nation mit einem Pro-Kopf-Vermögen über 100 000 Dollar. Dies trifft auf 52 der 192 Staaten zu.

Quelle: Peter de Thier in der BZ vom 18. September 1995.

a) Welche Indikatoren bestimmen nach Meinung der Weltbank den Wohlstand der Nationen?

b) Warum ist das Humankapital ein wichtiger Indikator?

5. Berechnen Sie das Brutto- und Nettoinlandsprodukt zu Marktpreisen und das Nettoinlandsprodukt zu Herstellungspreisen. Der Saldo der Primäreinkommen aus der übrigen Welt ist null. Die Zahlen sind dem „Nationalen Produktionskonto" zu entnehmen:

Aufwand — Zusammengefasstes Produktionskonto — Ertrag

Aufwand		Ertrag	
Arbeitnehmerentgelt	258	Verkäufe an Haushalte und Unternehmen	535
Unternehmens- und Vermögenseinkommen	104	Bruttoinvestitionen einschl. Vorratsveränderungen	146
(Ti - Z) → Nettoproduktionsabgaben	31	Außenbeitrag (Exporte – Importe)	3
Abschreibungen	56		
Vorleistungen	235		
	684		684

Unter **Vorleistungen** versteht man die Verkäufe von Roh-, Hilfs- und Betriebsstoffen, Waren, Fertigteilen, Dienstleistungen (z.B. Reparaturleistungen) von Unternehmen an andere Unternehmen. Auch die Zinsen und Gebühren für von Unternehmen anderen Unternehmen (z.B. von Kreditinstituten an Industrieunternehmen) zur Verfügung gestellte Kredite gehören zu den Vorleistungen.

Die Vorleistungen stellen für die leistenden Unternehmen Erträge dar, für die empfangenden Unternehmen hingegen Aufwendungen. Gesamtwirtschaftlich gesehen ist somit die Summe aller Verkäufe von Vorleistungen der Summe aller Käufe von Vorleistungen gleich, sodass sich die Vorleistungen statistisch nicht auf die Höhe des Inlandsprodukts bzw. Volkseinkommens auswirken.

6. Angenommen, das Bruttonationaleinkommen eines Landes beträgt 2 100 Mrd. GE.

   Berechnen Sie das Nettoinlandsprodukt zu Marktpreisen, wenn die Produktions- und Importabgaben abzüglich Subventionen 320 Mrd. GE, die Abschreibungen 270 Mrd. GE, die aus dem Ausland bezogenen Erwerbs- und Vermögenseinkommen 20 Mrd. GE, die von der EU erhaltenen Subventionen 12 Mrd. GE, die an das Ausland bezahlten Erwerbs- und Vermögenseinkommen 10 Mrd. GE und die an die EU bezahlten Produktions- und Importabgaben 15 Mrd. GE betragen!

7. Wie hoch ist das Nettoinlandsprodukt in der Aufgabe 6, wenn unter sonst gleichen Bedingungen die an das Ausland bezahlten Erwerbs- und Vermögenseinkommen 35 Mrd. GE betragen?

8. Das statistische Amt eines Landes liefert u.a. folgende Zahlen (in Mrd. GE):

   Bruttowertschöpfung der Wirtschaftsbereiche einschließlich der Nettoproduktionsabgaben

Produzierendes Gewerbe (ohne Baugewerbe)	835	
Baugewerbe	200	
Handel, Gastgewerbe und Verkehr	600	
Sonstige Wirtschaftsbereiche	700	2 335
Saldo der Primäreinkommen aus der übrigen Welt		+ 16
Konsumausgaben der privaten Haushalte		1 300
Konsumausgaben des Staates		400
Bruttoinvestitionen		540
Außenbeitrag		+ 95
Abschreibungen		300
Nettoproduktionsabgaben ($I_{ind} - Z$)		260
Arbeitnehmerentgelt		1 390
Unternehmens- und Vermögenseinkommen		385

   a) Berechnen Sie das Bruttoinlandsprodukt, das Nettoinlandsprodukt zu Marktpreisen, das Nettoinlandsprodukt zu Herstellungspreisen, das Bruttonationaleinkommen, die inländische Verwendung des Bruttonationaleinkommens, das Primäreinkommen und das Volkseinkommen! Der Saldo der Primäreinkommen aus der übrigen Welt entfällt je zur Hälfte auf das Arbeitnehmerentgelt und die Unternehmens- und Vermögenseinkommen.

   b) Stellen Sie die Entstehungs- und Verwendungsrechnung des Bruttoinlandsprodukts und die Verteilung des Volkseinkommens dar!

   c) Unter welcher Bedingung sind Brutto- und Nettoinlandsprodukt gleich groß? (Theoretischer Grenzfall.)

   d) Unterscheiden Sie die Begriffe nominelles und reales Bruttoinlandsprodukt!

   e) Unter welcher Bedingung ist das Bruttonationaleinkommen kleiner als das Bruttoinlandsprodukt?

   f) Welche Bedeutung hat die Ermittlung der Messzahlen (Kennzahlen) der gesamtwirtschaftlichen Leistung?

   g) Welche Kritik wird an der herkömmlichen Berechnung der Messzahlen der gesamtwirtschaftlichen Leistung geübt?

9.

	Bruttoinlandsprodukt (BIP)								
	Insgesamt	Inländische Verwendung					Außenbeitrag [1]		
		Zusammen	Private Konsumausgaben	Konsumausgaben des Staates	Bruttoanlageinvestitionen	Vorratsveränderungen [2]	Zusammen	Exporte [1]	Importe [1]
	1	2	3	4	5	6	7	8	9
	In jeweiligen Preisen (in Mrd €; saisonbereinigt)								
2003	7 460,8	7 304,3	4 278,5	1 526,2	1 498,4	1,1	156,5	2 624,3	2 467,8
2004	7 738,0	7 576,0	4 426,7	1 580,9	1 561,7	6,7	162,0	2 823,4	2 661,4
2005	8 000,3	7 882,6	4 584,3	1 639,7	1 640,3	18,2	117,8	3 025,2	2 907,4
2006	8 357,9	8 261,0	4 765,9	1 705,0	1 757,4	32,8	96,8	3 356,7	3 259,9
2005 Q4	2 030,7	2 006,9	1 162,1	418,1	418,3	8,4	23,8	783,6	759,8
2006 Q1	2 049,0	2 031,7	1 175,6	421,0	425,5	9,6	17,2	810,4	793,1
Q2	2 079,2	2 060,8	1 185,4	426,4	437,9	11,1	18,5	824,2	805,7
Q3	2 101,5	2 082,2	1 198,5	426,6	443,2	13,9	19,3	845,3	826,0
Q4	2 128,2	2 086,4	1 206,4	431,0	450,9	-1,8	41,8	876,9	835,1
	In % des BIP								
2006	100,0	98,8	57,0	20,4	21,0	0,4	1,2	-	-
	Verkettete Volumen (Vorjahrspreise, saisonbereinigt [3])								
	Veränderung gegen Vorquartal in %								
2005 Q4	0,3	0,6	0,1	0,1	0,4	-	-	0,7	1,5
2006 Q1	0,8	0,5	0,6	1,4	0,8	-	-	3,1	2,3
Q2	1,0	0,9	0,3	0,0	2,1	-	-	0,9	0,8
Q3	0,6	0,7	0,7	0,6	0,6	-	-	1,8	2,2
Q4	0,9	0,1	0,6	0,5	1,2	-	-	3,7	1,9

Quelle: Monatsbericht der EZB, März 2007, S 45.

a) Wie hoch war das nominelle Bruttoinlandsprodukt der WWU im Jahr 2006?

b) Welcher Bereich hat am stärksten zur Verwendung der produzierten Güter und Dienstleistungen beigetragen?

c) Wie hoch ist der nominale Außenbeitrag im Jahre 2006?

10. Was kann die Größe „Bruttoinlandsprodukt" über den Wohlstand der Bevölkerung eines Landes aussagen?

11.

Weg mit dem Bruttoinlandsprodukt!

... 2006 hat die Bundesrepublik Deutschland nominell 2307 Mrd. € erwirtschaftet. Ist das viel, ist das wenig? Müssen wir besorgt sein, dürfen wir stolz sein?

2307 Mrd. € sind weder viel noch wenig, sondern falsch. Denn im Bruttoinlandsprodukt wird vieles gar nicht erfasst und vieles zwar richtig erfasst, aber falsch bewertet.

Das Bruttoinlandsprodukt misst so ziemlich alles, was in der Wirtschaft vorgeht. Nur nicht das – so meint GEO-Chefredakteur Adolf Theobald –, worauf es im Leben ankommt.

Zum Beispiel: Die Arbeit der Hausfrau, sofern sie kein Einkommen hat, zählt nicht. Mütter, die ihre Kinder ohne Entgelt großziehen, werden vom Bruttoinlandsprodukt übersehen. Kämen zwei Mütter dagegen auf die listige Idee, ihre Kinder auszutauschen und sich für die Betreuung gegenseitig und monatlich je 1000,00 € zu zahlen, wäre das Bruttoinlandsprodukt im selben Monat um 2000,00 € gestiegen.

Nicht erfasst wird auch die Schwarzarbeit, sie geht an Staat und Statistik vorbei. Und nicht erfasst wird die so genannte Schattenarbeit, die gesamte Do-it-yourself-Bewegung. Beide, die legale und die illegale Schattenarbeit, machen, nach groben Schätzungen, bereits die Hälfte des offiziellen Bruttoinlandsprodukts in der Bundesrepublik Deutschland aus.

Oscar Wilde hat einmal formuliert, es gebe Menschen, die von allem den Preis, aber von nichts den Wert kennen. Er muss dabei an Politiker gedacht haben. Sie lieben es, aus der Statistik des Bruttoinlandsprodukts falsche Schlüsse zu ziehen. So wird zum Beispiel ein Auto, das viele Kosten verursacht, in der nationalen Gesamtrechnung letztlich immer wertvoller, denn die Reparaturen erhöhen ja das Inlandsprodukt. Und Umweltschäden, die uns an den Rand des Ruins bringen können, erhöhen unseren Reichtum ins Unermessliche – wegen der Reparatur, der Folgekosten. Um zum Beispiel den Schwarzwald wieder aufzuforsten, bräuchte man 6 Mrd. €. Ein toller Erfolg in unserer Gesamtrechnung. Ein kranker Mensch, der die Pharma-Industrie am Laufen hält, ist allemal ein besserer Inlandsprodukt-Produzent als ein gesunder. Denn der verursacht ja keine Kosten, bringt also auch keine Einnahmen.

Dass Statistiker uns reich rechnen? Na gut. Wenn aber Politiker die jährliche Steigerungsrate wie einen Fetisch behandeln, auf den man hören muss, dann wird es gefährlich.

Adolf Theobald

Quelle: GEO, Heft 2/1986, S. 148 f. Text und Angaben zum BIP wurden aktualisiert.

a) Nehmen Sie Stellung zu dem Zitat: „Das Bruttoinlandsprodukt misst so ziemlich alles, was in der Wirtschaft vorgeht. Nur nicht das, worauf es im Leben ankommt."

b) Stellen Sie anhand des Textes zusammen, welche Korrekturen am Maßstab BIP nach Meinung des Verfassers notwendig sind!

7 Grundlagen der Preisbildung

7.1 Märkte und Marktformen

7.1.1 Der Markt als Treffpunkt von Angebot und Nachfrage

In der Marktwirtschaft stellen die Wirtschaftssubjekte autonom ihre Wirtschaftspläne auf. Sie wirtschaften, indem sie knappe Mittel planmäßig für die Bedürfnisbefriedigung einsetzen. Die Koordination der einzelwirtschaftlichen Pläne erfolgt über den Markt. Dort werden Angebot und Nachfrage zusammengeführt und mittels des Preises aufeinander abgestimmt.

Die mit Kaufkraft (bzw. Einkommen) versehenen Bedürfnisse der Wirtschaftssubjekte[1] nennen wir *Bedarf*. Kann der Bedarf nicht durch Eigenproduktion gedeckt werden, wird er auf dem *Markt* als *Nachfrage* wirksam. Somit kann man sagen:

> Die Nachfrage setzt sich aus der Summe aller mit Kaufkraft ausgestatteten Kaufwünsche der Wirtschaftssubjekte zusammen.

Andererseits werden aufgrund der Nachfrage in den wirtschaftlichen Betrieben Sachgüter und Dienstleistungen produziert, um sie den Kaufwilligen gewinnbringend oder zumindest kostendeckend *anzubieten:*

> Das Angebot setzt sich aus der Summe aller Verkaufswünsche der Wirtschaftssubjekte zusammen.

Treffen Angebot und Nachfrage zusammen, sodass Kaufabschlüsse getätigt werden können, sprechen wir von *Markt*. So treten z.B. auf dem Wochenmarkt Hausfrauen (-männer) als *Nachfrager* auf, Markthändler hingegen als *Anbieter*.

> Unter Markt versteht man das Zusammentreffen der kaufwilligen und kaufkräftigen Nachfrage mit dem verkaufswilligen und lieferfähigen Angebot.

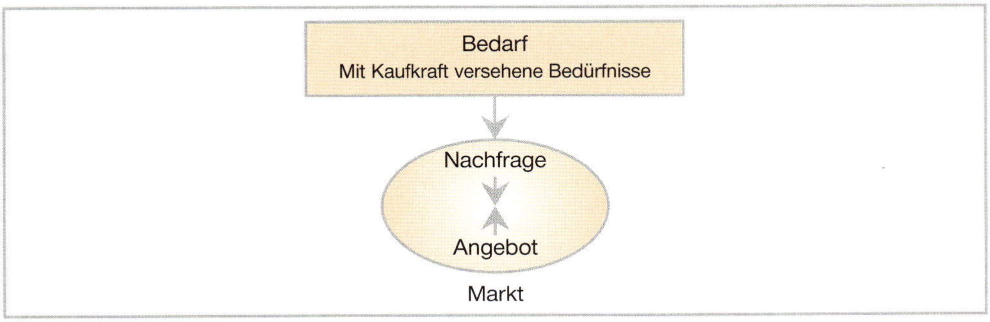

1 Wirtschaftssubjekte sind einzelne an der Wirtschaft beteiligte Menschen oder Sozialgebilde wie Familien, private Wirtschaftsbetriebe oder staatliche Körperschaften (Bund, Länder, Gemeinden, Sozialversicherungsanstalten).

7.1.1.1 Bestimmungsgründe der Nachfrage

Die individuelle Nachfrage eines Haushalts nach einem bestimmten Gut ist von vielen Faktoren abhängig. Die wichtigsten sind:

Stärke und Rangordnung der Bedürfnisse	Verfügbares Einkommen bzw. Vermögen	Preis des nachgefragten Gutes	Preise anderer Güter	
			Preise von Substitutionsgütern[1]	Preise von Komplementärgütern[2]
Die individuelle Nachfrage nach Gütern ist von Nachfrager zu Nachfrager unterschiedlich, weil Dringlichkeit und Rangordnung der Bedürfnisse (die Bedürfnisstrukturen) verschieden sind.	Die individuelle Nachfrage wird durch das verfügbare Einkommen (z. B. Gehalt abzüglich Steuern und Sozialversicherungsabgaben) sowie die Höhe und Struktur des Vermögens bestimmt und begrenzt.	Bei gegebenem Einkommen und gegebenem Vermögen bestimmt u. a. der Preis eines Gutes, ob und in welcher Menge ein Gut nachgefragt wird.	Bei austauschbaren Gütern (Substitutionsgütern) wird ein Verbraucher bei steigendem Preis des Gutes A die Nachfrage nach dem Gut A einschränken oder ganz einstellen und seine Nachfrage nach dem Substitutionsgut B erhöhen.	Bei Komplementärgütern wird der Verbraucher seine Nachfrage einschränken, wenn der Preis eines oder mehrerer Komplementärgüter steigt.

Im Normalfall wird ein privater Haushalt seine Nachfrage nach einem bestimmten Gut bei gegebenem Einkommen dann einschränken, wenn der Preis dieses Gutes steigt. Umgekehrt wird er seine Nachfrage erhöhen, wenn der Preis dieses Gutes sinkt.

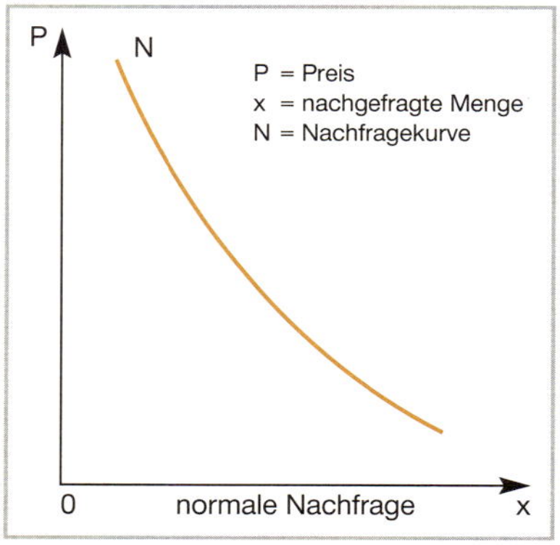

Dieses Nachfrageverhalten kommt in nebenstehender Nachfragekurve zum Ausdruck. Sie verdeutlicht das so genannte **„Gesetz der Nachfrage“:**

> Mit steigendem Preis eines Gutes sinkt die Nachfrage nach diesem Gut.
>
> Mit sinkendem Preis eines Gutes steigt die Nachfrage nach diesem Gut.

Anomale Nachfrage. Das „Gesetz der Nachfrage“ beschreibt das normale Nachfrageverhalten des privaten Haushalts. Hiervon gibt es auch Ausnahmen. Nimmt ein Nachfrager z. B. den Preis eines Gutes als Qualitätsmaßstab, wird er mit steigendem Preis mehr, mit sinkendem Preis weniger nachfragen.

1 Substitutionsgüter sind austauschbare (gegenseitig ersetzbare) Güter. Beispiele: Butter und Margarine; Heizöl, Erdgas, Holzschnitzel, Holzpellets und Kohle; Videorecorder und DVD-Player; Metall und Kunststoff.

2 Komplementärgüter sind sich gegenseitig ergänzende Güter. Beispiele: Lampe und Glühbirnen; Toner und Laserdrucker; Rohbauten – Installationen, Fenster usw.; Elektroherd – Elektrokochtöpfe.

Die Nachfragekurven sind von privatem Haushalt zu privatem Haushalt unterschiedlich, weil die Bedürfnisstrukturen verschieden sind.

Beispiele:

Legt der Haushalt Müller wenig Wert auf Teigwaren, sondern bevorzugt er Kartoffeln, wird seine mengenmäßige Nachfrage nach Kartoffeln nur geringfügig abnehmen, wenn der Kartoffelpreis steigt. Man sagt, die Nachfrage ist preisunelastisch. Sind für den Haushalt Schmidt hingegen Teigwaren wichtiger als Kartoffeln, wird er seine Nachfrage nach Kartoffeln verhältnismäßig stark einschränken, wenn der Kartoffelpreis steigt. Seine Nachfrage nach Kartoffeln ist preiselastisch.

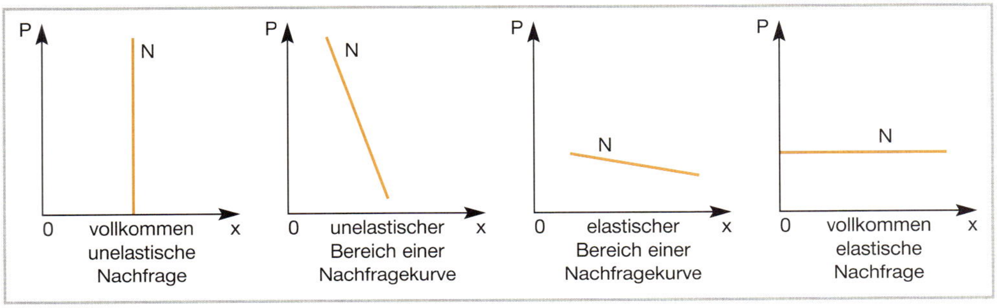

$$\text{Preiselastizität der Nachfrage} = \frac{\text{prozentuale Mengenänderung der Nachfrage}}{\text{prozentuale Preisänderung}}$$

Beispiel: Preissteigerung Gut A 100 auf 110 → 10 %
dadurch Sinken der Nachfrage
von 24 auf 18 Einheiten → 25 %

$$P_N = \frac{25}{10} = 2{,}5$$ [1]

$P_N > 1$ elastische Nachfrage	$P_N < 1$ unelastische Nachfrage

Marktnachfrage. Von der individuellen Haushaltsnachfrage zur Marktnachfrage gelangt man, wenn man die Summe der individuellen Nachfragen nach einem Gut bildet.

Beispiel:[2]

Die Preisabhängigkeit der Nachfrage zweier Haushalte sei wie folgt festgelegt:

Preis in GE je kg	Nachgefragte Mengeneinheiten (kg Kartoffeln) je Zeiteinheit (je Woche) durch die Haushalte		Marktnachfrage nach Kartoffeln beider Haushalte (1) + (2)
	Müller (1)	Schmidt (2)	
1,00	–	–	–
0,80	0,5	–	0,5
0,60	1	1	2
0,40	1,5	2	3,5
0,20	2	3	5
0,00	2,5	4	6,5

1 Das Ergebnis dieser Preiselastizität der Nachfrage ist grundsätzlich wie folgt zu interpretieren: **Steigt** der Preis um **1,0 %**, so **sinkt** die Nachfrage um **2,5 %**

2 Beispiel nach Samuelson, P., Volkswirtschaftslehre, 4. Aufl., 1969/70, Bd. II, S. 40.

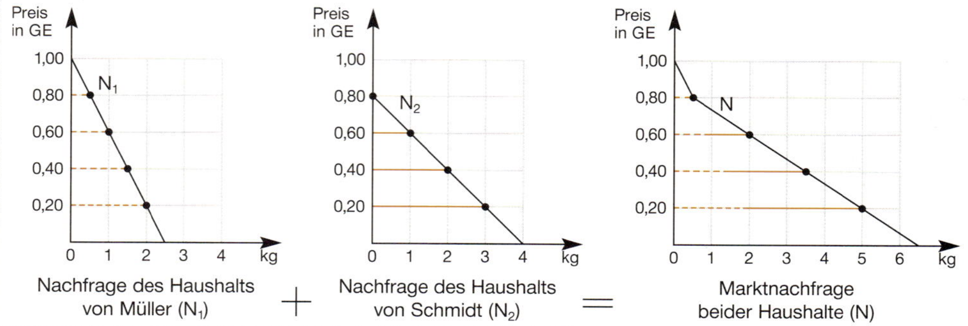

Aggregation[1] der individuellen mengenmäßigen Haushaltsnachfragekurven zur mengenmäßigen Marktnachfragekurve

Verhält sich die Mehrzahl aller Nachfrager normal, wird auch die Gesamtnachfrage nach einem Gut, also die Marktnachfrage, normal sein. Die Marktnachfragekurve zeigt, wie groß die mengenmäßige Nachfrage nach einem Gut bei unterschiedlichen Preisen dieses Gutes ist.

Nachfrageverschiebungen. Die Marktnachfrage nach einem Gut ist vor allem abhängig vom Preis des Gutes, von den Preisen anderer Güter und von der Höhe der Einkommen.

Steigen die Einkommen, nimmt die Nachfrage zu, sinken die Einkommen, nimmt die Nachfrage ab.

Zunehmende Nachfrage bedeutet, dass bei gegebenen Preisen mehr nachgefragt wird: Die Nachfragekurve verschiebt sich nach „rechts“. Abnehmende Nachfrage bedeutet, dass bei gegebenen Preisen weniger nachgefragt wird: Die Nachfragekurve verschiebt sich nach „links“.

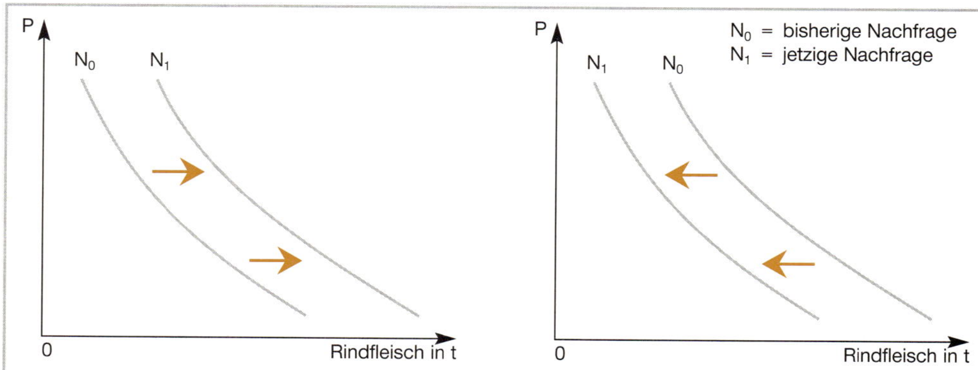

Zunehmende Nachfrage nach Rindfleisch bei steigendem Einkommen

Abnehmende Nachfrage nach Rindfleisch bei sinkendem Einkommen

1 Aggregation = Zusammenfassung, Queraddition.

Nicht immer trifft die Aussage zu, dass mit steigendem Einkommen die Nachfrage wächst und umgekehrt:

- Der prozentuale Anteil der Haushaltsausgaben für Grundnahrungsmittel sinkt mit steigendem Einkommen und wächst mit sinkendem Einkommen (Engelsches Gesetz).

  Grund: Auch die Reichen können kaum mehr Brot essen oder mehr Salatöl verwenden als die Armen.[1]
- Die Nachfrage nach „geringerwertigen" Gütern nimmt bei steigendem Einkommen nicht zu, sondern ab (z.B. der Verbrauch von Brot wird durch Brötchen oder Croissants, der Verbrauch von Kartoffeln durch hochwertiges Gemüse ersetzt).

Derartige Veränderungen lassen sich mittels der so genannten **Einkommenselastizität** messen. Die Einkommenselastizität der Nachfrage gibt an, um wie viel Prozent sich die nachgefragte Menge (= Wirkung) ändert, wenn das Einkommen der Haushalte um **ein** Prozent variiert. Diese Ursache-Wirkungs-Beziehung lässt sich wie folgt errechnen:

$$\textbf{Einkommenselastizität der Nachfrage} = \frac{\textbf{Relative Mengenänderung in Prozent}}{\textbf{Relative Einkommensänderung in Prozent}}$$

Das **Vorzeichen** der Einkommenselastizität macht eine Aussage über die Art der Nachfrageänderung in Abhängigkeit von der Einkommensentwicklung. Ist die Einkommenselastizität der Nachfrage **negativ,** handelt es sich zumeist um ein **inferiores Gut** (auch „Sättigungsgut" genannt). Einfache Güter der Lebenshaltung (z.B. Wasser) werden mit steigendem Einkommen von den Konsumenten durch höherwertige Güter (z.B. Softdrinks, Apfelsaftschorle, Traubensaft) ersetzt.

Ein positives Vorzeichen der Einkommenselastizität hingegen kennzeichnet **superiore Güter** (auch „Nichtsättigungsgüter" genannt).

Beispiel:

Das Einkommen eines Haushaltes steigt aufgrund einer Beförderung des Hauptverdieners von 1500,00 € auf 1800,00 €. Der Haushalt kauft nunmehr statt der bisherigen 8 Brote im Monat nur noch 6 Brote.

Berechnen Sie die Einkommenselastizität des Haushaltes und erläutern Sie, um welche Güterart es sich handelt!

Für den vorangestellten Fall errechnet sich die Einkommenselastizität der Nachfrage wie folgt:

$$\text{Preiseleastizität der Nachfrage} = \frac{-25\,\%}{20\,\%} = -1{,}25$$

Das Ergebnis lässt sich wie folgt interpretieren: Die Einkommenselastizität ist im vorliegenden Fall negativ; es handelt sich somit um ein inferiores Gut.

Weitere Ursachen für zunehmende Marktnachfrage können sein:

- Wachsende Intensität der Bedürfnisse (z.B. aufgrund der Mode und der Werbung).
- Steigende Bevölkerungszahlen (bei konstantem Pro-Kopf-Einkommen).
- Die Preise von Substitutionsgütern steigen (steigen z.B. die Heizölpreise, nimmt die Nachfrage nach Sonnenkollektoren und elektrischer Energie zu).
- Die Preise von Komplementärgütern sinken (sinken z.B. die Preise für Rohbauten, nimmt die Nachfrage nach Bauleistungen und damit nach Fensterglas zu). Das Umgekehrte gilt, wenn die Marktnachfrage abnimmt.

1 Vgl. Röpke, W.: Die Lehre von der Wirtschaft, 11. Aufl. 1968, S. 27.

7.1.1.2 Bestimmungsgründe des Angebots

Das individuelle Angebot kann ebenso wie die individuelle Nachfrage von einer Vielzahl von Faktoren bestimmt werden. Einige wichtige Faktoren sollen hier angeführt werden:

- Zielsetzung des Unternehmens
  Z.B. Gewinnmaximierung, Kostenminimierung
- Marktlage
  Konkurrenz, Marktmacht, Marktentwicklung
- Kosten
  Kostenhöhe und -struktur haben Einfluss auf Wettbewerbsfähigkeit und Preisgestaltung

Das Interesse des Anbieters wird in der Regel darauf gerichtet sein, einen möglichst hohen Preis zu erzielen.

Beschränkt man die Betrachtung auf Angebotsmenge und Preis, so lässt sich aussagen:

> Mit steigendem Preis eines Gutes nimmt das Angebot für dieses Gut zu.
>
> Mit sinkendem Preis eines Gutes nimmt das Angebot für dieses Gut ab („Gesetz des Angebots").

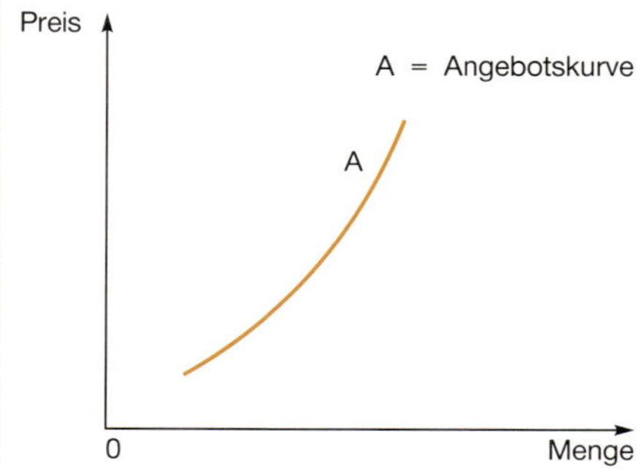

Individuelle Angebotskurve

Die individuelle Angebotskurve ist von Anbieter zu Anbieter verschieden, weil die Höhe und die Struktur der Kosten unterschiedlich sind.

Marktangebot. Verhält sich die Mehrzahl aller Anbieter normal, wird auch das Gesamtangebot für ein Gut, also das Marktangebot, normal sein. Die Marktangebotskurve zeigt, wie groß das mengenmäßige Angebot für ein Gut bei unterschiedlichen Preisen dieses Gutes ist.

Beispiel:

Die Preisabhängigkeit des Angebots zweier Anbieter sei wie folgt festgelegt:

Preis in GE je Stück	Angebotene Mengeneinheiten (1 000 Stück Eier) je Zeiteinheit (je Woche) durch die Hühnerfarmen		Marktangebot von Eiern beider Anbieter (1) + (2)
	Klein (1)	Groß (2)	
0,00	–	–	–
0,10	2	–	2
0,20	2,5	2	4,5
0,30	3	3	6
0,40	3,5	4	7,5
0,50	4	5	9

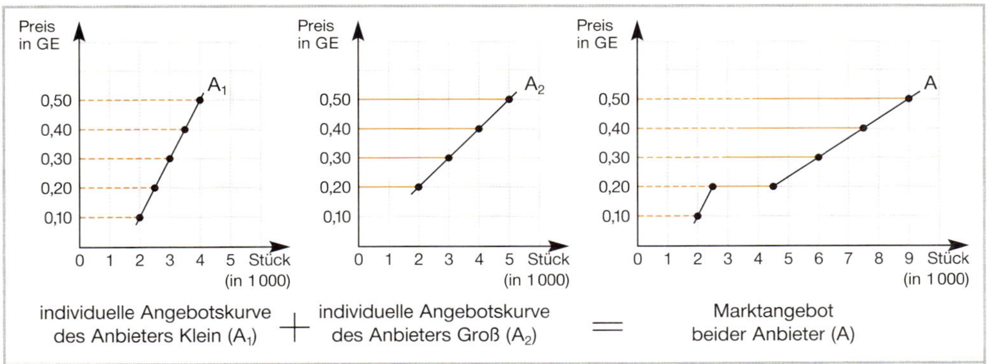

Aggregation der individuellen Angebotskurven zur Marktangebotskurve

Stellt man sich vor, dass auf dem Markt sehr viele (theoretisch unendlich viele) Anbieter auftreten, verschwinden die Treppen in der Angebotskurve: Man erhält eine „geglättete" Angebotskurve.

Ebenso wie die Nachfrage kann auch das Angebot verschiedene Elastizitäten aufweisen. Das Angebot ist z. B. dann vollkommen elastisch, wenn die Anbieter unterbeschäftigt sind, sodass sie bei steigender Nachfrage nicht die Preise erhöhen wollen, um den Absatz zu gefährden. Das Angebot wird vollkommen unelastisch, wenn die Anbieter an ihren Kapazitätsgrenzen angelangt sind: trotz Preiserhöhungen können sie (kurzfristig) ihr Angebot nicht weiter ausdehnen.

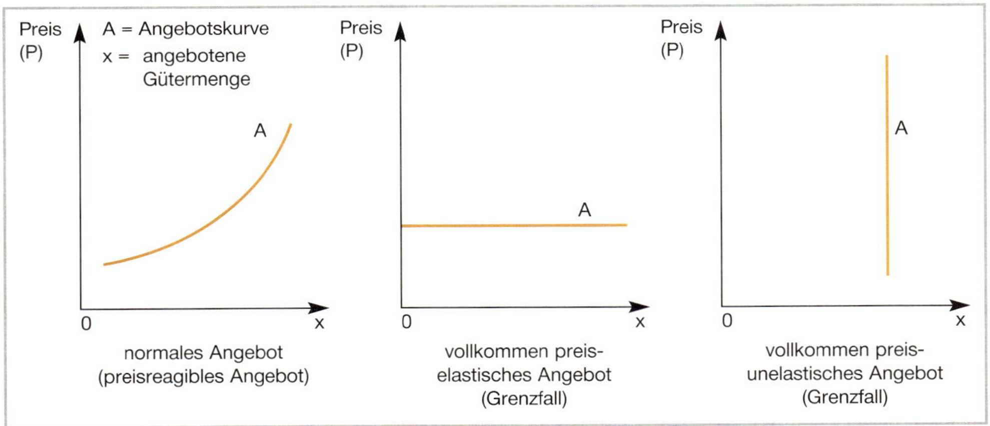

$$\text{Preiselastizität des Angebots}^{1} = \frac{\text{prozentuale Änderung der Angebotsmenge}}{\text{prozentuale Preisänderung}}$$

1 Vgl. Beispiel S. 91.

Angebotsverschiebungen. Das Marktangebot für ein Gut verschiebt sich im Laufe der Zeit aus verschiedensten Gründen. Nimmt z.B. die Zahl der Anbieter (die Zahl der Betriebe) zu, nimmt auch das Angebot zu. Nimmt die Zahl der Betriebe ab, nimmt auch das Angebot ab.

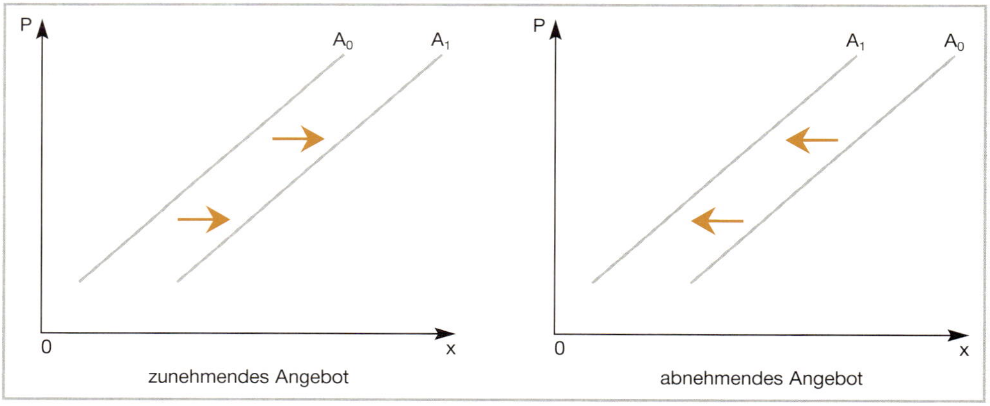

Weitere Gründe für die Zunahme des Angebots sind z.B. der technische Fortschritt (aufgrund des Übergangs der Betriebe auf anlageintensivere Produktionsverfahren erweitern sich die Kapazitäten und damit das mögliche Angebot), die Zukunftserwartungen der Unternehmer (aufgrund zusätzlicher Investitionen nimmt das Angebot zu) und Faktorpreissenkungen. Das Umgekehrte gilt, wenn das Marktangebot abnimmt.

7.1.1.3 Kosten als Bestimmungsgrund für das Angebot

Die Kosten wurden als wesentlicher Bestimmungsgrund für das Angebot angeführt. Einige grundlegende Aussagen zu den „Kosten" sollen deshalb hier gemacht werden.

Kosten = bewerteter Verzehr von Sachgütern und Dienstleistungen für die Produktion von Sachgütern und Dienstleistungen.

Die Kostentheorie unterscheidet u.a. folgende wichtige Kostenbegriffe:

fixe Kosten	variable Kosten
= von der Beschäftigung (Kapazitätsausnutzungsgrad) unabhängig **Beispiele:** Kosten der Betriebsbereitschaft. Lohn- und Gehaltskosten für die Stammbelegschaft. Abschreibungskosten (bei Abschreibung nach Nutzungsdauer).	= nehmen mit der Beschäftigung zu oder ab **Beispiele:** Materialkosten (steigen mit zunehmender Produktion). Fertigungslöhne (z.B. Akkordlöhne).
Gesamtkosten	

In vereinfachter Form (lineare Kostenverläufe unterstellt) kann man fixe und variable Kosten und Gesamtkosten in ihrem Verlauf durch folgende Kurven veranschaulichen:

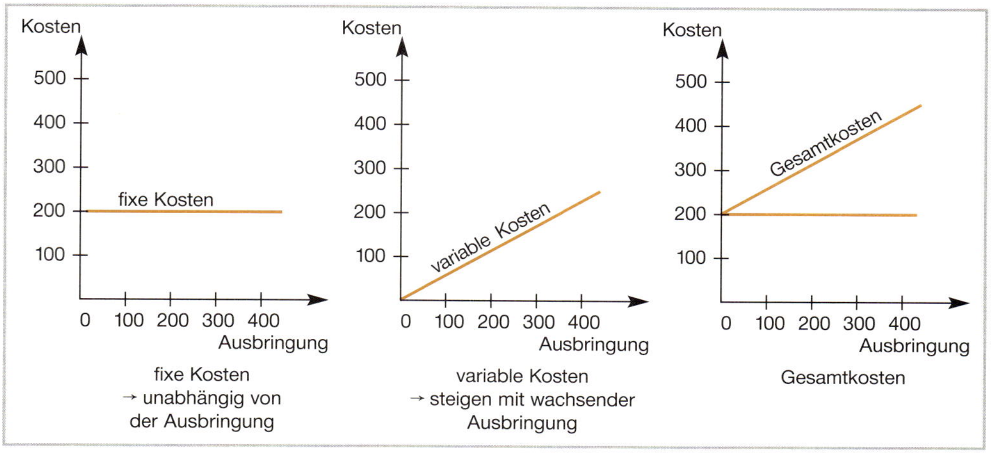

Bezieht man die Kosten auf das **Stück,** ergibt sich:

- die variablen Kosten sind pro Stück gleich hoch,
- die fixen Kosten sind pro Stück verschieden hoch.

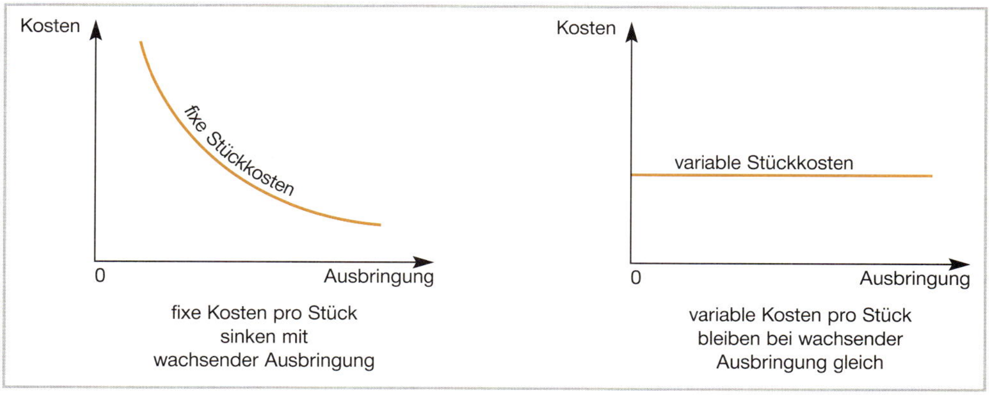

Das Gesetz der Massenproduktion besagt, dass die Stückkosten (Kosten je Produktionseinheit) mit zunehmender Kapazitätsausnutzung (Kapazität = mögliche Leistungsfähigkeit) sinken. Den prozentualen Anteil der tatsächlichen Produktionsleistung an der Kapazität nennt man Beschäftigungsgrad.

Gesetz der Massenproduktion

$$\text{Stückkosten} = \frac{\text{fixe Kosten}}{\text{Gesamtmenge}} + \text{variable Kosten je Stück}$$

7 Richard/Hartmann/Boller – ISBN 987-3-8120-0173-1

Diese Erscheinung ist auf das Vorhandensein der fixen Kosten zurückzuführen.

Beispiel:

Angenommen, ein Industriebetrieb stellt Elektromotoren her. Die fixen Kosten je Monat betragen 200 000,00 €, die proportional-variablen Kosten je Stück 300,00 €. Nachstehende Tabelle zeigt die Entwicklung der Stückkosten bei zunehmender bzw. abnehmender Produktion.

Stückzahl	fixe Kosten	variable Kosten	Gesamtkosten	Stückkosten
2 000	200 000,00	600 000,00	800 000,00	400,00
2 100	200 000,00	630 000,00	830 000,00	395,00
2 200	200 000,00	660 000,00	860 000,00	391,00
2 300	200 000,00	690 000,00	890 000,00	387,00
2 400	200 000,00	720 000,00	920 000,00	383,00
2 500	200 000,00	750 000,00	950 000,00	380,00
2 600	200 000,00	780 000,00	980 000,00	377,00
2 700	200 000,00	810 000,00	1 010 000,00	374,00
2 800	200 000,00	840 000,00	1 040 000,00	371,00
2 900	200 000,00	870 000,00	1 070 000,00	369,00
3 000	200 000,00	900 000,00	1 100 000,00	367,00

Nehmen wir weiterhin an, dass unser Industriebetrieb die Stückkosten als Preisuntergrenze ansieht. Dann muss er beispielsweise 400,00 € je Stück verlangen, wenn er nur 2 000 Stück absetzen kann. Nimmt die Nachfrage jedoch um 1 000 Stück auf 3 000 Stück je Monat zu, kann er den Stückpreis auf 367,00 € senken. Seine Angebotskurve entspricht in diesem Fall dem Verlauf der Stückkostenkurve.

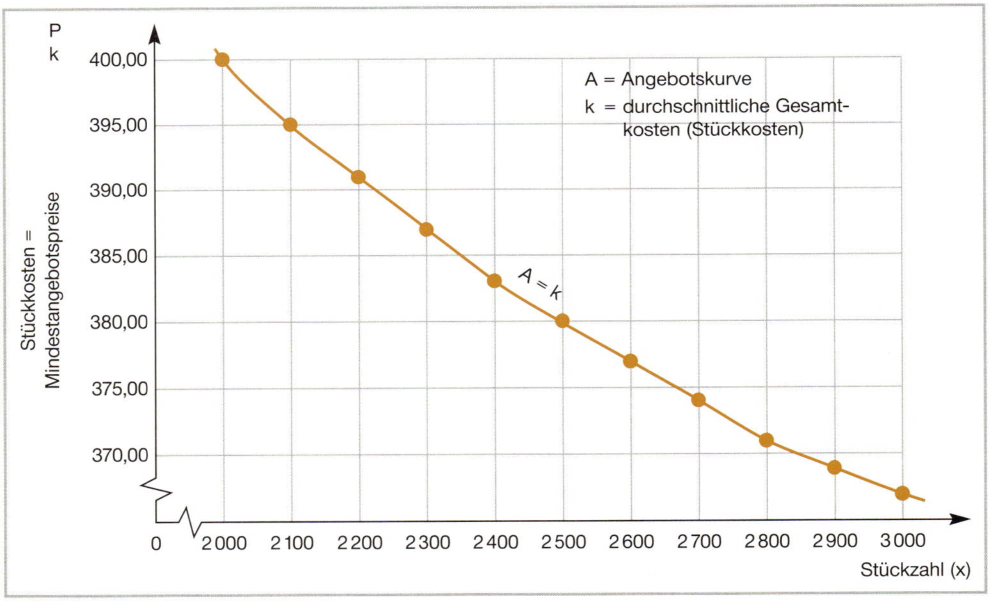

Im Kap. 7.1.1.2 wurde darauf hingewiesen, dass die individuelle Angebotskurve u. a. von der Höhe und der Struktur der Kosten abhängig ist.

Ein stark mechanisierter oder automatisierter Betrieb hat hohe fixe Kosten (z. B. Abschreibungen, Zinsen, Instandhaltungskosten) und verhältnismäßig niedrige variable Kosten (vor allem Fertigungslöhne). Ein wenig mechanisierter Betrieb weist hingegen niedrige Fixkosten, dafür aber hohe variable Kosten auf.

Bei mit Fixkosten belasteten Betrieben steigen bei zurückgehender Produktion (und damit bei zurückgehendem Angebot) die Stückkosten. (Anomaler Verlauf der Angebotskurve!)

7.1.2 Arten der Märkte

7.1.2.1 Gütermarkt

Markt ist nicht gleich Markt. Es ist ein gewaltiger Unterschied, ob auf einem Markt Obst und Gemüse angeboten und verkauft werden oder ob es sich um den Arbeitsmarkt handelt. Im ersten Fall handelt es sich um *Sachen*, die mal billiger, mal teurer verkauft werden, was – je nachdem – die Konsumenten oder die Produzenten freut oder auch ärgert. Im zweiten Fall sind aber *Menschen* unmittelbar betroffen und der sich auf dem Arbeitsmarkt bildende Preis für menschliche Arbeit, also der Lohn im weitesten Sinne, berührt ihre Existenz. Ein nicht verkaufter Apfel ist im Grunde kein Problem; angebotene Arbeit, die keinen Arbeitsplatz findet, umso mehr.

Einteilung des Gütermarktes

Gütermärkte		
Konsumgütermarkt	**Produktionsgütermarkt**	**Bodenmarkt**
Markt für von Haushalten nachgefragte Ge- und Verbrauchsgüter außer dem Bodenmarkt.	Markt für von Betrieben nachgefragte Ge- und Verbrauchsgüter außer dem Bodenmarkt.	Markt für unbebaute und bebaute land- und forstwirtschaftliche sowie städtische Grundstücke.

Konsumgütermarkt

Die in den vorigen Kapiteln angestellten Überlegungen gehen stillschweigend vom „Konsumgütermarkt“ aus. Die „Nachfrager“ sind grundsätzlich private Verbraucher (Konsumenten), die Anbieter grundsätzlich Produzenten im weitesten Sinne, d.h. Betriebe, die Sachgüter, Dienstleistungen und Rechte anbieten. Produzenten sind also z.B. der Industriebetrieb, der Fahrräder herstellt, der Arzt, der für die Gesundheit seiner Patienten sorgt, der Rechtsanwalt, der einem Privatmann zu seinem Recht verhilft, die Baugenossenschaft, die ihren Mitgliedern preiswerte Wohnungen vermietet.

Auch der „Boden“ (bebaute und unbebaute Grundstücke) kann natürlich Konsumgut sein, so etwa beim Kauf oder bei der Pacht eines Schrebergartens, einer Wohnung oder eines Einfamilienhauses. Dennoch rechnet man den Bodenmarkt nicht zum Konsumgütermarkt (oder zum Produktionsgütermarkt), weil er eine ganz bestimmte Sonderstellung einnimmt. Der Boden ist nämlich nicht produzierbar und nicht vermehrbar, sieht man von nicht ins Gewicht fallenden Ausnahmen (z.B. Bodengewinnung durch Eindeichung) ab.

Produktionsgütermarkt

Auf den Produktionsgütermärkten werden Güter gehandelt, die der Herstellung von wirtschaftlichen Gütern dienen. Produktionsgüter können *Sachgüter* (z. B. eine Werkzeugmaschine), *Dienstleistungen* (z. B. Reparaturleistungen) oder *Rechte* (z. B. eine Lizenz)[1] sein. Bei den Sachgütern ist wiederum zu unterscheiden, ob es sich um *Gebrauchsgüter* (z. B. ein Lkw) oder um *Verbrauchsgüter* (z. B. Rohstoffe, Hilfsstoffe, Betriebsstoffe, Handelswaren) handelt. Gebrauchsgüter dienen der betrieblichen Leistungserstellung über mehrere Jahre hinweg (i. d. R. länger als ein Jahr). Verbrauchsgüter werden hingegen kurzfristig umgesetzt, be- oder verarbeitet bzw. verbraucht. Die Gebrauchsgüter finden wir in den Bilanzen der Unternehmen unter der Bezeichnung *Anlagevermögen*, die Verbrauchsgüter unter der Bezeichnung *Umlaufvermögen*.

Grundsätzlich bilden sich die Preise auf den Produktionsgütermärkten nach den gleichen „Gesetzmäßigkeiten" wie auf den Konsumgütermärkten. Liegt polypolistische Konkurrenz vor, gelten die „Preisgesetze".

Beispiel:
Preisbildung bei den Rohstoffbörsen (z. B. Kupfer, Zink, Blei, Baumwolle).

Meist sind jedoch die Produktionsgütermärkte nicht polypolistisch. Roh-, Hilfs- und Betriebsstoffe, Handelswaren und Anlagegüter werden vielmehr von einer begrenzten Zahl von Betrieben angeboten und von einer begrenzten Zahl von Betrieben nachgefragt. Es handelt sich also häufig um *bilaterale (zweiseitige) Oligopole.* Die Preisbildung hängt somit von verschiedenen Faktoren ab, wie z. B. den Produktqualitäten, der Produktgestaltung, der Marktmacht der Anbieter und/oder Nachfrager oder dem Verhalten der Oligopolisten (z. B. abgestimmtes Verhalten, friedliches Verhalten, „kriegerisches" Verhalten).

Noch eine andere Besonderheit weisen die Produktionsgütermärkte gegenüber den Konsumgütermärkten auf: Die Nachfrager sind Betriebe, die die bezogenen Güter zur Erstellung ihrer Leistungen benötigen. *Handelswaren* werden im Wesentlichen unverändert durch Industrie-, Handels- und Handwerksbetriebe verkauft (man spricht von *Wiederverkäufern*). *Roh- und Hilfsstoffe* werden von Industrie- und Handwerksbetrieben be- oder verarbeitet. Der Einsatz von *Gebrauchsgütern* (z. B. Maschinen, Betriebs- und Geschäftsausstattung) sowie von Hilfsstoffen und Energien ermöglicht die Erstellung betrieblicher Leistungen.

1 Lizenz = Erlaubnis (Befugnis) zur Ausnutzung eines Patents; Patent = Alleinauswertungsrecht einer Erfindung.

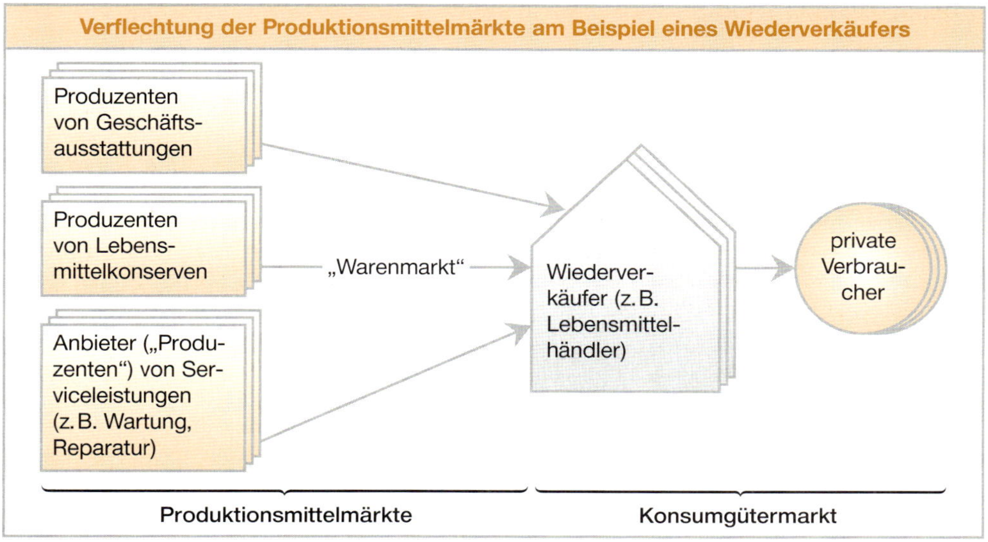

Bodenmarkt

Der für den Menschen nutzbare Boden ist knapp und praktisch nicht vermehrbar. Nur etwa $^{3}/_{10}$ der Erdoberfläche sind festes Land, wovon wiederum nur ein kleiner Teil nutzbar ist.

Der Boden wird durch den Menschen auf verschiedene Weise genutzt. Es gibt deshalb auch verschiedene Bodenmärkte (Grundstücksmärkte). Wie in Kap. 3.3.1 beschrieben wurde, dient der Boden als Anbau-, Abbau- und Standortfaktor.

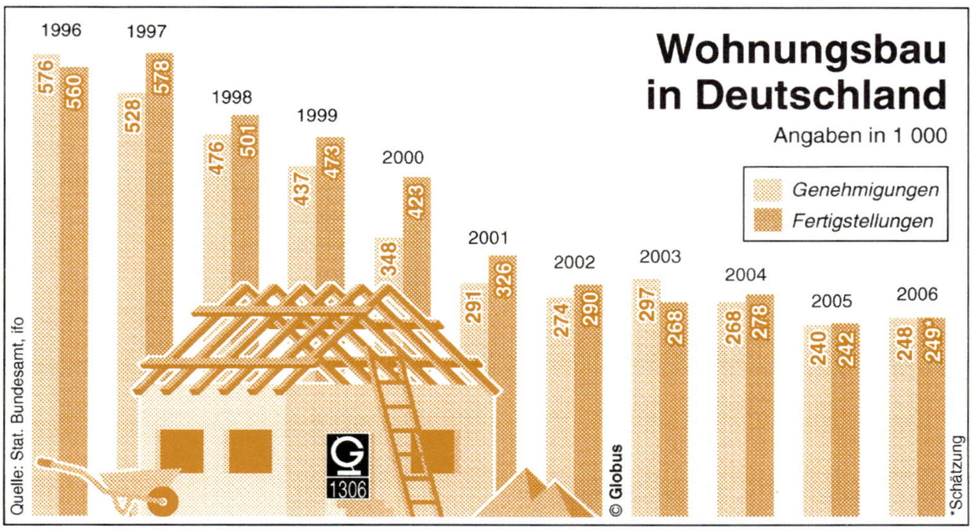

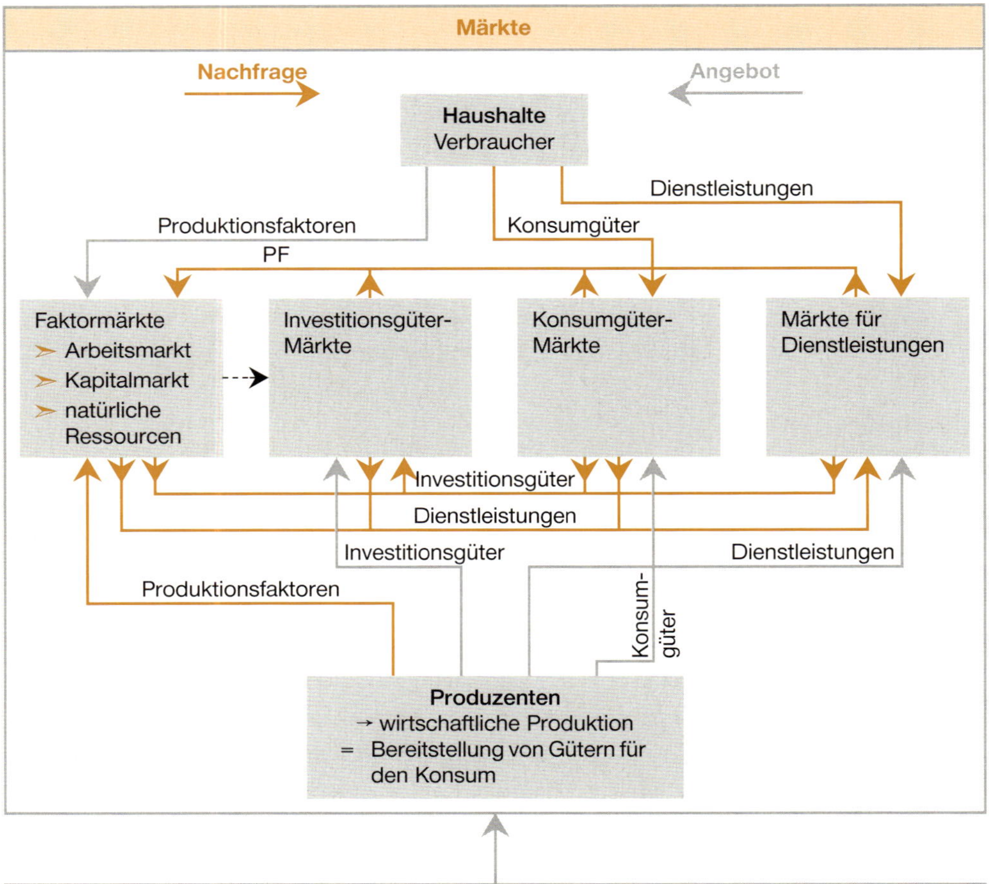

Primärbereich	Sekundärbereich	Tertiärbereich
Landwirtschaft, Forstwirtschaft und Fischerei	Bergbau, Energiewirtschaft, verarbeitendes Gewerbe und Baugewerbe	Handel, Verkehr, Kommunikation, Kreditinstitute, Versicherungen, sonstige Dienstleistungen. Zu den sonstigen Dienstleistungen rechnen u. a.: ➢ Gastgewerbe, Heime für Säuglinge, Kinder und Jugendliche, Einrichtungen zur Eingliederung und Pflege Behinderter, Altenpflege- und -krankenheime; ➢ Bildung, Wissenschaft, Kultur, Verlagsgewerbe; ➢ Gesundheits- und Veterinärwesen. ➢ Übrige Dienstleistungen: Tätigkeiten, die mit dem Kredit- und Versicherungsgewerbe verbunden sind (Leasing, Versicherungsvertretungen), persönliche Dienstleistungen (Körperpflege und hygienische Einrichtungen), Abfallbeseitigung u. a., Rechtsberatung, Steuerberatung, Wirtschaftsprüfung und -beratung, technische Beratung und Planung, Werbung, für Unternehmen tätige Organisationen ohne Erwerbszweck (zum Beispiel Arbeitgeberverbände und Wirtschaftsverbände).

München ist das teuerste „Pflaster“ unter Deutschlands Großstädten: Bis zu 240 Euro Kalt-Miete pro Monat kostet der Quadratmeter Ladenfläche in Top-Lage. Das geht aus einer aktuellen Aufstellung des Immobilienverbands Deutschland (IVD) über die Ladenmieten in 1a-Lagen hervor. Zweitteuerster Standort ist Frankfurt am Main mit Spitzenmieten bis zu 210 Euro je Quadratmeter. Allerdings dürften wohl nur wenige Geschäfte wie beispielsweise Edelboutiquen und Juweliere in der Lage sein, diese Mieten zu zahlen. In den weniger gefragten 1b-Lagen normalisieren sich dann die Preise deutlich. Sie liegen für kleinere Geschäfte (bis ca. 60 qm) in München bei 16 Euro, größere Läden müssen mit knapp zehn Euro kalkulieren.

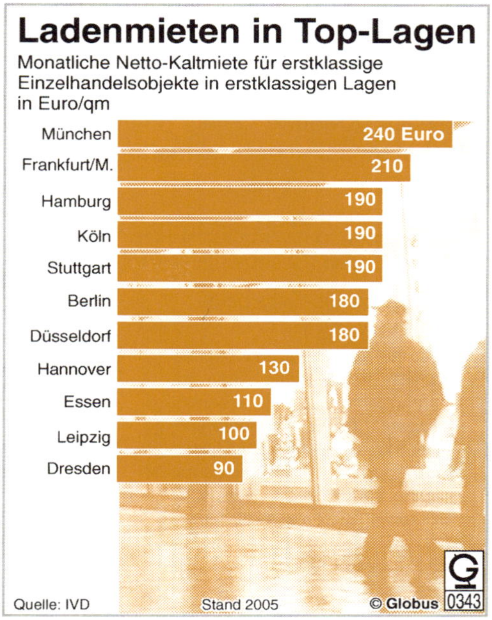

7.1.2.2 Anbieter und Nachfrager auf dem Arbeitsmarkt

Auf den Arbeitsmärkten treten diejenigen Personen als Anbieter ihrer Arbeitskraft auf, die entweder noch keinen Arbeitsplatz besitzen oder trotz eines bestehenden Beschäftigungsverhältnisses einen neuen Arbeitsplatz suchen. Die Nachfrager auf dem Arbeitsmarkt sind die privaten Haushalte (Nachfrage nach Kindermädchen, Hausgehilfinnen, Raumpflegerinnen), die staatlichen Körperschaften und die privaten und staatlichen Wirtschaftsunternehmen.

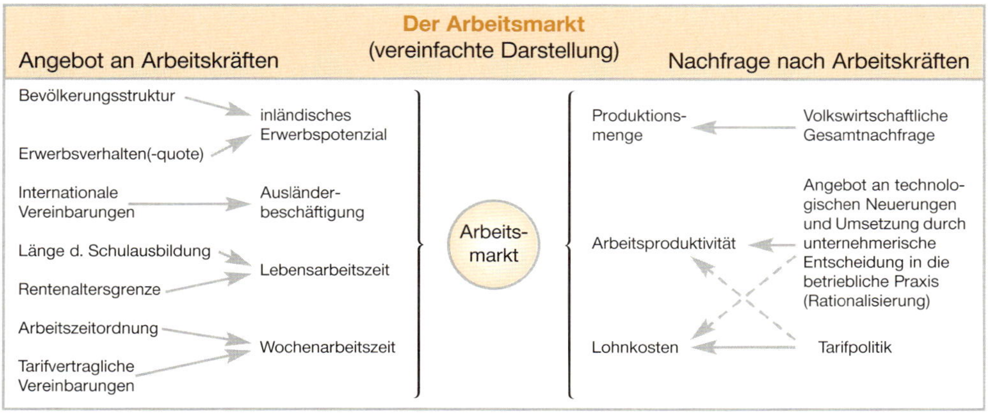

Quelle: Adam, Hermann: Bausteine der Volkswirtschaftslehre, Frankfurt/Main 2000, S. 197.

Teilmärkte. Der „Arbeitsmarkt“ ist kein einheitlicher Markt, auch wenn man von der Arbeitsmarktlage (= Gegenüberstellung von Arbeitslosenzahl und Zahl der offenen Stellen) spricht. Vielmehr muss nach verschiedenen Gesichtspunkten unterschieden werden. Eine Unterscheidung kann z.B. nach Wirtschaftszweigen (Bauwirtschaft, Versicherungswirtschaft, Kreditwirtschaft, öffentlicher Dienst) oder nach der Vorbildung (Berufe) der angebotenen und nachgefragten Arbeitskräfte getroffen werden.

<table>
<tr><th colspan="3">Segmentierung des Arbeitsmarkts[1]</th></tr>
<tr><td colspan="3">= Aufteilung des Arbeitsmarktes in der Bundesrepublik in voneinander durch institutionelle Regelungen (Gesetze, Tarifverträge u. Ä.) getrennte Teilarbeitsmärkte.</td></tr>
<tr>
<td>➢ Jedermanns-Teilarbeitsmarkt:
Die auf diesem Markt befindlichen Arbeitskräfte (zumeist un- oder angelernte Arbeiter) haben relativ beschränkte Kenntnisse und Fähigkeiten, bei denen der Arbeitgeber keine Veranlassung sieht, ihre Qualifikationen zu verbessern.[2]</td>
<td>➢ Fachlicher Teilarbeitsmarkt:
Die fachliche Qualifizierung erfolgt in der Regel auf Kosten der sich qualifizierenden Arbeitskraft oder des staatlichen Schulsystems. Infolge ihres Fachwissens und ihrer betrieblich erworbenen Kenntnisse besteht für diese Arbeiter (meist Facharbeiter) die Möglichkeit, den Arbeitsplatz zu wechseln, ohne in ihrer Qualifikation gefährdet zu sein.</td>
<td>➢ Betrieblicher Teilarbeitsmarkt:
Auf diesem Markt sind vorwiegend Arbeitskräfte zu finden, die über ein vom Betrieb erzeugtes und finanziertes Humankapital verfügen, das in anderen Betrieben nicht verwertet werden kann. Probleme ergeben sich für den einzelnen Arbeiter, wenn Betriebsstilllegungen oder ein rückläufiger Arbeitskräftebedarf ihn zwingen, auf anderen Teilarbeitsmärkten aufzutreten.</td>
</tr>
</table>

Stellenvermittlung. Als Vermittler zwischen Arbeitsangebot und -nachfrage tritt die Bundesagentur für Arbeit auf. Auch außerhalb der Agenturen für Arbeit werden tagtäglich offene Stellen nachgefragt und angeboten. Man denke hier nur an die Stellenangebote und Stellengesuche in den Tageszeitungen und Fachzeitschriften. Ferner werden sowohl durch private Vermittlungsagenturen als auch durch persönliche Fühlungnahme und Vermittlung viele Stellen besetzt.

Der Bundesagentur für Arbeit in Nürnberg sind die Aufgaben übertragen, die sich aus der Arbeitsförderung und Arbeitslosenversicherung ergeben. Sie hat sich mit der Beschäftigung des Einzelnen und der gesamten Bevölkerung sowie mit der Situation auf dem Arbeitsmarkt zu befassen.

Die gesetzliche Grundlage ist das Arbeitsförderungsgesetz.

<table>
<tr><th colspan="2">Aufgaben der Bundesagentur für Arbeit</th></tr>
<tr>
<td>Berufsberatung
Vermittlung in Ausbildungs- und Arbeitsstellen
Arbeitgeberberatung</td>
<td>Die Bundesagentur für Arbeit ist kompetenter Ansprechpartner bei der Besetzung von offenen Stellen und Ausbildungsstellen. Sie berät auch bei der Beschäftigung von Schwerbehinderten und informiert über finanzielle Hilfen. Bei vorgesehenen betrieblichen Veränderungen oder Betriebsansiedlungen gibt sie Informationen über Fördermöglichkeiten und das örtlich bestehende Arbeitskräftepotenzial. Die Beauftragte für Frauenbelange berät und unterstützt in Fragen der Frauenförderung und der Frauenerwerbsarbeit. Im Rahmen der Arbeitsmarktberatung informiert die Bundesagentur für Arbeit Arbeitgeber über
➢ die Lage und Entwicklung des Arbeitsmarkts und der Berufe
➢ die Besetzung von Ausbildungs- und Arbeitsplätzen</td>
</tr>
</table>

1 Vgl. Sengenberger, W.: Die gegenwärtige Arbeitslosigkeit – auch ein Strukturproblem des Arbeitsmarktes, Frankfurt 1978.
2 Quelle: Teichert, Volker: Zur Bedeutung und Funktionsweise des Marktes, Kleiner Wirtschaftsspiegel, Stuttgart 1985, Heft 7.

Aufgaben der Bundesagentur für Arbeit	
	➢ die Gestaltung von Arbeitsplätzen, Arbeitsbedingungen und der Arbeitszeit ➢ die betriebliche Aus- und Weiterbildung ➢ die Eingliederung förderungsbedürftiger Auszubildender und Arbeitnehmer ➢ die Leistungen der Arbeitsförderung
Förderung der Berufsausbildung **Förderung der beruflichen Weiterbildung** **Förderung der beruflichen Eingliederung Behinderter**	Die Bundesagentur für Arbeit fördert Träger von Einrichtungen der beruflichen Aus- und Weiterbildung und Träger von Einrichtungen zur beruflichen Integration Behinderter. Mit Hilfe dieser Förderleistungen wird für ein zeitgemäßes und leistungsfähiges Angebot an beruflichen Bildungskapazitäten und ein flächendeckendes Angebot an Einrichtungen zur beruflichen Rehabilitation gesorgt. Im Rahmen der Arbeitsförderung werden noch weitere Zuschüsse an Träger gewährt. So wird die Durchführung von ausbildungsbegleitenden Hilfen (abH) und die Berufsausbildung in außerbetrieblichen Einrichtungen gefördert. Die finanzielle Unterstützung von Eingliederungsmaßnahmen aufgrund eines Sozialplans soll helfen, Sozialpläne beschäftigungswirksam zu nutzen und Arbeitslosigkeit zu vermeiden. Strukturanpassungsmaßnahmen (SAM) werden gefördert, wenn dadurch neue Arbeitsplätze geschaffen werden, ein Ausgleich für verlorene Arbeitsplätze notwendig ist oder förderungsbedürftige von der Bundesagentur zugewiesene Arbeitnehmer beschäftigt werden. Die Arbeitsbeschaffungsmaßnahmen – ABM – sind eines der bekanntesten und bedeutendsten Instrumente zur Arbeitsförderung. Mit Arbeitsbeschaffungsmaßnahmen soll in regional oder beruflich ungünstigen Teilarbeitsmärkten arbeitslosen Arbeitnehmern zumindest eine befristete Beschäftigung ermöglicht werden. Die Maßnahmen sollen dazu beitragen, die Beschäftigungsfähigkeit zu erhalten oder wieder zu erlangen.
Leistungen zur Erhaltung und Schaffung von Arbeitsplätzen	Die Bundesagentur für Arbeit fördert die Einstellung von Arbeitnehmern und Auszubildenden und unterstützt Betriebe bei der Erhaltung von Arbeitsplätzen. So kann die Bundesagentur z. B. Eingliederungszuschüsse zahlen, um Arbeitnehmern und Arbeitnehmerinnen, die eine besondere Einarbeitung benötigen, sowie Langzeitarbeitslosen und Schwerbehinderten beruflich einen neuen Start zu ermöglichen. Bei Firmengründungen kann unter bestimmten Voraussetzungen die Einstellung von Arbeitnehmerinnen und Arbeitnehmern gefördert werden. Die Bundesagentur unterstützt Arbeitgeberinnen und Arbeitgeber, die behinderte Auszubildende und Arbeitskräfte einstellen, mit Zuschüssen zur Ausbildungsvergütung, Zuschüssen zum Gehalt und Zuschüssen zur behindertengerechten Ausgestaltung von Ausbildungs- und Arbeitsplätzen. Die Bundesagentur fördert auch die Einstellung von Auszubildenden, die dies zum erfolgreichen Abschluss der Ausbildung benötigen. In diesem Fall werden die erforderlichen Kosten sowie ein Zuschuss zur Ausbildungsvergütung übernommen, wenn die Maßnahme während der Arbeitszeit stattfindet.
Entgeltersatzleistungen	Die Bundesagentur für Arbeit übernimmt die Zahlung des Arbeitslosen- oder Insolvenzgeldes. Ferner gewährt sie als Familienkasse Kindergeld.
Arbeitsmarkt- und Berufsforschung	Die Bundesagentur für Arbeit hat Arbeitsmarkt- und Berufsforschung zu betreiben. Sie muss deshalb Lage und Entwicklung des Arbeitsmarkts, der Berufe und beruflichen Bildungsmöglichkeiten in den einzelnen Wirtschaftszweigen und Wirtschaftsgebieten beobachten und untersuchen, um wissenschaftlich fundierte Kenntnisse über die gesamte Arbeitssituation zu erhalten sowie einen Strukturwandel in den Wirtschaftsgebieten und neue technische Entwicklungen rechtzeitig zu erkennen. Die Bundesagentur führt Arbeitsmarktstatistiken.

Finanziert werden diese Aufgaben vor allem durch die Beiträge der Arbeitgeber und Arbeitnehmer zur Arbeitslosenversicherung (2007: 4,2 % des Bruttolohnes bzw. -gehalts, Beitragsbemessungsgrenze 5 250,00 € in den alten Bundesländern bzw. 4 550,00 € in den neuen Bundesländern) und durch Zuschüsse und Darlehen des Bundes.

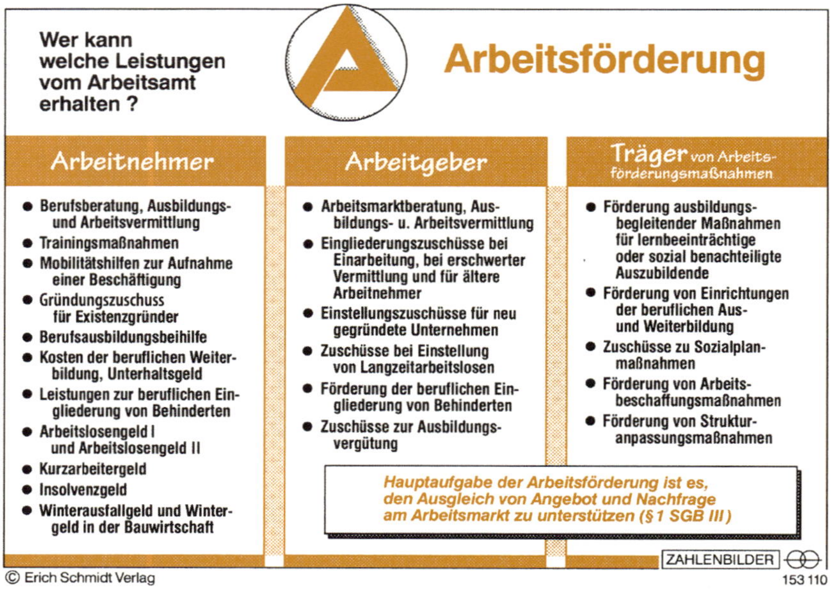

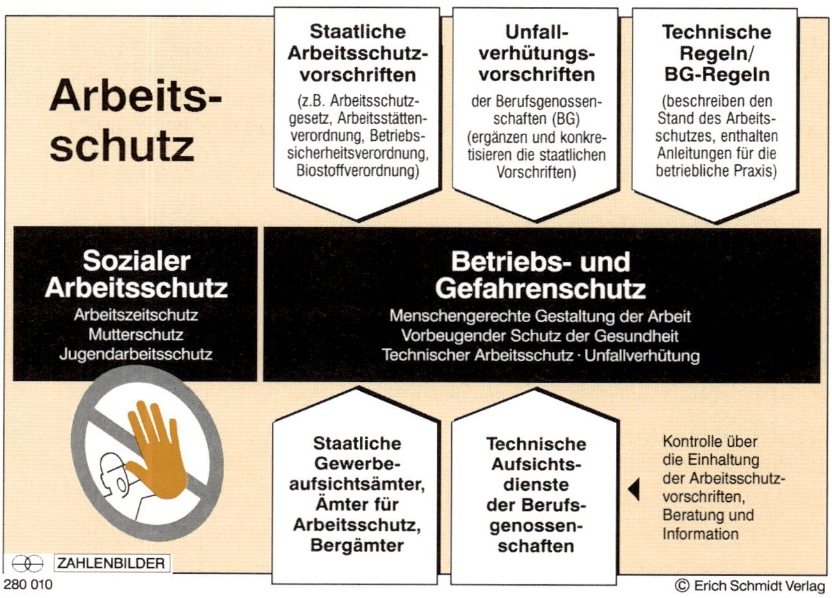

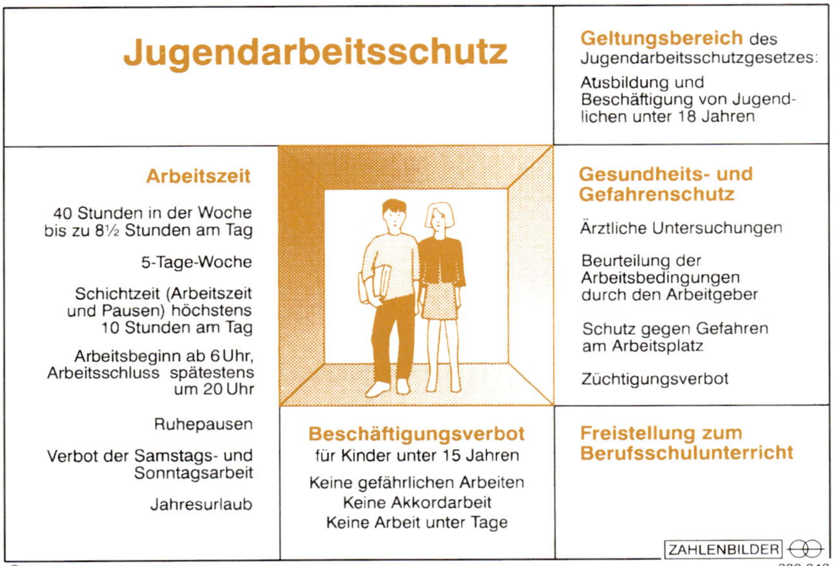

280 040

Entwicklung des Arbeitsmarkts. In der Bundesrepublik Deutschland hat sich im Laufe der vergangenen 30 Jahre die Situation am Arbeitsmarkt laufend geändert. Nach einem Überangebot von Arbeitskräften zu Beginn der fünfziger Jahre (1,58 Millionen Arbeitslose) wurde bis 1959 die Arbeitslosigkeit praktisch überwunden. Bis 1973 wurde die Zahl der Arbeitslosen durch die Zahl der offenen Stellen übertroffen, sodass Arbeitskräfte „importiert", d.h. Gastarbeiter angeworben werden mussten. Seit 1973 hat sich die Situation grundsätzlich gewandelt. Aufgrund zurückhaltender Nachfrage nach vielen Wirtschaftsgütern, Rationalisierungsmaßnahmen der Wirtschaft und der starken Konkurrenz der Niedrigpreisländer auf den Weltmärkten überstieg die Arbeitslosenzahl 1975 erstmals wieder die Millionengrenze, Anfang 2007 betrug sie rund 4,0 Millionen Menschen.

Das Thema Arbeitslosigkeit wird ausführlicher im Kapitel 12.2.8 dargestellt.

7.1.2.3 Finanzmärkte

Die Leistungen der Banken werden an Finanzmärkten (Finanzierungsmittelmärkten) erbracht. Diese kann man nach unterschiedlichen Kriterien (Fristigkeit der gehandelten Objekte, Art der Objekte, Organisationsgrad der Märkte, Marktteilnehmer) in Teilmärkte untergliedern.

Inländischer Geldmarkt. Beim inländischen Geldmarkt kann man drei Marktsegmente unterscheiden:

- Geldmarkt im weiteren Sinne
- Geldmarkt im engeren Sinne
- Geldmarkt im engsten Sinne

Geldmarkt im weiteren Sinne. Dieser Markt ist ein nicht organisierter Markt für kurzfristige Finanzierungsmittel. Marktteilnehmer sind: Kreditinstitute, Finanzintermediäre

(Finanzvermittler), Kapitalsammelstellen (Versicherungen) und der Nichtbankensektor (private und gewerbliche Anbieter und Nachfrager von Finanzdienstleistungen).

Geldmarkt im engeren Sinne. Es handelt sich im Wesentlichen um einen Interbankenmarkt mit hohem Organisationsgrad – beteiligt sind auch große Finanzinstitutionen. Seine Hauptfunktionen bestehen im Liquiditätsausgleich der Banken untereinander und in der Refinanzierung der Kreditinstitute. Die Geschäfte werden in bestimmten Formen und nach strengen Usancen abgewickelt.

Strukturen des Geldmarktes[1]

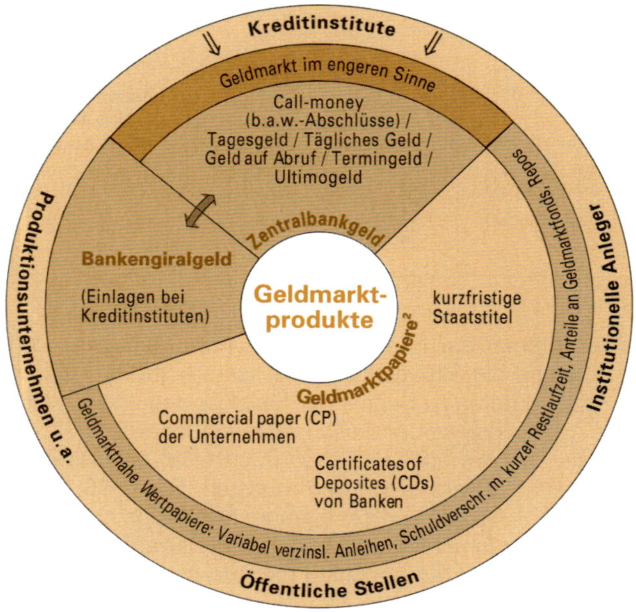

Handelsobjekte des Geldmarktes im engeren Sinne sind Zentralbankguthaben und Geldmarktpapiere, die jederzeit in Zentralnotenbankgeld umgewandelt werden können.

Man unterscheidet:

- Tagesgeld = Geld, das dem Käufer für einen Tag zur Verfügung steht.
- Tägliches Geld (call money) = Geld mit eintägiger Kündigungsfrist für beide Vertragspartner (kein fester Rückzahlungstermin). An die Stelle von Tagesgeld und täglichem Geld sind heute vielfach die Handelsformen „Tagesgeld bis auf weiteres" oder auch „tägliches Geld auf Abruf" getreten.
- Ultimogeld soll bei angespannter Liquidität das Monatsende überbrücken.
- Termingeld hat gewöhnlich eine Laufzeit von 30 bis 360 Tagen. (Festgelder – fester Rückzahlungstermin; Kündigungsgelder – Fälligkeit nach Kündigung und Ablauf der Kündigungsfrist.)

1 Vgl. Deutsche Bundesbank, Monatsberichte, Oktober 1997.

2 Statistisch werden zum Geldmarktbereich Laufzeiten bis zu einem Jahr gerechnet.

Repos (repurchase agreements) sind wertpapierbesicherte Geldmarktgeschäfte. Sie bilden ein spezielles Geldmarktsegment. Repos werden zz. Over-the-Counter (OTC) und an der Eurex (Terminbörse) gehandelt. Beim EUR Repo-Handel an der Eurex handelt es sich um einen Interbanken-Markt. Er umfasst die gesamte Wertschöpfungskette: Handel, Clearing und Settlement.

Geldmarkt im engsten Sinne. Es handelt sich um den Markt für Transaktionen ausschließlich zwischen der Zentralnotenbank und Kreditinstituten. Handelsobjekte sind Geldmarktkredite und Geldmarktpapiere. Die Zentralnotenbank stellt im Rahmen der Offenmarktpolitik z.B. den Banken Liquidität zur Verfügung, indem sie Geldmarktpapiere ankauft, oder sie bietet ihnen Wertpapier-Pensionsgeschäfte an, bei denen die Notenbank Wertpapiere mit einer festen Rückkaufsvereinbarung ankauft.

Inländischer Kapitalmarkt. Der inländische Kapitalmarkt dient dem Handel langfristiger Finanzierungsmittel in verbriefter oder unverbriefter Form. Dabei kann es sich um den Handel von Beteiligungsrechten in Form von Aktien oder Forderungsrechten handeln. Hierzu rechnen auch die Vermittlung und Gewährung von langfristigen Krediten durch Kreditinstitute und Finanzmakler.

Es bestehen – wenn man nach Organisationsgrad und Marktobjekten unterscheidet – drei Teilmärkte:

- Kapitalmarkt im weiteren Sinne
- Kapitalmarkt im engeren Sinne
- Kapitalmarkt im engsten Sinne

Kapitalmarkt im weiteren Sinne ist der nicht organisierte oder freie Kapitalmarkt. Über ihn werden Kredit- und Beteiligungstransaktionen ausgeführt, die nicht über Banken und Börsen laufen (z.B. Beteiligungen zwischen Privaten und Nichtbanken, Kredite von Privaten).

Kapitalmarkt im engeren Sinne ist ein organisierter Kapitalmarkt. Marktteilnehmer sind Kreditinstitute, Versicherungen und sonstige Institutionen des finanziellen Sektors, die als Anbieter und Nachfrager auftreten. Handelsobjekte sind verbriefte oder unverbriefte Beteiligungsrechte und Gläubigerrechte.

Verbriefte Beteiligungsrechte:	Aktien, GmbH-Anteile u.a.
Verbriefte Gläubigerrechte:	Industrieobligationen, Pfandbriefe, öffentliche Anleihen (Bund, Länder, Sondervermögen), Bankschuldverschreibungen u.a.

Zu den unverbrieften Gläubigerrechten rechnen z.B. langfristige Kredite.

Kapitalmarkt im engsten Sinne. Es handelt sich um einen organisierten und institutionalisierten Markt.

Man unterscheidet:

- *Primärmarkt als Markt für die Erstausgabe von Effekten.*

  Die Kreditinstitute emittieren Aktien und festverzinsliche Wertpapiere. Bankenkonsortien übernehmen i.d.R. die Wertpapiere vom Emittenten und stellen diesem den Gegenwert zur Verfügung.

  Die Kreditinstitute platzieren (verkaufen) die Wertpapiere beim Anleger. Aktienemissionen erfolgen bei Neugründungen, Umwandlungen und Kapitalerhöhungen. Bestimmte Schuldner emittieren fortlaufend festverzinsliche Wertpapiere.

➢ *Sekundärmarkt als Markt bereits im Umlauf befindlicher Effekten.*

Handelsobjekte der Effektenbörse sind fungible (vertretbare) Papiere. Die Geschäfte an der Börse sind standardisiert und werden nach festgelegten Usancen abgewickelt.

Computer- und Präsenzbörsen kommen den Bedingungen des vollkommenen Marktes nahe: Markttransparenz, keine sachlichen, personellen, räumlichen oder zeitlichen Präferenzen.

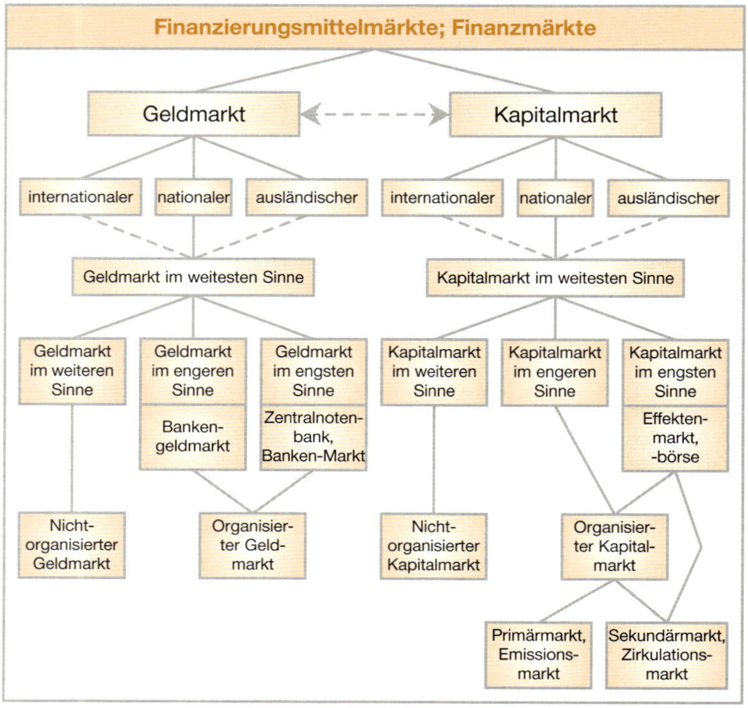

Büschgen, H. E.: Bankbetriebslehre, Stuttgart 1998, 5. Auflage, S. 188.

Büschgen: „Als international werden solche Finanzmärkte bezeichnet, die nicht in einem bestimmten Land lokalisiert sind, deren Teilnehmer – hiermit zusammenhängend – aus verschiedenen Ländern stammen und/oder auf denen Finanztitel in verschiedenen Währungen gehandelt werden."

7.1.2.4 Elektronische Märkte

Ein **elektronischer Markt** ist ein Teilmarkt eines bestimmten Gütermarktes (z.B. elektronischer Markt für Bücher, Bekleidung etc.), der auf einer informationstechnischen Infrastruktur wie z.B. dem Internet basiert. Preisverhandlungen, Vertragsabschluss und weitere Transaktionsphasen werden durch informationstechnische Systeme unterstützt.

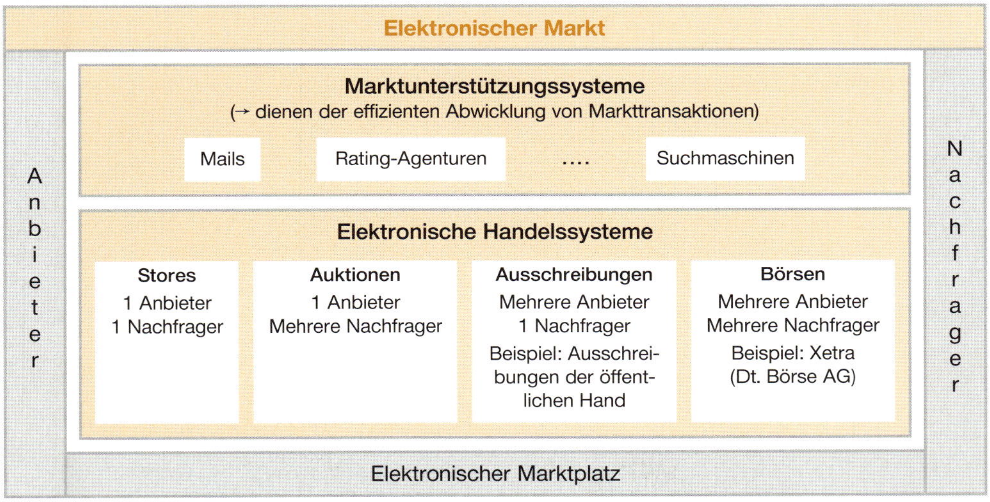

Quelle: WISU 4/00, S. 544.

Marktunterstützungssysteme stehen zur Verfügung, damit die Markttransaktionen der Marktteilnehmer effizient abgewickelt werden können. Dies können z.B. Suchmaschinen im Internet als technische Einrichtungen sein oder unabhängige Rating-Agenturen, die die Marktübersicht über die Qualität der Produkte und potenziellen Marktteilnehmer erhöhen.

Unter **elektronischen Handelssystemen** versteht man Informations- und Kommunikationssysteme für den Leistungsaustausch auf elektronischen Marktplätzen.

Man unterscheidet:

➢ *Stores (engl.: Kauf- oder Warenhäuser) im Internet*

Der Betreiber ist i.A. jeweils ein Anbieter (Hersteller/Händler), der auf einen Nachfrager trifft. Die Vorteile für den Anbieter liegen in der Umsatzsteigerung durch den neuen Absatzweg und in der Kostensenkung in Marketing und Vertrieb. Vorteile für den Kunden: höhere Bequemlichkeit des Einkaufs, Zeitersparnis, größere Auswahl, leichterer Preisvergleich, 24-Stunden-Erreichbarkeit und günstigere Preise.

➢ *Auktionen*

Mehrere Nachfrager konkurrieren um die Ware eines Anbieters. Auktionen gewinnen im Internet durch die kostengünstige Abwicklung des Auktionsmechanismus stark an Bedeutung. Sie ermöglichen es, „optimale" Preise durch die „Kräfte des Marktes" bestimmen zu lassen, sie sind die verbreitetste Methode zur Automatisierung multilateraler Preisverhandlungen und werden weithin als „fair" empfunden.

➢ *Ausschreibungen*

Sie werden in der betrieblichen Beschaffung eingesetzt und erlauben neben dem Preis auch noch weitere Produktattribute anzugeben. Elektronische Ausschreibungen (reverse auctions) sind spiegelbildlich zu den Auktionen: Der Nachfrager möchte eine Ware kaufen und mehrere Hersteller oder Händler machen Angebote.

➢ *Börsen*

Zweiseitige Auktionsmechanismen werden eingesetzt, wenn viele Anbieter und viele Nachfrager für gleichartige (fungible) Güter vorhanden sind.

Elektronische Marktplätze führen im Internet Anbieter und Nachfrager von Gütern zusammen. Ähnlich einem Firmenverzeichnis sind Anbieter hier mit ihrem Produktspektrum registriert. Für Nachfrager sind sie über eine marktplatzinterne Suchmaschine leicht auffindbar. Je nach Marktteilnehmer gibt es Marktplätze für Unternehmen und Endkunden (Business-to-Consumer: B2C), Unternehmen untereinander (Business-to-Business: B2B) oder Unternehmen und öffentliche Einrichtungen (Business-to-Public-Authorities: B2A).

Elektronische Marktplätze				
		Nachfrager der Leistung		
		Consumer	Business	Administration
Anbieter der Leistung	**Consumer**	Consumer-to-Consumer C2C z. B. Internet-Kleinanzeigenmarkt	Consumer-to-Business C2B z. B. Anfrage zur Abgabe eines Produktangebots	Consumer-to-Administration C2A z. B. Steuerabwicklung von Privatpersonen (Einkommensteuererklärung usw.)
	Business	Business-to-Consumer B2C z. B. Angebote in Internet-Shopping-Mails	Business-to-Business B2B z. B. Geschäfte zwischen Zulieferern und Herstellern	Business-to-Administration B2A z. B. Steuerabwicklung von Unternehmen (Umsatzsteuer usw.)
	Administration	Administration-to-Consumer A2C z. B. Abwicklung von Unterstützungsleistungen (Sozialhilfe, Arbeitslosengeld usw.)	Administration-to-Business A2B z. B. Beschaffungsmaßnahmen öffentlicher Institutionen im Internet	Administration-to-Administration A2A z. B. Transaktionen zwischen öffentlichen Institutionen im In- und Ausland

Quelle: Hermanns, A./Sauter, M. (Hrsg.): Management-Handbuch Electronic Commerce, München, 2001, S. 25

Quelle: WISU 6/01, S. 825 – Struktur eines B2B-Marktplatzes (in Anlehnung an Wirtz 2001, S. 48).

Beispiele für B2B-Marktplätze:

Branche	Name	Beteiligte Firmen	Fokus/Spezifizierung
Auto	Covisint	DaimlerChrysler, Ford, GM, Renault, Toyota	Procurement (Beschaffung) über Katalog/ Auktion, Supply-Chain-Management
Bau	Congate	Bilfinger + Berger, Strabag Bau Holding	Ausschreibungen, Handelsplattform u.a.
Chemie	e-chemicals	Ashland, Chem One, DuPont, General Electric, Nalco/Exxon, Shell Chemicals u.a.	Handel über Katalog und Auktionen
	Elemica	BASF, Bayer, BP Amoco, Dow, DuPont, Mitsui, Chemicals u.a.	Gesamte Supply-Chain (Vertriebskette), Contractual Sales
Elektronik	Ehitex	AMD, Canon, Compaq, Hitachi, HP, NEC u.a.	Auktionen, Supply-Chain-Management
Handel	Global-NetXchange	Carrefour, Metro, Sainsbury, Sears	Supply-Chain-Management Contract Purchases/Kataloge
	WorldWide Retail Exchange	Ahold, Auchan, Casino, Edeka, Gap, Kmart, Marks & Spencer, Safeway, Tesco u.a.	E-Procurement, Supply-Chain-Management
Konsum-güter	Transora	Campbell Soup, Coca-Cola, Colgate-Palmolive, Danone, Diageo, Gilette, Heinz, Heineken, Kellogg, Kraft, Nabisco, Pepsi, Procter & Gamble, Unilever u.a.	Gesamte Supply-Chain von Lieferanten über Hersteller bis zu Händlern

Quelle: WISU 6/01 – Beispiele von B2B-Marktplätzen im Internet (in Anlehnung an Wirtz 2001, S. 351) Auszug.

1 Sicherung der Erkennbarkeit.
2 Informationsschutz/„Echtheit" der Partner – Schutz vor Fälschung.

8 Richard/Hartmann/Boller – ISBN 987-3-8120-0173-1

Beispiele für B2C-Marktplätze:

Branche	Name
Shopfinder.de	Virtuelles Shopregister mit über 9.600 Shop-Einträgen
wowowo.de	Meta-Shop für den Privatbereich. Bündelt die Angebote von über 8000 Online-Shops
Offerto.de	Internet-Plattform. Schwerpunkt: privater und regionaler Bereich
Ricardo	Deutscher Klassiker für Internet-Auktionen
Ebay.de	Deutscher Ableger des nach eigenen Angaben größten Auktionshauses im Internet
Primus Powershopping	Co- oder Powershopping-Anbieter für Deutschland und Österreich
Letsbuyit.com	Pionier des Powershopping in Deutschland. Dabei wird ein angebotenes Produkt umso billiger, je mehr es über die Website bestellen.

7.1.3 Voraussetzungen des vollkommenen Markts

Der ideale Markt wird als *vollkommener Markt* bezeichnet. Er stellt einen theoretischen Grenzfall dar, weil er in der Wirklichkeit nur in den seltensten Fällen (und dann nicht in aller Reinheit) vorkommt.

Für einen vollkommenen Markt müssen folgende Voraussetzungen (= Prämissen) gegeben sein:

- Die auf dem Markt gehandelten Güter müssen vollkommen gleichartig sein, d. h., sie dürfen keine Unterschiede in Qualität, Farbe, Abmessung, Geschmack, Muster usw. aufweisen. Man sagt, dass die Güter „homogen" sein müssen. (Beispiele: Banknoten, Aktien einer bestimmten Aktiengesellschaft, Edelmetalle, Baumwolle eines bestimmten Standards).
- Käufer und Verkäufer dürfen sich gegenseitig nicht bevorzugen, d. h., es dürfen keine „persönlichen Präferenzen" herrschen. Solche Bevorzugungen entstehen z. B. durch besonders zuvorkommende Bedienung in bestimmten Geschäften.
- Angebot und Nachfrage müssen an einem bestimmten Ort zusammentreffen („Punktmarkt"). Dies ist z. B. bei Wochenmärkten, Messen, Auktionen, Versteigerungen oder den Börsen der Fall. Es dürfen also keine „räumlichen Präferenzen" bestehen.
- Angebot und Nachfrage müssen gleichzeitig aufeinander treffen, dürfen also zeitlich nicht differenziert sein. Auf den meisten Konsum- und Investitionsgütermärkten trifft diese Bedingung nicht zu, weil Nachfrager und Anbieter zu unterschiedlichsten Zeitpunkten auf den Märkten auftreten.
- Für Anbieter und Nachfrager muss eine vollständige Marktübersicht gegeben sein, d. h., die Anbieter müssen darüber informiert sein, welche Mengen und zu welchen Preisen die Nachfrager kaufen wollen, die Nachfrager darüber, welche Mengen zu welchen Preisen die Anbieter verkaufen wollen. Diese Bedingungen der so genannten „Markttransparenz" trifft am ehesten noch bei den Börsen zu.
- Anbieter und Nachfrager müssen sofort auf Änderungen reagieren können („unendlich schnelle Reaktionsfähigkeit"). In den meisten Fällen ist diese Bedingung jedoch nicht gegeben. Steigt z. B. die Nachfrage nach Rindfleisch, können die Landwirte ihr Angebot nicht sofort im erforderlichen Maße erhöhen. Vielmehr müssen sie mit der Angebotserhöhung warten, bis die Nachzucht schlachtreif ist.

Fehlt nur eine der genannten Bedingungen, spricht man von einem *unvollkommenen Markt.* Annähernd vollkommene Märkte sind die Ausnahme, unvollkommene Märkte die Regel.

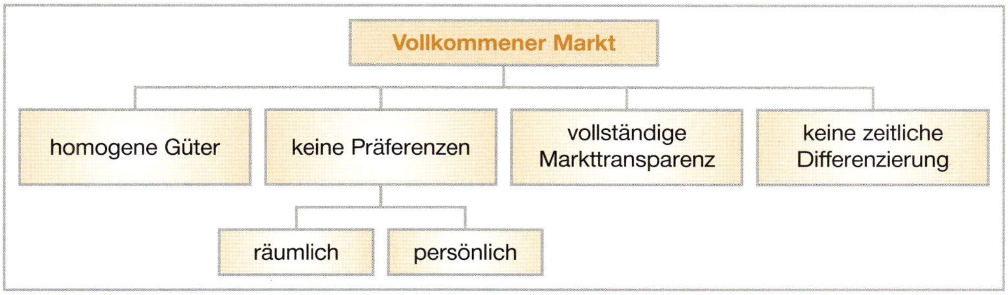

7.1.4 Marktformen

Eine weitere Unterscheidung der Märkte wird danach getroffen, wie groß die Anzahl der Marktteilnehmer ist.

Marktformen			
Zahl der Nachfrager / Zahl der Anbieter	**einer**	**wenige**	**viele**
einer	zweiseitiges Monopol	Angebotsmonopol mit oligopolistischer Nachfrage	Angebotsmonopol
wenige	Nachfragemonopol mit oligopolistischem Angebot	zweiseitiges Oligopol	Angebotsoligopol
viele	Nachfragemonopol	Nachfrageoligopol	vollständige (polypolistische) Konkurrenz

Greifen wir uns die wichtigsten Marktformen aus dem obigen *Marktformenschema* heraus.

Vollständige Konkurrenz. Hier treffen sehr viele Anbieter und sehr viele Nachfrager aufeinander. (Beispiel: unzählige Einzelhandelsgeschäfte bieten unzähligen Kaufwilligen ihre Waren an.) Falls die Bedingungen des vollkommenen Marktes vorliegen, spricht man von vollkommener *polypolistischer Konkurrenz.* Fehlen eine oder mehrere Bedingungen der vollkommenen Konkurrenz, handelt es sich um einen unvollkommenen polypolistischen Markt.

Vollständige Konkurrenz liegt vor, wenn sehr viele Anbieter und sehr viele Nachfrager auf dem Markt zusammentreffen.

Beispiele für Märkte mit annähernd vollkommener polypolistischer Konkurrenz sind die Effektenbörsen und die Warenbörsen.

Zu den Märkten mit unvollkommener polypolistischer Konkurrenz rechnen z. B. die Märkte für Frischgemüse und Frischobst und die Märkte für Handwerkerleistungen.

Oligopolistische Konkurrenz. Sind aufseiten der Anbieter, aufseiten der Nachfrager oder auf beiden Marktseiten nur *wenige* Beteiligte vorhanden, spricht man von oligopolistischer Konkurrenz (siehe Marktformenschema). Hier wollen wir uns auf das Angebotsoligopol beschränken. Ein Angebotsoligopol liegt vor, wenn wenigen Anbietern eine Vielzahl von Nachfragern gegenüberstehen. Beispiele sind der Mineralölmarkt, der Automobilmarkt oder der Markt für Mobiltelefonieren.

Oligopolistische Märkte sind in der Regel unvollkommene Märkte. Aber auch der Fall der vollkommenen oligopolistischen Konkurrenz ist denkbar. Ein (wenigstens näherungsweise) vollkommenes Oligopol könnte z. B. gegeben sein, wenn die Fördermengen dreier Braunkohle-Bergwerke, die sich am gleichen Ort befinden, von dort ansässigen weiterverarbeitenden Brikettfabriken aufgekauft werden.

Beim Angebotsoligopol stehen wenigen Anbietern sehr viele Nachfrager gegenüber.

Monopol. Merkmal des Monopols ist, dass entweder *einem* Anbieter ein, mehrere oder viele Nachfrager oder *einem* Nachfrager ein, mehrere oder viele Anbieter gegenüberstehen.

Die wichtigsten Monopole sind die Angebotsmonopole, die Nachfragemonopole und die zweiseitigen (= bilateralen) Monopole.

Beim zweiseitigen Monopol gibt es nur einen Anbieter und einen Nachfrager. Beispiele sind die Tarifparteien (Arbeitnehmer – Arbeitgeber) und die Außenhandelspartner (Inland – Ausland), falls Außenhandelsgeschäfte von staatlichen Stellen abgeschlossen werden.

Das Nachfragemonopol fragt Sachgüter und Dienstleistungen vieler Anbieter nach. Besitzt ein Land z. B. nur eine Automobilfabrik, so hat diese gegenüber den Zulieferern eine Monopolstellung.

Das Angebotsmonopol ist dadurch gekennzeichnet, dass einem Anbieter eine Vielzahl von Nachfragern gegenübersteht.

Auch beim Monopol spricht die Volkswirtschaftslehre von vollkommenen und unvollkommenen Monopolen. Damit ist Folgendes gemeint: Ein Monopol, das nur *einen* Absatzpreis verlangen kann, weil sich die Nachfrager nicht in verschiedene Käuferschichten aufteilen lassen, ist ein *vollkommenes Monopol.* Ist ein Monopol hingegen in der Lage, für seine Leistung (Sachgut, Dienstleistung) unterschiedliche Absatzpreise zu verlangen und durchzusetzen (Preisdifferenzierung), spricht man vom *unvollkommenen Monopol.*

Von *reinen Monopolen* wird gesprochen, wenn ein Monopol auch nicht den kleinsten Konkurrenten hat, und bei dem die Kunden auch nicht auf etwaige Ersatzprodukte ausweichen können. So hat z. B. nur die Deutsche Post AG das Recht zur Herausgabe von Briefmarken. Allerdings sind reine Monopole äußerst selten. Die meisten Monopole sind keine reinen Monopole, weil die Käufer auf Ersatzprodukte (= Substitutionsgüter) ausweichen können, bei überhöhten Preisen Konkurrenten auftreten können oder überhaupt noch kleinere Konkurrenten auf dem Markt sind.

Die Anzahl der Marktteilnehmer allein besagt noch nichts über das tatsächliche Marktgeschehen. Vielmehr kommt es entscheidend auf das *Verhalten* der Anbieter und Nachfrager an. Im nächsten Kapitel werden wir sehen, dass sich z.B. sehr viele Anbieter auch als Monopolisten verhalten können, wenn sie sich zusammenschließen. Umgekehrt mag es sein, dass ein Monopolist durchaus nicht den höchstmöglichen Preis verlangt, sondern einen Preis setzt, der sich in etwa in der Höhe hält, wie er sich bei vollständiger Konkurrenz ergeben würde.

Arten der Monopole

nach der Anzahl der dem Monopol angehörigen Unternehmen
- Einzelmonopole (reine Monopole)
- Teilmonopole (ein starker Anbieter und einige schwache)
- Kollektivmonopole (Kartelle, Syndikate, Konzerne)

nach der Marktform
- Angebotsmonopole
- Nachfragemonopole
- bilaterale Monopole

nach der Möglichkeit der Preisdifferenzierung
- vollkommenes Monopol (Monopolist kann keine Preisdifferenzierung betreiben)
- unvollkommenes Monopol (Monopolist kann Käuferschichten trennen und Preisdifferenzierung betreiben)

nach der Zielsetzung
- Gewinnmaximierungsmonopole
- Bedarfsdeckungsmonopole

nach der Entstehung
- natürliche Monopole
- Patentmonopole
- Staatsmonopole
- Meinungsmonopole

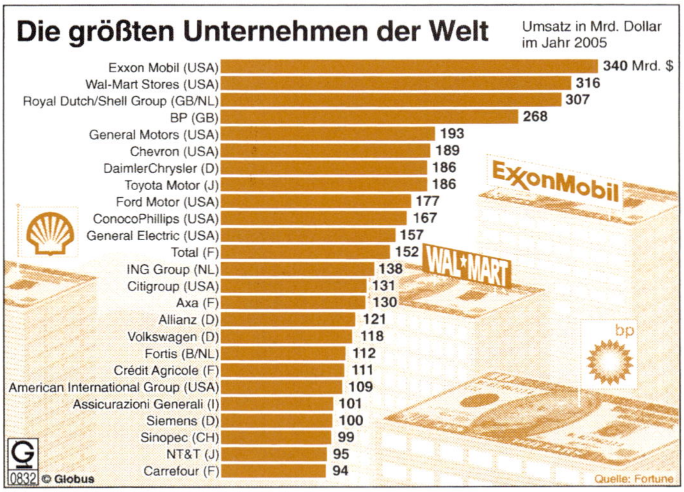

Die Liga der Welt-Konzerne wird von US-Unternehmen angeführt. Größtes Unternehmen im Jahr 2005 war der Öl-Riese Exxon Mobil mit einem Umsatz von 340 Mrd. Dollar. Der Handelskonzern Wal-Mart folgte mit 316 Mrd. Dollar Umsatz, die Plätze drei und vier belegten mit Royal Dutch/Shell und BP weitere Ölkonzerne. Erst auf dem siebten Rang taucht mit DaimlerChrysler ein deutsches Unternehmen auf. 186 Mrd. Dollar setzte der aus dem Zusammenschluss von Daimler-Benz und Chrysler entstandene-Autoriese im vergangenen Jahr um. – Von den 25 größten Unternehmen der Welt haben neun ihre Sitz in den USA, vier werden von Deutschland aus gelenkt.

7.2 Preisbildung

7.2.1 Angebot und Nachfrage als Preisbildungsfaktoren

In einer Wirtschaft, in der der Staat außer als Anbieter und Nachfrager nicht in das Marktgeschehen eingreift, ist der *Preis* der Sachgüter und Dienstleistungen der Regulator, der Angebot und Nachfrage in Einklang bringt. Stehen sehr vielen Anbietern ebenso viele Nachfrager gegenüber, kann der Einzelne den Preis nicht beeinflussen. Es spielt keine Rolle, ob entweder ein Anbieter oder ein Nachfrager ausfällt oder hinzutritt. Der Preis ist unter diesen Bedingungen eine vom gesamten Angebot und der gesamten Nachfrage abhängige Größe.

Im Folgenden soll zunächst die Preisbildung bei vollständiger Konkurrenz unter den Bedingungen des vollkommenen Marktes (vgl. Kap. 7.1.3) untersucht werden. Dazu eignet sich am besten die Darstellung am Beispiel der Börse, weil dort die Bedingungen des vollkommenen Polypols noch am ehesten gegeben sind.

Beispiel:

Die Banken erhalten von den Wertpapierkäufern oder -verkäufern Kauf- oder Verkaufsaufträge. Dabei können Käufer und Verkäufer ihre Aufträge limitieren, d.h. begrenzen. Ein Käufer kann z.B. die Bank beauftragen, eine Aktie höchstens zu 80,00 € zu kaufen. Sollte der Kurs am Kauftag höher sein, wird der Auftrag nicht ausgeführt.

Ein Verkäufer kann seine Bank beauftragen, seine Aktien zu mindestens 78,00 € zu verkaufen. Ist der Kurs am Verkaufstag niedriger, wird der Auftrag ebenfalls nicht ausgeführt.

Werden Kauf- und Verkaufsaufträge nicht limitiert (begrenzt), dann werden die Papiere „bestens" zum jeweils gültigen Kurs verkauft bzw. „billigst" zum jeweiligen Kurs gekauft.

Die Banken geben nun die Kauf- und Verkaufsaufträge ihrer Kunden an die Effektenbörse weiter. Angenommen nun, bei einem Wertpapiermakler laufen für eine bestimmte Aktie folgende Aufträge ein:

Kaufaufträge	Verkaufsaufträge
50 Stück billigst	30 Stück bestens
45 Stück zu 61,00 € höchstens	45 zu 61,00 € mindestens
60 Stück zu 62,00 € höchstens	85 zu 62,00 € mindestens
30 Stück zu 63,00 € höchstens	40 zu 63,00 € mindestens
20 Stück zu 64,00 € höchstens	35 zu 64,00 € mindestens

Der Makler hat nun die Aufgabe festzustellen, bei welchem Kurs der höchste Umsatz erzielt werden kann.

Dazu muss festgestellt werden, welche Umsätze bei den einzelnen Kursen möglich sind:

mögliche Kurse	durchführbare Kaufaufträge	durchführbare Verkaufsaufträge	Umsatz
60,00 €	205 Stück[1]	30 Stück[3]	30 Stück
61,00 €	205 Stück	75 Stück	75 Stück
62,00 €	160 Stück[2]	160 Stück	160 Stück
63,00 €	100 Stück	200 Stück	100 Stück
64,00 €	70 Stück	235 Stück	70 Stück

1 Bei einem Kurs von 60,00 € wollen alle kaufen, auch diejenigen, welche einen höheren Kurs zu zahlen bereit sind.

2 Bei einem Kurs von 62,00 € kaufen die Auftraggeber nicht mehr, die höchstens 61,00 € anlegen wollten. Die Käufer, die nicht limitiert haben, kaufen zu jedem Kurs.

3 Es verkaufen nur die Auftraggeber, die nicht limitiert haben. Alle anderen wollen einen besseren Kurs erzielen.

In diesem Beispiel beträgt der vom Makler festgesetzte Kurs 62,00 € je Aktie, weil hier der größtmögliche Umsatz getätigt werden kann. Man spricht vom *Gleichgewichtskurs*. Da der Kurs nichts anderes als der *Preis* für die Wertpapiere ist, kann man allgemein vom *Gleichgewichtspreis* sprechen.

Der Gleichgewichtspreis bringt also Angebot und Nachfrage zum Ausgleich, er „räumt den Markt". Die Anbieter, die einen höheren Preis erzielen wollten, und die Nachfrager, die nur einen geringeren Preis bezahlen wollten, gehen leer aus.

Das obige Zahlenbeispiel lässt sich auch grafisch veranschaulichen. Tragen wir an der x-Achse die angebotenen bzw. nachgefragten Gütereinheiten (z. B. Wertpapiere in Stück) und an der y-Achse die möglichen Preise (z. B. Wertpapierkurse) ab, erhalten wir folgende *Angebots-* und *Nachfragekurven:*

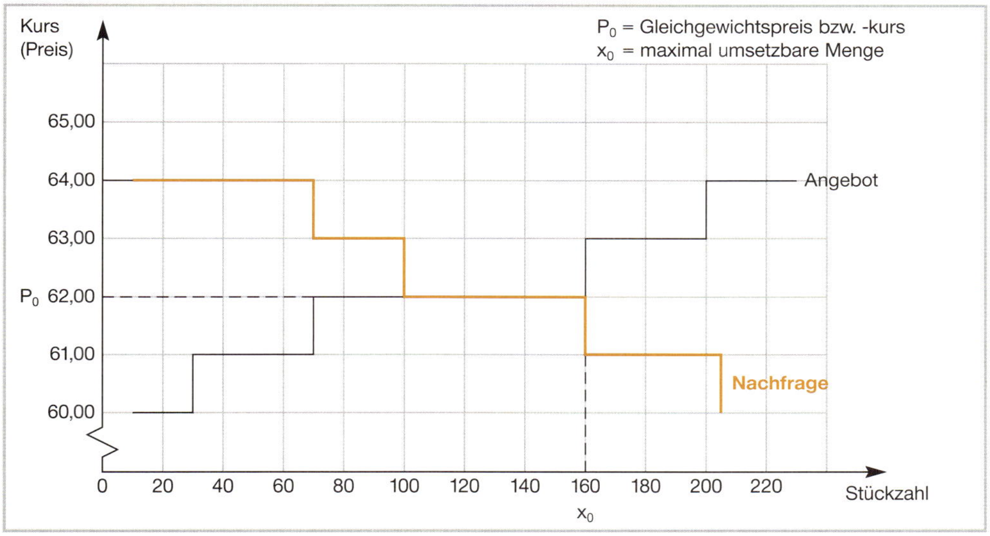

Wenn man sich nun vorstellt, dass unendlich viele Anbieter und Nachfrager auf dem Markt sind, verschwinden die „Treppen" aus der Angebots- und aus der Nachfragekurve. Es ergibt sich also folgendes Bild:

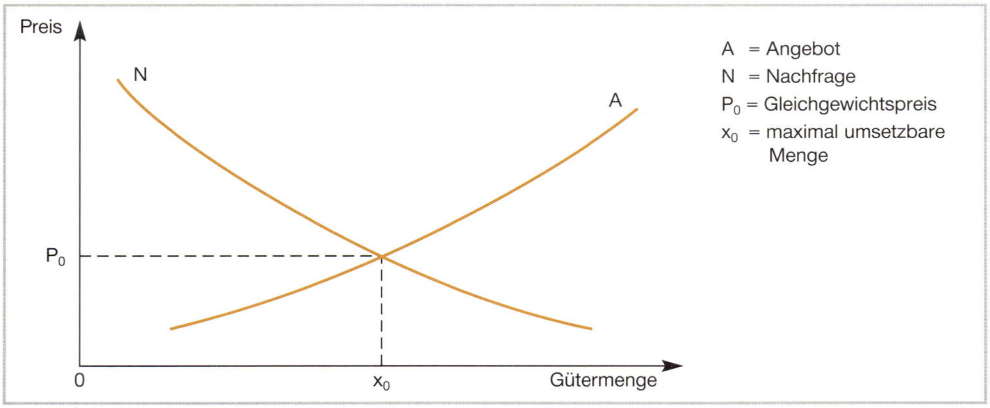

Im Normalfall wird man also sagen können:

> Mit steigendem Preis nimmt das mengenmäßige Angebot zu und die mengenmäßige Nachfrage ab.
>
> Mit sinkendem Preis nimmt das mengenmäßige Angebot ab und die mengenmäßige Nachfrage zu.

7.2.2 Die Wechselwirkungen von Angebot, Preis und Nachfrage

Es bleibt noch die Frage zu beantworten, wie sich Nachfrage- bzw. Angebotsänderungen auf den Preis auswirken, denn eine bestimmte Angebotskurve und eine bestimmte Nachfragekurve gelten nur für einen bestimmten Zeitpunkt.

So mag es z.B. sein, dass die Nachfrage nach bestimmten Gütern und Dienstleistungen bei einem gegebenen Preis *steigt*, weil die Einkommen der Nachfrager gestiegen sind oder weil die Nachfrager künftige Preissteigerungen erwarten. Umgekehrt kann die Nachfrage zu einem bestimmten Preis *sinken*, weil die Einkommen gesunken sind (z.B. aufgrund von Arbeitslosigkeit) oder die Nachfrager Preissenkungen erwarten.

Eine Erhöhung der Nachfrage wirkt sich in einer Verschiebung der Nachfragekurve nach „rechts“ aus, eine Senkung der Nachfrage in einer Verschiebung der Nachfragekurve nach „links“.

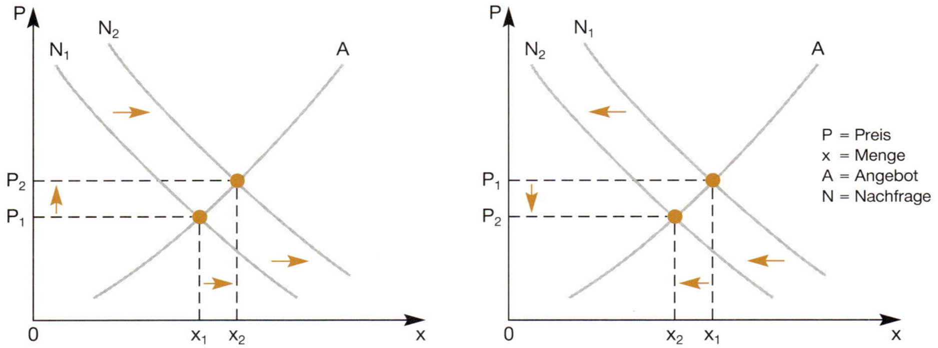

Steigende Nachfrage (Preis steigt)

Sinkende Nachfrage (Preis sinkt)

Im Normalfall gilt:

> Bei gleich bleibendem Güterangebot führt eine Nachfrageerhöhung zu steigenden Preisen.
>
> Bei gleich bleibendem Güterangebot führt eine Nachfragesenkung zu fallenden Preisen.

Desgleichen kann der Fall eintreten, dass das Angebot bei einem bestimmten Preis und bei gleich bleibender Nachfrage zu- oder abnimmt. So geht z.B. das Angebot landwirtschaftlicher Produkte bei Missernten zurück, während es bei Rekordernten steigt.

Die Erhöhung des Angebots wirkt sich in einer Verschiebung der Angebotskurve nach „rechts" aus, eine Verminderung des Angebots in einer Verschiebung der Angebotskurve nach „links".

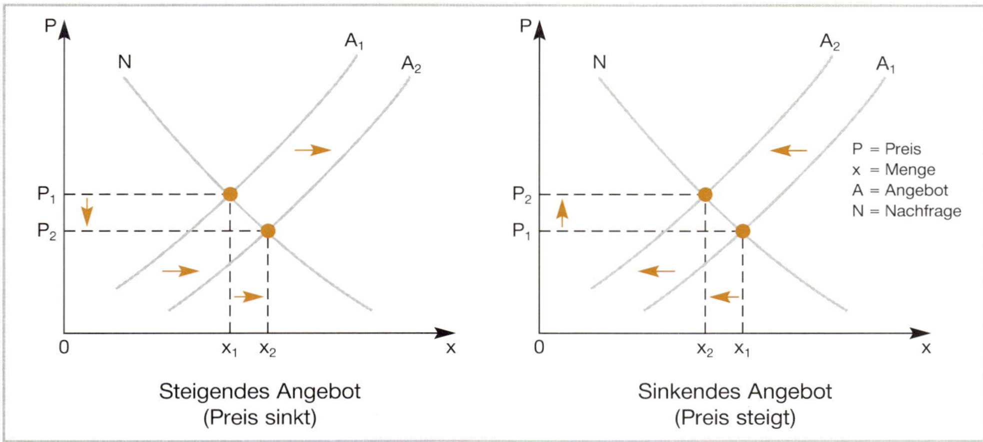

Im Normalfall gilt:

Bei gleich bleibender Nachfrage führt eine Angebotserhöhung zu sinkenden Preisen.
Bei gleich bleibender Nachfrage führt eine Angebotssenkung zu steigenden Preisen.

Diese „Preisgesetze" gelten jedoch nur, wenn man von einer normalen Angebotskurve und einer normalen Nachfragekurve ausgeht (vgl. Kap. 7.1.1.1 / 7.1.1.2). Eine normale Angebotskurve wird jedoch nur dann anzunehmen sein, wenn die Gütermenge, die möglicherweise auf dem Markt als Angebot erscheint, bereits produziert ist (z. B. landwirtschaftliche Güter wie Getreide und Mais, bereits geförderte Edelmetalle wie Gold, Kupfer und Zinn oder sich im Besitz von Haushalten und Unternehmungen befindliche Effekten wie Aktien oder Rentenpapiere). Dann nämlich spielen die Kosten für die Erzeugung keine entscheidende Rolle mehr. Die Anbieter müssen sich vielmehr mit dem Preis abfinden, der sich auf dem Markt ergibt.

Anders ist es bei Gütern, deren Angebot durch Anpassung der Produktion an die Nachfrage erweitert oder verringert werden kann. Da aufgrund der bestehenden fixen Kosten bei zurückgehender Produktion (und damit bei zurückgehendem Angebot) die *Stückkosten* steigen, hat die Angebotskurve einen *anomalen* Verlauf (vgl. Kap. 7.1.1.3).

7.2.3 Der Gleichgewichtspreis als theoretischer Grenzfall

Ein Gleichgewichtspreis kann sich nur herausbilden, wenn der Markt vollkommen ist.[1] Nur dann kann er seine Aufgaben (Funktionen) erfüllen.

Preisfunktionen. Auf vollkommenen polypolistischen Märkten hat der Preis folgende Aufgaben:

1 Zu den Prämissen (Voraussetzungen) des vollkommenen Marktes siehe Kap. 7.1.3.

Lenkungsfunktion. Der freie Marktpreis steuert das Angebot und damit die Produktion auf diejenigen Märkte hin, auf denen die größte Nachfrage herrscht und folglich die höchsten Preise (und damit Gewinne) erzielt werden können.

Beispiel:

Steigt die Nachfrage nach fettarmem Rindfleisch zu Lasten der Nachfrage nach Schweinefleisch, werden die Rindfleischpreise steigen. Die Landwirte stellen sich auf die Produktion von Rindfleisch um und schränken die Produktion von Schweinefleisch ein.[1]

Anzeigefunktion. Sie äußert sich darin, dass der freie Marktpreis den Knappheitsgrad „signalisiert" (man spricht deshalb auch von der Signalfunktion des Preises). Steigt der Preis, so wird erkennbar, dass sich entweder das Güterangebot bei gleich bleibender Nachfrage verknappt hat oder dass die Nachfrage bei gleich bleibendem Güterangebot gestiegen ist. Der fallende Preis zeigt die gegenteilige Marktsituation an.

Ausgleichsfunktion. „Der freie Preis räumt den Markt".[2] Im Kap. 7.2.1 wurde gezeigt, dass der Gleichgewichtspreis der Preis ist, bei dem der höchstmögliche Umsatz erzielt wird. Alle Nachfrager, die den Gleichgewichtspreis bezahlen wollen (oder können), und alle Anbieter, die zum Gleichgewichtspreis verkaufen wollen (oder können), kommen zum Zuge.

Marktausschaltungsfunktion. Alle Anbieter, die zum gegebenen Preis nicht anbieten wollen (oder aufgrund ihrer zu hohen Kosten nicht können) sowie alle Nachfrager, die den gegebenen Marktpreis nicht bezahlen wollen (oder können), werden „ausgeschaltet", d. h., sie kommen nicht zum Zuge.

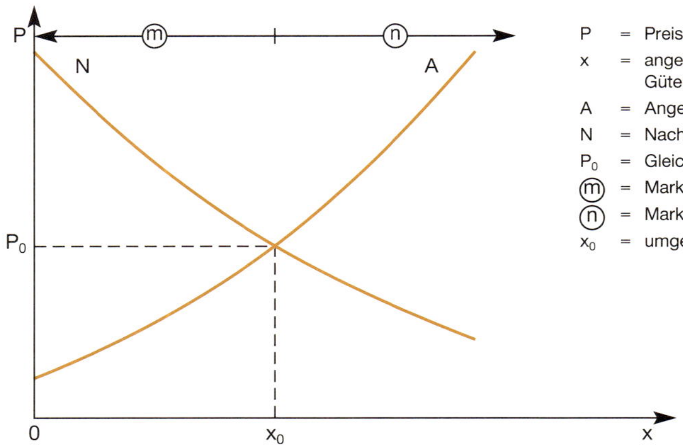

P = Preis
x = angebotene bzw. nachgefragte Gütermenge
A = Angebot
N = Nachfrage
P_0 = Gleichgewichtspreis
(m) = Marktteilnehmer, die zum Zuge kommen
(n) = Marktteilnehmer, die ausgeschaltet werden
x_0 = umgesetzte Gütermenge

Erziehungsfunktion. Da der Preis bei vollkommener polypolistischer Konkurrenz vom einzelnen Anbieter bzw. vom einzelnen Nachfrager nicht beeinflussbar ist, zwingt er die Produzenten, ihre Kosten zu senken, wenn sie rentabel anbieten wollen. Die Verbraucher werden dazu erzogen, möglichst sparsam (möglichst preisgünstig) einzukaufen, wenn sie ihren Nutzen maximieren wollen.

1 Garantiert der Staat Mindestpreise, verliert der Preis seine Lenkungsfunktion (siehe Kap. 7.2.5).

2 Kapitelüberschrift bei Röpke, W.: a. a. O., S. 182.

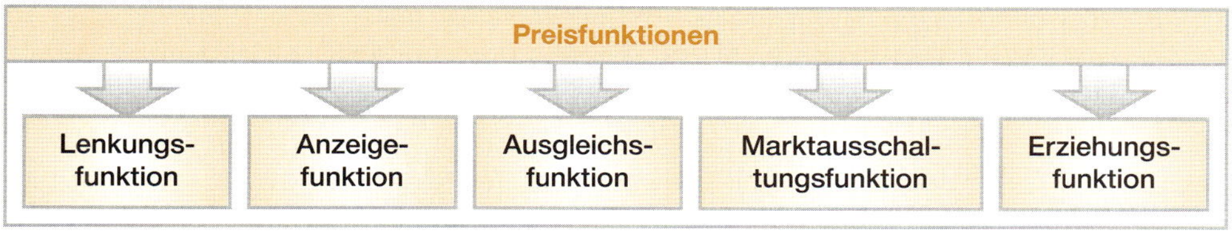

Selbst auf Märkten mit polypolistischer Konkurrenz stellt der Gleichgewichtspreis nur einen *Idealfall*, also einen theoretischen Grenzfall dar, weil in der Wirklichkeit die Voraussetzungen für einen vollkommenen Markt fehlen. Die angebotenen Güter sind nicht homogen (= völlig gleichartig, vertretbar, fungibel), sondern heterogen, d.h. von unterschiedlicher Qualität und unterschiedlichem Aussehen. Weder Käufer noch Verkäufer besitzen vollkommene Marktübersicht, d.h., es fehlt die Bedingung der Markttransparenz. Außerdem können – sieht man von den Waren- und Wertpapierbörsen ab – weder Nachfrager noch Anbieter sofort auf Änderungen am Markt reagieren.

Im Folgenden soll anhand zweier Beispiele die Preisbildung auf einem vollkommenen polypolistischen Markt dargestellt werden.

Beispiel 1:

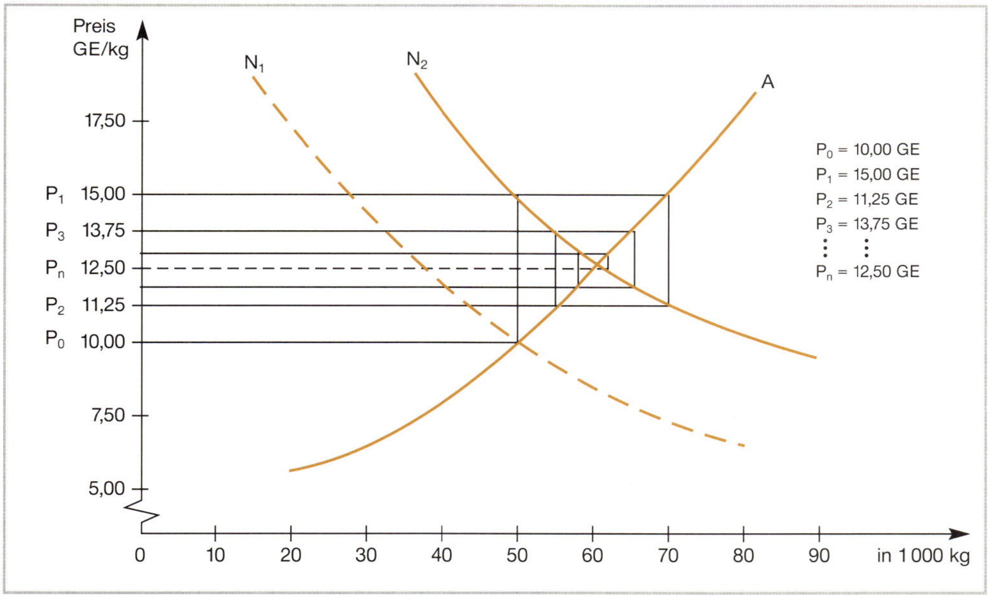

Die Situation auf einem Schweinemarkt sei in einem bestimmten Jahr so, dass bei einem Angebot von 50 000 kg die gesamte Produktion zu einem Preis von 10 GE je kg aufgenommen wird. Aufgrund von Lohnerhöhungen steige die Nachfrage, was sich geometrisch in einer Verschiebung der Nachfragekurve ausdrückt (N_2). Bei vollkommener Konkurrenz müsste der Preis sofort auf 12,50 GE steigen. Da aber die Produzenten unverzüglich kaum mehr Fleisch als bisher auf den Markt bringen können, weil die Aufzucht von Schweinen etwa ein halbes Jahr in Anspruch nimmt, ist das Angebot zunächst praktisch vollkommen unelastisch. Der Preis erhöht sich nicht auf 12,50 GE, sondern auf 15 GE (P_1). Dieser hohe Preis regt nun auch Produzenten an, die bisher nicht angeboten haben (latente Anbieter), Schweine aufzuziehen. Auch die übrigen Anbieter werden zu Neuinvestitionen schreiten, d.h. mehr Jungferkel kaufen, Ställe erweitern oder neu bauen, in der Erwartung, dass der Preis in Höhe von 15 GE erhalten bleibt. Sobald nach einem halben Jahr die Mehrproduktion auf den Markt kommt (in unserem Beispiel 20000 kg), wird der Preis auf 11,25 GE sinken müssen, wenn die Gesamtproduktion von 70000 kg gekauft werden soll. Die Grenzproduzenten[1] werden bei diesem Preis aus dem Markt scheiden, weil ihre verhältnismäßig hohen Kosten nicht mehr gedeckt werden. Auch die übrigen Anbieter werden ihre nunmehr unrentable Produktion drosseln, bis lediglich ein Gesamtangebot von 55000 kg auf dem Markt erscheint. Bei der gegebenen Nachfragestruktur wird diese Menge von den Käufern zu einem Preis von 13,75 GE (P_3) gekauft, was wiederum zu einer Angebotserhöhung führt. Der Prozess setzt sich so lange fort, bis nach theoretisch unendlich vielen, praktisch wenigen Perioden der Gleichgewichtspreis von 12,50 GE erreicht ist.

Dieses *„Spinnwebtheorem"* wurde erstmals von dem deutschen Statistiker *Hanau* nachgewiesen, der die Preisbewegungen auf den Schweinemärkten vor 1914 statistisch untersuchte („Schweinezyklus"). Wie sich der Zyklus entwickelt, hängt vom jeweiligen Verhältnis der Angebots- und Nachfragekurven zueinander ab. Es ist durchaus möglich, dass ein Gleichgewicht *überhaupt nicht* erreicht wird und die Preisschwankungen immer größer werden oder fortlaufend um den Gleichgewichtspreis schwanken. In diesen Fällen spricht man von „labilen Märkten".

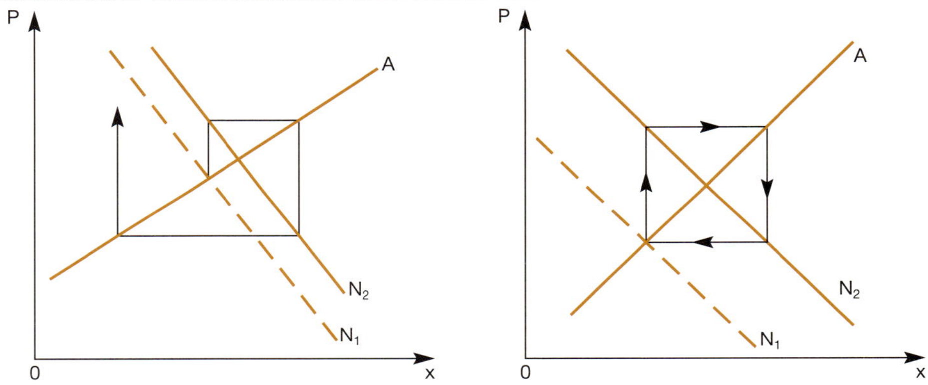

labile Märkte

Die wichtigste Erkenntnis, die uns das Spinnwebtheorem liefert, ist die:

Die vollständige Konkurrenz garantiert nur im Falle vollkommener Konkurrenz stabile Märkte.

Beispiel 2:

Das Bestehen von Präferenzen, die fast unüberschaubare Zahl von eng verwandten Gütern und die mangelnde Markttransparenz erlauben es den Anbietern, ihre Preise innerhalb einer bestimmten Spanne festsetzen zu können, ohne deswegen gleich Kunden an die Konkurrenz zu verlieren. Deswegen ergibt sich bei zeichnerischer Darstellung des Angebots keine „Angebotskurve", sondern ein „Angebotsband".

Umgekehrt besitzen auch die Käufer keine eindeutige Preisvorstellung. (Will beispielsweise eine Mutter ihrem Kind einen Pullover kaufen, hat sie die Vorstellung, dass sie „etwa" 20,00 bis 25,00 € ausgeben möchte. Die Nachfrage stellt sich also ebenfalls als ein „Band" dar.)

1 Unter Grenzproduzenten versteht man diejenigen, die bei einem geltenden Preis gerade noch ihre Selbstkosten decken.

Die nebenstehende Abbildung zeigt, dass es bei unvollkommener Konkurrenz (auch wenn sie polypolistisch ist) *keinen* einheitlichen Preis geben kann. Es gibt nur eine Preisunter- und eine Preisobergrenze. Je heterogener der Markt ist, desto größer ist der Preisspielraum. Es lassen sich allenfalls Durchschnittspreise für ein bestimmtes Gut errechnen.

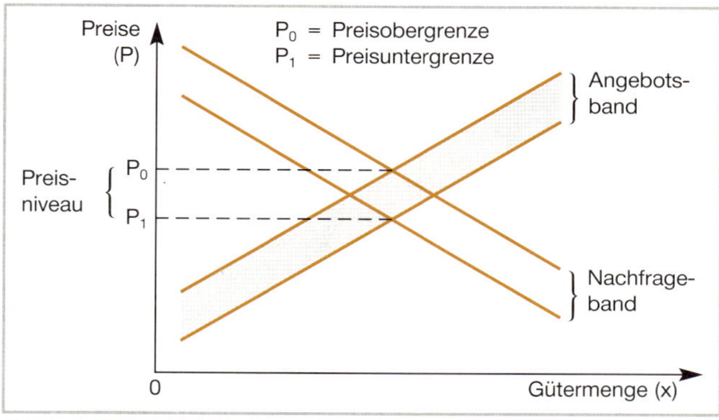

Abb. nach Dahl, D.: Volkswirtschaftslehre, 2. Aufl., 1975, S. 179.

Auf einem unvollkommenen Markt gibt es keinen Einheitspreis.

7.2.4 Die Auktion als Preisbildungsmodell

Begriff. Unter einer Auktion[1] versteht man eine „marktmäßige Veranstaltung ... bei der sich der Preis für die umgesetzten Objekte aufgrund von Bietungen der Beteiligten bildet".

Damit entscheiden die Preisgebote der zueinander in Konkurrenz stehenden Nachfrager über den tatsächlich zustande kommenden Preis für ein bestimmtes Gut.

Spiegelbildlich dazu sind Ausschreibungen („reverse auctions"), bei denen mehrere Anbieter um den Zuschlag eines Nachfragers für ein Gut konkurrieren.

Auktionen sind von Vorteil, wenn hohe Unsicherheit über den erzielbaren Preis besteht (z.B. bei einzigartigen Gütern oder bei verderblichen Waren). Die höheren Transaktionskosten (z.B. Reisekosten, Zeit) stellen einen Nachteil der Auktion dar. Durch die modernen Informations- und Kommunikationstechnologien verringern sich die Transaktionskosten erheblich und die oben angeführten ökonomischen Vorteile von Auktionen für alle Beteiligten gewinnen an Gewicht. Das Internet bietet neue Möglichkeiten für die Ausbreitung von Auktionen als Koordinationsmechanismen auf elektronischen Märkten.

Arten von Auktionen. In Bezug auf Preisfindungsmechanismus und Bietverfahren unterscheidet man folgende grundlegende Auktionstypen:

1 Auktion (lateinisch) = augere: vermehren, vergrößern.

Auktionstypen			
	Englische Auktion (Ascending-Bid-Auction)	**First-Price-Sealed-Bid-Auction**	**Holländische Auktion**
Funktionsweise	Anbieter oder beauftragter Auktionator nennt Mindestpreis, der durch Gebote gesteigert werden kann (Versteigerung). Wenn keiner mehr überbieten möchte, erhält der Bieter, der das höchste Gebot abgegeben hat, die Ware zum genannten Preis.	Jeder Bieter gibt ein verdecktes Gebot ab. Der Meistbietende erhält die Ware und bezahlt den von ihm gebotenen Preis.	Der Auktionator nennt einen hohen Startpreis, der sukzessive (Schritt für Schritt) gesenkt wird. Den Zuschlag erhält der Nachfrager, der den zuletzt genannten Preis akzeptiert.
Ergebnis	Geht man davon aus, dass jeder Bieter eine genaue Vorstellung davon hat, was die angebotene Ware für ihn wert ist, dann erhält der Meistbietende i.d.R. die Ware zu einem Preis, der niedriger ist als seine persönliche Bewertung der Ware. Er folgt den Geboten seiner Mitkonkurrenten ja nur so lange, bis der letzte Mitbewerber ausgestiegen ist, auch wenn er u.U. viel mehr zu zahlen bereit gewesen wäre. Aus diesem Grund bezahlt er nur unwesentlich mehr als die zweithöchste Bewertung.	Gefahr des „winner's curse" (Fluch des Gewinners): Dem Meistbietenden wird klar, dass er den Wert am höchsten geschätzt, sich folglich wahrscheinlich am meisten nach oben verschätzt hat. Es kann aber auch von Vorteil sein, nicht zu wissen, wie viel die Konkurrenten bieten. Die individuelle Bewertung der Ware durch den Käufer stellt seine persönliche Preisobergrenze dar. Damit ist der festgelegte Preis die höchste Bewertung der angebotenen Ware.	Dieses Verfahren entspricht im Ergebnis der First-Price-Sealed-Bid-Auktion.
Anwendung	Bekanntester und verbreitetster Auktionstyp. Er kann zu höheren Preisen führen, wenn sich die Gebote der Nachfrager untereinander positiv beeinflussen. Beispiele: Kunst, Antiquitäten.	Führt zu höheren Preisen als die englische Auktion, wenn es dem einzelnen Nachfrager besonders wichtig ist, das Gut zu erhalten. Beispiel: Wertvolle Güter (exklusive Immobilien, große Staatsaufträge).	Bei Waren, die einem starken Verderb ausgesetzt sind. Beispiele: Schnittblumen, Fisch.

Das Verfahren der „Competitive Auction" wird bei der Preisfeststellung an den Börsen angewandt: Aus den vorliegenden Aufträgen wird ein Preis (Kurs) ermittelt, der einen höchstmöglichen Umsatz und im Idealfall eine Markträumung erzielt. Alle erfolgreichen Bieter erhalten einen einheitlichen Preis.

Orderbuchtransparenz (→ offenes Orderbuch macht die Kauf- und Verkaufsorders ersichtlich) lässt die Struktur der Aufträge erkennen und fördert den Abbau von Informationsasymmetrien (→ Informationsvorsprung, den z.B. ein Bieter gegenüber anderen hat). Letztendlich kann der Prozess der Annäherung der Gebote der Bieter zur Bildung eines alle Informationen verkörpernden Marktpreises führen, wodurch die Wahrscheinlichkeit einer effizienten Kapitalallokation (→ Lenkung des Kapitals an die Stelle produktivster Verwendung) steigt.

7.2.5 Staatliche Beeinflussung der Preisbildung

Indirekte (mittelbare) Preislenkung (marktkonforme Eingriffe). Der Staat kann versuchen, die Preisbildung *indirekt* (= mittelbar) zu beeinflussen. Hier verringert oder erhöht der Staat das Angebot oder die Nachfrage, indem er selbst als Anbieter oder als Nachfrager auftritt. Der Marktmechanismus wird also nicht außer Kraft gesetzt.

Auch mit Hilfe von Steuersatzänderungen und Subventionszahlungen (= Gewährung von Zuschüssen) kann der Staat mittelbar auf Angebot und Nachfrage und damit auf den Preis einwirken.

Beispiele:

Es mag z. B. sein, dass der Staat aus sozialen Gründen den Wohnungsbau anregen will. Dies kann er erreichen, indem er selbst für sozial schwache Bevölkerungsschichten Wohnbauten in Auftrag gibt. Er kann aber auch auf die Weise auf den Markt einwirken, dass er einkommensschwachen Bevölkerungskreisen Wohngeld auszahlt, wodurch diese in die Lage versetzt werden, mehr und besseren Wohnraum nachzufragen *(Subventionspolitik)*. Die Gefahr derartiger staatlicher *Interventionen* (= Staatseingriffe) besteht natürlich darin, dass – bei Vollbeschäftigung – die Preise steigen.

Steigende Baupreise kann der Staat bremsen, indem er eigene Bauvorhaben zurückstellt, und zwar so lange, bis ein Beschäftigungsrückgang in der Bauindustrie eintritt. Dann nämlich kann der Staat die Beschäftigung sichern, indem er die zurückgehaltenen Aufträge an die Bauwirtschaft erteilt.

Auch auf der Angebotsseite kann der Staat marktkonforme Mittel einsetzen. So ist es z. B. möglich, durch Zollsenkungen die Importe zu erhöhen, um Preissteigerungen im Inland zu begegnen. Oder er kann den Produzenten Steuererleichterungen (= indirekte Subventionen) gewähren, in der Hoffnung, dass diese die Kostensenkung an die Abnehmer weitergeben werden.

Direkte Preislenkung (marktkonträrer Eingriff) ist gegeben, wenn der Staat die Preise vorschreibt.

Höchstpreise. Es mag beispielsweise sein, dass die soziale Rücksichtnahme auf einkommensschwache Bevölkerungsschichten eine Regierung dazu veranlasst, *Höchstpreise* für bestimmte Güter vorzuschreiben. Dies bedeutet, dass sich *unterhalb* dieser Höchstpreise eine freie Preisbildung vollziehen kann. Der Regelfall wird jedoch sein, dass der Preis, der sich bei freier Konkurrenz ergäbe (= natürlicher Preis, Gleichgewichtspreis), höher als der staatliche Höchstpreis ist - denn sonst benötigte man die Höchstpreisvorschriften nicht.

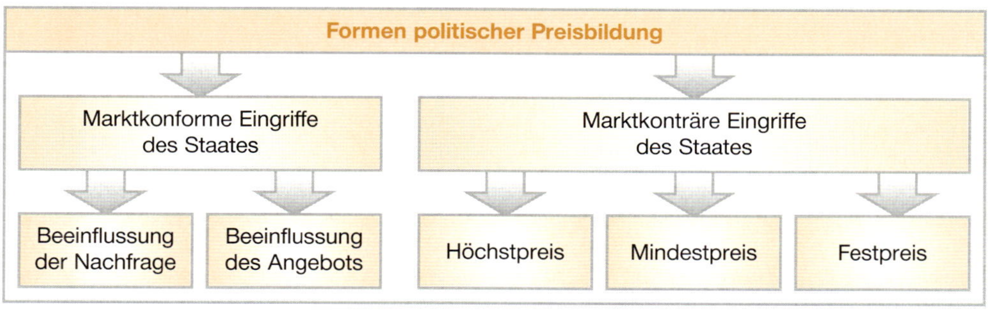

Aus der Abbildung lässt sich ablesen, dass beim Höchstpreis P_0 die Menge x_2 nachgefragt, aber wegen des niedrigen Preises nur die Menge x_1 angeboten wird. Es besteht also eine *Angebotslücke* in Höhe der Menge $x_2 - x_1$, d.h., die Käufer, die zu diesem Preis zu kaufen in der Lage sind, können nicht alle beliefert werden. Die Höchstpreisvorschrift verlangt also vom Staat weitere Maßnahmen. Entweder muss das Angebot zwangsweise vergrößert (*Ablieferungspflicht* für die Anbieter) oder die Nachfrage verkleinert werden *(Bezugsscheinsystem, Rationierung)*, wenn die Entstehung eines *schwarzen Marktes* verhindert werden soll. Unter schwarzem Markt versteht man den ungesetzlichen Handel zu Preisen, die über den staatlich fixierten Preisen liegen.

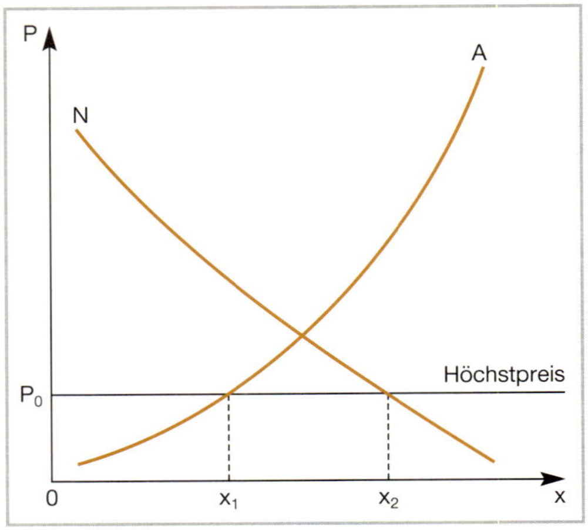

Mindestpreise. Im Unterschied zum Höchstpreis, der zum Schutz des Verbrauchers oder der Vertuschung staatlicher Inflationspolitik (verdeckte Inflation) dienen soll, ist der staatliche Mindestpreis ein Mittel zum Schutz des Produzenten (Anbieters). In den meisten westlichen Industriestaaten finden wir den Mindestpreis vor allem bei landwirtschaftlichen Erzeugnissen, also zum Schutz der einheimischen Landwirtschaft. Liegt der vorgeschriebene Mindestpreis unter dem Preis, der sich bei freier Konkurrenz ergeben würde (natürlicher Preis, Gleichgewichtspreis), kann sich der Marktpreis frei bilden. Die staatliche Preisvorschrift hat keinen Einfluss, sodass sie eigentlich überflüssig ist. Im Normalfall wird daher der Mindestpreis über dem Gleichgewichtspreis liegen.

Aus der Abbildung ist zu entnehmen, dass sich in diesem Fall eine *Nachfragelücke* ergeben muss, denn bei dem vorgeschriebenen (zu hohen) Preis P_0 wird die Menge x_1 nachgefragt, aber die Menge x_2 angeboten. Erfolgen jetzt keine weiteren staatlichen Maßnahmen, sinkt der Preis entgegen den gesetzlichen Vorschriften aufgrund der Marktverhältnisse auf den natürlichen Preis. Die durch die Mindestpreisvorschrift betroffene Ware wird billiger verkauft *(grauer Markt)*. Will das der Staat verhindern, muss er entweder das Angebot verringern (Produktionsbeschränkungen) oder die Nachfrage vergrößern (Abnahmezwang, Verwendungszwang).

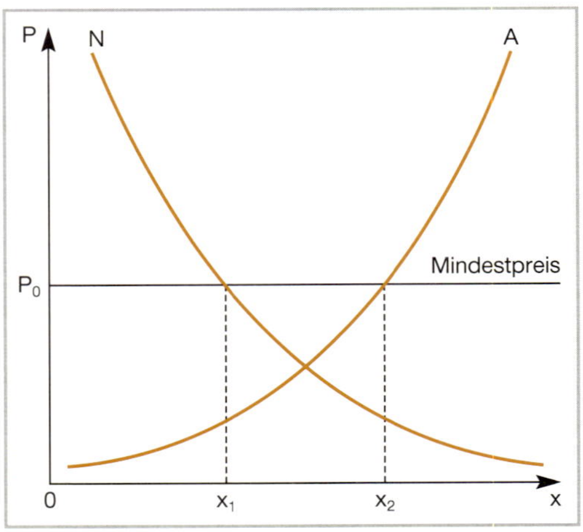

Der Staat kann aber auch die überschüssige Produktion aufkaufen und – soweit es sich um lagerfähige Produkte handelt – einlagern.

In einem gewissen Rahmen mag diese staatliche Vorratshaltung für Krisenzeiten vorteilhaft sein. Gelingt es sogar, die eingelagerten Vorräte bei saisonalem Angebotsrückgang abzusetzen, sodass das zusätzliche staatliche Angebot preissenkend wirkt, dann haben die so stabilisierten Preise für Produzenten und Konsumenten den Vorteil sicherer Kalkulationsgrundlagen. Die Wirklichkeit lehrt aber, dass staatliche Mindestpreise die Produzenten zu immer höherer Produktion anregen, weil diese wegen des garantierten hohen Preises risikolos ist. Die staatlichen Vorratsstellen sind dann nicht in der Lage, ihre gesamten Vorräte wieder abzusetzen. Zu den hohen Kosten der Vorratshaltung kommen dann noch die Kosten der zweckentfremdenden Verarbeitung (z.B. Butter zu Schmierfett, Getreide zu Viehfutter) oder gar Vernichtung. Die Vernichtung von Lebensmitteln in der EU ist die Folge der Mindestpreispolitik.

Festpreise. Staatliche Preise können auch Festpreise sein. Ein Festpreis darf weder über- noch unterschritten werden. Liegt der Festpreis über dem natürlichen Preis, wirkt er wie ein Mindestpreis, liegt er unter dem natürlichen Preis, wirkt er wie ein Höchstpreis.

Überblick über mögliche marktkonträre Maßnahmen des Staates

Formen direkter staatlicher Preispolitik

Höchstpreispolitik

- dient dem Schutz des Verbrauchers
- Höchstpreis i.d.R. niedriger als Marktpreis

Folgen:

- Angebotslücke (= Nachfrageüberhang)
- schwarzer Markt
- Staat muss rationieren (= Gutscheine ausgeben)

Festpreispolitik

- Preis darf weder unter- noch überschritten werden

Zweck:

- (untaugliches) Mittel der Inflationsbekämpfung

Mindestpreispolitik

- dient dem Schutz des Herstellers
- Mindestpreis in der Regel höher als Marktpreis

Folgen:

- Nachfragelücke (= Angebotsüberhang)
- Staat muss Überschuss aufkaufen, lagern, zweckentfremden, vernichten oder Kapazitäten stilllegen lassen

liegt Festpreis unter dem Marktpreis (→ Höchstpreispolitik)

liegt Festpreis über dem Marktpreis (→ Mindestpreispolitik)

9 Richard/Hartmann/Boller – ISBN 987-3-8120-0173-1

7.2.6 Unternehmenszusammenschlüsse und Preisbildung

Bei vollständiger Konkurrenz ist der Preis vom einzelnen Anbieter oder Nachfrager unabhängig. Die beiden Marktbeteiligten empfinden den Preis als gegeben, als „Datum".

Beispiel:

Nach einer Rekordernte werden im Herbst insgesamt 5 Mio. dt[1] Getreide angeboten. Die Anbieter setzen sich aus mehr als 100 Landwirten zusammen, die voneinander unabhängig sind und die auch die Verhältnisse ihrer Mitbewerber (= Konkurrenten) nicht kennen. Die Selbstkosten je dt lagen bei durchschnittlich 20,00 €. Natürlich wären die Landwirte froh, wenn sie einen Preis von mindestens 20,00 € auf dem Markt erzielten, um wenigstens die Selbstkosten zu decken.

Da das Angebot im Wesentlichen festliegt (Getreide kann man nicht sehr lange lagern), hängt der Preis ausschließlich von der Nachfrage ab.

Die Nachfrager sind ebenfalls nicht organisiert, lassen sich aber in verschiedene Gruppen zusammenfassen. Die Gruppe A will 1 Mio. dt zu höchstens 10,00 € kaufen, die Gruppe B 1 Mio. dt zu höchstens 20,00 €, die Gruppe C 1 Mio. dt zu höchstens 30,00 €, die Gruppe D 1 Mio. dt zu höchstens 40,00 €, die Gruppe E 1 Mio. dt zu höchstens 50,00 € und die Gruppe F 1 Mio. dt zu höchstens 60,00 €.

Unter den Bedingungen der vollständigen Konkurrenz und unter der Bedingung, dass der Staat in keiner Weise auf das Marktgeschehen Einfluss nimmt, ergibt sich ein Gleichgewichtspreis von 20,00 € je dt.

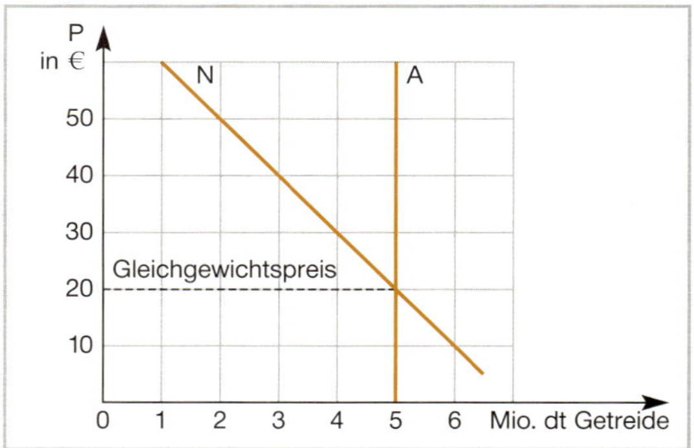

Beim Gleichgewichtspreis von 20,00 € je dt wird das gesamte Angebot, das in diesem Falle übrigens vollkommen starr (= unelastisch) ist, abgesetzt. Die Landwirte haben jedoch nichts verdient.

Was könnten die Landwirte tun, um höhere Preise zu erzielen? Sie müssten sich zusammenschließen, d.h. ein *Kartell* bilden.

Beispielsweise könnten sie ihr Angebot auf 3 Mio. dt verringern und die 2 Mio. dt des restlichen Getreides einlagern oder als Viehfutter verwenden. Dann stiege der Preis auf 40,00 € je dt. Voraussetzung für diese Maßnahme ist, dass *alle* Landwirte ihr Angebot um 40 % verkleinern und ihre Überschussproduktion nicht außerhalb des Kartells anbieten *(Quotenkartell)*.

Die Landwirte könnten sich aber auch auf einen bestimmten Preis einigen, z.B. auf 30,00 € je dt *(Preiskartell)*. Auch hier ist Voraussetzung, dass sich *alle* Anbieter an die Kartellabsprache halten. Die Außenseiter würden das Zustandekommen eines einheitlichen Kartellpreises stören.

Bei einem Absatzpreis von 30,00 € je dt hätten die Landwirte einen Umsatz von 120 Mio. € (4 Mio. dt zu je 30,00 €). Da sie durchschnittliche Selbstkosten von 100 Mio. € (5 Mio. dt zu je 20,00 €) hatten, beliefe sich ihr Gewinn auf 20 Mio. €, obwohl 1 Mio. dt Getreide nicht umgesetzt werden können.

1 Eine Dezitonne (dt) = 100 kg.

Wie nachstehende Tabelle zeigt, führen unterschiedliche Preise zu unterschiedlichen Umsätzen:

abgesetzte Menge in Mio. dt	Preis je dt	Umsatz in € (Menge · Preis)
1	60,00	60 000 000,00
1,5	55,00	82 500 000,00
2	50,00	100 000 000,00
2,5	45,00	112 500 000,00
3	40,00	120 000 000,00
3,5	35,00	122 550 000,00
4	30,00	120 000 000,00
4,5	25,00	112 500 000,00
5	20,00	100 000 000,00

Den maximalen (= höchstmöglichen) Umsatz erzielen die Landwirte bei einem Kartellpreis von 35,00 € je dt. Da ihre Kosten *festliegen*, ist dies zugleich ihr gewinnmaximaler Preis.

In unserem Beispiel traten die Landwirte wie *ein* Anbieter auf. Es handelt sich daher um eine bestimmte Form des *Angebotsmonopols*, nämlich um ein so genanntes *Kollektivmonopol*. Kollektivmonopole entstehen durch Unternehmenszusammenschlüsse aller Art. Sie haben – wie wir gesehen haben – den Zweck, die Bildung eines Gleichgewichtspreises, wie er sich bei vollständiger Konkurrenz ergeben würde, zu verhindern, kurz: den Wettbewerb zu beschränken.

Eine Preiserhöhung kann erzwungen werden

- durch Verringerung der angebotenen Menge oder
- durch Festlegung eines Monopolpreises.

In beiden Fällen nimmt die mengenmäßige Versorgung der Nachfrager (der Verbraucher) ab.

7.2.7 Die Unternehmenszusammenschlüsse im Einzelnen

Unternehmenszusammenschlüsse können vertikal, horizontal oder anorganisch sein. Ein vertikaler Zusammenschluss liegt vor, wenn sich Unternehmen verschiedener Produktionsstufen zusammenschließen. Von einem horizontalen Zusammenschluss spricht man, wenn es sich um Unternehmen der gleichen Branche handelt. Anorganisch ist ein Zusammenschluss dann, wenn an ihm Unternehmen unterschiedlichster Branchen beteiligt sind.

7.2.7.1 Kartelle

Wesen des Kartells

Das *Kartell* ist ein vertraglicher Zusammenschluss von rechtlich selbstständig bleibenden Unternehmen eines Wirtschaftszweigs mit dem Ziel, Markt und Wettbewerb im Wege von Absprachen zu beeinflussen.

Die kartellierten Unternehmen sind durch Verträge (Konventionen) miteinander verknüpft, geben aber ihre rechtliche Selbstständigkeit nicht auf; die wirtschaftliche Selbstständigkeit wird partiell eingeschränkt.

Kartellgesetz. Um den Wettbewerb aufrechtzuerhalten, verbietet das „Gesetz gegen Wettbewerbsbeschränkungen“ (Kartellgesetz) grundsätzlich die Kartelle, sieht aber sehr viele Ausnahmen vor. (Zu den Arten der Kartelle siehe Kap. 7.2.8.)

Syndikat. Die höchste Ausprägung des Kartells ist das Syndikat. Es handelt sich dabei um gemeinsame Verkaufsstellen mit eigener Rechtsform (meist Gesellschaften mit beschränkter Haftung), die den Vertrieb der Erzeugnisse oder Waren (z. B. Importwaren) ihrer Mitglieder übernehmen. Die Kunden kaufen ausschließlich beim Syndikat und zahlen auch an dieses. Aufträge und Zahlungen werden vom Syndikat an die Mitglieder entsprechend den Vertragsvereinbarungen weitergegeben.

7.2.7.2 Verbundene Unternehmen

Wesen. Wie bei den Kartellen besteht der Zweck der „verbundenen Unternehmen" (vgl. § 15 AktG) darin, den Markt zu beherrschen. Auch andere Zwecksetzungen sind denkbar, z. B. Verbesserung der Rationalisierungsmaßnahmen oder Gewinn- und Verlustausgleich.

Verbundene Unternehmen entstehen durch

1. **Kapitalbeteiligung,**
   a) wenn sich die Mehrheit der Anteile oder alle Anteile (z.B. Aktien) eines rechtlich selbstständigen Unternehmens in der Hand der Hauptgesellschaft befinden oder einem anderen Unternehmen die Mehrheit der Stimmrechte zusteht (Mutter-Tochter-Gesellschaft). Die Muttergesellschaft ist das herrschende Unternehmen, die Tochtergesellschaft das abhängige (vgl. §§ 16, 17 AktG);
   b) wenn jedem Unternehmen mehr als 25% der Anteile an einem anderen gehört (wechselseitige Beteiligung). Auch hier kann ein Unternehmen das herrschende sein (vgl. § 19 AktG);
2. **Abhängigkeitsverhältnisse,**
   wenn ein herrschendes Unternehmen auf ein anderes Unternehmen unmittelbar oder mittelbar einen beherrschenden Einfluss ausüben kann. Abhängigkeitsverhältnisse sind auch dann denkbar, wenn keine oder eine nur geringe Kapitalbeteiligung besteht. So können z.B. Zulieferbetriebe von einem Nachfragemonopol abhängig sein. § 17 AktG vermutet, dass ein in Mehrheitsbesitz stehendes Unternehmen von dem an ihm mit Mehrheit beteiligten Unternehmen auf jeden Fall abhängig ist, es sei denn, dass anderes nachgewiesen werden kann;
3. **Konzerne,**
   a) wenn ein herrschendes Unternehmen (die Muttergesellschaft über ein oder mehrere abhängige Unternehmen) durch kapitalmäßige Bindung die einheitliche Leitung ausübt (Unterordnungskonzerne; vgl. § 18 Abs. 1 AktG);
   b) wenn rechtlich selbstständig bleibende Unternehmen, ohne dass sie voneinander kapitalmäßig oder durch Beherrschungsvertrag abhängig sind, unter einheitlicher Leitung zusammengefasst sind (Gleichordnungskonzerne; vgl. § 18 Abs. 2 AktG);

Konzerne sind horizontale, vertikale und anorganische Zusammenschlüsse von Unternehmen, die rechtlich selbstständig sind, ihre wirtschaftliche Selbstständigkeit aber aufgeben, indem sie sich einer einheitlichen Leitung unterstellen.[1]

4. **Verträge,**
   a) wenn eine Kapitalgesellschaft oder Kommanditgesellschaft auf Aktien ihre Leitung einem anderen Unternehmen unterstellt (Beherrschungsvertrag; vgl. § 291 AktG);
   b) wenn eine Aktiengesellschaft oder Kommanditgesellschaft auf Aktien durch Vertrag verpflichtet ist, ihren Gewinn ganz oder teilweise an ein anderes Unternehmen abzuführen (Gewinnabführungsvertrag) oder eine Gewinngemeinschaft („Pool") zu bilden (§§ 291 und 292 AktG);
   c) wenn eine Aktiengesellschaft oder Kommanditgesellschaft auf Aktien den Betrieb ihres Unternehmens an ein anderes Unternehmen verpachtet (Betriebspachtvertrag; vgl. § 292 AktG).

1 Das herrschende Unternehmen kann auch eine „Dachgesellschaft" sein. Bei diesen so genannten Dachgesellschaften (holding-companies) übertragen die Konzernunternehmen ihre Aktien (oder zumindest deren Mehrheit) auf eine übergeordnete Gesellschaft, die lediglich die Aufgaben der Verwaltung und Finanzierung übernimmt.

7.2.7.3 Trusts

Wesen. Im Gegensatz zum Konzern, bei dem die beteiligten Unternehmen (die Konzernunternehmen) ihre rechtliche Selbstständigkeit behalten, ist der Trust ein horizontaler, vertikaler oder anorganischer Zusammenschluss mehrerer Unternehmen, die ihre *rechtliche* und *wirtschaftliche Selbstständigkeit* aufgeben.

> Unter Trust versteht man einen horizontalen, vertikalen oder anorganischen Zusammenschluss mehrerer Unternehmen, die ihre rechtliche und wirtschaftliche Selbstständigkeit aufgeben.

Entstehung. Trusts entstehen durch *Verschmelzung (Fusion)*. Dabei gibt es zwei Möglichkeiten:

- **Fusion durch Aufnahme.** Sie liegt vor, wenn das Vermögen des übertragenden Unternehmens auf die übernehmende Gesellschaft übertragen wird. Praktisch bedeutet das, dass ein schwächeres Unternehmen durch ein stärkeres Unternehmen aufgekauft wird. Die Firma des übertragenden Unternehmens wird gelöscht.
- **Fusion durch Neubildung.** Bei dieser Art der Trustentstehung wird eine neue Gesellschaft gegründet, auf die die Vermögen der sich vereinigenden Unternehmen übertragen werden. Alle übertragenden Unternehmen erlöschen.

Unternehmenszusammenschlüsse aller Art bezeichnet man als *Konzentration*, weil sich dadurch wirtschaftliche (mitunter auch politische) Macht auf einige wenige konzentriert. Die Konzentration wirtschaftlicher Macht vollzieht sich jedoch nicht nur aufgrund von Zusammenschlüssen, also unternehmensextern, sondern auch dadurch, dass ein oder mehrere Unternehmen schneller wachsen als andere (unternehmensinternes Wachstum).

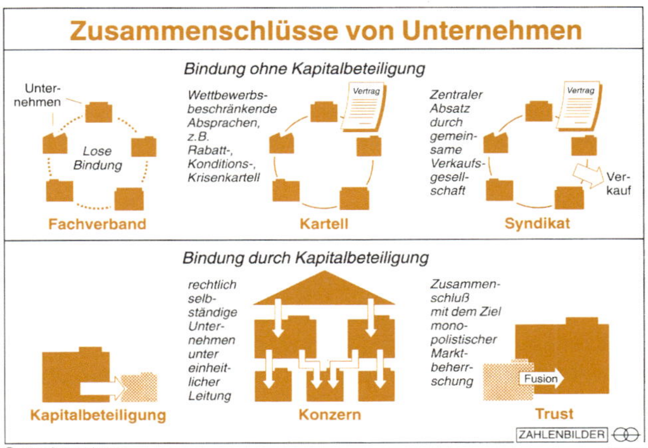

© Erich Schmidt Verlag 210 110

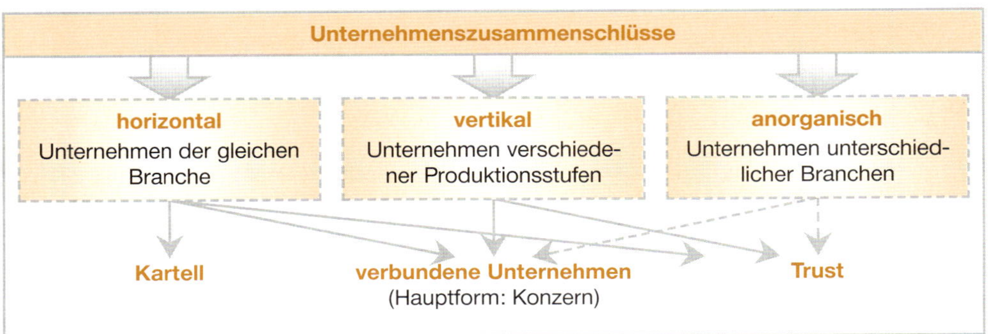

7.2.7.4 Beurteilung der Unternehmenskonzentration

In der folgenden Übersicht werden die wichtigsten negativen und positiven Aspekte (Gesichtspunkte) der Unternehmenskonzentration gegenübergestellt.

Vor- und Nachteile von Unternehmenszusammenschlüssen und Großunternehmen	
Vorteile	**Nachteile**
Möglichkeit, große und kostspielige Forschungsvorhaben durchzuführen (z.B. Entwicklung neuer Technologien zur Energiegewinnung). Durch den Einsatz moderner Fertigungsverfahren können trotz Lohnerhöhungen preiswerte Massengüter auf den Markt gebracht werden (Gesetz der Massenproduktion). Bessere Versorgung der Verbraucher durch Erhöhung der Produktivität. Schaffung größerer Markttransparenz durch Beschränkung des Produktionsprogramms und Produktvereinheitlichung. Stärkere Marktmacht auf den Weltmärkten, dadurch Sicherung der Vollbeschäftigung. Finanzstarke Großbetriebe sind gute Steuerzahler; dadurch wird der Staat in die Lage versetzt, den Kollektivbedarf zu decken.	Die fehlende Konkurrenz kann auch dazu führen, dass notwendige Rationalisierungsmaßnahmen nicht vorgenommen werden. Moderne, anlageintensive Fertigungsverfahren können nur eingesetzt werden, wenn die Produktion in *einem* Betrieb durchgeführt wird; dezentralisierte Betriebe unter einheitlicher Leitung können die Vorteile der Massenproduktion nicht wahrnehmen. Es ist eine Frage, ob die erreichten Massenproduktionsvorteile an die Abnehmer weitergegeben werden, denn die Monopolstellung bringt die Gefahr überhöhter Preise mit sich. Jederzeit ist die künstliche Verknappung des Angebots (oder der Nachfrage) möglich; die Folgen sind überhöhte Preise, Versorgungsschwierigkeiten und Verlust von Arbeitsplätzen. Wirtschaftliche Macht bringt auch politische Macht mit sich.

7.2.8 Gesetz gegen Wettbewerbsbeschränkungen („Kartellgesetz“)

Die Unternehmen haben aufgrund der zunehmenden Fixkostenbelastung das Ziel, vor allem bei wirtschaftlichen Schwierigkeiten einem freien Wettbewerb durch Zusammenschlüsse auszuweichen. Deshalb muss der Staat den Wettbewerb durch eine aktive Wettbewerbspolitik (Ordnungspolitik) fördern und alle Unternehmenszusammenschlüsse, die erkennbar gegen die Prinzipien eines freien Wettbewerbs verstoßen, verbieten und unter Strafe stellen.

Das Kartellrecht schafft die Voraussetzungen für einen funktionierenden Wettbewerb der auf den Märkten auftretenden Unternehmen. Insbesondere will es der Entstehung von zu viel Marktmacht eines Unternehmens vorbeugen. In Deutschland finden sich die kartellrechtlichen Regelungen vor allem im Gesetz gegen Wettbewerbsbeschränkungen (GWB). Die europarechtlichen Grundlagen stehen im Art. 81 f. EGV.[1]

1. Kartellkontrolle

Grundsätzliches Kartellverbot. *Vereinbarungen zwischen* Unternehmen, *Beschlüsse* von Unternehmensvereinigungen sowie aufeinander *abgestimmte Verhaltensweisen* zur Verhinderung, Einschränkung oder Verfälschung des Wettbewerbs sind verboten [§ 1 GWB]. Von diesem Verbot sind sowohl Beschränkungen des Wettbewerbs von Marktteil-

1 EGV = Vertrag zur Gründung der Europäischen Gemeinschaft.

nehmern auf der gleichen Wirtschaftsstufe (horizontale Beschränkungen) als auch solche von Wettbewerbern verschiedener Wirtschaftsstufen (vertikale Beschränkungen) erfasst.

- *Vereinbarungen* sind Verträge, durch die sich eine oder mehrere (natürliche oder juristische) Personen zu einem Tun oder Unterlassen verpflichten (z. B. Preise zu erhöhen, bestimmte Personengruppen nicht zu beliefern, Produktionsquoten einzuhalten). Unter das Verbot fallen mündliche oder schriftliche Vereinbarungen.
- *Beschlüsse* sind einstimmig oder mehrheitlich mit Rechtsfolgewillen getroffene Entscheidungen der zuständigen Gremien (Organe) von Unternehmensvereinigungen. Sie binden die Mitglieder der Vereinigung.
- *Abgestimmte Verhaltensweisen* sind dadurch gekennzeichnet, dass eine verbindliche Übereinkunft zwischen den sich am Markt gleichförmig verhaltenden Unternehmen fehlt. Dies kann bereits durch gegenseitige Information über ihr künftiges Marktverhalten oder die Befolgung einer Empfehlung der Fall sein. (Beispiel: Alle führenden Mineralölgesellschaften erhöhen ohne formale Absprache innerhalb weniger Tage ihre Absatzpreise.)

Im Einzelnen sind folgende Vereinbarungen bei der Auslegung dieses Verbotes zu beachten (so genannte Regelbeispiele; Art. 81 Abs. 1 EGV):

- die unmittelbare oder mittelbare Festsetzung der An- und Verkaufspreise oder sonstiger Geschäftsbedingungen;
- die Einschränkung oder Kontrolle der Erzeugung, des Absatzes, der technischen Entwicklung oder der Investitionen;
- die Aufteilung der Märkte oder Versorgungsquellen;
- die Anwendung unterschiedlicher Bedingungen bei gleichwertigen Leistungen gegenüber Handelspartnern, wodurch diese im Wettbewerb benachteiligt werden;
- die an den Abschluss von Verträgen geknüpfte Bedingung, dass die Vertragspartner zusätzliche Leistungen annehmen, die weder sachlich noch nach Handelsbrauch in Beziehung zum Vertragsgegenstand stehen.

Vereinbarungen und Verhaltensweisen, die gegen § 1 GWB verstoßen, sind nichtig, wenn sie nicht einen Freistellungstatbestand erfüllen.

Voraussetzung für die Freistellung (§ 2 GWB mit Bezug auf Art. 81 Abs. 3 EGV) ist das kumulative Vorliegen folgender zwei „positiver“ **und** zwei „negativer“ Bedingungen:

„Positive“ Voraussetzungen		„Negative“ Voraussetzungen
1. Es muss ein **Beitrag zur Verbesserung** der Warenerzeugung oder -verteilung **oder** zur Förderung des technischen oder wirtschaftlichen Fortschritts geleistet werden. 2. Es muss eine **angemessene Beteiligung** der **Verbraucher** an dem durch die Vereinbarung erzielten wirtschaftlichen Vorteil (**„Gewinn“**) gewährleistet sein.	+	1. Die auferlegten Wettbewerbsbeschränkungen müssen für die Verwirklichung der Ziele **unerlässlich** sein. 2. Die Vereinbarung darf **nicht** dazu führen, dass für einen **wesentlichen** Teil der betreffenden Waren der **Wettbewerb ausgeschaltet** werden kann.

Wettbewerbsbeschränkende Vereinbarungen oder Verhaltensweisen, die diese Voraussetzungen erfüllen, sind vom Verbot des § 1 GWB freigestellt. Einer vorherigen Freistellungsentscheidung einer Kartellbehörde[1] bedarf es nicht.

Durch so genannte Gruppenfreistellungsverordnungen (GVO) des Rates oder der Kommission der Europäischen Gemeinschaft können Vereinbarungen zwischen Unternehmen, Beschlüsse von Unternehmensvereinigungen oder aufeinander abgestimmte Verhaltensweisen vom Verbot des § 1 GWB ebenfalls freigestellt werden. Dabei sind auch die obigen Voraussetzungen zu beachten.

Unter Gruppen sind dabei Vereinbarungen zu verstehen, denen gemeinsame oder vergleichbare Tatbestände zugrunde liegen, die angesichts der weitgehenden Gleichförmigkeit der Interessen der Beteiligten selbst, ihrer Handelspartner, ihrer Wettbewerber sowie der Verbraucher einer typisierenden Beurteilung zugänglich sind.

Die Kommission hat u.a. folgende GVO erlassen:

Arten der Vereinbarung	Anwendungsbereiche	Beispiele
➢ **Horizontale Vereinbarungen**	➢ Spezialisierungsvereinbarungen	Grundsätzlich freigestellt sind z.B. Vereinbarungen über Produktionsspezialisierungen oder eine gemeinsame Produktion, soweit die Summe der Marktanteile der beteiligten Unternehmen am relevanten Markt **20%** nicht überschreitet. Der relevante Markt kann über den Geltungsbereich des GWB hinausgehen.
	➢ Vereinbarungen über Forschung und Entwicklung	Freigestellt ist z.B. die Vereinbarung gemeinsamer Forschung und Entwicklung von Produkten **ohne** die **gemeinsame Verwertung** der Ergebnisse.
➢ **Vertikale Vereinbarungen**	➢ Gruppen von vertikalen Vereinbarungen und aufeinander abgestimmte Verhaltensweisen	Freigestellt sind unter bestimmten Bedingungen Vereinbarungen oder abgestimmtes Verhalten zwischen Unternehmen, von denen jedes auf einer unterschiedlichen Produktions- oder Vertriebsebene tätig ist, und welche Bedingungen betreffen, zu denen die Beteiligten bestimmte Waren oder Dienstleistungen beziehen, verkaufen oder weiterverkaufen können. **Grenzen:** unter anderem – Marktanteil des Lieferanten nicht über 30%; – Marktanteil des Käufers beim Einkauf nicht über 30%.
➢ **Sektorale Vereinbarungen**	➢ Gruppen von Vereinbarungen – im Versicherungssektor – im Kraftfahrzeugsektor	Hier werden für einen Wirtschaftssektor geltende Vereinbarungen und Verhaltensweisen freigestellt. Für die Versicherungswirtschaft sind das z.B. – die gemeinsame Erstellung, Anerkennung und Bekanntgabe von Durchschnittskosten zur Deckung eines genau beschriebenen Risikos, – Sterbetafeln, Häufigkeiten bestimmter Krankheiten, Invalidität und Unfälle.

1 Die deutschen Wettbewerbsbehörden (Kartellbehörden) sind das Bundeskartellamt, das Bundesministerium für Wirtschaft und die nach Landesrecht zuständigen obersten Landesbehörden (Näheres zu den Kartellbehörden finden Sie in den §§ 48ff. GWB). Die Vorschriften zu den Verfahren stehen in den §§ 54ff. GWB.

Eine besondere Regelung hat das GWG für **Mittelstandskartelle** (§ 3) getroffen. Für derartige Vereinbarungen zwischen kleinen und mittleren Unternehmen müssen ebenfalls die Tatbestandsvoraussetzungen des § 2 Abs. 1 GWB erfüllt sein. Mit dieser Regelung geht der Gesetzgeber davon aus, dass Kooperationen der mittelständischen Wirtschaft, auch wenn sie den Wettbewerb beschränken, nützlich und strukturell wettbewerbsfördernd sein können.

Falls derartige Vereinbarungen zwischenstaatliche Auswirkungen haben, gilt jedoch Artikel 81 Abs. 3 EGV. Nach Auffassung der Kommission der EU liegt keine spürbare Wettbewerbsbeschränkung vor, wenn die Vereinbarungen zwischen Wettbewerbern einen kumulierten Marktanteil von 10 % nicht überschreiten.

Diese Regelung ist für die deutsche Wirtschaft von großer Bedeutung, denn sie lässt den mittelständischen Unternehmen bei ihren Vereinbarungen und Beschlüssen einen verhältnismäßig breiten Gestaltungsspielraum. Der „Mittelstand" umfasst 77 % der Unternehmen in Westdeutschland und 83 % in Ostdeutschland. Er setzt sich zusammen aus Kleinstbetrieben (bis 5 Beschäftigte), Kleinbetrieben (6 bis 19 Beschäftigte), kleinen mittelständischen Betrieben (20 bis 99 Beschäftigte) und größeren mittelständischen Betrieben (100 bis 499 Beschäftigte). Zum Mittelstand gehören rund 99 % aller Unternehmen. Er bildet 82 % aller Lehrlinge aus, beschäftigt 70 % aller Arbeitnehmer und tätigt 41 % aller Umsätze.

2. Missbrauchsaufsicht

Über bestehende **marktbeherrschende Unternehmen** besteht, unabhängig davon, ob die Marktbeherrschung durch internes[1] oder externes[1] Unternehmenswachstum entstand, eine Missbrauchsaufsicht durch das Bundeskartellamt.

Eine missbräuchliche Ausnutzung einer marktbeherrschenden Stellung durch ein oder mehrere Unternehmen ist verboten [§ 19 I GWB].[2]

Ein **Missbrauch** liegt z. B. insbesondere dann vor, wenn ein marktbeherrschendes Unternehmen als Anbieter oder Nachfrager einer bestimmten Art von Waren oder gewerblicher Leistungen die Wettbewerbsmöglichkeiten anderer Unternehmen erheblich ohne sachlich gerechtfertigten Grund beeinträchtigt, Entgelte oder sonstige Geschäftsbedingungen fordert, die sich bei einem wirksamen Wettbewerb mit hoher Wahrscheinlichkeit nicht ergeben würden, oder sich weigert, einem anderen Unternehmen gegen ein angemessenes Entgelt Zugang zu den eigenen Netzen oder anderen Infrastruktureinrichtungen zu gewähren.[3] Ein Missbrauch ist auch dann gegeben, wenn es dem anderen Unternehmen aus rechtlichen oder tatsächlichen Gründen ohne die Mitbenutzung nicht möglich ist, auf dem vor- oder nachgelagerten Markt als Wettbewerber des marktbeherrschenden Unternehmens tätig zu werden (Näheres siehe § 19 IV GWB).[4]

1 Internes (inneres) Wachstum eines Unternehmens liegt vor, wenn ein Unternehmen aus eigener Kraft leistungsstärker wird. Externes (äußeres) Wachstum entsteht durch den Aufkauf fremder Unternehmen, also durch Fusionen.

2 Die Unternehmen haben deshalb die Möglichkeit, unmittelbar bei einem Zivilgericht zu klagen (z. B. wenn ein Unternehmen aufgrund seiner Marktstellung wesentlich überhöhte Preise verlangt). Das Bundeskartellamt oder eine andere Behörde muss somit nicht vorher tätig werden.

3 Zweck dieser gesetzlichen Regelung ist z. B., den Wettbewerb auf früheren monopolistischen Märkten dadurch zu fördern, dass bedeutende Netze bzw. Infrastrukturen wie z. B. Leitungsnetze für Strom, Gas und Nachrichten, Flughäfen und Medien grundsätzlich von allen Wettbewerbern genutzt werden können.

4 Dies gilt nicht, wenn das marktbeherrschende Unternehmen nachweist, dass die Mitbenutzung aus betriebsbedingten oder sonstigen Gründen nicht möglich oder unzumutbar ist [§ 19 IV GWB].

Marktbeherrschend ist ein Unternehmen, wenn es als Anbieter oder Nachfrager einer bestimmten Art von Waren oder gewerblicher Leistungen auf dem sachlich und räumlich relevanten[1] Markt ohne Wettbewerber ist **oder** keinem wesentlichen Wettbewerb ausgesetzt ist **oder** im Verhältnis zu seinen Wettbewerbern eine überragende Marktstellung hat.

Hierbei sind insbesondere z.B. sein Marktanteil, seine Finanzkraft, sein Zugang zu den Beschaffungs- oder Absatzmärkten, Verflechtungen mit anderen Unternehmen sowie rechtliche oder tatsächliche Schranken für den Marktzutritt anderer Unternehmen zu berücksichtigen. Zwei oder mehr Unternehmen sind dann marktbeherrschend, wenn zwischen ihnen für eine bestimmte Art von Waren oder von gewerblichen Leistungen auf dem sachlich und räumlich relevanten Markt kein wesentlicher Wettbewerb besteht. (Näheres siehe § 19 II GWB.)

Vermutet wird eine Marktbeherrschung, wenn ein Unternehmen einen Marktanteil von mindestens einem Drittel hat. Eine Gesamtheit von Unternehmen gilt als marktbeherrschend, wenn drei oder weniger Unternehmen zusammen einen Marktanteil von mindestens 50 % oder fünf oder weniger Unternehmen zusammen einen Marktanteil von mindestens zwei Dritteln erreichen. Diese Vermutung gilt nicht, wenn die Unternehmen z.B. nachweisen, dass sie im Verhältnis zu den übrigen Wettbewerbern keine überragende Marktstellung haben (Näheres siehe § 19 III GWB).

3. Wettbewerbsregeln

Wettbewerbsregeln setzen Maßstäbe für ein lauteres und leistungsgerechtes Verhalten der Unternehmen auf den Märkten. Diese Regeln können von Wirtschafts- und Berufsvereinigungen aufgestellt und bei der Kartellbehörde zur Anerkennung eingereicht werden. (Näheres siehe § 24 GWB.)

Die Kartellbehörde hat nicht beteiligten Unternehmen der gleichen Wirtschaftsstufe, Wirtschafts- und Berufsvereinigungen der durch die Wettbewerbsregeln betroffenen Lieferanten und Abnehmer, Bundesorganisationen der beteiligten Wirtschaftsstufen sowie mit öffentlichen Mitteln geförderten Verbraucherverbänden Gelegenheit zur Stellungnahme zu geben [§ 25 GWB].

Die Kartellbehörde muss einen *Antrag ablehnen,* wenn die Wettbewerbsregel gegen die Bestimmungen des GWB, des UWG oder eine andere Rechtsvorschrift verstößt [§ 26 GWB]. Von der Kartellbehörde anerkannte Wettbewerbsregeln sind im Bundesanzeiger oder im elektronischen Bundesanzeiger (www.ebundesanzeiger.de) zu veröffentlichen.

4. Fusionskontrolle (Zusammenschlusskontrolle)

Unternehmenszusammenschlüsse liegen z.B. in folgenden Fällen vor (Näheres siehe § 37 GWB):

- Erwerb des gesamten oder eines wesentlichen Teils des Vermögens eines anderen Unternehmens;
- Erwerb der unmittelbaren oder mittelbaren Kontrolle über andere Unternehmen durch Rechte, Verträge oder andere Mittel;
- Erwerb von Anteilen an einem anderen Unternehmen, wenn diese Anteile allein oder zusammen mit sonstigen, dem Unternehmen bereits gehörenden Anteilen a) 50 % oder b) 25 % des Kapitals oder der Stimmrechte des anderen Unternehmens erreichen.

1 Relevanz (lat.-fr.) = Wichtigkeit, Erheblichkeit; relevant = bedeutsam, wichtig.

Anmelde- und Anzeigepflicht. Alle Unternehmenszusammenschlüsse sind **vor ihrem Vollzug** beim Bundeskartellamt anzumelden [§ 39 I GWB]. Sie unterliegen bis zur Freigabe durch das Bundeskartellamt dem **Vollzugsverbot** [§ 41 I GWB]. (Zur Ausnahme siehe § 41 II GWB.) Die zur Anmeldung verpflichteten einzelnen Unternehmen müssen in ihrer Anmeldung dem Bundeskartellamt die Form des Zusammenschlusses mitteilen. Weitere Angaben sind von den beteiligten Unternehmen z.B. zur Firma, zum Niederlassungsort, zur Art ihres Geschäftsbetriebs, zu ihren Umsatzerlösen im Inland sowie in der Europäischen Union und über ihre Marktanteile zu machen (Näheres siehe § 39 II, III GWB). Die Vorschriften des GWB über die Zusammenschlusskontrolle gelten, wenn im letzten Geschäftsjahr vor dem Zusammenschluss die beteiligten Unternehmen insgesamt weltweit Umsatzerlöse von mehr als 500 Mio. € und mindestens ein beteiligtes Unternehmen im Inland Umsatzerlöse von mehr als 25 Mio. € erzielt haben [§ 35 I GWB]. (Zu den Ausnahmen siehe § 35 II, III GWB.)

Grundsätze für die Beurteilung von Unternehmenszusammenschlüssen. Unternehmenszusammenschlüsse, von denen zu erwarten ist, dass diese eine marktbeherrschende Stellung begründen oder verstärken, sind vom Bundeskartellamt zu untersagen, es sei denn, die beteiligten Unternehmen können nachweisen, dass durch ihren Zusammenschluss auch Verbesserungen der Wettbewerbsbedingungen eintreten und dass diese Verbesserungen die Nachteile der Marktbeherrschung überwiegen [§ 36 I GWB].

Verfahren der Zusammenschlusskontrolle. Die Untersagung von Unternehmenszusammenschlüssen ist grundsätzlich nur innerhalb einer Frist von 4 Monaten seit Eingang der vollständigen Fusionsanmeldung möglich (Näheres siehe § 40 GWB).

Ministererlaubnis. Auf Antrag kann der Bundesminister für Wirtschaft und Arbeit die Erlaubnis zu einem vom Bundeskartellamt untersagten Zusammenschluss erteilen, wenn dieser von gesamtwirtschaftlichem Vorteil ist oder durch ein überragendes Interesse der Allgemeinheit gerechtfertigt ist. Die Erlaubnis darf nur erteilt werden, wenn der Zusammenschluss die marktwirtschaftliche Ordnung nicht gefährdet [§ 42 GWB].

5. Bekanntmachungen

Folgende Tatbestände sind im Bundesanzeiger oder im elektronischen Bundesanzeiger bekannt zu machen:

Die Einleitung des Hauptprüfungsverfahrens durch das Bundeskartellamt, Anträge auf Erteilung einer Ministererlaubnis, die Ministererlaubnis, die Ablehnung oder Änderung einer Ministererlaubnis, die Verfügungen des Bundeskartellamts über die Freigabe oder Untersagung von angemeldeten Unternehmenszusammenschlüssen und weitere wichtige, die Kartelle und Fusionen betreffende Tatbestände (Näheres siehe § 43 GWB).

6. Sanktionen[1] zum Schutz des Marktwettbewerbs

Um die Unternehmen und Unternehmensvereinigungen zur Einhaltung der Vorschriften des europäischen Wettbewerbsrechts und des GWB zu veranlassen, können die Kartellbehörden z.B. folgende Maßnahmen ergreifen:

1 Sanktionen = Zwangsmaßnahmen.

Sanktionen	
Entzug der Freistellung vom Verbot gem. § 1 GWB [§ 32 d GWB]	Die Freistellung der Vereinbarungen, Beschlüsse von Unternehmensvereinigungen oder aufeinander abgestimmte Verhaltensweisen vom Verbot des § 1 GWB kann unter bestimmten Bedingungen von der Kartellbehörde entzogen werden.
Unterlassungsanspruch und Schadensersatzpflicht [§ 33 GWB]	Marktbeteiligter kann Unterlassung rechtswidrigen Verhaltens verlangen (z. B. Unternehmer, Verbraucher). Verstoß gegen GWB begründet ggf. Schadensersatzanspruch.
Vorteilsabschöpfung durch die Kartellbehörde [§ 34 GWB]	Die Kartellbehörde kann die Abschöpfung eines wirtschaftlichen Vorteils anordnen und dem Unternehmen die Zahlung eines entsprechenden Geldbetrags auferlegen.
Bußgeldverfahren [§§ 81 ff. GWB]	Wer vorsätzlich oder fahrlässig gegen die in den Artikeln 81 und 82 des Vertrags zur Gründung der Europäischen Gemeinschaft enthaltenen Wettbewerbsvorschriften oder gegen bestimmte Vorschriften des GWB (z. B. der §§ 1, 4 S. 1, 19 I, 20 I) verstößt, begeht eine **Ordnungswidrigkeit.** Diese kann mit bis zu einer Million Euro und über diesen Betrag hinaus auch mit bis zur dreifachen Höhe des durch die Zuwiderhandlung erlangten Mehrerlöses geahndet werden.

200 295

7.3 Der Zins als Preis

7.3.1 Der Zins als Preis für Kredit

In Kap. 7.2 wurde gezeigt, dass sich die Preise auf den Märkten bilden. Bei freien Märkten hat der Preis die Aufgabe, Angebot und Nachfrage in Einklang zu bringen, also den Markt zu räumen. Sind die Preise jedoch durch staatliche marktkonträre Eingriffe festgelegt, können Angebotslücken oder Nachfragelücken entstehen.

Im weitesten Sinne gibt es viele Preisarten. So stellt der Wechselkurs den Preis für Binnenwährung dar (Mengennotierung). Der Lohn ist der Preis für abhängige Arbeit. Die Geldsummen, die für Sachgüter und Dienstleistungen zu entrichten sind, heißen Güterpreise und „Honorare". Der Preis für die Zurverfügungstellung von Geld[1] ist der *Marktzins*, auch Leihzins genannt.

Im Laufe der Wirtschaftsgeschichte war die Berechtigung des Zinses häufig umstritten. Heute ist dies nicht mehr der Fall. Sowohl in den marktwirtschaftlichen als auch in den planwirtschaftlichen Systemen wird der Zins als gerechtfertigtes und notwendiges Steuerungsinstrument angesehen.

Für den Geldgeber (Kreditgeber) bedeutet schließlich die Hergabe von Kaufkraft den Verzicht auf gegenwärtigen Konsum („Konsumverzicht") oder auf Liquidität. Dieser Verzicht muss bezahlt werden, denn ohne Vergütung, also ohne Zins, würde nur selten ein Wirtschaftssubjekt bereit sein, auf Kaufkraft zu verzichten.

Man wird daher annehmen können, dass das Geldangebot (Kreditangebot) mit steigendem Zins zunimmt und mit fallendem Zins abnimmt.

Umgekehrt hat derjenige, welcher Kredit aufnimmt, einen Vorteil. Andernfalls würde er keinen Kredit in Anspruch nehmen. Aufgrund des Kredits kann der *private Haushalt* bereits in der Gegenwart (und nicht erst in Zukunft) Konsumgüter kaufen. Er schätzt den gegenwärtigen Nutzen des Sofortkaufs höher als den Nutzen des zukünftigen Kaufs. Der Zins, den der private Haushalt zu entrichten hat, heißt *Konsumtivzins*.

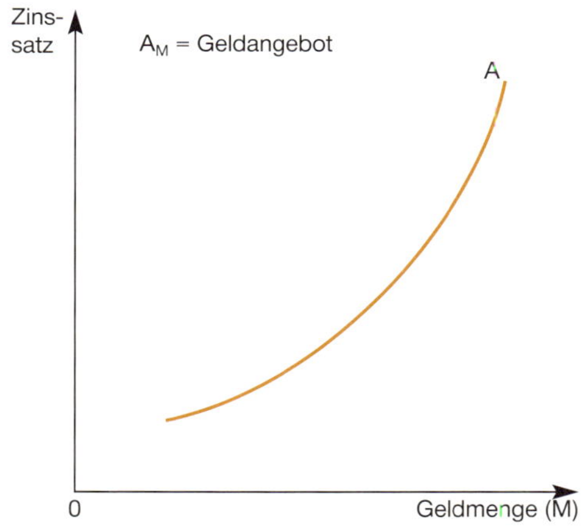

Normale Kreditangebotskurve

Der Kredit nehmende Produzent hat den Vorteil, bereits in der Gegenwart Investitionsgüter kaufen zu können und die damit erstellten Güter und Dienste zu verkaufen, um Gewinne zu erzielen. Der Produzent erwartet also einen Gewinn, der die Zinshöhe übersteigt. Der für die Produktivkredite zu zahlende Zins heißt *Produktivzins*.

1 Zwischen Geld und Kredit besteht kein wesenhafter Unterschied (siehe z.B. die Begriffe Bargeld und Giralgeld). Wir verwenden deshalb im Folgenden die Begriffe Geldangebot und Geldnachfrage für Kreditangebot und Kreditnachfrage. Im gleichen Sinne spricht die Europäische Zentralbank von „Geldpolitik", wenn von der bewussten Steuerung der Geldmenge die Rede ist.

Inwieweit die Geldnachfrage (Kreditnachfrage) von der Zinshöhe abhängt, lässt sich nicht eindeutig bestimmen. So ist es sicherlich richtig, wenn wir davon ausgehen, dass die Geldnachfrage der privaten Haushalte (= Nachfrage nach Konsumtivkrediten) zinsabhängig ist.

Für die Unternehmen stellt der Zins einen *Kostenfaktor* dar. In den Kalkulationen der Unternehmen ist dabei der Zinsanteil umso gewichtiger, je länger die Produktionsdauer ist. Deswegen ist die Kreditnachfrage z. B. der Bauwirtschaft tatsächlich auch so stark von der Zinshöhe abhängig.

In unseren folgenden Überlegungen dürfen wir daher mit Einschränkung unterstellen, dass die Geldnachfrage mit sinkendem Zins steigt.

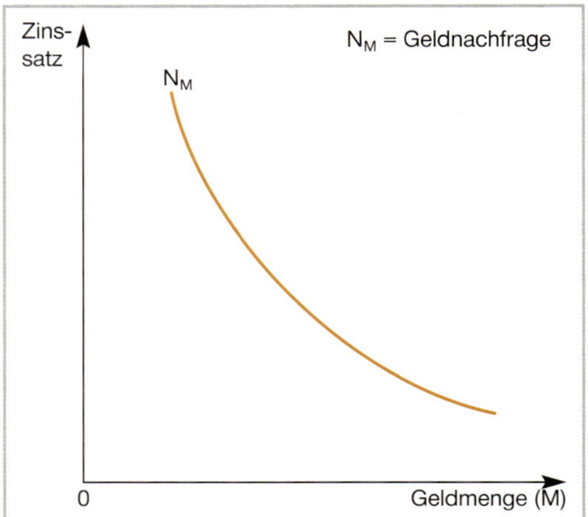

Normale Kreditnachfragekurve

7.3.2 Die Wechselwirkungen von Geldangebot (Kreditangebot), Zinshöhe und Kreditnachfrage

Gehen wir der Einfachheit halber davon aus, dass Kreditnachfrage und -angebot auf Geld- und Kapitalmärkten zinsabhängig sind. Dann erhalten wir beispielsweise folgendes Bild:

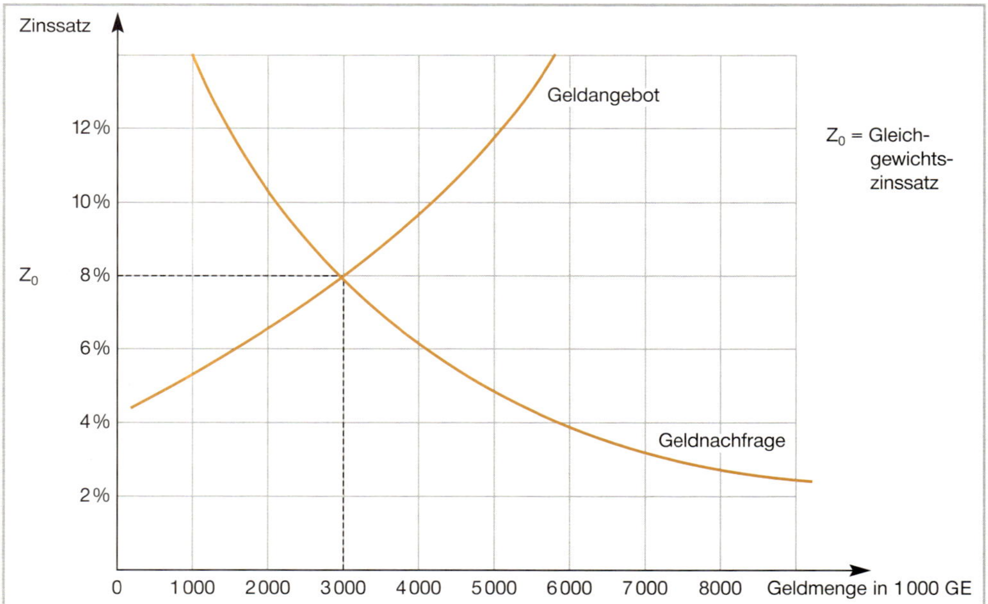

Bildung des Gleichgewichtszinssatzes

Der *Gleichgewichtszinssatz* bringt also Geldangebot und Geldnachfrage zum Ausgleich. Die Anbieter, die einen höheren Zins erzielen wollten, und die Nachfrager, die nur einen geringeren Zins bezahlen wollten, kommen nicht zum Zuge.

Es bleibt noch die Frage zu beantworten, wie sich Nachfrage- bzw. Angebotsänderungen auf den Zins auswirken, denn eine bestimmte Angebotskurve und eine bestimmte Nachfragekurve gelten nur für einen bestimmten Zeitpunkt.

So steigt z.B. die Geldnachfrage auf den Geldmärkten zum „Ultimo", d.h. zum Monatsletzten, weil die Unternehmen Löhne und Gehälter auszahlen müssen. Ähnliches gilt, wenn Steuerzahlungstermine in Sicht sind. Nach der Abwicklung der genannten Zahlungsverpflichtungen nimmt die Geldnachfrage wieder ab.

Eine Erhöhung der Geldnachfrage wirkt sich in einer Verschiebung der Nachfragekurve nach „rechts" aus, eine Senkung der Nachfrage in einer Verschiebung der Nachfragekurve nach „links".

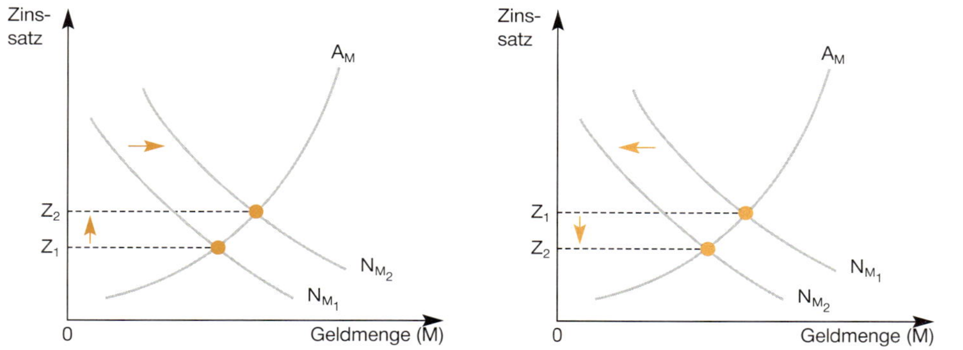

Steigende Geldnachfrage (Zinssatz steigt) | Sinkende Geldnachfrage (Zinssatz sinkt)

Im Normalfall gilt:

Bei gleich bleibendem Geldangebot führt eine Erhöhung der Geldnachfrage zu steigenden Zinsen.

Bei gleich bleibendem Geldangebot führt eine Senkung der Geldnachfrage zu fallenden Zinsen.

Desgleichen kann der Fall eintreten, dass das Geldangebot bei einem bestimmten Zinssatz und bei gleich bleibender Geldnachfrage zu- oder abnimmt. Das volkswirtschaftliche Geldangebot erhöht sich z.B. dann, wenn die Zentralbank für eine Geldmengenerhöhung sorgt. Umgekehrt liegt es (wenigstens zum Teil) in Händen der Zentralbank, das volkswirtschaftliche Geldangebot zu vermindern.

Die Erhöhung des Geldangebots wirkt sich in einer Verschiebung der Geldangebotskurve nach „rechts" aus, eine Verminderung des Geldangebots in einer Verschiebung nach „links".

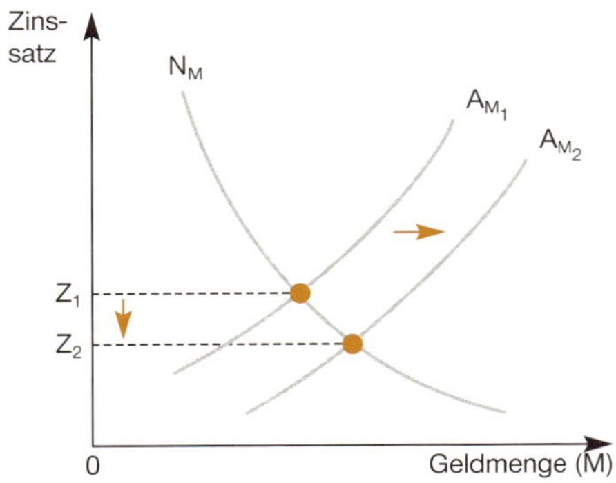

Steigendes Geldangebot
(fallende Zinsen)

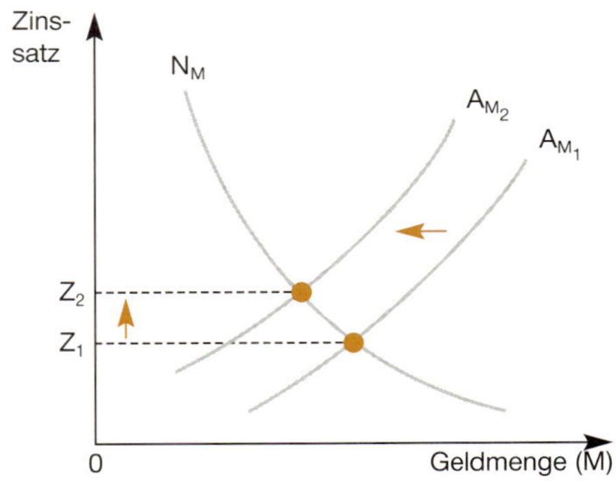

Abnehmendes Kreditangebot
(steigende Zinsen)

Im Normalfall gilt:

Bei gleich bleibender Geldnachfrage führt eine Erhöhung des Geldangebots zu sinkenden Zinssätzen.

Bei gleich bleibender Geldnachfrage führt eine Senkung des Geldangebots zu steigenden Zinssätzen.

Diese Gesetzmäßigkeit gilt jedoch nur, wenn die wirtschaftliche Entwicklung ohne wesentliche Störungen verläuft. Erwarten Unternehmen und Haushalte beispielsweise eine inflatorische Entwicklung bei steigenden Einkommen und bei Überbeschäftigung, wird Geld auch dann nachgefragt, wenn die Zinsen überdurchschnittlich hoch sind. Herrschen hingegen Unterbeschäftigung und Angst vor Arbeitslosigkeit, mag es sein, dass auch die niedrigsten Zinsen nicht in der Lage sind, die Geldnachfrage zu erhöhen. Dann nämlich sind die Unternehmen nicht gewillt, Geld (Kredit) nachzufragen und zu investieren, weil sie Verluste erwarten. Die privaten Haushalte haben nicht den Mut, sich zu verschulden. Im Gegenteil: In Zeiten der Unterbeschäftigung (in der „Rezession") wird *trotz* sinkender Zinssätze in erhöhtem Maße gespart (so genanntes „Vorsichtsmotiv").

7.4 Der Lohn als Preis

Arbeitsangebot. Der Preis für die unselbstständige Arbeit ist also der Lohn. Er stellt für den Unternehmer *Kosten* dar. Den Arbeitnehmer hingegen versetzt er in die Lage, seine Existenzbedürfnisse zu befriedigen und darüber hinaus ein menschenwürdiges Leben zu führen.

Das *Arbeitsangebot* (die Zahl der Arbeit Suchenden und/oder die Zeitdauer, die die Arbeitswilligen zu arbeiten bereit sind) hängt u.a. von der Lohnhöhe ab („Gesetz des Angebots"):

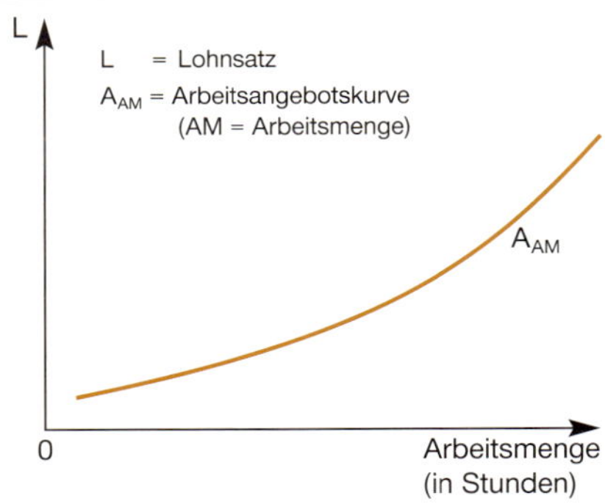

Arbeitsangebotskurve

- Steigt der Lohnsatz (Lohnbetrag je Zeiteinheit, z. B. je Stunde), steigt auch das Arbeitsangebot. Der Grund: Bei steigenden Lohnsätzen lohnt es sich, mehr zu arbeiten. Außerdem werden zusätzliche ausländische Arbeitskräfte (Gastarbeiter) angezogen, die das Arbeitskräfteangebot insgesamt erhöhen.
- Sinkt der Lohnsatz, sinkt auch das Arbeitsangebot. Es lohnt sich beispielsweise nicht mehr, Überstunden zu leisten. Hausfrauen verzichten auf Halbtagsarbeit, Schüler und Studenten auf „Ferienjobs". Sinkt der Lohnsatz gar unter das ausländische Niveau, wandern Arbeitskräfte ab.

Arbeitsnachfrage. Die Arbeitsnachfrage hängt u.a. von der Rentabilität der Arbeit ab. Hierunter versteht man den prozentualen Anteil des auf die Beschäftigung einer zusätzlichen Arbeitskraft zurückzuführenden Reingewinns an den Lohnkosten für diese Arbeitskraft.

Beispiel:

Angenommen, der Meister einer „Schnitzerei" will seinen Betrieb erweitern und zusätzliche Arbeitskräfte einstellen. Der Absatz wäre gesichert. Der Absatzpreis je geschnitzter Figur beträgt 75,00 €, die anteiligen Kosten ohne Lohnkosten belaufen sich auf 58,00 €.

Folgende Bewerber, die sich einer mehrtägigen Probearbeit unterzogen haben, meldeten sich:

Bewerber	Durchschnittliche Leistung je Stunde in Stück	Zusätzlicher Ertrag je Stunde (ohne Lohnkosten) in €	Lohnsatz (in € je Stunde)	Zusätzlicher Gewinn bzw. Verlust je Arbeitsstunde in €	Rentabilität der Arbeit
M	1,3	22,10[1]	20,00	2,10	10,50 %
N	1,25	21,25	20,00	1,75	6,25 %
O	1,2	20,40	20,00	0,40	2,00 %
P	1,1	18,70	20,00	– 1,30	–
Q	1,0	17,00	20,00	– 3,00	–

Aus der Tabelle lässt sich zunächst entnehmen, dass der Meister unter den gegebenen Umständen drei zusätzliche Arbeitskräfte einstellen wird, nämlich M, N und O, weil die Rentabilität der Arbeit positiv ist.

Die Arbeitsnachfrage (Nachfrage nach Arbeitskräften) hängt aber nicht nur von der Produktivität der Arbeit (Spalte 2), sondern auch von der *Lohnhöhe* (Spalte 4) ab. Eine nur 10 %ige Erhöhung des Lohnsatzes von bisher 20,00 € auf 22,00 € würde die Arbeitsnachfrage verringern. Für unseren Handwerksbetrieb würde sich nur noch die Einstellung von M lohnen, während die Einstellung von N und O unrentabel würde.

1 Der Verkaufspreis je Figur beträgt 75,00 €, die anteiligen Kosten (ohne Lohnkosten) belaufen sich auf 58,00 €. Es verbleiben somit 17,00 €. Da M in einer Stunde 1,3 Stück herstellt, erhöht sich dieser „Rohertrag" um 30% (17,00 € · 1,3 = 22,10 €).

10 Richard/Hartmann/Boller – ISBN 987-3-8120-0173-1

Es lassen sich somit folgende Aussagen machen („Gesetz der Nachfrage"):

- Je höher der Lohnsatz, desto geringer ist die Arbeitsnachfrage. Der Grund: Der Einsatz zusätzlicher Arbeitskräfte wird immer unrentabler.
- Je niedriger der Lohnsatz, desto größer ist die Arbeitsnachfrage. Der Grund: Der Einsatz zusätzlicher Arbeitskräfte wird immer rentabler.

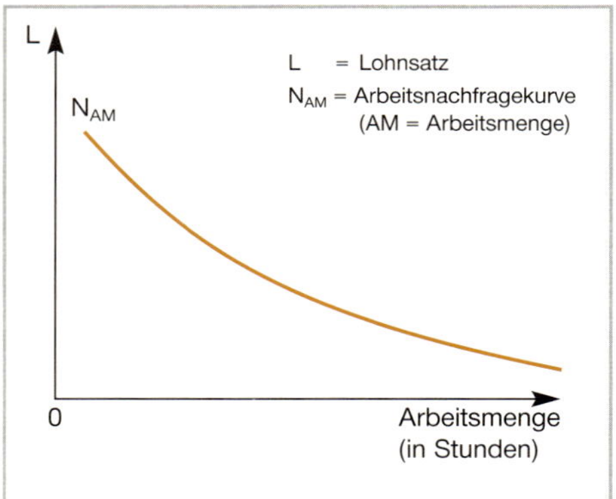

Arbeitsnachfragekurve

Aber noch eine andere Rentabilitätsüberlegung spielt für die Entwicklung auf den Arbeitsmärkten eine Rolle, nämlich der Rentabilitätsvergleich zwischen dem Einsatz menschlicher Arbeitskraft einerseits und dem Einsatz von Maschinen andererseits. Je teurer die menschliche Arbeitskraft wird (je höher die Lohnsätze steigen), desto stärker wird die menschliche Arbeitskraft durch Kosten sparende Maschinen ersetzt. Man spricht von *Rationalisierungsinvestitionen*.[1] Finden die aufgrund von Rationalisierungsinvestitionen entlassenen Arbeitskräfte keine neuen Arbeitsplätze, spricht man von *technologischer Arbeitslosigkeit*.

Gleichgewichtslohn

Die nebenstehende Abbildung zeigt einen *ausgeglichenen Arbeitsmarkt* unter den Bedingungen der polypolistischen Konkurrenz. Bei dem sich bildenden *Gleichgewichtslohn* L_0 finden alle Arbeit, die zu diesem oder einem niedrigeren Lohn zu arbeiten gewillt sind. Umgekehrt finden alle Arbeitgeber, die diesen oder einen höheren Lohn zu zahlen bereit sind, genügend Arbeitskräfte. Theoretisch besteht also *Vollbeschäftigung*.

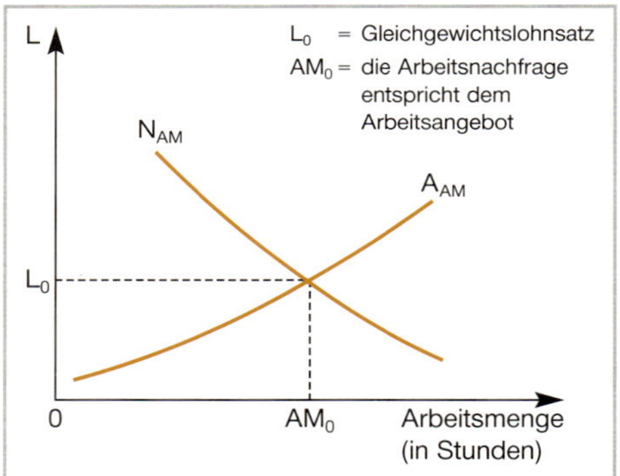

Gleichgewichtslohn

In unserer Wirtschaftsordnung bildet sich der Lohn hingegen nicht auf einem freien polypolistischen Arbeitsmarkt, sondern aufgrund von Verhandlungen zwischen den *Arbeitgeberverbänden* einerseits und den *Gewerkschaften* (= Arbeitnehmerverbände) andererseits. Der vereinbarte Tariflohn darf i.d.R. nicht unterschritten werden. Er ist ein *Mindestlohn*. Je nachdem, ob der vereinbarte Lohnsatz über oder unter dem Marktlohn liegt, herrscht Unter- oder Überbeschäftigung.

1 Rationalisieren = wörtl. vernünftig gestalten (von ratio = Vernunft); in der Wirtschaft heißt rationalisieren „Kosten sparen".

Liegt der Tariflohn *unter* dem Gleichgewichtslohnsatz, besteht *Überbeschäftigung*. Es wird mehr Arbeit nachgefragt (AM_2) als Arbeit angeboten wird (AM_1). Mit anderen Worten: Die Zahl der offenen Stellen ist größer als die Zahl der Arbeitslosen. Die Nachfrager (private Unternehmen, staatliche Betriebe und Verwaltungen) erhöhen von sich aus die Lohnsätze, um zusätzliche Arbeitskräfte zu gewinnen. Der tatsächliche Lohn *(Effektivlohn)* liegt über dem Tariflohn. Man zahlt übertarifliche Zuschläge, um zusätzliche Arbeitskräfte zu gewinnen (Hausfrauen, die einen „Halbtagsjob" suchen, Schüler und Studenten, ausländische Arbeitskräfte) und/oder aus Konkurrenzbetrieben an sich zu ziehen *(Abwerbung)*.

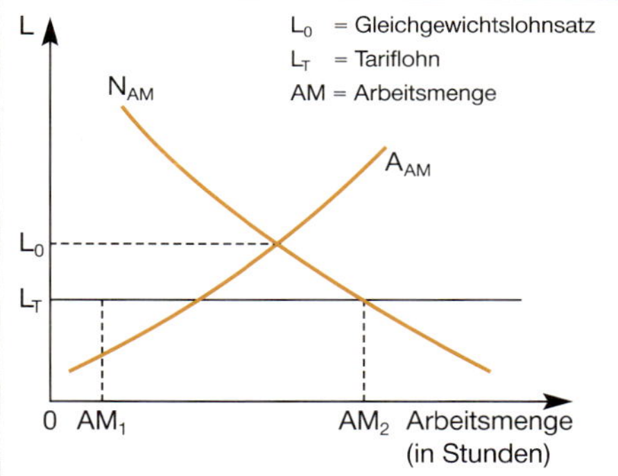

Überbeschäftigung

Liegt der Tariflohn über dem Gleichgewichtslohnsatz, herrscht *Unterbeschäftigung*. Es wird weniger Arbeit nachgefragt (AM_1) als Arbeit angeboten wird (AM_2). Mit anderen Worten: Die Zahl der offenen Stellen ist kleiner als die Zahl der Arbeitslosen *(lohnhöhenbedingte Arbeitslosigkeit)*.

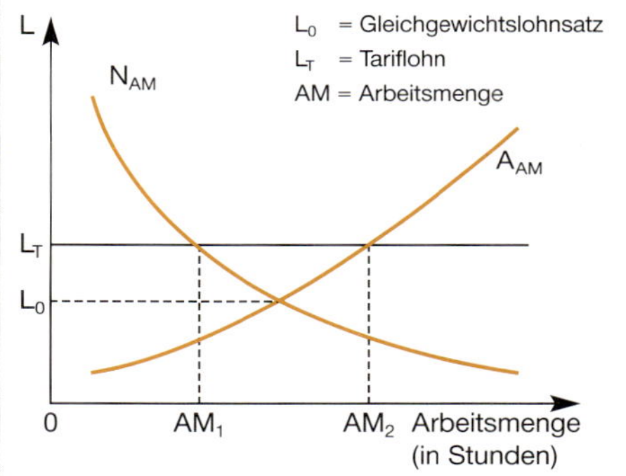

Unterbeschäftigung

Streik. Führen die Tarifverhandlungen (hier die Lohnverhandlungen) nicht zum Ziel, kommt es zum Streik. Aber auch hier bildet sich nach Ablauf einer bestimmten Zeit ein neuer (höherer) Lohnsatz heraus. Das Zustandekommen des Monopollohns durch Streik wird in der Literatur wie in nebenstehender Abbildung dargestellt.[1] Die Grafik macht deutlich, dass die Streikdauer abhängig ist von der Konzessionsbereitschaft[2] der Unternehmer und der Widerstandskraft der Ge-

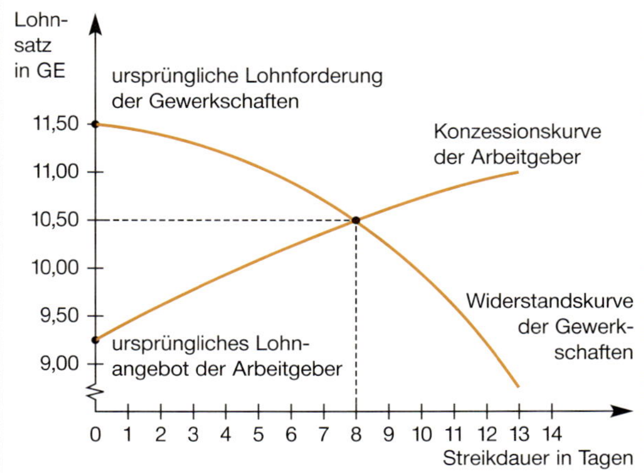

1 Vgl. z. B. Roppel, U.: Wann kommt es zum Streik? Streikursachen im Lichte der ökonomischen Theorie, in: Der Bürger im Staat, hrsg. von der Landeszentrale für politische Bildung Baden-Württemberg, 27. Jhg., Heft 3, 1977, S. 170.

2 Konzession = Bereitschaft, Zugeständnisse zu machen.

werkschaften. Die Konzessionsbereitschaft der Unternehmer ist groß, wenn sie z.B. steigende Gewinne erwarten: Die „Konzessionskurve“ verläuft steiler. Die Widerstandskraft der Gewerkschaften wächst mit zunehmender Mitgliederzahl und damit mit volleren Streikkassen: Die Widerstandskurve verläuft flacher.

Wiederholungs- und Vertiefungsaufgaben zu Kapitel 7

1. Versuchen Sie mit eigenen Worten den Begriff „Markt“ zu erklären!

2. Erklären Sie die Begriffe Angebot und Nachfrage!

3. Nennen Sie einige Bestimmungsgründe des Nachfrageverhaltens!

4. Die Firma Elektronik Mülheim GmbH will zur Verbesserung ihrer Ertragslage mit einer neuartigen Gegensprechanlage an den Markt gehen. In der Informations-Elektronik sieht sie günstige Zukunftschancen. Ihr ist es außerdem gelungen, Bauteile für ihr Gerät zu günstigen Konditionen einzukaufen. Welche Bestimmungsgründe sind für das Angebot in diesem Fall maßgebend?

5. Gegeben ist die nebenstehende Kreditangebotskurve!

   Durch Geldmengenerhöhung der EZB wird das Kreditangebot ausgeweitet.

   Stellen Sie die veränderte Situation grafisch dar!

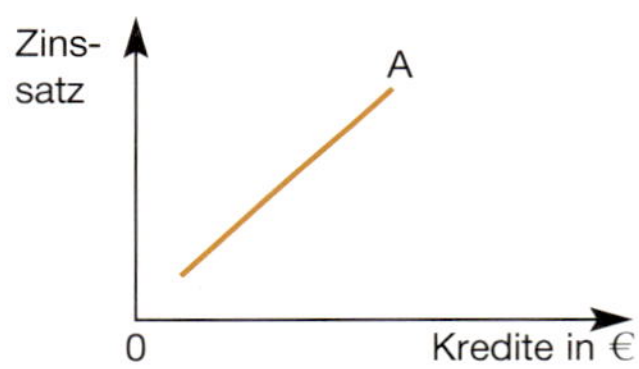

6. Unterscheiden Sie die Begriffe Gütermarkt, Arbeitsmarkt, Geldmarkt und Kapitalmarkt!

7. Es gibt immer wieder Unternehmen, die hoch über dem Durchschnitt liegende Gewinne erzielen, obwohl in der Branche ein gut funktionierender Wettbewerb vorliegt. Woran kann das liegen?

8. Anbieter und Nachfrager können auf Preisänderungen unterschiedlich reagieren. Ordnen Sie die folgenden Elastizitäten den unten stehenden Aussagen zu:

   Elastizitäten:

   1 elastische Nachfrage
   2 unelastische Nachfrage
   3 elastisches Angebot
   4 unelastisches Angebot

   Aussagen:

   a) Aufgrund reduzierter Jahresgebühren für Kreditkarten steigt die Nachfrage nach Kreditkarten.
   b) Trotz steigender Preise kann das Angebot an Handys wegen Erreichung der Kapazitätsgrenze nicht ausgeweitet werden.
   c) Trotz hoher Gehälter können auf dem Arbeitsmarkt keine IT-Systemkaufleute angeworben werden.
   d) Der Zinssatz für Termineinlagen steigt. Daraufhin legen Kunden verstärkt freie Gelder in Termineinlagen an.

e) Die Gebühren für Kartenzahlungen werden erhöht. Der Umfang der Kartenzahlungen bleibt unverändert.

f) In Erwartung steigender Zinssätze am Kapitalmarkt erhöhen Realkreditinstitute ihr Angebot an Hypothekenpfandbriefen und öffentlichen Pfandbriefen.

9. Der Preis für einen Produktionsfaktor, der an einem Produkt kostenmäßig nur gering beteiligt ist, wird erhöht. Wie wird die Nachfrage nach diesem Faktor reagieren?

10. Nehmen Sie Stellung zu der These: „Ein Angebotsmonopolist muss beim Absatz seiner Produkte im Hinblick auf Menge und Preis auf niemanden Rücksicht nehmen."

11. Es wird behauptet, dass die vollständige Konkurrenz ein Schritt zur Beseitigung des Wettbewerbs sei, mit der Folge, Monopole entstehen zu lassen.

Nehmen Sie Stellung zu dieser Behauptung!

12. Ergänzen Sie die nachfolgenden Aussagen über das Verhalten von Angebot und Nachfrage durch: „... steigt" oder „... fällt" oder „... verändert sich nicht".

a) die Nachfrage nach Krediten bei einer Senkung der Sollzinsen ...
b) die Nachfrage nach Spareinlagen bei einer Erhöhung der Sollzinsen ...
c) die Nachfrage nach Krediten bei einer Erhöhung der Habenzinsen ...
d) das Angebot an Spareinlagen bei einer Senkung der Habenzinsen ...
e) das Angebot an Spareinlagen bei einer Erhöhung der Sollzinsen ...
f) das Angebot an Krediten bei einer Erhöhung der Sollzinsen ...

13. Unter welchen Voraussetzungen (Prämissen) kann ein vollkommener Markt nur funktionieren? Nennen Sie mindestens sechs Prämissen!

14. Warum sagt die Anzahl der Marktteilnehmer nicht unbedingt etwas über das tatsächliche Marktgeschehen aus?

15. Welche der nachstehenden Märkte sind nach Ihrer Ansicht monopolistisch, oligopolistisch oder polypolistisch?

Kennzeichnen Sie sie durch A (Angebots...); N (Nachfrage...); zweiseitig (zw).

Märkte	Monopol	Oligopol	Polypol
1. Automobilindustrie			
2. Zigarettenindustrie			
3. Altmaterialhandel			
4. Schweinefleischmarkt			
5. Aktienmarkt			
6. Kupfermarkt			
7. Waschmittelindustrie			
8. Versandhandel			
9. Beförderung von Gütern			
10. Beförderung von Briefen bis 100 g			
11. Rentenmarkt			
12. Rohledermarkt			

16. Auf einem Großmarkt treten zehn Anbieter von Rindfleisch mit nachstehenden Preisvorstellungen auf:

Anbieter	Angebot in kg	Angebotspreis in GE je kg	Anbieter	Angebot in kg	Angebotspreis in GE je kg
A	1 000	8,00	F	1 000	9,00
B	1 000	8,20	G	1 000	9,20
C	1 000	8,40	H	1 000	9,40
D	1 000	8,60	I	1 000	9,60
E	1 000	8,80	J	1 000	9,80

Die Nachfrager hegen folgende Preisvorstellungen:

Nachfrager	Nachfrage in kg	Nachfragepreis in GE je kg	Nachfrager	Nachfrage in kg	Nachfragepreis in GE je kg
K	1 000	7,80	P	1 000	8,80
L	1 000	8,00	Q	1 000	9,00
M	1 000	8,20	R	1 000	9,20
N	1 000	8,40	S	1 000	9,40
O	1 000	8,60	T	1 000	9,60

Welcher Preis wird sich herausbilden?

17. Angenommen, es liegen die Bedingungen eines vollkommenen Marktes vor.

Wie verändert sich dann der Preis, wenn

a) das Angebot bei unveränderter Nachfrage steigt?
b) das Angebot bei unveränderter Nachfrage sinkt?
c) die Nachfrage bei unverändertem Angebot steigt?
d) die Nachfrage bei unverändertem Angebot sinkt?

18. Warum heben unvollkommene Oligopole und Monopole die Preisfunktionen ganz oder teilweise auf?

19. Erklären Sie das Wesen indirekter Preiseingriffe des Staates!

20. Erklären Sie das Wesen direkter Preiseingriffe des Staates!

21. Auf einem Markt besteht folgende Angebots- und Nachfragesituation:

Preis:	17	16	15	€/Stück
Angebot:	220	200	180	tausend Stück
Nachfrage:	180	200	220	tausend Stück

Der Staat garantiert den Anbietern einen Mindestpreis in Höhe von 17,00 € je Stück. Alle Anbieter liefern direkt an den Staat, der die Ware dann am Markt unterbringt.

a) Zeichnen Sie in ein Koordinatensystem Angebots- und Nachfragegerade und den Mindestpreis.

b) Beurteilen Sie die folgenden voneinander unabhängigen Fälle.

ba) Die Ware wird auf dem Inlandsmarkt zum Mindestpreis angeboten. Wie viel tausend Stück kann der Staat nicht im Inland absetzen?

bb) Wie viel € beträgt der finanzielle Gesamtverlust des Staates, wenn die im Inland nicht absetzbare Ware vom Staat im Ausland zum Weltmarktpreis von 8,00 € je Stück verkauft wird?

c) Die Ware wird auf dem Inlandsmarkt zum Gleichgewichtspreis angeboten.

   ca) Wie viel tausend Stück kann der Staat nicht im Inland absetzen?

   cb) Wie viel € beträgt der finanzielle Gesamtverlust des Staates, wenn die im Inland nicht absetzbare Ware vom Staat im Ausland zum Weltmarktpreis von 8,00 € je Stück verkauft wird?

d) Die Ware wird zu dem Preis auf dem Inlandsmarkt angeboten, zu dem die gesamte produzierte Menge abgesetzt werden kann. Wie viel € beträgt der finanzielle Gesamtverlust des Staates?

22. Der Staat setzt für ein bestimmtes Gut einen um 100,00 € vom Gleichgewichtspreis abweichenden Preis fest. Dieser Preis soll die Anbieter schützen.

a) Wie bezeichnet man diesen Preis?

b) Tragen Sie diesen Preis in das Schaubild ein!

   ba) Ermitteln Sie das Marktungleichgewicht in kg!

   bb) Wie bezeichnet man eine derartige Marktsituation?

c) Wie viel € muss der Staat aufwenden, wenn er diesen Überschuss aufkauft?

d) Ermitteln Sie den Mehrerlös der Anbieter, den diese durch diesen staatlichen Preis erzielen!

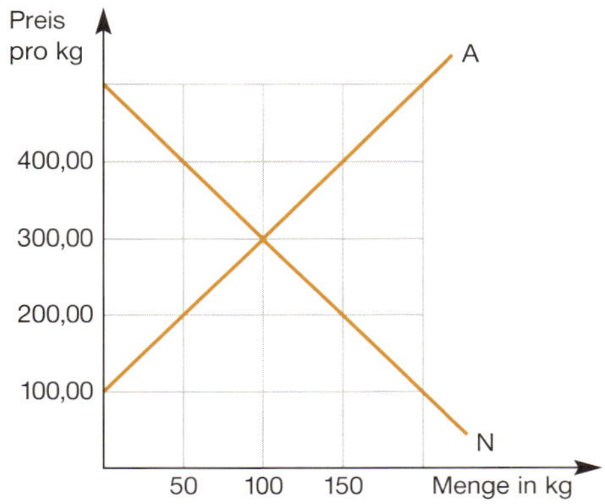

e) Wie hoch wäre der finanzielle Gesamtverlust des Staates, wenn er den aufgekauften Überschuss am Weltmarkt zu 100,00 € je 100 kg verkaufen könnte?

23. Erklären Sie das Wesen fixer und variabler Kosten!

24. Die Produktionskapazität einer Fabrik für Küchenmaschinen beträgt 9000 Stück pro Jahr. Die fixen Kosten betragen 1 818 000,00 €, die variablen Kosten je Küchenmaschine belaufen sich auf 95,00 €. Errechnen Sie den kostendeckenden Preis bei voller Kapazitätsauslastung! Wie hoch ist der kostendeckende Preis, wenn $^2/_3$ der Kapazität ausgelastet sind?

25. Welche der im Folgenden genannten Kosten sind fixe bzw. variable Kosten?

a) Akkordlöhne,

b) Miete für die Geschäftsräume,

c) kalkulatorische Zinsen für langfristiges Fremdkapital,

d) Verbrauch an Fertigungsmaterial,[1]

e) Energiekosten für Fertigungsmaschinen.

26. Welche Preisfunktionen werden im Folgenden angesprochen?

a) Steigende Preise können die Knappheit einer Ware signalisieren und eine Mehrproduktion bewirken. Diese wird entweder von neu hinzutretenden Unternehmen oder von bestehenden Unternehmen durch Mehrbeschäftigung vorgenommen.

---

1 Unter Fertigungsmaterial versteht man in der industriellen Fertigung die Stoffe, die Hauptbestandteile des Endprodukts werden.

b) Jeder, der zu diesem Preis verkaufen will, kann seine Ware absetzen und jeder, der zu diesem Preis nachfragen will, wird seine Kaufwünsche erfüllen können.

c) Der sich am Markt ergebende Preis trennt die kaufkräftige Nachfrage von der nicht kaufkräftigen Nachfrage.

d) Der Preis liefert Informationen über das Gewicht der Nachfrager bei der Preisbildung. Er kann die Produzenten zwingen, ihre Kosten zu senken, damit sie wettbewerbsfähig bleiben können.

27. Ein Monopolist bietet nur einen Artikel an. Welchen Absatzpreis wird er wählen, wenn der Bezugspreis je Artikel 5,00 € beträgt (= variable Kosten) und sich die Kunden aufgrund von Preisänderungen wie in nachstehender Tabelle angegeben verhalten? Füllen Sie die Tabelle aus!

Absetzbare Menge	Preis je Stück	Umsatz	Fixe Kosten	Variable Kosten	Gesamtkosten	Verlust bzw. Gewinn
5000	10,00	50000,00	10000,00	25000,00	35000,00	+ 15000,00
6000	9,50		10000,00			
7000	9,00		10000,00			
8000	8,50		10000,00			
9000	8,00		10000,00			
10000	7,50		10000,00			
11000	7,00		10000,00			
12000	6,50		10000,00			
13000	6,00		10000,00			
14000	5,50		10000,00			

28. Beantworten Sie – nachdem Sie die obige Tabelle ergänzt haben – folgende Fragen:

a) Welche Tatsache ermöglicht es einem Monopolisten, selbstständige Preispolitik zu betreiben?

b) Warum setzt ein Unternehmen, das die Möglichkeit der Preispolitik hat, häufig andere Mittel als die Preispolitik zum Zweck der Umsatzsteigerung ein?

c) Wie *kann* sich eine Preissenkung auf den Umsatz auswirken?

d) Wie *kann* sich eine Preiserhöhung auf den Umsatz auswirken?

e) Warum kann der Gewinn abnehmen, wenn durch Preissenkungen ein höherer Absatz erzielt wird?

29. Ein Monopolist kann seine Monopolstellung verlieren, wenn er seine Absatzpreise zu hoch ansetzt. Warum?

30. Warum sind Oligopolisten in ihrer Preispolitik nicht unabhängig?

31. Warum ist bei Oligopolisten der Preiswettbewerb verhältnismäßig selten?

32. Das Gesetz gegen Wettbewerbsbeschränkungen (GWB) unterscheidet folgende Kartellgruppen:

1 verbotene Kartelle
2 freigestellte Vereinbarungen
3 Vereinbarungen, die unter die Gruppenfreistellungsverordnung fallen

Nach dem Gegenstand der Absprache können unter anderem folgende Kartelltypen unterschieden werden:

4 Konditionenkartelle
5 Normen- und Typenkartelle
6 Spezialisierungskartelle
7 Preiskartelle
8 Gebietskartelle

Ordnen Sie die folgenden Sachverhalte den o.g. Kartellgruppen (Ziffer 1 bis 3) und den Kartelltypen (Ziffer 4 bis 8) zu.

Sachverhalte:

a) Sämtliche Kreditinstitute einer Großstadt legen vertraglich fest, dass sie für Kontokorrentkredite bis 20000,00 € 10% Zinsen, über 20000,00 € 9,5% Zinsen berechnen werden.

b) Mehrere Hersteller von Waschmaschinen vereinbaren, dass sie Absatzgebiete untereinander aufteilen, um so aus ihrer Sicht unnötige Konkurrenz zu vermeiden.

c) Mehrere Hersteller von Verpackungsmaterial beschließen, Konservendosen nur noch mit bestimmten Abmessungen herzustellen. Hierdurch kommt es zu sonst nicht zu realisierenden Kosteneinsparungen, die an den Endverbraucher weitergegeben werden sollen.

d) Da ein nachhaltiges Sinken der Nachfrage zu Absatzrückgängen geführt hat, vereinbaren sämtliche Hersteller von Stahlmatten, pro Bestellung eine pauschale Bearbeitungsgebühr in Höhe von 500,00 € in Rechnung zu stellen.

e) Einige Motorradhersteller vereinbaren, nur ausschließlich Motorräder mit einem Hubraum von 250 ccm, 500 ccm und 750 ccm herzustellen. Jedes der am Vertrag beteiligten Unternehmen stellt nur einen dieser Typen her und bietet auch nur noch diesen einen Typ an. Gemeinsam verfügen diese Anbieter über einen Marktanteil von 15%.

33. Ergänzen Sie die folgende Übersicht:

Konzentrationsform / Merkmale	Kartell	Konzern	Trust
vertraglicher Zusammenschluss			
Kapitalverflechtung			
rechtliche Selbstständigkeit			
wirtschaftliche Selbstständigkeit			

34. Der Wirtschaftspresse wurden folgende (gekürzte) Auszüge entnommen:

a) „Wie ein Sprecher des Bundeskartellamts mitteilte, haben 68 kleine und mittlere Möbelspediteure zur besseren Auslastung ihrer Fahrzeuge vereinbart, Transporte mit einer Tarifentfernung von mehr als 200 km der ‚Deutschen Möbelspedition GmbH und Co. KG, System Transport' zu melden. Diese gemeinsame Gesellschaft koordiniere … die Transporte."

b) „Die schon bestehende Kooperation zwischen den Maschinenfabriken Gebrüder Boehringer GmbH, Göppingen, und H. Wohlenberg KG, Hannover, soll durch ein ……..-Kartell zur Produktionsaufteilung bei Drehbänken für die Metallverarbeitung vertieft werden. Danach wird Boehringer künftig die kleinen und mittleren Drehbänke …, Wohlenberg die größeren Typen herstellen."

Welche Kartellarten liegen vor? Kennzeichnen Sie in wenigen Sätzen den Gegenstand der Kartellvereinbarung! Welche Kartellart nach GWB ist gegeben?

35. Ordnen Sie die folgenden Begriffe den unten stehenden Beispielen für Unternehmenszusammenschlüsse zu:

1 horizontaler Zusammenschluss
2 vertikaler Zusammenschluss
3 anorganischer Zusammenschluss

Beispiele für Unternehmenszusammenschlüsse:

a) Geno-Volks-Bank
b) Lebensmittelhersteller – Reederei
c) Spinnerei – Weberei
d) Dresdner Bank – Allianz
e) Reifenhersteller – Automobilhersteller

36. Welche Auswirkungen kann die Konzentration auf die Wirtschaft haben?

37. Wie bildet sich der Lohn in der sozialen Marktwirtschaft mit Arbeitnehmer- und Arbeitgeberverbänden?

38. Warum bedarf das Monopollohnsystem einer Ergänzung durch ein Sozialversicherungssystem?

39. a) Ordnen Sie anhand der nebenstehenden Grafik die Begriffe
aa) Angebotsüberhang und
ab) Nachfrageüberhang zu!

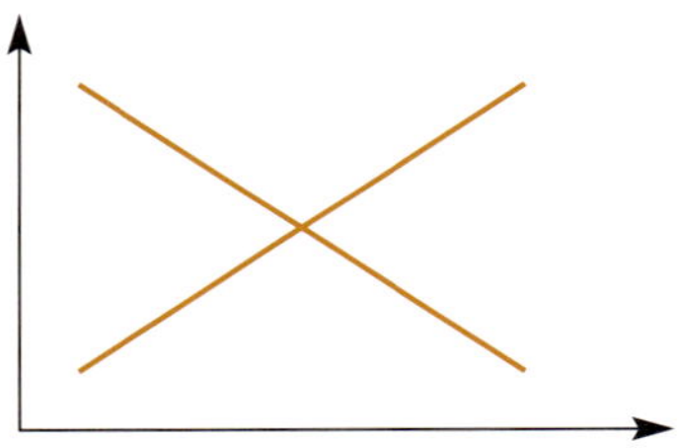

b) Erläutern Sie diese beiden Marktsituationen!

c) Ordnen Sie den o.g. Begriffen nun die Begriffe
ca) Käufermarkt und
cb) Verkäufermarkt zu!

d) Warum bildet sich beim vollkommenen Polypol ein Gleichgewichtspreis?

40. „Venezuela hat 1997 einige Ölfelder auktioniert. Auch Firmen wie die Preussag Energie GmbH und die Veba Oel AG waren bei der Auktion tätig. Weil sich die gewonnenen geologischen Daten voneinander unterscheiden, haben die Bieter verschiedene Vorstellungen über den Ölgehalt und die Qualität des Areals. Wenn nun eine Firma den Kontrakt gewinnt, erfährt sie unter anderem, dass sie selbst die optimistischste Bewertung unter allen Bietern zugrundelegte. (. . .)"

Quelle: Prof. Benny Moldovanu, „Auktionen", Wirtschaftswoche Nr. 45, 4. November 1999.

Wie bezeichnet man den Auktionstyp der Venezuela-Ölpreisauktion? Kennzeichnen Sie diesen Auktionstyp!

41. eBay ist nach eigenen Angaben die größte Online-Handelsgemeinschaft der Welt. Das Geschäftsmodell von eBay besteht im Wesentlichen darin, Anbietern von Produkten aller Art eine Plattform im Internet zu bieten, auf der sie ihre Produkte versteigern können. eBay selbst tritt nur als Vermittler auf und ist nicht direkt an dem Kaufvertrag zwischen Versteigerer und Ersteigerndem beteiligt.

a) Welches elektronische Handelssystem liegt bei eBay vor?

b) Erläutern Sie, um welche Art eines „elektronischen Marktplatzes" es sich handelt!

eBay hat eine Reihe von Mechanismen entwickelt, um Vertrauen zwischen seinen Kunden herzustellen. Zwei Beispiele seien hier genannt:

– Reputationsaufbau durch Bewertungen. Das bedeutet, dass jede Partei nach einer erfolgten Transaktion die Möglichkeit bekommt, die jeweils andere zu bewerten.

– Registrierung als sog. geprüftes Mitglied. Man gilt somit als besonders vertrauenswürdig. Man wird hierbei von der Deutschen Post AG einmalig anhand seiner Ausweispapiere identifiziert (Post-Ident-Verfahren) und daraufhin bei eBay entsprechend gekennzeichnet.

c) Welche Probleme, die vornehmlich beim Online-Handel auftreten, liegen der Einführung dieser Mechanismen zugrunde?

42. Textauszug DIE ZEIT: Einmal Monopolist … von Klaus-Peter Schmid

Eigentlich ein paradoxer Vorgang. Da dereguliert der Staat nationale und regionale Monopole, zwingt sie zum Wettbewerb – und dann unterstellt er sie staatlicher Kontrolle. Das war bei Telekom und Post so, gilt jetzt für Strom- und Gaswirtschaft. Der Bahn, die bald an die Börse will, steht die gleiche Diskussion bevor.

Aus den Monopolen sind in der Tat keine Unternehmen wie andere geworden, die darum kämpfen, dass der Kunde wieder König wird. Sie haben Teilmonopole behalten, können damit den Wettbewerb behindern und die Preise zum eigenen Vorteil bestimmen. Sie nutzen dafür den Zugang zu Netzen, die sie exklusiv besitzen. Bei Strom und Gas sind es die Leitungen, bei der Bahn ist es das Schienennetz; bei der Telekom bietet sich das Festnetz an. Immer ist der Exmonopolist versucht, die Konditionen zu bestimmen, zu denen Konkurrenten seine Infrastruktur benutzen dürfen. Es wäre unsinnig und unbezahlbar, parallele Netze aufzubauen.

Natürlich genügt das nicht den Vorstellungen von ausreichendem Funktionieren des Marktes. Zwar haben sich die Ökonomen schon lange vom Ziel eines vollkommenen Wettbewerbs verabschiedet, bei dem sich auf dem Markt unzählige kleine Anbieter tummeln. Das Beispiel des von Tante-Emma-Läden beherrschten Einzelhandels zeigt, dass da meistens nicht viel passiert. Mehr Dynamik und niedrigere Preise verspricht das Oligopol, in dem ein paar mächtige Unternehmen den Ton angeben, ohne dass eines den Markt beherrscht.

Wenn jeder, der sich auf diesem Markt betätigen will, freien Zugang hat und zudem eine realistische Erfolgschance, dann sprechen die Experten von der Idealform des weiten Oligopols. Der Wettbewerb ist dann nicht perfekt, aber funktionsfähig. Doch davon sind die Märkte, auf denen die öffentlichen Exmonopole tätig sind, noch weit entfernt. Zwar gibt es heute in Deutschland Privatbahnen, Stromanbieter und Telefonfirmen, die den mächtigen Oligopolisten Konkurrenz machen. Aber ob bei Strom, Bahn oder Telefon: Der Exmonopolist kann im Prinzip über sein Netz die Konkurrenz weiter behindern.

… Bei der Bahn ist es nicht viel anders. Wenn eine Privatbahn einen Güterzug auf den Schienen der DB AG bewegen will, muss sie das zu deren Preisen und Konditionen tun. Und warum soll die Bahn gegenüber lästigen Konkurrenten besonders großzügig sein? Beim Telefon schließlich sorgt die Deutsche Telekom AG dafür, dass der Wettbewerb im Festnetzmarkt (anders als beim Mobilfunk) unbefriedigend bleibt.

Um dem Übel abzuhelfen, arbeitet seit 1998 in Deutschland die Regulierungsbehörde für Telekommunikation und Post. Ab 2005 wird sie auch über den Gas- und Strommarkt wachen. Wie der unbehinderte Netzzugang bei der Bahn organisiert werden soll, ist noch offen, doch auch hier wird wohl eine Behörde mit einem Chefregulierer an der Spitze die Aufgabe übernehmen.

In der Praxis ist entscheidend, dass die Behörde sich frei informieren, entscheiden und Sanktionen verhängen kann. Auf dem deutschen Telefonmarkt hat die Behörde wiederholt eingegriffen, wenn auch zu wenig nach Meinung der Neulinge. Vor allem setzte die Regulierungsbehörde von vornherein die Preise im Festnetz fest, wovon heute jeder Endkunde profitiert. Sie zwang den Exmonopolisten auch, sein Netz mit Netzen von Konkurrenten zusammenzuschalten und ihnen niedrigere Preise für Vorleistungen zu berechnen. …

a) Der Autor spricht in seinen Ausführungen verschiedene Marktformen an. Welche Einflüsse auf Markt und Wettbewerb führt er an?

b) Welche Arten von Monopolen kommen in der Darstellung vor?

c) Worauf beruht die starke Stellung der Ex-Monopolisten?

d) Wie will der Staat den Wettbewerb in den genannten Bereichen funktionsfähiger gestalten?

43. Im Jahr 2005 wurde das Kartellrecht im Rahmen des Vertrages zur Gründung der Europäischen Gemeinschaft (EGV) harmonisiert. Gemäß § 1 des Gesetzes gegen Wettbewerbsbeschränkungen (GWB) sind unter anderem alle Vereinbarungen zwischen Unternehmen, die eine Verhinderung, Einschränkung oder Verfälschung des Wettbewerbs bezwecken oder bewirken, verboten. Hierzu zählen in erster Linie Kartellvereinbarungen.

a) In Art. 81 Abs. 1 EGV werden so genannte Regelbeispiele für verbotene Kartellvereinbarungen angeführt. Nennen Sie drei dieser ausdrücklich genannten Vereinbarungen, die grundsätzlich verboten sind!

b) Voraussetzung für die Freistellung vom Kartellverbot ist das kumulative Vorliegen bestimmter Bedingungen. Ergänzen Sie in diesem Zusammenhang nachfolgende Übersicht!

„Positive" Voraussetzungen		„Negative" Voraussetzungen
1.		1.
2.	+	2.

8 Das Geld

8.1 Entstehung, Formen und Funktionen des Geldes

8.1.1 Entwicklung des Geldes

Bei der Betrachtung der Entwicklung des Geldes müssen wir gleichzeitig die Entwicklung der Wirtschaft im Auge behalten.

Direkter Tausch. Früher wechselten wirtschaftliche Güter unmittelbar ihren Besitzer, d.h., man tauschte Waren, die man produzierte oder über die man verfügte, gegen solche aus, die man benötigte. Diese Form des Tausches (Ware gegen Ware) bezeichnen wir als Naturaltausch oder direkten Tausch.

Das Finden des geeigneten Tauschpartners war nicht immer leicht, denn einmal musste der Anbieter jemanden suchen, der das Angebotene haben wollte und gleichzeitig das Gesuchte anbot, zum anderen ergaben sich erhebliche Schwierigkeiten bei der Bewertung der einzelnen zu tauschenden Güter, da ein allgemeiner Wertmaßstab fehlte.

Indirekter Tausch. Um diese Hindernisse zu beseitigen, begann man, den Tauschvorgang zu zerlegen und ein Zwischentauschmittel einzuschalten, über das man eine Art Ringtausch durchführen konnte. Nunmehr wurde getauscht: Ware gegen Zwischentauschmittel, Zwischentauschmittel gegen Ware. Dabei musste das neue „allgemein anerkannte Tauschmittel" möglichst leicht zu bewerten und zu teilen sein, außerdem musste es von allen gern genommen werden. Ein allgemein anerkanntes Zwischentauschgut bezeichnet man als Geld.

Geld = allgemein anerkanntes Zwischentauschgut.

Warengeld. Die unterste Stufe der Geldentwicklung bildet das Warengeld. Eine allgemein beliebte Ware wurde Zwischentauschgut. Je nach Zeit und Gegend verwendete man entweder Nutzgeld in Form von Getreide, Früchten, Fischen, Fellen, Waffen, Salz u.Ä. oder man zog Schmuckgeld vor, z.B. Perlen, Muscheln usw.

Metallgeld. Im Laufe der weiteren Entwicklung wurde dieses Warengeld immer mehr durch Metallgeld abgelöst. Es war eine folgerichtige Weiterentwicklung, denn das neue Geld tauchte zuerst in Form von Gebrauchsgegenständen auf. Dabei benutzte man wertbeständige Metalle wie Bronze, Kupfer, Eisen, Silber und Gold. Später verwendete man Barren oder Metallstäbe.

Münzgeld entstand, als man sich entschloss, Metallstücken den Wert aufzuprägen. Es hatte den Vorteil, dauerhaft, leicht teilbar und leicht transportierbar zu sein. Dazu war es auch noch zählbar, was den Vorgang des Wiegens – wie beim Barrengeld – ersparte. Das Recht zur Ausprägung von Münzen (Münzregal) zogen sehr bald die Herrscher an sich.

In der Bundesrepublik Deutschland besitzt die Bundesregierung das Münzregal. Sie hat das Recht deutsche Euro-Münzen gemäß den europäischen Bestimmungen zu prägen.

Papiergeld. Um die Sicherheit im Geldverkehr zu vergrößern, nahmen die Kaufmannsbanken früher Edelmetallbeträge in Verwahrung und stellten dafür Depotscheine aus. Schnell gewöhnte man sich daran, diese Quittungen als Papiergeld zu verwenden, da man wusste, dass sie voll gedeckt waren. Die Banken hatten sich nämlich verpflichtet, jedem Vorleger eines Depotscheines die entsprechende Summe in Metallgeld auszuzahlen. So entstanden Banknoten. Heute werden diese nicht mehr von den einzelnen Banken, sondern von den Zentralbanken (Notenbanken) ausgegeben.

Buchgeld. Mit der Möglichkeit, eingezahlte Geldbeträge buchmäßig auf Konten gutzuschreiben, entstand das Buchgeld (Giralgeld). Die Forderungen an eine Bank werden damit beweglich gemacht. Das Guthaben eines Kunden bei seiner Bank gibt ihm nicht nur den Anspruch auf Auszahlung von Bargeld, sondern gleichzeitig die Möglichkeit, durch Überweisung, Scheck usw. über dieses Buchgeld zu verfügen. Das Buchgeld ist heute die am meisten benutzte Geldart geworden, sonst wäre ein bargeldloser Zahlungsverkehr, wie wir ihn kennen, nicht möglich geworden.

„Elektronisches Geld" (E-Geld) sind Werteinheiten in Form einer Forderung gegen die ausgebende Stelle, die

1. auf elektronischen Datenträgern oder auch auf einer zentralen technischen Komponente (Server) gespeichert sind,
2. gegen Entgegennahme eines Geldbetrags ausgegeben werden und
3. von Dritten als Zahlungsmittel angenommen werden, ohne gesetzliches Zahlungsmittel zu sein.

Kein elektronisches Geld liegt vor, wenn Herausgeber und Akzeptant der Werteinheiten identisch und diese Vorauszahlungen für bestimmte Waren und Dienstleistungen sind (z.B. Telefonkarten).

Formen elektronischen Geldes	
Kartengestützte Produkte	**Server-/Softwaregestützte Produkte**
„Plastikkarte[n] … auf [denen] reale Kaufkraft gespeichert ist, für die der Kunde vorab bezahlt hat …" (EZB). Anwendungsbeispiele: „Stationärer" Handel (Einzelhandel)/Verkaufsautomaten	Dienen der Übertragung elektronisch gespeicherter Werteinheiten über Telekommunikationsnetze, etwa über das Internet. Anwendungsbeispiele: „Elektronischer Handel" im Internet. Elektronisches Geld im Internet kann kartengestütztes und/oder server-/softwaregestütztes E-Geld umfassen.

Der Inhaber von E-Geld kann dessen Rücktausch ohne Kosten zum Nennwert in Münzen und Banknoten oder in Form einer Überweisung auf ein Konto verlangen. Die Rücktauschbedingungen müssen im Vertrag zwischen ausgebender Stelle und Inhaber eindeutig genannt werden. Ein vereinbarter Mindestrücktauschbetrag darf 10,00 € nicht überschreiten (§ 22p KWG).

„Zugangsprodukte"/Zugangsmedien sind solche, die auf elektronischem Wege Zugang zu herkömmlichen Geldformen (z.B. Sichteinlagen) schaffen, z.B. BankCard/SparkassenCard.

Die Geldkarte (eine „Chip-Karte") wurde von den Kreditinstituten eingeführt, um die Zahlungen mit Bargeld einzuschränken. Die Geldkarte wird am Automaten (zu Lasten des Kundenkontos) mit einem Betrag von zz. bis zu 200,00 € „aufgeladen"; dieser kann zur Bezahlung kleinerer Beträge z.B. an einem Händlerterminal, an Park- oder Zigarettenautomaten genutzt werden. Nach „Verbrauch" des Geldbetrags kann die Karte wieder „aufgeladen" werden.

Elektronisches Geld (z.B.) im Internet dient den Zahlungen von „Online-Kunden". Gegenwärtig sind zwei Systeme im Gespräch, die die nötige Sicherheit gewährleisten sollen:

① Codierte Überweisung (Voraussetzung: Chip-Modul – Me-Chip; Abwicklung: Verschlüsselte Überweisungsauftrags-Daten → Kreditinstitut; Kreditinstitut → Geldüberweisung an Händler).

② Giropay: Dieses Verfahren der Postbanken, Sparkassen sowie der Volks- und Raiffeisenbanken funktioniert wie eine vereinfachte Online-Überweisung. Der Käufer wird beim Einkauf im Internet von der Seite des Händlers auf die Seite seiner Bank geleitet und kann dort wie gewohnt durch die Eingabe von Konto- und PIN-Nummer die Überweisung ausführen. Zusätzliche Software oder eine Registrierung ist nicht erforderlich, der Kunde muss jedoch für das Online-Banking angemeldet sein. Seit dem 23.02.2006 kann giropay über den zu eBay gehörenden Bezahlservice PayPal verwendet werden.

Der vom Zentralen Kreditausschuss entwickelte Standard HBCI (**H**ome**b**anking **C**omputer **I**nterface) bietet Multibankfähigkeit (Verwaltung mehrerer Konten bei verschiedenen Kreditinstituten) und erweiterte Sicherheitsmethoden (verbesserte Verschlüsselung/digitale Signatur).

Das Kreditwesengesetz (§ 1 KWG) rechnet „die Ausgabe und Verwaltung von elektronischem Geld (E-Geld-Geschäft)" zu den Bankgeschäften. Sie unterliegt damit der Aufsicht der Bundesanstalt für Finanzdienstleistungsaufsicht.

8.1.2 Geldformen

Die derzeit in der Bundesrepublik Deutschland vorkommenden Geldformen können wir wie folgt einteilen:

Bargeld besteht aus Münzen und Noten. Bei den Münzen handelt es sich nicht mehr um Kurantmünzen, die vollwertig ausgeprägt sind, sondern um unterwertig ausgeprägte Scheidemünzen, bei denen der reine Metallwert nicht dem Nennwert entspricht. Die Höhe der umlaufenden Münzen ist nicht mehr begrenzt.

Banknoten werden von der Deutschen Bundesbank/EZB = Europäische Zentralbank ausgegeben. Auch die Höhe der umlaufenden Noten ist nicht begrenzt, ebenso gibt es keinerlei Deckungsvorschriften.

Buchgeld existiert als Guthaben bei Kreditinstituten. Es handelt sich um Guthaben, die dem bargeldlosen Zahlungsverkehr dienen.

(Zum Buchgeld i.w.S. rechnet man auch die nicht in Anspruch genommenen Überziehungsmöglichkeiten.)

Geldformen			
Bargeld		Buchgeld	Elektronisches Geld
Münzen	Papiergeld	Guthaben bei Kreditinstituten, die dem bargeldlosen Zahlungsverkehr dienen	Elektronisch gespeicherte Werteinheiten
Stoffliches Geld	Stoffwertloses Geld	Stoffloses Geld	Virtuelles Geld
Münzregal liegt beim Bund. Bei den Münzen handelt es sich heute um Scheidemünzen (Metallwert < Geldwert). Müssen beschränkt in Zahlung genommen werden.	Das Banknotenmonopol liegt bei der Europäischen Zentralbank (EZB). Noten dürfen nur noch mit Genehmigung der EZB ausgegeben werden. Müssen unbeschränkt in Zahlung genommen werden.	Rechtsgrundlage = privatrechtliche Vereinbarung. Buchgeldschöpfung ➢ durch Umwandlung von Bargeld in Geldguthaben oder ➢ durch Schaffung neuen Geldes (Kreditschöpfung).	Rechtsgrundlage = privatrechtliche Vereinbarungen. „E-Geld-Geschäft" ist ein Bankgeschäft (§ 1 KWG).

Geldsurrogate. Neben den soeben beschriebenen Geldformen gibt es noch einige Geldersatzmittel (Geldsurrogate), als deren wichtigstes der Wechsel zu nennen ist. Hier wird für die Laufzeit des Wechsels durch seine Weitergabe ein gewisser Geldbetrag ersetzt.

8.1.3 Funktionen des Geldes

Geld war im Kap. 8.1.1 als „allgemein anerkanntes Tauschmittel" gekennzeichnet worden. Damit wurde eine seiner wichtigsten Funktionen genannt.

Geld ist allgemein anerkanntes Tauschmittel.

Es kann jederzeit zum Tausch gegen Waren und Dienstleistungen benutzt werden.

Geld ist Wertmaßstab und Rechenmittel.

Wert und Preis aller Güter werden in Geld ausgedrückt. Das gesamte Preisgefüge in einer Volkswirtschaft basiert auf der Möglichkeit, die Güter über das Geld vergleichbar zu machen. Üblicherweise wird in Geld gerechnet. So ist z.B. die Buchführung eine „Rechnung in Geld".

Geld ist Wertaufbewahrungsmittel.

Ohne diese Funktion wären das Kreditsystem und der Kapitalmarkt nicht denkbar.

Geld ist gesetzliches Zahlungsmittel.

Seine Funktion als gesetzliches Zahlungsmittel erhält das Geld durch den Staat. Der Staat stattet das Geld mit Annahmezwang aus. Die Zahlung mit Geld hat schuldbefreiende Wirkung, d. h., Geld ist kraft Gesetzes Schuldentilgungsmittel.

Das Geld kann diese Funktionen nur erfüllen, solange es gesund ist. Jede Inflation stellt zuerst die Wertaufbewahrungsfunktion in Frage. Die Entwicklung nach dem 2. Weltkrieg hat deutlich gezeigt, wie das Geld nacheinander die oben beschriebenen Funktionen verlor. Wertmaßstab waren damals Zigaretten, Butter u.Ä.

8.2 Geldproduzenten und Geldproduktion

8.2.1 Geldproduzenten

Geldschöpfung heißt Produktion neuen Geldes. Geldproduzenten in der Bundesrepublik Deutschland sind die Bundesregierung, das ESZB (System europäischer Zentralbanken) und die Kreditinstitute.

8.2.2 Die Produktion von Münzen, Noten und Giralgeld

Die Bundesregierung produziert (schöpft) Münzgeld. Sie hat das alleinige Recht zur Ausprägung von Münzen *(Münzregal).* Der Umfang der Münzausgabe unterliegt der Genehmigung der EZB (Art. 105 a des EG-Vertrags).

Die Münzen kommen dadurch in Umlauf, dass die Bundesbank sie zum Nennwert ankauft (ein Prägegewinn fließt dem Bund zu) und damit Vermögenswerte erwirbt. Mit diesen Münzen bezahlt die Bundesbank dann den Kauf von anderen Vermögenswerten. Eine gesetzliche Begrenzung des Münzumlaufs existiert nicht mehr.

Das Eurosystem produziert (schöpft) Banknoten. Die EZB und die nationalen Zentralbanken der Euroländer sind zur Ausgabe von Banknoten berechtigt. Diese Banknoten sind die einzigen, die in der Gemeinschaft als gesetzliches Zahlungsmittel gelten. Die Banknoten gelangen in der Weise in Umlauf, dass die Bundesbank Vermögenswerte erwirbt, die keine Zahlungsmittel sind, und diese mit Banknoten bezahlt (originäre Geldschöpfung). Solche Vermögenswerte können z.B. Gold, Devisen oder Wertpapiere sein.

Das Eurosystem und die Kreditinstitute produzieren (schöpfen) Giralgeld. Das kann bei der Bundesbank als nationaler Zentralbank in der Weise geschehen, dass sie Aktiva ankauft, diese aber nicht mit Bargeld bezahlt, sondern den Gegenwert dem Konto des Verkäufers gutschreibt (Beispiel: Der Staat verkauft Bundeswertpapiere an die Bundesbank, Gutschrift des Gegenwertes auf seinem Konto.) Durch den Ankauf von Aktiva steigt der Gesamtgeldumlauf (Noten- und/oder Giralgeldumlauf).

Eine weitere Möglichkeit der Giralgeldschöpfung bei der Bundesbank als NZB und den Kreditinstituten besteht in den Fällen, in denen Bareinzahlungen an der Kasse erfolgen, die als Sichteinlagen den Kundenkonten gutgeschrieben werden. Mit der Erhöhung der Sichteinlagen kann der Kunde über mehr Giralgeld verfügen. Tätigt er nun eine Barabhebung, so vernichtet er das soeben entstandene Giralgeld wieder. Verfügt er aber z.B. durch Überweisung über sein Guthaben, so wird sein Buchgeld nur umgebucht. Dabei spielt es keine Rolle, ob die Überweisung bei diesem Kreditinstitut verbleibt oder an ein anderes erfolgt, da wir alle Kreditinstitute als ein System betrachten müssen. Aufgrund der beschriebenen Giralgeldschöpfung ändert sich der Gesamtgeldumlauf nicht. Es wird lediglich Notengeld durch Giralgeld ersetzt.

8.2.3 Geldschöpfung durch Kreditschöpfung

Bei der Geldschöpfung durch Kreditschöpfung handelt es sich um die zusätzliche Schaffung von Giralgeld durch die Kreditinstitute.

Kunden der Kreditinstitute verfügen erfahrungsgemäß nur zu einem Teil bar über ihre Einlagen, sodass ein großer Teil der Kassenbestände ungenutzt bleibt. Diese Liquiditätsüberschüsse können an andere Kunden ausgeliehen werden, ohne dass den einzelnen Banken dadurch Liquiditätsschwierigkeiten entstehen. Meistens werden diese Kredite als Buchkredite gewährt, über die die Kreditnehmer bargeldlos verfügen. Bei den Kreditinstituten der Zahlungsempfänger führt die Überweisung zu neuen Einlagen, die jetzt wieder unter Berücksichtigung einer bestimmten Liquiditätsreserve zu erneuter Kreditausgabe und damit zu erneuter Schaffung von Giralgeld führen können.

11 Richard/Hartmann/Boller – ISBN 987-3-8120-0173-1

Beispiel:

Angenommen, ein Kunde leistet bei seiner Bank A eine Bareinlage in Höhe von 12 000,00 €. Alle Banken halten eine sich nicht verändernde Liquiditätsreserve (R) von 25 %.

Hierdurch kann folgender Prozess in Gang gesetzt werden:

1. Der Kunde zahlt bei seiner Bank 12 000,00 € bar ein (s. Bilanz 1 der Bank A).
2. Die Bank behält davon 25 % als Liquiditätsreserve (einschließlich Mindestreserve) zurück und verleiht die restlichen 75 % (= Überschussreserve = Ü) an einen Debitor (s. Bilanz 2 der Bank A), der seinerseits unbar über den Kredit verfügt, indem er den gesamten Betrag an einen seiner Gläubiger bei der Bank B überweist (s. Bilanz 1 der Bank B).[1]
3. Dieser Vorgang wiederholt sich (theoretisch unendlich) viele Male, indem immer wieder die Überschussreserven ausgeliehen werden.

Bilanz 1 der Bank A

Kasse	12 000,00	Einlage	12 000,00

Bilanz 2 der Bank A

Barreserve[2]	3 000,00	Einlage	12 000,00
Debitor[3]	9 000,00		
	12 000,00		12 000,00

Bilanz 1 der Bank B

BBK	9 000,00	Einlage	9 000,00

Bilanz 2 der Bank B

Barreserve	2 250,00	Einlage	9 000,00
Debitor	6 750,00		
	9 000,00		9 000,00

Bilanz 1 der Bank C

BBK	6 750,00	Einlage	6 750,00

Bilanz 2 der Bank C

Barreserve	1 687,50	Einlage	6 750,00
Debitor	5 062,50		
	6 750,00		6 750,00

Bilanz 1 der Bank D

BBK	5 062,50	Einlage	5 062,50

Bilanz 2 der Bank D

Barreserve	1 265,63	Einlage	5 062,50
Debitor	3 796,87		
	5 062,50		5 062,50

Bilanz 1 der Bank E

BBK	3 796,87	Einlage	3 796,87

Bilanz 2 der Bank E

Barreserve	949,22	Einlage	3 796,87
Debitor	2 847,65		
	3 796,87		3 796,87

Bilanz 1 der Bank F

BBK	2 847,65	Einlage	2 847,65

1 Der gleiche Prozess ergibt sich, wenn man unterstellt, dass die Bankkredite bar abgehoben und wieder vollständig eingezahlt werden. Man spricht daher in der Volkswirtschaftslehre auch schlechthin von der Kreditschöpfung der Kreditinstitute.

2 Barreserve = Liquiditätsreserve (= R).

3 An einen Bankkunden „ausgeliehene" Überschussreserve (= Ü).

Stellt man diese Vorgänge anders zusammen, so ergibt sich folgendes Bild:

Bank	Einlage –	Barreserve	= ausgeliehene Überschussreserve und damit Einlage bei der folgenden Bank
A	12 000,00	3 000,00	9 000,00
B	9 000,00	2 250,00	6 750,00
C	6 750,00	1 687,50	5 062,50
D	5 062,50	1 265,63	3 796,87
E	3 796,87	949,22	2 847,65
F	2 847,65	711,91	2 135,74
G–Q	8 061,84	2 015,45	6 046,39
R	120,27	30,07	90,20
S	90,20	22,55	67,65
restl. Banken	270,67	67,67	203,00
Summe	48 000,00	12 000,00	36 000,00

Hieraus ergibt sich, dass eine einzige Einlage von 12 000,00 € zu 48 000,00 € Buchgeld innerhalb des Bankensystems führen kann.

8.2.4 Der Geldschöpfungsmultiplikator

Den Prozess einer fortschreitenden (multiplen = vielfachen) Geldschöpfung könnte man theoretisch in unendlich vielen Perioden verfolgen. Dabei darf man jedoch nicht die erste Bargeldeinlage aus dem vorhergehenden Beispiel in Höhe von 12 000,00 € berücksichtigen. Man muss hier, da es um die Kreditschöpfung geht, von dem Überschussreservebetrag von 9 000,00 € ausgehen, der in voller Höhe als neuer Kredit ausgegeben wird.

Der Prozess lässt sich folgendermaßen darstellen:

Banken	Überschussreserve (Ü) = Einlage – Liquiditätsreserve	Neue Kredite = Geldschöpfung (Kr)	Liquiditätsreservenzuwachs
A	9 000,00	9 000,00	3 000,00
B	6 750,00	6 750,00	2 250,00
C	5 062,50	5 062,50	1 687,50
D	3 762,87	3 762,87	1 265,63
E	2 847,65	2 847,65	949,22
F	2 135,74	2 135,74	711,91
.	.	.	.
.	.	.	.
.	.	.	.
	–	36 000,00	12 000,00

Rechnerisch ausgedrückt ergibt sich die Summe des insgesamt neu geschöpften Giralgelds wie folgt:

$$9000 + 9000 \cdot \frac{3}{4} + 9000 \cdot \left(\frac{3}{4}\right)^2 + 9000 \cdot \left(\frac{3}{4}\right)^3 + ..$$

Die Summe dieser unendlichen geometrischen Reihe ergibt:

$$9000 \cdot \frac{1}{1 - \frac{3}{4}} = \frac{9000}{\frac{1}{4}} = \underline{\underline{36000,00\,€}}$$

Der Nenner des Bruches zeigt den Liquiditätsreservesatz (25 % → $^1/_4$). Damit können wir sagen, dass der *Geldschöpfungsmultiplikator* (Giralgeldschöpfungsmultiplikator/Kreditschöpfungsmultiplikator) gleich dem Kehrwert (dem reziproken Wert) des Liquiditätsreservesatzes (R) ist:

$$\text{Geldschöpfungsmultiplikator} = \frac{1}{R}$$

Die maximale Geldschöpfungsmöglichkeit (Kr) kann also wie folgt errechnet werden:

$$Kr = Ü \cdot \frac{1}{R} = \frac{Ü}{R}$$

Ist z.B. R = 20%, so beträgt die gesamte Kreditschöpfungsmöglichkeit der Banken in unserem Beispiel 9600,00 € · 5 = 48000,00 €. Bei einem Reservesatz von 33 $^1/_3$% beläuft sich die Kreditschöpfungsmöglichkeit auf 8000,00 € · 3 = 24000,00 €.

Damit können wir sagen:

Je höher die Liquiditätsreservehaltung der Kreditinstitute ist, desto geringer sind ihre Geldschöpfungsmöglichkeiten.

Je niedriger die Liquiditätsreservehaltung der Kreditinstitute ist, desto größer sind ihre Geldschöpfungsmöglichkeiten.

Die EZB hat das Recht, den Kreditinstituten Mindestreservesätze vorzuschreiben (vgl. Kap. 12.1.5.4) und kann damit Einfluss auf die Liquiditätsreserven nehmen. Senkt die Zentralbank die Mindestreservesätze, erhalten die Banken höhere Überschussreserven; ihr Geldschöpfungsspielraum vergrößert sich. Erhöht sie die Mindestreservesätze, wird der Geldspielraum der Banken eingeengt. Es wäre sogar denkbar, dass dann Kredite gekündigt werden müssen, sodass ein *Geldvernichtungsmultiplikator* in Gang gesetzt wird.

Vor einem Irrtum wird noch gewarnt. Die Tatsache, dass die Kreditinstitute u.U. hohe Überschussreserven besitzen, besagt nur, dass die *Möglichkeit* der Geldschöpfung besteht. Kredite können jedoch nur gewährt werden, wenn entsprechende Geldnachfrage herrscht. Die Geldnachfrage hängt jedoch nicht nur von der Zinshöhe, sondern auch von den positiven oder negativen Erwartungen der Wirtschaftssubjekte ab.

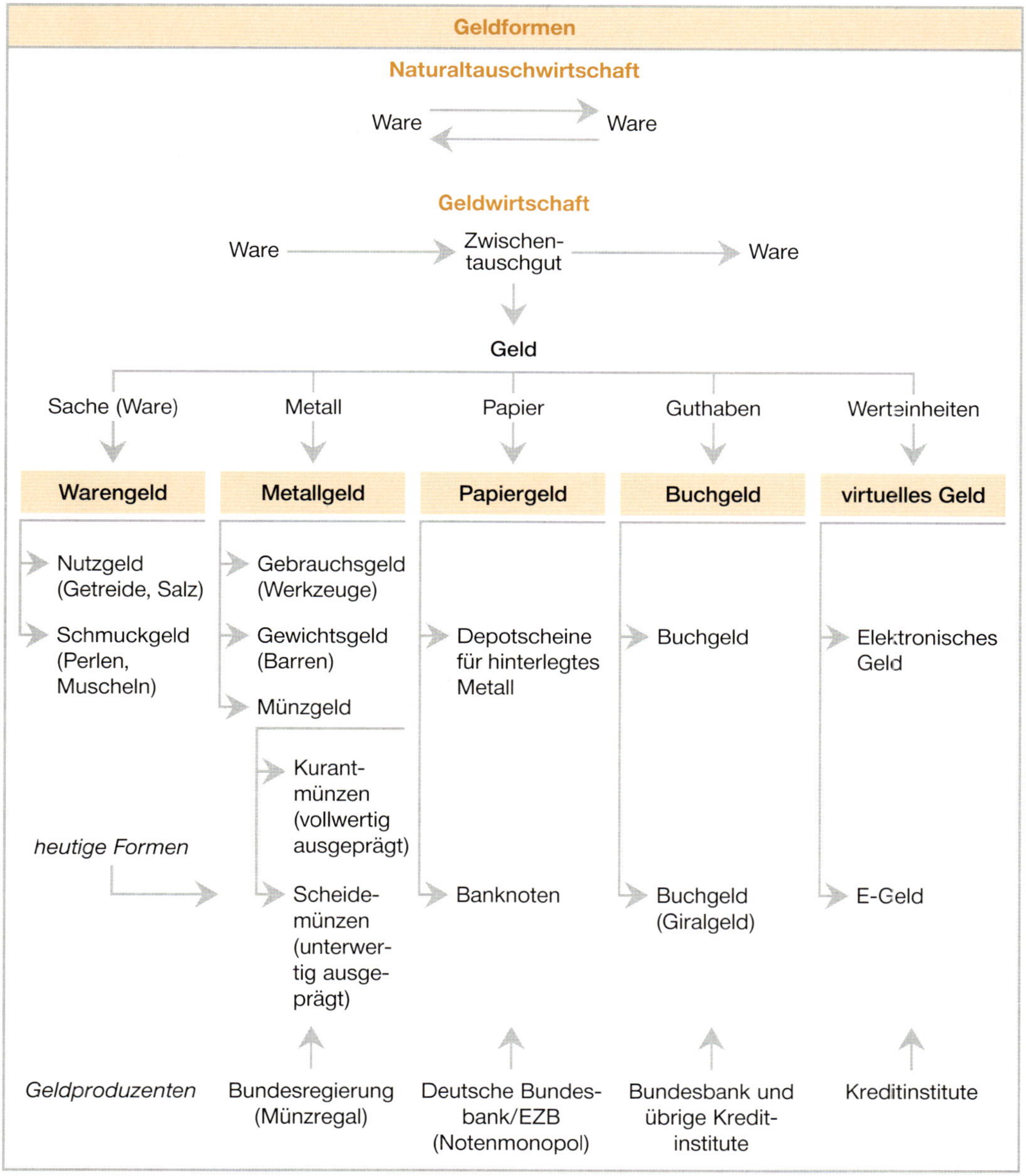
Geldformen
Naturaltauschwirtschaft
Ware
Ware
Geldwirtschaft
Ware
Zwischen-tauschgut
Ware
Geld
Sache (Ware)
Metall
Papier
Guthaben
Werteinheiten
Warengeld
Metallgeld
Papiergeld
Buchgeld
virtuelles Geld
Nutzgeld (Getreide, Salz)
Schmuckgeld (Perlen, Muscheln)
Gebrauchsgeld (Werkzeuge)
Gewichtsgeld (Barren)
Münzgeld
Kurant-münzen (vollwertig ausgeprägt)
Scheide-münzen (unterwer-tig ausge-prägt)
Depotscheine für hinterlegtes Metall
Banknoten
Buchgeld
Buchgeld (Giralgeld)
Elektronisches Geld
E-Geld
heutige Formen
Geldproduzenten
Bundesregierung (Münzregal)
Deutsche Bundes-bank/EZB (Notenmonopol)
Bundesbank und übrige Kredit-institute
Kreditinstitute

Wiederholungs- und Vertiefungsaufgaben zu Kapitel 8

1. Der Scheck gehört zu den Geldersatzmitteln.
   Begründen Sie diese Feststellung!

2. In einer entwickelten Volkswirtschaft ist der ursprüngliche Tauschvorgang „Ware gegen Ware" durch Aufgliederung in die beiden Schritte „Ware gegen Geld" und „Geld gegen Ware" abgelöst worden.
   Welche Funktionen hat damit das Geld zu erfüllen?

3. In einer Volkswirtschaft verringert sich der Wert des Geldes ständig: Welche Geldfunktion wird davon besonders betroffen?

4. Studie zur „Münzgeldentwicklung in Deutschland" – Zentrale Ergebnisse – (Auszug):

   – Für die Höhe des Gesamtumlaufs von deutschen Euro-Münzen ergibt die Schätzung für das Jahr 2007 ein Prognoseintervall, das sich zwischen einer Untergrenze von 17,7 Mrd. Stück Münzen (im Wert von 4,5 Mrd. Euro) und einer Obergrenze von 18,6 Mrd. Stück Münzen (im Wert von rund 5,0 Mrd. Euro) bewegt. Gegenüber dem Stand von Ende März 2003 entspricht dies einem Zuwachs um 5,6 bis 6,5 Mrd. Stück (46 bis 54%). Der wertmäßige Umlauf würde sich demnach um 1,0 bis 1,3 Mrd. Euro erhöhen (27 bis 34%). Das Ergebnis hängt im Wesentlichen von der Entwicklung der nominalen Konsumausgaben und der weiteren Verbreitung unbarer Zahlungsformen wie Kredit-, Debit- und Geldkarten in den kommenden Jahren ab.

   Quelle: Deutsche Bundesbank, Auszüge aus Presseartikeln, Nr. 40, 16. September 2003.

   a) Um welche Geldform handelt es sich bei den deutschen Euro-Münzen?
   b) Welche Faktoren bestimmen den Gesamtumlauf von deutschen Euro-Münzen?
   c) Erläutern Sie – beispielhaft – den möglichen Einfluss der GeldKartennutzung auf den Münzgeldumlauf!

5. Folgende Positionen finden sich in „Ausweise der Deutschen Bundesbank" (Geschäftsbericht):
   a) „Nachrichtlich: Bargeldumlauf ..."
   b) „Einlagen von anderen inländischen Einlegern"

   Welche Geldformen kann man diesen Positionen zuordnen?

6. Der folgende Textauszug aus „Der Spiegel", Nr. 33/1978 ist zu analysieren:

   Tipps für den Tischler

   Die Furcht vor der Inflation hat in den USA einen blühenden Tauschmarkt entstehen lassen. Viele Amerikaner verhökern ihre Waren oder Dienstleistungen nur im Kompensationsgeschäft ...

   „Barter" heißt das System des Kompensierens, mit dem Umsätze zwischen einem und einer Million Dollar getätigt werden, bargeldlos – von der gegenseitigen Gefälligkeit bis zur internationalen Transaktion.

   „Eine Hand wäscht die andere" – nach diesem Prinzip werden auf unterster Ebene Französischstunden gegeben, Babys gewartet, Silber geputzt, Autos repariert, Holz gehackt. Tauschanzeigen vor der Kirche oder im Supermarkt regulieren Angebot und Nachfrage ...

   Mittlerweile haben Makler, Mittler und Agenten in der Tauschlust schon eine einträgliche Einnahmequelle entdeckt. Sie gründeten Clubs und Gesellschaften, arbeiten mit Computern und Kreditkartensystem – und kassieren Gebühren und Provisionen: in Dollar.

   Die Firmen funktionieren wie Banken: Statt des Geldes deponieren die Kunden ihre Waren oder Dienstleistungen und erhalten dafür „credits" oder „futures"; Kontoauszüge informieren über Soll und Haben ...

Manche Tauschfreunde wissen freilich ihre „credits" und „futures" nicht recht an den Mann zu bringen. Die einen haben Hemmungen, als vermeintliche Schnorrer aufzutreten. Andere, wie zum Beispiel ein Fleischgrossist in Washington, verfügte plötzlich über ein fünfstelliges Guthaben – einzige Tauschmöglichkeit blieb ein dubioses Immobilien-Angebot. Oft geben die Club-Mitglieder ihre Gutscheine dann für Dinge hin, die sie für Geld nie kaufen würden.

Rechtsanwalt Rian Hendrickson in Arizona beispielsweise sieht für seine „credits" im Wert von 7000 Dollar überhaupt keine Verwendung. Lieber heute als morgen würde er sie verkaufen: zum halben Preis – aber bar.

a) Welche wirtschaftliche Situation begünstigt die Entstehung von Tauschmärkten?
b) Welche Nachteile zeigen sich bei dem beschriebenen „Barter"-System?
c) Welche Funktionen haben die „credits"?

7. Folgende Geldeinheiten sollen bestimmte Stufen der Geldentwicklung repräsentieren: „Kauri-Muscheln"; „Gold-Gulden"; „Geldschein aus der Inflationszeit 1924 über Hundert Millionen Mark".

   Welche Geldart/Geldform liegt jeweils vor?

8. Auf welche Art können die Deutsche Bundesbank und die Kreditinstitute Buchgeld schöpfen?

9. Ausgangssituation:

Kreditinstitut A

Barreserve	5000,00	Bareinlage	25000,00
Überschussreserve	20000,00		

   Wie groß ist der Betrag der Giralgeldschöpfung und der Kreditschöpfung der Kreditinstitute A bis einschließlich D, wenn alle Kreditinstitute den gleichen Barreservesatz besitzen und im Übrigen die im Kap. 8.2.3 genannten Modellbedingungen gelten?

10. Ein Geschäftsmann tätigt bei seinem Kreditinstitut eine Bareinlage von 60000,00 €. Berechnen Sie mit Hilfe des Kreditschöpfungsmultiplikators die Geldschöpfungsmöglichkeiten bei einer Barreserve von 25%!

11. Ein Kunde zahlt bei seiner Bank 120000,00 € in bar ein.

    Errechnen Sie die Geldschöpfungsmöglichkeit der Bank bei einer Barreserve von $8\,^1/_3$% und $12\,^1/_2$%!

    Wie wirkt sich die Erhöhung des Barreservesatzes aus?

12. Ein Hausbesitzer muss eine Schreiner-Rechnung in Höhe von 3500,00 € begleichen.

    Welchen Vorteil bietet ihm die Zahlung mit Giralgeld (mittels Scheck oder Überweisung)?

13. Der Kunde A überweist von seinem Bankguthaben die fällige Wasserrechnung an das Versorgungsunternehmen, das bei einer anderen Bank ein Konto unterhält. Ist in diesem Fall Buchgeld vernichtet worden?

    Begründen Sie Ihre Antwort!

9 Ordnung des Geldwesens

9.1 Begriff der Währung

Währung ist die gesetzliche Regelung des Geldwesens eines Landes bzw. einer Währungsunion (Geldverfassung).

Die gesetzlichen Vorschriften enthalten u.a. folgende Bestimmungen:

- **Währungseinheit.** Seit 1. Januar 2002 ist die Währungseinheit der Bundesrepublik Deutschland der Euro (1 Euro = 100 Eurocents).
- **Währungsgeld.** Der Euro ist gesetzliches Zahlungsmittel mit Annahmezwang. „Auf Euro lautende Banknoten" sind gesetzliches Zahlungsmittel. Das Münzgesetz erlaubt dem Bund deutsche Euro-Gedenkmünzen und deutsche Euro-Münzen in Sonderausführung zu prägen. Diese sind auch gesetzliche Zahlungsmittel im Inland. „Niemand ist verpflichtet, deutsche Euro-Gedenkmünzen im Betrag von mehr als 100 Euro bei einer einzelnen Zahlung anzunehmen. Erfolgt eine einzelne Zahlung sowohl in Euro-Münzen als auch in deutschen Euro-Gedenkmünzen, ist niemand verpflichtet, mehr als 50 Münzen anzunehmen; dies gilt auch dann, wenn der Gesamtbetrag 100 Euro unterschreitet." (§ 3 MünzG)
- **Münzregal/Notenmonopol.** Hier erfolgt die gesetzliche Zuweisung der beiden Privilegien an Staat und Notenbank. Zudem gibt es in diesem Zusammenhang Vorschriften über den Nennwert der Banknoten und der Münzen. Bei den letzteren erfolgen Festlegungen über deren stoffliche Zusammensetzung bezüglich des Prägemetalls bzw. der Legierung. Größe, Aufprägung (Text) und Gewicht sind geregelt.

  Der Festlegung des Gewichts kommt im Hinblick auf Warenautomaten und Parkuhren eine besondere Bedeutung zu.

  Nach dem EG-Vertrag hat der EZB-Rat (beschlussfassendes Organ der Europäischen Zentralbank) das ausschließliche Recht, die Ausgabe von Banknoten zu organisieren. Banknoten-Stückelung: 5, 10, 20, 50, 100, 200 und 500 Euro.

  Die EZB und die nationalen Notenbanken sind allein zur Ausgabe von Banknoten berechtigt.

  Das Münzregal liegt bei den Regierungen der Euroländer. Stückelung der Münzen: 1, 2, 5, 10, 20, 50 Euro-Cent sowie 1 und 2 Euro.
- **Währungspolitik.** Die Durchführung einer stabilitätsorientierten Geldpolitik obliegt der Europäischen Zentralbank.
- **Währungsparität.** Hierunter verstehen wir sowohl das Wertverhältnis einer Währung zum Gold oder zu den Sonderziehungsrechten als auch das Tauschverhältnis zu Einheiten einer anderen Währung.

9.2 Währungssysteme

Jeder Staat kann für seinen Geltungsbereich festlegen, welches Währungssystem angewendet werden soll. Alle in diesem Zusammenhang erlassenen Vorschriften und gefällten Entscheidungen haben nur eine Zielrichtung: Die Schaffung und Erhaltung möglichst stabiler Währungsverhältnisse.

9.2.1 Gebundene Währungen

Bei der gebundenen Währung ist der Geldwert an den Wert eines bestimmten Edelmetalls gebunden. Wir unterscheiden verschiedene Formen:

9.2.1.1 Bimetallistische Währungen

Bei bimetallistischen Währungen werden zwei Währungsmetalle verwendet. Wir kennen zwei Formen:

- **Parallelwährung.** Münzen aus zwei Währungsmetallen (Gold und Silber) finden nebeneinander Anwendung, wobei das Wertverhältnis der Goldmünzen zu den Silbermünzen nicht festgelegt ist.
- **Doppelwährung.** Bei der Doppelwährung hingegen haben wir ein gesetzlich festgelegtes Wertverhältnis der beiden Münzarten zueinander. Es passiert sehr leicht, dass ein Währungsmetall (z. B. Silber) durch verstärktes Auftreten am Markt billiger wird, was zur Folge hat, dass die wertvolleren Münzen mit der Zeit aus dem Verkehr verschwinden, weil sie gehortet werden.

9.2.1.2 Monometallistische Währungen

Monometallistische Währungen kennen nur ein Edelmetall als gesetzliches Währungsmetall. War in der Zeit von 1857 bis 1871 noch Silber das Währungsmetall in Deutschland, so wurde es dann vom Gold abgelöst, wie in fast allen anderen Ländern auch.

- **Reine Goldumlaufwährung.** Das Währungsgeld besteht aus vollwertig ausgeprägten Goldmünzen. Alle Besitzer von Goldbarren haben die Möglichkeit, ihr Gold in Münzen umprägen zu lassen. Ebenfalls kann man Münzen in Barren umtauschen. Umgetauscht wird dabei in einem festgelegten Verhältnis nach einem starren „Münzfuß".
- **Gemischte Goldumlaufwährung.** Sie war das deutsche Währungssystem bis 1914. Im Umlauf befanden sich jetzt nicht nur Kurantmünzen. Scheidemünzen und Banknoten waren zusätzliches Währungsgeld geworden. Auch für diese Geldformen bestand seitens der Notenbank die Umtauschpflicht in Gold, wobei das Austauschverhältnis staatlich festgelegt war.
- **Goldkernwährung.** Sie löste nach dem 1. Weltkrieg die verschiedensten (hier nicht beschriebenen) Formen der Goldumlaufwährung ab. Bei der Notenbank wurde ein Goldvorrat angelegt, der als Deckung für die umlaufenden gesetzlichen Zahlungsmittel in Form von Banknoten und Scheidemünzen bestimmt war. Es bestand keine Einlösungspflicht der Notenbank mehr. Ausnahmen waren die Zahlungsverpflichtungen gegenüber dem Ausland, da man das Vertrauen des Auslandes in die eigenen Zahlungsmittel sichern wollte.

  Der oben erwähnte Goldvorrat deckte dabei die umlaufende Geldmenge nicht zu 100 %, sondern nur zu einem durch das Gesetz festgelegten Prozentsatz (Kern). Damit bestimmte der Vorrat an Deckungsgold die Geldumlaufmenge.
- **Goldkernwährung mit Devisenzwangswirtschaft.** Diese Art der Goldkernwährung schränkte die Goldeinlösungspflicht im Zahlungsverkehr mit dem Ausland erheblich ein. Alle Zahlungsverpflichtungen wurden über die Notenbank abgewickelt, an die auch

die eingehenden Devisen abgegeben werden mussten. Schließlich wurden die im Auslandsverkehr entstandenen Forderungen und Verbindlichkeiten gegeneinander aufgerechnet. Allein die „Spitze" wurde noch in Gold ausgeglichen.

- **Gold-Devisenwährung.** Von diesem in den Jahren 1924 bis 1931 in Deutschland angewandten Währungssystem spricht man, wenn zur Deckung des Notenumlaufs nicht nur Gold, sondern auch in Gold eintauschbare Devisen herangezogen werden. Die Deckungsvorschriften lauteten damals: 30% Gold, 10% Devisen und 60% Handelswechsel, Schecks und andere kurzfristige Wertpapiere.

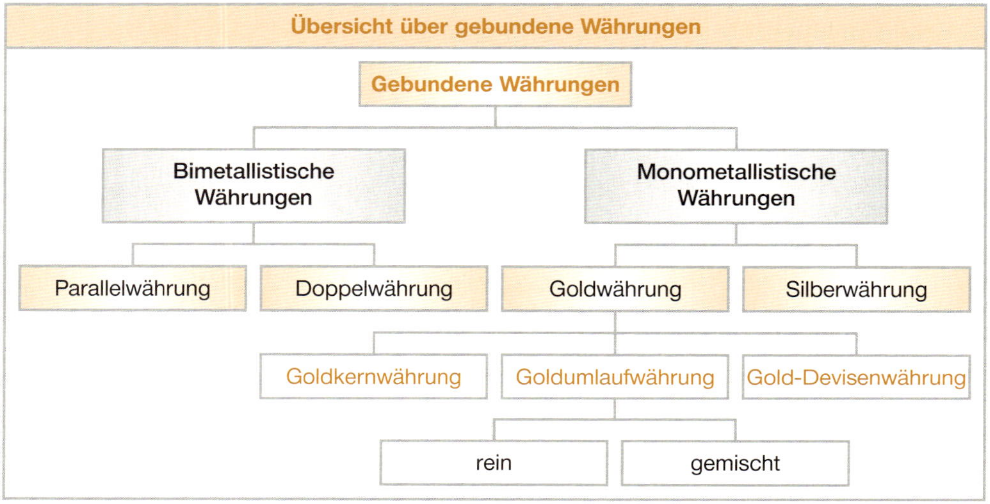

9.2.2 Freie Währungen

Freie Währungen sind an keinen stofflichen Wert gebunden. Die gesetzlichen Zahlungsmittel bestehen aus Papiergeld und Scheidemünzen.

Manipulierte Währungen werden so bezeichnet, weil die umlaufende Geldmenge nicht mehr von dem Bestehen und Bestand eines „Metallkerns" abhängt, sondern durch das Manipulieren der Notenbank bestimmt wird, deren Aufgabe u.a. die Erhaltung der Kaufkraft des Geldes ist. Das bedeutet, dass die Wertbeständigkeit einer manipulierten Währung immer dann in Gefahr gerät, wenn die Notenbank hinsichtlich der Geldmenge eine unvernünftige Politik betreibt oder aber die Bevölkerung der Politik ihrer Notenbank kein Vertrauen mehr entgegenbringt. (In diesem Zusammenhang soll gleichzeitig darauf aufmerksam gemacht werden, dass nicht allein die Zentralbank für eine mangelnde Geldwertstabilität verantwortlich gemacht werden kann.)

Wenn auch soeben von der „Stofflosigkeit" der deutschen Währung die Rede war, so muss darauf hingewiesen werden, dass die Bundesbank seit ihrem Bestehen erhebliche Reserven an Gold und Devisen angesammelt hat. Gold wird von ihr immer gern als Zahlungsmittel angenommen, da Goldreserven in Notzeiten stets von großem Wert sind.

Währungssysteme	
freie Währungen	**gebundene Währungen**
Sie sind nicht an stoffliche Werte gebunden. Die umlaufende Geldmenge und die Geldwertstabilität sind von einer vernünftigen Notenbankpolitik abhängig.	Es besteht eine gesetzlich festgelegte Bindung an ein Währungsmetall. Viele Formen und Mischformen (Gold-Devisenwährung) sind möglich.

Aufgaben zu Kapitel 9

1. Währung ist die Geldverfassung eines Landes.
   Nennen und erläutern Sie wichtige Bestimmungen der Euro-Währung!
2. Stellen Sie bei den nachfolgenden Beschreibungen fest, um welches Währungssystem es sich dabei handelt.
   a) Das Verhältnis Gold zu Silber wurde 1 : 12 festgesetzt.
   b) Goldmünzen sind Währungsgeld. Jeder Bürger hat die Möglichkeit, Goldbarren zu Münzen ausprägen zu lassen.
   c) Der Goldvorrat in einer Volkswirtschaft lagert bei der Notenbank. Die Höhe des Goldvorrats bildet die Berechnungsgrundlage für die umlaufende Geldmenge. Es besteht keine Umtauschpflicht der Noten in Gold.
   d) Währungsgeld sind Noten, unterwertig und vollwertig ausgeprägte Münzen. Für die Noten und die unterwertig ausgeprägten Münzen besteht Goldeinlösepflicht.
   e) Es bestehen keine Deckungsvorschriften. Sehr häufig bekommt die Notenbank eines Landes den Auftrag, für die Stabilität des Geldwertes zu sorgen.
   f) Gold- und Silbermünzen sind gesetzliches Zahlungsmittel. Es besteht kein gesetzlich festgelegtes Wertverhältnis der beiden Metallarten zueinander.
   g) Es besteht keine Goldumtauschpflicht. Als weiteres Deckungsmittel für das umlaufende Geld gilt auch ausländisches Geld, das in Gold umgetauscht werden kann.
3. Die Euro-Währung kann man als freie, manipulierte Währung bezeichnen. Geben Sie dafür die Begründung!
4. Was ist das Besondere bei der Goldkernwährung mit Devisenzwangswirtschaft?
5. Welche Währungsvorschriften enthält der Artikel 16 Protokoll über die Satzung des Europäischen Systems der Zentralbank und der Europäischen Zentralbank?

   „Nach Artikel 105 a Absatz 1 dieses Vertrages hat der EZB-Rat das ausschließliche Recht, die Ausgabe von Banknoten innerhalb der Gemeinschaft zu genehmigen. Die EZB und die nationalen Zentralbanken sind zur Ausgabe von Banknoten berechtigt. Die von der EZB und den nationalen Zentralbanken ausgegebenen Banknoten sind die einzigen Banknoten, die in der Gemeinschaft als gesetzliches Zahlungsmittel gelten.

   Die EZB berücksichtigt so weit wie möglich die Gepflogenheiten bei der Ausgabe und der Gestaltung von Banknoten."
6. „Vor zehn Jahren koppelte die argentinische Regierung die Landeswährung zum Kurs von eins zu eins an den US-Dollar, um die Hyperinflation zu stoppen. Seither darf die Zentralbank nur so viele Pesos ausgeben, wie sie an Devisen- und Goldreserven besitzt."

   Quelle: Ausschnitt aus „Peinliche Bittgänge", Der Spiegel, 35/2001, S. 134 ff.

   Welches Währungssystem hatte die argentinische Regierung gewählt, um möglichst stabile Währungsverhältnisse zu erzielen? Begründen Sie Ihre Antwort!

10 Der Wert des Geldes

10.1 Der Binnenwert des Geldes

10.1.1 Wesen und Bestimmungsgründe

Die allgemeine Anerkennung als Tauschmittel war als wichtigste Funktion des Geldes herausgestellt worden.

Eine „allgemeine Anerkennung" setzt voraus, dass die Menschen dem Geld einen Wert beimessen. Dieser Wert ist daraus abzuleiten, dass man für Geld etwas kaufen kann. Der Nutzen des Geldes liegt in der Möglichkeit, Güter dafür erwerben zu können. Ob dem Geld ein niedriger oder hoher Wert beigemessen wird, hängt von der Menge der Güter ab, die es zu kaufen erlaubt. Mit anderen Worten: Der Wert des Geldes wird durch seine Kaufkraft bestimmt.

Der Nominalwert des Geldes sagt nichts über seinen Tauschwert aus, sondern der Tauschwert wird bestimmt durch die Kaufkraft des Geldes.

Das Verhältnis von Geldmenge und Güterproduktion bestimmt letztlich darüber, wie viel Güter man für eine bestimmte Geldeinheit erwerben kann.

Geldmenge und Gütermenge. Der Geldwert in einer Volkswirtschaft wird bestimmt durch die Gegenüberstellung der gesamten Geldmenge einerseits und der gesamten Gütermenge andererseits. Da Geld- und Gütermenge in ihrem Verhältnis nicht immer gleich bleiben, ändert sich auch der Geldwert. Ein Beispiel soll dies verdeutlichen.

Geldmenge	Gütermenge	Preis je Gütereinheit
1 000 000	1 000 000	1
1 000 000	2 000 000	$^1/_2$
2 000 000	2 000 000	1
2 000 000	1 000 000	2
1 000 000	1 000 000	1

Steigt die Gütermenge schneller als die Geldmenge, steigt die Kaufkraft.

Steigt die Geldmenge schneller als die Gütermenge, sinkt die Kaufkraft.

Eine allgemeine Erhöhung der Löhne und Gehälter bei gleich bleibender Gütermenge wirkt sich nicht immer in gleichem Maße verändernd auf den Geldwert aus. Entscheidend für die Veränderung des Geldwertes ist, wie die Bezieher der Arbeitseinkommen ihr Geld verwenden. Wird das zusätzlich verdiente Geld gespart, bleibt es nachfrageunwirksam und hat keinen Einfluss auf den Geldwert. Somit ist nur die tatsächlich im Wirtschaftskreislauf umlaufende Geldmenge wichtig für die Bestimmung des Geldwertes.

Die Umlaufgeschwindigkeit des Geldes ist ein weiterer entscheidender Faktor. Unter Umlaufgeschwindigkeit ist die Geschwindigkeit zu verstehen, mit der beispielsweise ein Geldschein im Laufe einer bestimmten Periode von einer Hand in eine andere geht, d.h. seinen Besitzer wechselt. Ein 20-€-Schein, der in einer Periode fünfmal den Besitzer wechselt, ist in seinem Tauschwert einem 100-€-Schein gleichzusetzen. Die Geschwindigkeit kann von Periode zu Periode verschieden sein.

Ausschlaggebend sind die Lohn- und Gehaltszahlungstermine (wöchentlich oder monatlich), die Zahlungs- bzw. Kassenhaltungsgewohnheiten der Wirtschaftssubjekte (im bargeldlosen Zahlungsverkehr ist die Umlaufgeschwindigkeit erfahrungsgemäß größer) und nicht zuletzt die Zukunftserwartungen der Bevölkerung hinsichtlich der Preisentwicklung (ein erwartetes Steigen der Preise wird i. d. R. die Umlaufgeschwindigkeit erhöhen). Erwartet die Bevölkerung zunehmende Arbeitslosigkeit, wird die Umlaufgeschwindigkeit fallen.

Die Erhöhung der Umlaufgeschwindigkeit des Geldes wirkt sich wie eine Steigerung der Geldmenge aus.

Die Verlangsamung der Umlaufgeschwindigkeit des Geldes wirkt sich wie eine Verminderung der Geldmenge aus.

Verkehrsgleichung. Irving Fisher (1867 – 1947) – ein Vertreter der Quantitätstheorie – hat die Zusammenhänge in seiner Verkehrsgleichung dargestellt.

$G \cdot U = P \cdot H$	
Geldvolumen	Gütervolumen, ausgedrückt in Geldeinheiten

Dabei wird mit H das Handelsvolumen, d. h. die Summe der innerhalb einer Periode umgesetzten Güter bezeichnet. P stellt die Preise der umgesetzten Güter dar. U bedeutet die Umlaufgeschwindigkeit des Geldes, während G für die Geldmenge steht.

Was zählt nun zur nachfragewirksamen Geldmenge? Die Volkswirtschaftslehre unterscheidet hier grundsätzlich zwischen Bar- (G_1) und Buchgeld (G_2). Der Grund hierfür ist bereits bekannt: die größere Umlaufgeschwindigkeit des Buchgeldes. Vom Bargeld ist noch das Hortgeld, das „im Strumpf gespart" und nicht ausgegeben wird, abzuziehen. Die Volkswirtschaftslehre zählt zum Buchgeld nur die Sichteinlagen, nicht aber die Termin- und Spargelder. Auch die Geldbestände, die Ausländer bei uns unterhalten, gehören nicht zum Geldvolumen, da man davon ausgeht, dass diese Guthaben bei uns nicht nachfragewirksam verwendet werden. Ebenso gehören, genau betrachtet, auch die Geldbestände der inländischen Kreditinstitute nicht zum Geldvolumen, da deren Haupttätigkeit ja nicht auf dem Sektor der Produzenten oder Konsumenten liegt. Außerdem werden die Geldbestände der öffentlichen Haushalte, soweit sie bei der Zentralbank unterhalten werden, nicht zur Geldmenge gezählt.

Eine Bestimmungsgleichung für das allgemeine Preisniveau erhält man, wenn man die Verkehrsgleichung nach P auflöst:

$$P = \frac{G \cdot U}{H}$$

Mit dem Preisniveau wird auch der Geldwert ausgedrückt. Er ist abhängig von der umlaufenden Geldmenge, der Umlaufgeschwindigkeit des Geldes und dem Handelsvolumen. Steigt das Preisniveau, so nimmt die Kaufkraft des Geldes ab. Sinkt jedoch das Preisniveau, dann steigt die Kaufkraft und damit der Wert des Geldes. Der Geldwert ist demnach der reziproke (umgekehrte) Wert des Preisniveaus.

$$K = \frac{1}{P}$$

Auf den ersten Blick scheint es also gelungen zu sein, durch die Verkehrsgleichung und deren Umformung auf einfache Weise eine Bestimmungsmöglichkeit für den Geldwert gefunden zu haben. Bei näherem Betrachten muss man allerdings sagen, dass man wohl über die Geldmenge auf den Geldwert einwirken kann, jedoch keine Möglichkeit besitzt, die Umlaufgeschwindigkeit und das Handelsvolumen zu steuern. Zudem zeigt die Praxis, dass die Probleme nicht so einfach sind, als dass man allein durch Anwendung dieser Formeln zum Ziel der Geldwertstabilität kommt.

Quelle: Kleiner Wirtschaftsspiegel, Nr. 7, September 1977, S. 4.

Geldmengenbegriffe der Europäischen Zentralbank (EZB). Die eng gefasste Geldmenge (M1) umfasst Bargeld, d.h. Banknoten und Münzen sowie Guthaben, die ohne weiteres in Bargeld umgewandelt oder für bargeldlose Zahlungen eingesetzt werden können, d.h. täglich fällige Einlagen (einschließlich monetärer Verbindlichkeiten der Zentralstaaten [z.B. Finanzministerium], aber ohne Einlagen von Zentralstaaten).

Die **„mittlere" Geldmenge (M2)** umfasst neben der eng gefassten Geldmenge (M1) Einlagen mit einer Laufzeit von bis zu zwei Jahren sowie Einlagen mit vereinbarter Kündigungsfrist von bis zu drei Monaten.

Zur **weit abgegrenzten Geldmenge (M3)** gehören neben M2 vom MFI-Sektor[1] ausgegebene marktfähige Instrumente. Hierzu zählen insbesondere Geldmarktfondsanteile, Geldmarktpapiere, Repogeschäfte („Repurchase-Agreements") und Schuldverschreibungen mit einer Ursprungslaufzeit von bis zu zwei Jahren. Bei den Repos handelt es sich um wertpapiergesicherte Geldmarktgeschäfte, die i.d.R. zwischen Kreditinstituten stattfinden.

1 MFI – Monetäre Finanzinstitute.

Bei diesen Wertpapier-Pensionsgeschäften werden Wertpapiere zu einem fest vereinbarten Preis mit der Maßgabe verkauft, diese zu einem bestimmten Termin zurückzukaufen. Diese marktfähigen Finanzinstrumente sind Teil der Geldmenge M3 im Euroraum, da sie einen relativ hohen Liquiditätsgrad und eine niedrige Kursvolatilität aufweisen und Substitute für andere Komponenten von M3 wie beispielsweise Termineinlagen darstellen.

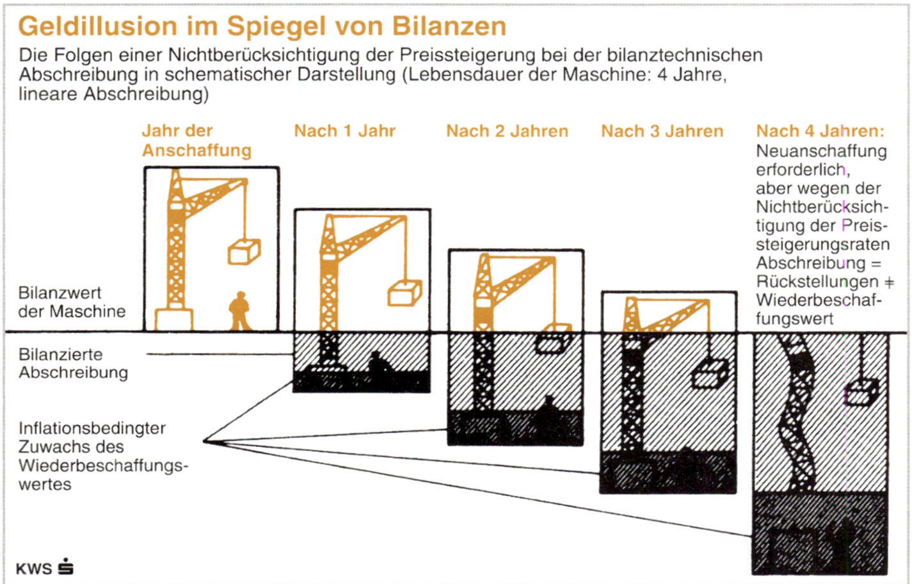

Quelle: Kleiner Wirtschaftsspiegel, Nr. 7, September 1977, S. 11.

Monetäre Finanzinstitute (MFIs). MFIs umfassen drei Hauptgruppen von Instituten:

- **Zentralbanken.** Sie schaffen „Basisgeld“ (Bargeld, Zentralbankeinlagen von Kreditinstituten).
- **Gebietsansässige Kreditinstitute im Sinne des Gemeinschaftsrechts.** Sie sind definiert als „Unternehmen, deren Tätigkeit darin besteht, Einlagen oder andere rückzahlbare Gelder des Publikums entgegenzunehmen und Kredite auf eigene Rechnung zu gewähren“.
- **Sonstige gebietsansässige Finanzinstitute.** Ihre wirtschaftliche Tätigkeit besteht darin, Einlagen bzw. Einlagensubstitute im engeren Sinne von anderen Gruppen der MFIs entgegenzunehmen und auf eigene Rechnung Kredite zu gewähren und/oder in Wertpapieren zu investieren. Zu dieser Gruppe gehören hauptsächlich Geldmarktfonds.

Geldangebot – Geldnachfrage. Die EZB unterscheidet den Geldschöpfungssektor und den Geldhaltungssektor. Die konsolidierten und aggregierten Bilanzen beider Sektoren[1] zeigen die Beziehungen auf: Die Geldmenge wird dargestellt als Verbindlichkeiten auf der Passivseite der MFI-Bilanz und als Forderungen auf der Aktivseite der NMFI-Bilanz.

1 Vgl. Monatsberichte der EZB.

Geldschöpfungssektor	Geldhaltungssektor
MFI (Monetäre Finanz-Institute)	**NMFI** (Nicht-Monetäre Finanz-Institute)
Europäische Zentralbank (EZB), die Nationalen Zentralbanken (NZB) des Euro-Systems, die Kreditinstitute und andere Finanzinstitute wie z. B. auch Geldmarktfonds. (Das Euro-System umfasst die EZB und die NZB der Mitgliedsländer, die den Euro eingeführt haben.)	Private Haushalte, nichtfinanzielle Kapitalgesellschaften, Versicherungskassen, Pensionsfonds, Länder, Gemeinden, Sozialversicherungen und sonstige im Euro-Gebiet ansässige NMFI mit Ausnahme der Zentralregierungen, die als „geldneutrale" Sektoren gelten.

Monetisierte Aktiva	Noten Münzen	↔	Bargeld	M1
	Sichteinlagen	↔	Sichtguthaben	M1
	Einlagen mit vereinbarter ➢ Laufzeit ≦ 2 Jahre ➢ Kündigungsfrist ≦ 3 Monate	↔	Guthaben mit vereinbarter ➢ Laufzeit ≦ 2 Jahre ➢ Kündigungsfrist ≦ 3 Monate	M2
	➢ Geldmarktfondsanteile ➢ Geldmarktpapiere ➢ Schuldverschreibungen	↔	➢ Geldmarktfondsanteile ➢ Geldmarktpapiere ➢ Schuldverschreibungen	M3
Sonstige Aktiva	Nicht-Monetäre Verbindlichkeiten	↔	Nicht-Monetäre Forderungen	

Quelle: In Anlehnung an WISU 4/01 – Nissen: Das Geldangebot.

Die Geldbasis/das Basisgeld der Zentralbank umfasst:

- ➢ Bargeld (Noten und Münzen)
- ➢ Giralgeld der Zentralbank (→ Einlagen der Geschäftsbanken → Mindestreserve)

Über die Geldbasis beeinflusst die Zentralbank den Umfang der Geldmenge.

Im Vertrag zur Gründung der Europäischen Gemeinschaft wurde festgelegt: *„Das vorrangige Ziel des ESZB (Europäisches System der Zentralbanken) ist es, die Preisstabilität zu gewährleisten".* Der Rat der Europäischen Zentralbank (EZB) veröffentlichte die Hauptelemente seiner stabilitätsorientierten geldpolitischen Strategie:

Preisstabilität wird definiert als „Anstieg des Harmonisierten Verbraucherpreisindex (HVPI) für das Euro-Währungsgebiet von unter **2 % gegenüber dem Vorjahr"**. Mittelfristig wird eine Rate von **„nahe zwei Prozent"** angestrebt.

➢ Der Zielwert liegt zwischen 1,75 und 1,90 Prozent.

„Zwei-Säulen"-Strategie zur Erreichung dieses Ziels

Erste Säule:
Analyse der ökonomischen Daten, d.h. die vergangene und für die Zukunft erwartete Entwicklung von Preisen, Löhnen und Produktion. (Die ökonomische Analyse erfasst eher die **kurz- und mittelfristigen** Risiken für die Preisstabilität.)

Zweite Säule:
Analyse der monetären Daten, d.h. die herausragende Rolle der Geldmenge bei der Beurteilung der Risiken für die Preisstabilität. (Die monetäre Analyse erfasst eher die **mittel- und langfristigen** Risiken für die Preisstabilität.)

Die Rolle der Zentralbanken. Die Beobachtung der Geldmengenentwicklung ist für das Eurosystem nicht zuletzt aufgrund der Tatsache wichtig, weil es einen empirisch nachgewiesenen engen Zusammenhang zwischen Geldmengen- und Preisniveauentwicklung gibt. Denn wächst die Geldmenge bei konstanter Gütermenge, so steigen die Preise. Aufgrund ihrer Marktstellung können die Zentralbanken für die Haltung von Basisgeld einen Preis, den kurzfristigen Marktzins, festsetzen. Da ein Bedarf an Zentralbankgeld besteht, verfügt das Eurosystem über einen Hebel zur Beeinflussung der Geldmengenexpansion.

Geldmengenziel. Bei der Ableitung des Referenzwertes geht die Europäische Zentralbank von folgenden in Beziehung zueinander stehenden Komponenten aus:

- ➢ Inflation,
- ➢ Wachstum des realen Bruttoinlandsprodukts,
- ➢ Veränderungen der Einkommensumlaufgeschwindigkeit des Geldes.

Der EZB-Rat stützte sich bei der Ableitung des o.g. Referenzwerts auf folgende Annahmen:

Anstieg des HVPI gegenüber dem Vorjahr von unter	2 %
Trendmäßige Entwicklung des Potenzialwachstums	2 bis 2,5 %
Trendmäßiger Rückgang der Einkommensumlaufgeschwindigkeit* in einem Korridor von	0,5 – 1 %

* Die Umlaufgeschwindigkeit wird als Relation des nominalen BIP zu M3 gemessen.

Der Referenzwert wird in der Weise abgeleitet, dass er mit dem Ziel der Preisstabilität in Einklang steht und der Erreichung dieses Ziels dient. Auf die jährliche Festlegung eines Referenzwertes für die Zunahme der Geldmenge M3 wird ab 2003 verzichtet. Diese Messlatte (kein Ziel!) wird künftig nur noch bei Bedarf angepasst.

12 Richard/Hartmann/Boller – ISBN 987-3-8120-0173-1

Tabelle I Tabellarische Übersicht über monetäre Variablen

(Quartalszahlen sind Durchschnittswerte; saison- und kalenderbereinigt)

	Bestand in % von M3 [1]	Jahreswachstumsraten 2006 Q1	2006 Q2	2006 Q3	2006 Q4	2006 Nov.	2006 Dez.
M1	47,7	10,3	9,8	7,6	6,7	6,6	7,5
Bargeldumlauf	7,5	13,4	11,9	11,3	11,1	10,8	11,1
Täglich fällige Einlagen	40,2	9,8	9,5	7,0	5,9	5,8	6,9
M2 - M1 (= sonstige kurzfristige Einlagen)	38,3	6,8	8,4	9,5	11,2	11,8	11,8
Einlagen mit vereinbarter Laufzeit von bis zu 2 Jahren	18,2	9,7	15,2	19,8	25,3	27,3	27,4
Einlagen mit vereinbarter Kündigungsfrist von bis zu 3 Monaten	20,1	4,6	3,7	2,4	1,2	0,9	0,7
M2	86,0	8,6	9,1	8,4	8,7	8,9	9,4
M3 - M2 (= marktfähige Finanzinstrumente)	14,0	3,3	5,7	6,4	11,0	12,4	11,5
M3	100,0	7,8	8,6	8,1	9,0	9,3	9,7
Kredite an Nicht-MFIs im Euro-Währungsgebiet		8,7	9,5	9,2	8,9	8,7	8,2
Kredite an öffentliche Haushalte		2,4	0,9	-0,9	-3,1	-3,8	-4,8
Buchkredite an öffentliche Haushalte		0,8	0,3	-0,6	-0,3	0,5	-1,7
Kredite an den privaten Sektor		10,4	11,8	11,9	11,9	11,9	11,5
Buchkredite an den privaten Sektor		10,1	11,2	11,2	11,2	11,2	10,7
Längerfristige finanzielle Verbindlichkeiten (ohne Kapital und Rücklagen)		8,7	8,8	8,6	9,1	9,3	9,8

Quelle: EZB.
1) Stand am Ende des letzten Monats, für den Daten vorliegen. Differenzen in den Summen durch Runden der Zahlen.

Quelle: EZB, Monatsbericht Februar 2007, S. S15.

Abgrenzungen monetärer Aggregate im Euro-Währungsgebiet

Verbindlichkeiten	M1	M2	M3
Bargeldumlauf	x	x	x
Täglich fällige Einlagen	x	x	x
Einlagen mit vereinbarter Laufzeit von bis zu 2 Jahren		x	x
Einlagen mit vereinbarter Kündigungsfrist von bis zu 3 Monaten		x	x
Repogeschäfte			x
Geldmarktfondsanteile und Geldmarktpapiere			x
Schuldverschreibungen bis zu 2 Jahren			x

Quelle: EZB 2/1999, S. S 35.

Die Entwicklung der verschiedenen Geldmengen lässt Rückschlüsse auf den Konjunkturverlauf (vgl. Kap. 11.1.2 und 11.1.3) zu. Sicht-, Termin- und Spareinlagen entwickeln sich in bestimmten Konjunkturphasen in typischer Weise:

	Sichteinlagen	Termineinlagen	Spareinlagen	M1 / M2
Boom (Endphase)	Stagnation/ Schrumpfung	Starkes Ansteigen	Stagnation Schrumpfung	M1 bleibt gleich oder schrumpft M2 steigt stark
Konjunkturabschwung	Anstieg	Stagnation/ Schrumpfung	Starker Anstieg	M1 steigt M2 schrumpft

10.1.2 Die Messung des Geldwertes

Die Kaufkraft des Geldes (Wert des Geldes) lässt sich an der eintauschbaren Gütermenge messen. Um eine möglichst genaue Messung zu erreichen, müsste man zu einem bestimmten Zeitpunkt die Preise aller Güter und Dienstleistungen messen, die außerdem in Deutschland in verschiedenen Regionen unterschiedlich sind. Da dies nicht möglich ist, stellt das Statistische Bundesamt Gütergruppen zusammen, ermittelt für diese Gruppen die Preise und stellt über Verhältniszahlen Preisveränderungen fest.

Das preisstatistische Berichtssystem des Statistischen Bundesamtes umfasst u. a. den Index der Erzeugerpreise gewerblicher Produkte, den Index der Erzeugerpreise Land- und forstwirtschaftlicher Produkte, den der Einzelhandelspreise und den Index der Ausfuhrpreise.

Der **„Verbraucherpreisindex für Deutschland"** bildet die Preisentwicklung für die privaten Verbrauchsausgaben in Deutschland ab. Daneben gibt es für die Europäische Union den „Harmonisierten Verbraucherpreisindex" (HVPI).

Verbraucherpreis-Index

Der Preisindex ist ein gewogener Durchschnitt der Preisveränderungen eines repräsentativen Warenkorbs. Grundlage des jeweiligen Wägungsschemas sind Einkommens- und Verbrauchsstichproben bei den privaten Haushalten.

Berechnet wird der Verbraucherpreisindex nach der so genannten Laspeyres-Formel. Das bedeutet, dass die aus dem jeweiligen Basisjahr stammenden Wägungsteile unabhängig von Veränderungen der Konsumgewohnheiten bis zur Umstellung auf ein neues Basisjahr beibehalten werden.

(Quelle: iwd)

Vereinfachte Annahme: Warenkorb mit 4 Gütern (Modellrechnung)

Güter	Preise je kg in €		Wägungsanteile Gewichte	Wert des Warenkorbes (konstante Mengen)	
	Basisjahr	Berichtsjahr		Basisjahr	Berichtsjahr
Gut A	19,00	22,70	2	38,00	45,40
Gut B	25,00	24,10	3	75,00	72,30
Gut C	4,30	5,10	5	21,50	25,50
Gut D	4,50	4,90	1	4,50	4,90
			Summe:	139,00	148,10

$$P = \frac{148{,}10}{139} \cdot 100 = 106{,}55$$

$$P = \frac{\text{Preise im Berichtsjahr} \cdot \text{Gewicht im Basisjahr}}{\text{Preise im Basisjahr} \cdot \text{Gewicht im Basisjahr}} \cdot 100$$

Er soll zeigen, in welchem Maße sich die Lebenshaltung der Haushalte infolge von Preisänderungen, aber unbeeinflusst von Änderungen im Konsumverhalten sowie von Mengen- und Qualitätsänderungen verteuert oder verbilligt hat. Zur Berechnung wird ein sog. „Warenkorb" zusammengestellt, der rd. 750 Waren und Dienstleistungen enthält, von denen man annimmt, dass sie repräsentativ für die Lebenshaltung eines durchschnittlichen Haushalts sind (z. B. Nahrung, Kleidung, Wohnung, Heizung, Hausrat, Auto, Körperpflege usw.). Dieser Warenkorb wird im Zeitablauf konstant gehalten, ebenso wie die „Indexgewichte“, mit denen die unterschiedliche Ausgabenbedeutung der einzelnen Güter im Warenkorb für die Budgets der Haushalte berücksichtigt werden. Der Preis des Warenkorbs wird in einem bestimmten Jahr (Basisjahr) = 100 % gesetzt, in den folgenden Jahren wird der Preis mit dieser Messzahl (Indexzahl) verglichen. Da der für das Basisjahr festgelegte Warenkorb und die Indexgewichte im Laufe der Zeit veralten, wird der Warenkorb jedes Jahr wirklichkeitsfremder. Dieser Mangel wird durch eine regelmäßige Änderung der Basisjahre behoben. Die amtliche Statistik justiert die Preisindizes grundsätzlich in fünfjährigen Abständen neu und stellt sie auf ein neues Basisjahr um.

Beispiel für Indexrechnungen

Basisjahr 00 = 100 %
Der Verbraucherpreis-Index stieg von 100 % auf 103,5 % (Jahr 01)

Veränderung des Preisindex

gegenüber dem Basisjahr
103,5 % – 100 % = 3,5 %

gegenüber dem Vorjahr
103,5 % – 100 % = 3,5 %

Der Verbraucherpreis-Index stieg im Jahr 02 auf 106,1 %.

Veränderung des Preisindex

gegenüber dem Basisjahr
106,1 % – 100 % = 6,1 %

gegenüber dem Vorjahr
103,5 % – 100 %
106,1 % – x %

$$\frac{\text{Neuer Indexwert}}{\text{Alter Indexwert}} \cdot 100 \rightarrow \frac{106{,}1 \cdot 100}{103{,}5} = 102{,}5\,\%$$

Steigerung gegenüber dem Vorjahr um 2,5 %.

Für die Messung der **Kaufkraftänderung** gilt entsprechend:

$$\frac{\text{Alter Indexwert}}{\text{Neuer Indexwert}} \cdot 100$$

Kaufkraftänderung Jahr 02

gegenüber dem Basisjahr

$$\frac{100}{106{,}1} \cdot 100 = 94{,}25$$

100 – 94,25 = 5,74 %

gegenüber dem Vorjahr

$$\frac{103{,}5}{106{,}1} \cdot 100 = 97{,}55$$

100 – 97,54 = 2,45 %

Die Kaufkraft des Geldes und die Veränderung des Geldwerts werden (u. a.) durch den Verbraucherpreisindex gemessen. Die Indexzahlen bilden wichtige Anhaltspunkte für wirtschaftspolitische Entscheidungen.

Preise
Deutschland

Zeit	Verbraucherpreisindex						Baupreisindex	Index der Erzeugerpreise gewerblicher Produkte im Inlandsabsatz	Index der Erzeugerpreise landwirtschaftlicher Produkte	Indizes der Preise im Außenhandel		Index der Weltmarktpreise für Rohstoffe	
	insgesamt	davon: Nahrungsmittel	andere Ver- u. Gebrauchsgüter ohne Energie	Energie	Dienstleistungen ohne Wohnungsmieten	Wohnungsmieten				Ausfuhr	Einfuhr	Energie	sonstige Rohstoffe
	2000 = 100												
2002	103,4	106,1	101,1	106,0	104,9	102,6	100,2	102,4	100,0	100,8	98,4	86,1	91,1
2003	104,5	106,0	101,4	110,2	106,4	103,8	100,3	104,1	101,3	100,6	96,2	82,9	86,9
2004	106,2	105,7	102,9	114,8	108,9	104,8	101,4	105,8	99,7	101,1	97,2	101,4	96,3
2005	108,3	105,8	103,8	126,6	111,1	105,9	102,7	110,7	98,8	102,4	101,4	139,5	105,4
2006	110,1	107,7	104,4	137,3	112,1	107,0	105,3	116,8	107,6	104,8	106,7	163,9	131,5
2007 Jan.	110,9	109,5	105,6	136,5	112,8	107,7		117,8	p) 111,0	105,8	105,4	133,2	138,8
Febr.	111,3	109,3	105,8	137,6	113,9	107,8	111,7	118,1	...	106,0	105,9	142,2	141,8
März	111,6	109,1	106,1	139,8	113,6	107,9		118,4	...	...	...	147,7	145,5

Quelle: Deutsche Bundesbank, Monatsbericht April 2007, Seite 66*.

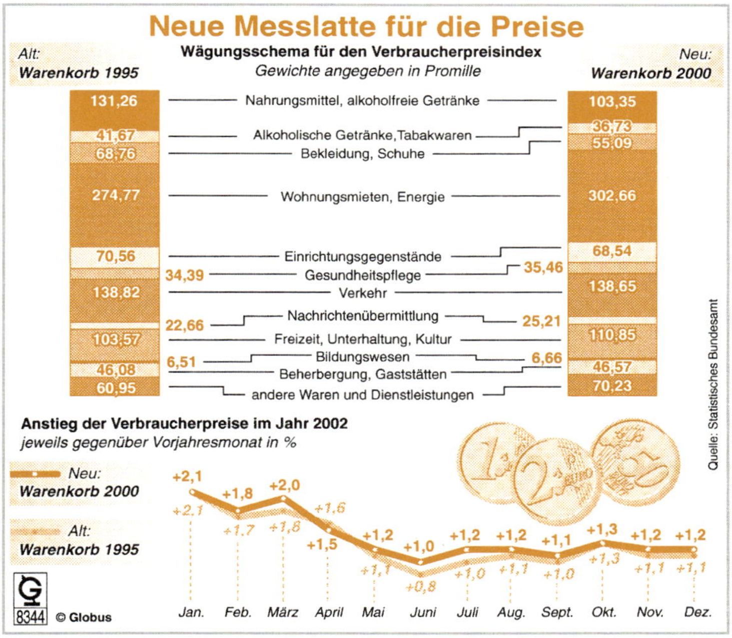

Rund 750 Waren und Dienstleistungen enthält der neue Warenkorb, mit dessen Hilfe das Statistische Bundesamt den Anstieg der Verbraucherpreise in Deutschland berechnet. Der Inhalt dieses Korbes (das so genannte Wägungsschema) muss von Zeit zu Zeit geändert werden, weil sich die Verbrauchsgewohnheiten der Menschen ändern, weil neue Produkte auf den Markt kommen und alte vom Markt verschwinden. So kommt es, dass einige Güter neu aufgenommen wurden, andere ganz gestrichen oder durch modernere ersetzt wurden. Im neuen Warenkorb beispielsweise wurden Disketten durch CD-Rohlinge, Farbbänder durch Farbpatronen ersetzt. Kaffeefilter und Schreibmaschinen wurden aus dem Korb entfernt, Laserdrucker, tiefgefrorener Käsekuchen, Brötchen zum Fertigbacken und „Essen auf Rädern“ wurden neu hereingenommen. Außerdem wurden die Gewichte im Korb neu verteilt, und es wurde – mehr als zehn Jahre nach der Wiedervereinigung – ein einheitliches Wägungsschema für ganz Deutschland eingeführt.

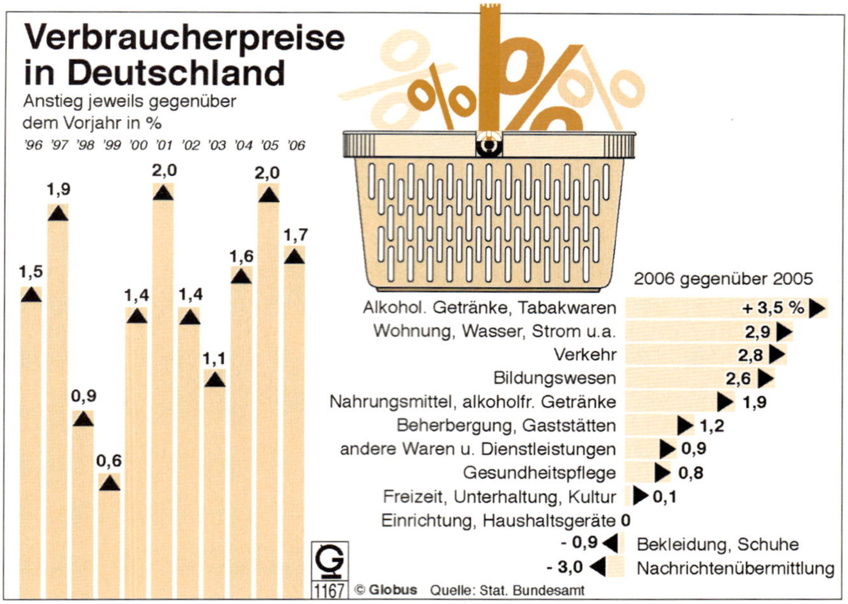

Die Hedonische[1] **Preismessung** versucht, die durch Qualitätsverbesserung von Produkten zu hoch ausgewiesenen Inflationszahlen zu korrigieren.

> Bei dieser Methode wird ein Gut in seine Bestandteile zerlegt, welche die wichtigsten Qualitätsmerkmale beschreiben. Beim Computer sind das zum Beispiel die Taktfrequenz des Prozessors, die Kapazität von Arbeitsspeicher und Festplatte etc. Mit Hilfe von statistischen Analyseverfahren wird der Einfluss dieser Bestandteile auf den Preis bestimmt, um so qualitätsbegründete Preiserhöhungen herauszurechnen. Wenn beispielsweise der Preis eines PCs trotz Qualitätsverbesserungen gleich bleibt, kommt die hedonische Preismessung zu dem Ergebnis, dass ein Computer mit gleich bleibender Qualität billiger geworden sein muss.
>
> Auch in Deutschland wurde die Hedonik im Jahr 2003 erstmals eingeführt. Den Anfang macht der Computerbereich, während andere Bereiche, wie z.B. Pkws und Haushaltsgeräte, bis 2004 folgen sollen.

Quelle: Wirtschaftsdienst BHF-Bank Nr. 2053, Juni 2002.

Der Harmonisierte Verbraucherpreisindex (HVPI) wird vom Statistischen Bundesamt zusätzlich zum Verbraucherpreisindex für Deutschland berechnet und veröffentlicht. Zielsetzung des HVPI ist der Vergleich der Preisveränderungsraten zwischen den Mitgliedstaaten der Europäischen Union (EU). Als Gründe für Abweichungen der nationalen Verbraucherpreisindizes können unterschiedliche gesellschaftliche Rahmenbedingungen oder aber auch differierende statistische Erhebungsverfahren genannt werden. Die Europäische Union hat verbindliche Regeln für die Berechnung des HVPI in den Mitgliedstaaten aufgestellt. Die Einhaltung wird vom Statistischen Amt der Europäischen Union

1 Hedonisch (gr.) = dem Lustprinzip folgend. Der Hedonismus ist eine in der Antike (lat. = klassisches Altertum und seine Kultur) begründete philosophische Lehre, nach welcher das höchste sittliche Prinzip das Streben nach Genuss ist. Im Zusammenhang mit der „hedonischen Preisermittlung" geht es darum, die Qualitätsverbesserungen der Güter und damit ihren gestiegenen Nutzwert bei der Ermittlung der Preisveränderungsraten zu berücksichtigen.

(Eurostat) kontrolliert. Außerdem berechnet Eurostat aufgrund der nationalen HVPI Verbraucherpreisindizes für die

- Europäische Währungsunion,
- Europäische Union und den
- Europäischen Wirtschaftsraum (ohne die Schweiz).

Diese zusammengefassten Verbraucherpreisindizes werden als gewogene Durchschnitte der nationalen HVPI berechnet. Als Gewicht dient der private Verbrauch aus den volkswirtschaftlichen Gesamtrechnungen.

Der zur Berechnung der HVPI erforderliche Warenkorb wurde für die EU einheitlich festgelegt. Das bedeutet aber nicht, dass in allen Mitgliedstaaten ein einheitlicher Warenkorb oder ein einheitliches Wägungsschema verwendet wird. Besonderheiten in den nationalen Verbrauchsgewohnheiten sollen nicht aus der Berechnung der HVPI eliminiert werden. Da aber nicht alle Ausgabekategorien in den Mitgliedstaaten in gleichem Maße Bestandteil der nationalen Verbraucherpreisindexberechnung sind und die Einbeziehung bestimmter Ausgaben aufgrund nationaler Unterschiede problematisch sind, ist der Erfassungsbereich des HVPI zurzeit kleiner als in den meisten nationalen Verbraucherpreisindizes.

Beispiel:

Im deutschen Verbraucherpreisindex sind die sog. Mietäquivalente, d.h. die Aufwendungen der privaten Haushalte für das Wohnen im eigenen Heim enthalten, die der HVPI derzeit noch nicht erfasst.

Mit der Veröffentlichung für Januar 2006 wurde der Index-Bezugszeitraum nun auf 2005 = 100 festgesetzt.

Neue Ausgabengewichte für 2006

Eurostat und die nationalen Statistikämter aktualisieren die für die Berechnung des HVPI verwendeten Ausgabengewichte jährlich, um die Repräsentativität der Indizes in Bezug auf die privaten Konsumausgaben und die Vergleichbarkeit der nationalen Ergebnisse zu gewährleisten. Aktualisiert werden sowohl die Ausgabenanteile nach Produkten in jedem einzelnen Land als auch die Länderanteile innerhalb des Euroraums und der EU. Zu beachten ist allerdings, dass sich die Verfahren zur Aktualisierung der Ausgabenanteile im HVPI in den einzelnen Euro-Ländern bis zu einem gewissen Grad unterscheiden, und zwar vor allem aufgrund der unterschiedlichen Verfügbarkeit statistischer Informationen zur Aktualisierung der Verbrauchsvolumina auf der tiefen Produkt-Gliederungsebene.

Tabelle A Produktgewichte im HVPI des Euro-Währungsgebiets

(in % des Gesamtindex)

	Insgesamt	Unverarbeitete Nahrungsmittel	Verarbeitete Nahrungsmittel (einschl. alkoholischer Getränke und Tabakwaren)	Industrieerzeugnisse ohne Energie	Energie	Wohnungsdienstleistungen	Verkehrsdienstleistungen	Nachrichtenübermittlung	Freizeitdienstleistungen und Dienstleistungen aus dem persönlichen Bereich	Sonstige Dienstleistungen
2005	100,0	7,5	12,0	31,0	8,6	10,3	6,3	2,9	14,6	6,6
2006	100,0	7,4	11,8	30,7	9,2	10,3	6,4	2,9	14,5	6,6

Tabelle B Ländergewichte im HVPI des Euro-Währungsgebiets

(in % des Gesamtindex)

	BE	DE	GR	ES	FR	IE	IT	LU	NL	AT	PT	FI
2005	3,3	29,0	2,7	11,4	20,7	1,3	19,2	0,3	5,2	3,1	2,1	1,6
2006	3,4	28,7	2,9	12,0	20,3	1,3	19,1	0,3	5,2	3,1	2,2	1,6

Quelle: Eurostat/EZB Monatsbericht März 2006, S. 57 – Anmerkung: Abweichungen der Summen von 100 durch Runden der Zahlen.

In den Tabellen werden die Produkt- und Ländergewichte für 2005 und 2006 einander gegenübergestellt. Ähnlich wie in den Vorjahren hatte die jährliche Aktualisierung nur einen geringen Einfluss auf die Gewichte im HVPI. Das Gewicht der Energiekomponente stieg leicht auf 9,2%, was hauptsächlich den höheren Ausgaben infolge der Energiepreissteigerung zuzuschreiben ist. Das Gewicht der Dienstleistungen insgesamt im HVPI für den Euroraum blieb mit 40,8% unverändert. Die HVPI-Ländergewichte basieren auf den in den volkswirtschaftlichen Gesamtrechnungen ausgewiesenen privaten Konsumausgaben. Infolgedessen können Änderungen der HVPI-Ländergewichte auch auf Datenrevisionen bei den volkswirtschaftlichen Gesamtrechnungen zurückzuführen sein.

5.1 HVPI, andere Preis- und Kostenziffern
(soweit nicht anders angegeben, Veränderung gegen Vorjahr in %)

1. Harmonisierter Verbraucherpreisindex

	Insgesamt					Insgesamt (saisonbereinigt; Veränderung gegen Vorperiode in %)					
	Index 2005 = 100	Insgesamt	Insgesamt ohne unverarbeitete Nahrungsmittel und Energie	Waren	Dienstleistungen	Insgesamt	Verarbeitete Nahrungsmittel	Unverarbeitete Nahrungsmittel	Industrieerzeugnisse ohne Energie	Energie (nicht saisonbereinigt)	Dienstleistungen
Gewichte in %[2)]	100,0	100,0	82,8	59,2	40,8	100,0	11,9	7,6	30,0	9,6	40,8
	1	2	3	4	5	6	7	8	9	10	11
2003	95,8	2,1	2,0	1,8	2,5	-	-	-	-	-	-
2004	97,9	2,1	2,1	1,8	2,6	-	-	-	-	-	-
2005	100,0	2,2	1,5	2,1	2,3	-	-	-	-	-	-
2006	102,2	2,2	1,5	2,3	2,0	-	-	-	-	-	-

Quelle: EZB, Monatsbericht April 2007, S. 42.

Kerninflationsraten[1] sollen den grundlegenden (längerfristigen) Preistrend abbilden.

Als Kerninflationsrate wird allgemein ein Indikator verstanden, der möglichst wenig durch vorübergehende Ereignisse beeinträchtigt wird. Eine allgemein anerkannte Definition existiert allerdings bislang nicht.

Um die Entwicklung des Geldwerts zu beurteilen, konzentriert man sich auf die jährliche Veränderung der Verbraucherpreise. Während der EZB-Rat die Preisentwicklung im Euro-Währungsgebiet am Anstieg des Harmonisierten Verbraucherpreisindex (HVPI) gegenüber dem Vorjahr misst, orientiert man sich in Deutschland in der Regel an der Jahresteuerungsrate des Verbraucherpreisindex. Ein allgemeiner Preistrend ist mit der Beschreibung und Interpretation dieser statistisch gemessenen Preisänderungsraten jedoch nicht beobachtbar. Ihre Schwankungen reflektieren häufig vorübergehende Entwicklungen, die teilweise eher zufälliger Natur sind.

Beispiel:

Preisanstieg bei saisonbedingten Nahrungsmitteln wie z.B. bei Obst oder frischem Gemüse aufgrund ungewöhnlicher Witterungsverhältnisse, Ölpreisschocks. Wenn diese Sondereinflüsse wieder abklingen, kann sich die Entwicklung des Preisniveaus wieder normalisieren.

Das Problem bei der Ermittlung der Kerninflationsraten ist, dass im Voraus nicht auszumachen ist, welche Preisänderungen als vorübergehend und welche als permanent einzustufen sind.

1 Vgl. Deutsche Bundesbank (Hrsg.), Kerninflationsraten als Hilfsmittel der Preisanalyse, Monatsbericht April 2000, S. 49ff.

10.2 Der Außenwert des Geldes

10.2.1 Begriff

Während der Binnenwert des Geldes an der einzutauschenden Gütermenge gemessen wird, verstehen wir unter dem Außenwert des Geldes das Austauschverhältnis zwischen zwei Währungen, das sich im Wechselkurs niederschlägt. Der Kurs (Wechselkurs) drückt das Wertverhältnis zwischen zwei Währungen aus.

Mengennotierung	Preisnotierung
Kurs = Menge der Auslandswährung, die man für eine Einheit der Inlandswährung erhält.	Kurs = Preis in Inlandswährung, der für eine bestimmte Menge der Auslandswährung (1, 100, 1 000) zu zahlen ist.
Anwendung in angelsächsischen Ländern und bei der Euro-Notierung	Anwendung in bestimmten Ländern außerhalb des Eurolandes
Beispiel: Im Euroland notiert der USD: EUR/USD: 1,0755 bedeutet: für 1 Euro erhält man 1,0755 USD	Beispiel: In Tokio notiert der USD: USD/JPY: 113,75 bedeutet: 1 USD kostet 113,75 japanische Yen
Gehandelte Währung → Inlandswährung	Gehandelte Währung → Auslandswährung

10.2.2 Arten der Wechselkurse

Das Austauschverhältnis zwischen zwei Währungen kann durch völlig flexible, stabile oder starre Devisenkurse ausgedrückt werden.

- **Völlig flexible Wechselkurse** sind gegeben, wenn sich der Preis für Devisen frei am Markt bilden kann. Beim „Floating" haben wir eine solche völlig flexible Wechselkursbildung (z. B. USD, CHF oder GBP).

  Das kommt auch den Verbrauchern zugute. Denn ein schwacher Euro treibt die Preise für Benzin und Heizöl in die Höhe: Rohöl wird weltweit in Dollar abgerechnet.

- **Stabile Wechselkurse** (begrenzt flexible Wechselkurse) bilden sich, wenn Devisenkursänderungen nur innerhalb bestimmter Grenzen möglich sind. Das Austauschverhältnis der einheimischen Währung wird als Parität zum Gold, zu Sonderziehungsrechten oder Fremdwährungseinheiten festgelegt. Abweichungen von der Parität werden nur innerhalb bestimmter Bandbreiten zugelassen.

Beispiel:

WKM II (vgl. Kap. 10.2.2.2).

EU-Länder 1 EUR = 7,4501 DKK (Schwankungsbreite +/– 2,25 %)

Für Dänemark wurde eine Bandbreite von +/– 2,25 % beschlossen. Bei Erreichen der Bandbreitengrenzen besteht vonseiten der Zentralbanken die grundsätzlich automatische und betragsmäßig unlimitierte Verpflichtung zu kursstützenden Interventionen.[1]

1 Estland, Litauen und Slowenien sind im Juni 2004, die Slowakei im November 2005 dem europäischen Wechselkursmechanismus beigetreten (WKM II). Slowenien hat am 01.01.2007 den Euro eingeführt.
Zielkorridore: 15 %; Estland: 1 € = 15,6466 Kronen, Litauen: 1 € = 3,4528 Litas 1 € = 38,4550 Slowakische Kronen.

Beim *Currency Board* handelt es sich um eine strenge Form der Wechselkursbindung. Die nationale Währung wird in einem festen Verhältnis gebunden an eine ausländische Währung oder einen Währungskorb (Ankerwährung). Wesentliche Merkmale der Currency-Board-Regelung sind: Gesetzliche Fixierung der Wechselkursrelation (Veränderung nur durch Gesetzesänderung!), vollständige Deckung der inländischen Geldbasis (Banknoten, Münzen, Sichteinlagen) durch Devisenreserven und weitgehende Aufgabe nationaler Geldpolitik (Einschränkung der Befugnisse der Zentralbank, z.B. im Bereich der Zinspolitik).

Beispiel:
Dschibuti, Bulgarien, Hongkong (Sonderverwaltungsregion)

- **Starre Wechselkurse** schwanken nicht. Die Zentralbanken verpflichten sich, Devisen in jeder Menge zum Paritätskurs zu kaufen oder zu verkaufen. Die Einhaltung des Paritätskurses kann auch durch Devisenkontrolle gesichert und erzwungen werden.

  Starre (absolut feste) Wechselkurse besitzen vor allem Zentralverwaltungswirtschaften mit Devisenbewirtschaftung. Feste Wechselkurse liegen auch vor, wenn Staaten ihre Währung an eine Fremdwährung (Bezugswährung) binden.

Beispiel:
Seychellen an SZR, Montenegro an den Euro.

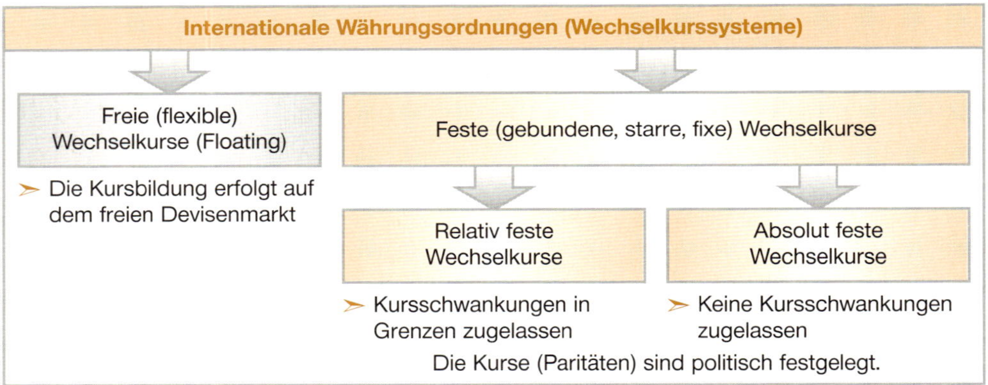

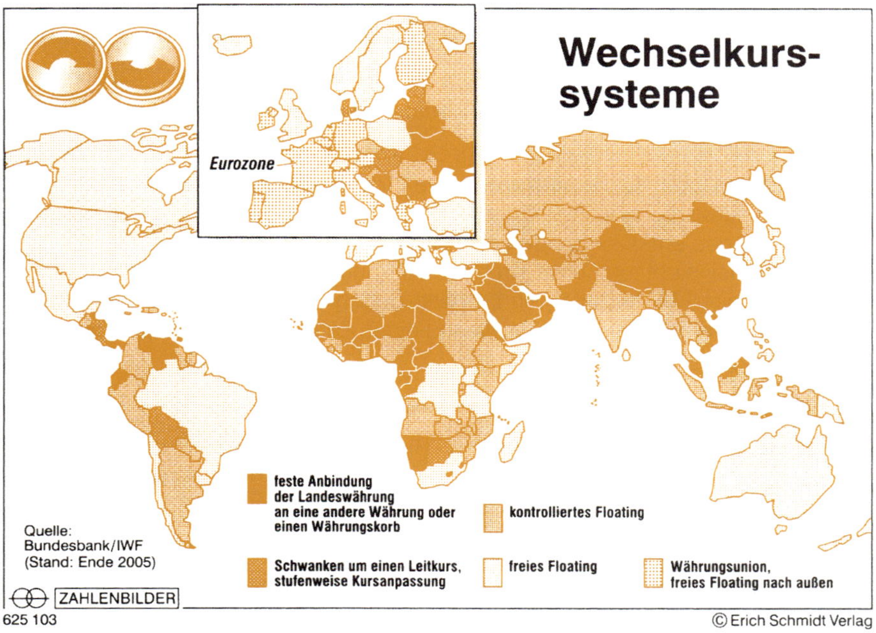

10.2.2.1 Der Internationale Währungsfonds (IWF)

Gründung. In Bretton Woods wurde im Jahr 1944 das Abkommen über den Internationalen Währungsfonds (IWF) von 44 Staaten abgeschlossen. Der IWF wurde dann 1945 offiziell mit Sitz in Washington gegründet. Die Bundesrepublik trat dem IWF im Jahre 1952 bei.

Ziele. Als wichtigste Ziele deklarierte der IWF:

- Internationale Zusammenarbeit auf dem Gebiet der Währungspolitik,
- Stabilisierung der Wechselkurse,
- freie Konvertierbarkeit der Währungen,
- Aufhebung der Devisenzwangswirtschaft,
- Schaffung von Möglichkeiten für einen ungehinderten Welthandel.

Freigabe der Wechselkurse. Da das System stabiler Wechselkurse nicht mehr zu halten war, kann aufgrund der 2. Änderung des Übereinkommens über den IWF jedes Land den Wert seiner Währung an eine frei gewählte Leitwährung oder an Sonderziehungsrechte binden, sich Gemeinschaftsregelungen – wie dem Europäischen Währungssystem – anschließen oder beliebige andere Wechselkursregelungen treffen. Eine Bindung der eigenen Währung an das Gold ist unzulässig. Das Wechselkursverhalten der Mitgliedsstaaten wird vom IWF überwacht. Manipulationen der Wechselkurse (z. B. zur Verschaffung ungerechtfertigter Wettbewerbsvorteile) sollen dadurch verhindert werden.

Der Internationale Währungsfonds (IWF) gewährt seinen Mitgliedern Kredite zur Überwindung von Zahlungsbilanzschwierigkeiten (Sonderziehungsrechte) und zur Strukturanpassung.

Am IWF ist jedes Mitgliedsland mit einer Quote beteiligt, die USA z.B. mit rund 20%, die Bundesrepublik Deutschland und Japan mit rund 6% und Frankreich und Großbritannien mit je rund 5%.

Nach den Quoten bemessen sich die Einzahlungsverpflichtungen, die Stimmrechte und die Ziehungsrechte der IWF-Mitglieder.

Ziehungsrechte in der Reservetranche. Die Reservetranche eines Landes entspricht den geleisteten Einzahlungen der Quote, sofern sie nicht in eigener Währung erbracht wurde. Hier kauft das entsprechende Land Devisen oder SZR gegen eigene Währung. Es handelt sich dabei nicht um eine Kreditgewährung, sondern praktisch nur um einen Umtausch von beim IWF hinterlegten Devisen gegen Landeswährung. Diese Mittel können ohne besonderen Nachweis bei Vorliegen eines Zahlungsbilanzdefizits beantragt werden.

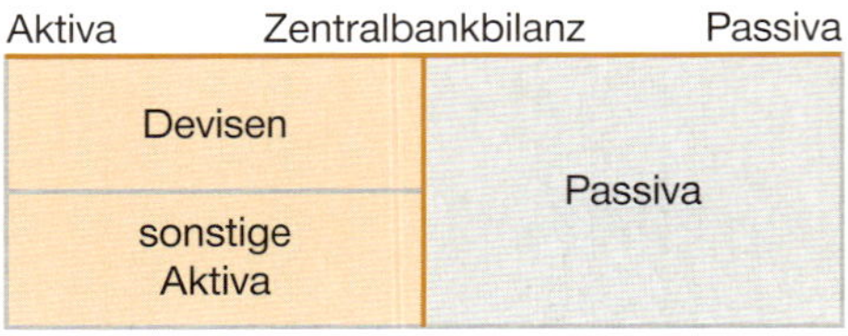

Zentralbankbilanz **vor** Entstehung der Ziehungsrechte in der Reservetranche

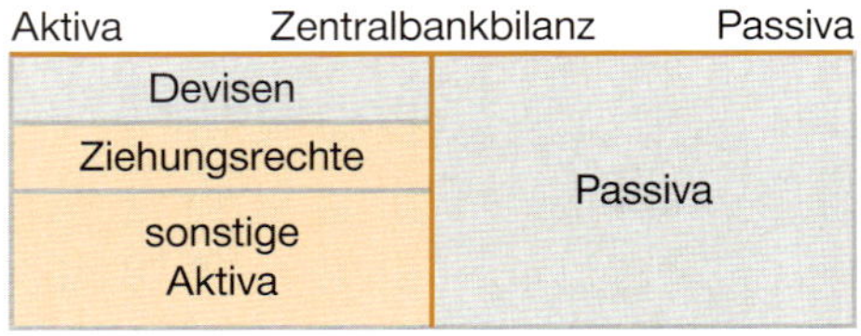

Zentralbankbilanz **nach** Entstehung der Ziehungsrechte in der Reservetranche

(vereinfachtes Beispiel)

Sonderziehungsrechte (Special Drawing Rights). Mit der Schaffung der SZR im Jahre 1967 wollte der IWF zum einen einer weltweiten Liquiditätsverknappung entgegentreten und zum anderen ein internationales Reservemittel schaffen, das von Geldwertschwankungen nicht so sehr – wie nationale Währungen – beeinflusst werden kann. Die SZR werden auf die Länder nach einem Beschluss des IWF gemäß ihrer IWF-Quote verteilt und erfordern keine besondere Einzahlung. Sie sind nicht verbrieft, sondern existieren als Buchgeld auf beim IWF geführten Konten. Die Zuteilung erfolgt nach einer Formel, in die u.a. das Bruttoinlandsprodukt, Daten der Leistungsbilanz, die Währungsreserven usw. einfließen. Die Quoten werden in unregelmäßigen Zeitabständen überprüft.

SZR sind als eine Art „Ersatzleitwährung" gedacht und stellen Ansprüche an alle Teilnehmerländer dar. Sie können z.B. von Defizitländern ohne Bedingungen in von ihnen gewünschte Währungen umgetauscht werden. Dazu wendet sich das SZR besitzende Land über seine Zentralbank an den IWF, der nun bestimmt, von welchem Teilnehmer er die benötigte Währung erhält. Es wird sich hier meist um Länder mit hohen Währungsreserven handeln. Ein Teilnehmerland braucht nicht mehr SZR anzunehmen als das Doppelte seiner eigenen SZR-Zuteilung. Diese Grenze kann jedoch freiwillig überschritten werden. Die so übernommenen SZR können wie die zugeteilten SZR bei Zahlungsbilanzproblemen eingesetzt werden, d.h. zur Beschaffung von benötigten Devisen verwendet werden.

Um über den IWF SZR zu tauschen, muss ein Zahlungsbilanzbedarf nachgewiesen werden. Seit einigen Jahren finden nur noch Transaktionen zur Beschaffung von Währung gegen SZR oder SZR gegen Währung statt, die von den Teilnehmern frei vereinbart werden. In diesen Fällen braucht der Zweck des Tausches nicht der Ausgleich der Zahlungsbilanz zu sein. Um den Bedürfnissen der Entwicklungsländer und Transformationsländer gerecht werden zu können, hat der Fonds neue Kreditfazilitäten geschaffen.

IWF-Kredite: Ziehungen, Tilgungen und ausstehende Beträge Tabelle 10

Mrd SZR

Position	2001	2002	2003	2004	2005
Ziehungen	24,6	26,6	21,1	5,0	2,7
Kredittilgungen	14,1	16,0	19,7	14,8	30,1
Netto-Ziehungen	10,6	10,6	1,4	– 9,8	– 27,4
Ausstehende IWF-Kredite nach Komponenten und Regionen 1)					
Art der Kredite bzw. Fazilitäten					
Kredittranchen 2)	34,8	46,5	49,6	42,6	20,1
Erweiterte Fondsfazilität	15,0	14,6	13,9	11,7	7,9
Kompensationsfinanzierung 3)	0,8	0,6	0,2	0,1	0,1
PRGF 4)	6,5	6,9	6,9	6,8	6,3
Sonstige	2,8	2,0	1,3	0,9	0,4
Regionale Aufgliederung 5)					
Afrika	6,2	6,1	5,5	5,1	4,2
Amerika	19,0	28,2	32,1	27,9	9,2
Asien	12,4	10,3	9,9	8,6	7,5
Europa	21,6	25,2	23,8	19,8	13,2
Naher Osten	0,6	0,6	0,6	0,8	0,7
Insgesamt	59,9	70,5	71,9	62,1	34,7
darunter:					
Außergewöhnlicher Zugang 6)	14,1	24,4	28,7	21,5	8,4

Quelle: IWF sowie eigene Berechnungen. — **1** Stand am Jahresende. — **2** Einschl. ausstehender Kredite in der Fazilität zur Stärkung der Währungsreserven (SRF). — **3** Früher: Fazilität zur Kompensations- und Eventualfinanzierung. — **4** Poverty Reduction and Growth Facility (Armutsreduzierungs- und Wachstumsfazilität). Umfasst auch die frühere Strukturanpassungsfazilität (SAF) sowie die durch die PRGF abgelöste Erweiterte Strukturanpassungsfazilität (ESAF). Die Finanzierung erfolgt aus Sondervermögen des Fonds. — **5** Abgrenzung der Regionen nach den Definitionen des IWF; zu Europa zählen demnach auch die Türkei sowie die Nachfolgestaaten der ehemaligen Sowjetunion. — **6** Überschreitung der Zugangsgrenze von 300 % der Quote.

Deutsche Bundesbank

Quelle: Deutsche Bundesbank, Geschäftsbericht 2005, S. 81.

Die Inanspruchnahme der SZR ist zu verzinsen. Der Zinssatz wird aus dem gewogenen Durchschnitt der kurzfristigen Zinsen ausgewählter Geldmarktpapiere in den USA, Deutschland, Frankreich, Japan und Großbritannien errechnet und wöchentlich neu festgesetzt. Diese Zinsen fließen an die Erwerber der SZR. Außerdem erhebt der IWF für jede seiner Dienstleistungen Gebühren, die als Prozentsatz des wöchentlichen SZR-Zinssatzes berechnet werden und der Deckung der Kosten des IWF sowie der Bildung von Reserven beim IWF dienen sollen.

Aktiva — Zentralbankbilanz — Passiva

Aktiva	Passiva
Aktiva	Passiva

Zentralbankbilanz **vor** Entstehung der Sonderziehungsrechte

Aktiva — Zentralbankbilanz — Passiva

Aktiva	Passiva
sonstige Aktiva	sonstige Passiva
SZR	Ausgleichsposten für SZR

Zentralbankbilanz **nach** Entstehung der Sonderziehungsrechte

Nimmt nun die Zentralbank Sonderziehungsrechte von einem Schuldner als Zahlungsmittel an (sie „kauft SZR an"), übersteigt der Aktivposten „Sonderziehungsrechte" den Passivposten „Ausgleichsposten für zugeteilte Sonderziehungsrechte". Der Ankauf der Sonderziehungsrechte kann durch Verminderung der Währungsreserven (z. B. Guthaben bei ausländischen Kreditinstituten) oder durch Vermehrung des Notenumlaufs bewirkt werden.

Aktiva	Zentralbankbilanz Passiva
sonstige Aktiva	sonstige Passiva
SZR	Ausgleichsposten für SZR

Zentralbankbilanz **vor** Ankauf von SZR

Aktiva	Zentralbankbilanz Passiva
sonstige Aktiva	sonstige Passiva
SZR	Ausgleichsposten für SZR

Zentralbankbilanz **nach** Ankauf von SZR

Ist die Position „Sonderziehungsrechte" kleiner als der Ausgleichsposten für Sonderziehungsrechte, so hat die Zentralbank Sonderziehungsrechte „verkauft", um sich ausländische Zahlungsmittel zu verschaffen, damit Importe finanziert werden können.

Bewertung der SZR. Zur Ermittlung des Gegenwerts einer Werteinheit der SZR in Landeswährung wendet der IWF die so genannte „Standardkorb"-Methode an.

Der Standardkorb setzt sich aus 4 Währungen zusammen. Es handelt sich um die vier wichtigsten Handelswährungen (= Währungen der Länder mit den höchsten Exporten): Yen, Euro, US-Dollar und Britisches Pfund Sterling.

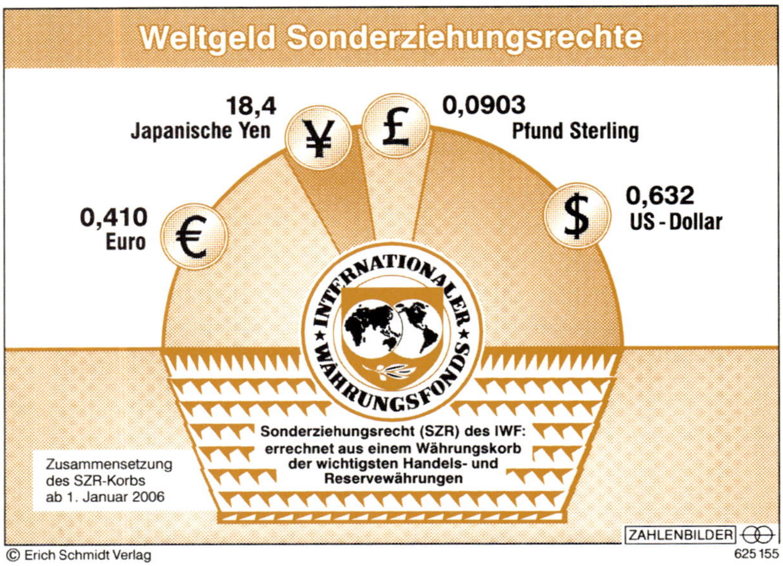

 625 155

Änderungen erfolgten zum 1. Januar 2006 anlässlich der alle fünf Jahre fälligen Revision des SZR-Korbs: Bei der Neugewichtung der **vier Korbwährungen** (US-Dollar, Euro, Yen und Pfund Sterling) berücksichtigte der IWF neben den Waren- und Dienstleistungsexporten des jeweiligen Wirtschaftsraums auch die Verwendung dieser Währungen als internationale Reservewährung. Der Euro repräsentiert nunmehr die gesamte Eurozone.

Die Gewichte der jeweiligen SZR-Korbwährungen sind:

	(a)	(b)
US-Dollar	0,632	44 %
Euro	0,410	34 %
Yen	18,4	11 %
Pfund Sterling	0,0903	11 %

Die genannten Währungsbeträge (a) werden an jedem Geschäftstag über die Marktkurse in US-Dollar-Beträge umgerechnet. Als Marktkurse werden grundsätzlich die Mittelkurse zwischen den mittags im Londoner Devisen-Kassamarkt festgestellten Ankaufs- und Verkaufskursen verwendet. Die Summe der US-$-Gegenwerte der Währungsbeträge ergibt den Wert eines SZR, ausgedrückt in US-Dollar. SZR-Werte für alle anderen Währungen werden unter Verwendung des SZR-Werts in US-Dollar über die so genannten repräsentativen Devisenmarktkurse dieser Währungen zum US-Dollar ermittelt. Für den Euro ist dies der Referenzkurs der Europäischen Zentralbank.

Die Rechnungseinheit Sonderziehungsrechte wird vom Internationalen Währungsfonds im Rahmen seiner Geschäfte als Buchführungseinheit und für alle Umrechnungen in internationale Währungen verwendet. Darüber hinaus wird die SZR-Einheit von öffentlichen und privaten Stellen des In- und Auslands verwendet.

Quelle: Deutsche Bundesbank, Devisenstatistik, Statistisches Beiheft zum Monatsbericht 5, Januar 2006.

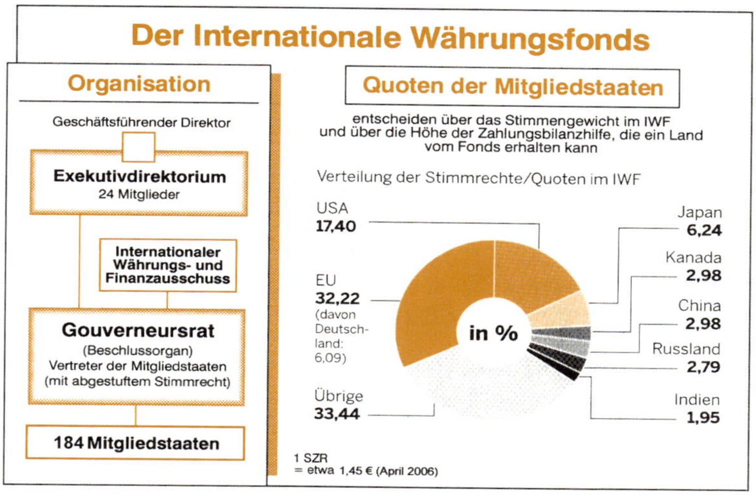

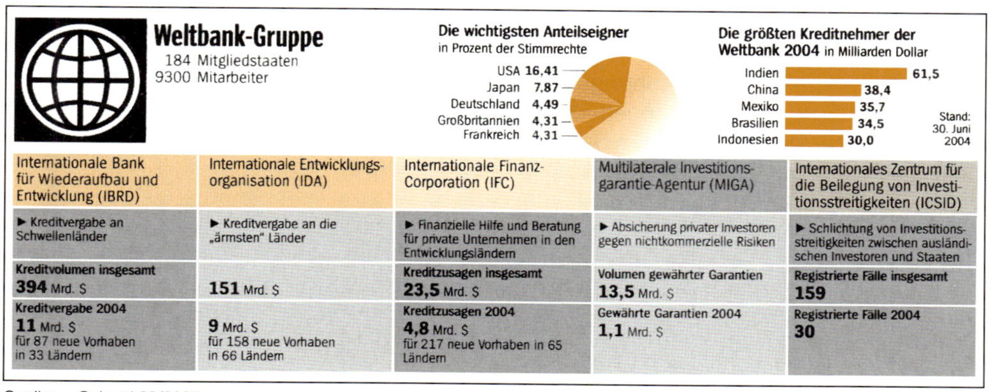

Quelle: Spiegel 22/2005.

10.2.2.2 Europäische Wirtschafts- und Währungsunion (WWU)

Die Staats- und Regierungschefs der EU haben im Dezember 1995 in Madrid den Fahrplan zur Währungsunion festgelegt. Sie trat am 1. Januar 2002 in Kraft. Sie schuf mit dem Euro eine Währung für 12 Länder.

Teilnehmer-Länder. Die Europäische Kommission hielt im März 1998 folgende Länder für tauglich, an der WWU teilzunehmen: Belgien, Deutschland, Finnland, Frankreich, Griechenland, Irland, Italien, Luxemburg, Niederlande, Österreich, Portugal und Spanien. Dänemark, Großbritannien und Schweden wollen (noch) nicht teilnehmen.

Länder, die den Beitritt zur EU bewältigt haben, können sich durch die Erfüllung der Konvergenzkriterien auch für die EWU qualifizieren. Eine Voraussetzung hierfür ist die Teilnahme am Wechselkursmechanismus des Europäischen Währungssystems (EWS II).

Voraussetzungen für die Teilnahme. Nach dem Maastricht-Vertrag hatten die Teilnehmerländer an der WWU folgenden Kriterien (auch „Maastricht-Kriterien" oder „Konvergenzkriterien"[1] genannt) zu genügen:

- Preisanstieg höchstens 1,5 Prozentpunkte über dem Preisanstieg der drei stabilsten Länderwährungen.
- Staatsverschuldung nicht höher als 60% der Wirtschaftsleistung.
- Langfristiger Zinssatz höchstens 2 Prozentpunkte über dem durchschnittlichen Zinssatz der drei preisstabilsten Länder.
- Haushaltsdefizit höchstens 3% der Wirtschaftsleistung.

Als erstes EU-Beitrittsland erfüllte Slowenien sämtliche Voraussetzungen zur Teilnahme an der Währungsunion und erhielt somit zum 1. Januar 2007 als dreizehntes Mitglied den Euro als offizielle Landeswährung an Stelle des bisherigen slowenischen Tolar.

Europäisches System der Zentralbanken (ESZB). Das ESZB besteht aus der Europäischen Zentralbank (EZB) und den nationalen Zentralbanken der Mitgliedsstaaten. Die Europäische Währungsverfassung beinhaltet als vorrangiges Ziel die Preisniveaustabilität. Die Unterstützung der Wirtschaftspolitik der Gemeinschaft darf das Stabilitätsziel nicht gefährden. Das ESZB ist bei der Wahrnehmung seiner Aufgaben unabhängig von der Weisung politischer Instanzen. Das ESZB darf keine öffentlichen Haushaltsdefizite finanzieren. Ausführliche Darstellung siehe Kap. 12.1.2.

Der Stabilitätspakt. Die Bemühungen einer Zentralbank um Geldwertstabilität bedürfen der Unterstützung der Regierungen. Um den Euro (€) zu einer möglichst stabilen Währung zu machen, hat der Europäische Rat auf seiner Tagung in Dublin am 13./14. Dezember 1996 die Grundzüge eines Stabilitätspakts beschlossen.

1 Konvergenz (lat.) = Annäherung.

Kernstück dieses Pakts ist die Verpflichtung der beteiligten Staaten auf eine dauerhafte Haushaltsdisziplin. Die Teilnehmer des Euro-Währungsgebiets müssen *Stabilitätsprogramme* vorlegen, in denen sie ihre mittelfristigen Haushaltsziele ausweisen, die voraussichtliche Entwicklung der Staatsschulden angeben und schließlich darlegen, mit welchen Maßnahmen sie die angestrebten Ziele erreichen wollen. Die Stabilitätsprogramme werden jährlich anhand der neuesten Wirtschafts- und Finanzdaten aktualisiert. Diejenigen EU-Mitgliedsstaaten, die nicht an der gemeinsamen Währung beteiligt sind, sollen *Konvergenzprogramme* mit ähnlicher Zielrichtung ausarbeiten.

Die Grundzüge der Wirtschaftspolitik (Auszug)

Nach dem „EG-Vertrag“ sollen die Mitgliedsstaaten ihre Wirtschaftspolitik so ausrichten, dass sie zur Verwirklichung der Ziele der Europäischen Union beiträgt. Zu diesem Zweck verabschiedet der ECOFIN-Rat (Wirtschafts- und Finanzminister aller EU-Staaten) seit Beginn der zweiten Stufe der Wirtschafts- und Währungsunion (WWU) alljährlich auf Grundlage einer Empfehlung der Europäischen Kommission die *Grundzüge der Wirtschaftspolitik*. Die *Grundzüge der Wirtschaftspolitik* stellen eine Reihe allgemeiner Orientierungen auf, die für alle Mitgliedsstaaten gelten. Gleichzeitig tragen die *Grundzüge der Wirtschaftspolitik* den Unterschieden zwischen den Mitgliedsstaaten Rechnung, als sie auch länderspezifische Empfehlungen enthalten.

Der Stabilitätspakt in seiner ursprünglichen Form hätte verhindern sollen, dass die Euro-Länder über ihre Verhältnisse leben und die gemeinsame Währung gefährden. Manchen Staaten erschienen die Vorgaben in Krisenzeiten jedoch als zu starr. Deshalb wurde im Jahr 2005 der Stabilitätspakt aufgeweicht. Bis dahin mussten alle EU-Länder, die gegen das Defizit-Kriterium verstießen, zumindest mit einem „blauen Brief“ (einer Warnung) aus Brüssel (von der EU-Kommission) rechnen, eventuell sogar mit einer hohen Geldstrafe. Das betraf vor allem die großen Länder. (Deutschland verfehlte z.B. 2004 mit einer Neuverschuldung von 3,9% seiner Wirtschaftsleistung bereits zum dritten Mal in Folge den vorgegebenen Rahmen.) Die so genannte „Stabilitätspakt-Reform“ von 2005 sieht nunmehr bei Verstößen gegen das Defizit-Kriterium zahlreiche mildernde Umstände vor, so dass praktisch kein Verstoß mehr zu bestrafen sein wird. Die „mildernden (straffrei bleibenden) Umstände“ zur Überschreitung des Defizit-Kriteriums sind vor allem (a) ein länger anhaltendes *schwaches Wirtschaftswachstum* und (b) *länderspezifische* (auf die Lage der einzelnen Länder bezogene) *Rechtfertigungsgründe*. Deutschland macht z.B. die Vereinigungskosten und die hohen Zahlungen an die EU geltend, Frankreich das Militär und die Entwicklungshilfe. Absetzbar ist zudem eine üppige Forschungsförderung.[1]

1 Vgl. iwd vom 31. März 2005.

13 Richard/Hartmann/Boller – ISBN 987-3-8120-0173-1

Der Wechselkursmechanismus II (WKM II) bindet die Währungen von EU-Mitgliedstaaten außerhalb des Euro-Währungsgebiets an den Euro. Da der WKM II diesen Mitgliedstaaten bei der Ausrichtung ihrer Politik auf Stabilität hilft, fördert er die Konvergenz und unterstützt somit die Anstrengungen dieser Staaten zur Einführung des Euro.

Wichtigste Regelungen für das WKM II sind:

- Die Teilnahme an diesem System ist freiwillig.
- Die Leitkurse für die nicht teilnehmenden Länder wurden auf Euro festgelegt.
- Die Bandbreiten können bis zu ± 15 % betragen. Die Festlegung engerer bilateraler Bandbreiten ist möglich.
- Die Leitkurse und Bandbreiten werden in einem gemeinsamen Verfahren unter Beteiligung der EU-Kommission, der Europäischen Zentralbank (EZB), der Minister der dem Euro-Währungsgebiet angehörenden Mitgliedsstaaten, der Minister und Zentralbankpräsidenten der dem Euro-Währungsgebiet nicht angehörenden Mitgliedsstaaten und des Wirtschafts- und Finanzausschusses festgelegt.
- Interventionen an den Interventionspunkten sollen im Grundsatz automatisch und unbegrenzt erfolgen. Dabei sollten Interventionen jedoch nur zur Verteidigung von Wechselkursen dienen.
- Die EZB kann im WKM II Interventionen aussetzen, wenn diese das Hauptziel der EZB, nämlich die Geldwertstabilität, gefährden können.

Quelle: WISU – Merkblatt Europäische Währungsunion.

Auf eigenen Wunsch hin nimmt Dänemark seit 1. Januar 1999 an diesem System teil. Für Dänemark wurde eine Bandbreite von ± 2,25 % festgelegt (vgl. S. 184).

Weitere Teilnehmer sind Estland, Lettland, Litauen, Malta, Slowakei und Zypern mit einer Brandbreite von jeweils ± 15 %.

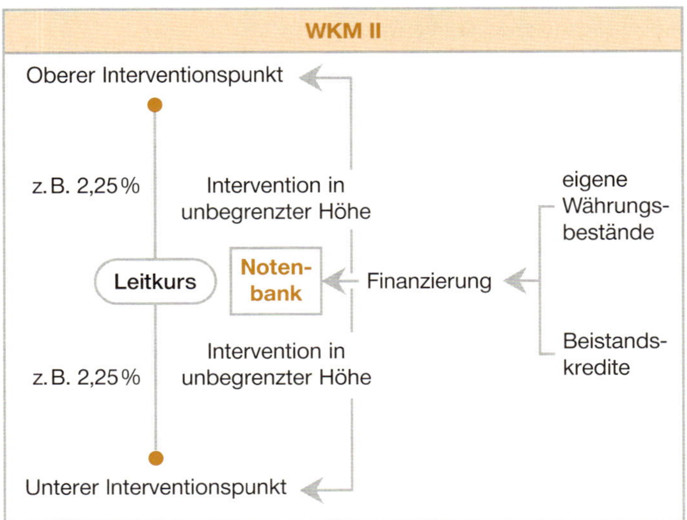

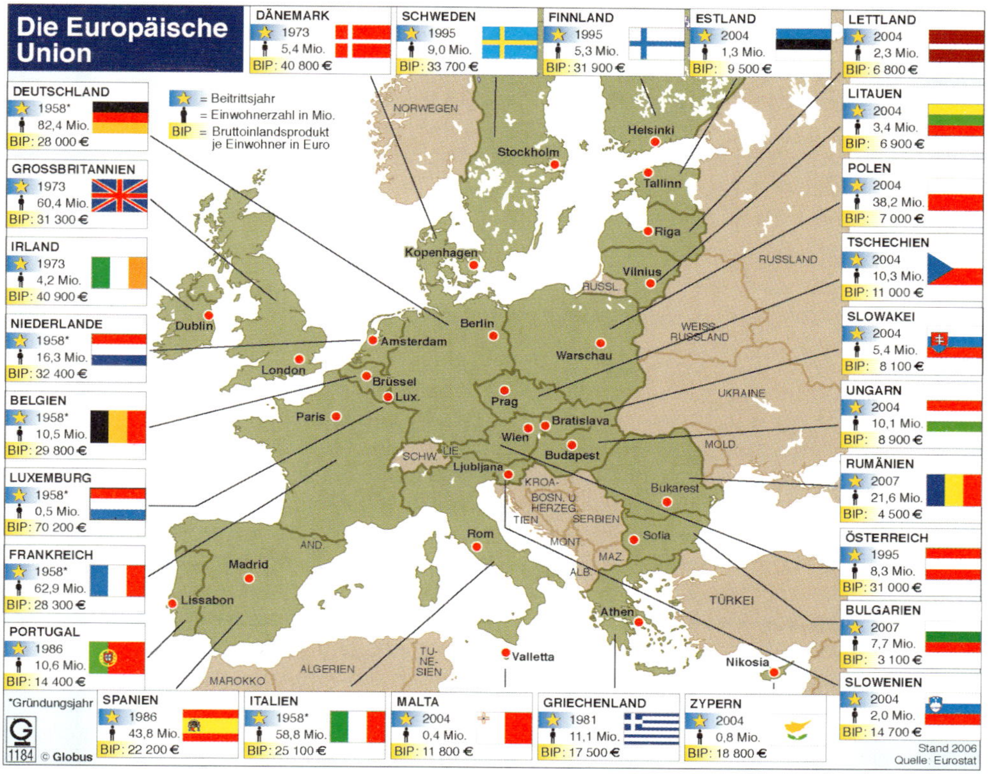

10.2.3 Auf- und Abwertung einer Währung

Die Erhöhung oder Herabsetzung des Wechselkurses gegenüber dem Wertmaß (z.B. USD, SZR, EUR) verändert den Wert der eigenen Währung zu allen anderen Währungen. Die Begriffe Auf- und Abwertung beziehen sich auf feste bzw. relativ feste Wechselkurse. Bei frei schwankenden Wechselkursen wird auch von De-Fakto-Aufwertung/-Abwertung gesprochen.

Aufwertung	Abwertung
Erhöhung des *Außenwerts* und damit der Menge eintauschbarer Güter für eine Geldeinheit ↓ bedeutet **Kurserhöhung**	**Herabsetzung** des *Außenwerts* und damit der Menge eintauschbarer Güter für eine Geldeinheit ↓ bedeutet **Kurssenkung**
Beispiel: t_1 1 Euro = 9,1476 skr t_2 1 Euro = 9,3558 skr	**Beispiel:** t_1 1 Euro = 9,1476 skr t_2 1 Euro = 9,0138 skr

10.2.3.1 Aufwertung

Ursachen einer Aufwertung können sein:

- Unterschiede in der Entwicklung der Preisniveaus von Währungsgebieten. Steigen im Fremdwährungsland die Preise schneller als im eigenen Währungsgebiet, führt das in der Regel zu einem Anstieg des Exports, während der Import aufgrund der gestiegenen Einfuhrkosten nachlässt. Die Folge sind Überschüsse in der Handelsbilanz und, wenn anderweitig kein Ausgleich erfolgt (z. B. Kapitalexporte), in der Zahlungsbilanz.
- Geld- und Kapitalzuflüsse, die teilweise angeregt werden durch die Hoffnung auf Spekulationsgewinne bei einer bevorstehenden Aufwertung oder durch das Ausnutzen von Zinsunterschieden, die sich evtl. durch Maßnahmen der Notenbanken ergeben können.

Folgen der Aufwertung müssen mit ihren Wirkungen im Fremdwährungsland und im eigenen Währungsgebiet gesehen werden. Für das Fremdwährungsgebiet als Importland bedeutet die Aufwertung eine Verteuerung der eingeführten Güter und in vielen Fällen ein Ausweichen auf gleiche oder ähnliche Güter, die nunmehr gleich teuer oder gar billiger geworden sind. Damit ist häufig ein Nachlassen der Nachfrage verbunden. Eine gleiche Entwicklung ist für die Dienstleistungen des aufwertenden Währungsgebiets (Reisen u. Ä.) festzustellen. Auf der anderen Seite ist für das Fremdwährungsgebiet der Export in das aufwertende Land günstiger, denn nunmehr kann billiger und damit wahrscheinlich auch mehr exportiert werden. Ebenso werden Dienstleistungen im eigenen Währungsgebiet günstiger angeboten, d. h., Reisen in ein Fremdwährungsland werden sich kurz nach einer Aufwertung fast immer „lohnen". Durch die Folgen der Aufwertung, so könnte man annehmen, ist das Ungleichgewicht schneller wieder ins Gleichgewicht gebracht. Aber ganz so einfach liegen die Dinge nicht. Im aufwertenden Währungsgebiet können durch ein Zurückgehen des Exports in das Devisenland und ein gleichzeitiges Zunehmen des Imports aus dem Devisenausland nachteilige Folgen für die Beschäftigung mit evtl. folgender Arbeitslosigkeit auftreten. Der Verzicht auf eine Aufwertung kann jedoch auf der anderen Seite eine importierte Inflation zur Folge haben, die in der Binnenwirtschaft für ein Steigen des Preisniveaus sorgen würde, wodurch wiederum die eigenen Güter ebenfalls teurer würden und auf diese Weise der Effekt der Aufwertung erreicht wäre, mit dem Nachteil, die Inflation im eigenen Hause zu haben.

Die erstrebten Ziele einer Aufwertung können auch in Frage gestellt werden, wenn die im eigenen Währungsgebiet ansässigen Unternehmen und Exporteure, die mit der Aufwertung verbundene Preiserhöhung im Fremdwährungsgebiet zu Lasten des eigenen Gewinns nicht weitergeben und damit den Exportanteil halten. Außerdem besteht die Möglichkeit, dass die Importeure die durch die Aufwertung erfolgten Preissenkungen für Importgüter nicht an die Konsumenten weitergeben.

Übersicht Aufwertung

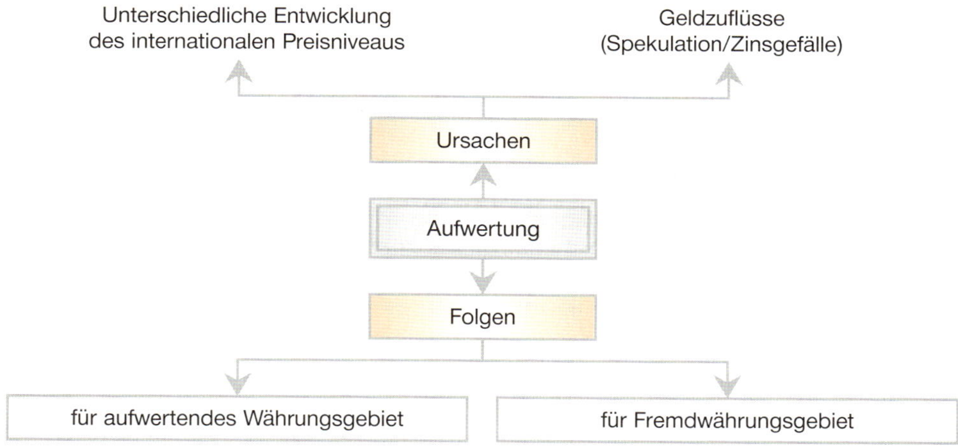

für aufwertendes Währungsgebiet

- Verteuerung der Warenexportgüter des Fremdwährungsgebiets
- Exportrückgang
- Verbilligung der Dienstleistungen des Devisenauslands
- Verbilligung der Importwaren aus dem Devisenausland
- Steigerung des Imports
- Ausgleich der Zahlungsbilanz des Währungsgebiets

für Fremdwährungsgebiet

- Verbesserung des Warenexports des Fremdwährungsgebiets
- Verteuerung und damit Rückgang des Warenimports
- Verteuerung der Dienstleistungen des aufwertenden Landes

Der Verzicht auf eine Aufwertung kann eine importierte Inflation zur Folge haben.

10.2.3.2 Abwertung

Ursachen für eine Abwertung können sein:

- Inflationstendenzen im eigenen Land;
- Entstehung von Zahlungsbilanzdefiziten durch eigene Importabhängigkeit;
- Abwanderung von Geld und Kapital ins Ausland aus Spekulationsgründen oder zur Ausnutzung von Zinsunterschieden.

Folgen der Abwertung können sein:

a) für das abwertende Währungsgebiet:
   - Steigerung des Exports in das Devisenausland durch Verbilligung der zu exportierenden Güter;
   - Rückgang des Imports aus dem Devisenausland durch Verteuerung der zu importierenden Güter;
   - Verteuerung der Dienstleistungen anderer Länder;

b) für die anderen Länder:

- Günstigere Importpreise, Steigerung des Imports;
- Erhöhung der Exportpreise (durch das neue Wechselkurs-Verhältnis) und damit (wahrscheinlich) Rückgang des Exports;
- Verbilligung der Dienstleistungen im abwertenden Land.

Ob es immer bei dem durch eine Abwertung „billiger" gemachten Währungsgebiet zu einer Exportsteigerung kommt, ist von der wirtschaftlichen Struktur des entsprechenden Währungsgebiets abhängig. Ein Währungsgebiet, das nicht über die entsprechenden Exportgüter verfügt oder aus bestimmten Gründen die Produktion nicht erhöhen kann, wird auch durch eine Abwertung nicht zu einem Exportland.

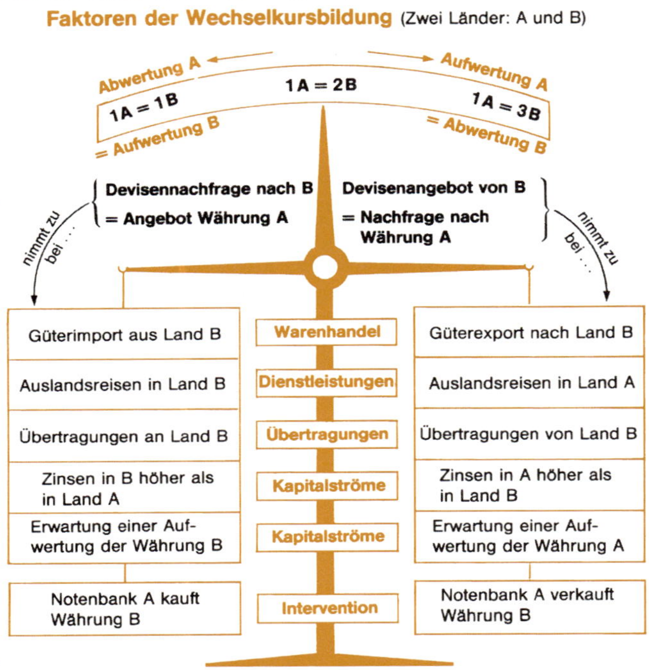

Erläuterung zur Abbildung

Die Darstellung erfolgt **aus Sicht des Landes A.** Ausgangspunkt sei ein Wechselkurs von 1 Währungseinheit A = 2 Währungseinheiten B. Die Bewohner beider Länder benötigen für Zahlungen im jeweils anderen Land dessen Währung. Sie fragen also über ihre Banken an den Devisenbörsen fremde Währung nach, indem sie eigene Währung anbieten. Solange sich Angebot und Nachfrage der beiden Währungen beim Kurs von 1 A = 2 B die Waage halten, bleibt dieser unverändert. Viele Gründe können jedoch dazu führen, dass z.B. die Bürger des Landes A mehr Währung B haben wollen als zum gegenwärtigen Kurs angeboten wird (vgl. die linke Seite der „Gewichte"). Die Nachfrage nach Währung B steigt. Dies führt zu einer Kurserhöhung von B und einer Abwertung von A, z.B. zu einem Kurs 1 A = 1 B. Auslandsgeld wird für die Bewohner von A teurer, woraus sich natürlich wieder Verhaltensänderungen ergeben werden.

Quelle: Czada, Peter; Volksdorf, Michael; Yenal, Alparslan: Wirtschaftspolitik, Opladen 1988, S. 388.

10.3 Zahlungsbilanz

10.3.1 Begriff Zahlungsbilanz

Die **Zahlungsbilanz** ist die statistische Gegenüberstellung aller grenzüberschreitenden Transaktionen[1] eines Staates (nationale Zahlungsbilanz)[2] oder eines Währungsgebiets (z. B. Zahlungsbilanz der WWU) im internationalen Kapital-, Waren- und Dienstleistungsverkehr.

Mit Hilfe der Zahlungsbilanz lässt sich ein Überblick über die grenzüberschreitenden Leistungen und Zahlungen während eines Monats und/oder eines Jahrs gewinnen. Sie stellt daher eine wichtige Unterlage für wirtschaftspolitische Entscheidungen der Regierungen und der Zentralbanken dar. Ferner dient sie als „Konjunkturindikator".[3]

10.3.2 Aufbau der Zahlungsbilanz

10.3.2.1 Teilbilanzen der Zahlungsbilanz

Die Zahlungsbilanz besteht aus verschiedenen Teilbilanzen, die von der Deutschen Bundesbank als „Kategorien der Zahlungsbilanz" bezeichnet werden.

Die „Aktivseite" der Zahlungsbilanz setzt sich aus der *Leistungsbilanz* und der „Bilanz" der *Vermögensübertragungen* zusammen.

I. Leistungsbilanz

➢ **Außenhandel**

In diesem Teil der Leistungsbilanz sind der Warenaustausch (Ex- und Import), die Lohnveredelung, bestimmte Reparaturarbeiten sowie die Lieferung von Schiffs- und Flugzeugteilen enthalten.

Die Gegenüberstellung der Im- und Exporte wird auch als „Handelsbilanz" bezeichnet. Von **aktiver Handelsbilanz** wird gesprochen, wenn die Exporte wertmäßig höher als die Importe sind. Eine **passive Handelsbilanz** liegt vor, wenn die Einfuhren die Ausfuhren übersteigen.

➢ **Dienstleistungen**

In der Kategorie Dienstleistungen werden z. B. der Auslandsreiseverkehr, Transportleistungen, Telekommunikationsleistungen, die Wertschöpfung der Versicherungen (Verwaltungsleistungen und Ertragsanteile) sowie der Transithandel erfasst.

Die Gegenüberstellung der Einnahmen und Ausgaben im Dienstleistungsbereich wird auch als „Dienstleistungsbilanz" bezeichnet. Die Dienstleistungsbilanz ist **aktiv,** wenn die Einnahmen höher als die Ausgaben sind. Sie ist **passiv,** wenn die Ausgaben die Einnahmen übersteigen.

---

1 Transaktion = wörtl. Übertragung; hier: „Geschäftsvorfall".

2 In diesem Kapitel wird die nationale Zahlungsbilanz der Bundesrepublik Deutschland behandelt.

3 Indikator = Anzeiger.

Dienstleistungsverkehr der Bundesrepublik Deutschland mit dem Ausland, Erwerbs- und Vermögenseinkommen (Salden)

Mio €

Zeit	Dienstleistungen						übrige Dienstleistungen			Erwerbseinkommen	Vermögenseinkommen (Kapitalerträge)
								darunter:			
	insgesamt	Reiseverkehr	Transport	Finanzdienstleistungen	Patente und Lizenzen	Regierungsleistungen	zusammen	Entgelte für selbständige Tätigkeit	Bauleistungen, Montagen, Ausbesserungen		
2002	– 35 728	– 35 554	+ 2 789	+ 1 424	– 1 549	+ 5 237	– 8 075	– 2 073	+ 506	– 1 416	– 16 603
2003	– 34 497	– 37 332	+ 1 833	+ 1 421	– 747	+ 5 088	– 4 761	– 1 836	+ 1 476	– 1 182	– 13 885
2004	– 29 419	– 35 302	+ 3 870	+ 1 349	– 275	+ 5 349	– 4 410	– 1 362	+ 976	– 932	+ 14 023
2005	– 28 880	– 36 317	+ 6 102	+ 1 760	– 458	+ 3 627	– 3 594	– 1 693	+ 1 128	– 1 569	+ 22 347
2006	– 23 132	– 33 505	+ 4 740	+ 2 373	– 1 563	+ 3 542	+ 1 281	– 1 844	+ 1 010	– 1 330	+ 24 303

Quelle: Deutsche Bundesbank, Monatsbericht April 2007, S. 71*.

➢ Erwerbs- und Vermögenseinkommen

Unter dieser Position der Leistungsbilanz finden sich die Arbeitseinkommen und die Kapitalerträge, die Inländern aus dem Ausland zufließen bzw. die Ausländer aus dem Inland beziehen. Der Saldo der Erwerbs- und Vermögenseinkommen ist **positiv,** wenn die Erwerbs- und Vermögenseinkommen aus dem Ausland *höher* sind als die ins Ausland geflossenen Erwerbs- und Vermögenseinkommen.

➢ Laufende Übertragungen

Laufende Übertragungen sind Geld- und Sachleistungen an das Ausland bzw. vom Ausland, denen *keine unmittelbaren* Gegenleistungen gegenüberstehen. Die Gegenüberstellung der Einnahmen und Ausgaben der laufenden Übertragungen wird deshalb auch als **„Bilanz der unentgeltlichen Leistungen“** bezeichnet.

Zu den laufenden Übertragungen rechnen u. a. die Heimatüberweisungen der Gastarbeiter, Zahlungen an internationale Organisationen wie z. B. an die EU und die UNO, Nettoprämien (Risikoprämien) der Versicherungen sowie Entschädigungszahlungen und Rückvergütungen.

II. Vermögensübertragungen

Einmalige Transfers (Übertragungen) wie z. B. Schuldenerlasse, Erbschaften, Schenkungen, Erbschaft- und Schenkungsteuern sowie Vermögensmitnahmen von Ein- und Auswanderern werden in der „Bilanz der Vermögensübertragungen“ erfasst. Auch einmalige Zahlungen der EU an die Bundesrepublik Deutschland (z. B. Zuschüsse zu Infrastrukturmaßnahmen) gehören zu den Vermögensübertragungen.

Laufende Übertragungen der Bundesrepublik Deutschland an das bzw. vom Ausland (Salden)

Mio €

Zeit	Insgesamt	Öffentlich				Privat		
			Internationale Organisationen					
		zusammen	zusammen	darunter: Europäische Gemeinschaften	sonstige laufende Übertragungen	insgesamt	Überweisungen der Gastarbeiter	sonstige laufende Übertragungen
2002	– 27 514	– 15 712	– 13 045	– 11 214	– 2 667	– 11 801	– 3 470	– 8 331
2003	– 28 283	– 18 257	– 15 428	– 13 731	– 2 829	– 10 026	– 3 332	– 6 694
2004	– 27 879	– 16 754	– 14 307	– 12 730	– 2 447	– 11 125	– 3 180	– 7 945
2005	– 28 524	– 17 655	– 16 274	– 14 724	– 1 382	– 10 869	– 2 926	– 7 943
2006	– 26 795	– 14 664	– 14 957	– 13 452	+ 293	– 12 130	– 2 927	– 9 204

Vermögensübertragungen (Salden)

Mio €

Zeit	Insgesamt	Öffentlich	Privat
2002	– 212	– 1 416	+ 1 205
2003	+ 311	– 1 238	+ 1 549
2004	+ 430	– 1 094	+ 1 524
2005	– 1 270	– 3 419	+ 2 149
2006	– 192	– 1 927	+ 1 735

Quelle: Deutsche Bundesbank, Monatsbericht April 2007, S. 71*.

III. Kapitalbilanz

Die Kapitalbilanz bildet einen Teil der „Passivseite“ der Zahlungsbilanz. Deswegen werden „Einnahmen“ auf der rechten Seite (im Haben), die „Ausgaben“ auf der linken Seite (im Soll) gebucht.

Zu den **„Ausgaben“** rechnen zunächst die **kurzfristigen Zahlungen** an das Ausland, z.B. Zahlungen mit Schecks, Wechseln und Zahlungsanweisungen. Ferner zählen zu den Ausgaben die in einer Rechnungsperiode entstandenen **Verbindlichkeiten** gegenüber dem Ausland. (Die Verbindlichkeiten können als später fällige Ausgaben definiert werden.)

Die Begleichung der Verbindlichkeiten wird im Haben der Kapitalbilanz gebucht.

Zu den „Einnahmen“ gehören die **kurzfristigen Zahlungen** aus dem Ausland und die in einer Rechnungsperiode entstandenen **Forderungen** gegenüber dem Ausland. (Die Forderungen können als später fällige Einnahmen definiert werden.)

Die Begleichung der Forderungen wird im Soll der Kapitalbilanz gebucht.

Zum Verständnis der Zahlungsbilanz genügt die Darstellung *eines* „Kontos“ für die Kapitalbilanz. Von der Deutschen Bundesbank wird hingegen eine Unterteilung der Kapitalbilanz in folgende Hauptkategorien vorgenommen: Direktinvestitionen, Wertpapieranlagen, Kreditverkehr – dieser wird in kurz- und langfristige Transaktionen untergliedert – und sonstige Transaktionen.

- **Direktinvestitionen**
  Hier werden Beteiligungen (z.B. Aktien und andere Kapitalanteile), langfristige Darlehen, kurzfristige Finanzbeziehungen verbundener Unternehmen und der grenzüberschreitende Erwerb von Immobilien erfasst.
- **Wertpapiere**
  Dieser Kategorie werden Wertpapieranlagen wie z.B. Aktien (ohne Beteiligungen), der Erwerb von Investment- und Geldmarktfonds, Geldmarktpapiere und Optionsscheine[1] zugeordnet.
- **Finanzderivate**[2]
  Finanzderivate (auch Derivate, derivative Finanzinstrumente oder Derivative genannt) sind Finanztitel, deren Börsen- oder Marktpreis von der Entwicklung des Börsen- oder Marktpreises von Wertpapieren oder von der Veränderung der Marktzinssätze abhängt. Derivative sind Rechte (keine Wertpapiere), die der Absicherung von Kursrisiken oder auch der Spekulation dienen.
- **Kreditverkehr**
  Unter diesem Posten finden sich die kurz- und langfristigen Finanzbeziehungen inländischer Unternehmen und Privatpersonen zum Ausland, die Auslandstransaktionen der Kreditinstitute und die kurz- und langfristigen Entwicklungshilfekredite.
- **Sonstige Kapitalanlagen**
  Die sonstigen Anlagen enthalten alle Kapitalzuflüsse aus dem Ausland bzw. alle Kapitalabflüsse in das Ausland, die nicht in den oben genannten Kategorien enthalten sind (z.B. Nettoprämien und Auszahlungen der Lebensversicherungen).

---

1 Optionsscheine (engl. Warrants) sind selbstständig handelbare Wertpapiere, die das Recht zum Bezug oder zur Lieferung eines so genannten „Underlying“ zu einem festen Preis und zu einem künftigen, vereinbarten Termin verbriefen. Zu den Underlyings zählen z. B. Aktien, Anleihen oder Finanzderivate.

2 Derivate (wörtl. die Abgeleiteten) leiten ihren Wert von verschiedenen Finanzgrößen wie z.B. Wertpapierkursen, Zinsen oder Aktienindizes ab.

Kapitalverkehr der Bundesrepublik Deutschland mit dem Ausland

Mio €

Position	2004	2005	2006
I. Deutsche Nettokapitalanlagen im Ausland (Zunahme/Kapitalausfuhr: –)	– 263 926	– 377 791	– 435 682
1. Direktinvestitionen 1)	– 11 942	– 44 640	– 63 311
Beteiligungskapital	+ 15 095	– 18 812	– 52 053
reinvestierte Gewinne 2)	– 13 447	– 14 511	– 18 161
Kreditverkehr deutscher Direktinvestoren	– 13 590	– 11 316	+ 6 903
2. Wertpapieranlagen	– 102 327	– 202 810	– 159 427
Aktien 3)	+ 8 974	– 17 054	+ 6 285
Investmentzertifikate 4)	– 12 149	– 43 525	– 24 426
Anleihen 5)	– 87 216	– 137 208	– 134 511
Geldmarktpapiere	– 11 935	– 5 023	– 6 775
3. Finanzderivate 6)	– 7 173	– 7 235	– 6 257
4. übriger Kapitalverkehr	– 143 955	– 125 288	– 209 621
Monetäre Finanzinstitute 7) 8)	– 121 830	– 85 768	– 207 620
langfristig	+ 5 858	– 69 964	– 71 579
kurzfristig	– 127 687	– 15 804	– 136 041
Unternehmen und Privatpersonen	– 21 417	– 20 601	– 27 469
langfristig	– 7 286	– 12 278	– 23 813
kurzfristig 7)	– 14 131	– 8 323	– 3 656
Staat	+ 2 143	+ 3 154	+ 979
langfristig	+ 49	+ 7 693	+ 7 408
kurzfristig 7)	+ 2 094	– 4 539	– 6 428
Bundesbank	– 2 851	– 22 073	+ 24 488
5. Veränderung der Währungsreserven zu Transaktionswerten (Zunahme:-)	+ 1 470	+ 2 182	+ 2 934

Mio €

Position	2004	2005	2006
II. Ausländische Nettokapitalanlagen in der Bundesrepublik (Zunahme/Kapitaleinfuhr:+)	+ 145 958	+ 258 406	+ 289 339
1. Direktinvestitionen 1)	– 7 406	+ 28 841	+ 34 172
Beteiligungskapital	+ 32 595	+ 17 928	+ 17 323
reinvestierte Gewinne 2)	– 296	+ 5 560	+ 5 751
Kreditverkehr ausländischer Direktinvestoren	– 39 704	+ 5 352	+ 11 098
2. Wertpapieranlagen	+ 116 773	+ 178 869	+ 160 626
Aktien 3)	– 13 727	+ 21 308	+ 27 500
Investmentzertifikate	+ 4 587	+ 1 100	+ 9 347
Anleihen 5)	+ 140 285	+ 159 499	+ 125 051
Geldmarktpapiere	– 14 371	– 3 038	– 1 272
3. übriger Kapitalverkehr	+ 36 591	+ 50 696	+ 94 541
Monetäre Finanzinstitute 7) 8)	+ 32 339	+ 22 456	+ 60 499
langfristig	– 10 083	– 9 830	– 11 898
kurzfristig	+ 42 422	+ 32 286	+ 72 397
Unternehmen und Privatpersonen	+ 9 936	+ 26 818	+ 35 484
langfristig	+ 6 743	+ 14 125	+ 17 517
kurzfristig 7)	+ 3 193	+ 12 693	+ 17 967
Staat	– 3 233	+ 3 526	– 154
langfristig	– 2 000	+ 2 597	+ 886
kurzfristig 7)	– 1 233	+ 929	– 1 040
Bundesbank	– 2 451	– 2 105	– 1 287
III. Saldo der Kapitalbilanz 9) (Nettokapitalausfuhr: –)	– 117 968	– 119 385	– 146 343

1 Die Abgrenzung der Direktinvestitionen ist ab 1996 geändert. — 2 Geschätzt. — 3 Einschl. Genuss-Scheine. — 4 Ab 1991 einschl. thesaurierter Erträge. — 5 Ab 1975 ohne Stückzinsen. — 6 Verbriefte und nicht verbriefte Optionen sowie Finanztermingeschäfte. — 7 Die hier ausgewiesenen Transaktionswerte sind überwiegend aus Bestandsveränderungen abgeleitet. Rein statistisch bedingte Veränderungen sind – soweit möglich – ausgeschaltet. — 8 Ohne Bundesbank. — 9 Saldo der Kapitalbilanz einschl. Veränderung der Währungsreserven.

Quelle: Deutsche Bundesbank, Monatsbericht April 2007, S. 72*.

IV. Veränderung der Währungsreserven der Bundesbank

In dieser Position werden die von der Deutschen Bundesbank angekauften bzw. von ihr verkauften Devisen ausgewiesen.

V. Saldo der statistisch nicht weiter aufgliederbaren Transaktionen (Restposten)

Ungeklärte Beträge kommen zustande durch statistische Ermittlungsfehler und statistisch nicht erfassbare Transaktionen (z. B. „Koffergeschäfte").[1]

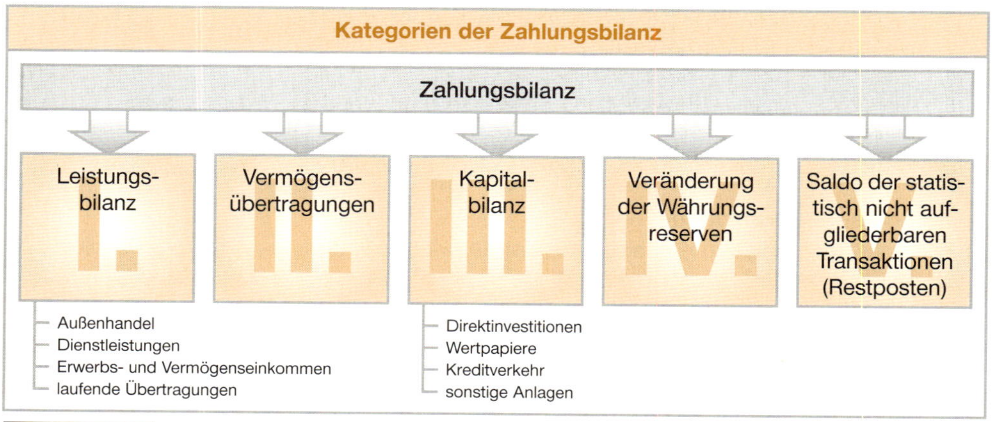

1 Siehe nachfolgendes Zahlenbeispiel.

10.3.2.2 Zusammenhang der Teilbilanzen

Den Zusammenhang zwischen den Teilbilanzen der Zahlungsbilanz sowie die Begriffe aktive und passive Leistungsbilanz oder Zahlungsbilanzdefizit und -überschuss kann man besser verstehen, wenn man anhand eines Zahlenbeispiels die „Buchungen“ in den Teilbilanzen verfolgt. Nachstehend wird daher ein (vereinfachendes) Beispiel gegeben.

Beispiel:

Das Statistische Amt eines Landes erfasst zum Zweck der Erstellung der Zahlungsbilanz folgende internationale Transaktionen:

		Inlandswährung in Mrd. GE
1.	Das Land A exportiert Waren in das Devisenausland gegen Zahlung mit Wechsel. (Die Wechsel lauten auf Fremdwährungen.)	56
2.	Die Exporterlöse (Devisen) werden teilweise bei der Zentralbank gegen Binnenwährung eingetauscht.	45
3.	Das Land A erbringt für das Devisenausland Transportleistungen gegen Zahlung mit Schecks. (Die Schecksummen lauten auf Fremdwährung.)	14
4.	Die Devisenerlöse werden vollständig bei der Zentralbank in Binnenwährung eingetauscht.	14
5.	Das Land A importiert aus dem Devisenausland Waren gegen Zahlung mit Schecks. (Die Schecksummen lauten auf Fremdwährung.)	40
6.	Die erforderlichen Devisen werden teilweise bei der Zentralbank gekauft.	36
7.	Die Inländer geben während ihrer Auslandsreisen Devisen aus.	20
8.	Die erforderlichen Devisen werden von den Kreditinstituten bei der Zentralbank gekauft.	20
9.	Warenexporte gegen langfristigen Kredit.	15
10.	Warenimporte gegen langfristigen Kredit.	12
11.	Das Land A zahlt Beiträge in Fremdwährung an die UN. (Von der Zentralbank abgerufen.)	8
12.	Land A erhält von der EU eine einmalige Zahlung in Binnenwährung zur Förderung strukturschwacher Gebiete.	3
13.	Das Land A gewährt einen Entwicklungshilfekredit in Devisen. (Von der Zentralbank abgerufen.)	6
14.	Das Land A erlässt einem Entwicklungsland Schulden.	2
15.	Inländer beziehen aus dem Ausland Zinsen, Dividenden und Arbeitseinkommen.	4
16.	Ausländer beziehen aus dem Inland Zinsen, Dividenden und Arbeitseinkommen.	1
17.	Inländische Sparer bringen Inlandsgeld ins Ausland („Koffergeschäfte“).	2

Transaktionen	Summen in Mrd. GE	Zahlungsbilanz – Aktivseite: I. Leistungsbilanz – Außenhandel		Dienstleistungen		Erwerbs- und Vermögenseinkommen		Laufende Übertragungen		II. Vermögensübertragungen		Passivseite: III. Kapitalbilanz		IV. Veränderung der Währungsreserven		V. Saldo der statistisch nicht aufgliederbaren Transaktionen (Restposten)	
		Export	Import	Einnahmen	Ausgaben	Einnahmen	Ausgaben	Einnahmen	Ausgaben	Einnahmen	Ausgaben	Ausgaben*	Einnahmen**	Ausgaben	Einnahmen	Einnahmenkorrektur	Ausgabenkorrektur
1	56	56											56				
2	45											45			45		
3	14			14									14				
4	14											14			14		
5	40		40									40					
6	36												36	36			
7	20				20							20					
8	20												20	20			
9	15	15											15				
10	12		12									12					
11	8								8					8			
12	3									3			3				
13	6								6					6			
14	2										2	2					
15	4					4							4				
16	1						1					1					
17	2											2					2
Summen		71	52	14	20	4	1		14	3	2	136	148	70	59		2
Salden			19	6			3	14			1	12			11	2	
		71	71	20	20	4	4	14	14	3	3	148	148	70	70	2	2

* Ausgaben (kurzfristig), Verbindlichkeitszugänge (langfristig) und Forderungsabgänge.

** Einnahmen (kurzfristig), Forderungszugänge (langfristig) und Verbindlichkeitsabgänge.

Aus dem Zahlenbeispiel folgt, dass die Zahlungsbilanz formal[1] immer **ausgeglichen** sein muss. Der Grund: Alle Transaktionen werden *zweimal* gebucht.

Wird in der Wirtschaftspolitik und in der Wirtschaftspresse von **unausgeglichener Zahlungsbilanz (Zahlungsbilanzungleichgewicht)** gesprochen, ist stets die **Leistungsbilanz** einschließlich der Vermögensbilanz gemeint. In diesem Sinne liegt ein **Zahlungsbilanzüberschuss** vor, wenn die Leistungsbilanz einschließlich Vermögensbilanz positiv ist (Einnahmen > Ausgaben). Ein **Zahlungsbilanzdefizit** ist gegeben, wenn die Leistungsbilanz einschließlich Vermögensbilanz negativ ist (Ausgaben > Einnahmen).

Reiner Zufall wäre, wenn *alle Teilbilanzen* ausgeglichen wären. Im Beispiel ergeben sich folgende Situationen:

1. Die Außenhandelsbilanz ist **aktiv,** weil die Exporte wertmäßig höher als die Importe sind.
2. Der Saldo der Dienstleistungen ist **defizitär** (negativ, passiv). Die Ausgaben für ausländische Dienstleistungen übersteigen wertmäßig die vom Inland für das Ausland erbrachten Dienstleistungen.
3. Der Saldo der Erwerbs- und Vermögenseinkommen ist **positiv,** weil die von Inländern aus dem Ausland bezogenen Erwerbs- und Vermögenseinkommen höher als die von Ausländern aus dem Inland bezogenen Erwerbs- und Vermögenseinkommen sind.
4. Der Saldo der laufenden Übertragungen ist **defizitär,** weil lediglich Zahlungen an das Ausland vorgenommen wurden.
5. Der Saldo der Vermögensübertragungen ist **positiv:** Die Einnahmen übersteigen die Ausgaben.
6. Die Kapitalbilanz weist einen **Überschuss** aus. Die „Einnahmen" (Forderungszugänge, Verbindlichkeitsabgänge) sind höher als die „Ausgaben" (Verbindlichkeitszugänge bzw. Forderungsabgänge).
7. Der Posten „Veränderung der Währungsreserven" zeigt ein **Defizit** (einen Fehlbetrag) in Höhe von 11 Mrd. GE, weil den der Bundesbank zugeflossenen Devisen in Höhe von 59 Mrd. GE ein Devisenabfluss von 70 Mrd. GE gegenübersteht.
8. Der Saldo der statistisch nicht aufgliederbaren Transaktionen (Restposten der Zahlungsbilanz) beträgt 2 Mrd. GE.
9. **Der Saldo der Leistungsbilanz** beträgt **2 Mrd. GE.** Er berechnet sich wie folgt: + 19 Mrd. GE (Außenhandelsüberschuss) – 6 Mrd. GE (Defizit der Dienstleistungsbilanz) – 14 Mrd. GE (Defizit aus den laufenden Übertragungen) + 3 Mrd. GE (positiver Saldo der Erwerbs- und Vermögenseinkommen).

Aus der Zahlungsbilanz ergeben sich folgende Zusammenhänge:

Leistungsbilanz	+	Vermögensübertragungen	=	Kapitalbilanz	+	Veränderung der Währungsreserven	+	Restposten

Mit den Zahlen des Beispiels:

(+ 2)	+	(+ 1)	=	(+ 12)	+	(– 11)	+	(+ 2)

1 Formal = äußerlich (Soll = Haben).

Man kann auch schreiben:

Leistungsbilanz	+	Vermögensübertragungen	–	Kapitalbilanz	–	Veränderung der Währungsreserven	–	Restposten	= 0

Mit den Zahlen des Beispiels:

(+ 2)	+	(+ 1)	–	(+ 12)	–	(– 11)	–	(+ 2)	= 0
2	+	1	–	12	+	11	–	2	= 0

Die Deutsche Bundesbank verwendet in ihren Veröffentlichungen der Zahlungsbilanz die obige Gleichung. Daher erklärt sich, dass Zugänge bei der Kapitalbilanz und bei den Währungsreserven mit einem negativen Vorzeichen (–), Abgänge hingegen mit einem positiven Vorzeichen (+) ausgewiesen werden (siehe Abbildung auf S. 207).

Das Zahlungsbilanzschema der Deutschen Bundesbank hat folgendes Aussehen (vereinfacht):

Wichtige Posten der Zahlungsbilanz

I.	Leistungsbilanz		
	1. Außenhandel		
	Ausfuhr	+	71 Mrd. GE
	Einfuhr	–	52 Mrd. GE
	Saldo	+	19 Mrd. GE
	2. Dienstleistungen		
	Einnahmen	+	14 Mrd. GE
	Ausgaben	–	20 Mrd. GE
	Saldo	–	6 Mrd. GE
	3. Erwerbs- und Vermögenseinkommen (Saldo)	+	3 Mrd. GE
	4. Laufende Übertragungen		
	Fremde Leistungen		—
	Eigene Leistungen	–	14 Mrd. GE
	Saldo	–	14 Mrd. GE
	Saldo der Leistungsbilanz	+	2 Mrd. GE
II.	Vermögensübertragungen		
	Fremde Leistungen	+	3 Mrd. GE
	Eigene Leistungen	–	2 Mrd. GE
	Saldo	+	1 Mrd. GE
III.	Kapitalbilanz (Saldo)	–	12 Mrd. GE
IV.	Veränderung der Währungsreserven	+	11 Mrd. GE
V.	Restposten	–	2 Mrd. GE

Wichtige Posten der Zahlungsbilanz

Mrd €

Position	2006 Feb.	2007 Jan. r)	2007 Feb.
I. Leistungsbilanz			
1. Außenhandel 1)			
Ausfuhr (fob)	69,9	77,4	77,6
Einfuhr (cif)	57,2	61,2	63,4
Saldo	+ 12,7	+ 16,2	+ 14,2
nachrichtlich: Saisonbereinigte Werte			
Ausfuhr (fob)	72,2	78,6	80,1
Einfuhr (cif)	59,8	62,8	66,4
2. Ergänzungen zum Außenhandel 2)	– 1,1	– 1,3	– 0,9
3. Dienstleistungen			
Einnahmen	10,3	10,9	11,4
Ausgaben	11,3	14,4	12,2
Saldo	– 1,0	– 3,6	– 0,8
4. Erwerbs- und Vermögenseinkommen (Saldo)	+ 2,7	+ 1,7	+ 2,4
5. Laufende Übertragungen			
Fremde Leistungen	0,9	0,9	0,8
Eigene Leistungen	6,1	2,7	7,3
Saldo	– 5,3	– 1,8	– 6,5
Saldo der Leistungsbilanz	+ 8,1	+ 11,2	+ 8,4
II. Vermögensübertragungen (Saldo) 3)	+ 0,3	+ 0,2	+ 0,0
III. Kapitalbilanz (Netto-Kapitalexport: –)			
1. Direktinvestitionen	– 4,7	– 5,0	– 1,4
Deutsche Anlagen im Ausland	– 7,8	– 3,7	– 6,7
Ausländische Anlagen im Inland	+ 3,1	– 1,4	+ 5,2
2. Wertpapiere	– 1,4	– 7,9	– 16,5
Deutsche Anlagen im Ausland	– 17,7	– 27,4	– 29,5
darunter:			
Aktien	– 2,2	+ 7,7	– 2,0
Anleihen 4)	– 8,1	– 22,5	– 20,4
Ausländische Anlagen im Inland	+ 16,3	+ 19,5	+ 13,0
darunter:			
Aktien	+ 9,5	– 2,7	+ 7,1
Anleihen 4)	+ 1,1	+ 15,0	+ 3,8
3. Finanzderivate	– 0,6	– 3,0	– 4,9
4. Übriger Kapitalverkehr 5)	– 6,4	+ 7,5	– 10,0
Monetäre Finanzinstitute 6)	– 8,4	+ 5,0	– 8,0
darunter: kurzfristig	– 1,0	+ 12,3	– 4,4
Unternehmen und Privatpersonen	– 0,9	+ 3,6	– 1,4
Staat	+ 9,5	+ 6,0	+ 5,6
Bundesbank	– 6,7	– 7,1	– 6,2
5. Veränderung der Währungsreserven zu Transaktionswerten (Zunahme: –) 7)	+ 1,5	– 0,5	+ 0,6
Saldo der Kapitalbilanz 8)	– 11,7	– 8,8	– 32,3
IV. Saldo der statistisch nicht aufgliederbaren Transaktionen (Restposten)	+ 3,2	– 2,6	+ 23,9

1 Spezialhandel nach der amtlichen Außenhandelsstatistik (Quelle: Statistisches Bundesamt). Ab Januar 2007 ohne Warenlieferungen zur bzw. nach Reparatur/Wartung, die bis Dezember 2006 über die Ergänzungen zum Außenhandel abgesetzt wurden. — 2 Unter anderem Lagerverkehr auf inländische Rechnung und Absetzung der Rückwaren. — 3 Einschl. Kauf/Verkauf von immateriellen nichtproduzierten Vermögensgütern. — 4 Ursprungslaufzeit über ein Jahr. — 5 Enthält Finanz- und Handelskredite, Bankguthaben und sonstige Anlagen. — 6 Ohne Bundesbank. — 7 Ohne SZR-Zuteilung und bewertungsbedingte Veränderungen. — 8 Saldo der Kapitalbilanz einschl. Veränderung der Währungsreserven.

Deutsche Bundesbank

Quelle: Deutsche Bundesbank, Monatsbericht April 2007, S. 13.

10.3.3 Die besondere Bedeutung der Handelsbilanz

Der Außenhandel ist der wichtigste Teil der außenwirtschaftlichen Beziehungen[1] einer Volkswirtschaft bzw. einer Wirtschaftsgemeinschaft. Aus der Sicht der Bundesrepublik Deutschland sowie der Mitgliedsländer der *Europäischen Union (EU)* umfasst der Außenhandel den gewerbsmäßigen Güteraustausch (Sachgüter, Dienstleistungen, Rechte) mit *Drittländern* (Länder, die nicht der EU angehören) sowie den Transithandel.

Der EU-Binnenhandel besteht aus dem *innergemeinschaftlichen Erwerb* (Käufe aus Mitgliedsländern) und den *innergemeinschaftlichen Lieferungen* (Verkäufe an Mitgliedsländer).

Wichtige Ausfuhrgüter der Bundesrepublik Deutschland sind Fertigwaren wie z. B. Werkzeugmaschinen, Kraftfahrzeuge, feinmechanische Geräte, Glas- und Lederwaren sowie

1 Was alles zu den außenwirtschaftlichen Beziehungen zählt, wird auch im Kap. 10.3.2.1 (Zahlungsbilanz) behandelt.

Halbwaren wie z.B. Gießerei- und Walzwerkerzeugnisse oder Chemikalien. Die Ausfuhr von Rohstoffen (z.B. Kohle, Kali, Tonerde) und von Nahrungs- und Genussmitteln (z.B. Fleischwaren, Geflügel, Wein) ist im Rahmen der Gesamtausfuhr hingegen von geringer Bedeutung.

Wichtige Einfuhrgüter der Bundesrepublik Deutschland sind neben den Halb- und Fertigwaren Rohstoffe (z.B. Erdöl, Eisenerz, Steine und Erden, Rohphosphate) und Nahrungsmittel (z.B. Weizen, Mais, Gemüse, Südfrüchte, Kakao, Ölfrüchte, Kaffee, Rohtabak, Wein).

Der internationale Handel wird durch „offene Grenzen" gefördert. Der Wegfall von „Handelsschranken" wie Zölle, mengenmäßige Export- und Importbeschränkungen (Kontingentierungen) sowie technischen Hemmnissen (z.B. unterschiedliche technische Normen, Prüfverfahren, Sicherheitsvorschriften) kommt allen Handelspartnern zugute, wie das Beispiel der EU zeigt.

Die Bedeutung des Warenhandels der Bundesrepublik Deutschland nahm in den Jahren nach dem Zweiten Weltkrieg laufend zu. Der Saldo zwischen Warenexport und Warenimport war ständig positiv (Warenexport > Warenimport).

Für die Bundesrepublik Deutschland ist eine aktive Handelsbilanz nicht nur deshalb wichtig, um die notwendigen Rohstoffeinfuhren, sondern auch die Defizite (Fehlbeträge) aus der passiven Dienstleistungsbilanz und Übertragungsbilanz finanzieren zu können.

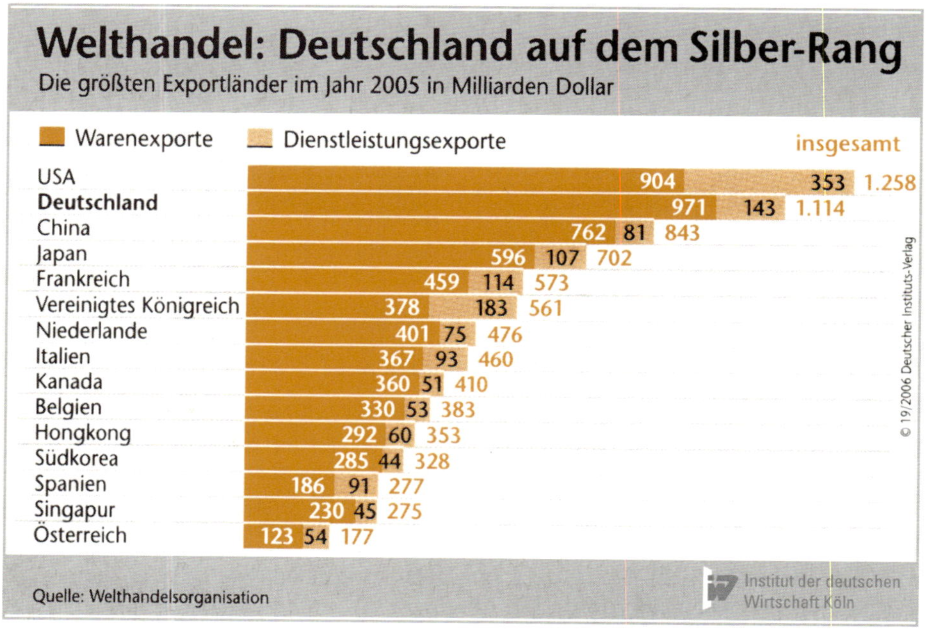

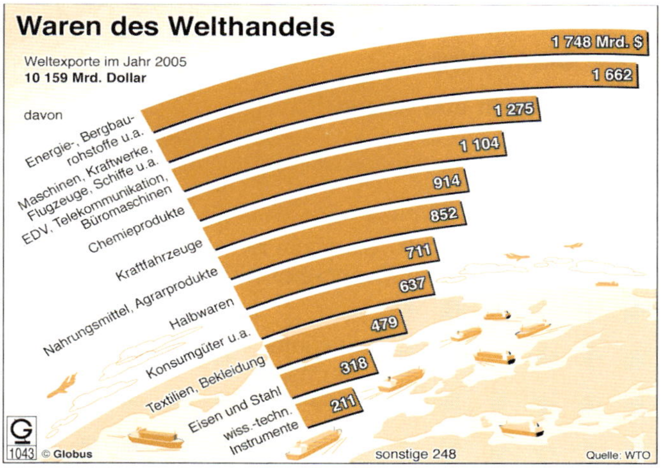

Globalisierung ist keine Entwicklung des letzten Jahrhunderts. Der Handel über die Grenzen wird seit Jahrtausenden praktiziert. Damals waren es Gewürze, edle Stoffe und Metalle, die von reisenden Händlern auf oft abenteuerlichen Wegen in andere Teile der Welt transportiert wurden. Heute ist das Spektrum weltweit angebotener Produkte kaum noch überschaubar. Im Jahr 2005 wurden Waren für mehr als zehn Billonen Dollar rund um den Globus gehandelt. „Exportschlager" waren dabei mit 1,7 Billionen Dollar Energieträger und Rohstoffe. Vor allem die Verteuerung von Öl und Gas hat dazu geführt, dass Maschinen, Kraftwerke, Flugzeuge und Schiffe auf den zweiten Platz abrutschten (1 662 Mrd. Dollar). Mit dem Export von Computern, Telefonen und Bürogeräten wurden weltweit 1 275 Mrd. Dolllar umgesetzt.

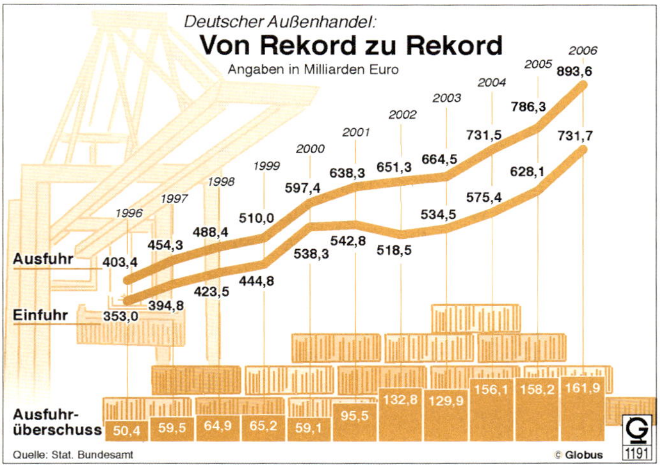

Drei Rekordwerte verzeichnete der Außenhandel des Jahres 2006: Die Einfuhren stiegen auf den Höchstwert von 893,6 Mrd. Euro (ein Anstieg von 14 % gegenüber dem Vorjahr). Noch stärker stiegen die Einfuhren. Insgesamt importierten deutsche Unternehmen und Händler Waren im Wert von 731,7 Mrd. Euro. Und auch der Außenhandelsüberschuss erreichte mit 161,9 Mrd. Euro einen neuen Rekord. Insgesamt wurden also mehr Waren exportiert als eingeführt. Das beflügelte die heimische Wirtschaft: Die Außenwirtschaft gilt als Zugpferd für die positive Konjunkturstimmung, die zurzeit in Deutschland vorherrscht. Wie in den letzten Jahren gingen auch im vergangenen Jahr die Exporte zu einem großen Teil in die EU-Mitgliedsländer (556 Mrd. Euro oder 62 %). Umgekehrt kamen 63 % der Importe aus der EU.

14 Richard/Hartmann/Boller – ISBN 987-3-8120-0173-1

10.4 Geldwertstörungen

10.4.1 Die Inflation

10.4.1.1 Begriff und Wesen

> Inflation = Vermehrung des Geldumlaufs über den volkswirtschaftlichen Bedarf hinaus.
> (inflare = aufblähen)

Inflation nennen wir die Situation, die durch die Veränderung des Gleichgewichts von Güternachfrage und Güterangebot hervorgerufen wird und sich in der Steigerung des Preisniveaus ausdrückt.

Gründe für das Entstehen einer Inflation können auf der Angebotsseite und auf der Nachfrageseite liegen. Man spricht deshalb von:

angebotsinduzierter[1] Inflation	und	nachfrageinduzierter Inflation
↓		↓
Die Anbieter rechnen gestiegene Herstellungs- oder Beschaffungskosten oder zusätzliche Gewinne unabhängig von der Güternachfrage in die Güterpreise ein.		Die gesamtwirtschaftliche Nachfrage übersteigt das gesamtwirtschaftliche Güterangebot.
↓		↓
Preissteigerung		Preissteigerung

Die Ursache für eine angebotsinduzierte Inflation liegt u. a. darin, dass das Angebot aufgrund steigender Kosten zunimmt (jede denkbare Angebotsmenge muss zu höheren Preisen angeboten werden). Ist die Nachfrage nicht vollkommen elastisch, steigen die Preise bei zurückgehender Absatzmenge (bei zurückgehender Beschäftigung).

Die Ursache für eine nachfrageinduzierte Inflation liegt darin, dass die Wirtschaft nicht in der Lage ist, der erhöhten Nachfrage in kurzer Zeit mit einem erhöhten Angebot zu begegnen. Das ist beispielsweise im Stadium der Vollbeschäftigung der Fall.

10.4.1.2 Arten der Inflation

Unterscheidung nach Entstehungsbereichen

a) Angebotsinduzierte Inflationsarten

- **Rohstoffkosteninflation.** Steigende Rohstoffkosten führen, wie wir in der Vergangenheit gesehen haben, zu Preissteigerungen. (Die Ölkrise brachte hohe Einkaufspreise für Öl und damit ein Ansteigen der Energiekosten.)

1 Induzieren = einleiten, verursachen.

- **Lohnkosteninflation.** Je nach Machtverhältnissen ist es möglich, dass die Gewerkschaften Lohn- und Gehaltsforderungen durchsetzen, die über dem Produktivitätszuwachs liegen. Die Unternehmen ihrerseits wälzen die erhöhten Lohnkosten über die Preise auf die Nachfrager ab.

  Die Folge der auf die Preise überwälzten Kosten werden i.d.R. erneute, höhere Lohnforderungen der Gewerkschaften sein, die dann wieder durch höhere Preisforderungen der Unternehmer beantwortet werden. Ein solches Abwechseln von Lohn- und Preisforderungen bezeichnet man als „Lohn-Preis-Spirale“ oder „Preis-Lohn-Spirale“, je nachdem, wen man als Verursacher der Spirale ansieht.

- **Zinskosteninflation.** Die Verringerung des Geldwerts durch eine Inflation führt oft zu einer Erhöhung der Zinssätze. Darunter haben besonders die Unternehmen zu leiden, die auf Kredite angewiesen sind. Die Zinskosten werden über die Preise an die Nachfrager weitergegeben.

- **Gewinninflation.** Eine Inflation, die von der Nachfrageseite ausgeht, bedeutet im Allgemeinen Gewinnerhöhungen für die Unternehmen, da die „andere Seite“ meist mit den neuen Forderungen hinterherhinkt. Eine Gewinninflation liegt aber nur dann vor, wenn der Gewinn der Unternehmer auch gleichzeitig die Inflation auslöst. Das kann der Fall sein, wenn
  - die Preiserhöhung nicht Folge einer erhöhten Nachfrage ist, sondern wegen eines Mehrgewinns vorgenommen wird,
  - die Preiserhöhung bei erhöhter Nachfrage oder Kostensteigerung unverhältnismäßig höher ausfällt,
  - die Preiserhöhung durch die Fixkostensteigerung bei abnehmender Beschäftigung (und zunehmender Arbeitslosigkeit) so ausfällt, dass die Unternehmen den gleichen prozentualen Gewinnsatz wie vorher erzielen.

b) Nachfrageinduzierte Inflationsarten

- **Staatsinflation.** Stehen dem Staat nicht genügend Steuereinnahmen zur Finanzierung seiner Vorhaben zur Verfügung, wird er versuchen, Kredite bei der Notenbank aufzunehmen. Wird nur mehr Einkommen geschaffen, aber keine Erhöhung des Güterangebots erreicht, führt dieses Vorgehen zu einer Inflation. Paradebeispiel für ein solches Vorgehen sind Aufrüstungen und Kriege. In Friedenszeiten können sowohl zusätzliche Investitionen als auch verstärkte Sozialleistungen (soweit kreditfinanziert) zu einer inflatorischen Entwicklung beitragen.

- **Konsuminflation.** Von einer Konsuminflation sprechen wir, wenn private Haushalte durch Sozialleistungen des Staates, durch Kreditaufnahme bei den Banken oder durch Lohnerhöhungen über den Produktivitätszuwachs hinaus in die Lage versetzt werden, die Nachfrage gegenüber dem Güterangebot erheblich zu erhöhen. Dabei wird Vollbeschäftigung unterstellt.

- **Investitionsinflation.** Wir sprechen auch von einer Investitionsinflation, wenn Unternehmer aus günstigen Zukunftserwartungen heraus Investitionen vornehmen, die weit über den Möglichkeiten der Investitionsgüterindustrie liegen und damit auf dem Investitionsgütermarkt zu Preiserhöhungen beitragen, die auf den Konsumgütermarkt übertragen werden.

- **Importierte Inflation.** Wie der Begriff schon sagt, hängt diese Form der Inflation mit dem Ausland und dem Außenhandel zusammen. Wir unterscheiden dabei zwei Ursachen:

  1. Durch Exportüberschüsse entstehen Zahlungsbilanzüberschüsse. Dem Zustrom von Geldern aus dem Ausland steht keine Erhöhung des Güterangebots im Inland gegenüber. Besteht dazu noch ein höheres Zinsniveau als im Ausland, zieht der höhere Zins fremdes Kapital an und erhöht damit die Zahlungsbilanzüberschüsse. Diese beiden Ereignisse können einzeln oder zusammen auftreten.
  2. Dieser Effekt kann eine Verstärkung erfahren, wenn im Ausland inflationäre Tendenzen herrschen. Der Inland-Produzent kann daraufhin sein Auslandsangebot zu Lasten des Inlandsangebots erweitern oder im Inland durch Preiserhöhungen gleiche Erträge wie im Ausland erzielen wollen. Zudem wäre noch eine Exportausweitung durch Ausweitung der Kapazität mit Voll- oder Überbeschäftigung möglich. Das Ergebnis zeigt sich auch hier wieder in einer Geldvermehrung im Exportland, hervorgerufen durch das Ungleichgewicht von Export und Import.

Unterscheidung nach der Erkennbarkeit

- **Offene Inflation.** Bei der offenen Inflation ist der Geldentwertungsprozess erkennbar, weil die Preise sichtbar ansteigen.

  Die Erwartung steigender Preise führt beim Verbraucher zu steigender Nachfrage und beim Unternehmer zur Zurückhaltung von Waren. Warenverknappung und Steigerung der Umlaufgeschwindigkeit des Geldes führen zu einem Prozess ständig sich steigernder Geldentwertung.

- **Verdeckte Inflation.** Bei der verdeckten Inflation werden lediglich die Symptome der offenen Inflation durch staatliche Maßnahmen beseitigt. Der Preisanstieg wird durch Preisstopp verdeckt, der das Steigen der Preise unterbindet.

  Der Güterverknappung begegnet man durch Rationierung der Güter und Produktionsauflagen.

  Der Nachfrageüberhang lässt sich durch die genannten Maßnahmen nicht beseitigen.

  Es bilden sich „Schwarzmärkte“, auf denen sich – entgegen den staatlichen Vorschriften – die Preise frei bilden.

Unterscheidung nach der Geschwindigkeit der Geldentwertung

- **Schleichende Inflation.** Die schleichende Inflation ist durch ständige geringfügige Preissteigerungen gekennzeichnet. Der Umfang der Geldentwertung ist demnach relativ gering.

  Schleichende Inflation ist eine typische Erscheinung unserer Zeit.

- **Galoppierende Inflation** (Hyperinflation) ist gegeben, wenn die Geldentwertung schnell innerhalb kurzer Zeiträume erfolgt.

Übersicht der Inflationsarten			
Unterscheidungsmerkmale	Inflationsarten		
Entstehungsbereiche	angebotsinduziert	Rohstoffkosteninflation Lohnkosteninflation Zinskosteninflation Gewinninflation	
	nachfrageinduziert	Staatsinflation Konsuminflation Investitionsinflation Importierte Inflation	
Erkennbarkeit	Offene Inflation Verdeckte Inflation		
Geschwindigkeit der Geldentwertung	Schleichende Inflation Galoppierende Inflation		

10.4.1.3 Wirkungen der Inflation

Die Wirkungen der Inflation zeigen sich sowohl auf der Angebotsseite als auch auf der Nachfrageseite.

- **Die Wirkungen auf die Unternehmen.** Im Allgemeinen steigen zunächst die Gewinne, da meistens die Kosten für Löhne und Gehälter sowie die Kosten für Güter und Leistungen, die von öffentlichen Institutionen bezogen werden – Wasser, Energie, Frachtkosten der DB Cargo – mit einer zeitlichen Verzögerung angehoben werden.

  Steigende Preise, verbunden mit Einnahmesteigerungen, veranlassen die Unternehmen, mehr zu investieren und zu produzieren. Das gilt aber nur so lange, wie die Kapazitätserweiterung mehr Einnahmen bringt. Sollten die Kostenpreise schneller als die Absatzpreise steigen oder lässt gar die Nachfrage nach, werden die Unternehmen Kapazitätseinschränkungen vornehmen und das bedeutet in der Regel Entlassungen von Arbeitskräften.
- **Die Wirkungen auf die privaten Arbeitnehmerhaushalte.** Für die Arbeitnehmer bedeutet die Inflation in erster Linie ein Sinken der Kaufkraft, ein Sinken ihres realen Einkommens. Den Verlust werden sie durch Lohn- und Gehaltsforderungen wieder wettzumachen versuchen. Das geschieht i. d. R. mit einer zeitlichen Verzögerung, da die Tarifverträge meist über feste Laufzeiten abgeschlossen werden, während die Unternehmen bei Preiserhöhungen keine bestimmten Fristen abzuwarten brauchen. Ein weiterer Nachteil liegt darin, dass auch die Sparguthaben an Wert verlieren, wenn die gewährten Zinsen nicht den Kaufkraftverlust decken.

Typisch für die Inflation ist die Flucht in die Sachwerte, um die Geldwertverschlechterung zu vermeiden.

Besonders benachteiligt sind in der Inflation die Festbesoldeten, da ihr Einkommen in der Regel nicht in gleichem Maße steigt wie der Geldwert sinkt.

Die Stellung des Schuldners ist günstiger als die des Gläubigers, da er seine Schulden mit „schlechterem" Geld zurückzahlt.

Arten der Inflation	Erläuterung
Staatsinflation	Staat führt Investitionen durch, schafft mehr Einkommen, aber zunächst keine Erhöhung des Güterangebots, weil Investitionseffekte erst später wirksam werden.
Konsuminflation	Haushalte erhöhen durch Mehreinnahmen die Nachfrage gegenüber dem Angebot.
Investitionsinflation	Unternehmer erhöhen Nachfrage auf Investitionsgütermarkt, Preiserhöhungen schlagen auf Konsumgütermarkt durch.
Kosteninflation	Preiserhöhung → Lohnerhöhung über Produktivitätszuwachs → Preiserhöhung (Lohnkosten).
Gewinninflation	Unternehmen nutzen Gewinnmöglichkeiten ohne Kostendruck aus.
Importierte Inflation	a) Günstiges Zinsniveau zieht Auslandsgelder an. b) Inflationäre Tendenzen aus dem Ausland werden durch Exportausweitung ins Inland übertragen.
Offene Inflation	Sichtbarer Geldentwertungsprozess.
Verdeckte Inflation	Beseitigung der Inflationssymptome; Preisstopp und Rationierung.
Schleichende Inflation	Ständige geringfügige Preissteigerungen.
Galoppierende Inflation	Schnelle Geldentwertung innerhalb kurzer Zeiträume.

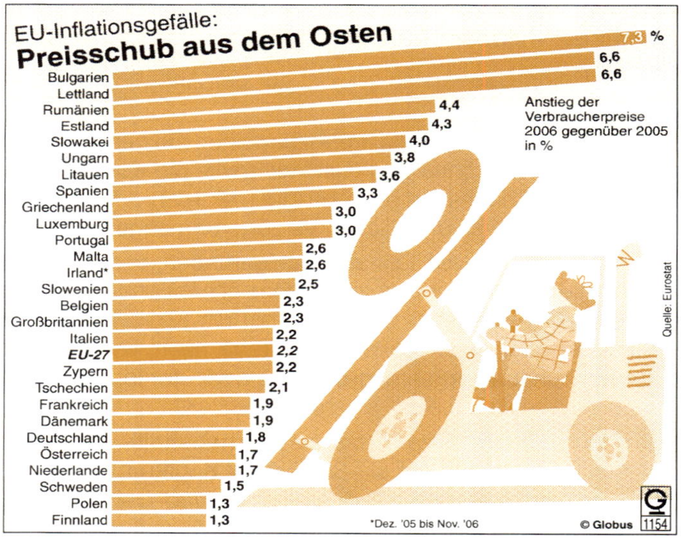

Die Euro-Zone hat wegen hoher Energiepreise im sechsten Jahr in Folge ihre Preissteigerung nicht in den Griff bekommen. Die durchschnittliche Inflationsrate lag 2006 wie in der EU-27 insgesamt bei 2,2%. Nur bei einer Inflationsrate von knapp unter 2% sieht die Europäische Zentralbank (EZB) auf mittlere Sicht die Preisstabilität gewahrt. Um dem weiteren Preisauftrieb vorzubeugen, hatte die EZB im Dezember 2006 den Leitzins auf 3,5% angehoben. Für 2007 wird mit weiteren Zinsschritten gerechnet. Deutschland schnitt 2006 mit einer Steigerung der Verbraucherpreise um 1,8% besser ab als viele andere Euro- und EU-Länder. Am unteren Ende der Skala rangiert Finnland mit 1,3%, unter den übrigen Euro-Ländern liegt Spanien infolge der stark angestiegenen Immobilienpreise mit einem Inflations-Plus von 3,6% ganz vorn. Mit weit höheren Inflationsraten haben die EU-Neulinge zu kämpfen: In Rumänien zogen die Verbraucherpreise im Jahr 2006 um 6,6% an, in Bulgarien sogar um 7,3%. Für die Jahre 2007 und 2008 rechnen die EZB und die EU-Kommission mit Inflationsraten von durchschnittlich jeweils um die zwei Prozent.

10.4.2 Die Deflation

Das Gegenteil der Inflation ist die Deflation.

Deflation =	kaufkräftige Nachfrage ist geringer als gesamtes Angebot an Gütern (oder = Unterversorgung der Volkswirtschaft mit Geld).

Die Deflation ist gekennzeichnet durch *anhaltenden* Rückgang des allgemeinen Preisniveaus (gemessen an einem Preisindex). Es ist nicht eindeutig bestimmt, bei welcher Änderungsrate des Preisniveaus von Deflation gesprochen wird. Preisniveaustabilität wird aufgrund von Messungenauigkeiten bei Inflationsraten von 1–2 % angenommen.

Ursachen. Auslöser und Verstärker einer Deflation können monetäre und realwirtschaftliche Faktoren sein. Deflatorische Impulse können z. B. folgende Ursachen haben: restriktive Geldpolitik, rigorose Finanzpolitik (Nachfrageausfall auf den Gütermärkten) auf der Nachfrageseite und sinkende Lohnstückkosten oder auch sinkende Stückgewinne (verschärfter Wettbewerb) auf der Angebotsseite. In der Regel wirken mehrere Ursachen zusammen.

Auf der Angebotsseite können Kapazitätsausweitungen, vorgenommen in falscher Einschätzung der wirtschaftlichen Entwicklung, und zu hohe Importe zu deflatorischen Entwicklungen führen.

Auf der Nachfrageseite kann die deflatorische Lücke dann noch verstärkt werden, wenn die privaten Haushalte ihre Ausgaben für Konsumgüter einschränken, weil sie plötzlich besonderen Sparwillen an den Tag legen oder weil die Kreditinstitute nicht mehr so viele Kredite geben können. Große Kapitalexporte aufgrund eines günstigen ausländischen Zinsniveaus wirken ebenso deflationsfördernd wie Sparprogramme der öffentlichen Hand. Die Deflation in Deutschland in den Jahren 1930–1933 wurde u. a. durch eine drastische Kürzung der Staatsausgaben und dabei auch der Löhne und Gehälter hervorgerufen. Als Folge der staatlichen Maßnahmen reichte das Geldvolumen nicht mehr aus, das bestehende Preisniveau zu halten.

Wirkungen. Die Gefahren, die eine Deflation mit sich bringt, sind ungleich größer als die einer Inflation. Nachlassender Nachfrage begegnen die Unternehmen mit dem Aussetzen der Investitionen und dem Abbau von Lagervorräten. Das führt zu geringerer Nachfrage auf dem Investitionsgütermarkt und bei den Zulieferern. Man beginnt mit der Entlassung von Arbeitskräften, deren Einkommen geringer wird. Das ist gleichbedeutend mit geringerer Nachfrage. So kann es sehr bald zu Massenarbeitslosigkeit kommen, die nicht ohne Folgen auf das gesellschaftliche und politische Leben bleibt (Gefahr politischer Radikalisierung).

Ein gewisses Deflationsrisiko besteht, wenn z. B. die Zentralbanken bei der Verfolgung des Ziels der Preisniveaustabilität über das Ziel hinausschießen. Ferner wirkt die Konsolidierung der öffentlichen Haushalte deflationär. Der verschärfte Wettbewerb (Globalisierung/Privatisierung) schränkt die Gewinnmargen ein. Außenwirtschaftliche Faktoren wie z. B. billige Importe können Deflationstendenzen verstärken. Diese Faktorenanalyse ist jedoch umstritten!

Allerdings sind weder die Inflation noch die Deflation Ereignisse, denen man nicht entgehen kann. Sowohl den Zentralbanken als auch den Regierungen stehen Mittel zur Verfügung, mit deren Einsatz diese Tendenzen bereits frühzeitig bekämpft werden und damit in ihren Folgen gemildert werden können (siehe Kap. 12).

Disinflation. Die Deflation darf nicht mit der so genannten Disinflation (auch Desinflation genannt) verwechselt werden. Disinflation liegt vor, wenn die Inflationsraten (Preissteigerungsraten) über mehrere Perioden (z. B. Jahre) hinweg sinken.

Wiederholungs- und Vertiefungsaufgaben zu Kapitel 10

1. Definieren Sie den Begriff Geldwert!

2.

	G	U	H	P
Situation 1	250	5	50	?
Situation 2	275	4	40	?

a) Ermitteln Sie das jeweilige Preisniveau!

b) Geben Sie an, wie sich die einzelnen Größen der Situation 2 gegenüber der Situation 1 geändert haben!

c) Wie hat sich die Kaufkraft verändert?

3. Gibt die Verkehrsgleichung ein Patentrezept zur Erhaltung der Geldwertstabilität? (Begründung!)

4. Wie kann man den Geldwert messen?

5. Welche Faktoren verhindern den exakten Vergleich der zu verschiedenen Zeitpunkten (Jahren) erfolgten Geldwertmessung?

6. Weshalb ermittelt man den Verbraucherpreisindex und den HVPI?

7. Berechnen Sie die Veränderung des Verbraucherpreisindex und die Kaufkraft im Jahr 05 gegenüber dem Basisjahr und dem Vorjahr!
Basisjahr: 00; Preisindex 04: 116 %; Preisindex 05: 122,8 %

8. Beim Vergleich der Lebenshaltungskosten für das Jahr 01 und das Jahr 07 ergaben sich folgende Zahlen:

	01	07
Zur (Ausgabe-)Verfügung stehendes Einkommen	1 294,00 €	2 326,00 €
davon wurden ausgegeben für		
a) Nahrungs- und Genussmittel	33,3 %	26,7 %
b) Auto, Verkehr, Post	10,5 %	14,8 %

Vergleichen Sie diese beiden Positionen!

9. Der Verbraucherpreisindex stieg gegenüber dem Vorjahr um 6 % an.

Am Jahresende erhält ein Angestellter 2 704,00 € als Gehalt, seine Abzüge beliefen sich auf 784,16 €. Am Jahresanfang betrug das Bruttogehalt 2 600,00 € und die Summe der Abzüge 702,00 €.

Berechnen Sie die Veränderung der Kaufkraft des Euro!

10. Der Harmonisierte Verbraucherpreisindex (HVPI) ist Maßstab für die Beurteilung, ob Preisniveaustabilität im Euro-Währungsgebiet erreicht wurde.

Welche Aussagen zu Verbraucherpreisindizes (VPI) im Allgemeinen und zum HVPI im Besonderen sind zutreffend?

Aussagen:

1. Der HVPI misst die Veränderungen des Außenwertes der Währung zwischen den Euro-Ländern.
2. Die EZB definiert Preisstabilität grundsätzlich als Anstieg des HVPI von unter 1 % gegenüber dem Vorjahr.
3. Die VPI messen die Preisveränderungen ausgewählter Waren und Dienstleistungen eines Währungsgebiets.

4. Messfehler bei den VPI ergeben sich hauptsächlich durch sich veränderndes Verbraucherverhalten und durch Preisveränderungen aufgrund von Qualitätsverbesserungen.
5. Messfehler bei den VPI kommen vor allem dadurch zustande, dass Ausgaben für Wohnungsmieten überproportional berücksichtigt werden.
6. Durch die unterschiedlichen Preissteigerungen im Euro-Währungsgebiet kann der HVPI überhaupt nicht aussagekräftig sein.

11. Der EZB-Rat hat die Preisstabilität als „Anstieg des Harmonisierten Verbraucherpreisindex (HVPI) für das Euro-Währungsgebiet von nahe 2 % gegenüber dem Vorjahr" definiert.[1] Nach dieser Definition muss Preisstabilität „mittelfristig beibehalten werden".[2] Der Zielwert liegt zwischen 1,75 % und 1,9 %.

Prüfen Sie, ob die Entwicklung des Harmonisierten Verbraucherpreisindex im Einklang mit dieser vom EZB-Rat verabschiedeten Definition der Preisstabilität steht!

1. Harmonisierter Verbraucherpreisindex [1)]

	Insgesamt					Insgesamt (saisonbereinigt; Veränderung gegen Vorperiode in %)					
	Index 2005 = 100	Insgesamt	Insgesamt ohne unverarbeitete Nahrungsmittel und Energie	Waren	Dienstleistungen	Insgesamt	Verarbeitete Nahrungsmittel	Unverarbeitete Nahrungsmittel	Industrieerzeugnisse ohne Energie	Energie (nicht saisonbereinigt)	Dienstleistungen
Gewichte in % [2)]	100,0	100,0	83,4	59,2	40,8	100,0	11,8	7,4	30,7	9,2	40,8
	1	2	3	4	5	6	7	8	9	10	11
2003	95,8	2,1	2,0	1,8	2,5	-	-	-	-	-	-
2004	97,9	2,1	2,1	1,8	2,6	-	-	-	-	-	-
2005	100,0	2,2	1,5	2,1	2,3	-	-	-	-	-	-
2006	102,2	2,2	1,5	2,3	2,0	-	-	-	-	-	-
2005 Q4	101,0	2,3	1,5	2,4	2,1	0,5	0,7	0,7	0,3	0,4	0,5
2006 Q1	101,0	2,3	1,4	2,6	1,9	0,4	0,5	0,7	0,0	1,3	0,4
Q2	102,4	2,5	1,5	2,8	2,0	0,8	0,4	0,6	0,3	3,9	0,5
Q3	102,5	2,1	1,5	2,3	2,0	0,5	0,5	1,9	0,1	0,6	0,6
Q4	102,8	1,8	1,6	1,6	2,1	0,0	0,8	0,7	0,2	-4,2	0,5
2006 Aug.	102,5	2,3	1,5	2,5	1,9	0,1	0,1	0,8	0,0	0,1	0,1
Sept.	102,5	1,7	1,5	1,6	2,0	-0,1	0,2	0,6	0,1	-3,2	0,2
Okt.	102,6	1,6	1,6	1,3	2,1	0,0	0,5	-0,2	0,0	-1,8	0,2
Nov.	102,6	1,9	1,6	1,7	2,1	0,1	0,1	0,4	0,1	-0,5	0,1
Dez.	103,0	1,9	1,6	1,8	2,0	0,1	0,1	-0,1	0,1	0,1	0,2
2007 Jan. [3)]	.	1,9	.	.	.	.	.	.	.	.	.

Quelle: EZB, Monatsbericht Februar 2007, S. 42*.

12. An einem Derbyrenntag erstanden zwei Freunde, Bob und Joe, ein Fass Bier und machten sich auf den Weg nach Epsom, um es auf der Rennbahn auszuschenken. Als Preis wollten sie 6 d fürs Maß rechnen und den Erlös brüderlich untereinander teilen. Unterwegs bekam nun Bob greulichen Durst und da ihm als einziges von allen Gütern dieser Erde ein schönes Dreipennystück in der Tasche verblieben war, so trank er ein Maß von ihrem Bier und gab Joe die 3 d als dessen Anteil am Marktpreis. Einige Zeit später wurde Joe von dem gleichen Bedürfnis übermannt und trank seinerseits ein Maß, worauf er die 3 d an Bob zurückgab. Der Tag war heiß und nach kurzer Zeit war Bob aufs Neue scheußlich durstig und Joe etwas später ebenfalls. So geschah es, dass sich die 3 d bei ihrer Ankunft in Epsom wieder in Bobs Tasche befanden und dass sie einander immer redlich und vollständig ihre Schulden bezahlt hatten und – dass das ganze Bier dabei draufgegangen war. Auf diese Weise hatte also ein einziges Dreipennystück ein Umsatzvolumen bewältigt, für das viele Schillinge nötig gewesen wären, wenn man dem ursprünglichen Plan gefolgt und das Bier an die Zuschauer verkauft hätte."

„(WiSt, Wirtschaftswissenschaftliches Studium, 1. Jahrgang 1972, S. 224f.; nach D. H. Roberson, Das Geld, zweite verb. deutsche Auflage, Wien 1935, S. 33f.)

a) Was soll durch das vorstehende Beispiel verdeutlicht werden?
b) Geben Sie an, welche Größen der Verkehrsgleichung angesprochen werden!

1 Vgl. Europäische Zentralbank (Hrsg.), Jahresbericht 1998, Frankfurt/Main, 1999, Kap. 2.7.
2 Vgl. Ebenda.

13. Gemäß Monatsbericht der Europäischen Zentralbank beläuft sich die Geldmenge M3 auf 4 569,2 Mrd. €. Ermitteln Sie die Geldmenge M1 aus dem folgenden Bestand der Geldmengenaggregate:

– täglich fällige Einlagen	1 501,5 Mrd. €
– Einlagen mit vereinbarter Laufzeit von bis zu zwei Jahren	861,3 Mrd. €
– Repo-Geschäfte	173,8 Mrd. €
– Einlagen mit vereinbarter Kündigungsfrist von bis zu drei Monaten	1 257,5 Mrd. €
– Geldmarktfondsanteile und Geldmarktpapiere	393,7 Mrd. €
– Schuldverschreibungen bis zu zwei Jahren einschließlich	59,8 Mrd. €

14. Zeigen Sie auf, wie sich die unten angegebenen Situationen auf die Geldmengenaggregate auswirken!

1. Die angesprochene Geldmenge erhöht sich. ↑
2. Die angesprochene Geldmenge vermindert sich. ↓
3. Die angesprochene Geldmenge bleibt unverändert/wird nicht berührt. –

Situationen	**Unmittelbare Auswirkung auf …**
a) Sichteinlagen werden in Spareinlagen mit Regelkündigungsfrist umgewandelt.	M3
b) MFIs erhöhen ihre Kassenbestände durch Verfügung über ihre Zentralbankguthaben.	M1
c) Fällige Finanzierungsschätze (Laufzeit zwei Jahre) werden auf Konten gutgeschrieben	M1
d) Die Mittel aus fälligen Termineinlagen mit einer Befristung von vier Jahren werden in Geldmarktpapieren angelegt.	M2
e) Die Zentralbank verkauft Bundesanleihen. Die Verrechnung erfolgt über Kontokorrentkonten.	M1

15. Für die Geldmengenentwicklung wurde ein Wachstumswert von 4,5 % für angemessen gehalten. Tatsächlich stieg die Geldmenge um $7\,^1/_2$ %.

a) Schildern Sie die möglichen Folgen für die Preisentwicklung!
b) Sind diese Folgen unabänderlich oder müssen weitere Ursachen berücksichtigt werden?

Begründen Sie Ihre Auffassung!

16. Der EZB-Rat stützt sich bei der Ableitung des Referenzwerts für das Geldmengenwachstum M3 u. a. auf die Annahme, dass die Umlaufgeschwindigkeit in einem Korridor von 0,5 % – 1 % zurückgeht.

Welche der folgenden Aussagen trifft in diesem Zusammenhang zu?

Aussagen:

1. Durch den Rückgang der Umlaufgeschwindigkeit wächst M3 langsamer.
2. Durch den Rückgang der Umlaufgeschwindigkeit wächst M3 schneller.
3. Der Rückgang der Umlaufgeschwindigkeit wirkt sich auf M3 nicht aus.

17. Worin unterscheidet sich der Außenwert des Geldes von seinem Binnenwert und wie wird der Außenwert gemessen?

18. Erklären Sie die Begriffe Parität und Wechselkurs!

19. Früher setzte die sowjetische Staatsbank den amtlichen Kurs für den Rubel fest, zeitweise lag er bei 2,80 Mark. Schwarzhändler jedoch verkauften ihn in der UdSSR schon für eine Mark und in Wechselstuben der Bundesrepublik Deutschland kostete er sogar nur 60 Pfennig, fünfmal weniger als offiziell. Er war so billig wegen der geringen Nachfrage und des hohen Risikos, die Konterbande mitzunehmen (Konterbande → Schmuggelgut).

a) Welche Art von Wechselkurs lag vor?

b) Um welche Art von Preis handelt es sich hier? Wie kann man den Preis der „Schwarzhändler" bezeichnen?

c) Um welche Art von Währung hinsichtlich der Umtauschbarkeit handelte es sich?

20. Der Kurs des EUR/USD entwickelte sich innerhalb eines Zeitraums wie folgt: 1,1797; 1,1205; 1,0083.

a) Wie kann man die Kursveränderungen bezeichnen?

b) Welche Wirkungen gehen von dieser Entwicklung auf den deutschen Export aus?

21. Erläutern Sie anhand der Grafik, welche Auswirkungen die Entwicklung des Euro auf

a) den deutschen Export,
b) den deutschen Import,
c) die Inflation,
d) die Reisen inländischer Urlauber

haben könnte!

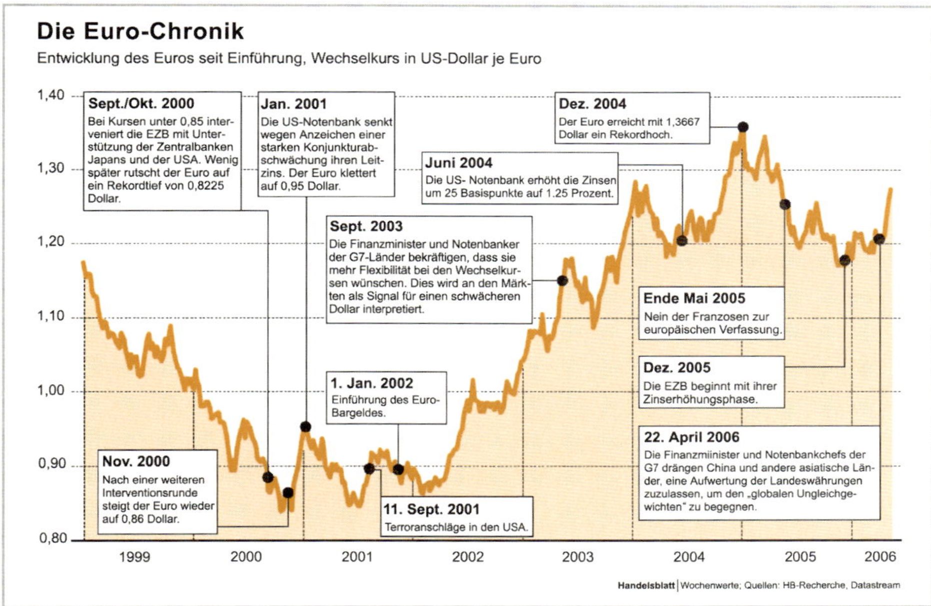

22. Werten Sie die folgenden Textauszüge eines Aufsatzes von Christian Molitor in der Financial Times Deutschland aus (August 2000)!

> Nach 1945 galten feste Wechselkurse aufgrund schlechter Erfahrungen mit flexiblen Kursen während der Vorkriegszeit als erstrebenswert. In der Endphase des Festkurssystems von Bretton Woods kam eine große Mehrheit von Ökonomen und Politikern aber wieder zu der Überzeugung, dass freie Wechselkurse zumindest für die großen Währungen das überlegene Arrangement darstellen. [...]

a) Nennen Sie drei Vorteile freier Wechselkurse!

[...] Einen freien Wechselkurs in Reinform („free float") gibt es jedoch in der Realität sowieso nicht. Die meisten Maßnahmen von Regierung und Währungsbehörden haben auch Einfluss auf den Wechselkurs. Alle Länder behalten sich zudem vor, am Devisenmarkt über ihre Notenbank zu intervenieren. Sie treten dort als Käufer oder Verkäufer von Währungen auf, um den Wechselkurs in die gewünschte Richtung zu bewegen. Ein solches Arrangement wird als „dirty float" oder etwas ambitiöser als „managed float" (schmutziges beziehungsweise gelenktes Treiben) bezeichnet. Von der Möglichkeit der Intervention machen viele Zentralbanken regelmäßig Gebrauch. In manchen Fällen ist das Ergebnis von einem Festkurs nicht mehr zu unterscheiden. So verfolgt China offiziell ein System des „managed float". Allerdings ist das Etikettenschwindel. Die Lenkung des Kurses ist derart rigide, dass der Renminbi seit Mitte der 90er Jahre mit minimalen Abweichungen bei einem Kurs von knapp 8,3 Renminbi/$ steht.

In der jüngsten Vergangenheit hat bei den großen Währungen vor allem die Bank von Japan am Devisenmarkt eingegriffen. Sie verfolgte dabei das Ziel, zumindest eine weitere Aufwertung des Yen zu verhindern und so die Wettbewerbsfähigkeit der japanischen Exportwirtschaft zu schützen. Im Anschluss an die weltweite Finanzkrise 1997/98 ist auch die Diskussion wieder entbrannt, auf welchem Weg man die Kurse der großen Leitwährungen stabilisieren könnte. [...]

b) Welche Arten des „float" unterscheidet der Autor?

23. Vervollständigen Sie in dem folgenden Zeitungsartikel die Lücken.

Intervention: Euro steigt auf 1,04 Dollar

Frankfurt (dpa). Der Kurs des Euro hat sich am Freitag nach Interventionen der Europäischen Zentralbank (EZB) erholt.

Der Euro zog bis auf 1,0410 Dollar an, nachdem die EZB zuvor einen Referenzkurs von 1,0388 (1,0340) Dollar ermittelt hatte. Devisenhändler machten für den Kursanstieg Interventionen der EZB verantwortlich. Die Zentralbank bestätigte, dass sie in Absprache mit der japanischen Notenbank Yen ... und Euro ... Damit hat die EZB erstmals Eingriffe in den Devisenmarkt bestätigt. Mit dem Yen-... sollte der Höhenflug des Yen gestoppt werden.

Quelle: WAZ vom 19. Juni 1999.

24.

	21. Dezember	28. Dezember
EUR/USD	1,0082	1,0134
EUR/GBP	0,62761	0,62655
EUR/JPY	103,5900	103,4700

a) Kennzeichnen Sie den Außenwert des Euro gegenüber diesen drei Währungen während dieser Betrachtungszeitpunkte!

b) Welche der folgenden Aussagen zum Außenwert des GBP gegenüber Euro und USD ist zutreffend?

Aussagen:

Der Außenwert des GBP

1. ist gegenüber Euro und USD gesunken,
2. ist gegenüber Euro und USD gestiegen,
3. ist gegenüber dem Euro gesunken und gegenüber dem USD gestiegen,
4. ist gegenüber dem Euro gestiegen und gegenüber dem USD gesunken.

25. a) Ermitteln Sie mit Hilfe der folgenden Tabelle:

aa) den Kurs EUR/USD am 4. Januar 1999 und im Januar 2007,

ab) den Kurs EUR/CH am 4. Januar 1999 und im Januar 2007!

Die Ergebnisse sind jeweils auf drei Stellen nach dem Komma zu runden!

b) Wie haben sich die Wechselkurse auf den deutschen Außenhandel ausgewirkt?

Der Wert des Euro

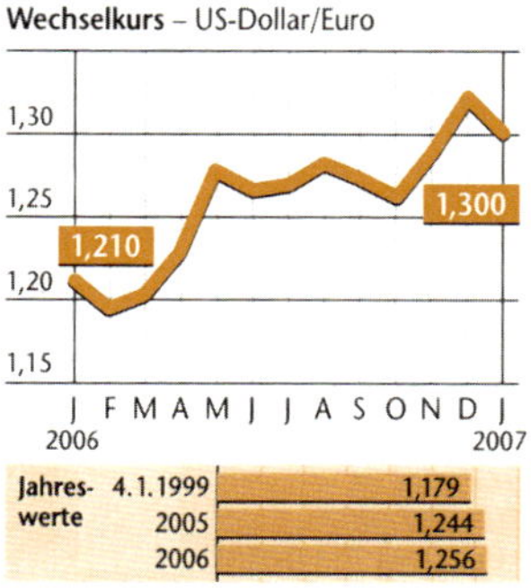

Euro-Wechselkurse im Januar 2007 1 Euro sind ...		Veränderung in Prozent gegenüber ... Januar 2006	Euro-Start 4.1.1999
Dollar (USA)	1,300	7,4	10,3
Yen (J)	156,6	12,0	17,1
Franken (CH)	1,616	4,3	-0,1
Pfund (UK)	0,663	-3,3	-6,7
Kronen (S)	9,080	-2,5	-4,1
Kronen (DK)	7,454	-0,1	0,1

Monatsdurchschnitte; Ursprungsdaten: Deutsche Bundesbank, Europäische Zentralbank

Institut der deutschen Wirtschaft Köln

Quelle: iwd (Hrsg.), Januar 2007.

26. Ein deutscher Importeur bezog aus den USA im Februar und im Dezember Waren im Wert von 100 000,00 USD. Kurs EUR/USD im Februar 1,1797, im Dezember 1,0084.

a) Kennzeichnen Sie die Kursveränderung!

b) Errechnen Sie, welche Preise in Euro zu bezahlen sind!

c) Wie hat sich die Kursveränderung auf den Preis ausgewirkt?

27. Erläutern Sie die Aussagen des folgenden Textausschnitts:

> „Die deutsche Außenwirtschaftsbilanz weist für das Jahr 2000 gleich mehrere Rekorde auf: Einerseits erreichten die Exporte eine neue Bestmarke, andererseits war das Loch in der Leistungsbilanz noch nie so groß.“

Quelle: iwd (Hrsg.), Nr. 20 vom 17. Mai 2001, S. 3.

28. a) Erstellen Sie die Zahlungsbilanz des Landes B (Inland) nach dem Muster der Tabelle auf S. 204 und buchen Sie folgende Transaktionen:

1.	Das Land B exportiert Waren in das Devisenausland gegen Zahlung mit Scheck (die Schecks lauten auf Fremdwährung)	40 Mrd. GE
2.	Die Exporterlöse (Devisen) werden teilweise bei der Zentralbank gegen Binnenwährung eingetauscht	36 Mrd. GE
3.	Das Land B nimmt für Dienstleistungen Devisen ein	15 Mrd. GE
4.	Die Deviseneinnahmen werden teilweise bei der Zentralbank gegen Binnenwährung eingetauscht	13 Mrd. GE
5.	Das Land B importiert Waren gegen Zahlung mit Scheck (die Schecks lauten auf Fremdwährung)	50 Mrd. GE
6.	Erforderliche Devisen werden bei der Zentralbank gekauft	46 Mrd. GE
7.	Das Land B zahlt für Dienstleistungen Devisen	10 Mrd. GE
8.	Erforderliche Devisen werden bei der Zentralbank gekauft	8 Mrd. GE
9.	Warenimport gegen langfristigen Kredit	15 Mrd. GE
10.	Warenexport gegen langfristigen Kredit	14 Mrd. GE
11.	Einmalige Zahlung der EU in Binnenwährung für strukturschwache Gebiete des Landes B	5 Mrd. GE

12. Beitragszahlungen an die UN (bei der Zentralbank abgerufen) 4 Mrd. GE
13. Langfristige Entwicklungshilfekredite in Devisen (bei der Zentralbank abgerufen) 6 Mrd. GE
14. Zahlungen in Devisen für Entwicklungshilfe ohne Zins- und Rückzahlungsverpflichtung (bei der Zentralbank abgerufen) 5 Mrd. GE
15. Inländer beziehen aus dem Ausland Zinsen, Dividenden und Arbeitseinkommen 2 Mrd. GE
16. Ausländer beziehen aus dem Inland Zinsen, Dividenden und Arbeitseinkommen 3 Mrd. GE
17. Devisenausländer bringen „im Koffer" Devisen ins Inland im Wert von 2 Mrd. GE

Beantworten Sie folgende Fragen:

b) Welche Unterbilanzen der Leistungsbilanz sind aktiv bzw. passiv? Warum?
c) Die Zahlungsbilanz ist defizitär. Warum?
d) Auf welche Ursache(n) lässt sich das Zahlungsbilanzdefizit zurückführen?

29. Errechnen Sie den Saldo der Leistungsbilanz!

Der Aktivsaldo der Handelsbilanz eines Landes beträgt 3916 Mio. GE, der Passivsaldo der Dienstleistungsbilanz 1300 Mio. GE, der Passivsaldo der laufenden Übertragungen 2100 Mio. GE.

Die übrigen Teilbilanzen der Leistungsbilanz sind ausgeglichen.

30. Die folgenden Zahlen sind dem Monatsbericht der Deutschen Bundesbank entnommen:

„Wichtige Posten der Zahlungsbilanz" (Auszüge)
(alle Angaben in Mrd. €)

Dienstleistungen (Saldo)	– 3,4
Direktinvestitionen	+ 5,7
Laufende Übertragungen (Saldo)	– 2,4
Veränderung der Währungsreserven zu Transaktionswerten	– 0,9
Außenhandel (Saldo)	+ 10,1
Kreditverkehr	– 14,9

Ermitteln Sie den Saldo der Leistungsbilanz in Mrd. €!

31. Zu welchen Positionen der Zahlungsbilanz gehören die Kapitalerträge?

32. Erklären Sie den Begriff „Passive Handelsbilanz" anhand eines Zahlenbeispiels!

33. Geben Sie an, aus welchen Teilbilanzen der Zahlungsbilanz der „Außenbeitrag" ermittelt werden kann und legen Sie dar, inwieweit der „Außenbeitrag" zur Messung des Gleichgewichts der Zahlungsbilanz ungeeignet ist!

34. a) Durch Warenexporte in die Vereinigten Staaten strömen verstärkt die in US-Dollar fakturierten Gegenwerte auf den deutschen Devisenmarkt.

Erklären Sie, welche Folgen sich ergeben

aa) für den Wert des Euro gegenüber dem Dollar anhand einer grafischen Darstellung,

ab) für den Ex- und Import,

ac) für das Wirtschaftswachstum,

ad) für die Beschäftigungssituation!

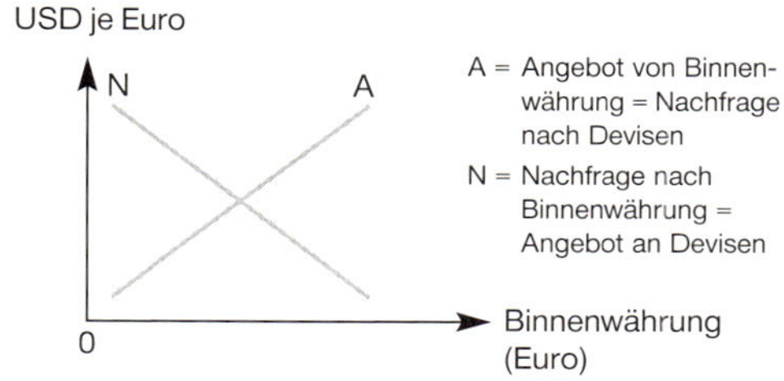

b) Welche zinspolitische Maßnahme der EZB ist tendenziell dazu geeignet, die vorherige Marktsituation wieder herzustellen?

35. Welche volkswirtschaftlichen Wirkungen hat eine dauernd aktive Zahlungsbilanz eines Währungsgebietes?

36. Entwicklungsländer sind dafür bekannt, dass sie dauernd passive Zahlungsbilanzen zu verzeichnen haben.

Nennen Sie mögliche Ursachen!

37. Welche wirtschaftliche Störung wird in den folgenden Fällen beschrieben:

a) Bei gleich bleibendem Güterangebot erhöht sich die Nachfrage der privaten Haushalte aufgrund von Lohnsteigerungen und Aufnahme von Konsumkrediten.

b) Bei unverändertem Güterangebot in der WWU kommt es zu Zahlungsbilanzüberschüssen in der WWU-Zahlungsbilanz.

c) Bei unveränderter Gütermenge sinkt das Geldvolumen bei gleichzeitiger Verringerung der Umlaufgeschwindigkeit des Geldes.

38. Beschreiben Sie eine reine Kosteninflation! Wie entwickeln sich dabei Produktion und Beschäftigung?

39. (rtr) Die Lebenshaltungskosten haben sich in Russland allein im Dezember um 11,6 Prozent erhöht, nachdem sie im November bereits um 5,7 Prozent zugenommen hatten. Wie das Statistische Amt (Goskomstat) in Moskau mitteilte, betrug die Teuerung im Jahresabstand 84,4 Prozent. Im November hatte die Inflationsrate bei 66,9 Prozent gelegen.

Welche Art der Inflation wird in dem oben abgedruckten Zeitungsartikel beschrieben?

40. Worin bestehen die Ursachen und die Hauptgefahren der Deflation?

41. Es wird behauptet, dass Inflationen Einkommensumverteilungen zwischen Unternehmern und Arbeitnehmern hervorrufen. Nehmen Sie Stellung zu dieser Behauptung!

42. Geben Sie an, welche Formen des elektronischen Geldes in den folgenden Texten angesprochen werden:

a) Die BankCard bietet neben den genannten Funktionen eine Geld-Karten-Funktion, mit der auch Waren des täglichen Bedarfs bargeldlos bezahlt werden können, ohne dass die persönliche Geheimnummer (PIN) noch die Unterschrift benötigt wird. Ein in der BankCard integrierter Chip kann bis zu einem Betrag von 200,00 € aufgeladen werden. Beim Bezahlen wird der Kaufbetrag vom Chip abgebucht. Das Händlerterminal protokolliert die getätigten Umsätze und reicht sie gesammelt zur Gutschrift bei der Bank ein.

Der Karteninhaber kann seine Geldkarte, wenn der im Chip geladene Betrag verbraucht ist, an einem Ladeterminal unter Eingabe seiner persönlichen Geheimzahl (PIN) zu Lasten des auf der Karte angegebenen Kontos oder gegen Bargeld aufladen.

b) Die Service-Leistungen der deutschen Kreditwirtschaft bestehen u.a. in der Nutzungsmöglichkeit der BankCard als

- Bedienungsmedium für (institutsübergreifende) Geldautomaten (Inland/Ausland),
- Bedienungsmedium zur bargeldlosen Zahlung an automatisierten Kassen (Inland: Electronic-cash-System, Ausland: MaestroCard).

c) E-Cash (Voraussetzung: Einzahlung auf ein E-Cash-Konto; Kreditinstitut → „virtuelles Geld" = Guthaben in Form verschlüsselter Daten auf dem PC des Kunden; Abwicklung: Zahlung mit virtuellem Geld an den Händler (PC); Händler (PC) → Einzahlung des virtuellen Geldes beim Kreditinstitut → Kontogutschrift).

d) SET (Secure Electronic Transaction) (Voraussetzung: Kreditkarte/SET-Software; Abwicklung: Verschlüsselte Kreditkartendaten → Händler → Weiterleitung an Kreditkarten-Unternehmen → Autorisierung der Zahlung an Händler).

43. Für private Haushalte gelten folgende Daten:

	Jahr 01	Jahr 02
Verfügbares Einkommen	2327,74	2392,78
Verbraucherpreisindex	+ 1,3	+ 0,8
Sparquote	10,51 %	10,11 %

	gesunken	gestiegen	unverändert
a) Ist die Kaufkraft des verfügbaren Einkommens im Betrachtungszeitraum			
b) Ist die nominale Sparleistung im Betrachtungszeitraum			
c) Ist der private Verbrauch (Konsumausgaben) real im Betrachtungszeitraum			

Kreuzen Sie an!

44. Wie hat sich die Kaufkraft der Nettoverdienste im Zeitraum 1991 – 2004 entwickelt?

Kaufkraft der Nettoverdienste

So lange musste ein westdeutscher Arbeitnehmer im Schnitt für ... arbeiten, in Stunden : Minuten

		1991	2004
Lebensmittel			
Mischbrot	1 kg	0:11	0:10
Markenbutter	250 g	0:06	0:04
Vollmilch	1 l	0:04	0:03
Kabeljau	1 kg	0:57	1:00
Speisekartoffeln	2,5 kg	0:10	0:09
Bohnenkaffee	250 g	0:12	0:08
Bekleidung, Energie, Gebrauchsgüter			
Straßenanzug	1 St.	21:11	17:51
Damenkleid	1 St.	9:22	7:20
Herrenslipper	1 Paar	5:35	5:09
Damenpumps	1 Paar	7:03	5:51
Haushaltsstrom und Grundgebühr	200 kWh	3:11	2:51
Normalbenzin	1 l	0:04	0:05
Waschmaschine	1 St.	53:27	41:28
Fernseher	1 St.	79:04	39:10
PC	1 St.	132:59	18:35
Medien, Dienstleistungen			
Tageszeitung	1 Monat	1:12	1:30
Rundfunkgebühr	1 Monat	0:18	0:24
Herrenschuhe besohlen	1 Paar	1:24	1:28
Haare waschen und fönen für Damen	1-mal	0:59	1:11

Basis: durchschnittliche Nettolohn- und Gehaltssumme je geleistete Arbeitsstunde; 1991 = 10,16 Euro, 2004 = 13,36 Euro
Ursprungsdaten: IAB, Statistisches Bundesamt

Institut der deutschen Wirtschaft Köln

© 25/2005 Deutscher Instituts-Verlag

Quelle: iwd (Hrsg.), Nr. 25 vom 23. Juni 2005, S. 2.

45.

Der Warenkorb steht unter Generalverdacht

Warum die gefühlte Inflation höher ist als die tatsächliche

Von Melanie Hinter (Der Tagesspiegel, Berlin, vom 25. Mai. 2002)

Für die meisten Verbraucher ist die Sache klar. Die Euro-Einführung hat für einen enormen Preisschub gesorgt. Nur, dass die offizielle Inflationsrate das nicht widerspiegelt. Deshalb bezweifeln nun viele Verbraucher, dass der Warenkorb, mit dem das Statistische Bundesamt die Inflation misst, richtig zusammengesetzt ist. Die „gefühlte Inflation", das neue Lieblingswort der Verbraucherministerin, ist höher als die offiziell ausgewiesene.

Im Warenkorb befinden sich 750 Produkte und Dienstleistungen, die in einem Durchschnittshaushalt konsumiert werden. Dazu gehören Reis, Brot, Butter und Gemüse. Aber auch Kühlschränke, Gartenschirme, die Miete und sogar die Ausgaben für einen Kneipenbesuch. Der Inhalt des Warenkorbs wird gewichtet: Das heißt, dass der Preis für den Kühlschrank, den man nicht jeden Monat kauft, im Warenkorb eine geringere Rolle spielt als für Butter, die der Durchschnittshaushalt jede Woche kauft.

Deshalb ist es in vielen Fällen auch nicht richtig, wenn man heute das Gefühl hat, dass die Preise besonders stark gestiegen sind. Wer abends öfter mal auf ein Bierchen in die Kneipe geht, bei dem machen sich die Preissteigerungen in der Gastronomie (plus 4,3 % im April im Vergleich zum Vorjahr) deutlich bemerkbar. Wer sein Feierabendbier zu Hause auf dem Sofa trinkt, ist besser dran: Flaschenbier wurde nur um 0,8 % teurer. Einem Nichtraucher ist es egal, dass Tabak um 15 % teurer geworden ist, während ein Vegetarier sich nicht über die Preissenkung bei Schweinekoteletts (minus 5,7 %) freuen kann.

Es gab auch Preissenkungen. Billiger geworden sind vor allem Elektrogeräte. Ein Kühlschrank ist um 2,3 % billiger als vor einem Jahr, die Preise für Tintenstrahldrucker gingen sogar um 17,2 % zurück und auch PCs (minus 16 %) könnte man jetzt kaufen, um seinen Preis-Gefühls-Haushalt zu sanieren.

Bei den Dienstleistungen, die im Augenblick unter dem Generalverdacht der Preistreiberei stehen, kommt es ganz darauf an, was man gerade braucht. Der Frisörbesuch (plus 4,5 %) oder die Fahrt mit dem Taxi (plus 4,5 %) haben sich verteuert. Eine Putzfrau dagegen kriegt man heute ein bisschen billiger als vor einem Jahr, sagen die Statistiker.

Weil man für einen Frisör natürlich nicht in eine andere Stadt fährt, sind Preiserhöhungen für den Figaro vergleichsweise ungefährlich. Genauso, wie ein Aufschlag auf die Zigarettenpackung oder auf den Benzinpreis. Diese Produkte und Dienstleistungen nennen Volkswirte wenig preiselastisch. Das heißt, es dauert ziemlich lange, bis man seine Haare zu Hause selbst schneidet oder das Rauchen aufgibt, weil man sich über den Preis ärgert. Aber man ärgert sich trotzdem.

Unter dem Zorn des Verbrauchers leiden vor allem die Produkte, die sehr preiselastisch sind und deren Anschaffung man locker streichen oder verschieben kann: Markenjeans zum Beispiel, ein Computer mit besserer Leistung oder ein neuer Badezimmerspiegel. Die werden jetzt einfach nicht gekauft. Und die anderen Produkte? Die werden gekauft – und sorgen für das Gefühl, abgezockt zu werden.

Werten Sie den Text aus!

a) Beurteilen Sie den „Generalverdacht" gegenüber dem Warenkorb.

b) Was wird mit dem Ausdruck „gefühlte Inflation" bezeichnet?

46. Professor Theo Rettisch lehrt Volkswirtschaftslehre und ist immer bemüht, die wissenschaftlichen Theorien auch praktisch umzusetzen. Seine Tochter Leonie, die zurzeit noch eine Berufsfachschule besucht, ist ebenfalls an ökonomischen Fragen sehr interessiert. Damit die jährlichen Verhandlungen zwischen Vater und Tochter bezüglich der Taschengelderhöhungen etwas problemloser verlaufen, haben beide Folgendes vereinbart.

Leonie erhält eine Erhöhung ihres Taschengeldes in der Höhe der gestiegenen Preise der Güter und Dienstleistungen ihres „persönlichen Warenkorbes", also jener Güter und Dienstleistungen, die sie für gewöhnlich monatlich konsumiert. Sie erhält diese Erhöhung jedoch nicht automatisch, sondern sie muss jedes Jahr detailliert „berichten", um wie viel Prozent ihre Ausgaben gestiegen sind. Dabei bedient sie sich folgenden Schemas:

15 Richard/Hartmann//Boller – ISBN 987-3-8120-0173-1

„Warenkorb" von Leonie	Preis je Einheit im Basisjahr P_0	Menge im Basisjahr Q_0	Wert im Basisjahr $P_0 \cdot Q_0$	Preis je Einheit im Berichtsjahr 1 P_1	Wert im Berichtsjahr 1 $P_1 \cdot Q_0$	Preis je Einheit im Berichtsjahr 2 P_2	Wert im Berichtsjahr 2 $P_2 \cdot Q_0$
Zeitschriften	7,50	2		8,00		8,20	
Schokolade	1,00	20		1,10		1,20	
Handy	1,50	30		1,40		1,60	
Kosmetik	1,00	30		1,10		1,20	
Kino	6,00	2		6,00		6,50	
Wert des „Warenkorbs"							

Verbraucherpreisindex	100		
Preissteigerung/Taschengelderhöhung	–		

Quelle: In Anlehnung an Geld & Geldpolitik, Deutsche Bundesbank, Frankfurt am Main

Formel zur Berechnung des Verbraucherpreisindex:

$$\frac{\sum P_n \cdot Q_0}{\sum P_0 \cdot Q_0} \cdot 100$$

n = jeweiliges Berichtsjahr

a) Ermitteln Sie den Wert des „Warenkorbes" von Leonie und somit die Höhe des Taschengelds im Basisjahr!

b) Angenommen, die Mengen in Leonies „Warenkorb" verändern sich nicht, d.h., dass Leonie in den beiden Berichtsjahren die gleiche Menge der Güter und Dienstleistungen konsumiert wie im Basisjahr. Ermitteln Sie den Wert des „Warenkorbs" für Leonies Berichtsjahre 1 und 2!

c) Wie hoch ist der Verbraucherpreisindex im Berichtsjahr 1?

d) Wie hoch ist die Preissteigerung bzw. Taschengelderhöhung für Berichtsjahr 1 gegenüber dem Basisjahr?

e) Wie hoch ist der Verbraucherpreisindex im Berichtsjahr 2?

f) Wie hoch ist die Preissteigerung bzw. Taschengelderhöhung für Berichtsjahr 2 gegenüber dem Berichtsjahr 1?

47.

M 3 hat es in sich

Von Thorsten Polleit

Börsen-Zeitung, Frankfurt am Main, vom 23. April 2005

Unwohlsein beschleicht immer mehr Marktbeobachter und Geldpolitiker im Euroraum angesichts des andauernd starken Wachstums der Geldmenge. Denn der Zusammenhang von Geldmengenwachstum und Inflation lässt sich schwerlich bestreiten, geschweige denn ignorieren. [...]

Zwar zeigt sich die immense Überschussliquidität, für die die Europäische Zentralbank (EZB) gesorgt hat, nicht in der Inflation der Konsumgüterpreise, wie dies in der Vergangenheit der Fall war, sondern sie kommt in einem neuen Gewand daher: „Asset Price Inflation". Da aber auch sie ein monetäres Phänomen ist, verdient die Entwicklung der Geldmenge höchste Aufmerksamkeit.

Die Euro-Geldmenge M 3 hat es in sich. Ihre Veränderung „reflektiert" grundsätzlich eine Reihe von geldpolitisch relevanten Prozessen. So zeigt die Expansion von M 3 den Reflex der Liquiditätsschöpfung des Finanzsektors, sie steht in einem positiven Zusammenhang mit dem Bankkreditwachstum. Wenn Banken Kredite an Nichtbanken (private Haushalte, Unternehmen und Regierungen) vergeben, schöpfen sie Zahlungsmittel und erhöhen so die Geldmenge M 1. [...]

Gleichzeitig spiegelt sich in der Veränderung der Geldmenge M 3 auch das Portfolio-Verhalten von Banken und Nichtbanken wider. Banken sorgen [...] für eine gewünschte Refinanzierungsstruktur ihrer

Aktiva. Sie regen ihre Kunden üblicherweise durch Zinsangebote an, kurzfristige Depositen in mittel- und langfristige Bankeinlagen umzuschichten. Auf diese Weise können die Kreditinstitute nicht nur auf die Fristigkeitsstruktur ihrer Verbindlichkeiten Einfluss nehmen, sondern sie können auch in Mindestreserve gebundenes Zentralbankgeld „befreien" und zur erneuten Kreditvergabe verwenden. Üblicherweise zeigt M 3 eine derart refinanzierte Liquiditätssschöpfung der Banken an.

[...] Zwar kann die Geldpolitik eine solche Geldmengenausweitung temporär akzeptieren, wenn sie sicher sein kann, dass die Geldschöpfung nicht zu Nachfragezwecken eingesetzt wird. Je länger ein solcher M 3-Anstieg jedoch fortdauert, desto problematischer wird er, gerade dann, wenn die Geldnachfrage stabil ist.

Die Geldnachfrage beschreibt den langfristigen Zusammenhang zwischen Geldmenge, Preisniveau, Zinsen und Einkommen. Eine stabile Geldnachfrage bedeutet im Kern nichts anderes als dass die Marktakteure stets ein bestimmtes Verhältnis von realer Geldhaltung im Verhältnis zu ihrem Einkommen anstreben. Ein „Überschuss" in der realen Geldhaltung wird dann früher oder später abgebaut, indem Güter und Dienstleistungen und/oder Vermögensbestände gegen Geld nachgefragt werden. Und da zahlreiche empirische Studien überzeugend belegen, dass die „Überschussliquidität" nicht in zusätzlichem Wachstum mündet, sondern die Inflation treibt, hat die EZB mittlerweile Anlass zu Besorgnis. [...]

Die EZB hat also gute Gründe, die fortgesetzte Geldmengenexpansion – die mittlerweile zur größten – und störrisch verharrenden – Überschussliquidität seit Beginn der siebziger Jahre geführt hat – mit großer Sorge zu beobachten und zu Zinserhöhungen zu schreiten. Auch wenn sich derzeit die Folge der Überschussliquidität „nur" in den Preisen für Bestandsvermögen zeigt, ist das kein Grund zur Entwarnung. Historische Erfahrungen legen nahe, dass dies nur ein Übergangsstadium sein kann. Denn über den Mechanismus der relativen Preise wird der Teuerungsimpuls irgendwann auch in den Güterpreisen der laufenden Produktion ankommen.

Werten Sie den vorstehenden Text aus!

1. Welche Folgen der „Überschussliquidität" werden genannt?
2. Nennen Sie die geldpolitisch relevanten Prozesse, die die Veränderung von M3 widerspiegelt!
3. Was bedeutet „stabile Geldnachfrage"?
4. Welche Gefahren birgt eine „Überschussliquidität" in sich?
5. Welche Maßnahme schlägt der Autor zur Bekämpfung vor?

11 Konjunkturschwankungen und Ziele der Wirtschaftspolitik

11.1 Konjunkturschwankungen

11.1.1 Konjunkturindikatoren

Wir wollen unter „Konjunkturverlauf" mehr oder weniger regelmäßig auftretende Schwankungen in der wirtschaftlichen Entwicklung verstehen. Dieses wirtschaftliche Auf und Ab lässt sich an vielen Größen – allerdings mit zeitlicher Verschiebung – messen. Bestimmte wirtschaftliche Erscheinungen lassen sogar Rückschlüsse auf die zukünftige Entwicklung zu. Diese Größen bezeichnet man daher als **Konjunkturindikatoren.**[1]

Aus der großen Fülle dieser Indikatoren seien folgende herausgegriffen:

- **Entwicklung der Arbeitslosenzahlen und offenen Stellen.** Steigende Arbeitslosenzahlen und sinkende offene Stellen zeigen an, dass die Wirtschaft unterbeschäftigt ist. Die Unternehmen werden sich bei den Investitionen zurückhalten, weil sie eine stagnierende oder gar zurückgehende Konsumgüternachfrage erwarten. Die umgekehrte Reaktion tritt ein, wenn die Bundesagentur für Arbeit eine steigende Zahl offener Stellen meldet und wenn die Arbeitslosenzahlen zurückgehen.
- **Entwicklung der Konsumgüternachfrage.** Steigt der private Konsum (angezeigt durch steigende Einzelhandelsumsätze), ist eine positive Entwicklung des wirtschaftlichen Geschehens zu erwarten, weil in der Folge die Großhandelsumsätze und schließlich die Umsätze der Herstellerbetriebe steigen werden. Ist die Wirtschaft vollbeschäftigt, werden Preissteigerungen eintreten. Stagnierende oder sinkende Einzelhandelsumsätze bewirken das Gegenteil.
- **Entwicklung der Investitionsgüternachfrage.** Steigt die Investitionsgüternachfrage (angezeigt durch steigende Umsätze und/oder Auftragsbestände in der Investitionsgüterindustrie), kann eine Erhöhung der Beschäftigung erwartet werden, die auch nicht ohne Einfluss auf die Arbeitsnachfrage bleiben wird. Bei Vollbeschäftigung können steigende Preise (zunächst in der Investitionsgüterindustrie) und steigende Löhne vorausgesagt werden. Sinkende Investitionsgüternachfrage lässt den gegenteiligen Schluss zu.
- **Entwicklung des Außenhandels.** Nimmt der Export schneller als der Import zu, ist auf eine Belebung der Konjunktur zu schließen. Eine vollbeschäftigte Wirtschaft muss mit Preissteigerungen rechnen, weil die Gesamtnachfrage (Auslands- und Inlandsnachfrage) das Gesamtangebot der Volkswirtschaft übersteigt. Steigen die Importe indessen schneller als die Exporte, ist der gegenteilige Effekt wahrscheinlich.
- **Entwicklung der Staatsausgaben und -einnahmen.** Aus dem Staatshaushaltsplan kann entnommen werden, in welchem Verhältnis die Staatsausgaben zu den Staatseinnahmen stehen werden. Strebt der Staat große zusätzliche Konsum- oder Investitionsvorhaben an, ohne die Steuern zu erhöhen, ist eine Belebung der Wirtschaftstätigkeit wahrscheinlich. Auch in diesem Fall sind Preiserhöhungen zu erwarten, wenn die Wirtschaft vollbeschäftigt ist. Voraussichtliche Steuererhöhungen indessen können die Investitionstätigkeit der Unternehmen vermindern.

1 Indikatoren sind gesamtwirtschaftliche Größen, die einen gewissen Rückschluss auf die zukünftige Entwicklung zulassen (Indikator = Anzeiger).

- **Entwicklung der Lagerbestände.** Steigen die Lagerbestände der Unternehmen über das saisonale Maß, so liegt offenbar Überproduktion vor. Es kann der Schluss gezogen werden, dass die Unternehmen ihre Produktion drosseln werden, was einen Konjunkturabschwung bewirken kann. Nehmen die Lagerbestände ab, ist das Gegenteil der Fall.
- **Unternehmererwartungen.** Für die Beurteilung zukünftiger Entwicklungen spielen die Unternehmererwartungen eine große Rolle. Beurteilt die überwiegende Zahl der Unternehmen die zukünftige Entwicklung gut, so ist von dieser Seite kein negativer Einfluss auf die Konjunkturentwicklung zu erwarten.
- **Kapazitätsauslastung und Auftragsbestände.** Steigende Auftragsbestände kündigen einen Konjunkturaufschwung an. Die Auslastung der Kapazität folgt der Entwicklung der Auftragsbestände.

Zu den angeführten *realwirtschaftlichen Konjunkturindikatoren* treten noch die so genannten *finanzwirtschaftlichen Konjunkturindikatoren:*

- **Geldpolitik.** Als Konjunkturindikator zählt auch die (vermutete) künftige Geldpolitik einer Zentralbank. Aufgrund von Zinssenkungen kann die Konjunktur belebt, aufgrund von Zinserhöhungen ein „Überschäumen" der Konjunktur verhindert werden (siehe Kap. 12.1.4).
- **Wechselkurse.** Steigende Wechselkurse (Mengennotierung) verteuern die Binnenwährung. Der Export in Fremdwährungsländer wird gebremst, die Konjunktur wird negativ beeinflusst. Sinken die Wechselkurse, wird die Binnenwährung für die Devisenausländer billiger. Es ist zu erwarten, dass die Exporte steigen und die Konjunktur angekurbelt wird.

Zu den einzelnen Konjunkturindikatoren muss gesagt werden, dass sie voneinander abhängig (= interdependent) sind. Sie dürfen daher nicht isoliert betrachtet werden.

Zur Wirtschaftslage in Deutschland *)

saisonbereinigt

Zeit	Auftragseingang (Volumen); 2000 = 100 – Industrie: insgesamt	davon: Inland	davon: Ausland	Bauhauptgewerbe
2006 2. Vj.	117,6	104,3	134,2	76,5
3. Vj.	122,1	108,1	139,5	75,9
4. Vj.	121,6	108,2	138,3	73,0
Dez.	122,3	108,5	139,5	71,3
2007 Jan.	121,9	109,4	137,5	82,3
Feb.	126,6	110,4	146,8	...

Zeit	Produktion; 2000 = 100 – Industrie: insgesamt	darunter: Vorleistungsgüterproduzenten	darunter: Investitionsgüterproduzenten	Bauhauptgewerbe
2006 2. Vj.	112,1	113,7	117,4	81,7
3. Vj.	114,5	117,1	120,0	83,7
4. Vj.	116,2	119,0	121,9	85,2
Dez.	116,9	120,4	121,7	86,1
2007 Jan.	118,1	121,2	126,1	89,7
Febr.	119,1	122,1	127,5	90,5

Zeit	Außenhandel; Mrd € – Ausfuhr	Einfuhr	Saldo	nachr.: Leistungsbilanzsaldo; Mrd €
2006 2. Vj.	215,33	178,86	36,47	28,79
3. Vj.	226,24	187,25	38,99	27,47
4. Vj.	239,42	188,60	50,82	43,60
Dez.	78,66	63,94	14,72	16,30
2007 Jan.	78,63	62,81	15,82	9,27
Febr.	80,11	66,35	13,76	6,69

Zeit	Arbeitsmarkt – Erwerbstätige (Anzahl in 1 000)	Offene Stellen (Anzahl in 1 000)	Arbeitslose (Anzahl in 1 000)	Arbeitslosenquote in %
2006 3. Vj.	39 199	596	4 420	10,6
4. Vj.	39 319	675	4 204	10,1
2007 1. Vj.	...	646	3 902	9,3
Jan.	39 413	670	3 977	9,5
Febr.	39 443	645	3 897	9,3
März	...	623	3 832	9,2

Zeit	Einfuhrpreise (2000 = 100)	Erzeugerpreise gewerblicher Produkte (2000 = 100)	Baupreise (2000 = 100)	Verbraucherpreise (2000 = 100)
2006 3. Vj.	107,7	117,7	105,9	110,5
4. Vj.	106,6	117,8	107,1	110,6
2007 1. Vj.	...	118,1	111,7	111,3
Jan.	105,8	117,9	.	111,1
Febr.	106,2	118,1	.	111,2
März	...	118,3	.	111,5

* Erläuterungen siehe: Statistischer Teil, X, und Statistisches Beiheft Saisonbereinigte Wirtschaftszahlen.

Deutsche Bundesbank

Quelle: Deutsche Bundesbank, Monatsbericht April 2007, S. 6.

11.1.2 Trend, saisonale Schwankungen, Konjunkturzyklen

Trend. Wirtschaftsschwankungen werden hin und wieder als Abweichungen vom Trend bezeichnet. Dabei versteht man unter Trend eine (gedachte) wirtschaftliche Aufwärtsentwicklung ohne Schwankungen, also ein *stetiges Wachstum* der Wirtschaft. Der Trend kann z.B. an der Entwicklung des Bruttoinlandsprodukts gemessen werden.

Beispiel:

Betrug das reale Bruttoinlandsprodukt eines Landes im Jahr 01 800 Mrd. Geldeinheiten (= GE) und beläuft sich die Wachstumsrate (= jährliche prozentuale Zunahme des realen Bruttoinlandsprodukts) auf 4,5 %, so ergibt sich folgende Entwicklung:

Jahr	01	02	03	04	05	06
reales BIP	800	836	874	913	954	997

Besser noch lässt sich der „Wachstumspfad", wie der langfristige Trend auch bezeichnet wird, anhand einer Kurve darstellen:

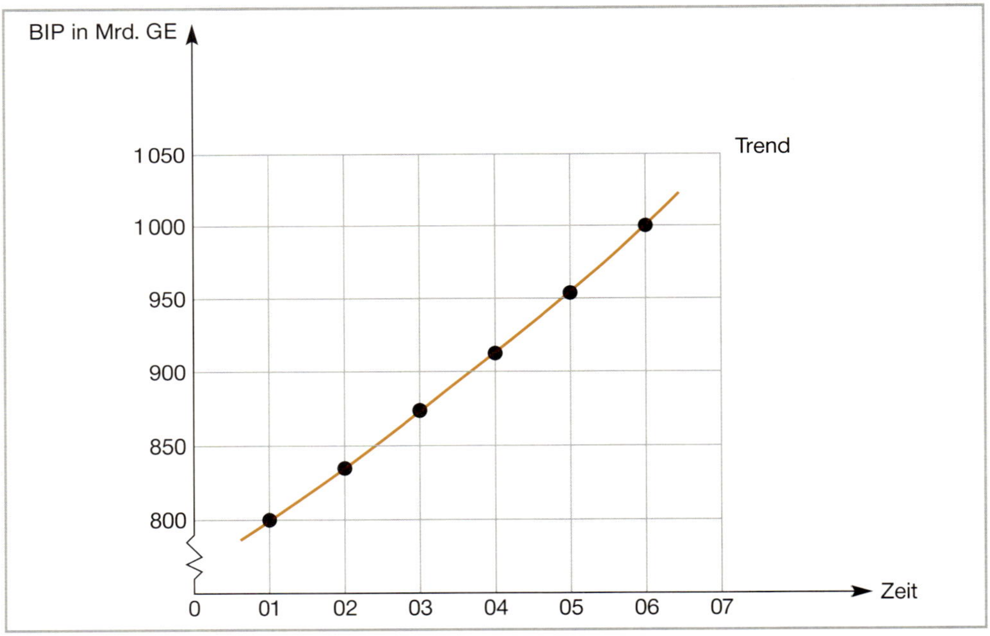

In Wirklichkeit entwickelt sich eine Wirtschaft nicht streng entlang des langfristigen Wachstumspfads, also des Trends. Das Wachstum unterliegt mehr oder weniger starken Schwankungen, die verschiedene Ursachen haben können. So unterscheidet man beispielsweise die *Saisonschwankungen* und die *Konjunkturschwankungen*.

Saisonschwankungen. Die jahreszeitlich wiederkehrenden saisonalen Schwankungen haben ihre Ursachen in erster Linie im Klimawechsel der Jahreszeiten. Bis heute ist beispielsweise die Bau-, Land-, Forst- und Transportwirtschaft im Winter mehr oder weniger stark betroffen. Auch von der Konsumgüterseite her können saisonale Schwankungen ausgehen. Die Jahreszeiten beeinflussen die Heizungs-, Bekleidungs- oder Getränkeindustrie. Festtage bestimmen die Umsätze der Geschäfte, die mit Geschenken handeln (z.B. Weihnachten, Ostern). Saisonschwankungen sind also kurzfristige Schwankungen. Sie sind wirtschaftlich weiter nicht gefährlich, weil sie voraussehbar und damit auch einplanbar sind.

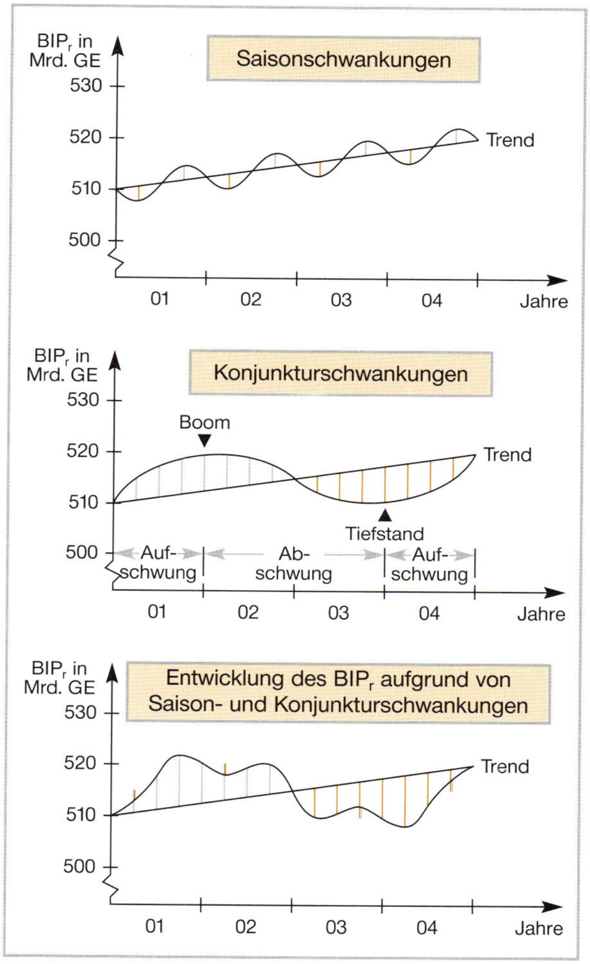

Konjunkturschwankungen. Mittelfristige Wirtschaftsschwankungen (man rechnet heute mit 4 bis 5 Jahren) werden als Konjunkturschwankungen bezeichnet. Man spricht von „Zyklen", d.h. immer wiederkehrenden Abläufen. Es ist jedoch sicher, dass jede Konjunkturschwankung aufgrund der sich verändernden technischen, rechtlichen und wirtschaftlichen Gegebenheiten ein anderes Bild aufweisen muss. Man kann daher – wenn überhaupt – nur besonders hervorstechende („typische") Konjunkturmerkmale beschreiben.

11.1.3 Die Merkmale des Konjunkturverlaufs

Die gedankliche Konstruktion eines typischen Konjunkturverlaufs hat Modellcharakter. Für die wirtschaftliche Diskussion ist jedoch ein solches Modell notwendig, weil mit dessen Hilfe bestimmte Begriffe geprägt werden können, sodass eine Verständigung ohne langwierige Erklärungen möglich wird. Daher werden im Folgenden die wichtigsten Begriffe und Merkmale des Konjunkturverlaufs erläutert.

Im Tiefstand (Depression) herrscht Unterbeschäftigung. Kapazitäten liegen brach. Es besteht hohe konjunkturelle Arbeitslosigkeit. Die gesamtwirtschaftliche Nachfrage ist im Verhältnis zu den Produktionsmöglichkeiten gering. Daher nehmen die Preissteigerungsraten ab.[1]

Im Aufschwung sind die Preissteigerungsraten in der Regel noch verhältnismäßig gering, weil die Unternehmen bei zunehmender Kapazitätsausnutzung noch mit sinkenden Stückkosten arbeiten, sofern die Kostenersparnisse nicht durch Materialpreis- und Lohnerhöhungen ausgeglichen werden. Die Aktienkurse steigen, weil von den Käufern wachsende Unternehmensgewinne erwartet werden (Effektenhausse). Zu Beginn des Aufschwungs ist der Geldmarkt noch flüssig; die Zinsen bleiben niedrig.

Boom. Versäumen Regierungen und Zentralbanken, den Aufschwung unter Kontrolle zu halten, tritt die Situation der Konjunkturüberhitzung (= Boom) ein. Auf dem Kreditmarkt werden die Mittel knapp, die Zinsen steigen. Damit beginnen die Wertpapierkurse zu sinken. Die Preissteigerungen verstärken sich. Ebenso steigen Löhne und Gehälter verhältnismäßig schnell, weil die Arbeitskräfte knapp sind. Außerdem haben die Gewerkschaften bei Überbeschäftigung eine starke Stellung. Infolge der erhöhten Kosten nehmen die Unternehmensgewinne ab. Da die Kapazitätsgrenzen der Wirtschaft erreicht sind, kommt das Wachstum der Güterproduktion zum Stillstand. Die Nachfrage nach Investitionsgütern sinkt, während die Nachfrage nach Verbrauchsgütern noch zu steigen vermag („Hochspannung“).

„Konjunkturgipfel“ (oberer Wendepunkt). Der Zustand der Hochspannung führt zum Umschwung. Die Finanzierungsschwierigkeiten ziehen Vergleiche und Insolvenzen nach sich.

Abschwung. Infolge der Krise nimmt die Arbeitslosigkeit zu, die Arbeitseinkommen fallen. Damit sinkt die Nachfrage nach in- und ausländischen Konsumgütern, auch deswegen, weil die Angst vor dem Verlust des Arbeitsplatzes zu erhöhter Ersparnis führt. Die zurückgehende Konsumgüternachfrage bewirkt zugleich eine weitere Verminderung der Investitionstätigkeit. Der konjunkturelle Abschwung wird auch als *Rezession* bezeichnet.

Kommt der Abschwung zum Stillstand, befindet sich die Wirtschaft in der Depression. Depressionsphasen können u. U. sehr lange anhalten.

Typischer Konjunkturverlauf

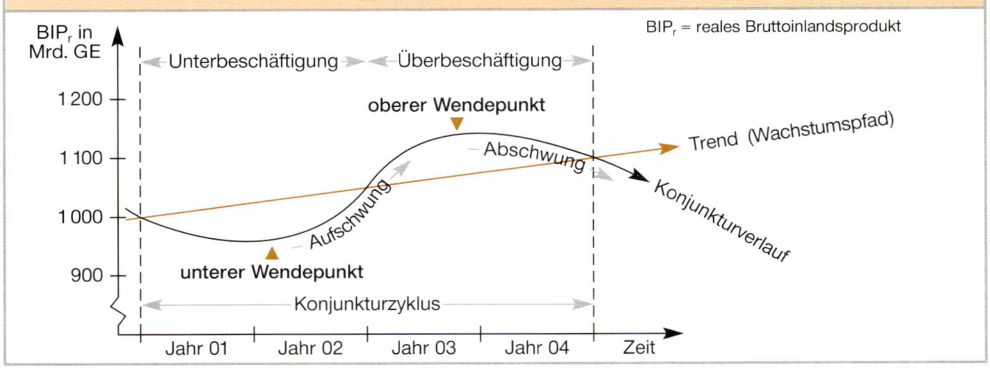

1 Die Begriffsbildung ist in der Literatur und in der Wirtschaftspresse leider nicht einheitlich. Häufig wird die Depression als „Krise“ bezeichnet.

Zusammenfassender Überblick über die Konjunkturphasen

Konjunkturphasen	Auftragsbestände/ Produktion	Konjunkturelle AL*	Lohnentwicklung	Zinsen	Wertpapierkurse	Preisentwicklung	Sparneigung	Zukunftserwartungen
Aufschwung	steigend	noch hoch	mäßige Lohnerhöhungen	noch niedrig	hoch	geringe Preissteigerungsraten	sinkend	optimistisch
Boom (= Hochkonjunktur, Überkonjunktur, Überbeschäftigung)	bei Konsumgütern noch steigend; bei Investitionsgütern stagnierend oder sinkend	sinkend	kräftige Lohnerhöhungen	steigend	sinkend	hohe Preissteigerungsraten	niedrig	optimistisch
oberer Wendepunkt (Konjunkturgipfel)	bei Konsumgütern stagnierend; bei Investitionsgütern sinkend	gleich bleibend	kräftige Lohnerhöhungen („Lohnlag“)	hoch	niedrig	hohe Preissteigerungsraten	niedrig	abwartend bis pessimistisch
Abschwung (= Rezession, Niedergang)	sinkend	steigend	mäßige Lohnerhöhungen (Inflationsausgleich); u. U. Abbau übertariflicher Leistungen	langsam sinkend	langsam steigend	abnehmende Preissteigerungsraten (auf polypolistischen Märkten u. U. sinkende, auf oligopolistischen und monopolistischen Märkten weiter steigende Preise)	steigend	pessimistisch
unterer Wendepunkt („Talsohle“)	auf niedrigem Niveau verharrend	hoch	mäßige Lohnerhöhungen; geringe übertarifliche Leistungen	niedrig	hoch	geringere Preissteigerungsraten; Kosteninflation (Stagflation) jedoch möglich	hoch	abwartend oder vorsichtiger Optimismus

* AL = Arbeitslosigkeit

In den 20er-Jahren stellte der russische Wirtschaftswissenschaftler Kondratieff fest, dass die Weltkonjunktur seit Beginn der Industrialisierung in langen Wellen verläuft (siehe unser schematisches Schaubild). Ein Aufschwung fällt stets zusammen mit grundlegend neuen Techniken, wie etwa die Nutzung der Dampfkraft und der mechanische Webstuhl Anfang des 19. Jahrhunderts oder die Eisenbahn und die Telegrafie ein halbes Jahrhundert später. Es folgten Chemie und Auto zu Beginn des 20. Jahrhunderts und schließlich in den 50er-Jahren Kunststoffe, Kernkraft, Elektronik und Raumfahrt. Was aber wird die Weltkonjunktur an der Schwelle zum dritten Jahrtausend beflügeln? Telekommunikation, Mikroelektronik, Gentechnologie und Multimedia könnten die Felder sein, die der Weltkonjunktur künftig Impulse geben. Auf ihnen wird sich entscheiden, welche Wirtschaftsmächte künftig den Ton angeben werden.

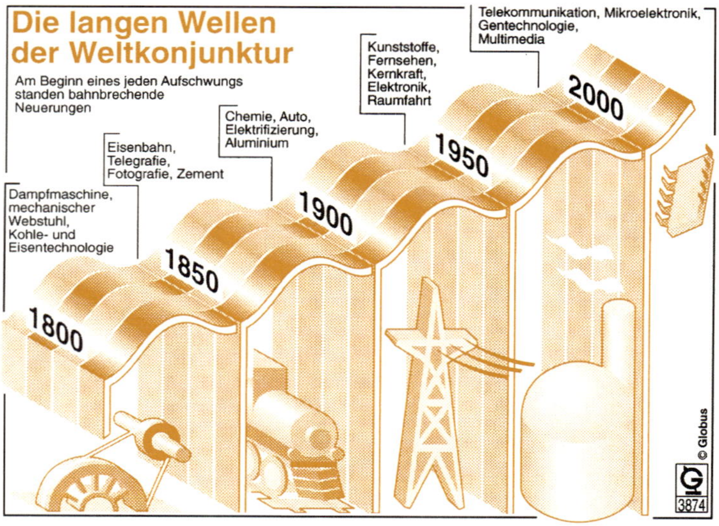

Die Bundesregierung erwartet für das laufende Jahr ein Wirtschaftswachstum von 1,7 %. Damit hat sie ihre Prognose vom Herbst (1,4 %) deutlich angehoben. Der Aufschwung sei robust genug, um die Mehrwertsteuererhöhung vom Jahresanfang zu verkraften, so die Bundesregierung im Jahreswirtschaftsbericht 2007. Die Arbeitslosigkeit soll der Projektion zufolge um 480 000 auf rund vier Millionen sinken und kann möglicherweise sogar die Vier-Millionen-Grenze unterschreiten. Der Aufschwung wird immer stärker von der Binnennachfrage getragen. Allerdings hält der Jahreswirtschaftsbericht auch eine schlechte Nachricht für die Verbraucher bereit: Die Teuerungsrate wird von 1,7 % im Jahr 2006 auf voraussichtlich 2,3 % im Jahr 2007 anziehen.

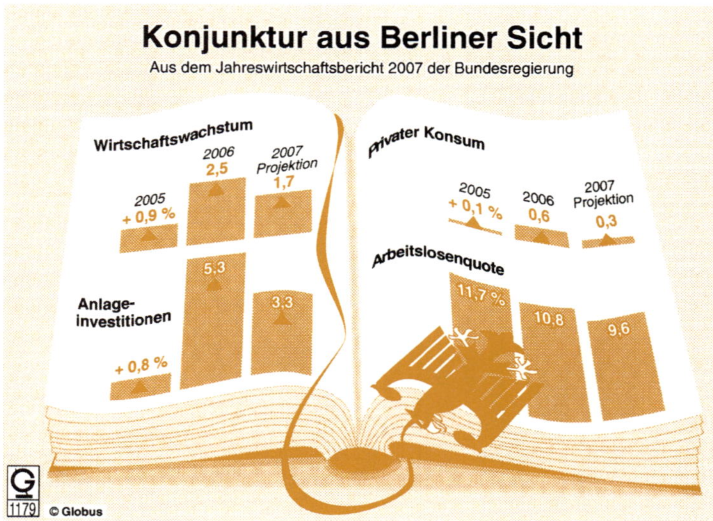

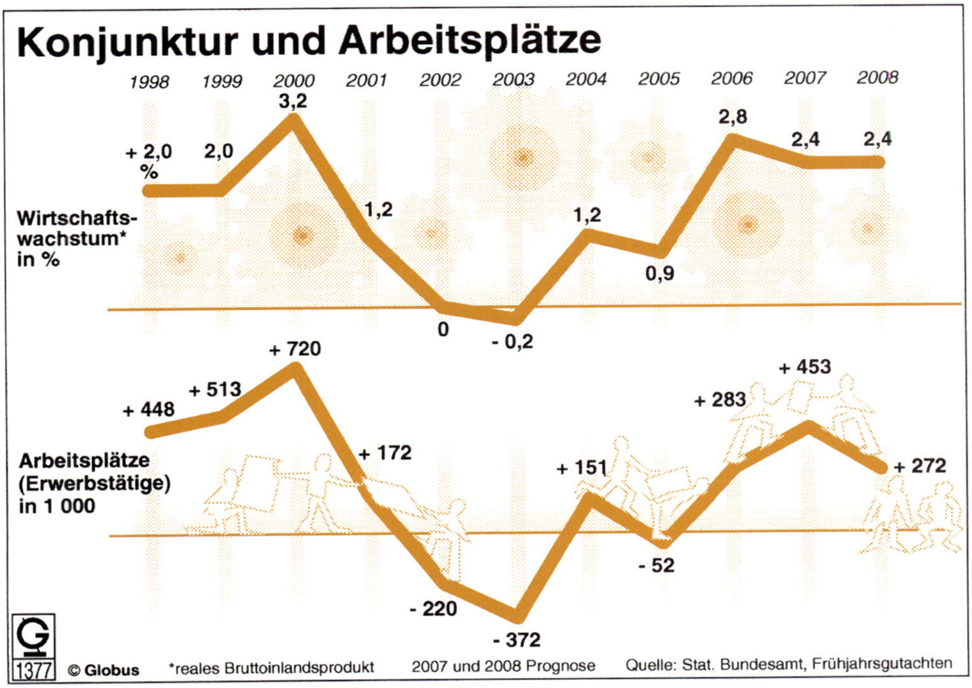

Wenn die Konjunktur lahmt oder gar in eine Rezession abgleitet, gehen in aller Regel Arbeitsplätze verloren. Wenn die Wirtschaft dann wieder wächst, erhöht sich zumeist auch die Nachfrage nach Arbeitskräften. Dies geschieht allerdings mit zeitlicher Verzögerung und oft nicht im erwünschten Ausmaß. Die Unternehmen warten nämlich zunächst ab, ob sich der Aufschwung nur als Strohfeuer erweist oder ob er sich als stabil und nachhaltig entpuppt; mit anderen Worten, ob es sich lohnt, zu investieren und neue Mitarbeiter einzustellen. Im Jahr 2006 verzeichnete die deutsche Wirtschaft mit 2,8 Prozent ein kräftiges Plus. Die Zahl der Arbeitsplätze nahm um 283 000 zu. Und alle Prognosen gehen davon aus, dass sich der Aufschwung auch 2007 und 2008 fortsetzt. Das würde den Experten zufolge noch einmal über 700 000 neue Arbeitsplätze bringen.

Bestimmungsfaktoren der gesamtwirtschaftlichen Entwicklung

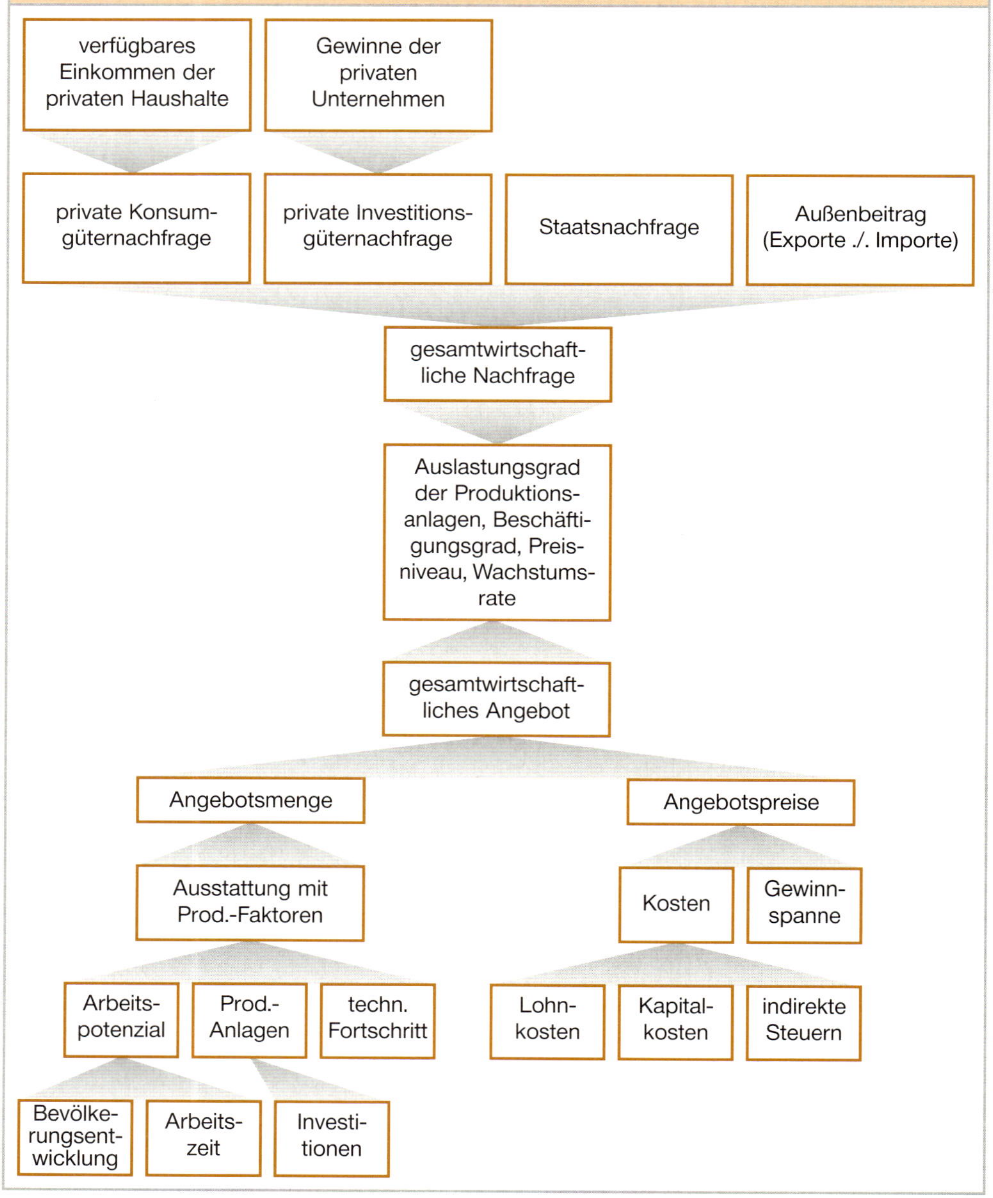

Quelle: Informationen zur politischen Bildung 177, hrsg. von der Bundeszentrale für politische Bildung: Wirtschaft, Konjunktur – Wachstum – Strukturwandel, Bonn, 1976, S. 11.

11.2 Ziele der Wirtschaftspolitik

11.2.1 Kurzfristige Ziele und Zielkonflikte

Dem wirtschaftlichen Auf und Ab, also dem Konjunkturverlauf, kann der Staat (hier Regierung und Notenbank) nicht tatenlos zusehen, weil erhebliche Abweichungen vom Trend zahlreiche wirtschafts- und sozialpolitische Nachteile mit sich bringen. Die wichtigsten kurzfristigen wirtschaftspolitischen Ziele sind daher Vollbeschäftigung, Geldwertstabilität und außenwirtschaftliches Gleichgewicht.

11.2.1.1 Hoher Beschäftigungsstand

Beschäftigung und Beschäftigungsmessung. Unter Beschäftigung verstehen wir im Folgenden den Grad der Kapazitätsausnutzung einer Volkswirtschaft. Dabei ist zu beachten, dass die Messung der volkswirtschaftlichen Kapazität (= Leistungsfähigkeit) immer problematisch ist. Messen wir die Kapazität an der Ausstattung der Wirtschaft mit Produktionsanlagen, so kann eine Wirtschaft vollbeschäftigt sein, obwohl es Arbeitslose gibt, ganz einfach deshalb, weil im Verhältnis zu den gegebenen Arbeitsplätzen zu viel Arbeitskräfte vorhanden sind. Umgekehrt mag es möglich sein, dass eine Wirtschaft alle Arbeitskräfte beschäftigt und außerdem noch offene Stellen besitzt. In diesem Fall sind die sachlichen Produktionsfaktoren unterbeschäftigt. Die vollständige Ausnutzung ist nur durch die Einstellung ausländischer Arbeitskräfte möglich.

Um den genannten Schwierigkeiten aus dem Weg zu gehen, beurteilt man die Beschäftigungslage in einer Volkswirtschaft meist an den Arbeitslosenzahlen *und* den offenen Stellen.

Vollbeschäftigung ist gegeben, wenn die Arbeitslosenquote (= Anteil der Arbeitslosen an den beschäftigten in- und ausländischen Arbeitnehmern) nicht mehr als 2% beträgt.

Überbeschäftigung liegt vor, wenn die Zahl der offenen Stellen erheblich über der Zahl der Arbeitslosen liegt.

Unterbeschäftigung ist gegeben, wenn die Arbeitslosenquote höher als 2% ist und die Zahl der offenen Stellen niedriger als die Arbeitslosenzahl ist.

Die Nachteile der Überbeschäftigung sind:

- Die Unternehmen werben gegenseitig Arbeitskräfte ab.
- Dadurch steigen die Effektivlöhne schneller als die Produktivität.
- Die Folgen sind Preiserhöhungen und damit Beeinträchtigungen der Exportchancen.
- Die Leistungsbereitschaft der Arbeitnehmer sinkt, die Produktqualität nimmt ab.
- Der Krankenstand ist in Zeiten der Überbeschäftigung hoch (schlechte „Arbeitsmoral").

Die Nachteile der Unterbeschäftigung sind:

- Drohende Arbeitslosigkeit bewirkt einen Rückgang der Nachfrage.
- Die Steuereinnahmen des Staates gehen zurück, sodass dieser seine Aufgaben nicht mehr in vollem Umfange erfüllen kann.
- Die Familien der Arbeitslosen kommen in finanzielle Schwierigkeiten, sodass die sozialen Probleme zunehmen.
- Soziale Konflikte können sich verstärken (z. B. Radikalisierung).

Somit ergibt sich, dass eine der wichtigsten Aufgaben der Wirtschaftspolitik die Sicherung der Vollbeschäftigung ist.

11.2.1.2 Geldwertstabilität

Begriff. Eine *absolute* Geldwertstabilität liegt vor, wenn sich das Preisniveau überhaupt nicht verändert. Die Preise der einzelnen Güter können sich dabei durchaus verändern. Bedingung ist jedoch, dass Preissteigerungen einzelner Wirtschaftsgüter durch die Preissenkungen anderer Wirtschaftsgüter ausgeglichen werden.

Die Wirtschaftspolitik konnte bisher nur in seltenen Fällen und nur für kurze Zeit eine absolute Preisstabilität erreichen. Aus diesem Grunde begnügt man sich mit einer *relativen* Preisstabilität. Dabei gelten Preissteigerungsraten von 2–3% bereits als großer Erfolg.

Inflationsraten, die über der genannten Zielvorstellung liegen, bringen erhebliche Nachteile mit sich (vgl. Kap. 10.4). Die Sparer werden dann geschädigt, wenn die Inflationsraten (= Preissteigerungsraten) höher als die Sparzinsen sind. Hingegen werden die Schuldner und die Besitzer von Realvermögen (z.B. von Grundstücken, Betriebsvermögen und Anteilen) bevorzugt. Steigt das inländische Preisniveau schneller als das ausländische, wird der Export beeinträchtigt, sodass die Arbeitsplätze in Gefahr geraten.

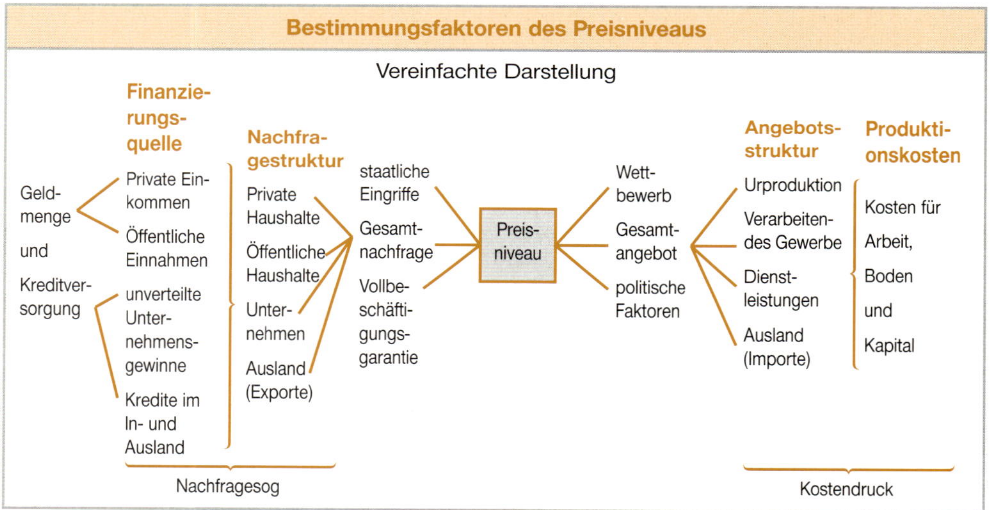

Quelle: H. Adam, Bausteine der Volkswirtschaftslehre, Köln 1997, S. 146.

11.2.1.3 Außenwirtschaftliches Gleichgewicht

Begriff. Unter außenwirtschaftlichem Gleichgewicht versteht man den mittelfristigen Ausgleich der Zahlungsbilanz (vgl. Kap. 10.3.2.2). Da die Hauptursachen von Zahlungsbilanzungleichgewichten in einem anhaltenden Missverhältnis von *Importen* und *Exporten* in fremde Währungsgebiete liegen, wollen wir uns auf die Wirkungen von Export- bzw. Importüberschüssen gegenüber dem Devisenausland beschränken.

Genauere Aussagen über die Wirkungen von Zahlungsbilanzungleichgewichten kann man nur in Bezug auf Einzelstaaten mit eigener Währung oder in Bezug auf ganze Währungsgebiete wie z. B. die WWU treffen. Der Grund: Transaktionen zwischen den Mitgliedstaaten einer Währungsunion verändern zwar die nationalen Zahlungsbilanzen, nicht aber die Zahlungsbilanz der Währungsunion.

Beispiel:

Belgien hat einen Zahlungsbilanzüberschuss gegenüber Spanien. Die Geldmenge innerhalb des Euro-Währungsgebiets ändert sich dadurch nicht. Eine Aussage darüber, wie sich die lokalen Preise verhalten werden, ist nicht möglich. Es lässt sich lediglich feststellen, dass unter sonst gleichen Bedingungen die Beschäftigungslage im Exportland positiv beeinflusst wird.

Die folgenden Überlegungen beziehen sich daher stets auf die Zahlungsbilanz eines Währungsgebiets (das aus einem einzelnen Staat oder einer Staatengemeinschaft bestehen kann).

- **Exportüberschüsse** gegenüber fremden Währungsgebieten führen zu Devisenüberschüssen, weil die Exporteure die eingenommenen Devisen in der Regel bei den Banken in Binnenwährung, in der Bundesrepublik Deutschland also in Euro, umtauschen. Die Banken wiederum refinanzieren sich bei der Europäischen Zentralbank. Somit steigt der Geldumlauf. Bei hohem Beschäftigungsstand steigt das Preisniveau („importierte Inflation“).
- **Importüberschüsse** haben die gegenteilige Wirkung. Die Importeure zahlen die Importe entweder in Binnen- oder in Fremdwährung. Wird in Binnenwährung gezahlt, tauschen die im Devisenausland ansässigen Exporteure ihre Erlöse in ihre eigene Währung um. Wird in Devisen gezahlt, müssen die Importeure die benötigten Devisen im eigenen Währungsgebiet kaufen. In beiden Fällen schrumpft der Devisenvorrat des eigenen Währungsgebiets: Die Zahlungsbilanz wird passiv. Die abnehmende Geldmenge bremst zwar den Preisauftrieb, gefährdet aber die Arbeitsplätze.

Die negativen Wirkungen von Zahlungsbilanzungleichgewichten legen es nahe zu fordern, dass sich die Wirtschaftspolitik einer Volkswirtschaft bzw. eines Währungsgebiets zum Ziel setzt, für eine auf längere Sicht hin ausgeglichene Zahlungsbilanz zu sorgen.

Mögliche Zielkonflikte. Die Forderung, dass die Wirtschaftspolitik gleichzeitig einen hohen Beschäftigungsstand, Preisniveaustabilität (Geldwertstabilität) und außenwirtschaftliches Gleichgewicht anzustreben habe, ist leicht zu erheben, aber schwierig zu erfüllen. Je nach Ausgangslage besteht **Zielharmonie** oder **Zielkonflikt**. Von Zielharmonie spricht man, wenn bestimmte wirtschaftspolitische Maßnahmen der Erreichung mehrerer Ziele dienlich sind. Ein Zielkonflikt liegt vor, wenn die Ergreifung einer bestimmten Maßnahme die Wirtschaft zwar einem Ziel näher bringt, sie dafür aber von anderen Zielen entfernt. **Zielindifferenz** ist gegeben, wenn durch die Verfolgung eines wirtschaftspolitischen Ziels die Verfolgung anderer wirtschaftspolitischer Ziele weder negativ noch positiv beeinflusst wird.

Um mögliche Konfliktsituationen aufzuzeigen, sei einmal von einer unterbeschäftigten Wirtschaft, zum anderen von einer vollbeschäftigten Wirtschaft ausgegangen.

- **Unterbeschäftigte Wirtschaft.** Ist eine Wirtschaft unterbeschäftigt, liegt in der Regel folgende Situation vor: Die Zahl der Arbeitslosen übersteigt die Anzahl der offenen Stellen; der Preisauftrieb ist gedämpft, sofern die Gewerkschaften trotz Unterbeschäftigung keine überhöhten Lohnforderungen durchsetzen. Die Investitionsneigung der

Unternehmen ist gering, weil der entsprechende Absatz fehlt. Die Steuereinnahmen des Staates reichen nicht aus, um die Staatsausgaben zu finanzieren. Angenommen nun, die Wirtschaft soll mit Hilfe von Exportförderungsmaßnahmen (z. B. Exportsubventionen, Abwertung) belebt werden. War die Zahlungsbilanz bisher ausgeglichen, kann somit das Ziel des außenwirtschaftlichen Gleichgewichts nicht angestrebt werden. Das Ziel der Preisstabilität hingegen ist in dieser Situation nicht gefährdet, weil die unterbeschäftigte Wirtschaft zunächst zu konstanten Preisen anbieten kann.

- **Vollbeschäftigte Wirtschaft.** Bestehen in einer vollbeschäftigten Wirtschaft hingegen Zahlungsbilanzüberschüsse, ist in der Regel folgende Situation gegeben: Das Preisniveau steigt verhältnismäßig schnell; die Staatseinnahmen decken die Ausgaben, sodass auch die Parlamente ausgabefreudig sind. Angenommen nun, es soll die Inflationsrate (z. B. durch Ausgabenkürzungen des Staates) gesenkt werden. Damit nimmt die Nachfrage ab und die Beschäftigung geht zurück. Die Politik der Preisstabilisierung steht also der Vollbeschäftigung entgegen. Mehr noch: Hat die Politik der Preisstabilisierung Erfolg und inflationiert das Ausland schneller als das Inland, wird der Export noch mehr steigen, sodass auch das Ziel des außenwirtschaftlichen Gleichgewichts nicht erreicht werden kann.

Es ist ersichtlich, dass in der Regel die gleichzeitige Verfolgung der genannten Ziele nicht möglich ist. Man spricht daher vom „magischen Dreieck“.

Magisches Dreieck

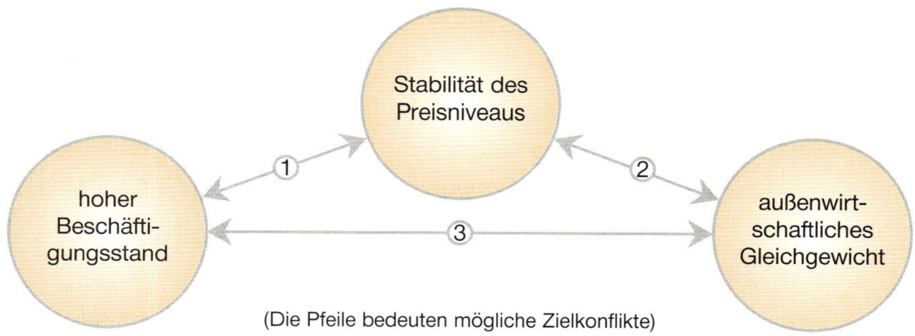

(Die Pfeile bedeuten mögliche Zielkonflikte)

11.2.2 Langfristige Ziele und Zielkonflikte

11.2.2.1 Stetiges Wirtschaftswachstum

Begriff. Das traditionelle langfristige wirtschaftspolitische Ziel ist das „stetige Wirtschaftswachstum“, also ein Wirtschaftswachstum, das keine oder nur geringe konjunkturelle Ausschläge kennt. Das Wirtschaftswachstum ist in allen Wirtschaftsordnungen ein Oberziel, denn nur dann, wenn die Produktion wirtschaftlicher Güter schneller als die Bevölkerung wächst, kann der materielle Lebensstandard pro Kopf der Bevölkerung erhöht werden. Wirtschaftliches Wachstum ist umso wichtiger, je geringer der Entwicklungsstand und damit der Lebensstandard einer Volkswirtschaft ist.

Messung. Das Wirtschaftswachstum kann gemessen werden durch Vergleich der realen Bruttoinlandsprodukte zweier Jahre. Die Wachstumsrate wird in einem Prozentsatz angegeben:

$$\text{Wachstumsrate} = \frac{\text{Veränderung des Bruttoinlandsprodukts}}{\text{Bruttoinlandsprodukt}} \cdot 100$$

Bedingungen. Das Wachstum der Wirtschaft – gemessen an der Höhe des realen Bruttoinlandsprodukts – ist vor allem auf folgende Faktoren zurückzuführen:

- ausreichend zur Verfügung stehende Rohstoffe (Ressourcen),
- hohe Sparrate, die hohe Investitionen ermöglicht,
- gute Ausbildung der arbeitenden Bevölkerung,
- technischer Fortschritt und
- ausgebaute Infrastruktur.

Grenzen. Die Bedingungen des Wirtschaftswachstums machen zugleich seine möglichen Grenzen sichtbar: Die Rohstoff- und Energievorräte der Erde sind begrenzt, die Bevölkerungszahl der hoch industrialisierten Länder stagniert oder schrumpft und die Umweltbelastung durch Schadstoffe nimmt zu.[1] Weiterhin ist die Frage, ob der technische Fortschritt künftig im gleichen Maße voranschreitet wie bisher.

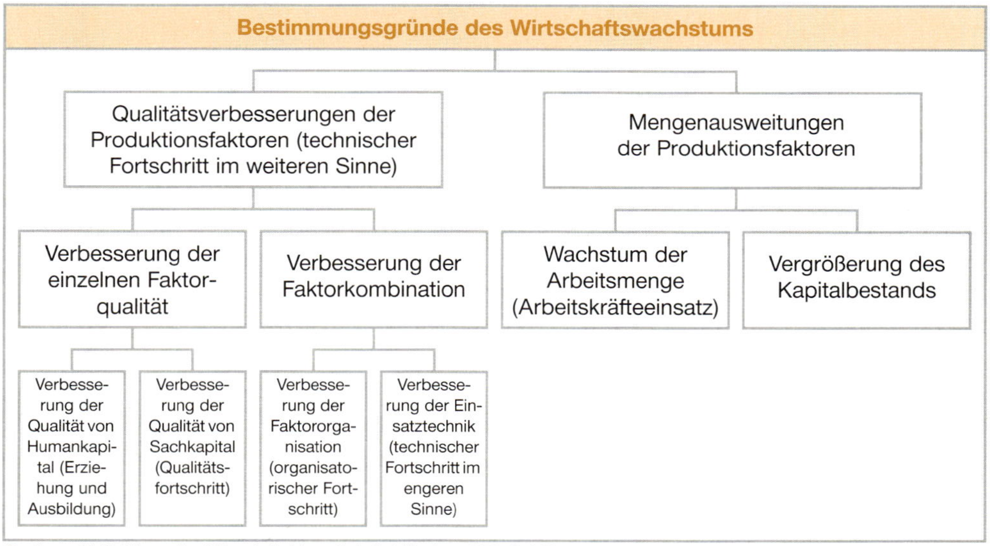

Quelle: Wolf, Allgemeine Wirtschaftslehre, 4. Aufl., München 1976, S. 303.

Mögliche Zielkonflikte. Die Ziele des „magischen Dreiecks“ harmonieren nun keineswegs immer mit dem Ziel des stetigen Wirtschaftswachstums. Da z. B. hohe Sparraten erforderlich sind, um die notwendigen Investitionen zu finanzieren, widerspricht dieser Zustand bei Unterbeschäftigung dem Ziel der Vollbeschäftigung. Soll nämlich eine Wirtschaft aus der Depression herausgeführt werden, ist es erforderlich, unter anderem die Konsumgüternachfrage anzuregen, d.h. die Sparrate zu senken.

1 Näheres siehe Kap. 3.3.1.

16 Richard/Hartmann/Boller – ISBN 987-3-8120-0173-1

Die Ziele des „magischen Dreiecks“ und das Ziel des stetigen Wachstums bilden daher das „magische Viereck“.

Magisches Viereck

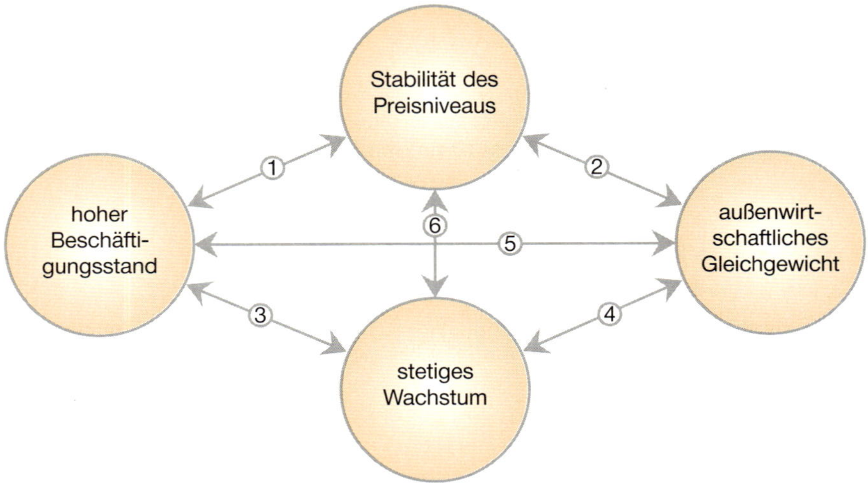

(Die Pfeile bedeuten mögliche Zielkonflikte)

11.2.2.2 Sozialverträgliche Einkommens- und Vermögensverteilung

Begriff. Das wirtschafts- und sozialpolitische Ziel der sozialverträglichen Einkommens- und Vermögensverteilung läuft darauf hinaus, die Einkommen und Vermögen in Zukunft *gleichmäßiger* unter die großen sozialen Gruppen der Arbeitnehmer einerseits und der Selbstständigen („Unternehmer“) einschließlich der sonstigen Vermögensbesitzer andererseits zu verteilen. Bezüglich der Einkommenspolitik des Staates bedeutet das, die *Lohnquote* (= Anteil der Arbeitnehmer am Gesamteinkommen) zu erhöhen.

Das Ziel einer sozialverträglichen Einkommens- und Vermögensverteilung wird deswegen als Einheit gesehen, weil Einkommens- und Vermögensverteilung eng zusammenhängen. Dies ist einmal deswegen der Fall, weil die Bezieher hoher Einkommen leichter Vermögen bilden können als die Bezieher niedrigerer Einkommen, zum anderen aber auch deshalb, weil die Eigentümer der Produktionsfaktoren Boden und Kapital auch die Bodenrente und den Kapitalzins beziehen. Sind diese Vermögensbestandteile in Händen weniger Haushalte konzentriert, fließen diesen auch entsprechend hohe Einkommen zu.

Die Verfolgung des Ziels einer sozialverträglichen Einkommensverteilung ist in der Bundesrepublik Deutschland deswegen schwierig, weil Tarifautonomie besteht, d.h. weil die Tarifpartner das Recht haben, Löhne und Gehälter (kurz: den Lohn) selbstständig und ohne staatliche Einmischung zu vereinbaren. Dennoch verbleiben dem Staat eine Reihe von wirtschafts- und sozialpolitischen Maßnahmen vor allem vermögenspolitischer Art. Hierzu gehören die Einführung eines Investivlohns (= Gewinnausschüttungen an Arbeitnehmer, die im eigenen oder in fremden Unternehmen investiert werden), der Ausbau des Vermögensbildungsgesetzes und weitere Sparförderungsmaßnahmen. Hinzu kommt die

Steuerpolitik, mit deren Hilfe die Einkommen umverteilt werden: Hohe Einkommen werden überproportional hoch, niedrigere Einkommen nur gering oder gar nicht direkt besteuert (Steuerprogression).

Die Einfluss-Faktoren

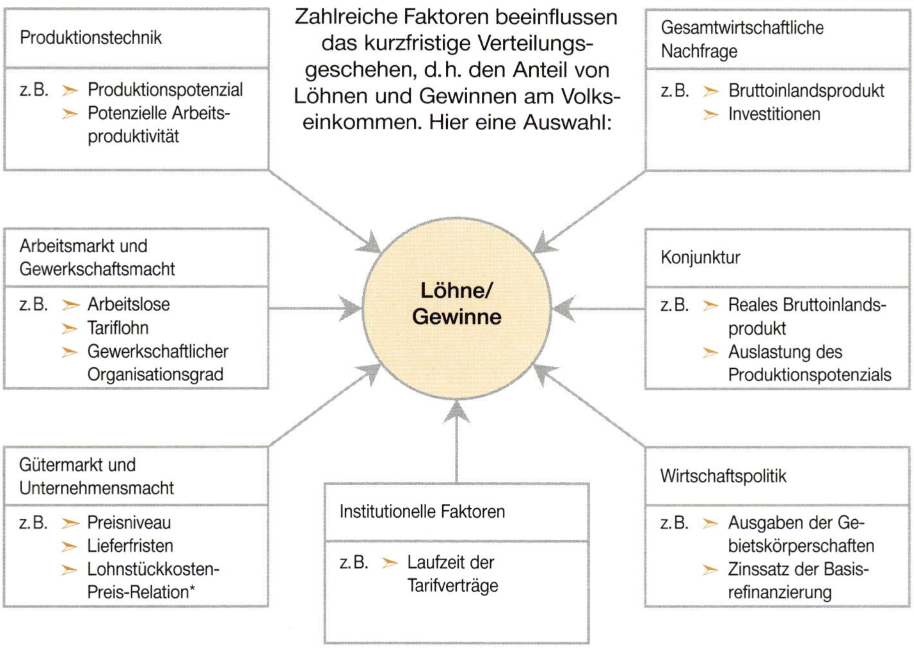

* Preisanstieg im Verhältnis zum Anstieg der Lohnstückkosten.

Quelle: Theodor Brinkmann, Verteilungs- und Konjunkturzyklen in der Bundesrepublik Deutschland.

Quelle: Argumente zu Wirtschaftsfragen 55/56, Einkommensverteilung und Konjunktur. Herausgeber: Institut der deutschen Wirtschaft, 1979.

Mögliche Zielkonflikte. Eine Änderung der Einkommens- und Vermögensverteilung ist dann am leichtesten erreichbar, wenn die Volkswirtschaft regelmäßig wächst. Dann nämlich können die *Zuwächse* an Vermögen und Einkommen zugunsten der Arbeitnehmer verlagert (umverteilt) werden, ohne dass die Investitionstätigkeit leidet.

In einer stagnierenden Wirtschaft bei Unterbeschäftigung führen die Lohnerhöhungen lediglich zu einer Erhöhung der Stückkosten in allen Bereichen, was zu weiteren Preissteigerungen beiträgt. Zwar mag eine Lohnerhöhung bei der Konsumgüterindustrie zu höheren Umsätzen (bei steigenden Preisen) beitragen, in der Investitionsgüterindustrie wird sich jedoch der Konsumzuwachs kaum als höhere Nachfrage nach Investitionsgütern bemerkbar machen, wenn auch die Konsumgüterindustrie selbst unterbeschäftigt ist, denn kein Unternehmen wird Erweiterungsinvestitionen vornehmen, wenn seine Kapazität ohnehin nicht ausgelastet ist.

Zwischen den Zielen „Wachstum“, „Preisniveaustabilität“ und „sozialverträgliche Einkommens- und Vermögensverteilung“ können somit erhebliche Zielkonflikte bestehen.

11.2.2.3 Erhaltung einer lebenswerten Umwelt

Begriff. Ein qualitatives (wirtschafts- und sozialpolitisches) Ziel ist, die Umwelt lebenswert zu erhalten und/oder zu verbessern. Ein wesentliches Element dieses Ziels ist der Umweltschutz.

Mögliche Zielkonflikte. Mit dem industriellen Wachstum steigt auch der Verschmutzungsgrad. Die Folgen sind verkürzte Lebenserwartung, Zerstörung der Erholungsgebiete, Vernichtung des ökologischen Gleichgewichts und Rückgang der land-, fisch- und forstwirtschaftlichen Produktion. Zwischen dem wirtschaftspolitischen Ziel der „Erhaltung einer lebenswerten Umwelt" und dem Wachstumsziel besteht somit ein unauflöslicher Zielkonflikt, soweit sich das Wachstum auf die materielle Produktion bezieht. Wird hingegen das Wachstum gebremst, um die Umwelt zu schonen, geraten das Vollbeschäftigungsziel und eventuell das außenwirtschaftliche Gleichgewicht in Gefahr. Somit wird deutlich, dass alle wirtschafts- und sozialpolitischen Ziele miteinander zusammenhängen (magisches Sechseck).

1. Die Güter können unter umweltpolitischen Gesichtspunkten in Umweltgüter und Industriegüter eingeteilt werden.
2. Für die Produktion von Industriegütern sind Umwelt-, Produktions- und Umweltschutzgüter sowie Arbeit erforderlich.
3. In keinem Wirtschaftssystem gibt es ein systemimmanentes Regulativ, das den Zusammenbruch der ökologischen Systeme anhält oder umweltverträglich verändert. Deshalb ist der Einsatz umweltpolitischer Instrumente durch politische Systeme aufgrund politischer Entscheidungen erforderlich.

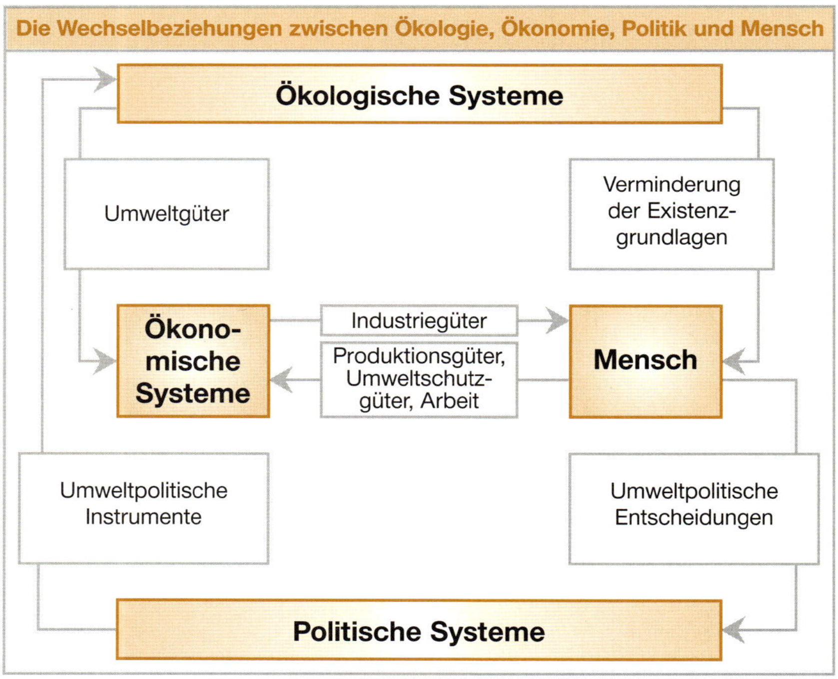

Quelle: In Anlehnung an: Kleiner Wirtschaftsspiegel, Heft 1, Januar 1986, S. 8.

Magisches Sechseck

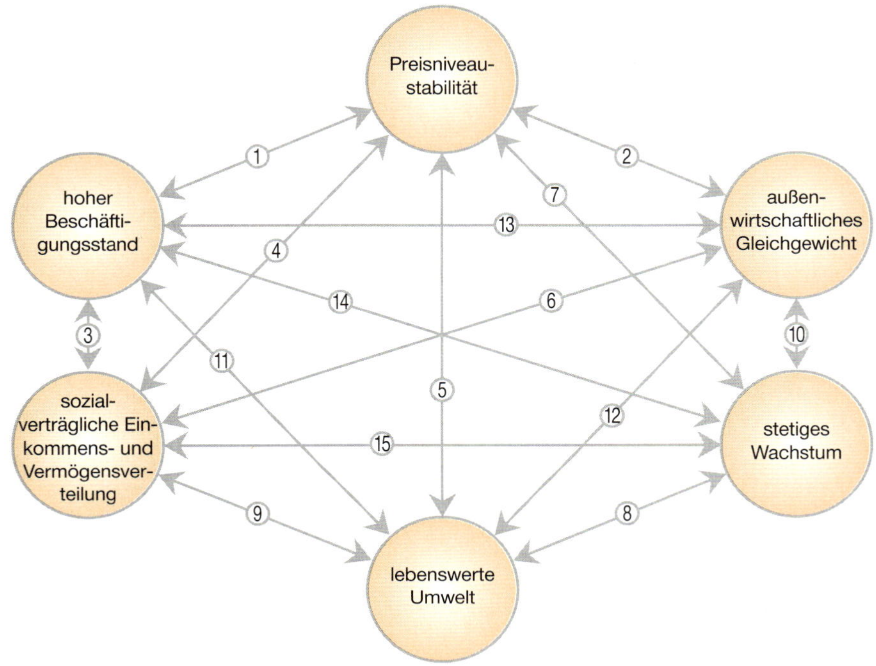

(Die Pfeile bedeuten mögliche Zielkonflikte)

11.2.3 Wirtschaftspolitische Kompromisse

Da es häufig nicht möglich ist, alle wirtschaftspolitischen Ziele *gleichzeitig* zu erreichen, müssen sich die politischen Instanzen (z. B. Bundesregierung, Länderregierungen und die Deutsche Bundesbank) in erster Linie mit demjenigen wirtschaftspolitischen Ziel auseinandersetzen, das am meisten gefährdet erscheint. Anders ausgedrückt: Die politischen Instanzen müssen *Prioritäten*[1] setzen.

Herrscht z. B. Arbeitslosigkeit, wird man versuchen, die Vollbeschäftigung zu erreichen, selbst wenn dadurch die Preisstabilität und das außenwirtschaftliche Gleichgewicht gefährdet werden. Herrscht hingegen Inflation bei Vollbeschäftigung, wird die Wirtschaftspolitik versuchen müssen, die Preissteigerungsrate herabzudrücken, auch auf die Gefahr hin, dass die Vollbeschäftigung beeinträchtigt wird.

11.2.4 Das Inlandsprodukt als Maßstab des Wirtschaftswachstums

Die Statistik misst das Wirtschaftswachstum u. a. an der Entwicklung des Bruttoinlandsprodukts zu konstanten Preisen. Würde man die tatsächlichen Preise ansetzen, ergäbe sich ein „Scheinwachstum", falls Inflation herrscht.

1 Priorität = Vorrangigkeit.

Das reale Wachstum bzw. der reale Rückgang des Bruttoinlandsprodukts (BIP) der Bundesrepublik Deutschland zeigt folgende Entwicklung:

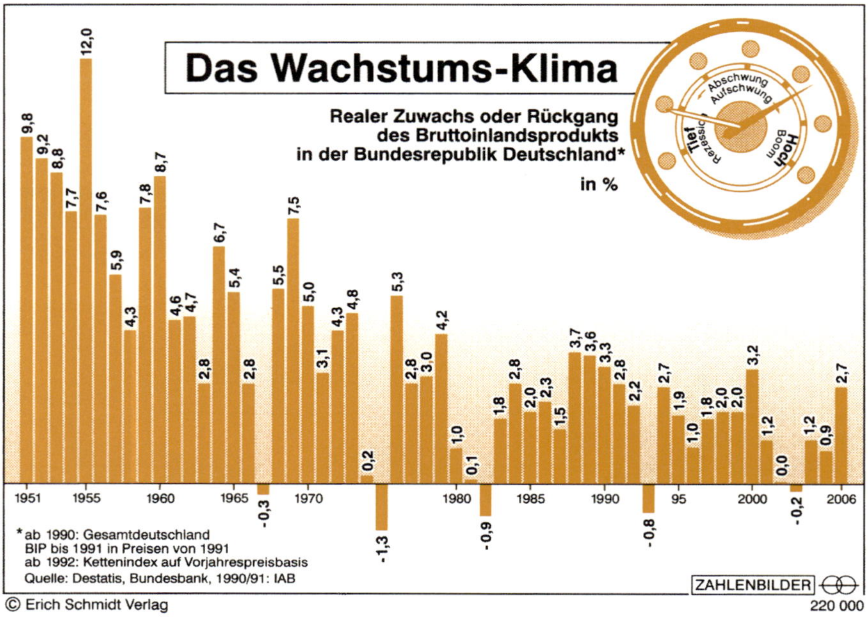

11.2.5 Gefahren des quantitativen Wirtschaftswachstums

Das eindimensionale Wachstum, das sich in einer laufenden Steigerung des Bruttoinlandsprodukts äußert bzw. politisch angestrebt wird, erhöht den materiellen Lebensstandard der *jetzt* lebenden Bevölkerung zu Lasten künftiger Generationen aus mindestens zwei Gründen:

- nicht regenerierbare (wieder herstellbare) Rohstoff- und Energiequellen werden ausgebeutet, wobei in den Sozialproduktberechnungen und in den Kostenrechnungen der Betriebe auch noch so getan wird, als ob dieser Verzehr an natürlichen Produktionsfaktoren kostenlos sei;
- private Haushalte und Betriebe belasten in steigendem Maße mit ihren Abfällen (z. B. Abgase, Verpackungsmaterial, Abwässer, giftige oder radioaktive Abfälle oder in der Landwirtschaft verwendete Giftmittel) die natürliche Umwelt derart, dass das ökologische Gleichgewicht gestört oder gar zerstört wird.

Alternativziele. Die Diskussion um die Gefahren des rein quantitativen Wachstums hat die Forderung nach einem *„qualitativen Wachstum"* aufkommen lassen, das z. B. mit Hilfe der folgenden sozialen Indikatoren gemessen werden kann:

- Verbrauch bzw. Verbrauchsminderung (Einsparung) an Rohstoffen durch Rohstoff schonende Produktionsverfahren;

- Verminderung der Umweltbelastung durch Verringerung der Schadstoffemissionen[1] der privaten Haushalte und der Betriebe;
- Verringerung der Umweltverschmutzung durch verstärktes Recycling, d.h. durch Rückführung von Abfällen in den Wirtschaftskreislauf;
- Ausweitung des tertiären Sektors,[2] z.B. durch verstärkte Pflege und Betreuung kranker, behinderter und alter Menschen, durch Maßnahmen zur Erhöhung der öffentlichen Sicherheit und des Rechtsschutzes für die Bürger oder durch Intensivierung der Weiterbildungs- und Umschulungsmaßnahmen.

Eine weitere Zunahme von Arbeitsplätzen erhofft man sich d urch die weitere Tertiärisierung (→ Entwicklung zur Dienstleistungsgesellschaft). Auch der Auf- und Ausbau neuer Strukturen zur Informationsvermittlung wird neue Arbeitsplätze entstehen lassen. Nach Prognosen des Instituts der deutschen Wirtschaft und der Prognos AG werden im Medien- und Informationsbereich bis zum Jahr 2010 rund 180 000 zusätzliche Arbeitsplätze geschaffen.

„Nullwachstum".[3] Nach Meinung des Club of Rome[4] muss das quantitative Wirtschaftswachstum überhaupt beendet werden, wenn eine Katastrophe verhindert werden soll. Andernfalls werden die zunehmende Umweltverschmutzung, die Erschöpfung der Rohstoffvorräte und das Nachlassen des technischen Fortschritts dafür sorgen, dass die Menschheit durch Hunger und Krankheiten drastisch dezimiert wird.

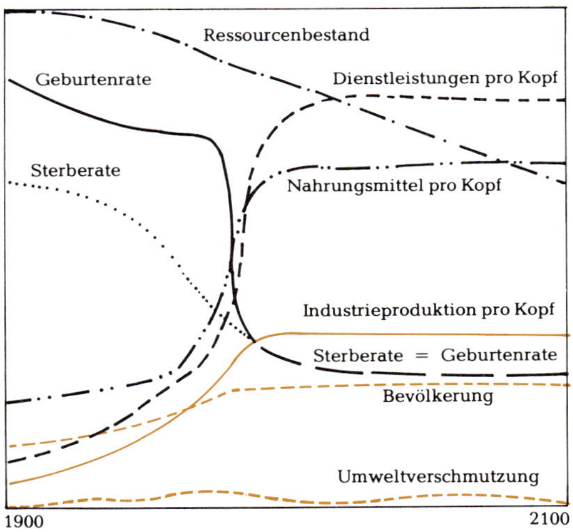

Modell des zu erstrebenden Nullwachstums nach MEADOWS[5]

Für die Wirtschaftspolitik stellt das Nullwachstum jedoch keine Alternative dar, weil sonst eine ganze Reihe anderer wirtschaftspolitischer Ziele nicht mehr erreicht werden können: Z.B. können Einkommenszuwächse nicht mehr umverteilt werden, und die Vollbeschäftigung wird gefährdet.

1 Emission = Ausstoß, Auswurf.

2 Tertiärer Sektor = dritter Sektor, also der Dienstleistungsbereich.

3 Der Ausdruck „Nullwachstum" ist zwar üblich geworden, ist jedoch in sich widersinnig. Kein Wachstum heißt Stagnation (= Stillstand). Ebenso ist der Begriff „negatives Wachstum" falsch, weil hiermit eben kein Wachstum (kein „Größerwerden"), sondern ein Schrumpfungsprozess vorliegt.

4 Der „Club of Rome" ist eine lose Vereinigung hervorragender Wissenschaftler und Praktiker aus den verschiedensten Fachrichtungen und Berufen, die sich zur Aufgabe gemacht hat, auf die Gefahren hinzuweisen, die der Menschheit in der Gegenwart und in der Zukunft aufgrund des ungehemmten Wirtschaftswachstums drohen. Das erste aufrüttelnde Werk von Meadows/Zahn/Milling: Die Grenzen des Wachstums, Bericht des Club of Rome zur Lage der Menschheit, erschien in deutscher Sprache im Jahre 1972.

5 Meadows, D. u.a.: Die Grenzen des Wachstums, 1972, S. 148.

Wiederholungs- und Vertiefungsaufgaben zu Kapitel 11

1. Nennen und erläutern Sie mindestens vier wichtige Konjunkturindikatoren!

2. Nennen Sie die kurzfristigen wirtschaftspolitischen Ziele des „magischen Dreiecks"!

3. Unterscheiden Sie Saisonschwankungen und Konjunkturschwankungen!

4. Angenommen, die Entwicklung des Volkseinkommens verläuft wie in nebenstehender Grafik. Wie heißen die einzelnen Phasen (= Teilabschnitte) des abgebildeten Konjunkturverlaufs?

5. Beschreiben Sie kurz das Wesen der einzelnen Phasen des Konjunkturablaufs anhand folgender Indikatoren: Produktion, Arbeitslosenzahl, Preisentwicklung, Zukunftserwartung!

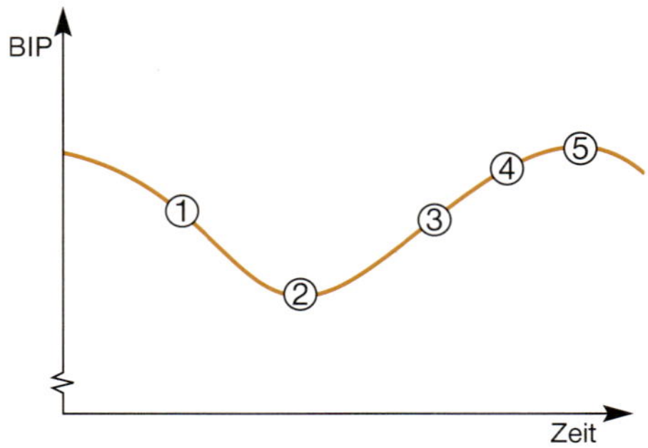

6. In welcher Phase der Konjunktur ist mit verstärkten Preissteigerungen (= inflatorische Entwicklung) zu rechnen?

7. Erklären Sie den Begriff Trend!

8. Beschreiben Sie, welcher Trend sich aus der Entwicklung des BIP in den Preisen von Jahr 00 ablesen lässt:

Jahr 00: 100 %;	Jahr 05: 117 %;	Jahr 06: 117 %;	Jahr 07: 120 %;
Jahr 08: 124 %;	Jahr 09: 130 %;	Jahr 10: 132 %;	Jahr 11: 132 %

9. Auf welche Konjunkturphase lassen die folgenden Konjunkturindikatoren schließen?

	Grad der Kapazitätsauslastung in %	Arbeitslosenquote (%)	Preissteigerungsrate (%)	Wachstumsquote
Phase a	90	12	2,3	– 0,5
Phase b	99,2	0,5	3,8	+ 3,2

10. Welche Auswirkungen hat ein ständig steigender Exportüberschuss auf die Volkswirtschaft?

11. Eine anhaltend aktive Handelsbilanz hat zu starken Devisenzuflüssen geführt. Die Regierung beschließt eine Aufwertung der eigenen Währung um 3 %!
    a) Welches wirtschaftspolitische Ziel soll verwirklicht werden?
    b) Untersuchen Sie, welche Folgen die Maßnahme auf Produktion, Preisentwicklung und Entwicklung des BIP hat!
    c) Kennzeichnen Sie, wie die Ziele des magischen Vierecks beeinflusst werden!

12. Nennen Sie die langfristigen Ziele der Wirtschaftspolitik! Erläutern Sie mögliche Zielkonflikte!

13. Erklären Sie den Begriff „Wirtschaftswachstum"! Welche Voraussetzungen müssen gegeben sein?

14. Worin sehen Sie mögliche Grenzen des Wirtschaftswachstums?

15. Legen Sie dar, warum die Unlösbarkeit der wirtschaftspolitischen Zielkonflikte eine Prioritätensetzung durch politische Instanzen erfordert!

16. Welche Gefahren ergeben sich bei der eindimensionalen (einseitigen) Betrachtung bzw. Messweise des Wirtschaftswachstums?

17. Wodurch ist eine mehrdimensionale Betrachtungsweise des Wirtschaftswachstums gekennzeichnet?

18. Geben Sie Alternativziele zum quantitativen Wirtschaftswachstum an!

19.

Vorfahrt für Globalsourcing

Für deutsche Unternehmen ist die Luft im internationalen Wettbewerb dünner geworden. Die Ursachen:

● **Schlechtere Wettbewerbsposition.** Seit dem Ende der achtziger Jahre hat die internationale Konkurrenzfähigkeit der deutschen Industrie auf den Weltmärkten schwer gelitten. Zu hohe Lohnsteigerungen und massive DM-Aufwertungen haben dazu geführt, dass das 1989 noch wettbewerbsfähige Lohnstückkosten-Niveau gegenüber den übrigen Industrieländern innerhalb von sieben Jahren um durchschnittlich 20 Prozent verloren hat.

Hinzu kommt: Weltweit sinkende Transportkosten, leistungsfähige Telekommunikations-Netze und die zunehmende Mobilität des Produktiv-Kapitals haben die relative Bedeutung der Arbeitskosten sogar noch erhöht.

● **Veränderte Weltmarkt-Struktur.** Der Kreis der Wettbewerber hat sich in den letzten Jahren fundamental gewandelt - im Wesentlichen aus zwei Gründen:

① **Die Schwellenländer haben aufgeholt.** Nicht nur die traditionellen Handelspartner, auch die südostasiatischen und lateinamerikanischen Schwellenländer haben sich mit innovativen Produkten in die internationale Arbeitsteilung eingeklinkt. Ursache: Ausgefeilte Produktionstechnologien und hohe Produkt-Qualität sind heute weniger standortgebunden als noch vor einigen Jahren.

② **Neue Standort-Konkurrenz in Mittel- und Osteuropa.** Der Fall des Eisernen Vorhangs hat der deutschen Wirtschaft Billiglohn-Konkurrenz direkt vor der eigenen Haustür beschert. Infolge der erheblich geringeren Lohnkosten von teilweise weniger als einem Zehntel des westdeutschen Niveaus werden die mittel- und osteuropäischen Reformländer als Produktions-Standorte immer interessanter – vor allem dann, wenn die Produkte arbeitsintensiv und die Technologien standardisiert sind.

Die deutschen Unternehmen haben sich auf die veränderten Rahmenbedingungen der internationalen Arbeitsteilung inzwischen eingestellt. Sie haben auf die neuen Herausforderungen mit unterschiedlichen Strategien reagiert:

– **Preissenkungs-Strategie.** Nach der massiven DM-Aufwertung im Frühjahr 1995 versuchen viele Unternehmen, ihre Marktanteile auf den Export- und Inlandsmärkten durch Preiszugeständnisse zu halten. Der Nachteil des Rezeptes: Es taugt bestenfalls bei einer nur vorübergehenden Verschlechterung der Kosten- und Wettbewerbsposition. Über einen längeren Zeitraum hinweg würde diese Übung zu Gewinneinbußen oder sogar zu Verlusten führen. Schlimmstenfalls stünde die Existenz des gesamten Unternehmens auf dem Spiel.

– **Kostensenkungs-Strategie.** Seit Anfang der neunziger Jahre haben sich viele Unternehmen dem gestiegenen Wettbewerbsdruck dadurch zu entziehen versucht, indem sie Programme zur Kostensenkung aufgelegt oder intensiviert haben. Im Mittelpunkt dieser Politik steht neben der Neuorganisation der Produktion und dem Abbau von Fertigungstiefen die zunehmende Verlagerung der Beschaffungsmärkte ins Ausland.

– **Verlagerungs-Strategie.** Diese Option wird besonders von jenen Firmen ins Kalkül gezogen, die neben Wettbewerbs- und Kostenaspekten auch die Marktnähe zum Kunden im Visier haben. Auch die Umgehung handelspolitischer Restriktionen kann ein Motiv für eine Verlagerung der Produktion ins Ausland sein – spielt aber nicht mehr die Rolle wie früher.

Die deutschen Unternehmen haben gerade in jüngster Zeit ihre Fitness-Programme vor allem nach internationalen Gesichtspunkten ausgerichtet – mit steigender Tendenz. Die Indizien:

- **Mehr Vorleistungen aus dem Ausland.** Der Anteil der Vorleistungs-Einfuhren an den gesamten industriellen Importen hat sich in den vergangenen Jahren für fast alle Branchen erheblich erhöht ...

- **Mehr Direktinvestitionen.** Immer mehr Firmen entscheiden sich für eine Direktinvestitions-Strategie – darunter auch zunehmend Unternehmen der unter Anpassungsdruck geratenen Zulieferindustrie. Ihr Kalkül: Durch die Verlagerung der Vorleistungs-Produktion vor Ort bleibt die traditionelle Kundenbindung erhalten. Weitere Vorteile: Die Betriebe können die dort vorhandenen Kostenvorteile nutzen und sind zudem vor wechselkursbedingten Wettbewerbsverzerrungen weitgehend gefeit.

Kritiker dieser Verlagerungs-Strategie ins kostengünstigere Ausland befürchten oft den Exodus für deutsche Industrie-Arbeitsplätze. Doch steigende Vorleistungsbezüge aus dem Ausland führen nicht zwangsläufig zu Produktions- und Beschäftigungsverlusten bei inländischen Unternehmen. Eher das Gegenteil ist der Fall:

Globalsourcing ist vielfach notwendig, um die Kosten-Wettbewerbsfähigkeit inländischer Anbieter zu gewährleisten. Denn Produkt- und Standortdiversifizierung sichern die Existenz der Unternehmen – und damit den Erhalt von Arbeitsplätzen im Inland.

Quelle: iwd vom 3. August 1995.

a) Die Weltmarktstruktur hat sich in den letzten Jahren verändert. Welche Gründe werden genannt?

b) Wie reagierten die deutschen Unternehmen auf die veränderte Weltmarktstruktur?

c) Im Artikel wird auch eine positive Seite der Verlagerungsstrategie aufgezeigt. Erläutern Sie diese!

12 Träger und Instrumente der Wirtschaftspolitik

12.1 Währungspolitische Maßnahmen der Zentralbank

12.1.1 Die Deutsche Bundesbank im System der Europäischen Zentralbanken

Wesen. Die Deutsche Bundesbank ist nach dem „Gesetz über die Deutsche Bundesbank" aus dem Jahre 1957 eine bundesunmittelbare juristische Person des öffentlichen Rechts. Ihr Grundkapital von 2,5 Milliarden Euro steht dem Bund zu, ihr Sitz ist Frankfurt/Main.

Mit Beginn der Stufe 3 der Wirtschafts- und Währungsunion (WWU) wurde die Deutsche Bundesbank Bestandteil des Europäischen Systems der Zentralbanken (ESZB).

§ 3 BBankG

„Die Deutsche Bundesbank ist als Zentralbank der Bundesrepublik Deutschland integraler Bestandteil des Europäischen Systems der Zentralbanken. Sie wirkt an der Erfüllung seiner Aufgaben mit dem vorrangigen Ziel mit, die Preisstabilität zu gewährleisten, hält und verwaltet die Währungsreserven der Bundesrepublik Deutschland, sorgt für die bankmäßige Abwicklung des Zahlungsverkehrs im Inland und mit dem Ausland und trägt zur Stabilität der Zahlungs- und Verrechnungssysteme bei. Sie nimmt darüber hinaus die ihr nach diesem Gesetz oder anderen Rechtsvorschriften übertragenen Aufgaben wahr."

Das Eurosystem besteht aus der

- EZB (Europäische Zentralbank) und den
- NZBs (Nationalen Zentralbanken) der Euroländer.[1]

Vorstand. Organ der Bundesbank ist der Vorstand. Er leitet und verwaltet die Bank. Er legt im Organisationsstatut die Zuständigkeiten innerhalb des Vorstands und die Aufgaben der Hauptverwaltungen fest.

Der Vorstand vertritt die Bundesbank gerichtlich und außergerichtlich.

Er besteht aus dem Präsidenten und dem Vizepräsidenten und sechs weiteren Mitgliedern. Die Beschlüsse werden mit einfacher Mehrheit gefasst, bei Stimmengleichheit entscheidet die Stimme des Vorsitzenden. Die Bestellung des Vorstands erfolgt durch den Bundespräsidenten. Auf Vorschlag der Bundesregierung werden: Präsident, Vizepräsident und zwei weitere Mitglieder, auf Vorschlag des Bundesrats 4 Mitglieder bestellt. Der Vorstand ist bei den Vorschlägen anzuhören. „Die Mitglieder des Vorstands müssen besondere fachliche Eignung besitzen" (§ 7 [2] Satz 2 BBankG). Der Präsident ist Mitglied des EZB-Rats.

Hauptverwaltungen. Gemäß § 8 Abs. 1 BBankG unterhält die Deutsche Bundesbank 9 Hauptverwaltungen.

Die Bundesbank unterhält ein Netz von Filialen zur Sicherstellung der Versorgung mit Notenbankdienstleistungen.

Die Hauptverwaltungen werden jeweils von einem Präsidenten geleitet, der dem Vorstand der Deutschen Bundesbank untersteht. Diese tragen die Bezeichnung Präsident der Hauptverwaltung (§ 8 BBankG).

1 Euroländer: Belgien, Deutschland, Finnland, Frankreich, Griechenland, Irland, Italien, Luxemburg, Niederlande, Österreich, Portugal, Slowenien, Spanien.

Beirat. Bei jeder Hauptverwaltung besteht ein Beirat, der regelmäßig mit dem Präsidenten der Hauptverwaltung zusammentrifft und mit ihm über die Durchführung der in seinem Bereich anfallenden Arbeiten berät (§ 9 BBankG).

Die Beiräte werden auf Vorschlag der zuständigen Landesregierungen durch den Präsidenten der Bundesbank berufen.

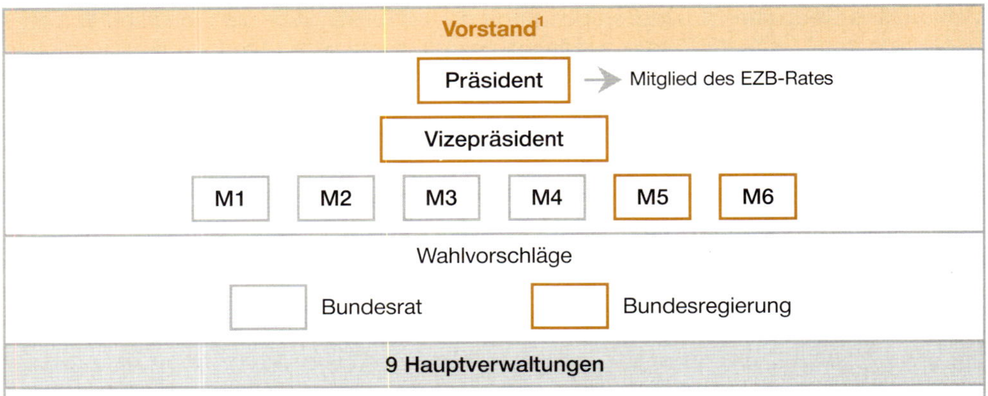

Leitung durch weisungsgebundenen Präsidenten für die Bereiche:

1. des Landes Baden-Württemberg, 2. des Freistaates Bayern, 3. der Länder Berlin und Brandenburg (Sitz Berlin), 4. der Freien Hansestadt Bremen und der Länder Niedersachsen und Sachsen-Anhalt (Sitz Hannover), 5. der Freien und Hansestadt Hamburg und der Länder Mecklenburg-Vorpommern und Schleswig-Holstein (Sitz Hamburg), 6. des Landes Hessen, 7. des Landes Nordrhein-Westfalen, 8. der Länder Rheinland-Pfalz und Saarland (Sitz Mainz), 9. der Freistaaten Sachsen und Thüringen (Sitz Leipzig).

Aufgaben. Die Deutsche Bundesbank hat folgende Aufgaben:

- Als Zentralbank der Bundesrepublik Deutschland wirkt sie an der Erfüllung der Aufgaben des Eurosystems mit. Vorrangiges Ziel des Eurosystems ist die Gewährleistung von Stabilität, insbesondere Preisstabilität im Euroraum.
- Sie hält und verwaltet die nationalen Währungsreserven.
  Die Währungsreserven der Deutschen Bundesbank setzen sich aus Devisenanlagen (derzeit in US-Dollar und Yen), Gold und aus den Forderungen an den Internationalen Währungsfonds (IWF) zusammen.
- Sie hat für die Durchführung des Zahlungsverkehrs im Inland und mit dem Ausland zu sorgen. Zu diesem Aufgabenbereich gehören u.a.:
  - Effiziente Bargeldversorgung und -infrastruktur einschließlich einer hohen Qualität und Fälschungssicherheit des Bargeldumlaufs. Die Banknotenausgabe ist nur mit vorheriger Genehmigung des EZB-Rates zulässig. Euro-Noten und -Münzen sind gesetzliche Zahlungsmittel. Die Bundesbank bringt Bargeld in den Verkehr und zieht auch gebrauchte Barzahlungsmittel ein.
  - Sicherheit und Effizienz von Zahlungsverkehrs- und Abwicklungssystemen. Beim unbaren Zahlungsverkehr, bei der Abwicklung des Kundenzahlungsverkehrs der Kreditinstitute, führt die Bundesbank für die Kreditinstitute den Überweisungsverkehr beleglos durch (d.h. nur noch Datensätze werden elektronisch weitergeleitet und übermittelt). Das geschieht u.a. im EMZ (→ elektronischer Massenzahlungsverkehr).

1 Vorgesehen ist eine Verkleinerung des Vorstands auf 6 Mitglieder. Der Bundesrat wird ein Vorschlagsrecht für den Vizepräsidenten erhalten.

- Scheck- und Lastschrifteinzug erfolgen ebenfalls als Dienstleistung im beleglosen Verfahren. (→ BSE → Belegloser Scheineinzug; ISE → Imagegestütztes Scheckeinzugsverfahren)

  Die Einreichung der Datensätze erfolgt im Datenträgeraustausch-Verfahren (DTA) oder mittels Datenfernübertragung.

  TARGET-System. Trans-European Automated Real-time Gross settlement Express Transfer System. (Transeuropäisches Automatisiertes Echtzeit-Brutto-Express-Überweisungssystem) Das TARGET-System ist ein vom Eurosystem eingeführtes System zur sicheren und schnellen Abwicklung des elektronischen Zahlungsverkehrs innerhalb des Euroraums. Dazu wurden die nationalen Brutto-Abwicklungssysteme des Euro-Währungsgebietes über ein spezifisches System (Interlinking-System) miteinander verbunden, sodass auch die grenzüberschreitenden Überweisungen taggleich abgewickelt werden können.

  Das Großbetragszahlungssystem TARGET als Zahlungs- und Abwicklungssystem bildet das Rückgrat der europäischen Finanzinfrastruktur.

➢ Sonstige Aufgaben (gemäß Bundesbankgesetz und anderen Rechtsvorschriften):

- Hausbank des Bundes (Fiscal Agent). Sie übernimmt im Auftrag der hundertprozentigen Tochtergesellschaft des Bundesministeriums der Finanzen, der „Bundesrepublik Deutschland Finanzagentur GmbH“, und für Rechnung des Bundes die Kurspflege der Bundeswertpapiere und führt praktisch alle Wertpapieremissionen des Bundes durch.
- Beitrag zur Gewährleistung der Funktionsfähigkeit der deutschen Kredit- und Finanzdienstleistungsinstitute.

  Dazu gehört die Mitwirkung bei der Bankenaufsicht in Zusammenarbeit mit der Bundesanstalt für Finanzdienstleistungsaufsicht.

Kerngeschäftsfelder der Bundesbank

<table>
<tr><th colspan="5">Deutsche Bundesbank: Stabilität sichern</th></tr>
<tr><th>Bargeld</th><th>Finanz- und Währungssystem</th><th>Geldpolitik</th><th>Bankenaufsicht</th><th>Unbarer Zahlungsverkehr</th></tr>
<tr><td>Effiziente Bargeldversorgung und -infrastruktur</td><td>Stabiles Finanz- und Währungssystem
= Voraussetzung für die Stabilität des Geldwertes</td><td>Preisstabilität im Euro-Raum
= Umsetzung der geld- und währungspolitischen Beschlüsse des EZB-Rates</td><td>Funktionsfähigkeit der deutschen Kredit- und Finanzdienstleistungsinstitute</td><td>Sicherheit und Effizienz von Zahlungsverkehrs- und Abwicklungssystem</td></tr>
<tr><th colspan="5">Internationale Kooperation/Mitgliedschaft in internationalen Gremien</th></tr>
<tr><td colspan="5">Z. B.: Der Päsident der Deutschen Bundesbank vertritt als Gouverneur im Internationalen Währungsfonds (IWF) die währungspolitischen Interessen der Bundesrepublik Deutschland. Die Mitgliedschaft der Deutschen Bundesbank bei der Bank für Internationalen Zahlungsausgleich (BIZ) trägt zur Förderung der internationalen Zusammenarbeit im Währungs- und Finanzbereich bei.</td></tr>
<tr><th colspan="5">Forschung/wirtschaftspolitische Analyse</th></tr>
<tr><td colspan="5">Z. B.: Wissenschaftlich fundierte Analysen der gesamtwirtschaftlichen Entwicklung und Forschung zur Geldpolitik.</td></tr>
</table>

Quelle: Deutsche Bundesbank: Geld und Geldpolitik 2007

12.1.2 Europäisches System der Zentralbanken (ESZB)

Das ESZB besteht aus der Europäischen Zentralbank (EZB) und den nationalen Zentralbanken der Mitgliedsstaaten. Die Europäische Währungsverfassung beinhaltet als vorrangiges Ziel die Preisniveaustabilität. Die Unterstützung der Wirtschaftspolitik der Gemeinschaft darf das Stabilitätsziel nicht gefährden. Das ESZB ist bei der Wahrnehmung seiner Aufgaben unabhängig von der Weisung politischer Instanzen. Das ESZB darf keine öffentlichen Haushaltsdefizite finanzieren.

Die EZB unterscheidet

- das **„Eurosystem“**
  (Umfasst die EZB und die NZBen derjenigen Mitgliedstaaten, die den Euro in der dritten Stufe der Wirtschafts- und Währungsunion (WWU) eingeführt haben. Zurzeit gehören dem Eurosystem dreizehn NZBen [die „NZBen des Euro-Währungsgebiets“] an.[1])

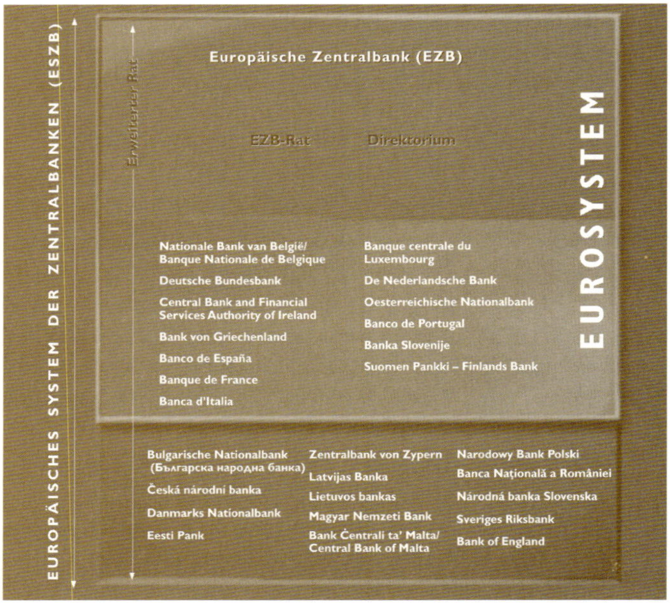

Quelle: EZB Jahresbericht 2006, Seite 195.

- und das **Europäische System der Zentralbanken (ESZB)**
  (EU-Mitgliedstaaten, die den Euro noch nicht eingeführt haben (zurzeit sind dies Dänemark, Schweden, das Vereinigte Königreich und die elf Mitgliedstaaten, die seit 2004 der EU beitraten.)

1 Dies sind die NZBen von Belgien, Deutschland, Griechenland, Spanien, Frankreich, Irland, Italien, Luxemburg, den Niederlanden, Österreich, Portugal, Slowenien und Finnland.

12.1.3 Europäische Zentralbank (EZB)

Europäische Zentralbank (EZB). Die Leitung der EZB obliegt dem Direktorium und dem EZB-Rat.

Das Direktorium besteht aus dem Präsidenten, dem Vizepräsidenten und vier weiteren Mitgliedern. In seiner Hand liegt die Geschäftsführung. Sitz der EZB ist Frankfurt/Main.

Europäischer Zentralbankrat (EZB-Rat). Der EZB-Rat setzt sich zusammen aus dem Direktorium und den Präsidenten der nationalen Zentralbanken der Euroländer. Jedes Mitglied hat eine Stimme, Beschlüsse werden mit einfacher Mehrheit gefasst. Der EZB-Rat entscheidet über die Geldpolitik der WWU.

Das Rotationsmodell der EZB soll angewandt werden, wenn die Teilnehmerzahl an der Währungsunion mehr als 21 Länder beträgt. Ein kompliziertes Abstimmungsverfahren wird dann verwendet. Die Länder werden in drei Gruppen eingeteilt, die unterschiedliche Stimmrechte erhalten. Verteilt werden 15 Stimmrechte. Die fünf Länder, die über 80 % der Wirtschaftskraft innerhalb der Euro-Zone verfügen, sollen vier Stimmen oder 26,7 % der Stimmrechte erhalten, während auf die restlichen 17 Länder (in zwei Gruppen), die 20 % der Wirtschaftskraft auf sich vereinen, insgesamt elf Stimmen oder 73,3 % der Stimmrechte entfallen sollen.

Erweiterter EZB-Rat. Zusammensetzung: EZB-Rat und Zentralbank-Präsidenten von Mitgliedsstaaten, die noch nicht der WWU angehören. Er prüft die Konvergenz[1] von Beitrittskandidaten und knüpft Verbindungen zwischen WWU und WKM II.[2]

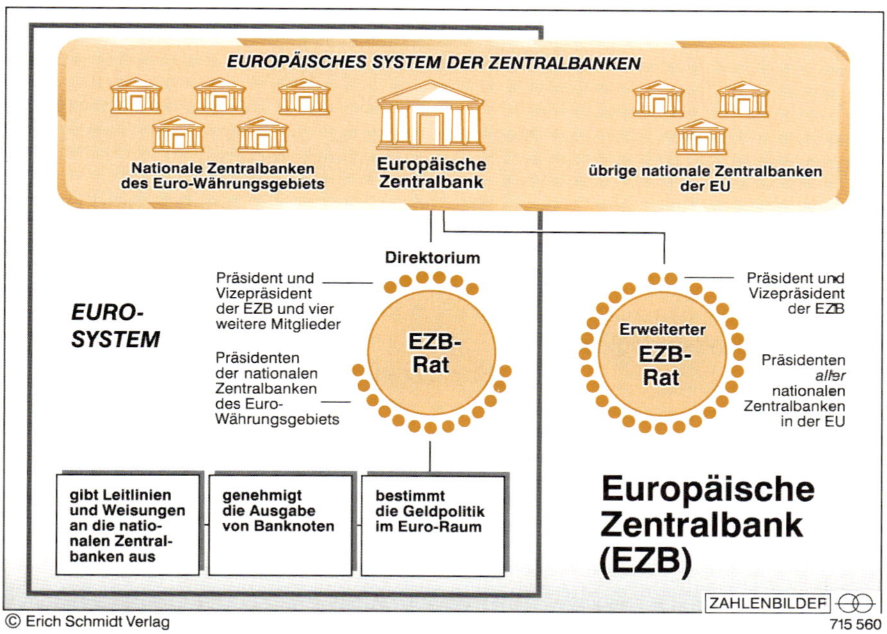

1 Beitrittskandidaten müssen bestimmte Bedingungen erfüllen → Kap. 10.2.2.2.

2 Vgl. Kap. 10.2.2.2.

12.1.4 Geldpolitik der EZB

Die geldpolitischen Beschlüsse trifft die EZB auf der Basis einer umfassenden Analyse der Risiken für die Preisstabilität.

Drei Hauptelemente bilden die Eckpfeiler der stabilitätsorientierten geldpolitischen Strategie, den der Rat der Europäischen Zentralbank veröffentlichte:

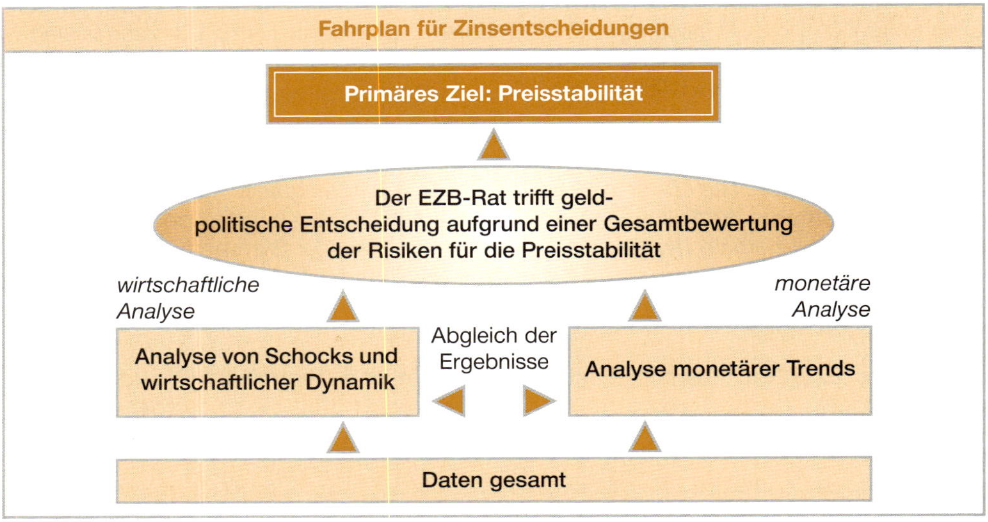

Quelle: EZB (Handelsblatt Grafik).

Über die Regulierung der Geldmenge soll auch auf die gesamtwirtschaftliche Entwicklung Einfluss genommen werden. Grundgedanke dabei ist, dass eine enge Beziehung zwischen Inlandsprodukt, Beschäftigung und der Geldmenge besteht:

- Steigende Geldmenge
  ↓
- Ankurbelung der Wirtschaft
  ↓
- Steigen des Inlandsprodukts
  ↓
- (längerfristige) Abnahme der Arbeitslosigkeit

- Beschränkung des Geldmengenwachstums
  ↓
- Fehlende Finanzierungsmöglichkeit für zusätzliche Nachfrage
  ↓
- Stagnieren oder Rückgang des Inlandsprodukts
  ↓
- Steigende Arbeitslosigkeit

Wenn die Notenbank das Geldmengenwachstum im Wesentlichen mit Hilfe der Zinspolitik steuern will, versucht sie, am Tagesgeldmarkt den Zins durchzusetzen, den sie zur Erreichung des Geldmengenziels für angemessen hält.

Monetäre und finanzielle Entwicklung

Geldmenge und MFI-Kredite

Im Dezember 2006 stieg das jährliche Wachstum von M3 auf 9,7 % und erreichte damit den höchsten Stand seit Beginn der dritten Stufe der WWU. Wie bereits im November spiegelte der Anstieg des M3-Wachstums im Berichtsmonat einen sehr hohen Kapitalzufluss bei den gelegentlich volatilen Nettoforderungen der MFIs an Gebietsfremde wider. Dennoch blieb die Grundtendenz der monetären Dynamik aufgrund des niedrigen Zinsniveaus im Eurogebiet und des zurzeit starken Wirtschaftswachstums lebhaft. Indessen scheinen sich die Anhebungen der EZB-Leitzinsen allmählich in der Geldmengenentwicklung niederzuschlagen, und zwar durch eine Abschwächung des Wachstums der Kreditvergabe an den privaten Sektor. Alles in allem deutet die kräftige Ausweitung der Geldmenge und der Kreditgewährung – insbesondere vor dem Hintergrund der gegenwärtigen Konjunkturbelebung – auf mittel- bis längerfristige Aufwärtsrisiken für die Preisstabilität hin.

Weit gefasstes Geldmengenaggregat M3

Im Dezember 2006 stieg die Jahreswachstumsrate des weit gefassten Geldmengenaggregats M3 auf 9,7 % (verglichen mit 9,3 % im Vormonat). Dies stellte die höchste Zwölfsmonatsrate seit Beginn der dritten Stufe der WWU dar. Die auf Jahresrate hochgerechnete Sechsmonatsrate erhöhte sich im Berichtsmonat ebenfalls, und zwar auf 9,9 % gegenüber 9,6 % im Vormonat (siehe Abbildung 4). Die erneute Beschleunigung der monetären Dynamik ist auf eine kräftige monatliche Wachstumsrate von 0,8 % im Dezember zurückzuführen; im Vormonat war bereits ein ähnlich hoher Zuwachs beobachtet worden.

Betrachtet man die Gegenposten von M3, so spiegelte das gestiegene jährliche M3-Wachstum im Dezember – wie bereits im November – in erster Linie Entwicklungen bei der Netto-Auslandsposition der MFIs wider. Dieser Gegenposten kann kurzfristig sehr volatil sein, und eine Beurteilung der Auswirkungen auf die Grunddynamik der Geldmenge und die Aussichten für die Preisstabilität gestaltet sich besonders dann schwierig, wenn sich, wie Ende 2006, die Einschätzung bezüglich des nominalen Wechselkurses im Euroraum verändert. Außerdem ist am Jahresende bei der Interpretation der Geldmengenentwicklung generell Vorsicht geboten, da diese durch Faktoren wie etwa Rechnungslegungsaspekte beeinflusst werden kann, die nicht vollständig durch die Saisonbereinigung erfasst werden.

Abbildung 4 M3-Wachstum und Referenzwert

(Veränderung in %; saison- und kalenderbereinigt)

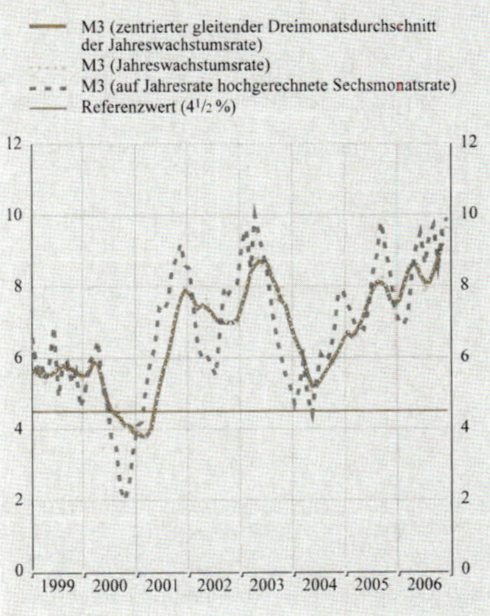

Quelle: EZB.

In den Angaben für Januar 2007 wird die Einbeziehung Sloweniens in die monetäre Statistik des Eurogebiets zum Ausdruck kommen.

Betrachtet man die jüngsten Zahlen aus einer mittelfristigen Perspektive, so liefert die Entwicklung von M3 derzeit keinerlei Anzeichen für eine Umkehr des der monetären Expansion zugrunde liegenden Aufwärtstrends, der seit Mitte 2004 zu verzeichnen ist. Die starke Grunddynamik von M3 hängt mit dem niedrigen Zinsniveau im Euro-Währungsgebiet sowie mit dem zurzeit kräftigen Wirtschaftswachstum zusammen. Angesichts der relativ geringen Differenz zwischen der Rendite längerfristiger Finanzanlagen und der monetärer Anlageformen führten die Anhebungen der Leitzinsen der EZB seit Dezember 2005 zu einer Substitution zwischen den Einlagenkategorien von M3, hatten aber keine Verringerung des M3-Wachstums zur Folge. Insgesamt bewirkte das anhaltend starke Geldmengen- und Kreditwachstum eine weitere Aufstockung der bereits reichlich vorhandenen Liquidität, was insbesondere vor dem Hintergrund einer Konjunkturbelebung auf mittel- bis längerfristige Aufwärtsrisiken für die Preisstabilität hindeutet.

EZB, Monatsbericht Februar 2007, S. 14/15.

17 Richard/Hartmann/Boller – ISBN 987-3-8120-0173-1

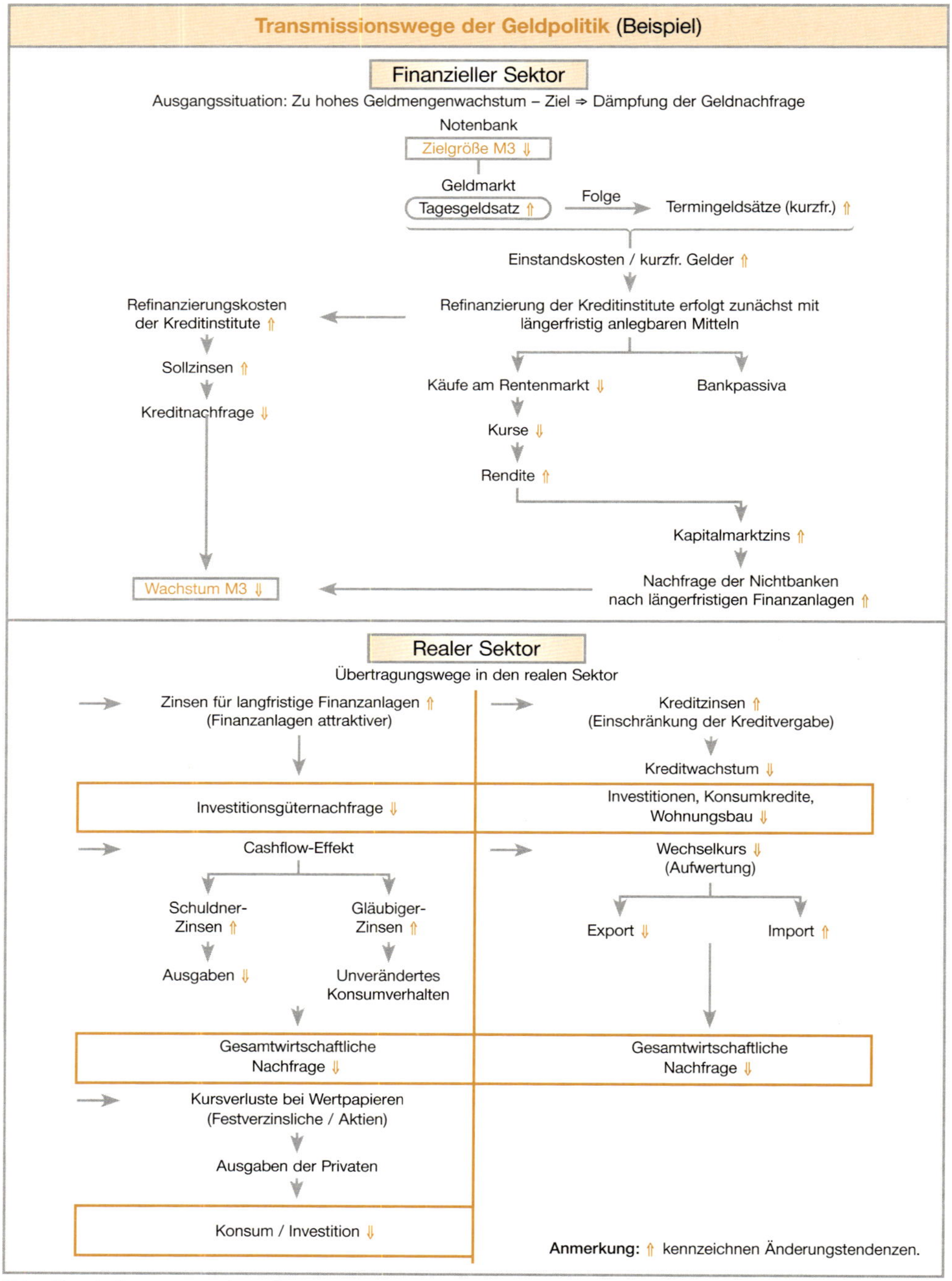

Die Beeinflussung des Geldmengenwachstums erfolgt mit Hilfe des geldpolitischen Instrumentariums.

12.1.5 Geldpolitisches Instrumentarium des Eurosystems

Beim geldpolitischen Instrumentarium werden unterschieden:

- Offenmarktgeschäfte
- Ständige Fazilitäten
- Mindestreserven

Geschäftspartner des Eurosystems sind bei geldpolitischen Steuerungsmaßnahmen Kreditinstitute, die Mindestreserven unterhalten.

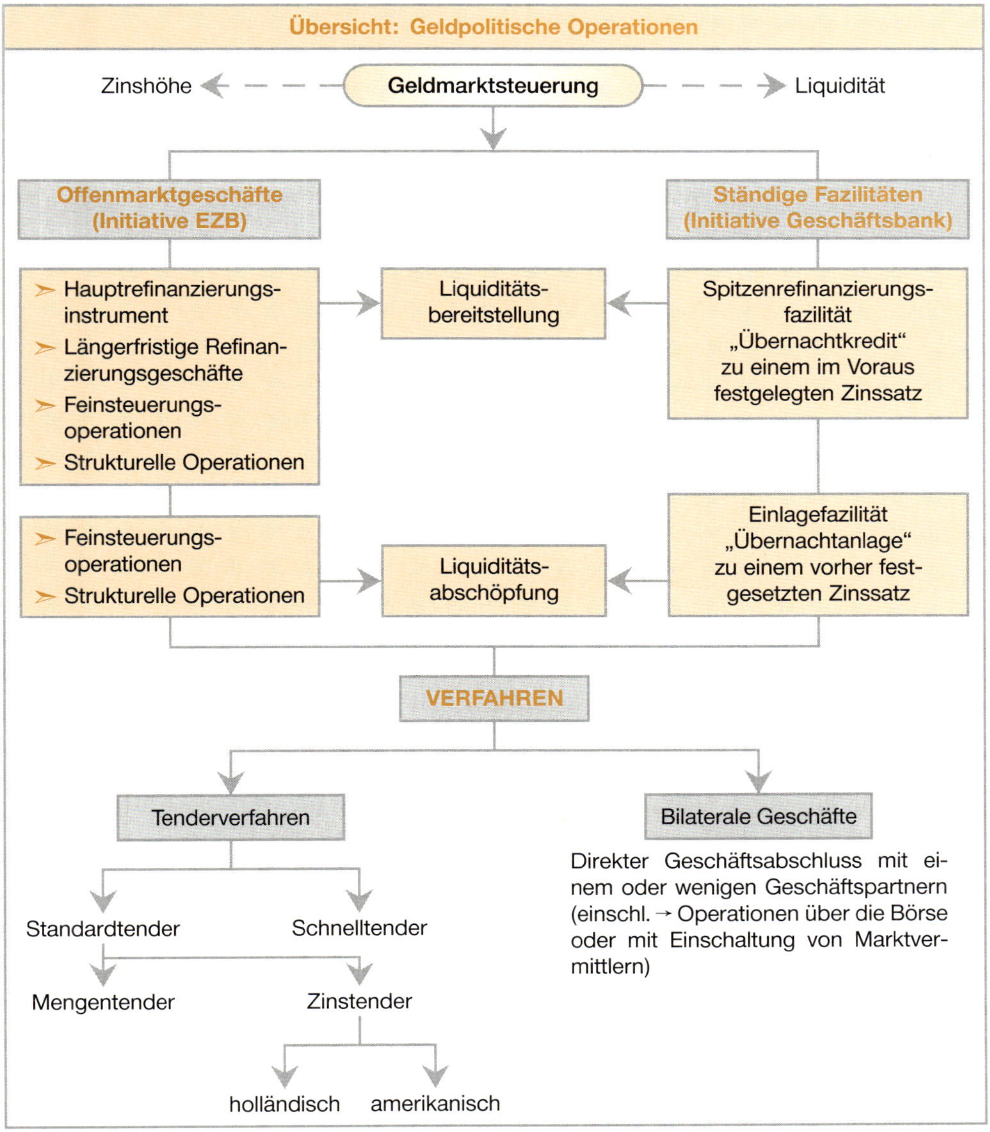

12.1.5.1 Offenmarktgeschäfte[1]

Offenmarktgeschäfte sind geldpolitische Operationen, die auf Initiative der Zentralbank am offenen Markt durchgeführt werden und eine der folgenden Transaktionen umfassen:

- definitiver Kauf oder Verkauf von Vermögenswerten (Kasse und Termin)
- Kauf oder Verkauf von Vermögenswerten im Rahmen einer Rückkaufsvereinbarung
- Kreditgewährung oder Kreditaufnahme gegen Sicherheiten
- Emission von Schuldverschreibungen
- Hereinnahme von Termineinlagen
- Devisenswaps zwischen inländischer und ausländischer Währung

Offenmarktgeschäfte werden eingesetzt, um die Zinssätze und Liquidität am Markt zu steuern und Signale bezüglich des geldpolitischen Kurses zu geben.

Das **Hauptrefinanzierungsgeschäft** ist ein regelmäßiges Offenmarktgeschäft, das in Form einer befristeten Transaktion durchgeführt wird. Befristet insofern, als die Zentralbank Vermögenswerte auf Basis einer Rückkaufsvereinbarung kauft oder verkauft oder Kredite gegen Verpfändung von Sicherheiten[2] gewährt. Hauptrefinanzierungsoperationen werden im Wege von wöchentlichen Standardtendern mit einer Laufzeit von einer Woche durchgeführt. Standardtender[3] werden innerhalb von 24 Stunden – von der Terminankündigung bis zur Bestätigung des Zuteilungsergebnisses – abgewickelt.

Tenderverfahren	
Standardtender	Schnelltender
Zeitraum zwischen Tenderankündigung bis zur Abwicklung beträgt drei Tage; bis zur Bestätigung des Zuteilungsergebnisses 24 Stunden.	Zeitraum zwischen Ankündigung bis zur Abwicklung beträgt 24 Stunden; bis zur Bestätigung des Zuteilungsergebnisses eine Stunde.

Über die Hauptrefinanzierungsgeschäfte wird dem Finanzsektor der größte Teil des Refinanzierungsvolumens zur Verfügung gestellt.
Die Offenmarktgeschäfte des Eurosystems werden normalerweise im Tenderverfahren durchgeführt.

Verfahrensschritte beim Tenderverfahren:

Schritt 1 Tenderankündigung
- Ankündigung durch die EZB über Wirtschaftsinformationsdienste
- Ankündigung durch die nationalen Zentralbanken über nationale Wirtschaftsinformationsdienste und direkt gegenüber einzelnen Geschäftspartnern (wenn dies notwendig erscheint)

Schritt 2 Vorbereitung und Abgabe von Geboten durch die Geschäftspartner

Schritt 3 Zusammenstellung der Gebote durch das Eurosystem

Schritt 4 Tenderzuteilung und Bekanntmachung der Tenderergebnisse
- Zuteilungsentscheidung der EZB
- Bekanntmachung des Zuteilungsergebnisses

Schritt 5 Bestätigung der einzelnen Zuteilungsergebnisse

Schritt 6 Abwicklung der Transaktionen

1 EZB: Durchführung der Geldpolitik im Euro-Währungsgebiet, Februar 2004.
2 Seit 2007 stille Zession von Wirtschaftskrediten.
3 Tender: Ausschreibungs- und Zuteilungsverfahren des Eurosystems.

OMTOS – **O**ffen**M**arkt **T**ender **O**perations-**S**ystem eröffnet allen Monetären Finanzinstituten (MFIs) die Möglichkeit, an Offenmarkttendern des Eurosystems teilzunehmen und so direkten Zugang zu Zentralbankgeld zu erhalten. Grundsätzlich ist jedes in Deutschland ansässige oder niedergelassene Kreditinstitut teilnahmeberechtigt, das Mindestreserven unterhalten muss. Ein Pfandkonto bei der Deutschen Bundesbank ist erforderlich. Die Durchführung des Tenderverfahrens ist für den Bieter mit OMTOS einfach und komfortabel gestaltet:

- Gebote können mit Hilfe von optimierten Gebotsmasken unter voller Ausnutzung der Bietungsfristen abgegeben werden, da OMTOS über ein synchrones Antwortverhalten verfügt.
- Die Bieter werden bereits im Zeitpunkt der Gebotsabgabe darüber informiert, ob ihre Gebote erfolgreich und vollständig im System übernommen wurden.

(Quelle: Bundesbank – OMTOS – Allgemeine Informationen zu OMTOS).

Tenderverfahren		
Mengentender[1]	**Zinstender**	
	holländische Zuteilungsmethode	amerikanische[2] Zuteilungsmethode
Beim Mengentender (Festzinstender) wird seitens der EZB der Zinssatz bekannt gegeben, zu dem sie bereit ist, Pensionspapiere anzukaufen. Die Kreditinstitute geben daraufhin den Betrag an, den sie aufnehmen möchten. Übersteigen die Einzelgebote den Kreditbetrag, den die EZB zuzuteilen wünscht, erfolgt eine Quotierung (gleiche Quote für alle Bieter).	Die EZB gibt einen Mindestbietungssatz an. Die Kreditinstitute müssen der EZB mitteilen, zu welchem Zinssatz sie bereit sind, einen zu benennenden Betrag aufzunehmen. Auch hier setzt die EZB intern einen Gesamtkreditbetrag fest. Die Zuteilung erfolgt zu einem Einheitszinssatz. Zugeteilt wird einheitlich zu dem Bietungssatz des letzten Gebots (= **marginaler** Zinssatz), das noch im Rahmen des beabsichtigten Gesamtbetrags liegt. Volle Zuteilung erhalten Gebote über dem einheitlichen Zuteilungssatz. Zum Zuteilungssatz abgegebene Gebote werden im Bedarfsfall repartiert. Gebote zu Sätzen unter dem Einheitssatz kommen nicht zum Zuge.	Die Zuteilung erfolgt zu den gebotenen Sätzen, also zu individuellen Zuteilungssätzen. Die Höchstgebote kommen zum Zuge.

Beispiel:

Die EZB beabsichtigt, 20 Mrd. € in einer Hauptrefinanzierungsoperation zur Verfügung zu stellen.

Mengentender:

Feste Zinsvorgabe: 3,5 %

Gebote:

Kreditinstitut A	8 Mrd. Euro
Kreditinstitut B	6 Mrd. Euro
Kreditinstitut C	12 Mrd. Euro
Kreditinstitut D	4 Mrd. Euro

Quotierung:

($^2/_3$) Zuteilungsquote → $66^2/_3$ %

Kreditinstitut A	5,3 Mrd. Euro
Kreditinstitut B	4,0 Mrd. Euro
Kreditinstitut C	8,0 Mrd. Euro
Kreditinstitut D	2,7 Mrd. Euro
	20,0 Mrd. Euro

Holländische Zuteilungsmethode:

Mindestbietungssatz der EZB: 3,5 %

Gebote:

Kreditinstitut A	8 Mrd. Euro zu 4 %
Kreditinstitut B	6 Mrd. Euro zu 3,8 %
Kreditinstitut C	12 Mrd. Euro zu 3,75 %
Kreditinstitut D	4 Mrd. Euro zu 3,55 %

Zuteilung:

Zugeteilt wird zum Zinssatz von 3,75 %.*

Kreditinstitut A	8 Mrd. Euro zu 3,75 %
Kreditinstitut B	6 Mrd. Euro zu 3,75 %
Kreditinstitut C	6 Mrd. Euro zu 3,75 %
	20 Mrd. Euro

Amerikanische Zuteilungsmethode:

Gebote:

Kreditinstitut A	8 Mrd. Euro zu 4 %
Kreditinstitut B	6 Mrd. Euro zu 3,8 %
Kreditinstitut C	12 Mrd. Euro zu 3,75 %
Kreditinstitut D	4 Mrd. Euro zu 3,55 %

Zuteilung:*

Kreditinstitut A	8 Mrd. Euro zu 4 %
Kreditinstitut B	6 Mrd. Euro zu 3,8 %
Kreditinstitut C	6 Mrd. Euro zu 3,75 %
	20 Mrd. Euro

* Gebote zum Satz von 3,75 % wurden zu 50 % repartiert.

1 Wird gegenwärtig nicht angewendet.

2 Wird gegenwärtig angewendet.

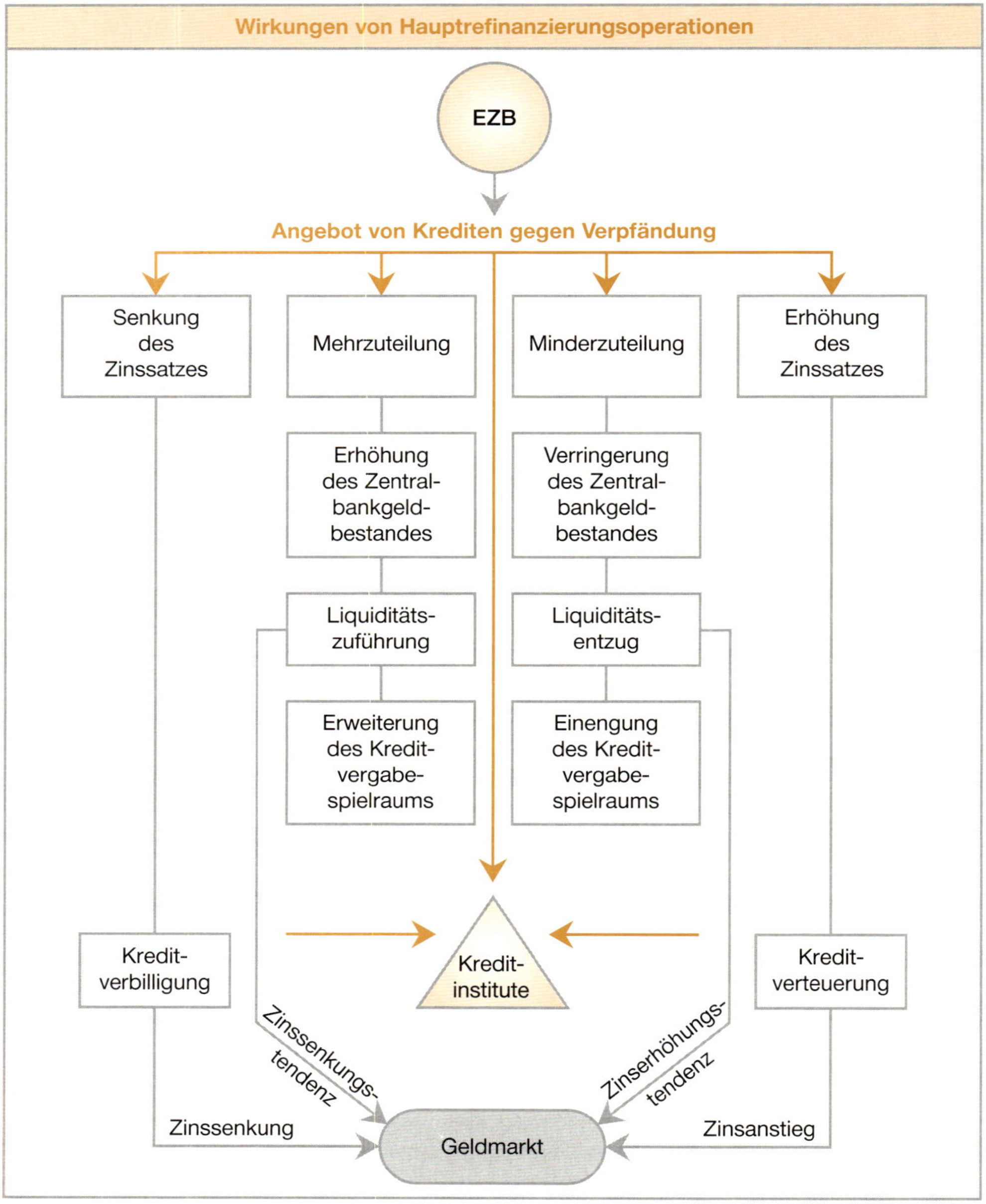

Die rechtliche Ausgestaltung der Geschäfte bei befristeten Transaktionen kann in einem Pensionsgeschäft (= Ankauf von refinanzierungsfähigen Sicherheiten durch das Eurosystem, das auch Eigentümer der übertragenen Sicherheiten wird) oder in einem Kredit gegen Verpfändung von refinanzierungsfähigen Sicherheiten (Geschäftspartner verpfändet im Sicherheitenpool sich befindende Werte) bestehen. Kreditforderungen werden durch stille Zession übertragen.

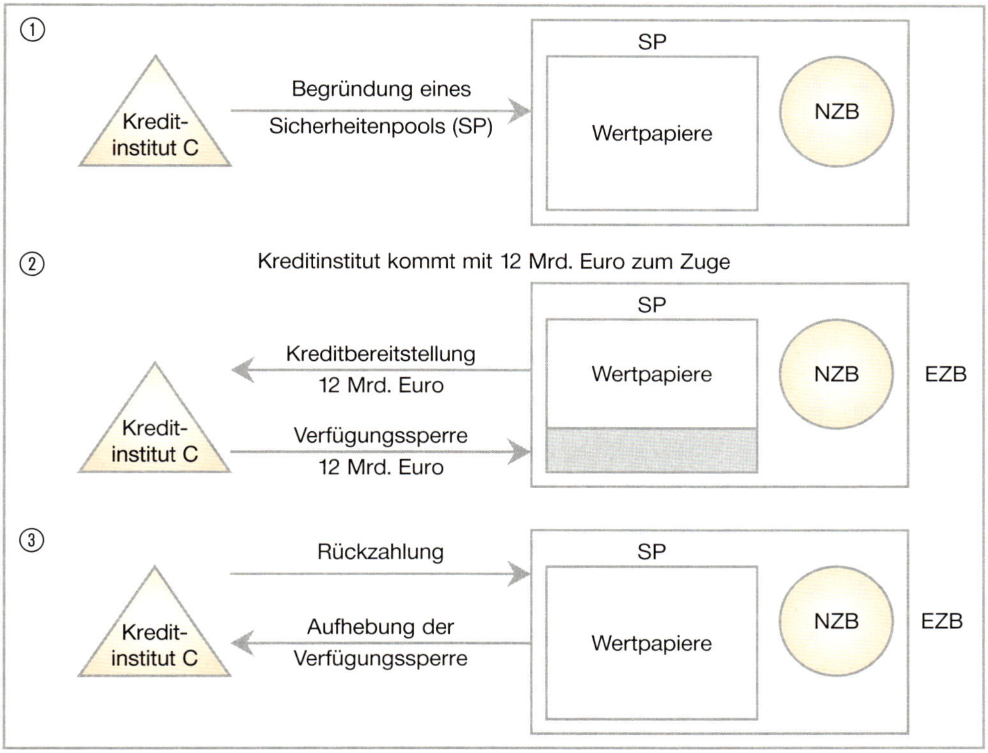

Beispiel: Abwicklung eines Wertpapierpensionsgeschäftes (Sicherheiten vorhanden)

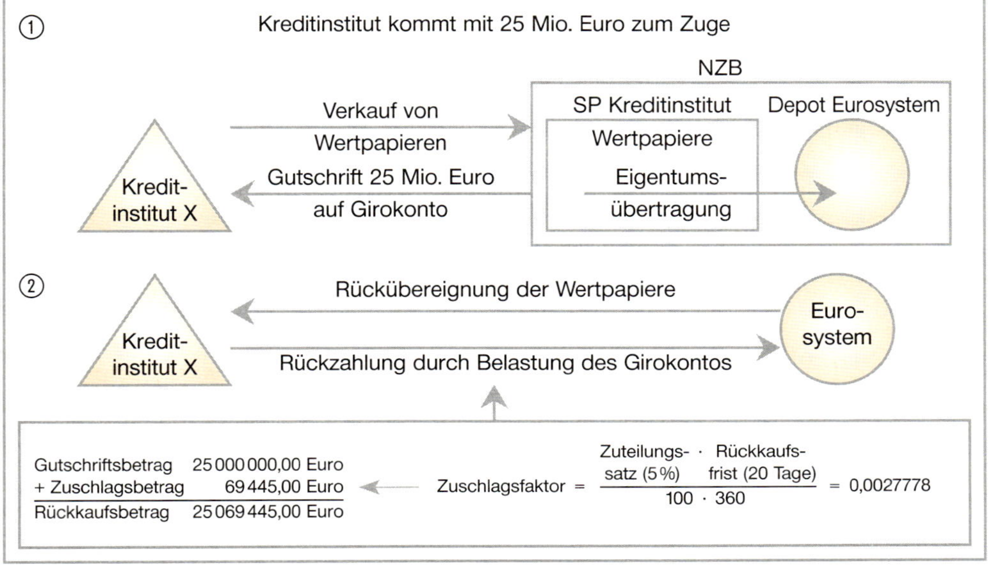

Einheitliches Sicherheiten-Verzeichnis

Die Liste der marktfähigen notenbankfähigen Sicherheiten wird täglich aktualisiert und auf der Website der EZB (www.ecb.int.) veröffentlicht.

Beispiele:

- marktgängige Titel, nach einheitlichen EZB-Kriterien für alle Euro-Länder bestimmt

Beispiele:

- Anleihen von Bund und Ländern, Anleihen supranationaler Organisationen und **gedeckte** Bankschuldverschreibungen
- **ungedeckte** Bankschuldverschreibungen (Einzelrating der Emission)
- Industrieanleihen (Emittentenrating)
- auf Euro lautende Schuldverschreibungen von Emittenten mit Sitz in den G 10-Ländern außerhalb des EWR (→ zz. USA, Japan, Kanada, Schweiz)

- Titel von NZBen auf der Basis von EZB-Mindeststandards bestimmt

Beispiele:

- nicht börsennotierte Emissionen von Bund und Ländern
- (börsen-/nicht börsennotierte) Emissionen kommunaler Stellen
- MTNs[1] und marktgängige Anleihen inländischer Unternehmen (ohne Rating; aber mit Bundesbanktestat „notenbankfähig")
- nicht börsennotierte CPs mit Bundesbanktestat „notenbankfähig"
- Wirtschaftskredite (Kreditforderungen)

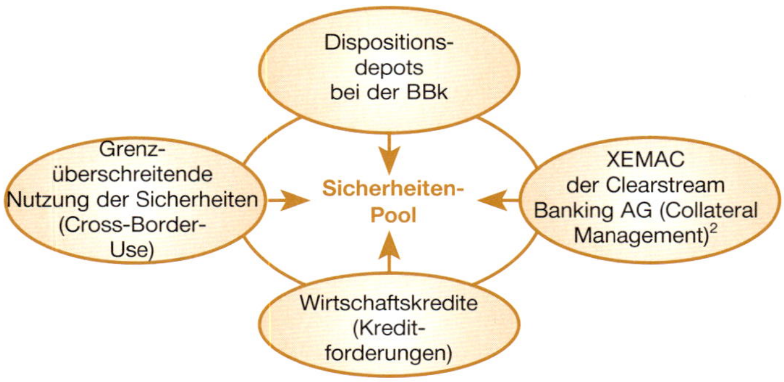

Kreditforderungen[3]

Kreditforderungen sind auf Euro lautende Forderungen eines Geschäftspartners des Eurosystems gegenüber einem notenbankfähigen Schuldner

- Mindestbetrag: Übergangszeit: 10000 Euro, ab 2012: 500000 Euro
- Mindestrestlaufzeit/Höchstlaufzeit: keine Laufzeitbegrenzung
- Schuldnertyp: nichtfinanzielle Unternehmen und öffentlicher Sektor
- Sitz des Schuldners: Euro-Währungsgebiet
- Rechtssystem für Kreditgewährung: Mitgliedstaat des Euro-Währungsgebiets
- Quelle für Bonitätsbeurteilung: vier Bonitätsbeurteilungsquellen

1 Medium-Term-Notes = Mittelfristige Schuldverschreibungen.
2 XEMAC → System für das Management von Sicherheiten-Bereitstellung.
3 Ab 2007, Übertragung durch stille Zession. In der Entwicklung ist KEV (Kreditforderungen – Einreichung und Verwaltung) ein elektronisches Verfahren.

Längerfristige Refinanzierungsgeschäfte sind im monatlichen Rhythmus im Tenderverfahren angebotene Geschäfte mit einer Laufzeit von normalerweise drei Monaten. Der Mindestbietungsbetrag beläuft sich in Deutschland auf 10 000 Euro, darüber in Schritten von 10 000 Euro. Die längerfristige Mittelbereitstellung soll der Verstetigung des Geldmarktes dienen und die Dispositionssicherheit der Kreditinstitute steigern helfen. Das Angebot wird in der Regel als Zinstender erfolgen. Die Abwicklung erfolgt über OMTOS.

Unregelmäßig angebotene Geschäfte, die der Geldaufnahme und der Geldanlage dienen, sind:

Feinsteuerungsoperationen. Sie stellen ohne standardisierte Laufzeit von der Zentralbank durchgeführte Offenmarktgeschäfte dar, die hauptsächlich darauf abzielen, unerwartete Liquiditätsschwankungen am Markt auszugleichen. Feinsteuerungsoperationen werden als Schnelltender innerhalb einer Stunde – von der Terminankündigung bis zur Bestätigung des Zuteilungsergebnisses – oder als bilaterale Geschäfte durchgeführt. Als Transaktionsart sind befristete Transaktionen, definitive Käufe bzw. Verkäufe, Devisenswaps oder die Hereinnahme von Termineinlagen möglich. Devisenswaps sind Mittel zur Feinsteuerung des Marktes. Das Eurosystem kann geldpolitische Offenmarktgeschäfte in Form von Devisenswapgeschäften durchführen, bei denen die Zentralbanken oder die EZB Euro gegen Fremdwährung per Kasse kaufen (oder verkaufen) und sie gleichzeitig per Termin verkaufen (oder kaufen).

Wirkung von Swapgeschäften der EZB

Der Swapsatz wird unabhängig von den Marktgegebenheiten festgesetzt. Soll der Geldexport gefördert werden, werden höhere Deports (Kursabschlag) berechnet oder niedrigere Reports (Kursaufschlag). Umgekehrt wird verfahren, wenn der Geldexport eingeschränkt werden soll.

Beispiel:

Geldanlage im €-Währungsgebiet

2 ½ %
Dreimonatsgeld

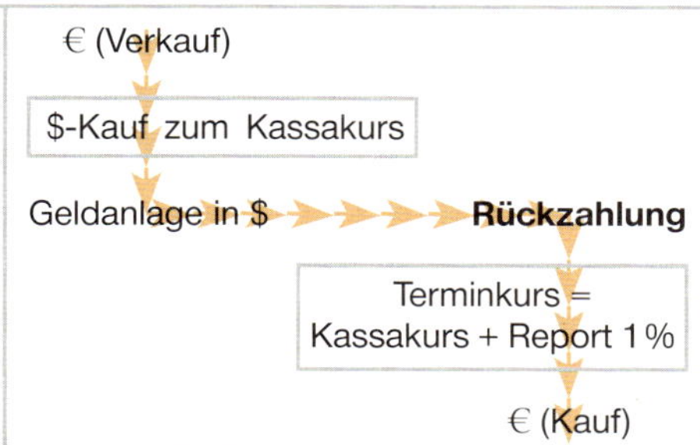

Geldanlage im Fremdwährungsgebiet

3 %
Laufzeit 3 Monate

Unter Berücksichtigung der Kurssicherungskosten beträgt die Verzinsung der Geldanlage im Ausland 2 %. Die inländische Geldanlage ist also günstiger.
Würde die EZB zum Kassakurs zurückkaufen, ergäbe sich für den Anleger ein Zinsgewinn von ½ %. Der Geldexport würde lohnend. Wenn die EZB den Kapitalexport fördern will, muss sie den Report verringern.

Strukturelle Operationen werden sowohl im regelmäßigen als auch im unregelmäßigen Rhythmus ohne standardisierte Laufzeit eingesetzt, um die Liquidität zu beeinflussen. Sie werden als Standardtender oder als bilaterale Geschäfte durchgeführt. Als Transaktionsart sind befristete Transaktionen, definitive Käufe bzw. Verkäufe oder die Emission von Schuldverschreibungen (z.B. unverzinslichen Schatzanweisungen) möglich.

Geldpolitische Operationen des Eurosystems					
	Transaktionsart				
Geldpolitische Geschäfte	**Liquiditäts-bereitstellung**	**Liquiditäts-abschöpfung**	**Laufzeit**	**Rhythmus**	**Verfahren**
Offenmarktgeschäfte					
Hauptrefinanzierungsgeschäfte	Befristete Transaktionen	–	Eine Woche	Wöchentlich	Standard-tender
Längerfristige Refinanzierungsgeschäfte	Befristete Transaktionen	–	Drei Monate	Monatlich	Standard-tender
Feinsteuerungs-operationen	Befristete Transaktionen Devisenswaps	Befristete Transaktionen Hereinnahme von Termin-einlagen Devisenswaps	Nicht standar-disiert	Unregelmäßig	Schnelltender Bilaterale Geschäfte
	Endgültige Käufe	Endgültige Verkäufe	–	Unregelmäßig	Bilaterale Geschäfte
Strukturelle Operationen	Befristete Transaktionen	Emission von Schuldver-schreibungen	Standardisiert/ nicht standar-disiert	Regelmäßig und unregel-mäßig	Standard-tender
	Endgültige Käufe	Endgültige Verkäufe	–	Unregelmäßig	Bilaterale Geschäfte

Quelle: Deutsche Bundesbank – Eurosystem –: Geld und Geldpolitik 2007

12.1.5.2 Ständige Fazilitäten

Fazilitäten sind Kreditbereitstellungen, die bei Bedarf von Kreditinstituten in Anspruch genommen werden können.

Für die Geldmarktsteuerung unterscheidet das Eurosystem die ständig angebotenen Geschäfte:

➢ Spitzenrefinanzierungsfazilität	➢ Einlagefazilität
Sie dient der Abdeckung von am Tagesende bestehenden (in der Regel durch den Zahlungsverkehr entstandenen) Sollsalden (vgl. Giroüberzugslombard).[1] Diese Fazilität kann auch gezielt in Anspruch genommen werden.[2] Als Sicherheit dienen die bestehenden Pfanddepots. Die Inanspruchnahme erfolgt „overnight".	Sie bietet den Geschäftspartnern die Möglichkeit, bei der NZB über Nacht Geld anzulegen. Liquiditätsüberschüsse können zinsbringend bei der NZB eingelegt werden.
Zinssatz: Obergrenze des Tagesgeldsatzes	**Zinssatz:** Untergrenze des Tagesgeldsatzes

Zinskorridor/Zinskanal

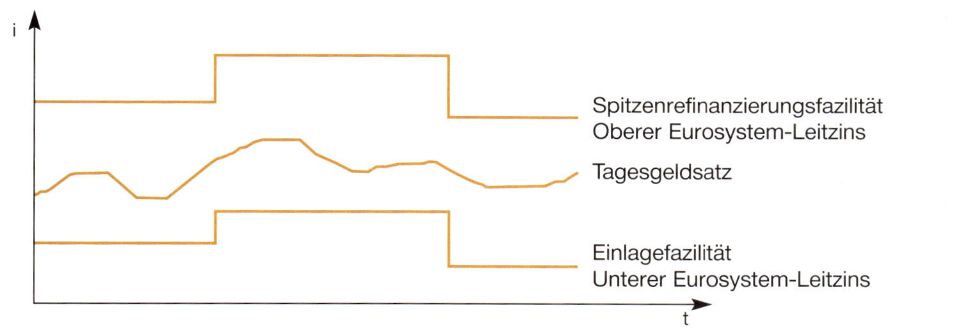

12.1.5.3 Leitzinsen

Leitzinsen sind Zinsen, die eine Signalfunktion für den Geldmarkt haben. Es sind der:

- Zinssatz der Spitzenrefinanzierungsfazilität (oberer Eurosystem-Leitzins). Dieser Zinssatz darf den Geldmarktzins nicht übersteigen. Bei höherem Geldmarktzins wäre die Geldbeschaffung beim Eurosystem günstiger.
- Zinssatz der Einlagefazilität (unterer Eurosystem-Leitzins) bildet die Untergrenze für die Geldmarktzinsen.

1 Automatischer Ausgleich von durch den Zahlungsverkehr entstandenen Sollsalden auf BBk-Konto durch Darlehensbereitstellung.

2 Also nicht nur zum Sollsaldo-Ausgleich.

➢ Zinssatz des Hauptrefinanzierungsgeschäfts (befristete Transaktionen mit einwöchiger Laufzeit) als wichtigster Leitzins. Seine Sätze bewegen sich innerhalb der Spanne zwischen oberem und unterem Eurosystem-Leitzins.

EURO-LEITZINSEN

Refinanzierung (Refi)		
Mindestbietungssatz 3,75%		
8-Tage-Tender, wöchentlich	(fällig 23.05.2007)	3,82%
LR 3-Monats-Tender, monatlich	(fällig 31.05.2007)	3,80%
LR 3-Monats-Tender, monatlich	(fällig 28.06.2007)	3,87%
LR 3-Monats-Tender, monatlich	(fällig 26.07.2007)	3,96%
Zinskanal für Tagesgeld		
Spitzenrefinanzierungsfazilität	(ab 13.03.2007)	4,75%
Einlagefazilität	(ab 13.03.2007)	2,75%
Mindestreserve		
Verzinsung	(seit 15.05.2007)	3,82%
Basiszins		
gem. § 247 BGB	(ab 01.01.2007)	2,70%

Quelle: Handelsblatt.

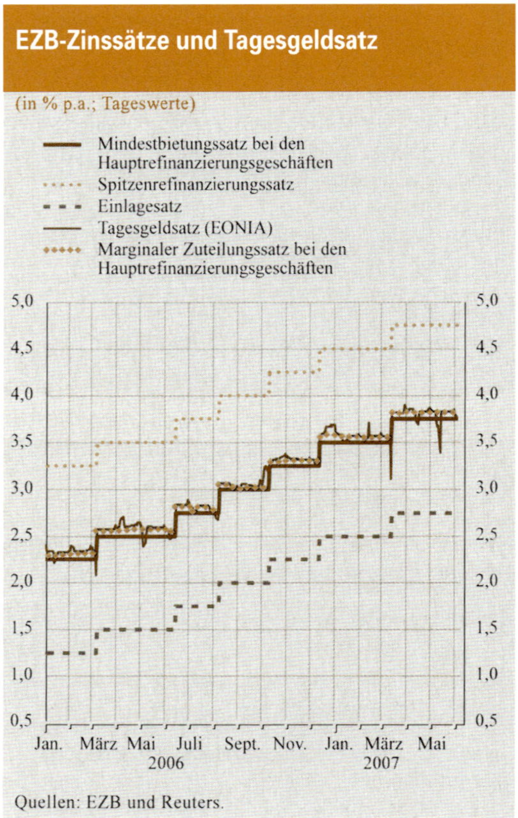

Quelle: EZB Monatsbericht Juni 2007, S. 32.

Leitzinsen des Euro-Geldmarkts. Auf dem Euro-Geldmarkt handeln Kreditinstitute untereinander mit Geld.

EURIBOR (Euro Interbank Offered Rate): Durchschnittszinssatz, zu dem ein erstklassiges Kreditinstitut bereit ist, einem anderen Kreditinstitut mit höchster Bonität Euro-Gelder zur Verfügung zu stellen. Der EURIBOR wird täglich für Interbankeinlagen mit Laufzeiten von bis zu zwölf Monaten berechnet.

EONIA (Euro Overnight Index Average): Auf der Basis effektiver Umsätze berechneter Durchschnittszinssatz für Tagesgeld im Euro-Interbankengeschäft. Er wird als gewichteter Durchschnitt der Sätze für unbesicherte Euro-Übernachtkontrakte, die von einer Gruppe bestimmter Institute im Euro-Währungsgebiet gemeldet werden, berechnet.

12.1.5.4 Mindestreserven

Begriff. Die Geschäftspartner der EZB sind verpflichtet, bestimmte Prozentsätze ihrer Verbindlichkeiten als Guthaben auf dem Girokonto bei der NZB zu unterhalten. Diese Guthaben bezeichnet man als Mindestreserven.

Reservepflichtige Institute sind alle im Euro-Währungsraum niedergelassenen Kreditinstitute, die das Einlagen- und Kreditgeschäft und das E-Geldgeschäft mit jedermann betreiben. Die EZB veröffentlicht im Internet die mindestreservepflichtigen Institute und die befreiten Institute.

Reservebasis und Mindestreservesätze

A. In die Mindestreserve einbezogene Verbindlichkeiten mit einem Reservesatz von 2 %
Einlagen Täglich fällige Einlagen Einlagen mit vereinbarter Laufzeit von bis zu zwei Jahren Einlagen mit vereinbarter Kündigungsfrist von bis zu zwei Jahren Ausgegebene Schuldverschreibungen Schuldverschreibungen mit vereinbarter Laufzeit von bis zu zwei Jahren (darunter Geldmarktpapiere)
B. In die Mindestreservebasis einbezogene Verbindlichkeiten mit einem Reservesatz von 0 %
Einlagen Einlagen mit vereinbarter Laufzeit von über zwei Jahren Einlagen mit vereinbarter Kündigungsfrist von über zwei Jahren Repogeschäfte[1] Ausgegebene Schuldverschreibungen Schuldverschreibungen mit vereinbarter Laufzeit von über zwei Jahren
C. Nicht in die Mindestreservebasis einbezogene Verbindlichkeiten
Verbindlichkeiten gegenüber Instituten, die selbst den Mindestreservevorschriften des Eurosystems unterliegen Verbindlichkeiten gegenüber der EZB und den nationalen Zentralbanken

MR-Pflicht besteht grundsätzlich für alle Kreditinstitute der Euroländer. Sie begründet die Eigenschaft als Geschäftspartner der EZB.

Ermittlung der Mindestreserven

➢ MR-Soll	➢ MR-Ist
Maßgebender Berichtsmonat für die Ermittlung der Reservebasis und des Reserve-Solls ist der Monat, der zwei Monate vor dem Monat liegt, in dem die Mindestreserve-Erfüllungsperiode beginnt (beispielsweise ist für das Reserve-Soll der im April beginnenden Erfüllungsperiode die monatliche Bilanzstatistik per Ende Februar maßgebend).	Der einfache Durchschnitt aller Tagesendbestände auf dem Konto bei der NZB muss dem MR-Soll entsprechen. Die Periode zur Erfüllung des Mindestreserve-Solls beginnt am Abwicklungstag des Hauptrefinanzierungsgeschäfts (HRG), das auf die Sitzung des EZB-Rats folgt, für die die monatliche Erörterung der Geldpolitik vorgesehen ist.

Ein Kalender der MR-Erfüllungsperioden wird von der EZB veröffentlicht.

Sanktionen sind bei Unterschreitung der Mindestreserve vorgesehen: Sonderzinsen von bis zu 5 Prozentpunkten über dem Spitzenrefinanzierungssatz bzw. bis zu dessen doppelter Höhe für den Zeitraum der Nichterfüllung, kein Zugang zu den Offenmarktgeschäften und den Fazilitäten, tägliche Erfüllung des MR-Solls, Zwang zur unverzinslichen Einlage bei der NZB bis zur dreifachen Höhe des Fehlbetrages.

Wirkung. Die Herab- oder Heraufsetzung der Mindestreserve hat unmittelbaren Einfluss auf die Liquiditätslage der Banken. Die Senkung der Mindestreservesätze erweitert die Liquidität der Banken. Ihnen stehen mehr Mittel zur Verfügung, die verzinslich in Form von Krediten angelegt werden können. Die Erhöhung der Mindestreservesätze hat die entge-

1 Repogeschäfte (repurchase agreements) = wertpapierbesicherte Geldmarktgeschäfte i. d. R. zwischen Kreditinstituten.

gengesetzte Wirkung: Die Banken benötigen mehr Zentralbankguthaben. Sie müssen freie, verzinsliche Liquiditätsreserven auflösen. Ihr Liquiditätsspielraum wird eingeschränkt und damit ihr Kreditvolumen.

Bei Liquiditätsschwankungen am Geldmarkt haben die MR-Guthaben eine „Pufferfunktion": Mindestreserveguthaben können für den laufenden Zahlungsverkehr genutzt werden (→ MR-Ist). Liquiditätsausschläge können über MR-Guthaben ausgeglichen werden (→ bei höherem Geldzufluss → Aufstocken der MR; → bei Geldabfluss → Verringerung der Reserveguthaben).

Verzinsung. Die EZB sieht eine Verzinsung der Mindestreserve-Guthaben mit dem durchschnittlichen Satz der Hauptrefinanzierungsgeschäfte vor (Standardtender mit einer Laufzeit von einer Woche).

Angestrebte Wirkungen der Mindestreservepolitik

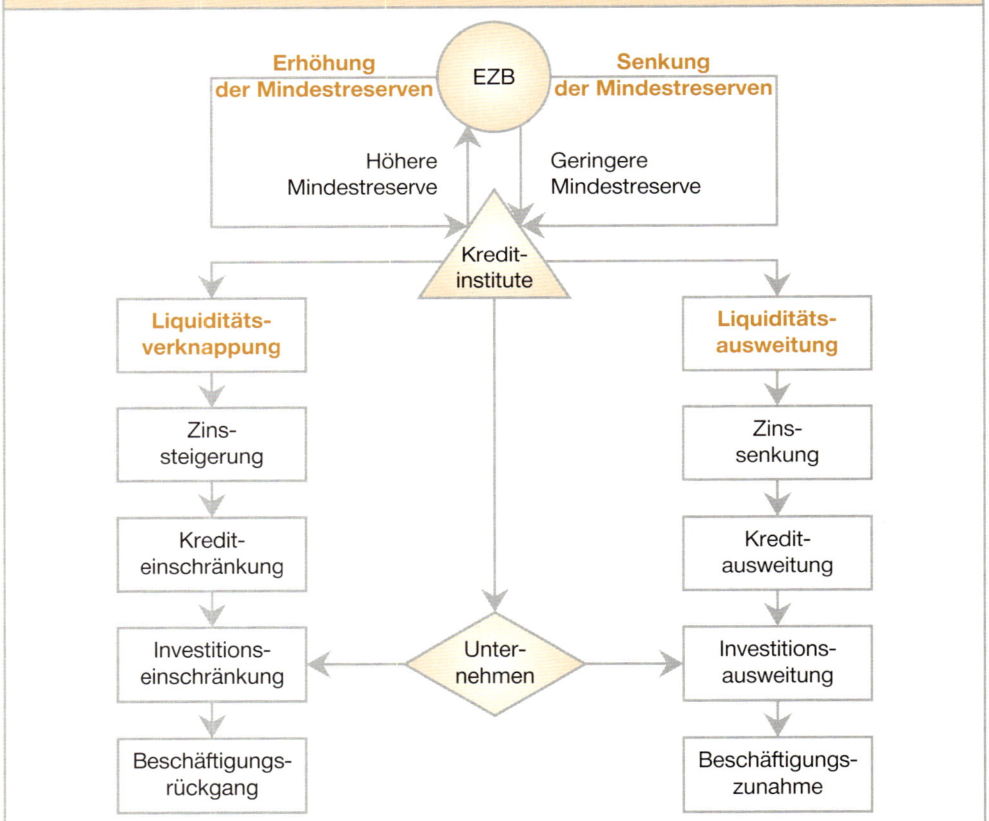

Wichtige Funktionen der Mindestreserven sind generell: Anbindungsfunktion (Pflicht zur Unterhaltung von Zentralbankguthaben), Liquiditätspufferfunktion (kurzfristige Anspannungen am Geldmarkt können durch kurzfristiges Unter-/Überschreiten des MR-Solls bei einzelnen Kreditinstituten abgefedert werden) und Begrenzungsfunktion für die Geldschöpfung (Kreditschöpfungsmultiplikator).

Übersicht: Geldpolitische Operationen des Eurosystems

Liquiditätsbereitstellung	Liquiditätsabschöpfung

Offenmarktgeschäfte

Hauptrefinanzierungsgeschäfte	Längerfristige Refinanzierungsgeschäfte
Wöchentlicher Standardtender Laufzeit: eine Woche Zinssignal	Monatlicher Standardtender (Zinstender) Laufzeit: drei Monate
Kredite gegen Verpfändung	

Feinsteuerungsoperationen

Liquiditätsbereitstellung	Liquiditätsabschöpfung
Befristete Transaktionen[1] Devisenswaps Endgültige Käufe (z. B. Kauf von Devisen per Termin)	Devisenswaps Hereinnahme von Termineinlagen Befristete Transaktionen Endgültige Verkäufe (z. B. Verkauf von Devisen per Termin)

Angebot und Laufzeit der Geschäfte richten sich nach den geldpolitischen Erfordernissen. Schnelltender (taggleiche Abwicklung, kurze Laufzeit) und bilaterale Geschäfte. Ausgewählte Geschäftspartner.

Strukturelle Operationen

Liquiditätsbereitstellung	Liquiditätsabschöpfung
Befristete Transaktionen[1] Endgültige Käufe zentralbankfähiger Aktiva, Kauf von Devisen per Termin.	Emission von Schuldtiteln (Diskontpapiere mit unterjähriger Laufzeit) Endgültige Verkäufe zentralbankfähiger Aktiva, Verkauf von Devisen per Termin.

Endgültige Käufe unregelmäßig / Bilaterale Geschäfte
Emission: Wechselnder Rhythmus / Laufzeit / Standardtender

Ständige Fazilitäten

Liquiditätsbereitstellung	Liquiditätsabschöpfung
Spitzenrefinanzierungsfazilität ↓ Befristete Transaktionen über Nacht[1]	Einlagefazilität ↓ Einlagenannahme über Nacht

Inanspruchnahme auf Initiative der Geschäftspartner

Quelle: Europäische Zentralbank: Durchführung der Geldpolitik im Euro-Währungsgebiet, Februar 2004.

1 Befristete Transaktionen → Wertpapierpensionsgeschäfte oder Kreditgeschäfte gegen refinanzierungsfähige Sicherheiten.

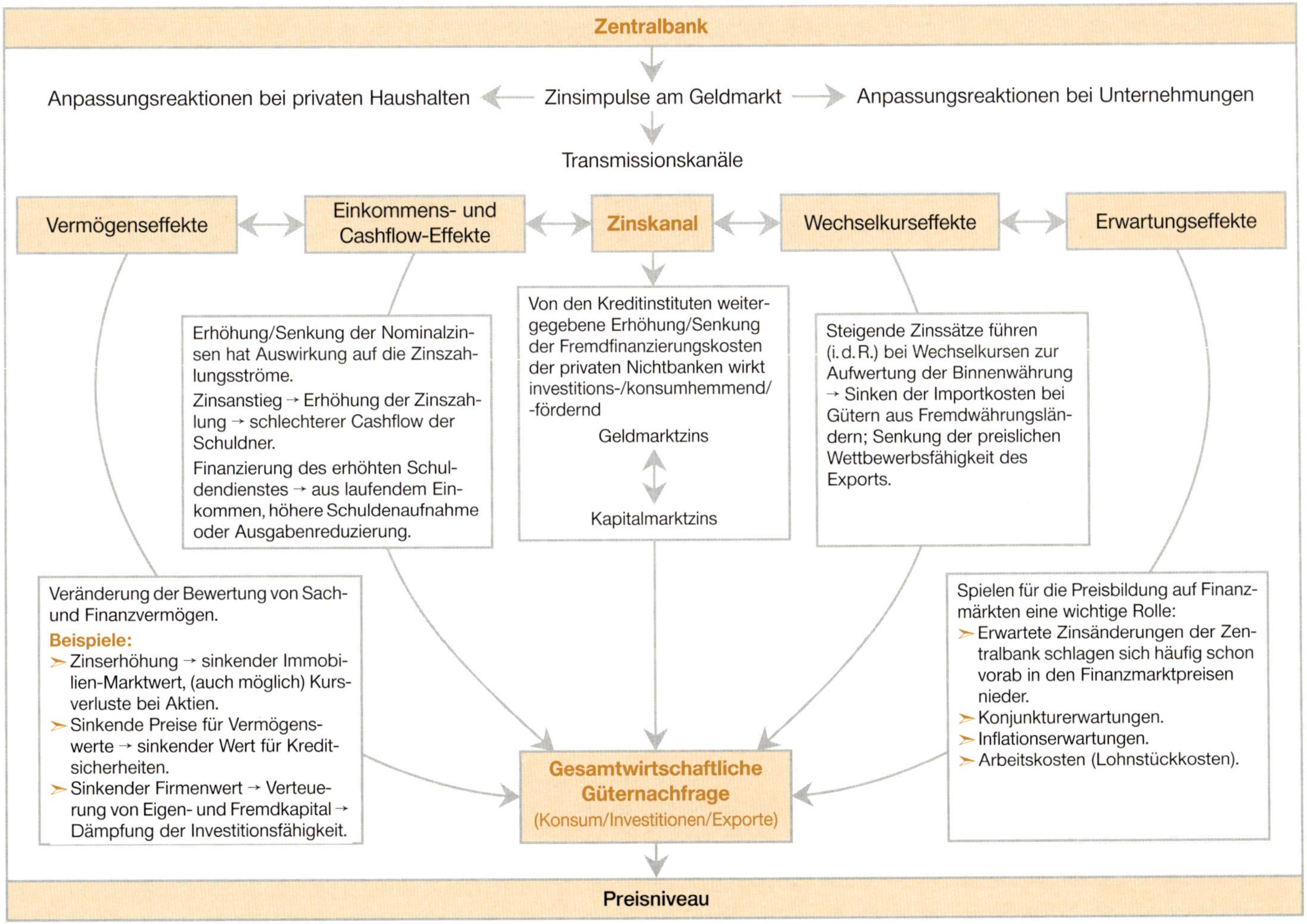
Zentralbank
Anpassungsreaktionen bei privaten Haushalten
Zinsimpulse am Geldmarkt
Anpassungsreaktionen bei Unternehmungen
Transmissionskanäle
Vermögenseffekte
Einkommens- und Cashflow-Effekte
Zinskanal
Wechselkurseffekte
Erwartungseffekte
Erhöhung/Senkung der Nominalzinsen hat Auswirkung auf die Zinszahlungsströme.
Zinsanstieg → Erhöhung der Zinszahlung → schlechterer Cashflow der Schuldner.
Finanzierung des erhöhten Schuldendienstes → aus laufendem Einkommen, höhere Schuldenaufnahme oder Ausgabenreduzierung.
Von den Kreditinstituten weitergegebene Erhöhung/Senkung der Fremdfinanzierungskosten der privaten Nichtbanken wirkt investitions-/konsumhemmend/-fördernd
Geldmarktzins
Kapitalmarktzins
Steigende Zinssätze führen (i. d. R.) bei Wechselkursen zur Aufwertung der Binnenwährung → Sinken der Importkosten bei Gütern aus Fremdwährungsländern; Senkung der preislichen Wettbewerbsfähigkeit des Exports.
Veränderung der Bewertung von Sach- und Finanzvermögen.
Beispiele:
Zinserhöhung → sinkender Immobilien-Marktwert, (auch möglich) Kursverluste bei Aktien.
Sinkende Preise für Vermögenswerte → sinkender Wert für Kreditsicherheiten.
Sinkender Firmenwert → Verteuerung von Eigen- und Fremdkapital → Dämpfung der Investitionsfähigkeit.
Gesamtwirtschaftliche Güternachfrage
(Konsum/Investitionen/Exporte)
Spielen für die Preisbildung auf Finanzmärkten eine wichtige Rolle:
Erwartete Zinsänderungen der Zentralbank schlagen sich häufig schon vorab in den Finanzmarktpreisen nieder.
Konjunkturerwartungen.
Inflationserwartungen.
Arbeitskosten (Lohnstückkosten).
Preisniveau

12.2 Wirtschaftspolitische Maßnahmen des Staates

12.2.1 Bereiche der Wirtschaftspolitik

Die staatliche Wirtschaftspolitik umfasst alle Maßnahmen zur Beeinflussung der Wirtschaft. Dazu rechnen die Ordnungspolitik (= Entscheidungen über Fragen des Wirtschaftssystems), die Konjunkturpolitik (= Maßnahmen zur Steuerung der Konjunktur: Ausgaben- und Steuerpolitik u.ä.), die sektorale Wirtschaftspolitik (= Maßnahmen zur Beeinflussung bestimmter Wirtschaftssektoren: z.B. „Private Haushalte") und regionale Wirtschaftspolitik (= Maßnahmen zur Beeinflussung bestimmter Wirtschaftsregionen: z.B. „Strukturschwache Gebiete"). Die Maßnahmen der Wirtschaftspolitik stehen häufig in engem Zusammenhang mit Einnahmen und Ausgaben des Staates und damit mit dem Staatshaushalt. Die unmittelbar folgenden Kapitel geben Grundinformationen zu diesen Gebieten.

12.2.2 Der Staatshaushalt

Bund, Länder und Gemeinden sind verpflichtet, jährlich einen Haushaltsplan aufzustellen, in dem den Ausgaben die Einnahmen gegenübergestellt werden. Der Plan enthält Sollzahlen, also geschätzte Zahlen.

Der Haushaltsplan des Bundes kommt durch den Bundesfinanzminister vor den Bundestag, der über ihn berät und abstimmt. Der verabschiedete Bundeshaushalt wird Gesetz. Wir unterscheiden den ordentlichen und außerordentlichen Haushalt sowie den Nachtragshaushalt.

Der ordentliche Haushalt enthält alle gesetzlich vorgeschriebenen Ausgaben, geordnet nach Sachgebieten (Ministerien) und vorgesehenen Einnahmen. Bei den Ausgaben handelt es sich um laufend wiederkehrende Personal- und Sachausgaben, während die Einnahmen aus Steuern und Abgaben bestehen.

Der außerordentliche Haushalt erfasst in der Regel langfristig zu finanzierende Aufgaben. Er wird durch außerordentliche Einnahmen (Kreditaufnahme) gedeckt. Hier handelt es sich um Ausgaben zu „werbenden" Zwecken. Darunter versteht man z. B. die Vornahme von Sozialinvestitionen wie Straßenbau, Brückenbau, Errichtung von Theatern usw.

Ein Nachtragshaushalt wird notwendig, wenn unaufschiebbare Mehrausgaben auf die Regierung zukommen. Er muss später vom Parlament bewilligt werden.

Formal ist der Staatshaushalt immer ausgeglichen.

<table>
<tr><th>Ausgaben</th><th>Einnahmen</th></tr>
<tr><td>ordentliche Ausgaben</td><td>ordentliche Einnahmen</td></tr>
<tr><td>außerordentliche Ausgaben</td><td>außerordentliche Einnahmen</td></tr>
</table>

materiell und formal ausgeglichener Staatshaushalt

<table>
<tr><th>Ausgaben</th><th>Einnahmen</th></tr>
<tr><td>ordentliche Ausgaben</td><td>ordentliche Einnahmen</td></tr>
<tr><td rowspan="2">außerordentliche Ausgaben</td><td>außerordentliche Einnahmen</td></tr>
<tr><td>zusätzliche Kreditaufnahme</td></tr>
</table>

Haushaltsdefizit (formal ausgeglichener Staatshaushalt)

<table>
<tr><th>Ausgaben</th><th>Einnahmen</th></tr>
<tr><td>ordentliche Ausgaben</td><td>ordentliche Einnahmen</td></tr>
<tr><td>außerordentliche Ausgaben</td><td rowspan="2">außerordentliche Einnahmen</td></tr>
<tr><td>vorzeitige Tilgung, Rücklagen</td></tr>
</table>

Haushaltsüberschuss (formal ausgeglichener Staatshaushalt)

18 Richard/Hartmann/Boller – ISBN 987-3-8120-0173-1

Auftretende Unter- oder Überdeckungen werden durch zusätzliche Kreditaufnahmen oder vorzeitige Schuldentilgungen und Rücklagen (z.B. Konjunkturausgleichsrücklage) ausgeglichen.

Für die Haushaltsaufstellung sind bestimmte Grundsätze zu beachten, von denen einige hier genannt werden sollen:

- **Grundsatz der Öffentlichkeit.** Das Budget wird vom Parlament beraten und seine Ausführung durch den Rechnungshof überprüft.
- **Grundsatz der Vollständigkeit.** Im Etat müssen *alle* Einnahmen und Ausgaben ausgewiesen werden.
- **Grundsatz der Wahrheit.** Einnahmen und Ausgaben sollen möglichst genau geschätzt werden.
- **Grundsatz der Nichtbindung von Einnahmen** (Non-Affectation). Dieser Grundsatz weist auf die zu vermeidende Zweckbindung der eingenommenen Mittel hin. Er wird nicht selten durchbrochen, z.B. bei der Erhebung von Zwecksteuern.

12.2.3 Einnahmen des Staates

Einnahmen des Staates. Zur Finanzierung seiner Aufgaben benötigt der Staat Einnahmen.

Einnahmen des Staates				
Steuern	**Gebühren**	**Beiträge**	**Kredite**	**Erwerbs-einkünfte**
Zwangsabgaben ohne spezielle Entgeltlichkeit	Spezielles Entgelt für Inanspruchnahme einer staatlichen Institution	Geldleistungen von Personen, die aufgrund staatlicher Aufwendungen unmittelbar Vorteile erlangen	Bankdarlehen, Emissionen, Auslandsdarlehen	Zinsen, Dividenden, Mieten

Die wichtigste Einnahmeart des Staates stellen die Steuern dar.

Einteilung der Steuern. Man kann die Steuern nach verschiedenen Gesichtspunkten unterteilen:

- **nach dem Empfänger der Steuer:**
  Bundes-, Länder-, Gemeinde-, Kirchensteuer;
- **nach den Erhebungsformen:**
  a) **direkte Steuern** sind von dem zu tragen, der sie bezahlen soll. Steuerzahler und Steuerträger sind identisch (Einkommensteuer).

     Steuerzahler (Steuersubjekt) ist der gesetzlich zur Bezahlung der Steuer Verpflichtete.

     Steuerträger ist derjenige, der die Steuerlast – nach allen Überwälzungsvorgängen – endgültig trägt.

  b) **indirekte Steuern** werden durch Hineinrechnen in den Preis überwälzt. Steuerzahler und Steuerträger sind verschieden (z.B. Umsatzsteuer);

➢ **nach dem Steuergegenstand:** Besitzsteuern, Verkehrsteuern und Verbrauchsteuern.

a) **Besitzsteuern** unterteilen wir in Personal- und Realsteuern.

Personalsteuern: Einkommensteuer, Lohnsteuer, Kirchensteuer, Kapitalertragsteuer, Körperschaftsteuer, Schenkungsteuer, Erbschaftsteuer.

Realsteuern: Grundsteuer, Gewerbesteuer.

b) **Verkehrsteuern.** Hier wird ein wirtschaftlich-rechtlicher Verkehrsvorgang besteuert:
Umsatzsteuer, Grunderwerbsteuer, Versicherungsteuer, Kraftfahrzeugsteuer.

c) **Verbrauchsteuern.** Die Besteuerung ist abhängig vom Verbrauch. Besteuert werden in der Hauptsache Genuss- und Nahrungsmittel:
Biersteuer, Kaffeesteuer, Getränkesteuer, Tabaksteuer, Mineralölsteuer.

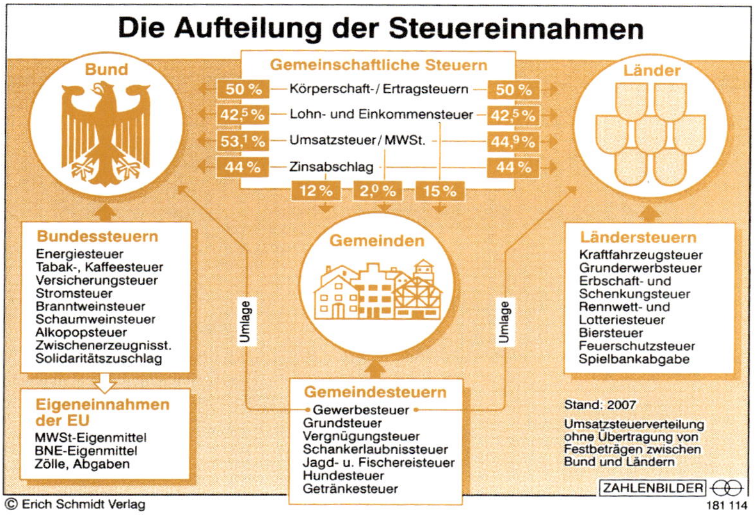

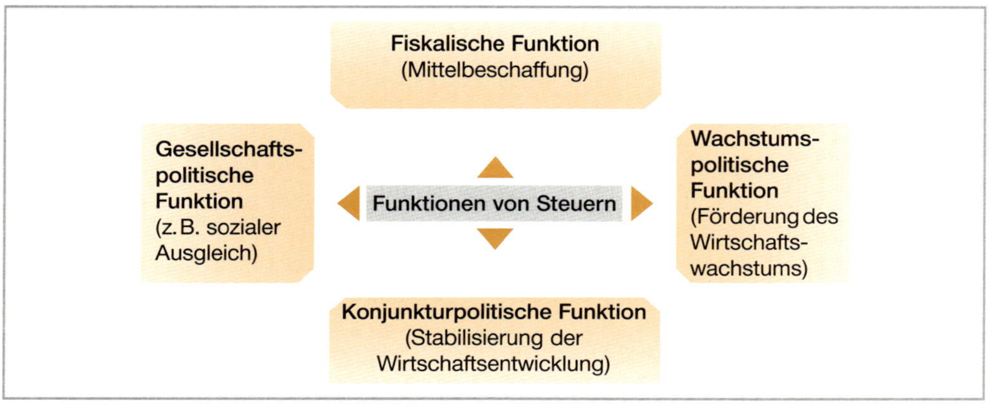

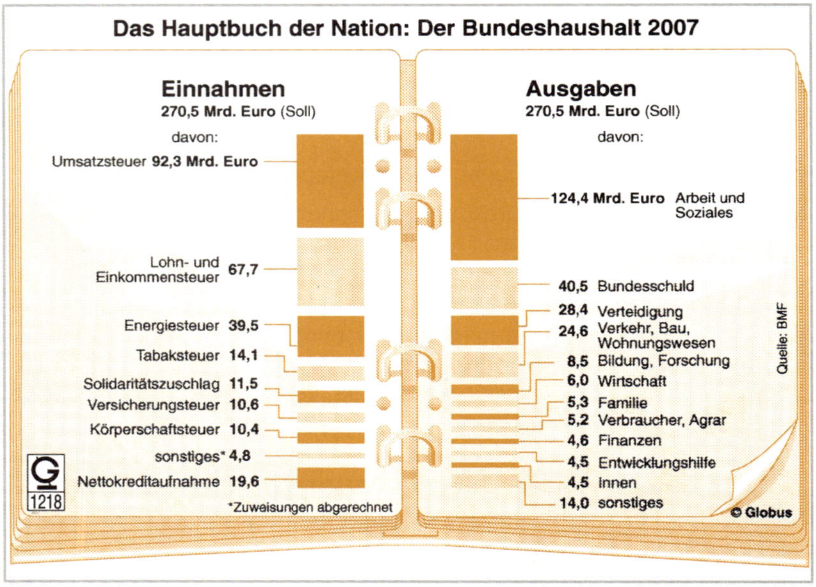
Das Hauptbuch der Nation: Der Bundeshaushalt 2007
Einnahmen
270,5 Mrd. Euro (Soll)
davon:
Umsatzsteuer 92,3 Mrd. Euro
Lohn- und Einkommensteuer 67,7
Energiesteuer 39,5
Tabaksteuer 14,1
Solidaritätszuschlag 11,5
Versicherungsteuer 10,6
Körperschaftsteuer 10,4
sonstiges* 4,8
Nettokreditaufnahme 19,6
*Zuweisungen abgerechnet
Ausgaben
270,5 Mrd. Euro (Soll)
davon:
124,4 Mrd. Euro Arbeit und Soziales
40,5 Bundesschuld
28,4 Verteidigung
24,6 Verkehr, Bau, Wohnungswesen
8,5 Bildung, Forschung
6,0 Wirtschaft
5,3 Familie
5,2 Verbraucher, Agrar
4,6 Finanzen
4,5 Entwicklungshilfe
4,5 Innen
14,0 sonstiges
Quelle: BMF
1218
© Globus

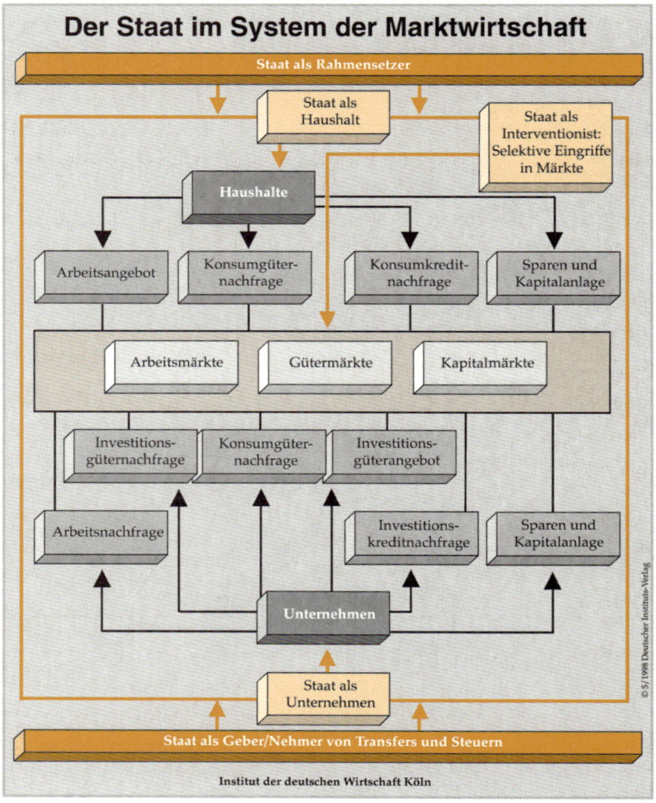
Der Staat im System der Marktwirtschaft
Staat als Rahmensetzer
Staat als Haushalt
Staat als Interventionist: Selektive Eingriffe in Märkte
Haushalte
Arbeitsangebot
Konsumgüternachfrage
Konsumkreditnachfrage
Sparen und Kapitalanlage
Arbeitsmärkte
Gütermärkte
Kapitalmärkte
Investitionsgüternachfrage
Konsumgüternachfrage
Investitionsgüterangebot
Arbeitsnachfrage
Investitionskreditnachfrage
Sparen und Kapitalanlage
Unternehmen
Staat als Unternehmen
Staat als Geber/Nehmer von Transfers und Steuern
Institut der deutschen Wirtschaft Köln
© 5/1998 Deutscher Instituts-Verlag

12.2.4 Konjunkturpolitik des Staates

Wesen. Zur Konjunkturpolitik rechnet man alle staatlichen Maßnahmen, die der Erreichung konjunktureller Ziele dienen.

Ziele. Die Ziele der Konjunkturpolitik sind: Preisniveaustabilität, hoher Beschäftigungsgrad, außenwirtschaftliches Gleichgewicht und stetiges und angemessenes Wirtschaftswachstum.

Maßnahmen. Die konjunkturpolitischen Maßnahmen, die getroffen werden, hängen von der Konzeption der Wirtschaftspolitik ab. Heute stehen zwei Konzeptionen im Vordergrund:

12.2.4.1 Nachfrageorientierte Konjunkturpolitik

Die nachfrageorientierte Konjunkturpolitik basiert auf dem Grundgedanken, Konjunkturschwankungen durch Korrektur der Nachfragebedingungen zu beseitigen oder zu mildern (Fiskalismus).[1] Im Vordergrund stehen dabei Maßnahmen der Finanzpolitik. Im Rahmen einer antizyklischen (dem Konjunkturzyklus entgegengerichteten) Finanzpolitik werden z. B. folgende Forderungen aufgestellt:

	Boom	Rezession
Ausgabengestaltung	Senkung der Staatsausgaben	Erhöhung der Staatsausgaben
Einnahmengestaltung	Steuererhöhung	Steuersenkung

In Zeiten der Rezession (des Abschwungs) und der Depression sollte der Staat notfalls mit Hilfe des so genannten „Deficit-spending" (Staatsverschuldung) zur Förderung der Beschäftigung beitragen.

Antizyklische Finanzpolitik

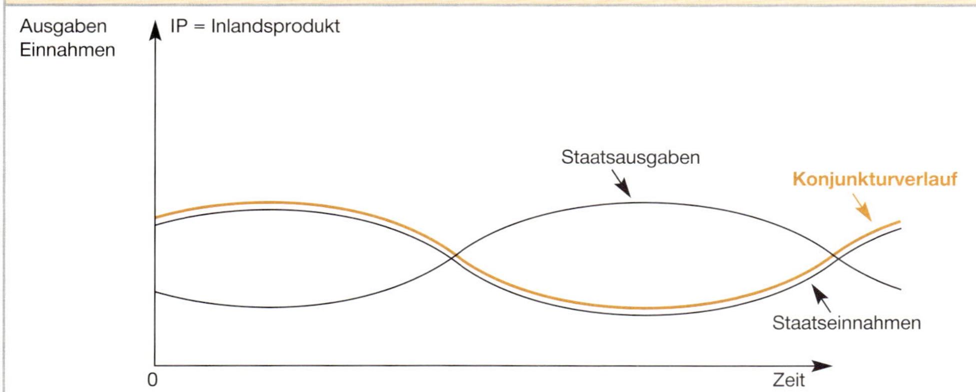

1 Unter „Fiskus" versteht man den Staat schlechthin, insoweit er es mit den Staatseinnahmen (vor allem Steuern), Staatsausgaben oder Staatsvermögen zu tun hat. Das Wort Fiskus kommt aus dem Lateinischen und bedeutet Korb, Geldkorb, Kasse. Fiskalpolitik ist somit Wirtschaftspolitik mit Geldmitteln aus der Staatskasse.

12.2.4.2 Angebotsorientierte Konjunkturpolitik

Die angebotsorientierte Wirtschaftspolitik zielt darauf ab, die Investitionstätigkeit in der Gesamtwirtschaft zu steigern und zu verbessern, um das Wirtschaftswachstum anzuregen. Das soll erreicht werden durch Verbesserung der Ertragslage der Unternehmen und durch Senkung der Risiken allgemeiner Art, die über das gewohnte Maß hinausgehen (u.a. starke Inflationsbeschleunigung, Wechselkursänderung, Übergang von stabilen zu flexiblen Wechselkursen, Explosion der Rohstoffpreise). Generell sollen die „Rahmenbedingungen" der Wirtschaft verbessert werden.

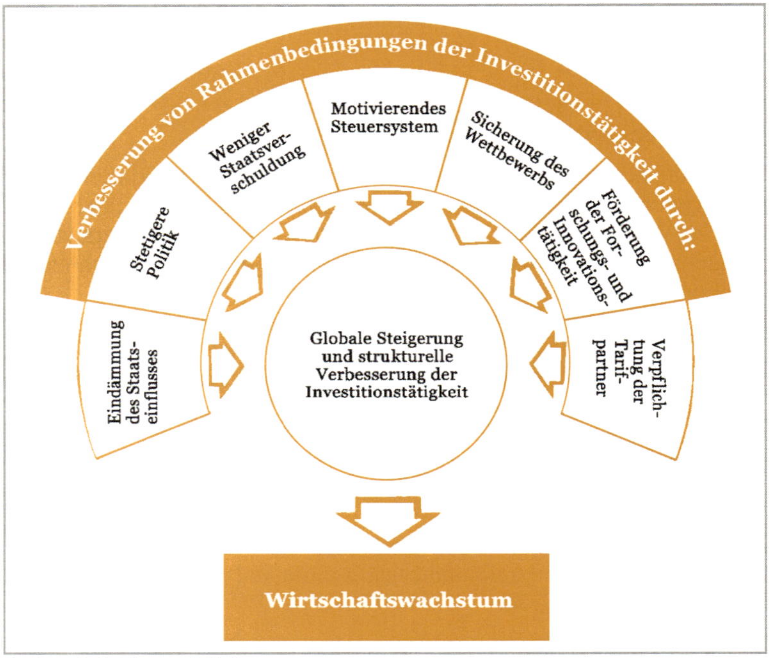

Quelle: iwd, Jahrgang 9, Nr. 3.

Zu der Verbesserung der Rahmenbedingungen gehört eine „stetigere Politik". Die staatliche Politik sollte „Störungen" des Wirtschaftsgeschehens möglichst vermeiden. Der Staat sollte für eine mittelfristige Verstetigung der Rahmenbedingungen sorgen. Dazu gehören:

- gleichmäßiges Wachstum der Staatseinnahmen und Staatsausgaben,
- stetiges Geldmengenwachstum

entsprechend dem mittelfristigen Wachstum der Wirtschaft.

Die Forderung nach einem stetigen Geldmengenwachstum basiert auf monetaristischem[1] Gedankengut. Der **Monetarismus** geht davon aus, dass eine enge Beziehung zwischen der Beschäftigung und der Entwicklung des Bruttoinlandsprodukts einerseits und der Geldmenge andererseits besteht.

- Steigt die Geldmenge, wird über die zusätzlich finanzierte Nachfrage die Wirtschaft angekurbelt; das Sozialprodukt steigt, die Arbeitslosigkeit nimmt längerfristig ab.

1 Monetär (lat.) = das Geld betreffend.

- Wird das Geldmengenwachstum gestoppt, kann die mögliche zusätzliche Nachfrage nicht finanziert werden; die Preissteigerungsraten werden geringer; die Güterproduktion stagniert oder geht zurück. Die Arbeitslosigkeit nimmt zu.

Aus diesen beiden Thesen folgt, dass eine **Verstetigung des Geldmengenwachstums** auch zu einer **Verstetigung des Wirtschaftswachstums** führen muss. Die führende Rolle in der Wirtschaftspolitik muss also die **Zentralbank** (Notenbank) eines Währungsgebiets haben.

Zusammenhang zwischen Fiskal- und Geldpolitik[1]			
Ausgangslage			
Rezession		Hochkonjunktur	
Staatshaushalt	Geldmengensteuerung	Staatshaushalt	Geldmengensteuerung
Ausweitung des Staatshaushalts (entsprechend den mittelfristigen Wachstumsmöglichkeiten) Nachfrage des Staates steigt kräftiger als private Nachfrage	Geldmengenerhöhung (in mittelfristigem Rahmen) unverändert steigendes Geldangebot trifft auf zurückhaltende Geldnachfrage (Investoren/Konsumenten) Zinssenkungen	mittelfristig übliche Wachstumsrate des Staatshaushalts Nachfrage des Staates wächst langsamer als private Nachfrage	Geldmengenerhöhung (in mittelfristigem Rahmen) unverändert steigendes Geldangebot trifft auf hohe Geldnachfrage (Investoren/Konsumenten) Zinssteigerungen
Konjunkturstabilisierung		Konjunkturdämpfung	

12.2.5 Maßnahmen des Stabilitäts- und Wachstumsgesetzes

Das „Gesetz zur Förderung der Stabilität und des Wachstums der Wirtschaft“ (1968) erlaubt dem Bund und den Ländern, antizyklische Maßnahmen zu ergreifen, um dem Konjunkturverlauf entgegenzusteuern.

Das „Stabilitätsgesetz“ verpflichtet die Regierung, ein gesamtwirtschaftliches Gleichgewicht im Rahmen der marktwirtschaftlichen Ordnung herzustellen und zu erhalten. Die Zielsetzungen im Einzelnen entsprechen denen des magischen Vierecks.

12.2.5.1 Ausgabenpolitik

Konjunkturdämpfung. Die Ausgabenpolitik des Staates muss in der Hochkonjunktur tendenziell auf Einschränkung der Ausgaben und Stilllegung öffentlicher Mittel gerichtet sein. Im Einzelnen sind folgende Maßnahmen anwendbar:

- Bei einer die volkswirtschaftliche Leistungsfähigkeit übersteigenden Nachfrageausweitung kann die Bundesregierung den Bundesfinanzminister ermächtigen, den Beginn von Baumaßnahmen des Bundes und das Eingehen von Verbindlichkeiten zu Lasten künftiger Rechnungsjahre von seiner Einwilligung abhängig zu machen. Die hierfür ursprünglich eingeplanten Ausgabemittel sollen nach Ablauf des Rechnungsjahrs entweder zur zusätzlichen Tilgung von Schulden bei der Deutschen Bundesbank verwendet oder der Konjunkturausgleichsrücklage zugeführt werden.

1 In Anlehnung an: Landauer, Hans-Joachim: Wirtschaftskonjunktur und Konjunkturpolitik, Köln 1981, S. 42f.

Die Konjunkturausgleichsrücklagen sind ausschließlich bei der Deutschen Bundesbank zu unterhalten. Zuführungen zu den Rücklagen führen zum Liquiditätsentzug, Auflösungen zur Liquiditätsausweitung bei den Banken. Gleichzeitig wird davon die Gesamtnachfrage in der Wirtschaft betroffen.

- Bei zu starker Nachfrageausweitung sollen Mittel zur zusätzlichen Schuldentilgung oder zur Zuführung an die Konjunkturausgleichsrücklage verwendet werden.
- Auf Vorschlag der Bundesbank können die Rentenversicherungsträger für die Dauer eines Jahres verpflichtet werden, Mittel in Offenmarktpapieren anzulegen.

  Begrenzung der öffentlichen Kreditnachfrage durch Rechtsverordnungen der Bundesregierung mit Zustimmung des Bundesrats.

  Soll eine Störung des gesamtwirtschaftlichen Gleichgewichts abgewendet werden, kann die Bundesregierung mit Zustimmung des Bundesrats für Bund und Länder zwingend die Zuführung von bis zu 3% der Steuereinnahmen zur Konjunkturausgleichsrücklage anordnen.

Die Stilllegung von Steuereinnahmen und Ausgabenkürzungen entziehen den Banken Liquidität und beeinflussen direkt die gesamtwirtschaftliche Nachfrage.

Konjunkturbelebung. Bei einer Abschwächung der Konjunktur richtet sich der Staat auf die Ausweitung der Ausgaben zur Belebung der allgemeinen Wirtschaftstätigkeit aus. Folgende Maßnahmen kann er dazu ergreifen:

- Beschleunigung der Planungen geeigneter Investitionsvorhaben des Bundes, sodass mit ihrer Durchführung kurzfristig begonnen werden kann.
- Einsatz von Mitteln der Konjunkturausgleichsrücklage (durch Rechtsverordnung mit Zustimmung des Bundesrats). Hierdurch werden die Bankenliquidität und die gesamtwirtschaftliche Nachfrage gestärkt.
- Begrenzte zusätzliche Kreditaufnahmen durch den Bundesfinanzminister über die im Haushaltsgesetz enthaltene Kreditermächtigung hinaus sind möglich.

12.2.5.2 Steuerpolitik

Die Steuerpolitik will durch flexible Gestaltung der Besteuerung Einfluss auf die Konjunktur nehmen. Bestimmte Maßnahmen kann die Bundesregierung mit Zustimmung des Bundestags und des Bundesrats durchführen, um die private Nachfrage im Konsum- und Investitionsgütersektor zu steuern.

Konjunkturdämpfung. Bei Gefahr der Konjunkturüberhitzung kann die Bundesregierung

- die degressive Abschreibung,
- das Recht zu Sonderabschreibungen,
- das Recht zu erhöhten Absetzungen

für längstens ein Jahr aufheben. Die Maßnahmen zielen auf die Dämpfung der Nachfrage auf dem Investitionsgütersektor. Ferner kann die Bundesregierung (ebenfalls längstens für ein Jahr) die Einkommen- und Körperschaftsteuer um bis zu 10% erhöhen. Damit soll eine Drosselung der Massenkaufkraft erreicht werden.

Übersicht: Staatliche Maßnahmen zur Konjunkturdämpfung

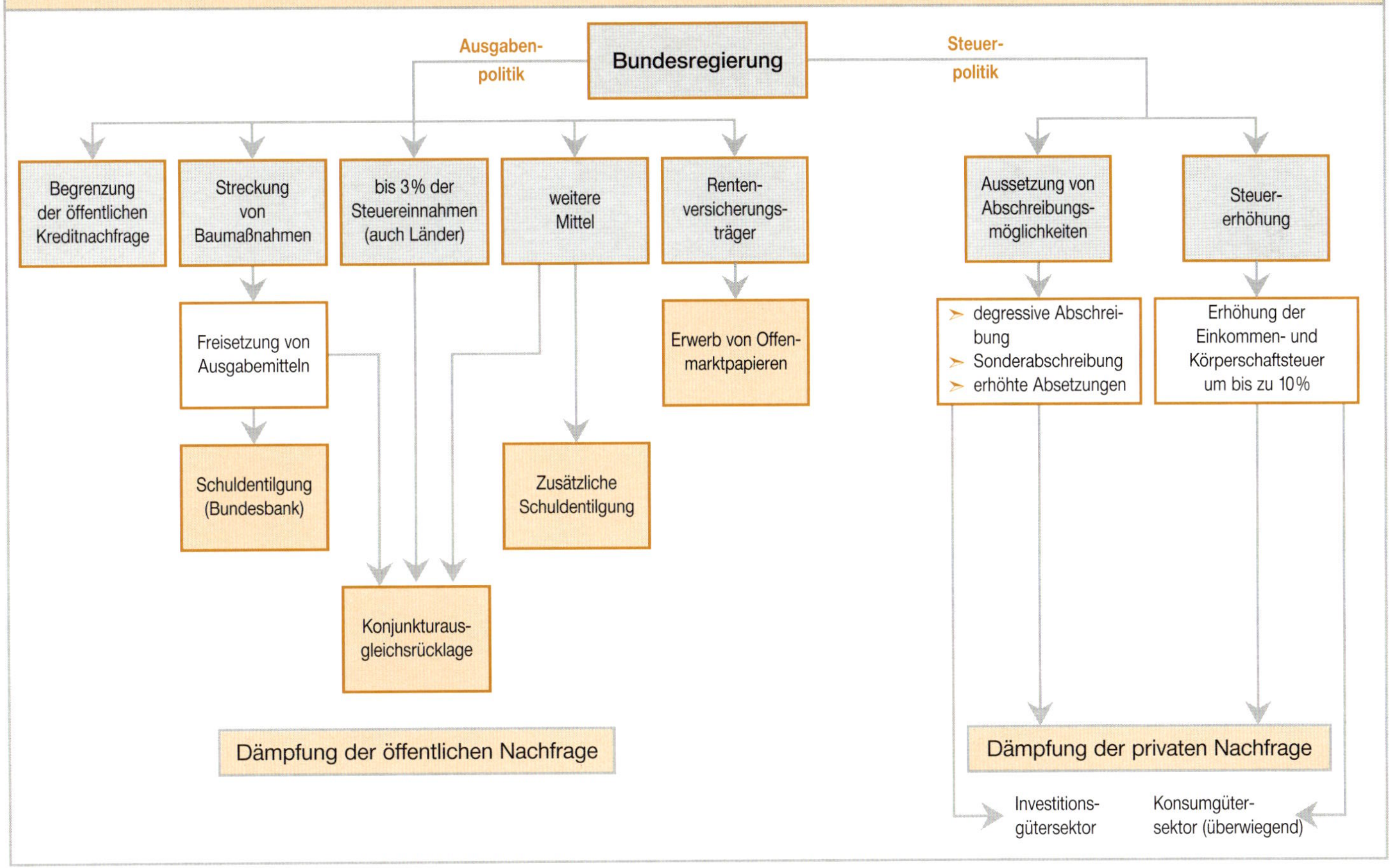

Konjunkturbelebung. In Zeiten der Wirtschaftsabschwächung kann die Bundesregierung

- einen Investitionsbonus gewähren
  (Abzug von der Einkommen- und Körperschaftsteuerschuld für den Veranlagungszeitraum bis zur Höhe von 7,5 % der Anschaffungs- und Herstellungskosten der in Frage kommenden Wirtschaftsgüter),
- die Einkommen- und Körperschaftsteuer für das Jahr bis zu 10 % senken.

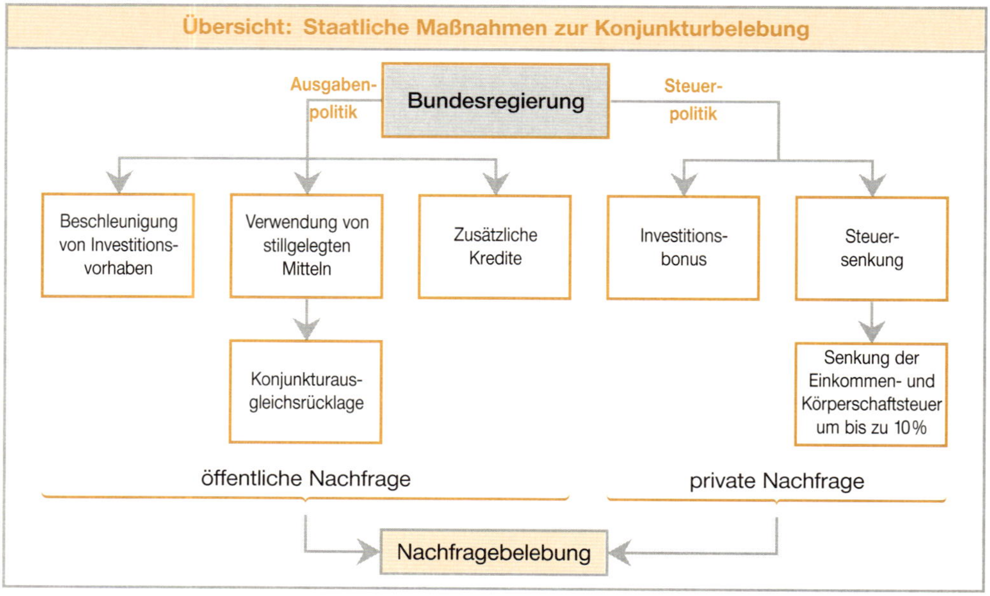

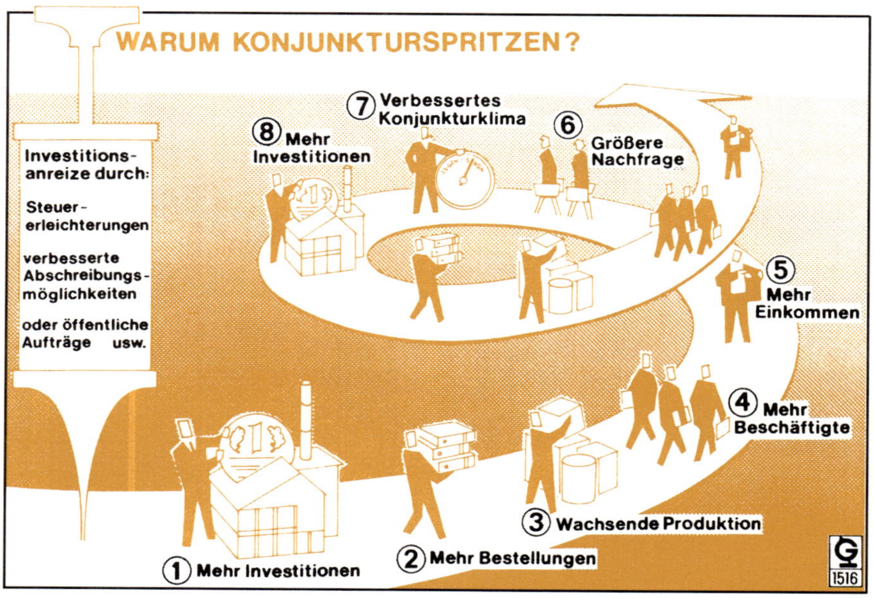

Ansatzpunkte der nachfrage- und der angebotsorientierten Wirtschaftspolitik

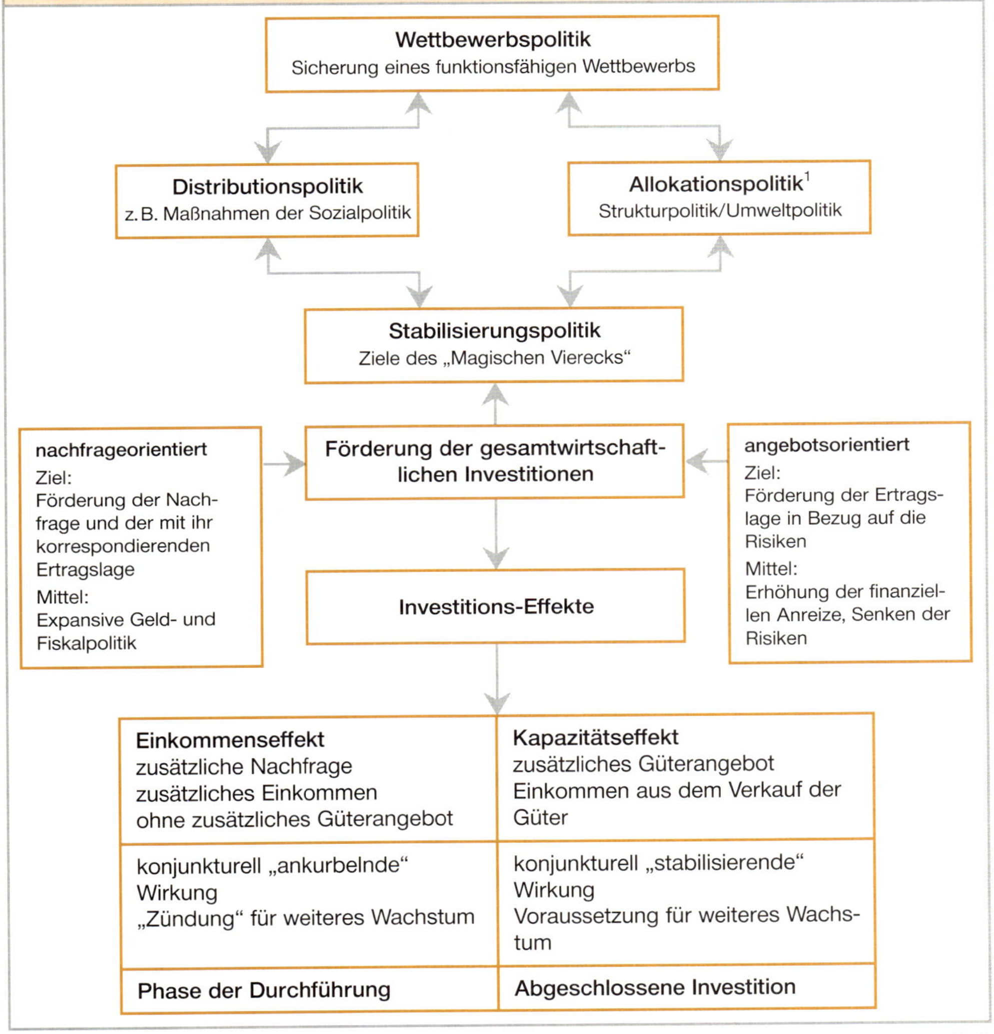

In Anlehnung an: Hillebrand, Konrad: Angebotsorientierte Wirtschaftspolitik, Köln 1983; Fritsch, Ulrich; Knappe, Karl: Wirtschaft auf einen Blick, Köln 1988.

1 Versuch, Faktoren in eine möglichst effiziente Verwendung zu lenken.

12.2.6 Ergänzende Maßnahmen und Einrichtungen staatlicher Wirtschaftspolitik

Im Folgenden werden eine Reihe weiterer Maßnahmen und Einrichtungen aufgeführt, die der Wirtschaftspolitik des Staates dienen. Ein Teil von ihnen ist im „Stabilitätsgesetz“ vorgesehen.

Der Jahreswirtschaftsbericht der Bundesregierung ist jedes Jahr im Januar dem Bundestag und Bundesrat vorzulegen. Die angestrebten wirtschafts- und finanzpolitischen Ziele der Bundesregierung und die Maßnahmen zur Erreichung der Ziele müssen dargelegt werden.

Konzertierte Aktion. Durch ständige Gespräche der Bundesregierung mit den wichtigsten wirtschaftlichen Gruppen (Unternehmerverbände, Gewerkschaften) soll ein stabilitätsgerechtes Verhalten aller Gruppen erreicht werden. Für die konzertierte Aktion stellt die Regierung Orientierungsdaten bereit.

Mittelfristige Finanzplanung. Die Einnahmen und Ausgaben des Bundes und der Länder sind für 5 Jahre vorauszuplanen. Diese mehrjährige Finanzplanung stellt eine Orientierungshilfe für das Parlament bei der Behandlung der Jahreshaushaltspläne dar.

Der Konjunkturrat für die öffentliche Hand hat die Aufgabe, die Finanz- und Wirtschaftspolitik des Bundes und der Länder konjunkturgerecht aufeinander abzustimmen und zu koordinieren. Er tagt in regelmäßigen Zeitabständen unter Vorsitz des Bundeswirtschaftsministers. Weitere Mitglieder sind: der Bundesfinanzminister, je ein Vertreter jedes Bundeslandes und vier Vertreter der Gemeinden und Gemeindeverbände. Vertreter der Deutschen Bundesbank können an den Beratungen teilnehmen.

Der Subventionsbericht ist alle zwei Jahre zu erstellen. Er gibt Zweck und Gründe staatlicher Finanzhilfen an und soll u.a. die Überprüfung der Subventionspolitik erleichtern.

12.2.7 Wirtschaftspolitische Grundkonzepte (Fiskalismus und Monetarismus)

Nach der Darstellung der wichtigsten wirtschaftspolitischen Instrumente und ihrer Träger (Zentralbank einerseits und Staat andererseits) sollen in diesem Kapitel die Grundzüge der beiden Theorien vorgestellt werden, die die augenblicklichen Grundlagen der Wirtschafts- und Konjunkturpolitik bilden.

Fiskalismus. Er wurde in der Volkswirtschaftslehre von dem Engländer John Maynard Keynes[1] vertreten und von seinen Anhängern weiterentwickelt.

Nach dieser Theorie ist die *Einnahmen- und Ausgabenpolitik* (d.h. die Politik des Fiskus = Fiskalpolitik) das Hauptmittel, mit dem man erfolgreich lenkend in den Konjunkturverlauf eingreifen kann. Durch die Steigerung der Staatsausgaben und/oder durch Steuersenkungen ist der Staat in der Lage, die Wirtschaft aus einem konjunkturellen Tal herauszuführen und die Arbeitslosigkeit zu bekämpfen. Auf der anderen Seite sehen die Fiskalisten in einer Verringerung der Staatsausgaben und/oder in Steuererhöhungen Möglichkeiten, inflationäre Tendenzen zurückzudrängen. Man hofft, über diese Mittel alle langfristigen Ziele des „magischen Vierecks“ erreichen zu können. Die *Geldpolitik* der Zentralbank spielt in dieser Theorie nur eine untergeordnete Rolle. Sie soll lediglich die Wirtschafts-

1 John Maynard Keynes, britischer Volkswirtschaftler (1883-1946), legte in seinem Hauptwerk „Die allgemeine Theorie der Beschäftigung, des Zinses und des Geldes“ die Grundlagen der Fiskalpolitik.

politik des Staates unterstützen, indem sie durch eine entsprechende Gestaltung des Zinsniveaus die Kreditaufnahmebereitschaft der Wirtschaftssubjekte anregen (stimulieren) oder zurückdrängen soll. Zum anderen hat die Zentralbank die Aufgabe, die Überschussreserven und damit den Kreditschöpfungsspielraum der Kreditinstitute zu beeinflussen (z.B. mit Hilfe der Mindestreservepolitik), um die Verwirklichung staatlicher Ziele zu erleichtern.

Die fiskalistische Theorie beeinflusste nach 1949 stark die wirtschaftspolitische Praxis der Bundesrepublik Deutschland. Auch der Inhalt des „Stabilitätsgesetzes" (Gesetz zur Förderung der Stabilität und des Wachstums [StabG] vom 8. Juni 1967) fußt weitgehend auf dem Gedankengut der Fiskalisten.

Monetarismus. Die Deutsche Bundesbank versteht sich nicht als bloße Hilfsinstitution der Fiskalpolitik der jeweiligen Bundesregierung. Vielmehr beruhen seither ihre Maßnahmen weitgehend auf den Lehren der Monetaristen,[1] deren hervorragendster Vertreter der amerikanische Nobelpreisträger Milton Friedman[2] ist.

Die Monetaristen gehen davon aus, dass eine enge Beziehung zwischen Inlandsprodukt und Beschäftigung einerseits und der Geldmenge andererseits besteht:

- Steigt die Geldmenge, wird über die zusätzlich finanzierte Nachfrage die Wirtschaft angekurbelt; das Inlandsprodukt steigt, die Arbeitslosigkeit nimmt längerfristig ab.
- Wird das Geldmengenwachstum gestoppt, kann die mögliche zusätzliche Nachfrage nicht finanziert werden; die Preissteigerungsraten werden geringer; das (reale) Inlandsprodukt stagniert oder geht zurück (z.B. 1965, 1974, 1981, 1982, 1993, 2003), die Arbeitslosigkeit nimmt zu.

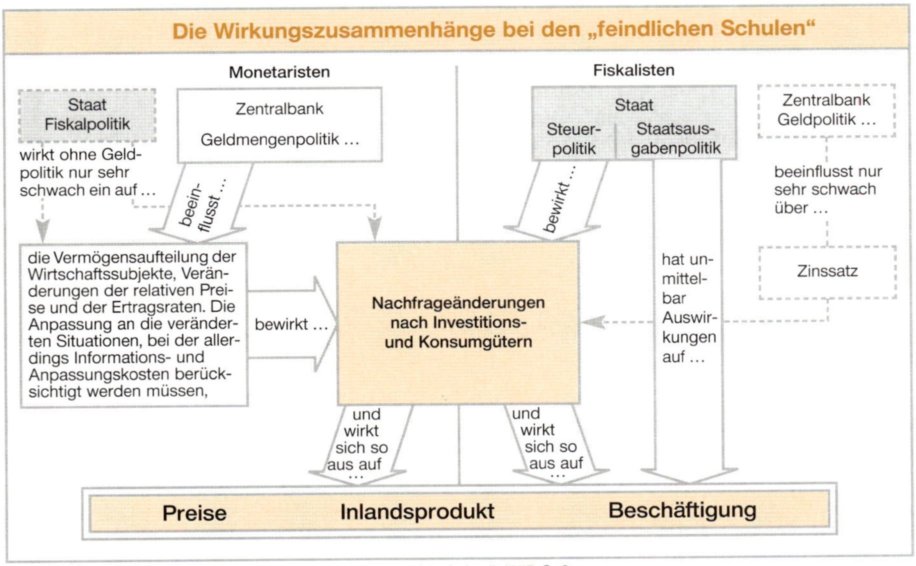

Quelle: Kleiner Wirtschaftsspiegel, Wirtschaftskunde, Nr. 4, April 1977, S. 2.

1 Der Begriff ist aus der Umgangssprache „Moneten" (lat. Geld) bekannt. Das englische Wort „money" (Geld) ist auf den gleichen Ursprung zurückzuführen. Der Monetarismus ist demnach eine Lehre, die dem Geld eine besondere Bedeutung zumisst.

2 Friedman/Schwarz: Monetary Statistics of the United States. Estimates, Sources and Methods, 1970.

Nach der monetaristischen Theorie hat also jede Geldmengenschwankung konjunkturelle Änderungen zur Folge. Ein gleichmäßiger Anstieg des realen Inlandsprodukts (= ein stetiges Wirtschaftswachstum) wird demnach nur erreicht, wenn die Zentralbank eine entsprechende Wachstumsrate der Geldmenge anstrebt.

Beispiel:

Weitet eine Zentralbank die Geldmenge (Zielgröße: Geldmenge M3) jährlich um beispielsweise 8% aus, erhofft (erstrebt) sie zwar ein gleich hohes reales Wachstum des realen Inlandsprodukts. Steigt dieses aber nur um 4%, nimmt sie eine 4%ige Inflationsrate (Preissteigerungsrate) in Kauf. Das nominelle Inlandsprodukt (= Inlandsprodukt zu tatsächlichen Preisen) ist dann um 8% gestiegen.

Zu beachten ist, dass eine Zentralbank die Refinanzierungskredite an die Banken (z.B. Beleihung und Ankauf von Wertpapieren, Ankauf von Devisen) autonom (selbstständig) bestimmen kann. Eine Zentralbank hat nur einen geringen Einfluss auf die Geldschöpfung durch den Ankauf von Devisen, wenn feste Wechselkurse vorliegen und die Zentralbank zu Stützungskäufen verpflichtet ist. Die monetaristische Geldpolitik setzt daher grundsätzlich freie (flexible) Wechselkurse voraus.

Eine Zentralbank hat weiterhin die Möglichkeit, die Geldmenge durch die Veränderung der Mindestreservesätze zu beeinflussen.

Die Wirkungszusammenhänge zwischen Geldmenge (z.B. Geldmenge M1 = Bargeld und Giralgeld) und wirtschaftlicher Aktivität sind sehr kompliziert. Im Folgenden wird daher versucht, den Zusammenhang an einem stark vereinfachenden Beispiel darzustellen.

Beispiel:

a) Die Zentralbank kauft am offenen Markt (z.B. über die Wertpapierbörsen) Wertpapiere (1).

b) Das zusätzliche Zentralbankgeld (ZBG) fließt den verkaufenden Kreditinstituten (2) und den Nichtbanken (z.B. den privaten Haushalten) zu (3).

c) Die Kreditinstitute besitzen nun zusätzliche Überschussreserven, sodass sich das Kreditangebot (Geldangebot) erhöht (4).

d) Die privaten Haushalte hatten (nach monetaristischer Auffassung) bisher ihr Vermögen bei den gegebenen Preisen optimal aufgeteilt, beispielsweise in langlebige Konsumgüter (z.B. Autos, Waschmaschinen, Fernsehgeräte), in längerfristige Geldanlagen (z.B. Aktien) und in Bargeldreserven (z.B. zu Hause oder auf dem Gehaltskonto). Aufgrund der Offenmarktaktionen der Zentralbank war der Verkauf von Wertpapieren für die privaten Haushalte rentabel. Sie sind nun im Besitz von zusätzlichem Geld (5). Die optimale Vermögensverteilung ist gestört. Die Haushalte werden also zusätzlich Güter kaufen (z.B. Autos) (6), um das erstrebte Gleichgewicht zwischen Sach- und Geldvermögen wiederherzustellen.

e) Aufgrund der zunehmenden Nachfrage steigen zunächst die Autopreise stärker als die anderer Güter (Autos werden *relativ* teurer). Die Produktion von Autos wird für die Automobilindustrie rentabler. Die Folge: Steigende Beschäftigung durch bessere Kapazitätsauslastung und/oder zusätzliche Investitionen.

f) Zusätzliche Investitionen werden durch zusätzliche Bankkredite finanziert (7), die von den Banken aufgrund der höheren Überschussreserven gewährt werden können.

g) Die erhöhte Beschäftigung (z.B. in der Automobilindustrie) führt zu zusätzlichen Einkommen (8). Da die zusätzlichen Einkommen auch für die Nachfrage nach anderen Wirtschaftsgütern verwendet werden, ist zu erwarten, dass der in einem Wirtschaftsbereich erfolgte Aufschwung sich auch in anderen Wirtschaftsbereichen fortsetzt.

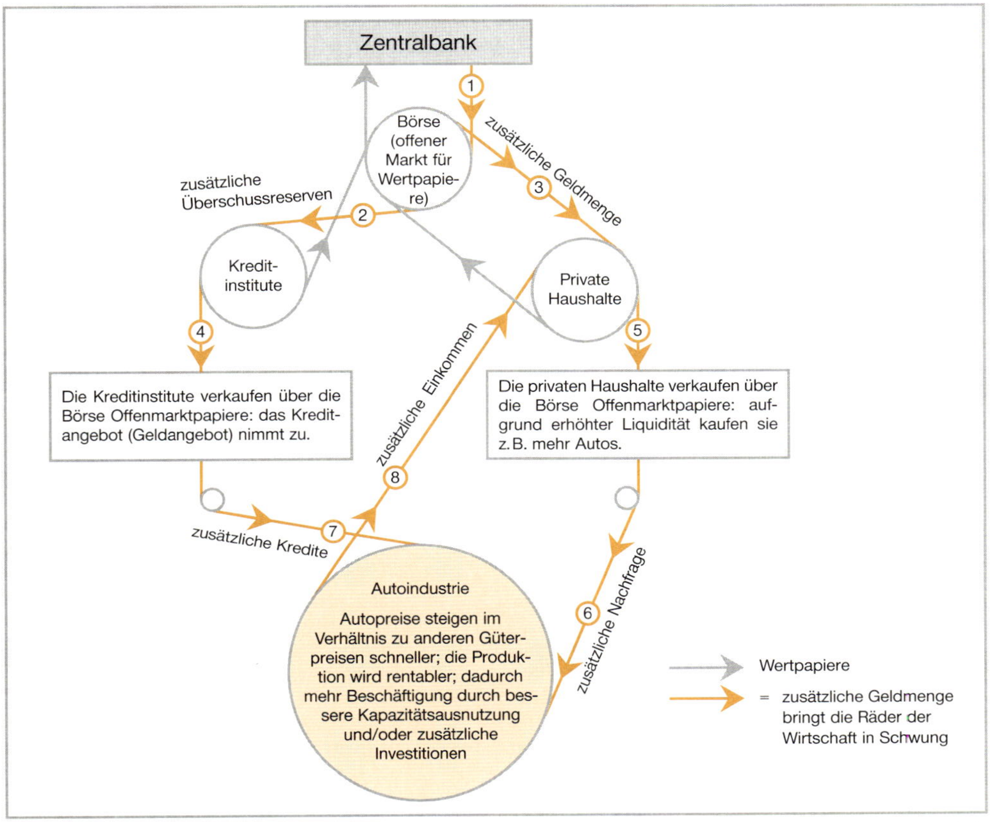

Vereinfachte Darstellung des **Transmissionsmechanismus** der monetaristischen Theorie am Beispiel der Offenmarktpolitik.

Der hier beschriebene Wirkungszusammenhang wird von der monetaristischen Schule auch als *Transmissionsmechanismus*[1] bezeichnet, weil – ähnlich wie beim Transmissionsriemen einer Maschine – durch die Erhöhung der Geldmenge die Räder der Wirtschaft in Gang gesetzt, in Gang gehalten oder beschleunigt werden können.

Der Transmissionsmechanismus kann auch in umgekehrter Richtung wirken, dann nämlich, wenn die Zentralbank durch Erhöhung der Mindestreservesätze oder durch Verkauf von Offenmarktpapieren den Wirtschaftssubjekten Geld entzieht.

Grenzen der Geldmengenpolitik. Die auf der monetaristischen Theorie beruhende Geldmengenpolitik ist kein Allheilmittel gegen Inflation, Arbeitslosigkeit und Stagnation. Andererseits kann sie den Rahmen schaffen, innerhalb dessen sich eine gesunde wirtschaftliche Entwicklung vollziehen *kann*, aber nicht muss.

1. **Grenzen expansiver Geldmengenpolitik.** Das Ziel kurzfristiger Expansionspolitik ist, die Wirtschaft aus der Depression (dem konjunkturellen Tiefstand) herauszuführen. Die Zentralbank kann aber die Wirtschaftssubjekte nicht zwingen, die von ihr angebotenen Vergünstigungen anzunehmen.

1 Transmission = Vorrichtung zur Kraftübertragung.

Durch die Festlegung günstiger Ankaufsätze (-kurse) kann die Zentralbank zwar Kreditinstitute und Private zum Verkauf von Offenmarktpapieren „anreizen", muss es aber den Wertpapierinhabern überlassen, ob sie verkaufen wollen oder nicht.

Nehmen die Wirtschaftssubjekte tatsächlich das erhöhte Geldangebot auf, muss man davon ausgehen, dass sie nach dem ökonomischen Prinzip handeln und ihr Vermögen optimal in Realvermögen und Geldvermögen aufteilen. Tun sie dies nicht, wird die erhöhte Geldmenge nicht nachfragewirksam.

Es mag z. B. sein, dass die Wirtschaftssubjekte die zukünftige Wirtschaftsentwicklung pessimistisch beurteilen. Dann werden sie aus Vorsichtsgründen bereit sein, mehr Geld als bisher in ihren Kassen bzw. auf ihren Konten zu halten. Das zusätzliche Geld bewirkt keine zusätzliche Nachfrage.

Sind jedoch die Wirtschaftssubjekte bereit, die zusätzliche Geldmenge zu zusätzlicher Nachfrage nach Konsum- und Investitionsgütern zu verwenden, sinkt die Arbeitslosigkeit nur dann, wenn der Produktivitätsfortschritt (Produktionsmenge je Arbeitskraft) nicht schneller zunimmt als die mengenmäßige Nachfrage. Die Produktivitätsentwicklung hängt aber nur zum Teil von wirtschaftlichen Bestimmungsgründen (Faktoren) ab (z. B. vom Umfang der Lohnerhöhungen oder von der Preisentwicklung für importierte Rohstoffe). Sie ist auch ein Ergebnis der technischen Entwicklung. Die technologische Arbeitslosigkeit[1] und auch die strukturelle Arbeitslosigkeit[2] kann die Zentralbank allenfalls sehr langfristig verringern und dies nur dann, wenn sie die Geldmenge stetig erweitert, um erforderliche Anpassungsinvestitionen zu finanzieren.

Die antizyklische Fiskalpolitik würde Anpassungsprozesse nur stören. Deshalb fordern die Fiskalisten auch die Abkehr von der „Stop-and-go"-Politik[3] der Regierungen.

2. **Grenzen langfristiger Wachstumspolitik.** Positiv ist, dass eine stetige, für die Wirtschaft verlässliche und nach oben begrenzte Geldmengenvermehrung eine wirksame Maßnahme zur Inflationsbekämpfung darstellen kann, falls nicht außenwirtschaftliche Ursachen (hohe Devisenzuflüsse) die Absicht der Zentralbank zunichte machen. Eine über die Geldmengenerhöhung hinausgehende Nachfrage ist nicht möglich, wenn sie nicht finanziert wird. Eine jährliche Geldmengenerhöhung von beispielsweise 4 % stellt somit gewissermaßen ein Stabilitätskorsett dar, in dem sich die Wirtschaft bewegen muss.

   Auch in diesem Fall wird natürlich kein reales Wachstum von 4 % garantiert. Bei gleich bleibendem technischem Stand und unveränderter Arbeitskräftezahl ist es denkbar, dass das reale Inlandsprodukt stagniert und lediglich die Preise um 4 % steigen. Auch die langfristige Wachstumspolitik der Zentralbank hat lediglich Angebotscharakter für die Wirtschaft.

3. **Grenzen kontraktiver Geldmengenpolitik.** Das Ziel kontraktiver Geldmengenpolitik ist hauptsächlich, die Preissteigerungsraten herabzudrücken. Kontraktive Maßnahmen der Zentralbank haben keinen Angebotscharakter, sondern Zwangscharakter, wenn sie drastisch genug sind.

   Bietet die Zentralbank Offenmarktpapiere an, *müssen* die Kurse sinken und die Realverzinsung *muss* steigen.

---

1 Technologische Arbeitslosigkeit = Arbeitslosigkeit aufgrund schneller Produktivitätssteigerungen, die durch Rationalisierungsinvestitionen bewirkt werden.

2 Strukturelle Arbeitslosigkeit entsteht z. B., wenn aufgrund von Nachfrageverschiebungen die Nachfrage nach Erzeugnissen bestimmter Wirtschaftszweige zurückgeht (z. B. Nachfrageverlagerung auf billige Textilerzeugnisse der Entwicklungsländer zu Lasten der Nachfrage nach inländischen Textilwaren).

3 Stop-and-go (engl.) = bleib stehen und geh!

Die Gefahr der kontraktiven Geldmengenpolitik besteht darin, dass die Konjunktur „umkippt", d. h. in die Abschwungphase übergeht, es sei denn, die Kreditinstitute besitzen Überschussreserven (freie Liquiditätsreserven),[1] um die Kreditwünsche der Wirtschaft trotz der kontraktiven Geldmengenpolitik der Zentralbank im vollen Umfang befriedigen zu können.

12.2.8 Beschäftigungspolitik

12.2.8.1 Beschäftigung und Beschäftigungsmessung

Unter Beschäftigung verstehen wir den Grad der Kapazitätsausnutzung (volkswirtschaftliche Kapazität = Leistungsfähigkeit) einer Volkswirtschaft.

Die Beschäftigungslage einer Volkswirtschaft beurteilt man zumeist an den Arbeitslosenzahlen und den offenen Stellen.

Von **Vollbeschäftigung** spricht man, wenn die Arbeitslosenquote nicht mehr als 1 – 1,5 % beträgt.

$$\text{Arbeitslosenquote}^{2} = \frac{\text{Arbeitslose} \cdot 100}{\text{Erwerbspersonen}}$$

Überbeschäftigung liegt vor, wenn die Zahl der offenen Stellen erheblich über der Zahl der Arbeitslosen liegt.

Beispiel:

Jahr 1970 Bundesrepublik Deutschland		
Abhängig Beschäftigte: 22 246 000	Arbeitslose: 323 000	Offene Stellen: 488 000

Unterbeschäftigung liegt vor, wenn die Arbeitslosenquote höher als 2 % und die Zahl der offenen Stellen niedriger als die Arbeitslosenzahl ist.

Beispiel:

Jahr 2006 Bundesrepublik Deutschland		
Abhängig Beschäftigte: 34 715 000	Arbeitslose: 4 487 000	Offene Stellen 564 000

Eine einheitliche national und international gültige Definition des Begriffs Arbeitslosigkeit gibt es nicht.

Eurostat hat in den letzten Jahren auf der Grundlage der von der Internationalen Arbeitsorganisation (ILO) ausgesprochenen Empfehlungen Fortschritte bei der Angleichung der von den Mitgliedsstaaten verwendeten Definition von Arbeitslosigkeit erzielt. Zurzeit wird eine Verordnung der Europäischen Kommission,[3] die im September 2000 verabschiedet wurde, in nationales Recht umgesetzt.

---

1 Die freien Liquiditätsreserven müssen nicht nur aus Barreserven (Kassenbeständen) bestehen. Auch inländische Geldmarktpapiere, Devisen (sofern feste Wechselkurse vorliegen) und unausgenutzte Refinanzierungskontingente gehören dazu.

2 Diese Formel zur Berechnung der Arbeitslosenquote verwendet die Bundesagentur für Arbeit.

3 Verordnung (EG) Nr. 1897/2000 der Kommission vom 7. Sept. 2000 zur Umsetzung der Verordnung (EG) Nr. 577/1998 des Rates zur Durchführung einer Stichprobenerhebung über Arbeitskräfte in der Gemeinschaft bezüglich der Arbeitsdefinition der Arbeitslosigkeit.

19 Richard/Hartmann/Boller – ISBN 987-3-8120-0173-1

Erwerbslos sind gemäß der Internationalen Arbeitsorganisation (ILO) Personen ab 15 Jahre, die keine Beschäftigung (auch keine geringfügige) ausüben, sich während der letzten vier Wochen aktiv um eine Arbeit bemüht haben und eine Arbeit innerhalb der nächsten zwei Wochen aufnehmen könnten.

Zugrunde gelegt wird hier die Begriffsbestimmung der Bundesagentur für Arbeit.

In der Arbeitslosenstatistik werden unterschieden:

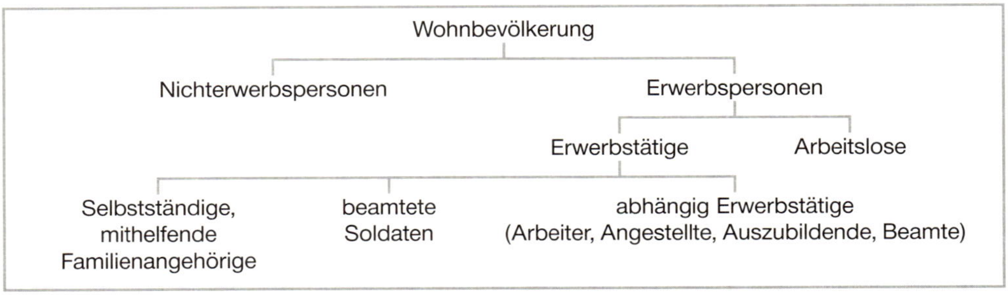

Die Arbeitslosenquote (ALQ) kann wie folgt berechnet werden:

Berechnung der Arbeitslosenquote (ALQ)	
Berechnungsmethode I	$ALQ\ I = \frac{\text{Arbeitslose} \cdot 100}{\text{abhängig Beschäftigte} + \text{Arbeitslose}}$
Berechnungsmethode II	$ALQ\ II = \frac{\text{Arbeitslose} \cdot 100}{\text{Erwerbspersonen}}$
Berechnungsmethode III	$ALQ\ III = \frac{\text{Arbeitslose} \cdot 100}{\text{Arbeiter} + \text{Angestellte} + \text{Arbeitslose}}$

ALQ II wird von der Bundesagentur für Arbeit (in Anlehnung an die EU-Arbeitslosenquote) verwendet.

Arbeitsmarktströme

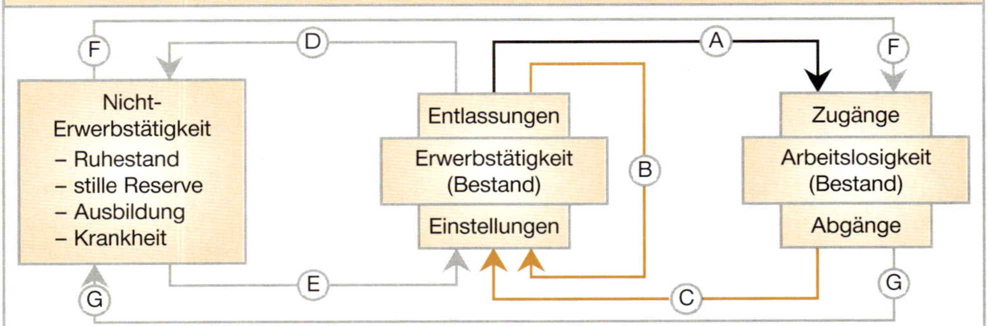

Erläuterung:
- A/B/D Beendigung von Beschäftigungsverhältnissen (Ruhestand, Kündigung u.a).
- B/C/E Begründung von Beschäftigungsverhältnissen (nach Kündigung → Übergang in ein neues Beschäftigungsverhältnis, Aufnahme einer Beschäftigung nach Arbeitslosigkeit, nach Ausbildung in ein Beschäftigungsverhältnis u.a.)
- F Übergang → Nichterwerbstätigkeit → AL
- G Übergang → AL → Nichterwerbstätigkeit

Quelle: Wilke, Gerhard: Arbeitslosigkeit. Diagnosen und Therapien, Bonn 1990, S. 32.

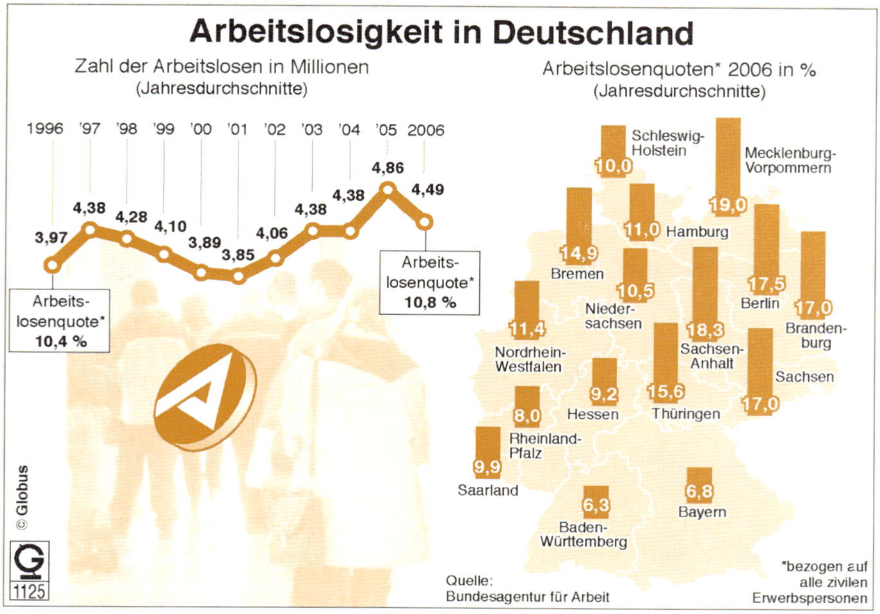

Die Arbeitslosigkeit in Deutschland ist erstmals seit Jahren gesunken. Waren im Jahresdurchschnitt 2005 noch 4,86 Mio. Männer und Frauen arbeitslos gemeldet, so waren es im vergangenen Jahr 4,49 Mio. Die Quote sank von 11,7 % auf 10,8 %. Weiterhin katastrophal ist die Lage auf den ostdeutschen Arbeitsmärkten mit Quoten zwischen 19 % (Mecklenburg-Vorpommern) und 15,6 % (Thüringen). Vergleichsweise gut sieht es im Süden der Republik aus. Für Bayern registrierte die Bundesagentur für Arbeit eine Quote von 6,8 %; in Baden-Württemberg waren es sogar nur 6,3 %. Für das Jahr 2007 erwarten Experten eine weitere Erholung auf dem Arbeitsmarkt. So geht das Deutsche Institut für Wirtschaftsforschung davon aus, dass die Zahl der Arbeitslosen im Jahresdurchschnitt bei 4,26 liegen wird. 2008 könnte sie sogar unter die Vier-Millionen-Grenze fallen.

12.2.8.2 Arbeitslosigkeit

Begriff. Als arbeitslos gilt, wer trotz Arbeitsfähigkeit und Arbeitswilligkeit nicht in einem Beschäftigungsverhältnis steht.

Zu den Arbeitslosen im Rahmen der Statistik der Bundesagentur für Arbeit zählen alle Personen, die das 15., aber noch nicht das 65. Lebensjahr vollendet haben, die beschäftigungslos sind oder nur eine kurzzeitige Beschäftigung (gegenwärtig: unter 15 Stunden pro Woche) ausüben und ein versicherungspflichtiges, mindestens 15 Stunden wöchentlich umfassendes Beschäftigungsverhältnis mit einer Dauer von mehr als 7 Kalendertagen suchen. Sie müssen sich persönlich bei einer Agentur für Arbeit oder einem Träger der Grundsicherung arbeitslos gemeldet haben sowie der Arbeitsvermittlung zur Verfügung stehen und dürfen nicht arbeitsunfähig erkrankt sein.

Die Bundesagentur für Arbeit erfasst: die Zahl der Arbeitslosen am Monatsende, die Zahl derer, die sich in diesem Monat als arbeitslos gemeldet haben, ebenso die Zahl der offenen Stellen und wie viel in diesem Monat dazugekommen sind, die Zahl der Arbeitslosen, die in eine neue Stelle vermittelt werden konnten sowie die Zahl der Kurzarbeiter.

Eine solche Statistik ist in ihren Zahlen natürlich ungenau, denn sie erfasst z.B. nicht verheiratete Frauen, die bei schlechter Beschäftigungsmöglichkeit auf einen Nebenverdienst verzichten, sie erfasst nicht die Berufsanfänger, die sich an der Arbeitsvermittlung der Bundesagentur vorbei erfolgreich um einen Arbeitsplatz bemüht haben, und sie erfasst nicht die „Berufsanfänger“, die keinen Arbeitsplatz erhalten und in das Bildungssystem (z.B. Höhere Berufsfachschule) zurückkehren.

Seit Januar 2004 werden alle Teilnehmer arbeitsmarktpolitischer Maßnahmen (berufliche Weiterbildung, ABM) nicht mehr als arbeitslos gezählt.

Man spricht von Arbeitslosigkeit, wenn die Arbeitslosenquote mehr als 2% beträgt.

12.2.8.3 Arten der Arbeitslosigkeit

Nach den Entstehungsursachen unterscheidet man verschiedene Arten der Arbeitslosigkeit.

- **Saisonale Arbeitslosigkeit.** Bestimmte Wirtschaftszweige unterliegen in besonderem Maße jahreszeitlich bedingten Beschäftigungsschwankungen. Ein typisches Beispiel hierfür ist das Baugewerbe, das im Winter einen starken Beschäftigungsrückgang aufzuweisen hat.
- **Konjunkturelle Arbeitslosigkeit.** Unsere Wirtschaft unterliegt Konjunkturschwankungen. Der Konjunkturverlauf umfasst bestimmte Phasen: Tiefstand, Aufschwung, Hochspannung (Boom), Abschwung und Depression (vgl. Kap. 11.1.3). Im Abschwung (Rezession) steigen die Arbeitslosenzahlen.
- **Strukturelle Arbeitslosigkeit.** Sie entsteht z.B. durch Veränderungen in der Bevölkerungsstruktur und bei Bedarfswandlungen.

Beispiel:
Wandlungen in der Energieerzeugung: Ersatz von Kohle durch Öl, Atomenergie durch alternative Energien (Windenergie).

- **Technologische Arbeitslosigkeit.** Sie ist auf Technisierung der Produktionsvorgänge zurückzuführen. Der Produktionsfaktor Arbeit wird durch Maschinen zunehmend ersetzt (Beispiel: Automation).
- **Friktionelle Arbeitslosigkeit.** Sie beruht auf dem Tatbestand, dass ständig Arbeitskräfte freigesetzt werden, z.B. durch Schließung oder Insolvenz von Unternehmen, Stellenwechsel von Arbeitnehmern, die aber mit zeitlicher Verzögerung wieder in den Produktionsprozess eingegliedert werden.

Arten der Arbeitslosigkeit				
Saisonale AL	**Konjunkturelle AL**	**Strukturelle AL**	**Technologische AL**	**Friktionelle AL**
		Bedingt durch		
saisonale Beschäftigungsschwankungen	konjunkturelle Beschäftigungsschwankungen	nachhaltige Änderung bestimmter wirtschaftlicher Daten	technologische Änderung von Produktionsverfahren	Fluktuation von Arbeitskräften

12.2.8.4 Ursachen der Arbeitslosigkeit

Im vorhergehenden Kapitel wurden bereits eine Reihe von Ursachen dargestellt: Arbeitsplatzwechsel, Insolvenz von Unternehmen (friktionelle Arbeitslosigkeit), Beschäftigungsrückgänge wegen jahreszeitlicher Schwankungen (saisonale Arbeitslosigkeit), im Gefolge zyklischer Schwankungen auftretende Beschäftigungsrückgänge (konjunkturelle Arbeitslosigkeit).

Weitere Ursachen sollen im Folgenden erörtert werden.

Die angebotsbedingte Arbeitslosigkeit hat viele Ursachen, von denen hier nur einige genannt werden können. Letztlich handelt es sich um Einflussfaktoren, die unmittelbar oder mittelbar die Kosten der Unternehmen negativ beeinflussen.

Lohnkosten. Die Löhne und Gehälter sowie die Lohnzusatzkosten sind auf vielen Teilmärkten des Arbeitsmarkts (z.B. für gering qualifizierte Arbeit) so hoch, dass sie von Unternehmen und Behörden nicht mehr bezahlt werden können (lohnkostenbedingte Arbeitslosigkeit). Nach einer Studie der Unternehmensberatung McKinsey (Washington) müssten Frankreich und Deutschland die Kosten für geringer qualifizierte Tätigkeiten senken. Auf diese Weise, so schreibt McKinseys Global Institute, könnten diese Länder die Produktivität erhöhen und die Arbeitslosigkeit verringern.

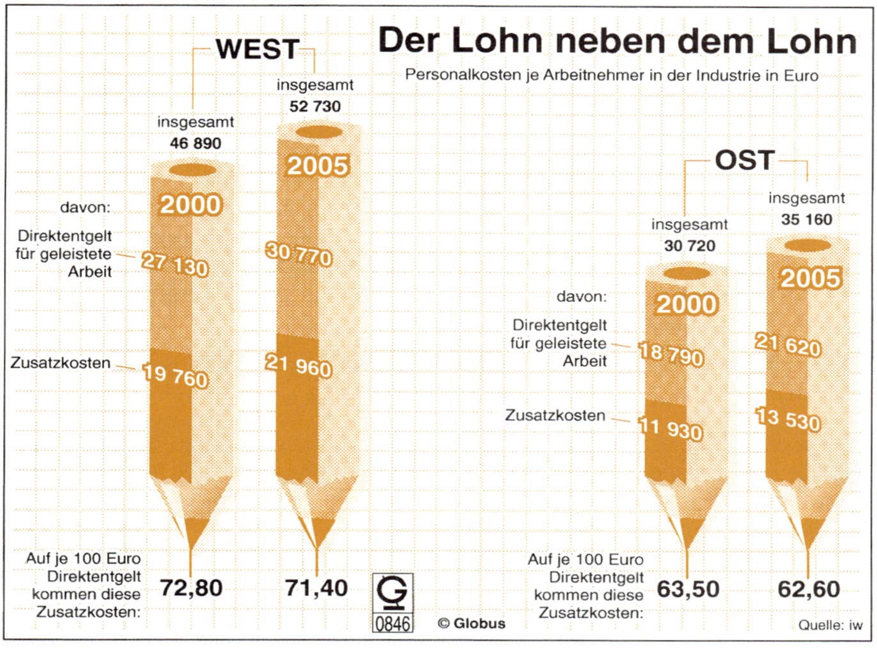

Personalzusatzkosten. Dazu zählen alle Entgeltbestandteile, die nicht direkt von der geleisteten Arbeit abhängen: zum einen das Gehalt, das an Urlaubs- und Feiertagen sowie bei Krankheit weitergezahlt wird, und Sonderzahlungen wie Weihnachts- und Urlaubsgeld. Zum anderen sind das die Sozialversicherungsbeiträge der Arbeitgeber, die betriebliche Altersversorgung und z.B. Entlassungsentschädigungen. Das Institut der deutschen Wirtschaft Köln schreibt die vom Statistischen Bundesamt alle vier Jahre erhobenen Personalzusatzkosten jährlich fort.

Andererseits wird einfache Arbeit von manchen Arbeit Suchenden nicht angenommen, weil sie als nicht lohnend und als unattraktiv angesehen wird („freiwillige Arbeitslosigkeit").

Die lohnkostenbedingte Arbeitslosigkeit ist umso größer, je höher der Mindestlohn über dem Marktlohn liegt. (Der Marktlohn ist der Lohn, der sich auf einem freien Arbeitsmarkt bilden würde.) Der Mindestlohn kann tarifvertraglich (wie z. B. in der Bundesrepublik Deutschland) oder gesetzlich festgelegt sein (wie z. B. in Frankreich).

Sonstige Produktionskosten. Die im Vergleich zum Ausland zu hohen Kosten (Steuerkosten, Kosten des Umweltschutzes) veranlassen zahlreiche Unternehmen, im Ausland produzieren zu lassen („Globalsourcing").[1] Die Folge der Globalisierung der Märkte ist, dass vor allem in den Hochlohnländern die Arbeitslosigkeit zunimmt. Schlagwortartig wird vom Arbeitsplatzexport gesprochen.

Hohe Kosten bedeuten – bei gegebenen Marktpreisen – niedrige Gewinne. Selbst die umsatzstärksten deutschen Konzerne können international nicht mithalten. Die Konkurrenten aus den USA, aus Großbritannien oder Italien erzielen bis zu viermal höhere Renditen.[2]

Gesetzliche und administrative Hemmnisse. Staatliche Regulierungen wie z. B. strenge Kündigungsvorschriften halten zahlreiche Unternehmen von Neueinstellungen ab. Bei Nachfragebelebungen werden vielmehr Überstunden geleistet. Viele Unternehmen würden mehr Arbeitskräfte einstellen, wenn die gesetzlichen Kündigungsfristen weniger rigide wären.[3]

Die bürokratische Regelungsdichte ist vor allem in Deutschland und in Frankreich so hoch, dass viele unternehmerische Vorhaben nur langsam, gar nicht oder in einem fremden Land mit weniger Bürokratie durchgeführt werden.[4]

Reformstau. Neben der Bürokratiebarriere führt auch die Nichtdurchführung notwendiger Reformen zu einem ungünstigen Investitionsklima. In der Bundesrepublik Deutschland stehen z. B. folgende Reformen aus: Eine gründliche Änderung des Steuerrechts, eine Reform der Krankenversicherung und des Rentenrechts sowie gesetzliche Maßnahmen zur Senkung der Lohnnebenkosten.

Die unklaren Rahmenbedingungen erschweren eine strategische (langfristige) Planung der Unternehmen und lassen das Vertrauen in die Politik schwinden.[5]

Geringe Flexibilität. Die Arbeit ist in Deutschland im Gegensatz zu beispielsweise den USA oder den Niederlanden wenig flexibel (beweglich) organisiert. Es fehlt z. B. an Teilzeitarbeitsplätzen, an Möglichkeiten, unbezahlten Urlaub zu nehmen oder in auftragsstarken Zeiten mehr und in auftragsarmen weniger zu arbeiten usw.

Managementfehler führen und führten zu Arbeitsplatzverlusten, weil versäumt wurde, die Fertigungsverfahren und die Produkte rechtzeitig an die sich ändernden Marktbedingungen anzupassen.

---

1 Globalsourcing = wörtl. „Erdausschöpfung", d. h. erdweit die (günstigsten) Quellen nutzen (Global = erdweit; source = Quelle).

2 Vgl. Unternehmensrenditen, Deutschland schwer im Hintertreffen, iwd Nr. 9 vom 27. Februar 1997, S. 9.

3 Neue Arbeitsplätze, Hürdenlauf für die deutsche Wirtschaft, iwd Nr. 7 vom 13. Februar 1997, S. 8.

4 Gadum, I.W.: Deutschland braucht mehr Unternehmer, in: Der Tagesspiegel, Berlin, vom 24. Februar 1997, zitiert in: Deutsche Bundesbank, Auszüge aus Presseartikeln, Nr. 13 vom 5. März 1997, S. 2.

5 Vertrauen schaffen, in: Stuttgarter Zeitung vom 20. Februar 1997, zitiert in: Deutsche Bundesbank, Auszüge aus Presseartikeln, Nr. 11 vom 21. Februar 1997, S. 2.

Mangelnde Risikobereitschaft. Die Schaffung neuer zukunftsträchtiger Arbeitsplätze wird beeinträchtigt, weil große Teile der Gesellschaft zu Recht oder zu Unrecht Angst vor den Auswirkungen der technologischen Entwicklung haben. So wird z. B. der Bau von Straßen, Brücken, Kanälen, Hochgeschwindigkeitszügen, Fabriken und Flugplätzen aus politischen und/oder aus Umweltschutzgründen behindert, verhindert oder verzögert.

Außenwirtschaftliche Bedingungen. Die Wechselkursentwicklung beeinflusst die Beschäftigung nachhaltig. Je niedriger der Kurs der Währung des exportierenden Landes ist, desto billiger sind die Inlandsprodukte für ausländische Käufer. Je höher der Kurs der Währung des exportierenden Landes ist, desto teurer sind die Inlandsprodukte für die ausländischen Importeure. Sinkt also der Kurs der Währung des Exportlandes, nehmen die Exportchancen zu und damit die Beschäftigung in der Exportwirtschaft. Steigt hingegen der Kurs der Währung, nimmt die Beschäftigung in der Exportwirtschaft ab (vgl. Kap. 10.2.3).

Zinspolitik der Zentralbank. Hält die Zentralbank eines Wirtschaftsgebiets die Zinssätze hoch (um z. B. das Preisniveau stabiler zu halten), sind die Finanzierungskosten für Investitionen hoch. Die Unternehmen halten sich mit ihren Investitionen zurück, sodass weniger Arbeitsplätze ersetzt werden bzw. neu entstehen, als dies bei einem niedrigen Zinsniveau der Fall wäre.

Strukturelle Arbeitslosigkeit entsteht – allgemein gesagt – immer dann, wenn sich eine Volkswirtschaft nicht oder nicht mehr im so genannten „strukturellen Gleichgewicht" (Güterangebot = Güternachfrage; Arbeitsangebot = Arbeitsnachfrage) befindet.

Ein strukturelles Ungleichgewicht liegt demnach vor, wenn Wirtschaftsstufen und/oder Bereiche nicht aufeinander abgestimmt sind und/oder wenn sich Arbeitsangebot und -nachfrage nicht in allen Sektoren der Wirtschaft ausgleichen.

Die Strukturen einer Wirtschaft liegen nie fest. Zum Beispiel führen die sich weiter entwickelnde Technik, politische Ereignisse, Zu- und Abwanderungen und die sich nachhaltig ändernden Einstellungen und Bedürfnisse der Menschen zu einem ständigen *Strukturwandel.* Bezieht sich der Strukturwandel auf einzelne Wirtschaftsbereiche (z. B. Bergbau, Schiffbau, Textilindustrie), spricht man von *sektoralem Strukturwandel.* Bezieht sich der Strukturwandel auf ganze Regionen (z. B. der Strukturwandel in den östlichen Bundesländern), handelt es sich um einen *regionalen Strukturwandel.*

Sättigungstendenzen. In den sechziger und siebziger Jahren konnte man noch davon ausgehen, dass Hochkonjunktur zugleich Vollbeschäftigung bedeutete. Aber schon in der Hochkonjunktur 1979 sank die Arbeitslosenquote nicht mehr unter 5,4 %. Selbst beim Wiedervereinigungsboom von 1990 betrug die Arbeitslosenquote 8,3 %. Die Ursache ist – unter vielen anderen – auch in den Entwicklungen zu suchen, die vom kräftigen Wirtschaftswachstum nach dem Ende des Zweiten Weltkriegs ausgingen. Europa war weitgehend zerstört und musste wieder aufgebaut werden. Die Masseneinkommen nahmen schnell zu und damit auch der Massenkonsum. Immer mehr private Haushalte waren in der Lage, sich mit langlebigen Konsumgütern wie Waschmaschinen, Kühlschränken, Spülmaschinen, Elektrogeräten aller Art, Fernsehgeräten und Autos auszustatten. Die Industrie wuchs entsprechend der Nachfrage. Seit den achtziger Jahren machen sich zunehmend Sättigungstendenzen bemerkbar. Die Industrie muss ihre Strukturen und

Kapazitäten an Ersatz- und Modernisierungskäufen ausrichten. Der Anpassungsprozess kostet – nicht nur wegen des technischen Fortschritts – Arbeitsplätze.[1]

Wirtschaftspolitische Entscheidungen:

- **Staatsverschuldung.** Die Schuldenpolitik vieler Staaten führt und führte zu einer so hohen Belastung der Staatshaushalte mit Zins- und Tilgungszahlungen, dass für beschäftigungsfördernde Staatsausgaben keine Mittel mehr übrig bleiben. Im Gegenteil: Um den Staatshaushalt auszugleichen, müssen die Staatsausgaben weiter gesenkt und die Abgaben weiter erhöht werden.

  Außerdem tragen die öffentlichen Haushalte trotz Unterbeschäftigung wesentlich zur Dämpfung der Nachfrage bei, indem sie zur Deckung ihrer Mindereinnahmen die Beiträge, Gebühren und Steuern in die Höhe schrauben. Schließlich verhindert die Überschuldung der öffentlichen Haushalte eine antizyklische Konjunkturpolitik (siehe Kap. 12.2). Eine Fiskalpolitik im Sinne einer Konjunktur- und Wachstumspolitik wird unmöglich. Die Haushaltspolitik wird kurzsichtig und wirkt prozyklisch, verstärkt also die Unterbeschäftigung.

- **Schlanker Staat.** Die staatlichen Sparmaßnahmen beeinflussen nicht nur die Gesamtnachfrage negativ, sondern unmittelbar auch die Beschäftigung. Die Beschäftigtenzahl in Deutschland ist bei Bund, Ländern und Gemeinden in den Jahren 1993 bis 2003 von 5 Mio. auf 4 Mio. Beschäftigte zurückgegangen.

- **Subventionspolitik.** Strukturelle Ungleichgewichte entstehen z. B., wenn der Staat nicht mehr konkurrenzfähige Wirtschaftszweige durch Subventionen am Leben hält. Mit zunehmender Staatsverschuldung nimmt der Zwang zum Sparen zu. Subventionen müssen mehr oder weniger kurzfristig gestrichen werden. Statt einer langfristigen Anpassung veralteter Wirtschaftszweige erfolgt die Schließung nicht mehr konkurrenzfähiger Betriebe, sodass schlagartig weitere Arbeitskräfte freigesetzt, d. h. entlassen werden müssen.

  Die Subventionierung veralteter Wirtschaftszweige bewirkt außerdem, dass der Anschluss der Volkswirtschaft an konkurrierende Volkswirtschaften mit zukunftsträchtigen und arbeitsplatzschaffenden Technologien verpasst wird.

Unzureichende Ausbildung. Der Mangel an qualifizierten Mitarbeitern ist ein Hinderungsgrund für Neueinstellungen. Knapp die Hälfte aller Arbeitslosen in Deutschland hat keine abgeschlossene Berufsausbildung. Die Arbeitsplätze für einfache Arbeiten wurden (und werden) vor allem in der Industrie weitgehend wegrationalisiert. Anders ausgedrückt: Der *Produktivitätsfortschritt* kostete (und kostet) vor allem weniger anspruchsvolle Arbeitsplätze.

Häufig schlecht ausgebildet sind auch viele Zuwanderer (Aussiedler und Ausländer), schon länger in Deutschland lebende Gastarbeiter und ihre Kinder.[2]

Steigende Arbeitsproduktivität. Unter Arbeitsproduktivität versteht man das Verhältnis von Ausbringungsmenge zum Arbeitseinsatz in einem Zeitabschnitt. Der Arbeitseinsatz kann z. B. an der Zahl der Arbeitskräfte oder (genauer) in geleisteten Arbeitsstunden gemessen werden.

Der Produktivitätsanstieg ist vor allem auf den *technischen Fortschritt* zurückzuführen, der sich in der Substitution von menschlicher Arbeit durch Maschinenarbeit äußert, also den Verlust von Arbeitsplätzen bewirkt *(technologische Arbeitslosigkeit).*

Der technische Fortschritt als „Jobkiller" sollte indessen nicht überschätzt werden. Empirische Untersuchungen zeigen, dass gerade innovationsfreudige Unternehmen und Branchen eine günstige Beschäftigung aufweisen. Technologischer Wandel und Rationa-

1 Vgl. Buschmann, G.: Die Sättigung der Märkte, in: Der Spiegel vom 31. Januar 1994, S. 87, zitiert in: Kontrovers, Arbeitsmarktpolitik.

2 Die Ausländer-Arbeitslosigkeit lag in Deutschland Mitte 1997 bei mehr als 20 %, Ende des Jahres 2003 bei 39 %.

lisierungsinvestitionen erhöhen die Produktivität und ermöglichen somit Kostensenkungen. Sie erhöhen die Flexibilität der Unternehmen, führen zur Verbesserung vorhandener Produkte sowie zu neuen Produkten. Die neuen Maschinen, Automaten und Produktionsanlagen ihrerseits müssen erst einmal produziert werden; dadurch werden Arbeitsplätze geschaffen oder erhalten.

Berufliche und räumliche Immobilität. Im Grenzfall kann es sein, dass in einer Periode das gesamte Arbeitsangebot der gesamten Arbeitsnachfrage entspricht und dennoch Arbeitslosigkeit besteht. Dies kann darauf zurückzuführen sein, dass in einer Region die Arbeitsnachfrage das Arbeitsangebot übersteigt, während in einer anderen die umgekehrte Situation vorliegt. (Beispiel: Baufacharbeiter fehlen in Hamburg, in Gera gibt es arbeitslose Baufacharbeiter.)

Das Beschäftigungsproblem muss auch unter dem Blickwinkel der *qualitativen (beruflichen) Mobilität* gesehen werden, denn es gibt im Grunde ebenso viele Arbeitsmärkte wie es Berufe gibt. Klaffen qualitative Arbeitsnachfrage und qualitatives Arbeitsangebot auseinander, ist „der" Arbeitsmarkt im Ungleichgewicht.

Änderung der Wirtschaftsordnung. Die Transformation (Umwandlung) der Zentralverwaltungswirtschaft der ehemaligen DDR in eine marktwirtschaftliche Ordnung führte zum Zusammenbruch des Beschäftigungssystems in den östlichen Bundesländern. Die Ursachen für die hohe Arbeitslosigkeit sind z. B.:

- Fehlende Infrastruktur als Voraussetzung für das reibungslose Funktionieren der Wirtschaft;
- Verwaltungsdefizite;
- Umweltschäden;
- die Anlagen von Industrie, Handwerk und Landwirtschaft waren größtenteils veraltet und unrentabel, sodass sie in der Konkurrenzwirtschaft nicht überlebensfähig waren;
- die Handelsverbindungen zu den ehemaligen Ostblockländern wurden weitgehend unterbrochen, sodass der Export und damit die Beschäftigung zurückgingen;
- die Lohnpolitik, die die möglichst schnelle Angleichung der „Ostlöhne" an die „Westlöhne" anstrebte und anstrebt, führte und führt zur lohnkostenbedingten Arbeitslosigkeit;
- die Transferleistungen der westlichen Bundesländer trugen und tragen zur weiteren Staatsverschuldung bei.

Weiterhin wirken *alle Ursachen,* die die Beschäftigungskrise in den westlichen Bundesländern und in vielen anderen westeuropäischen Ländern herbeigeführt haben, auch in den neuen Bundesländern.

Sockelarbeitslosigkeit. Immer mehr Menschen fallen aus dem Sicherungsnetz der Sozialversicherung heraus und in das Auffangnetz von Arbeitslosengeld II bzw. Sozialgeld. Von Konjunkturrückgang zu Konjunkturrückgang – so jedenfalls die bisherige Entwicklung – wird der Sockel der Arbeitslosigkeit höher. Was kann die Ursache für diese Erscheinung sein?

Wenn die Zahl der Arbeitslosen zunimmt, werden die Arbeitgeber bei der Auswahl und Einstellung neuer Arbeitskräfte anspruchsvoller. Die Wiederbeschäftigungschancen für weniger qualifizierte Personen werden entsprechend geringer. Die Folge ist, dass sich bei diesen Personen die Zeit der Arbeitslosigkeit verlängert. Je länger aber die Arbeitslosigkeit andauert, desto mehr lässt die Leistungsfähigkeit der Arbeitslosen nach, wenn sie nicht laufend trainiert wird. Psychische Schäden kommen hinzu. Die Chancen einer Wiedereinstellung sinken weiter, „weil die Arbeitgeber bei ihren Einstellungsentscheidungen eine längere Arbeitslosigkeit als Signal für mangelnde Leistungsfähigkeit und Leistungsbereitschaft werten".[1]

Schattenwirtschaft. Zur Schattenwirtschaft (Untergrundwirtschaft, hidden economy) rechnen alle wirtschaftlichen Betätigungen, für die legal oder illegal keine Steuern entrichtet und keine Sozialversicherungsabgaben abgeführt werden. Die Bereiche der Schattenwirtschaft werden statistisch bewusst nicht erfasst (z.B. Hausfrauenarbeit) oder sind nicht erfassbar (z.B. Lieferungen und Leistungen durch Gewerbetreibende ohne Rechnung).

Beispiele:

Zum *legalen Bereich der Schattenwirtschaft* gehören die Tätigkeiten der Hobbygärtner, die Selbstversorgung, die Nachbarschaftshilfe sowie die ehrenamtlichen Tätigkeiten in Hilfsorganisationen und nichtwirtschaftlichen Vereinen. – *Illegale Bereiche der Schattenwirtschaft* sind Schwarzarbeit, die illegale Beschäftigung von Ausländern oder kriminelle Aktivitäten wie z.B. Drogenhandel.

Bleiben wir bei der Schwarzarbeit als Beispiel für die zunehmende Bedeutung der Schattenwirtschaft in der Bundesrepublik Deutschland. Sie ist nicht zuletzt die *Folge* einer von der Bevölkerung als zu *hoch* empfundenen Belastung mit direkten Steuern (Einkommen- bzw. Lohnsteuer, Kirchensteuer, Solidaritätszuschlag) und Sozialversicherungsabgaben. Sie ist aber zugleich auch eine *Ursache* steigender Arbeitslosigkeit, weil sie an die Stelle der legalen Arbeit tritt. In der Folge sinken die Staatseinnahmen aus direkten Steuern und die Einnahmen der Sozialversicherungsträger. Der Staat muss die Steuersätze anheben (meist werden die indirekten Steuern wie z.B. Umsatzsteuer und/oder Mineralölsteuer erhöht), um die Einnahmeausfälle auszugleichen. Ein *sich selbst verstärkender Prozess* ist in Gang gesetzt: Die steigenden Abgaben erhöhen den Anreiz zur Schwarzarbeit, sodass diese weiter zunimmt.

12.2.9 Folgen der Arbeitslosigkeit

12.2.9.1 Auswirkungen der Arbeitslosigkeit auf die Arbeitslosen

Einzelentlassung. Normalerweise ist eine Entlassung einer Arbeitskraft eine Einzelentlassung. Sie wird von den entlassenen Personen als mit- oder gar selbst verschuldet erlebt, „weil – im Vergleich zu jenen, die nicht entlassen werden – Leistungsfähigkeit, Qualifikation usw. scheinbar nicht ausreichen."[2] Die der Entlassung folgende Arbeitslosigkeit geht häufig mit einer Stigmatisierung[3] einher: Die Arbeitslosen werden von vornherein als weniger qualifiziert eingeschätzt. Bei der Suche nach einem neuen Arbeitsplatz müssen sie begründen, warum sie entlassen worden sind.[4] „Dauert die Arbeitslosigkeit länger, setzt außerdem eine zunehmende Isolierung ein. Die Öffentlichkeit nimmt vom Einzelfall kaum Notiz. Parallel vollzieht sich damit zugleich ein Entsolidarisierungsprozess, der nicht selten auf eine gesellschaftliche Ausgrenzung der Arbeitslosen hinausläuft. Neben mangelnder Leistungsfähigkeit und unzureichender Qualifikation unterstellt man ihnen nun auch noch Missbrauch der Sozialleistungen, Arbeitsunwilligkeit und dergleichen mehr."[5]

1 Albeck, H.: Die Ursache für die Langzeitarbeitslosigkeit, in: Wirtschaftsdienst 1995, S. 238f., zitiert in: Kontrovers, Arbeitsmarktpolitik, a.a.O., S. 25.

2 Osterland, M.: Einzelentlassung und Massenentlassung als kollektive Erfahrung, in: Dressel, W. u.a. (Hrsg.): Lebenslauf, Arbeitsmarkt und Sozialpolitik, Nürnberg 1990, S. 139f., zitiert in: Kontrovers, Arbeitsmarktpolitik, a.a.O., S. 54.

3 Stigmatisierung (gr.) = Brandmarkung, Kennzeichnung.

4 Vgl. Osterland, M., a.a.O., S. 54.

5 Osterland, M., a.a.O., S. 54.

Massenentlassungen. Eine andere Wirkung als Einzelentlassungen haben Massenentlassungen infolge von Insolvenzen und Rationalisierungsmaßnahmen (z. B. Betriebsstilllegungen, Betriebsverlagerungen). Da der Verlust der Arbeitsplätze *gemeinsam* erlebt wird, muss die Arbeitslosigkeit nicht vom Einzelnen gerechtfertigt werden, weil allgemein bekannt ist, dass man „schuldlos" entlassen worden ist.[1]

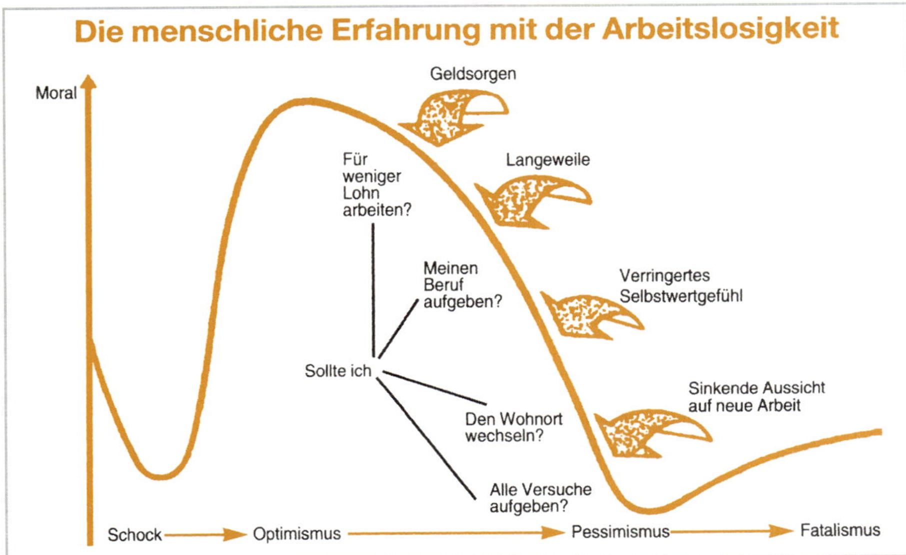

Quelle: Bundesanstalt für Arbeit (jetzt Bundesagentur für Arbeit) [Hrsg.]: Überlegungen II zu einer vorausschauenden Arbeitsmarktpolitik, 1978, S. 209.

Wenngleich die auf Massenentlassungen zurückzuführende Arbeitslosigkeit für den Einzelnen scheinbar oder tatsächlich leichter als eine Einzelentlassung zu ertragen ist: Wer arbeitslos wird, fällt zunächst in eine tiefe Leere. Ein Gefühl der Verzweiflung tritt ein. **Einkommenseinbußen** führen – je nach Vermögensverhältnissen – zu existenziellen Sorgen.[2] Sofern der oder die Entlassene eine oder mehrere Personen zu versorgen hat, können Konflikte entstehen. Wird z. B. ein Familienvater arbeitslos, geraten zunächst eingespielte Abläufe durcheinander. „Plötzlich mischt sich der Vater in die Erziehung ein, in die Hausaufgaben der Kinder, in den Haushalt. Die Verunsicherung kann sich in einer gespannten, oft aggressiven Atmosphäre äußern. Kleinigkeiten können sich zu großen Konflikten entzünden, bis zur Gewalt in der Familie."[3]

12.2.9.2 Folgen der Arbeitslosigkeit für die Transferzahlungen

Finanzielle Auswirkungen. Die Arbeitslosigkeit hat zahlreiche unmittelbare und mittelbare finanzielle (wirtschaftliche) Folgen, von denen hier nur die wichtigsten genannt werden können. Zunächst muss das Arbeitslosengeld I von der Arbeitslosenversicherung (der Bundesagentur für Arbeit) aufgebracht werden. Je höher die Arbeitslosigkeit ist, desto

1 Vgl. Osterland, M., a. a. O., S. 55.

2 Vgl. Kachler, R.: Der Arbeitslose fällt in eine tiefe Leere, in: Esslinger Zeitung vom 5./6. Februar 1994, S. 5, zitiert in: Kontrovers, Arbeitsmarktpolitik, a. a. O., S. 55.

3 Kachler, R., a. a. O., S. 56.

höher müssen die Beiträge der Arbeitenden sein. Die Folge ist, dass – unter sonst gleichen Bedingungen – die Massenkaufkraft sinkt, sodass der Konsum abnimmt. Dies wiederum hat sinkende Steuereinnahmen zur Folge, weil die Gewinne der Handelsunternehmen sinken. Die Konkurrenz verschärft sich, weitere Entlassungen finden statt.

Arbeitslosengeld wird nur für eine bestimmte Zeitdauer bezahlt.[1] Nach Ablauf der Bezugsdauer des Arbeitslosengelds wird Arbeitslosengeld II bezahlt.

Anspruch auf Arbeitslosengeld II haben alle erwerbsfähigen hilfebedürftigen Personen im Alter von 15 bis unter 65 Jahren, wenn sie sich gewöhnlich in der Bundesrepublik Deutschland aufhalten. Erwerbsfähigkeit im Sinne des SGB III liegt vor, wenn der erwerbsfähige Hilfebedürftige unter den üblichen Bedingungen des allgemeinen Arbeitsmarktes mindestens 3 Stunden täglich erwerbstätig sein kann und nicht wegen Krankheit oder Behinderung auf absehbare Zeit daran gehindert ist.

Hilfebedürftigkeit liegt vor, wenn der erwerbsfähige Hilfebedürftige seinen eigenen Unterhaltsbedarf und seine Eingliederung in Arbeit sowie den Unterhaltsbedarf der mit ihm in einer Bedarfsgemeinschaft lebenden Personen nicht oder nicht ausreichend aus eigenen Kräften und Mitteln sichern kann. Hierzu hat der Antragsteller insbesondere:

- seine Arbeitskraft einzusetzen,
- eine zumutbare Arbeit aufzunehmen,
- eigenes Einkommen und Vermögen und das Einkommen und Vermögen des Partners einzusetzen,
- vorrangige Ansprüche auf Sozialleistungen und Ansprüche auf Unterhaltsleistungen geltend zu machen.

Die erwerbsfähigen Hilfebedürftigen erhalten als Arbeitslosengeld II Leistungen zur Sicherung des Lebensunterhalts zuzüglich der angemessenen Kosten für Unterkunft und Heizung. Die pauschalierte Regelleistung bei Arbeitslosengeld II beträgt für Alleinstehende 347,00 €. Mit der Regelleistung wird der laufende Unterhaltsbedarf sichergestellt. Nicht erwerbsfähige Hilfebedürftige, die mit einem erwerbsfähigen Hilfebedürftigen in einer Bedarfsgemeinschaft leben, erhalten als Leistungen zur Sicherung des Lebensunterhalts Sozialgeld, soweit sie keinen Anspruch auf Leistungen nach dem Gesetz über eine bedarfsorientierte Grundsicherung im Alter oder bei Erwerbsminderung haben.

Das Sozialgeld ist von den Gemeinden zu bezahlen. Nimmt die Zahl der Sozialgeldempfänger zu, sind in der Folge die Gemeinden gezwungen, ihre Steuern und Gebühren zu erhöhen (z.B. Gewerbesteuer, Gebühren für Wasser, Abwasser, Müllabfuhr usw.), sodass die verfügbaren Einkommen der Haushalte (die der Arbeitslosen *und* der Beschäftigten) weiter sinken.

Mit der Arbeitslosigkeit steigen aufgrund der gesunkenen Einkommen auch andere Sozialleistungen wie z.B. das Wohngeld.

Sinkende Steuereinnahmen. Der aufgrund der Arbeitslosigkeit zurückgehende Konsum bedeutet geringere Steuereinnahmen. Einmal zahlen die Arbeitslosen i.d.R. keine direkten Steuern (z.B. Lohn- und Einkommensteuer). Zum anderen bewirkt der insgesamt

1 Seit 2005 beträgt die Bezugsdauer des Arbeitslosengelds in Abhängigkeit von der Dauer des Beschäftigungsverhältnisses bis zu 12 Monate und für über 55-Jährige bis zu 18 Monate (Näheres siehe § 127 II SGB III).

gebremste Konsum, dass die Verbrauchsteuern (z. B. Mineralölsteuer, Biersteuer) und die Verkehrsteuern (z. B. Umsatzsteuer) nicht in dem Maße eingehen, wie sie bei geringerer Arbeitslosigkeit zu erwarten sind.

Sinkende Beitragseinnahmen. Schließlich führt die zunehmende Arbeitslosigkeit nicht nur bei der Arbeitslosenversicherung, sondern auch bei den übrigen Sozialversicherungsträgern zu sinkenden Beitragseinnahmen. Rentenversicherung, Krankenkassen und Unfallversicherungen müssen ihre Beiträge erhöhen. Die Folge: Unter sonst gleichen Bedingungen geht die Konsumgüternachfrage weiter zurück.

Steigende Bundeszuschüsse. Um Beitragserhöhungen zu vermeiden, können die Sozialversicherungsträger durch Bundeszuschüsse subventioniert werden. Ist der Staat bereits verschuldet, muss er entweder weitere Kredite mit den bereits bekannten Folgen aufnehmen oder zum Mittel der Steuererhöhung greifen (z. B. Erhöhung der Umsatz- oder der Mineralölsteuer).

Mit der zusätzlichen Kreditaufnahme wird das Problem nur zeitlich verschoben: Wird die Verschuldungsgrenze des Staates erreicht, müssen *zukünftig* Steuern erhöht und/oder Staatsausgaben gekürzt werden. Werden die Steuern sofort erhöht, geht die Nachfrage *gegenwärtig* zurück, weil weniger Geld in den Portmonees der privaten Haushalte verbleibt.

Schattenwirtschaft/ Schwarzarbeit. Mit der Arbeitslosigkeit nimmt auch die Bedeutung der Schattenwirtschaft zu. Wenn man davon ausgeht, dass der Wert der Schwarzarbeit in der Bundesrepublik Deutschland jährlich rund 350 Mrd. € beträgt und wenn man mit einer Steuer- und Abgabenquote von rund 40 % rechnet, lässt sich der durch die Schwarzarbeit verursachte Steuerausfall auf rund 140 Mrd. € veranschlagen. Um sich ein Bild zu machen: Das ist ungefähr so viel, wie der

Bund jährlich für „Arbeit und Soziales“, „Bildung und Forschung“ und „Familie“ ausgibt.

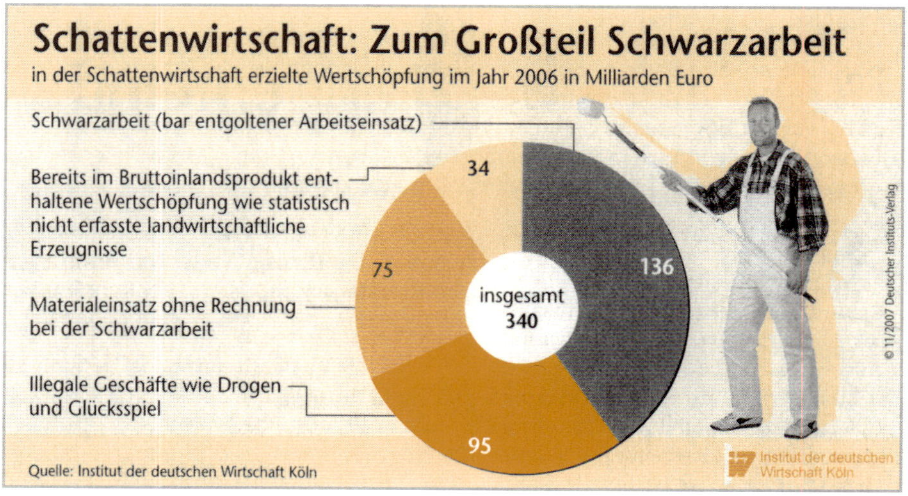

12.2.9.3 Folgen der Arbeitslosigkeit für das Arbeitspotenzial der Volkswirtschaft

Die erste Konsequenz der Arbeitslosigkeit ist, dass ein Teil des Arbeitspotenzials ungenutzt bleibt. Das bedeutet, dass das reale Inlandsprodukt niedriger ist als es bei Vollbeschäftigung wäre. Hinzu kommt die im vorigen Kapitel beschriebene Belastung der öffentlichen Kassen. Sie beträgt – einfach gerechnet – rund 18 500,00 € jährlich je arbeitslose Person. Dies entspricht bei einer Arbeitslosenzahl von 5,0 Mio. einer Gesamtsumme von rund 92,5 Mrd. €. Das entspricht in etwa den Ausgaben für die Sozialversicherung, Bildung, Forschung und Entwicklung und Straßenbau des Bundes (2006). Die zweite Konsequenz ist die, dass das ungenutzte Arbeitspotenzial veraltet. Wissenschaftlich ausgedrückt: Das **Humankapital** verringert sich. Der Grund: Im Verlauf der Arbeitslosigkeit veraltet das vorhandene Fachwissen und die von der Arbeitswelt verlangten Fertigkeiten und Fähigkeiten. Dazu kommt, dass ein Teil des Fachwissens verloren geht und Fertigkeiten und Fähigkeiten abnehmen.

12.2.10 Staatliche und nichtstaatliche Maßnahmen zur Bekämpfung der Arbeitslosigkeit

12.2.10.1 Angebotsorientierte Strategien

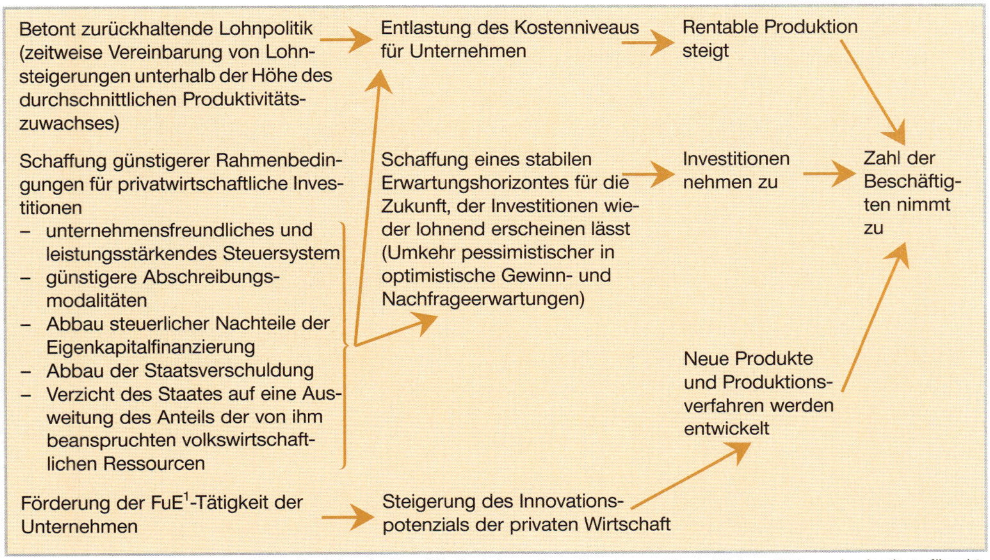

Quelle: C. Leipert: Alternative Wege der Wirtschaftspolitik, in: Informationsdienst zur wirtschaftlichen Bildung des Instituts für wirtschafts- und sozialwissenschaftliche Bildung, Hrsg. G.-J. Krol, Heft 12, 1980, S. 19.

Senkung der Arbeitskosten

Öffnung der Tarifverträge

Zur Bekämpfung der lohnkostenbedingten Arbeitslosigkeit wird vorgeschlagen, die starren Flächentarifverträge noch weiter zu flexibilisieren. So genannte Tariföffnungsklauseln sollen es Betrieben, denen es wirtschaftlich nicht besonders gut geht, ermöglichen, ihre Belegschaft für eine bestimmte Zeit (z. B. für ein Jahr) bis zu einem vereinbarten Prozentsatz unter Tarif zu bezahlen (Entgeltkorridor). Die konkreten Vereinbarungen werden dann zwischen Betriebsrat und Arbeitgeber ausgehandelt.

Tariföffnungsklauseln können auch eine Flexibilisierung der Arbeitszeit zum Ziel haben, weil dadurch längere Betriebszeiten ermöglicht werden. So wird z. B. über Arbeitszeitkorridore von 30 bis 40 Wochenstunden diskutiert.

Senkung der Lohnnebenkosten (Lohnzusatzkosten)

Neben den Tarifparteien (Arbeitgeberverbände und Gewerkschaften) kann auch der Staat dazu beitragen, die Arbeitskosten zu senken, indem er dafür sorgt, dass die gesetzlichen Lohnnebenkosten (die Sozialversicherungsbeiträge der Arbeitgeber) gesenkt werden. Dies kann nur durch eine mutige Reformierung der Kranken- und Rentenversicherung geschehen. Derzeit ist die Tendenz der Lohnnebenkosten (Lohnzusatzkosten) eher noch steigend.

---
1 FuE = Forschung und Entwicklung.

Einführung von Niedriglohn-Arbeitsplätzen

Im begrenzten Rahmen kann die lohnkostenbedingte Arbeitslosigkeit durch so genannte „Niedriglohnjobs" gemildert werden. Vor allem die Arbeitgeber sehen Beschäftigungschancen bei einfachen Arbeiten, insbesondere im Dienstleistungsbereich. Dazu ist erforderlich, dass die Tarife für einfache Arbeiten wesentlich herabgesetzt werden und dass die Arbeitseinkommen nur zu Teilen auf die staatliche Grundsicherung angerechnet werden.

Wenn man aus sozialpolitischen Gründen eine wachsende Einkommensdifferenzierung nicht akzeptieren möchte, wenn aber der Markt andererseits hohe Löhne für gering qualifizierte Arbeit nicht hergibt, dann kann die Einführung einer Negativsteuer (des Bürgergelds) helfen.

Beispiel:

Ein Steuertarif setzt sich aus einem proportionalen Satz, zum Beispiel 30%, und einem festen Anspruchsbetrag von 8000 Geldeinheiten (GE) zusammen. Bei einem Einkommen von 60000 GE ergibt sich somit eine Steuerpflicht von 18000 GE abzüglich 8000 GE Bürgergeld = 10000 GE. Verdient eine steuerpflichtige Person nur 20000 GE, ergibt sich eine Negativsteuer von 6000 GE – 8000 GE = – 2000 GE, die vom Finanzamt ausbezahlt wird.

Flexibilisierung der Arbeit

Dazu rechnet die Zeitarbeit (Arbeitnehmerüberlassung/Personalleasing/Leiharbeit/Personalleihe). Die Leiharbeit gibt Arbeitslosen eine Chance, wieder in die Berufstätigkeit zurückkehren zu können.

Bei der Teilzeitarbeit arbeitet die Arbeitskraft weniger als die betriebliche bzw. tarifliche Arbeitszeit bei entsprechender Kürzung des Arbeitsentgelts (z.B. Halbtagsarbeit, Arbeit an bestimmten Tagen in der Woche, Festlegung einer Gesamtjahresarbeitszeit mit variabler Verteilung auf Tage, Wochen und Monate).

Verbesserung der Rahmenbedingungen für privatwirtschaftliche Investoren

Die Rahmenbedingungen der Volkswirtschaft müssen für Unternehmer und Existenzgründer berechenbar sein. Die Planungssicherheit muss erhöht werden.

Deregulierung. Unter Deregulierung versteht man den weitgehenden Rückzug des Staates aus bisher von ihm wesentlich bestimmten Bereichen sowie eine Lockerung des engmaschigen Regelwerks von Schutzmaßnahmen für die Arbeitnehmer (z.B. Lockerung des Kündigungsschutzes). Von der Deregulierung (zu der auch die *Entbürokratisierung* gehört) verspricht man sich eine Freisetzung unternehmerischer Kräfte, weil sie die Unternehmen in die Lage versetzt, beweglicher auf die Herausforderungen des Marktes zu reagieren und so die Beschäftigung zu stabilisieren oder sogar neue Arbeitsplätze zu schaffen.

Zur Deregulierung gehört auch die Privatisierung von bisherigen Staatsunternehmen mit der Begründung, dass weniger staatliche Aufgaben auch weniger Ausgaben und damit weniger Steuern bedeuten. Die Befürworter der Deregulierung sind der Ansicht, dass es viele Bereiche gibt, in denen der private Bereich wirtschaftlicher arbeitet als der Staat.

Durchführung notwendiger Reformen. Eine Ursache der wachsenden Arbeitslosigkeit ist das Hinauszögern notwendiger struktureller wirtschaftlicher und sozialer Reformen, ein Verhalten, für das sich das Wort „Reformstau“ durchgesetzt hat.

Beispiele:

Steuerreform (Senkung der direkten Steuern, Abschaffung von Steuervergünstigungen), Rentenreform (Stärkung der privaten Vorsorge, Senkung der Lohnnebenkosten).

12.2.10.2 Nachfrageorientierte Strategien

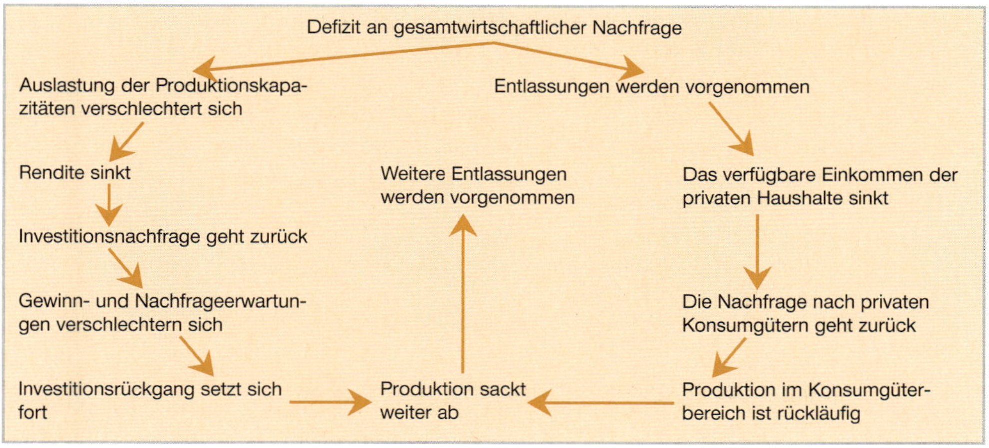

Quelle: C. Leipert: Alternative Wege der Wirtschaftspolitik, in: Informationsdienst zur wirtschaftlichen Bildung des Instituts für wirtschafts- und sozialwissenschaftliche Bildung, Hrsg.: G.-J. Krol, Heft 12, 1980, S. 21.

Die nachfrageorientierten Strategien sind ausgerichtet auf die Behebung konjunktureller Arbeitslosigkeit. Sie zielen auf Stärkung der Konsum- und Investitionsgüternachfrage. Beschäftigungsprogramme, Politik des billigen Geldes (Zinspolitik) und öffentliche Investitionen im Infrastrukturbereich sind typische Maßnahmen. Eine ausführlichere Darstellung finden Sie in den Kapiteln 12.2.4 und 12.2.5.

12.2.10.3 Strukturpolitische Maßnahmen

Sektorale und regionale Strukturpolitik. Teilbereiche der Strukturpolitik sind die sektorale[1] und regionale[2] Strukturpolitik. Es handelt sich dabei um langfristige Maßnahmen zur Sicherung des Wachstums und der Beschäftigung.

Sektorale Strukturpolitik. Die sektorale Strukturpolitik fördert (oder bremst) gezielt bestimmte Wirtschaftszweige. Zu den Bereichen der sektoralen Strukturpolitik gehören u.a. die Landwirtschaftspolitik, die Fischereiwirtschaftspolitik, die Energiepolitik, die Verkehrspolitik, die Bergbaupolitik und die Außenwirtschaftspolitik.

1 Sektor (lat.) = wörtl. Ausschnitt; hier: Wirtschaftszweig, Wirtschaftsbereich.

2 Region (lat.) = Gebiet, Landschaft. Regional = auf ein Gebiet bezogen.

20 Richard/Hartmann/Boller – ISBN 987-3-8120-0173-1

Strukturpolitik darf keine Strukturerhaltungspolitik sein. Hierunter versteht man eine Subventionspolitik, die veraltete Wirtschaftszweige zu erhalten versucht. Dennoch wurde (und wird) in vielen Industrieländern Strukturerhaltungspolitik betrieben, obwohl nachweisbar ist, wie kostspielig diese Strukturkonservierung langfristig für die Gesellschaft insgesamt ist und auf welches Wirtschaftswachstum (und damit Arbeitsplätze) verzichtet werden muss.

Eine Strukturpolitik, die der Erhaltung und Schaffung von Arbeitsplätzen dient, muss vielmehr hochtechnologie-intensive Wirtschaftszweige fördern (z. B. Mikroelektronik, Informations- und Kommunikationstechnik, Multimedia, Bio- und Gentechnik).

Regionale Strukturpolitik. Regionale Strukturpolitik liegt vor, wenn die wirtschaftliche Entwicklung einzelner Landesteile gezielt gefördert wird, z.B. durch Maßnahmen, die die Ansiedlung neuer Betriebe zum Ziel haben.

In das Wachstum des Dienstleistungsbereichs (des tertiären Sektors) werden von vielen Wirtschaftlern und Politikern große Hoffnungen gesetzt. Man glaubt, dass die Tertiarisierung künftig mehr Arbeitsplätze schaffen wird als im sekundären Sektor verloren gehen.

Strukturpolitische Strategien

Sektorale Strukturpolitik

- Anpassungshilfen zur Erleichterung des Strukturwandels (Subventionen, Steuererleichterungen, Kredithilfen)
- Förderung neuer Technologien (Forschungs- und Technologiepolitik)

Regionale Strukturpolitik

- Verbesserung der regionalen Wirtschaftsstruktur

12.2.10.4 Sonstige Maßnahmen

Förderung von Bildung und Forschung. Um die Wettbewerbsfähigkeit der deutschen Wirtschaft (und damit auch die Arbeitsplätze) erhalten zu können, müssen die staatlichen und privaten Investitionen in Bildung, Forschung und Entwicklung verstärkt (und nicht gekürzt) werden.

Aktive Arbeitsmarktpolitik. Die Bundesagentur für Arbeit hat den Auftrag, nicht nur die einmal eingetretene Arbeitslosigkeit (z.B. durch Arbeitsplatzvermittlung) und deren Folgen (z.B. durch Arbeitslosengeld, Kurzarbeitergeld, Insolvenzgeld) zu beseitigen, sondern vor allem Arbeitslosigkeit zu *verhindern*.

Wichtige Maßnahmen sind: berufliche Fortbildung, Umschulung, Rehabilitation u.a.

Die Arbeitszeitverkürzung kann *nur unter bestimmten Bedingungen* Erfolg bringen. Zunächst müssen auf dem Arbeitsmarkt für den Bereich, in dem die Arbeitszeit verkürzt wird (in dem also rechnerisch freie Stellen entstehen), genügend geeignete Bewerber zur Verfügung stehen. Ist dies nicht der Fall und wird die Arbeitszeit verkürzt, muss die vorhandene Belegschaft die Arbeit z.B. durch intensivere Arbeit oder durch Mehrarbeit übernehmen. Überstunden kosten Geld. Die Folge: Die Arbeitskosten steigen und die Wirkung auf dem Arbeitsmarkt ist gleich null oder sogar negativ. Kostenneutralität ist Voraussetzung für eine positive Beschäftigungswirkung.

Zweiter Arbeitsmarkt. Unter zweitem Arbeitsmarkt versteht man die durch die Allgemeinheit (durch den Staat) finanzierte Einstellung von Arbeitskräften, die ohne diese Hilfe keinen Arbeitsplatz erhalten können (öffentliche Beschäftigung). Zum zweiten Arbeitsmarkt gehören die **A**rbeits**b**eschaffungs**m**aßnahmen (ABM), die Errichtung von Beschäftigungsgesellschaften und die „Ein-Euro-Jobs".

- **Arbeitsbeschaffungsmaßnahmen**
  In der Regel sind die Träger der Arbeitsbeschaffungsmaßnahmen Gemeinden, Wohlfahrtsverbände oder Vereine, die für die Bereitstellung von Arbeitsplätzen Lohn- und Sachkostenzuschüsse aus öffentlichen Kassen erhalten. Eine ABM-Stelle wird normalerweise für bis zu einem Jahr bewilligt. Arbeitnehmer ab dem 55. Lebensjahr können bis zu drei Jahre gefördert werden. Die Förderung muss im öffentlichen Interesse liegen. Deswegen werden solche Maßnahmen gefördert, die zur Verbesserung der ökonomischen, sozialen und ökologischen Struktur einer Region beitragen und es arbeitslosen Personen ermöglichen, durch eine befristete Beschäftigung ihre Beschäftigungsfähigkeit zu erhalten oder wieder zu erlangen.

- **Beschäftigungsgesellschaften**
  Als Beschäftigungsgesellschaften können neue Unternehmen gegründet werden, die von den Arbeitslosen selbst, von Vereinen, Gewerkschaften oder Gemeinden betrieben werden. Beschäftigungsgesellschaften bieten z. B. Garten-, Reparatur- und Reinigungsarbeiten oder soziale Dienstleistungen an. Auch die Beseitigung von Altlasten (z. B. Bodensanierung, Verschrottung alter Anlagen) kann von Beschäftigungsgesellschaften durchgeführt werden. Dabei sind sie auf finanzielle *Zuschüsse aus öffentlichen Haushalten* angewiesen.

- **Ein-Euro-Jobs**
  Hierbei handelt es sich vor allem um ein Instrument zur Eingliederung von Langzeitarbeitslosen in den ersten Arbeitsmarkt. Ein-Euro-Jobs sind sozialabgabenfreie gemeinnützige Tätigkeiten für Wohlfahrtsverbände oder Kommunen, wobei sich die Träger verpflichten, dass im Zuge dieser Maßnahmen keine regulären Beschäftigungsverhältnisse verdrängt werden. Die vorgenannten Institutionen schaffen derartige Jobs in Eigenregie und erhalten von der Bundesagentur für Arbeit (BA) pauschale Zuschüsse. Den Arbeitslosen wird für Ausübung dieser Jobs zusätzlich zu den pauschalierten Regelleistungen und den Leistungen für Unterkunft und Heizung ein bis maximal zwei Euro pro Stunde gezahlt. Arbeitslosen, die einen Ein-Euro-Job ablehnen, können die ALG II-Bezüge gekürzt werden. Wer mehr als 15 Wochen-Arbeitsstunden in einem Ein-Euro-Job tätig ist, wird in der Statistik der Bundesagentur für Arbeit nicht mehr als arbeitslos geführt.

Verhinderung des Sozialmissbrauchs. Man redet nicht gern darüber: Aber zur Bekämpfung der Arbeitslosigkeit gehört z. B. auch die Verhinderung des Sozialmissbrauchs (z. B. die überhöhte Abrechnung von ärztlichen Leistungen, der ungerechtfertigte Bezug von Arbeitslosengeld, Arbeitslosengeld II bzw. Sozialgeld sowie die Bekämpfung der Schwarzarbeit).

Übersteigerte oder ungerechtfertigte Abrechnungen durch Ärzte erhöhen die Krankenkassenbeiträge der Arbeitnehmer und Arbeitgeber. Der ungerechtfertigte Bezug von Transferleistungen belastet ebenfalls die Arbeitnehmer und Arbeitgeber, weil letztlich z.B. die Arbeitslosenversicherungsbeiträge und/oder die Steuern erhöht werden müssen. Schwarzarbeit schließlich entzieht dem Staat Steuern, den Sozialversicherungen Beiträge und steht in Konkurrenz zu regulären Arbeitsplätzen.

Arbeitsmarktausgleichspolitik

- Förderung der beruflichen und räumlichen Mobilität (Ausbildung, Fortbildung, Umschulung, Umzugskostenzuschüsse, Trennungsentschädigung)
- Arbeitsbeschaffungsmaßnahmen (Lohnkostenzuschüsse)

Arbeitszeitpolitik als Ergänzungsstrategie

- Arbeitszeitverkürzungen (gesetzlich, tariflich); Verkürzung der Wochen- („35-Stunden-Woche"), Tages-, Schichtarbeitszeit
- Verbot/Reduzierung von Überstunden
- Herabsetzung der flexiblen Altersgrenze
- Verlängerung der Urlaubszeiten (Jahresurlaub, Bildungsurlaub, Babyjahr)
- Verlängerung der Ausbildungszeiten
- Teilzeitarbeit
- Flexibilisierung der Arbeitszeit
- Reduzierung der Ausländerbeschäftigung

12.2.11 Maßnahmen der Einkommens- und Vermögenspolitik

Enthält sich der Staat jeder Einflussnahme auf die Verteilung der Einkommen oder erhebt er allenfalls indirekte Steuern, ergibt sich die *Primärverteilung*[1] des Volkseinkommens.

Bei der Verteilung des Volkseinkommens unterscheidet man die *funktionelle* und die *personelle* Einkommensverteilung.

12.2.11.1 Funktionelle Einkommensverteilung

Wird danach gefragt, welchen *Produktionsfaktoren* die Einkommensanteile zugeflossen sind, spricht man von *funktioneller Einkommensverteilung*[2].

Arbeitseinkommen (Arbeitnehmerentgelt). Sie sind die Einkommen der Unselbstständigen (= Arbeiter, Angestellte, Beamte, Richter, Soldaten) aus ihrer Arbeitstätigkeit (Kapitel 4.1.1.1).

1 Primär = zuerst, erstrangig; „Primärverteilung" deshalb, weil sich diese Verteilung vor staatlicher Einflussnahme ergibt.

2 „Funktionelle" Einkommensverteilung deshalb, weil das Volkseinkommen entsprechend den Aufgaben (Funktionen) der einzelnen Produktionsfaktoren verteilt wird.

Bodeneinkommen. Die Grundrente (absolute Grundrente) stellt das Entgelt für die Überlassung des Produktionsfaktors Boden dar (Kapitel 4.1.1.3).

Kapitaleinkommen (Kapitel 4.1.1.2). Das Entgelt für die Überlassung von Kapital ist der **Zins.**

- **Der ursprüngliche (originäre) Zins** ist das Einkommen, das einem Kapitaleigentümer zufällt, wenn er sein Geldkapital im eigenen Unternehmen zu produktiven Zwecken einsetzt, also investiert. Der originäre Zins ist demnach der Zins für Kapital im volkswirtschaftlichen Sinne („Kapitalzins“, „realer Zins“).
- **Der Leihzins** ist der Zins, der sich auf den Kreditmärkten (= Geld- und Kapitalmärkte) aufgrund von Angebot und Nachfrage bildet. Man spricht deshalb auch vom „Kreditzins“ oder „Geldzins“.

Unternehmereinkommen (Kapitel 4.1.3). Das Unternehmereinkommen (= Gewinn i.w.S.) enthält verschiedene Bestandteile; sie sind abhängig von den Funktionen, die der Unternehmer ausübt. Das Unternehmereinkommen ist ein **Residualeinkommen,**[1] weil erst am Ende einer Rechnungsperiode (z.B. ein Jahr) festgestellt werden kann, ob und in welcher Höhe ein Gewinn entstanden ist.

12.2.11.2 Personelle Einkommensverteilung

Untersucht man die primäre Einkommensverteilung auf verschiedene soziale Gruppen (Personengruppen), spricht man von personeller Einkommensverteilung.

Unter personellen Gesichtspunkten kann man die Einkommensverteilung z.B. bei folgenden Personengruppen (sozialen Gruppen) untersuchen: Arbeiter, Angestellte, Beamte, Soldaten, Selbstständige und Rentner.

Das Statistische Bundesamt geht bei der Ermittlung der Einkommensverteilung in der Bundesrepublik Deutschland einen Mittelweg zwischen funktioneller und personeller Betrachtungsweise. Es unterscheidet zwischen Selbstständigen und Arbeitnehmern, wobei die Boden- und Kapitaleinkommen den Selbstständigen („Unternehmens- und Vermögenseinkommen“) zugerechnet werden. Damit reduziert sich die Frage nach der Verteilung des Volkseinkommens auf das Verteilungsproblem zwischen den Produktionsfaktoren „Arbeit“ einerseits und „Kapital“ andererseits (vgl. Tabelle).

Dieses Verfahren gibt jedoch nur einen sehr groben Einblick in die Verteilung des Volkseinkommens, da die Besitzeinkommen in der Bundesrepublik Deutschland zu rund einer Hälfte den Unselbstständigen zufließen und sich hinter den ermittelten Zahlen sehr große Einkommensunterschiede verbergen.

1 Residuum (lat.) = Rest.

Volkseinkommen in jeweiligen Preisen[1]

Jahr	1994	1996	1998	2000	2001	2002	2003	2004	2005	2006
Volkseinkommen insgesamt in Mrd. Euro	1 302,7	1 381,8	1 448,1	1 508,4	1 542,2	1 571,5	1 572,6	1 616,4	1 683,9	1 730,4
Arbeitnehmerentgelt (Inländer)										
in Mrd. Euro	958,5	1 005,3	1 028,6	1 099,1	1 121,3	1 130,5	1 132,7	1 132,3	1 128,8	1 144,9
in v. H. des Volkseinkommens (Lohnquote)	73,6	72,8	71,0	72,9	72,7	71,9	72,0	70,1	67,0	66,2
Unternehmens- und Vermögenseinkommen										
in Mrd. Euro	344,2	376,5	419,5	409,3	420,9	441,1	437,9	484,0	555,1	585,5
in v. H. des Volkseinkommens	26,4	27,2	29,0	27,1	27,3	28,1	28,0	29,9	33,0	33,8

Quelle: Monatsberichte der Deutschen Bundesbank, mehrere Jahrgänge.

Außerdem ist mit der statistischen Feststellung der Anteile der Arbeitnehmer und der Selbstständigen am Volkseinkommen (= Nettonationaleinkommen zu Faktorkosten) noch nichts darüber ausgesagt, ob die Beteiligten die gegebene Verteilung als gerecht empfinden. In der Bundesrepublik Deutschland wird – wie in den meisten anderen Ländern auch – die gegebene Verteilung des Volkseinkommens als zu ungleich angesehen, sodass *ein* Ziel gewerkschaftlicher Politik die *Erhöhung der Lohnquote* ist.

Unter Lohnquote versteht man den prozentualen Anteil der Nichtunternehmereinkommen am Volkseinkommen.

Die Gewinnquote ist das Gegenstück zur Lohnquote. Sie ist der prozentuale Anteil des Einkommens aus Unternehmertätigkeit und Vermögen am Volkseinkommen.

Ursachen unterschiedlicher Einkommensverteilung. Gleichgültig, ob man die Einkommensverteilung unter funktionalen oder personellen Gesichtspunkten betrachtet: sie ist im marktwirtschaftlichen System von der Leistungsfähigkeit der wirtschaftenden Personen (der „Wirtschaftssubjekte") abhängig. Sie wird weiterhin dadurch bestimmt, welche sozialen Gruppen Eigentümer von Grund und Boden bzw. des Kapitals (der Produktionsmittel) sind. Den Eigentümern fließt – falls der Staat nicht eingreift – das Besitzeinkommen zu.

Besteht das wirtschafts- und sozialpolitische Ziel, die Einkommen bisher einkommensschwacher Gruppen zu erhöhen, müssen auch die Eigentumsverhältnisse geändert werden. Nach sozialistischem Standpunkt hat dies durch Verstaatlichung der Produktionsmittel (einschließlich des Grund und Bodens) zu geschehen. Nach gemäßigten Reformvor-

1 Das Volkseinkommen setzt sich aus zwei großen Einkommensarten zusammen:
- Arbeitnehmerentgelt (Erwerbseinkommen) und
- Unternehmens- und Vermögenseinkommen.

Das Arbeitnehmerentgelt umfasst die Bruttolöhne und -gehälter zuzüglich der Arbeitgeberbeiträge zur Sozialversicherung. Es ist eindeutig den Arbeitnehmern zuzurechnen.
Das Unternehmens- und Vermögenseinkommen enthält dagegen Gewinne und Zinsen, die von allen Inländern (also auch Arbeitnehmern) empfangen wurden.

stellungen können Besteuerung und Beteiligung der Arbeitnehmer am Produktivvermögen (z.B. durch Belegschaftsaktien) langfristig zu einer Umschichtung der Eigentumsverhältnisse und damit der Einkommensverteilung führen.

Die primäre personelle Einkommensverteilung hängt ferner vom Umfang der Marktmacht der einzelnen sozialen Gruppen ab, und zwar auf zweierlei Weise. Wird die Wirtschaft im Wesentlichen von starken Oligopolen und Monopolen beherrscht, können diese ihre Preise höher ansetzen als dies bei polypolistischer Konkurrenz möglich wäre. Infolgedessen steigen die Gewinne (die Unternehmereinkommen) zu Lasten der Löhne (Arbeitnehmereinkommen). Zum Zweiten ist die Lohnhöhe (das Arbeitnehmereinkommen) abhängig von der Marktstellung der Arbeitnehmer einerseits und der Arbeitgeber andererseits auf dem Arbeitsmarkt. Sind die Arbeitnehmer nicht organisiert, werden regelmäßig die Löhne niedriger sein als in Wirtschaftsordnungen, in denen den Arbeitgeberverbänden mächtige Gewerkschaften gegenüberstehen.

12.2.11.3 Veränderung der Primärverteilung durch gewerkschaftliche Lohnpolitik

Die Auseinandersetzung zwischen den Gewerkschaften als Vertreter der Arbeitnehmer einerseits und den Arbeitgeberverbänden als Vertreter der Arbeitgeber andererseits um den jeweiligen Anteil dieser sozialen Gruppen am Volkseinkommen bezeichnet man als Verteilungskampf. Betrachtet man das Volkseinkommen als „Kuchen“, den Arbeitnehmer bzw. Arbeitgeber „aufessen“, d.h. verbrauchen können, wird Folgendes deutlich:

- Steigen unter sonst gleichen Bedingungen die Löhne, sinken die Gewinne. Der Anteil der Unternehmereinkommen am Volkseinkommen (die Gewinnquote) wird geringer.
- Steigen unter sonst gleichen Bedingungen die Gewinne, wird der Anteil der Arbeitnehmereinkommen (Löhne) am Volkseinkommen geringer.

Lohnquote. Eine Erhöhung der Lohnquote vergrößert jedoch nur dann den Anteil des einzelnen Arbeitnehmers am Volkseinkommen, wenn sich die Arbeitnehmerquote nicht oder nicht im gleichen Maße wie die Lohnquote vergrößert hat. Unter Arbeitnehmerquote ist der Anteil der Arbeitnehmer (unselbstständig beschäftigte Personen) an der Zahl der Beschäftigten insgesamt (Unselbstständige und Selbstständige) zu verstehen.

Pro-Kopf-Lohnquote. Ob sich der Anteil des einzelnen Arbeitnehmers (im Durchschnitt) am Volkseinkommen geändert hat oder nicht, lässt sich mit Hilfe der Pro-Kopf- Lohnquote ausdrücken.

$$\text{Pro-Kopf-Lohnquote} = \frac{\text{Lohnquote} \cdot 100}{\text{Arbeitnehmerquote}}$$

Beispiel:

Nachstehende Tabelle zeigt den Zusammenhang zwischen Erwerbsquote, Lohnquote und Pro-Kopf-Lohnquote.

Jahr	Zahl der Erwerbstätigen			Einkommen in GE			Lohnquote	Arbeitnehmerquote	Pro-Kopf-Lohnquote (PKL)	Bemerkungen
	Arbeitnehmer (Unselbstständige)	Arbeitgeber (Selbstständige)	Insgesamt	Einkommen aus unselbstständiger Arbeit	Einkommen aus selbstständiger Arbeit	Insgesamt (Volkseinkommen)				
00	500	500	1000	5000	5000	10000	50%	50%	100%	
01	800	200	1000	8000	2000	10000	80%	80%	100%	konstante PKL
02	800	200	1000	8400	1600	10000	84%	80%	105%	gestiegene PKL
03	800	200	1000	7600	2400	10000	76%	80%	95%	gesunkene PKL

Eine Pro-Kopf-Lohnquote von 100% drückt aus, dass die Unternehmereinkommen (Gewinne) und Arbeitnehmereinkommen (Löhne) im Durchschnitt gleich hoch sind. Steigt also z.B. die Lohnquote von 50% auf 80% und steigt der Anteil der Arbeitnehmer an der Gesamtbeschäftigtenzahl von ebenfalls 50% auf 80%, hat sich unter sonst gleichen Bedingungen für den Arbeitnehmer nichts geändert. Eine Erhöhung der Pro-Kopf-Lohnquote findet nur statt, wenn die Lohnquote schneller als die Arbeitnehmerquote steigt.

Weiterhin lässt sich festhalten: Ist die Pro-Kopf-Lohnquote höher als 100%, sind die durchschnittlichen Löhne höher als die durchschnittlichen Gewinne. Ist die Pro-Kopf-Lohnquote niedriger als 100%, sind die durchschnittlichen Löhne niedriger als die durchschnittlichen Gewinne.

Für die Bundesrepublik Deutschland ergeben sich folgende Zahlen.

Jahr	1966	1970	1974	1978	1982	1986	1990	1994	1998	2002	2006
Lohnquote (in %)	65,7	66,7	72,6	71,1	73,7	68,2	66,7	73,6	71,0	71,9	66,2
Arbeitnehmerquote (in %)	81,2	83,4	84,5	89,9	87,0	87,2	89,5	89,2	89,4	89,4	88,8
Pro-Kopf-Lohnquote (in %)	80,9	80,0	85,9	83,1	84,7	78,2	74,5	82,5	79,4	80,4	74,5

Berechnungen nach Angaben des Statistischen Jahrbuchs, mehrere Jahrgänge.

Hieraus folgt, dass der Anteil des einzelnen Arbeitnehmers am Volkseinkommen (die Pro-Kopf-Lohnquote) von 1966 bis 2006 trotz aller „Verteilungskämpfe" sogar gesunken ist.

Aussagewert der Lohnquote und der Pro-Kopf-Lohnquote. Die Lohnquote drückt nur aus, welcher Anteil des Volkseinkommens *allen* Arbeitnehmern zugeflossen ist. Etwas mehr sagt die Pro-Kopf-Lohnquote: Sie zeigt, welchen Anteil des Volkseinkommens der einzelne Arbeitnehmer im Durchschnitt erhielt. Die gewerkschaftliche Politik zielt unter anderem deswegen darauf ab, die Pro-Kopf-Lohnquote der Arbeitnehmer zu erhöhen.

Zu beachten ist aber, dass die Pro-Kopf-Lohnquote *nichts* darüber aussagt, wie gut (oder wie schlecht) es den Arbeitnehmern in einer bestimmten Volkswirtschaft geht. Denn mit einem bestimmten Einkommensanteil kann man sich nur dann etwas kaufen, wenn die Volkswirtschaft genügend Güter bereitstellt. Das bedeutet: In einer Volkswirtschaft, in der die Lohnquote hoch, die Güterversorgung aber gering ist, ist der Lebensstandard der

Arbeitnehmer u.U. niedriger als in einer Wirtschaft, in der zwar die Lohnquote verhältnismäßig niedrig, die Güterversorgung aber sehr hoch ist.

Außerdem ist zu berücksichtigen, dass in der Lohnquote bzw. in der Pro-Kopf-Lohnquote nur Durchschnitte zum Ausdruck kommen. Dahinter können sich aber große Einkommensunterschiede verbergen. So findet dann tatsächlich der Verteilungskampf nicht nur zwischen Arbeitgebern und Arbeitnehmern statt, sondern auch zwischen Werktätigen und Rentnern, zwischen Landwirten und Industriearbeitern, zwischen Beamten und in der freien Wirtschaft Tätigen, zwischen Männern und Frauen oder zwischen einzelnen Arbeitnehmergruppen (z.B. Bergarbeitern einerseits und Textilarbeitern andererseits).

Das Problem der gerechten Verteilung. Die Frage, ob eine bestimmte Einkommensverteilung als gerecht oder als ungerecht angesehen wird, hängt von bestimmten Verteilungsprinzipien ab. Man unterscheidet:

- **Prinzip der Einkommensnivellierung**[1]

  Dieses Prinzip („Jedem das Gleiche") wird damit begründet, dass alle Menschen gleich seien. Deshalb hätten sie auch Anspruch auf den gleichen Anteil am Volkseinkommen. Das Prinzip der Einkommensnivellierung wird in der Bundesrepublik Deutschland zwar nicht in seiner extremen Ausbildung verfochten; wohl aber ist ein wirtschafts- und gesellschaftspolitisches Ziel der Regierung und der Gewerkschaften die *gleichmäßigere* Einkommensverteilung.[2]

- **Bedarfsprinzip**

  Das Bedarfsprinzip verlangt, die Einkommen nach einem von bestimmten Institutionen (z.B. Regierung, Parlament, Behörden) festzustellenden Maßstab zu verteilen („Jedem nach seinen Bedürfnissen"). Eine bedarfsgerechte Verteilung liegt z.B. vor, wenn die Einkommen nach Familienstand, Alter, Berufstätigkeit (Schwerarbeit, Bürotätigkeit) oder Kinderzahl differenziert (= abgestuft) werden. So ist in der Bundesrepublik Deutschland z.B. die Staffelung der Löhne nach Altersgruppen ein Element des Bedarfsprinzips.

- **Leistungsprinzip**

  Nach dem Leistungsprinzip soll jeder entsprechend seinem Beitrag zum Inlandsprodukt entlohnt werden. Das Leistungsprinzip setzt voraus, dass gleicher Leistung auch gleicher Lohn entspricht und dass für alle die gleichen Startbedingungen gegeben sind („Chancengleichheit"). Ein Mindereinkommen ist nach dieser Auffassung dann auf mangelnde Leistung zurückzuführen. Die strikte Verfolgung des Leistungsprinzips kann jedoch unsozial sein, selbst wenn die Chancengleichheit gegeben wäre. Einmal berücksichtigt das Leistungsprinzip nicht, dass Minderleistung auch *unverschuldet* sein kann (z.B. Arbeitsunfall, Krankheit), zum anderen „Mehrleistung" auch auf Rücksichtslosigkeit, Betrug und Bestechung zurückgeführt werden kann. Außerdem berücksichtigt das Leistungsprinzip die Personen nicht, die nicht oder noch nicht (Alte und Jugendliche) im Produktionsprozess stehen. Darüber hinaus ist es nicht möglich, die Leistung des Einzelnen *objektiv* zu bewerten,[3] denn der Beitrag des Einzelnen zum Gesamtprodukt ist nicht zurechenbar. (Niemand vermag z.B. zu sagen, welchen Anteil

---

1 Nivellieren = gleichmachen, einebnen.

2 Statt vom Ziel der gleichmäßigeren Verteilung wird auch vom Ziel der „gerechteren" Verteilung gesprochen.

3 In der Praxis wird natürlich versucht, die Arbeitsleistung des einzelnen Arbeitnehmers so „gerecht" wie möglich zu bewerten.

die Arbeitsleistung des Angestellten A oder des Facharbeiters B am Fertigprodukt eines Betriebs, z. B. an einem fertig gestellten Auto, hat.)

Die Frage nach der gerechten Einkommensverteilung ist nicht objektiv beantwortbar. Die Antwort hängt vielmehr von der *Einstellung* des Einzelnen oder der jeweiligen Interessengruppen (Gewerkschaften, Regierungen, Parteien, Arbeitgeber usw.) ab. Etwas anders stellt sich die Frage, ob und in welchem Umfang die Arbeitnehmer am *Produktivitätsfortschritt* teilhaben sollen. Diese Frage ist nicht nur aus gesellschaftspolitischen, sondern auch aus wirtschaftspolitischen Gründen zu bejahen, denn die Lohnsumme bestimmt in weitem Umfang die Höhe des privaten Verbrauchs. Andererseits ist die Höhe der Löhne und Gehälter für die meisten Wirtschaftszweige der wichtigste Kostenfaktor. Steigen die Löhne und Gehälter im gleichen Verhältnis wie die Produktivität, bleiben die Lohnkosten je Produkteinheit konstant. Mit anderen Worten: Das Preisniveau wird durch die Lohnerhöhungen nicht verändert.

Beispiel:

Angenommen, ein Unternehmen benötigt zur Herstellung von 500 Produktionseinheiten 100 Arbeitsstunden. Die Arbeitsproduktivität beträgt dann 5, d. h., in einer Stunde kann das Unternehmen 5 Produktionseinheiten herstellen. Beträgt der Stundenlohn der Arbeitskräfte beispielsweise 20 GE (= Geldeinheiten), der Verkaufspreis je PE (= Produktionseinheit) 4,50 GE, so ergibt sich – sieht man der Einfachheit halber von allen anderen Kosten ab – folgende Rechnung:

hergestellte Menge	500 PE
geleistete Arbeitsstunden	100
Arbeitsproduktivität	5,0 (500 PE : 100)
Stundenlohn	20,00 GE
Lohnsumme	2 000,00 GE
Lohnkosten je PE (Stückkosten)	**4,00** GE (2 000 GE : 500)
Verkaufspreis	4,50 GE
Umsatzerlöse	2 250,00 GE (500 · 4,50 GE)
Gewinn	250,00 GE (2 250,00 GE – 2 000 GE)

In der darauf folgenden Periode (z. B. Jahr) ist es aufgrund verbesserter Produktionsverfahren möglich, in der Stunde 525 PE herzustellen. Mit anderen Worten: Die Arbeitsproduktivität steigt um 5%. Gewerkschaften und Arbeitgeber vereinbaren eine Lohnerhöhung von ebenfalls 5% (produktivitätsorientierte Lohnpolitik). Es ergeben sich folgende Zahlen:

hergestellte Menge	525 PE
geleistete Arbeitsstunden	100
Arbeitsproduktivität	5,25 (525 PE : 100)
Stundenlohn	21,00 GE (20,00 GE + 5% Erhöhung)
Lohnsumme	2 100,00 GE
Lohnkosten je PE (Stückkosten)	**4,00** GE (2 100 GE : 525)
Verkaufspreis	4,50 GE
Umsatzerlöse	2 362,50 GE
Gewinn	262,50 GE (2 362,50 GE – 2 100 GE)

Ergebnis:

Unter der Voraussetzung einer produktivitätsorientierten Lohnpolitik ändert sich – falls die übrigen Kosten konstant bleiben – das Preisniveau nicht. Außerdem steigen die Gewinne im gleichen Maße (im Beispiel also um 5% = 12,50 GE) wie die Löhne. Die Einkommensverteilung bleibt also unverändert.

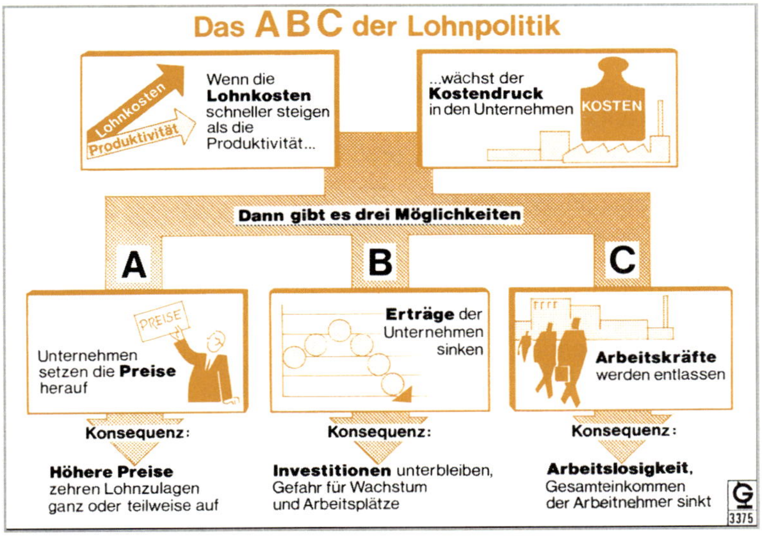

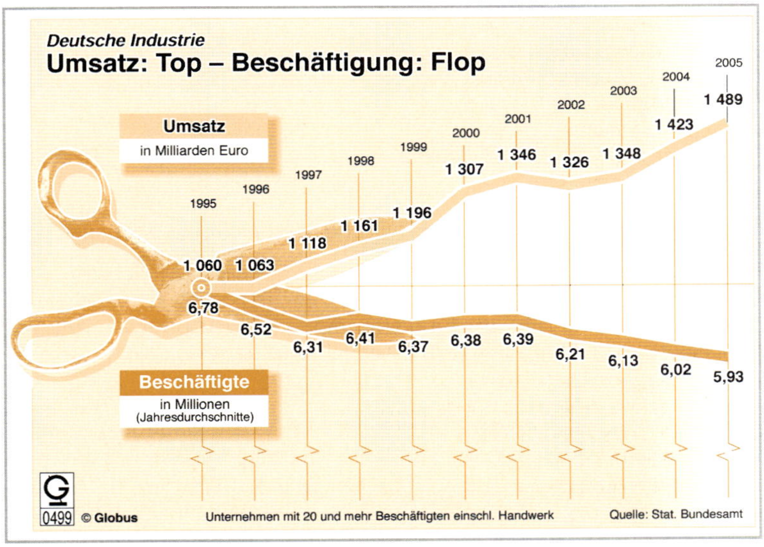

Die deutsche Industrie erzielt immer mehr Umsatz mit immer weniger Beschäftigten. Damit setzt sich der Trend der vergangenen Jahre fort. Der Gesamtumsatz des verarbeitenden Gewerbes und des Bergbaus – so die Bezeichnung der Industrie in der amtlichen Statistik – stieg im Jahr 2005 um 4,6 % auf knapp 1 489 Mrd. Euro. Diese Erlöse wurden von 5 928 000 Beschäftigten erwirtschaftet, ein Minus von 1,5 % gegenüber dem Vorjahr. Hier schlagen Rationalisierungen und Umstrukturierungen zu Buche, denn die Anzahl der geleisteten Arbeitsstunden sank gleichzeitig um 1,5 %. Die gute Exportkonjunktur zeigt sich darin, dass der Inlandsumsatz um drei Prozent, der Umsatz mit ausländischen Kunden jedoch um sieben Prozent zugelegt hat. Auch diese Entwicklung ist ein Trend: Setzte das verarbeitende Gewerbe im Jahr 1995 noch fast 72 % seiner Erzeugnisse im Inland ab, so waren es 2005 nur noch knapp über 60 %.

12.2.11.4 Sekundärverteilung durch den Staat

Die abgeleiteten Einkommen

Die Marktpreise der Produktionsfaktoren, also die auf sie entfallenden Einkommen, sind das Ergebnis von Angebot und Nachfrage. Setzt sich nun der Staat, wie dies in einer sozialen Marktwirtschaft der Fall ist, zum Ziel, die Einkommen gleichmäßiger zu verteilen, muss er die Einkommen der gut Verdienenden beschneiden und diese Mittel den sozial Schwachen zuführen.

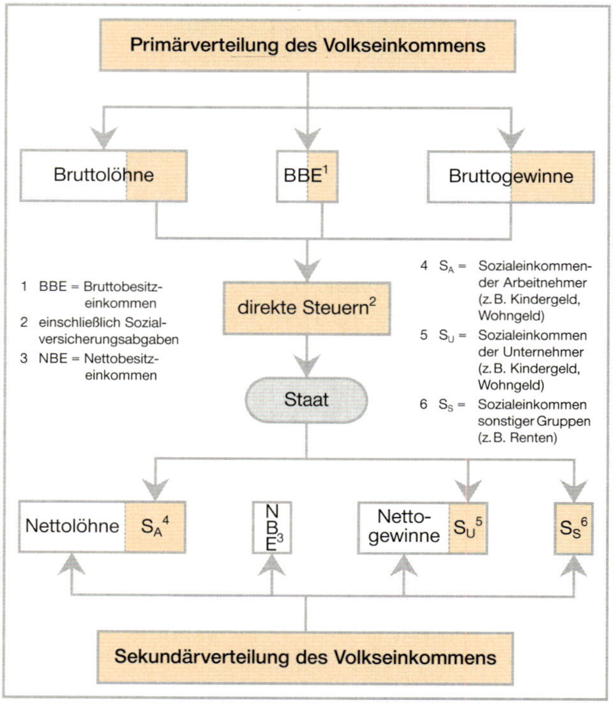

Die Umverteilung durch den Staat (Redistribution) geschieht in erster Linie mit Hilfe der direkten Steuern. Mit ihrer Hilfe werden die Einkommen *unmittelbar* besteuert. Die wichtigsten direkten Steuern sind die Lohnsteuer und die Einkommensteuer. Steuerähnlichen Charakter haben die Sozialversicherungsabgaben der Versicherungspflichtigen (Beiträge zur Kranken-, Pflege-, Renten- und Arbeitslosenversicherung). Auch diese Beiträge werden umverteilt, weil die zurzeit Verdienenden für die nicht oder nicht mehr im Arbeitsleben Stehenden (Arbeitslose, Rentner und Pensionäre) aufkommen müssen.

Die aus der Sekundärverteilung stammenden Einkommen bezeichnet man als abgeleitete Einkommen, Transfereinkommen[1] oder auch als Sozialeinkommen. In der Bundesrepublik Deutschland stammt jeder vierte Euro der privaten Einkommen aus öffentlichen Kassen.

Zu den Sozialeinkommen zählen nicht nur Arbeitslosengeld, Renten und Pensionen, sondern z. B. auch Arbeitslosengeld II bzw. Sozialgeld, Elterngeld, Unterhaltsvorschuss, Hilfe in außergewöhnlichen Notlagen, Kindergeld, Wohngeld, Ausbildungsförderung oder Kriegsopferversorgung.

12.2.11.5 Grundprinzipien sozialer Sicherung

Die Mehrheit der Bevölkerung bezieht den Hauptteil ihres Einkommens aus dem Produktionsfaktor Arbeit, da sie nur wenig Vermögen besitzt. Nicht arbeitsfähige oder arbeitslose Personen können demnach kein Arbeitseinkommen beziehen. Ihr Lebensunterhalt muss anderweitig gesichert werden. Das geschieht durch ein System der sozialen Sicherung.

1 Transfer (lat.) = Übertragung.

Im Prinzip bieten sich hierzu folgende Möglichkeiten an:

	Versicherungsprinzip	Versorgungsprinzip	Fürsorgeprinzip
Gestaltungsgrundsätze	Die zu sichernden Personen werden in Versicherungsgemeinschaften zusammengeschlossen, haben Beiträge zu zahlen und erwerben damit den Anspruch, beim Eintritt des Versicherungsfalls (z. B. Krankheit, Unfall, Alter) Leistungen gemäß dem geltenden Leistungsrecht zu empfangen. Im Gegensatz zur Privatversicherung müssen bei einer Sozialversicherung aber Beiträge und Leistungen nicht für jeden Versicherten gleichwertig sein, sondern die Beiträge müssen nur insgesamt zur Leistungsfinanzierung ausreichen (Budgetausgleich).	Den zu sichernden Personen wird ebenfalls ein Anspruch auf Sicherungsleistungen eingeräumt, aber nicht aufgrund finanzieller Gegenleistungen, sondern in der Regel wegen besonderer sonstiger Vorleistungen oder besonderer Opfer; die Finanzierung erfolgt aus dem öffentlichen Haushalt, praktisch also aus Steuereinnahmen und anderen allgemeinen Haushaltsmitteln.	Unabhängig von irgendwelchen Vorleistungen oder Opfern hat jeder insoweit einen Anspruch auf Hilfe, als er aufgrund seiner besonderen individuellen Situation als bedürftig gilt; finanziert werden die Leistungen aus allgemeinen öffentlichen Haushaltsmitteln.
Sicherungsvoraussetzung	Mitgliedschaft in der Versicherung	speziell eingeräumter Rechtsanspruch	individuelle Notlage
Leistungsanspruch	bei Eintritt des Versicherungsfalls	bei Vorliegen gesetzlich bestimmter Merkmale	bei Bedürftigkeit
Leistungshöhe	standardisiert nach Art des Versicherungsfalls	standardisiert nach Art des Versorgungsfalls	individualisiert nach Art und Umfang der Bedürftigkeit
Gegenleistung	ja, Versicherungsbeiträge	ja, nichtfinanzielle Sonderopfer (-leistungen) für die Gemeinschaft	nein
Bedürftigkeitsprüfung	nein	nein	ja
Gliederung wichtiger Sicherungszweige nach dem überwiegenden Grundprinzip	Sozialversicherung ➢ gesetzliche Rentenversicherung ➢ gesetzliche Krankenversicherung ➢ gesetzliche Unfallversicherung ➢ soziale Pflegeversicherung ➢ gesetzliche Arbeitsförderung (einschließlich Arbeitslosenversicherung)	➢ Kriegsopferversorgung ➢ soziale Entschädigung bei Impfschäden ➢ Beamtenversorgung ➢ Kindergeld (ohne Einkommensgrenzen)[1]	➢ Arbeitslosengeld II; Sozialgeld; Sozialhilfe i. e. S. (→ nicht arbeitsfähige Personen) ➢ Jugendhilfe ➢ Resozialisierung ➢ Wohngeld ➢ Kindergeld (bei Einkommensgrenzen)[1]

Quelle: In Anlehnung an: Informationen zur politischen Bildung, Der Sozialstaat, Bonn 1987, S. 27.

1 Nur mit Einschränkung klassifizierbar.

12.2.11.6 Sozialversicherung

Die deutsche Sozialversicherung wurde durch den Reichskanzler von Bismarck ins Leben gerufen. Sie nahm nebenstehende Entwicklung:

Ziel der Sozialversicherung ist es, den arbeitenden Menschen bei Krankheit, Unfall, Invalidität und Alter vor Not zu bewahren. Krankenversicherung, Unfallversicherung, Rentenversicherung, Arbeitslosenversicherung und Pflegeversicherung teilen sich diese Aufgabe.

Strukturmodell

Maßnahmen der sozialen Sicherungspolitik in der Bundesrepublik Deutschland

Soziale Sicherung

Vorwiegend präventive[1] Maßnahmen des Staates	Vorwiegend restituierende[2] Maßnahmen des Staates und der Selbstverwaltung	Maßnahmen der kollektiven Selbsthilfe
➢ kurzfristig	➢ Sozialtransfers	➢ Arbeitsrecht
Arbeitsmarktpolitik Beschäftigungspolitik Stabilitätspolitik	Arbeitslosengeld II bzw. Sozialgeld sonstige Familienhilfe Sozialversicherung Versorgung	Tarifvertrag Betriebsverfassungsgesetz Mitbestimmungsgesetz freiwillige betriebliche Sozialleistungen
➢ langfristig	➢ Steuern (insbesondere Progression der Einkommensteuer)	➢ Soziale Sicherungspolitik von Standesorganisationen (Körperschaften, Verbände usw.)
Vermögensbildungspolitik – Sparanreize – Gewinnbeteiligung – Investivlohn – staatliche Investitionssysteme Ausgleich der Startchancen – Vermögensumverteilung – Sozialinvestitionen (z. B. Bildungspolitik)		

Quelle: Modifiziert nach Frey, René L., Sozial- und Verteilungspolitik, Gestern, Heute, Morgen, in: Mitteilungen der List-Gesellschaft, Fasc. 8 (1973), Nr. 2, S. 36 (aus: iwd Jahrgang 7/5).

1 Präventiv = vorbeugend, verhütend.

2 Restituierend = wiederherstellend/ausgleichend.

Sozialversicherung			
Versicherungszweige seit	**Gesetzliche Grundlagen**	**Versicherungsträger**	**Die wichtigsten Leistungen**
Gesetzliche Krankenversicherung 1883 Soziale Pflegeversicherung 1995	Sozialgesetzbuch (SGB) Gesetz zur sozialen Absicherung des Risikos der Pflegebedürftigkeit (Pflege-Versicherungsgesetz) (PflegeVG)	Ersatzkassen Pflichtkrankenkassen Alle Krankenkassen	Ärztliche und zahnärztliche Behandlung auf Krankenschein, Vorsorgeuntersuchungen, Krankenhauspflege, Arzneien, Heil- u. Hilfsmittel, Zahnersatz, Haushaltshilfe, Kuren, Krankengeld, Mutterschaftsgeld, Zahlung für Pflegeleistungen
Gesetzliche Unfallversicherung 1884	Sozialgesetzbuch (SGB)	Berufsgenossenschaften, Gemeinde-Unfallversicherungsverbände, Eigenunfallversicherungen der Städte, Bund und Länder durch ihre Ausführungsbehörden, Feuerwehr-Unfallkassen	Ärztliche Heilbehandlung, Arzneien, Heil- und Hilfsmittel, Krankenhauspflege, Verletztengeld, Heilverfahren, Ausbildung für einen neuen Beruf, Rente, Sterbegeld, medizinische, berufsfördernde und ergänzende Leistungen zur Rehabilitation.
Gesetzliche Rentenversicherung der Arbeiter 1889 und Gesetzliche Rentenversicherung der Angestellten 1911	Sozialgesetzbuch (SGB)	**Bundesträger:** ➢ Deutsche Rentenversicherung Bund ➢ Deutsche Rentenversicherung Knappschaft – Bahn – See **Regionalträger:** Bezeichnung „Deutsche Rentenversicherung“ + Regionalbezeichnung	Heilverfahren, wirtschaftliche Versorgung bei Heilmaßnahmen, Altersruhegeld, Berufs- und Erwerbsunfähigkeitsrenten, Renten an Hinterbliebene. Medizinische, berufsfördernde und ergänzende Leistungen zur Rehabilitation.
Gesetzliche Arbeitsförderung 1927	Sozialgesetzbuch (SGB)	Bundesagentur für Arbeit, Nürnberg	Arbeitsvermittlung, Berufsberatung und Vermittlung von Ausbildungsstellen, berufliche Bildungsmaßnahmen, Arbeits- und Berufsförderung Behinderter, Arbeitslosengeld, Kurzarbeitergeld, Wintergeld, Maßnahmen zur Verhütung der Arbeitslosigkeit und zu ihrer Beendigung.

Quelle: In Anlehnung an: „JUGEND HEUTE“, Herausgeber: Deutsche Angestellten-Krankenkasse.

Schritt für Schritt ist der Sozialstaat in Deutschland ausgebaut worden. Große Knoten im sozialen Netz wie beispielsweise die Rentenversicherung oder die Krankenversicherung wurden durch kleinere Knoten wie die Pflegeversicherung und die Ausbildungsförderung ergänzt. Wie der Sozialstaat gewachsen ist, lässt sich an den Sozialleistungen je Einwohner ablesen. Sie wuchsen von 901,00 € im Jahr 1965 auf 8 436,00 € im Jahr 2005. Damit haben sich die Pro-Kopf-Ausgaben innerhalb von 40 Jahren mehr als verneunfacht. Allerdings wird der Ausgabenanstieg relativiert, wenn man ihn in Bezug zur Wirtschaftsleistung setzt. Erreichten die Sozialausgaben im Jahr 1965 einen Anteil von 22,5% am Bruttoinlandsprodukt, so waren es im Jahr 2005 31,0%.

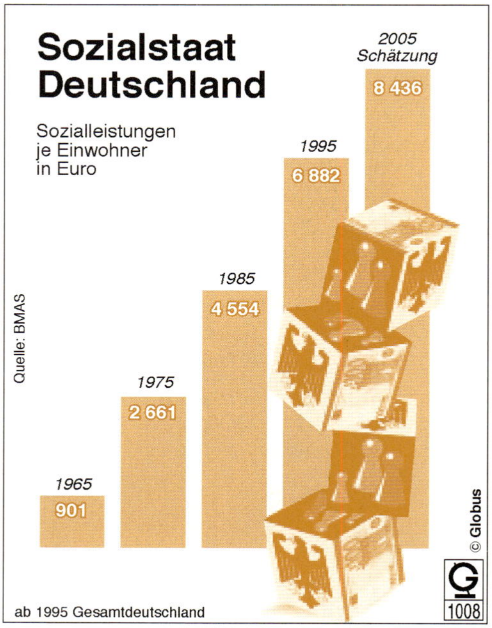

Das soziale Netz in Deutschland ist aus vielen Knoten geknüpft – großen und kleinen. Größter Knoten ist die Rentenversicherung mit 240 Mrd. €. Es folgen die Krankenversicherung mit 143 Mrd. € und die Leistungen für den Arbeitsmarkt (also auch die Zahlungen für Arbeitslose) mit fast 88 Mrd. €. Wesentlich kleinere Knoten, dennoch für viele Menschen wichtig, sind beispielsweise das Wohngeld, das Erziehungsgeld oder die Ausbildungsförderung. Alle Sozialleistungen zusammengenommen (direkte und indirekte Leistungen) erreichten im Jahr 2005 einen Umfang von 700 Mrd. €. Das entsprach fast einem Drittel (31 %) der gesamten deutschen Wirtschaftsleistung (des Bruttoinlandsprodukts).

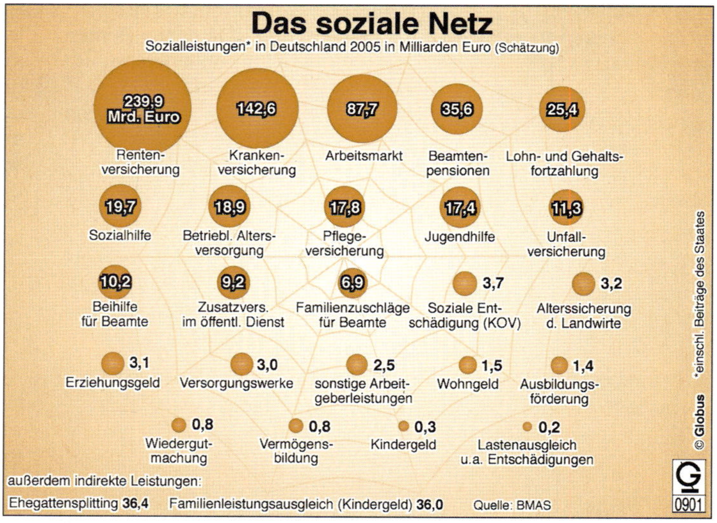

12.2.11.7 Vermögenspolitische Maßnahmen

Eine der wichtigsten Ursachen der ungleichen Einkommensverteilung ist die ungleiche Vermögensverteilung. Diejenigen, denen die Produktionsfaktoren Boden und Kapital gehören, erheben natürlich auch Anspruch auf deren Ertrag. Diejenigen aber, welche kein eigenes Vermögen haben, sind auf den „Verkauf" ihrer Arbeitskraft angewiesen, um ihren Lebensunterhalt zu verdienen. In einer Wirtschaft also, in der die Arbeitenden nicht zugleich Eigentümer der Produktionsmittel sind, ist die Frage nach einer sozial verträglichen Einkommensverteilung eng mit dem Problem einer „gerechten" Vermögensverteilung verknüpft.

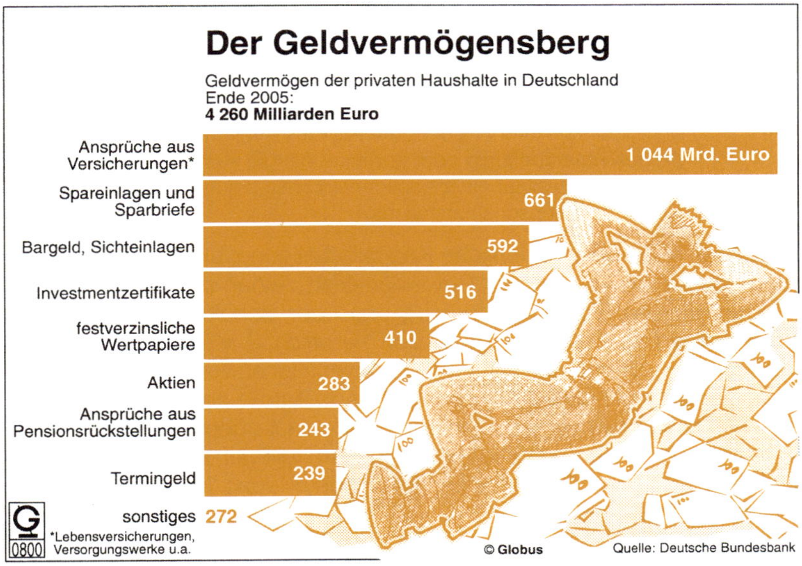

Investivlohn. In einem Staat, in dem Tarifautonomie herrscht, haben Regierung und Parlament nur einen geringen Einfluss auf die Lohnpolitik der Gewerkschaften und der Arbeitgeber bzw. Arbeitgeberverbände und damit auf die Vermögensbildung der Arbeitnehmer. Als staatliches Mittel zur Vermögensbildung in Arbeitnehmerhand bieten sich staatliche Anreize wie z. B. Sparprämien, tarifliche Regelungen und Kombinationen von beiden an. Ohne staatliches Zutun könnte tarifvertraglich der so genannte Investivlohn vereinbart werden, der seit Jahrzehnten in Deutschland in der Diskussion ist, ohne dass bisher nennenswerte Fortschritte erreicht worden wären.

Bei der Einführung eines Investivlohns finden sich Gewerkschaften und Arbeitgeber bzw. Arbeitgeberverbände dazu bereit, dass ein Teil der Lohnerhöhungen in Form von Eigenkapital- oder Fremdkapital in den Unternehmen verbleibt. Der Grundgedanke ist, dass der zwangsweise gesparte Einkommensteil der Arbeitnehmer in privaten oder öffentlichen Einrichtungen auf wirtschaftliche Weise investiert wird, sodass den Arbeitnehmern statt der unmittelbaren Lohnerhöhung lediglich der künftige Ertragsanteil aus diesen Investitionen zufließt. Damit werden zwei verteilungspolitische Ziele gleichzeitig erreicht: die gerechtere (gleichmäßigere) Einkommens- und Vermögensverteilung.

21 Richard/Hartmann/Boller – ISBN 987-3-8120-0173-1

Wichtige, auch in der Theorie noch nicht gelöste Probleme des Investivlohns sind: Sollen die Arbeitnehmer ebenso wie andere Kapitalgeber am unternehmerischen Risiko beteiligt werden? Wie kann Arbeitnehmern solcher Institutionen, die keinen Gewinn abwerfen (z.B. beim Staat oder bei Verbänden Beschäftigten), ein Investivlohn gezahlt werden?

Kapitalbeteiligung. In der Bundesrepublik Deutschland ist die Kapitalbeteiligung bislang eine auf freiwilliger Basis beruhende betriebliche Kapitalbeteiligung der Arbeitnehmer.

Arten der betrieblichen Kapitalbeteiligung	
Eigenkapitalbeteiligung	Die Belegschaftsmitglieder werden entweder *Miteigentümer* (bei Personengesellschaften) oder sie erwerben *Mitgliedschaftsrechte* (Anteilsrechte bei Kapitalgesellschaften). **Beispiel:** Das Personal einer Aktiengesellschaft erhält Belegschaftsaktien gratis oder zu einem Vorzugskurs bei vollem Stimmrecht.
Fremdkapitalbeteiligung	Die Belegschaftsmitglieder werden *Gläubiger* des Unternehmens. **Beispiel:** Eine GmbH gibt Schuldscheine – mitunter Zertifikate genannt – aus, die gewinnunabhängig oder gewinnabhängig verzinst werden. Die Auszahlung erfolgt nach Ablauf einer bestimmten Frist, bei Pensionierung, Invalidität oder Tod eines Belegschaftsmitglieds.

Diskutiert wird auch die überbetriebliche Kapitalbeteiligung, bei der größere und gewinnstarke Unternehmen zur Abgabe von Gewinnanteilen, Aktien oder sonstigen Teilhaberpapieren (überbetriebliche Eigenkapitalbeteiligung) oder Schuldverschreibungen (überbetriebliche Fremdkapitalbeteiligung) gesetzlich verpflichtet werden. Die Mittel sollen in einem Fonds gesammelt und der Wirtschaft zu Investitionszwecken zur Verfügung gestellt werden. Die Arbeitnehmer können an diesem Fonds Anteile erwerben, die innerhalb einer bestimmten Sperrfrist nicht veräußert werden dürfen. Die überbetriebliche Kapitalbeteiligung hat den Vorteil, dass auch die Belegschaftsmitglieder solcher Unternehmen bzw. Wirtschaftsbereiche in den Genuss einer Erfolgsbeteiligung kommen können, in denen keine Gewinne erzielt werden.

Vermögenswirksame Leistungen werden in fast allen Bereichen der Wirtschaft in unterschiedlicher Höhe von den Arbeitgebern bezahlt. Die vermögenswirksamen Leistungen der Arbeitgeber sind lohn- bzw. einkommensteuerpflichtig. Voraussetzung für die Zahlung ist, dass sich der Arbeitnehmer verpflichtet, mindestens in Höhe der Leistungen des Arbeitgebers vermögenswirksam zu sparen.

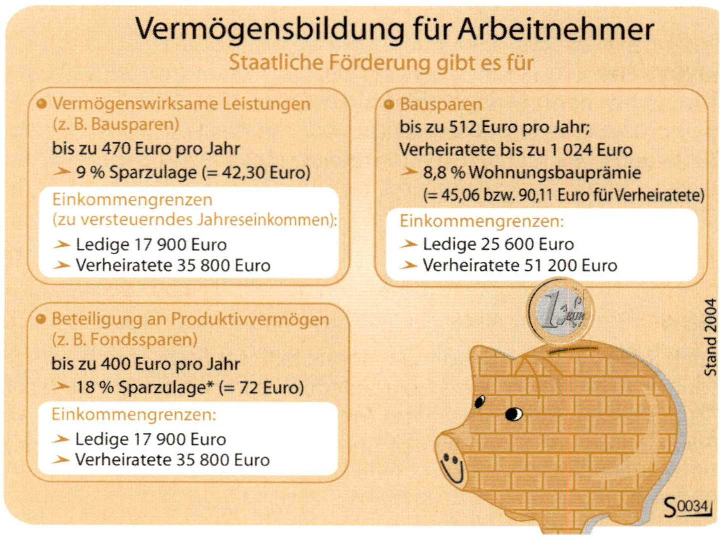

Arbeitnehmer und Arbeitnehmerinnen mit einem zu versteuernden Einkommen von 17 900,00 € bei Ledigen und 35 800,00 € bei Verheirateten erhalten eine Sparzulage. Sie beträgt 9 %, wenn die vermögenswirksame Leistung auf einen Bausparvertrag eingezahlt wird. (Siehe Schaubild auf S. 322.)

Neben dem Bausparen, in das bis zu 470,00 € VL-Leistung pro Jahr fließen kann, sind auch folgende Verträge, in die bis zu 400,00 € VL-Leistung pro Jahr fließen kann, zulagenberechtigt[1] [§ 13 II VermBG]:

- Sparbeiträge aufgrund eines Sparvertrags über Wertpapiere oder andere Vermögensbeteiligungen zum Erwerb von Aktien, Wandelschuldverschreibungen und Anteilscheinen;
- Sparbeiträge zur Begründung oder zum Erwerb eines Geschäftsguthabens bei einer Genossenschaft, zur Übernahme oder zum Erwerb einer Beteiligung eines Geschäftsanteils an einer GmbH, zum Erwerb einer Beteiligung als stiller Gesellschafter am Unternehmen des Arbeitgebers, zur Begründung oder Erwerb einer Darlehensforderung gegen den Arbeitgeber sowie zur Begründung und zum Erwerb eines Genussrechts am Unternehmen des Arbeitgebers;
- Aufwendungen aufgrund eines Wertpapier-Kaufvertrags sowie eines Beteiligungs-Vertrags oder Beteiligungs-Kaufvertrags.

Die Zulage beträgt bei dieser Anlage (Beteiligung an Produktivvermögen) 18 %.

Der Antrag auf Gewährung der Sparzulage muss im Rahmen der Einkommensteuererklärung oder der Arbeitnehmerveranlagung gestellt werden. Sie wird erst mit Ablauf der Sperrfrist (i. d. R. sechs Jahre) fällig.

Wohnungsbauprämie. *Zusätzlich* zu den vermögenswirksamen Leistungen können Alleinstehende 512,00 € und Verheiratete 1 024,00 € *jährlich prämienbegünstigt* sparen, wobei allerdings nur die Anlage aufgrund eines Bausparvertrags bzw. Aufwendungen zum Bau, Ausbau oder zur Erweiterung eines Wohngebäudes oder einer Eigentumswohnung prämienbegünstigt sind. Die Prämie beträgt für prämienbegünstigte Sparleistungen 8,8 %. Vermögenswirksame Sparleistungen sind nicht prämienbegünstigt. Auf sie wird eine 9 %ige Arbeitnehmer-Sparzulage gezahlt [§§ 2, 2a, 3 I WoPG].

Auch der Kreis der prämienbegünstigten Bausparer ist beschränkt. Das zu versteuernde Einkommen der Alleinstehenden darf nicht mehr als 25 600,00 €, das der Verheirateten (bei Zusammenveranlagung) nicht mehr als 51 200,00 € betragen. Maßgeblich für die Prämiengewährung ist jeweils das Einkommen des Sparjahrs. Die Bausparförderung gilt auch für Jugendliche ab dem 16. Lebensjahr [§ 3 II WoPG].

Sonstige vermögenspolitische Maßnahmen. Mittelbar dient auch eine *progressive Gestaltung des Einkommensteuertarifs* der Vermögensbildung, weil dadurch Personen mit niedrigeren Einkommen in die Lage versetzt werden, einen Teil ihres Einkommens zu sparen, d. h. Vermögen zu bilden. Auch hohe *Freibeträge* für Einkommen aus Kapitalvermögen helfen, Eigenkapital zu bilden.

Auch im Rahmen des Wohnungsbaus hilft der Staat durch verschiedene Zuschüsse (z. B. bei der Anschaffung von Solaranlagen) und mit zinsgünstigen Darlehen (z. B. bei CO_2-Gebäudesanierungsprogramm, Programm „Öko Plus“) sowie beim Bau bzw. Kauf und der Renovierung von Eigenheimen und Eigentumswohnungen Vermögen zu bilden.

1 Die staatliche Förderung der Vermögensbildung der Arbeitnehmer ist im Vermögensbildungsgesetz (Fünftes Vermögensbildungsgesetz) geregelt.

Schließlich trägt auch die steuerliche Begünstigung zahlreicher Versicherungen (z. B. Lebensversicherungen) zur Vermögensbildung der Arbeitnehmer bei.

Übersicht

Ansatzpunkte zur Beeinflussung der personellen Verteilung

Faktorpreise	← Lohnpolitik, Arbeitsmarktpolitik
x Faktormengen	← Vermögenspolitik, Bildungs- und Ausbildungspolitik, Beeinflussung der Vererbung von Vermögen
= Bruttoeinkommen	**Primärverteilung**
– Abgaben	← Steuerpolitik, Finanzpolitik, Politik der sozialen Sicherung
+ Transfers	
= Nettoeinkommen	**Sekundärverteilung**
↓	← Preispolitik, Stabilitätspolitik
Nettorealeinkommen	**personelle Verteilung der realen verfügbaren Einkommen**

12.2.12 Umweltpolitik

12.2.12.1 Ursachen und Wirkungen der Umweltbelastung

Es wurde bereits an anderer Stelle auf den Zusammenhang zwischen quantitativem Wirtschaftswachstum und Umweltzerstörung hingewiesen, die sich u. a. in Schäden zeigt, die aufgrund der Luftverschmutzung, Wasserverunreinigung, Bodenverseuchung und Lärmbelästigung entstehen.[1]

Die Umweltschäden sind schwer messbar, daher auch nicht im Inlandsprodukt enthalten. Wohl aber gehen die Reparaturkosten – soweit diese Schäden überhaupt reparabel sind – in die Inlandsproduktberechnung ein (z. B. Arztkosten, Kosten der Wiederaufforstung, Kosten der Wasseraufbereitung, Sanierung so genannter Altlasten usw.).

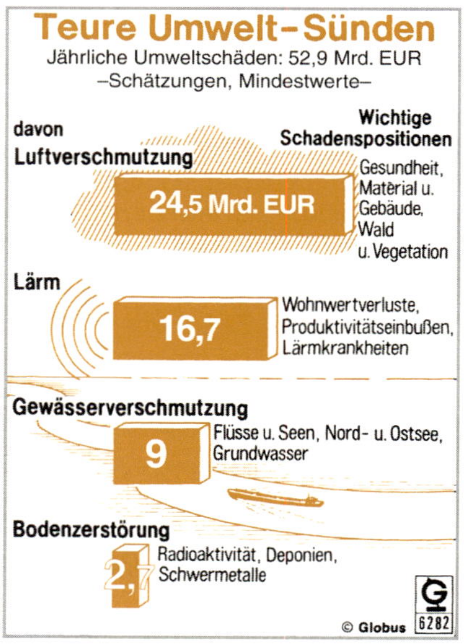

Obwohl die Messung von Umweltschäden sehr problematisch ist, hat Professor Dr. Wicke, ehemals Direktor am Umweltbundesamt, eine Schätzung versucht.

Der Umwelt-Wissenschaftler kam zu dem Ergebnis, dass der jährliche Schaden eine Mindesthöhe von 52,9 Mrd. € hat. Obwohl er immer wieder betonte, dass der tatsächliche Schaden weit höher liegen dürfte, nannte er diesen Betrag. Er wollte erstens die Größenordnung deutlich machen; zweitens aber auch zeigen, dass das Problem trotz seiner Größe nicht unlösbar ist. Denn gemessen an der wirtschaftlichen Gesamtleistung sind das „nur" sechs Prozent. Dr. Wicke wollte damit sagen, dass wir reich genug sind, um bei entsprechender Anstrengung mit dem Problem der Verhütung und der Beseitigung von Umweltschäden fertig zu werden (statistische Angaben: Wicke, „Die ökologischen Milliarden").

1 Siehe auch Kap. 3.3.1.

Luftverschmutzung. Die Luft wird mit zahlreichen Stoffen belastet, z.B. mit anorganischen Gasen (Schwefeldioxid, Stickoxide, Kohlenmonoxid, Kohlendioxid), Staub und flüchtigen organischen Verbindungen.

Kohlendioxid (CO_2) wird – außer seiner natürlichen Entstehung (z.B. durch Pflanzenatmung) – hauptsächlich bei der Verbrennung fossiler Stoffe (Kohle, Erdöl) sowie durch die Brandrodung der Regenwälder an die Atmosphäre abgegeben. Die Zunahme der CO_2-Konzentration in der Luft verstärkt den Treibhauseffekt und führt zur Erhöhung der Temperatur an der Erdoberfläche, also zu einer Veränderung des Erdklimas.

Kohlenmonoxid (CO) entsteht bei unvollständiger Verbrennung in Motoren und Feuerungsanlagen. Das Kohlenmonoxid ist für die meisten Tiere und für den Menschen giftig.

Stickstoffoxide sind Oxide des Stickstoffs, also vor allem Stickstoffmonoxid (NO) und Stickstoffdioxid (NO_2). Stickstoffoxide (kurz: Stickoxide) entstehen bei Verbrennungsvorgängen durch Oxidation des Stickstoffs, der in den Brennstoffen und in der Verbrennungsluft enthalten ist, z.B. in Kraftwerken, in Flugzeugturbinen und Automotoren. Katalysatoren verringern die Stickoxide. Stickoxide tragen u.a. zum sauren Regen – ein wichtiger Verursacher des Waldsterbens – bei.

Schwefeldioxid (SO_2) wird bei der Verbrennung schwefelhaltiger Substanzen wie z.B. Braunkohle, Steinkohle und Öl freigesetzt. Schwefeldioxid ist die Hauptursache für den sauren Regen.

Organische Verbindungen stammen aus dem Kraftfahrzeugverkehr (Formaldehyd-Emissionen, Kraftstoffverdunstung), aus Lecks in der Chemie und der Mineralölindustrie und aus dem Einsatz von Lösemitteln bei Lacken, Farben, Klebern usw.

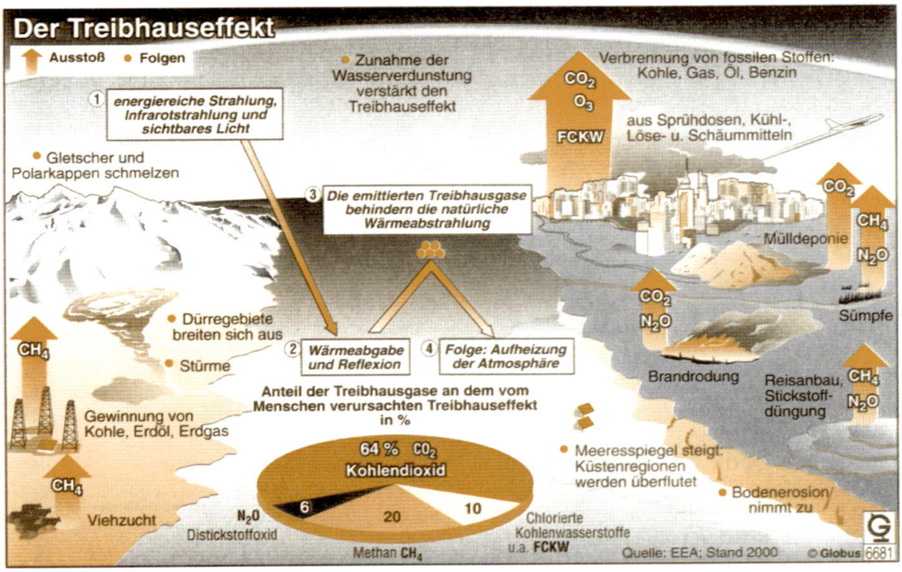

Wasserverunreinigung. Schwefeldioxid und Stickoxide oxidieren in der Atmosphäre teilweise zu Schwefel- bzw. Salpetersäure, die mit dem Regenwasser wieder auf die Erde niedergehen. Sie waschen Nährstoffe aus dem Boden und setzen giftige Schwermetalle frei. Auf diese Weise werden – auch ohne unmittelbare Abwassereinleitungen – Flüsse, Seen und Meere belastet. In Skandinavien wurden die Flüsse und Seen hauptsächlich durch die sauren Niederschläge geschädigt (Fischsterben).

Die übermäßige Düngung mit Gülle und Handelsdünger belastet die Gewässer u. a. mit Nitrat. Die Gefahr für die Nord- und Ostsee rührt hauptsächlich aus der landwirtschaftlichen Düngung. Weiterhin belasten Pflanzenschutzmittel nicht nur die Böden, sondern auch Flüsse, Seen und Meere.

Hinzu kommen die unmittelbaren Einleitungen in die Gewässer mit mehr oder weniger ausreichend vorgeklärten Abwässern aus privaten Haushalten, Handel und Industrie. Ferner tragen Chemieunfälle zur weiteren Gewässer-, Boden- und Luftbelastung bei.

Bodenverseuchung. Luftverschmutzung und Bodenverseuchung hängen eng zusammen, denn die in die Luft abgegebenen Schadstoffe kehren – häufig in chemisch umgewandelter Form – mit dem Regen wieder zur Erde und in die Gewässer zurück (z. B. Radioaktivität).

Unmittelbar wird der Boden durch Düngemittel, Pflanzenschutzmittel und Insektenvertilgungsmittel verseucht, mit der Folge, dass auch das Grundwasser in Mitleidenschaft gezogen wird.

Bei der Abwasserbehandlung in Kläranlagen fällt Schlamm als Restprodukt an. Wegen seines Gehalts an organischen Substanzen, Phosphor und Stickstoff eignet sich der Klärschlamm prinzipiell für die Verwendung in der Landwirtschaft. Da er häufig zu hohe Schadstoffmengen (Schwermetalle) enthält, darf er jedoch nur in begrenztem Maß genutzt werden. Wird er dennoch ausgebracht, wird der Boden zusätzlich belastet.

Lärmbelastung. Die Hauptursachen der Lärmbelastung sind die zunehmende Technisierung und die hohe Besiedlungsdichte.

Als Lärm werden alle Geräusche bezeichnet, die den Menschen stören, belästigen oder gesundheitlich gefährden können. Das menschliche Ohr kann Schallschwingungen zwischen etwa 16 Hertz (tiefe Töne) und 20 000 Hertz (hohe Töne) wahrnehmen, und zwar umso lauter, je mehr Energie die durch die Luft übertragenen Schallwellen aufweisen. Die Stärke des Schalls wird in Dezibel (dB) gemessen. Ein Anstieg des Lärmpegels um 10 dB bedeutet eine Verdoppelung der Lautstärke.

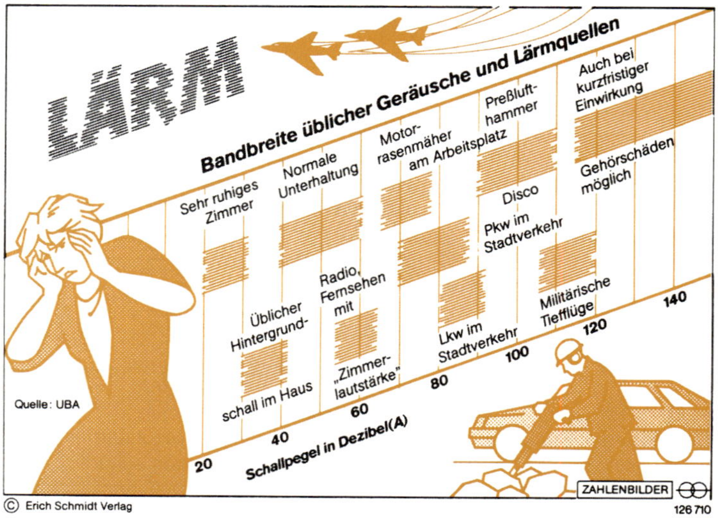

126 710

12.2.12.2 Voraussetzungen staatlicher Umweltpolitik

Eine wirkungsvolle Umweltpolitik hat u.a. folgende Voraussetzungen:

Schaffung eines Umweltbewusstseins. Eine der wichtigsten Voraussetzungen für eine umweltschonende Wirtschaftspolitik ist die Veränderung des Bewusstseins zumindest der Mehrheit der Bevölkerung.

Solange z.B. noch Schüler Behältnisse aller Art ungeniert in die Schulhöfe werfen, Touristen ihre Abfälle an den Park- und Rastplätzen hinterlassen, Autofahrer ihre Motoren im Stand laufen lassen, Verbraucher oft aufwändig verpackte Lebensmittel kaufen, Motorrad- und Autofahrer an Sonn- und Feiertagen Hunderte von Kilometern fahren, Familienväter den Hausmüll im nächstgelegenen Bach oder Wald „entsorgen", Landwirte ihre Spritz- und Düngemittel nach dem Motto „viel bringt viel" ausbringen, Betriebsleiter giftige Abwässer in die Flüsse leiten lassen, solange also jeder, ob Privater, Unternehmer, Angestellter, Arbeiter, Beamter, Soldat oder Rentner, Auszubildender, Schüler oder Student, den Umweltschutz den „anderen" überlässt, solange ist es um eben dieses Umweltbewusstsein schlecht bestellt.

Ein geändertes Umweltbewusstsein ist aber erforderlich, weil die Politiker, die letztlich die Entscheidungen treffen, natürlich nur dann die erforderlichen Umweltschutzmaßnahmen befürworten, wenn sie die Mehrheit der Bevölkerung hinter sich wissen.

Aber: Die Veränderung des Bewusstseins allein genügt nicht. Es muss vielmehr ein neues Wirtschafts- und Gesellschaftsmodell geschaffen werden, das alle wirtschaftlichen Ziele und Handlungen dann als richtig begreift, wenn sie umweltschonend sind, und alle diejenigen als falsch (als schädlich) ansieht, wenn sie die Umwelt schädigen.

Verfolgung des Verursacherprinzips. Schließlich muss allgemein dem Verursacherprinzip Geltung verschafft werden. Das Verursacherprinzip verlangt, dass alle Kosten denjenigen Leistungen zuzurechnen sind, auf die die Kosten zurückzuführen sind. Auf die Umweltpolitik übertragen bedeutet dies, dass derjenige die Kosten zur Vermeidung, Beseitigung oder zum Ausgleich einer Umweltbelastung zu tragen hat, der für ihre Entstehung verantwortlich gemacht werden kann. Die Durchsetzung des Verursacherprinzips dient der Internalisierung von Kosten.

Beispiel:

Bislang tragen die Hersteller bzw. Verwender aufwändiger und umweltbelastender Verpackungsmaterialien nicht deren Entsorgungskosten. Sie „externalisieren" ihre Kosten, d.h., die Kosten müssen von der „Außenwelt" (der Umwelt) der Hersteller bzw. Verwender bezahlt werden. Mit der Erhebung einer Umweltsteuer auf diese Produkte werden die Kosten „internalisiert", d.h., die Kosten erscheinen in den Kalkulationen der Verursacher.

Beachtung des Vorsorgeprinzips. Dieser Grundsatz der Umweltpolitik verlangt, dass Umweltgefahren vorausschauend erkannt und vorbeugend vermieden werden.

Beispiel:

Bereits in der Planungsphase privater und öffentlicher Maßnahmen (z. B. Bauplanungen) prüfen staatliche Behörden, ob bei den zu genehmigenden Projekten schädliche Immissionen (Einwirkungen auf Pflanzen, Tiere und Menschen) zu erwarten sind (Umweltverträglichkeitsprüfung).

Durchsetzung des Kooperationsprinzips. Neben dem Verursacher- und dem Vorsorgeprinzip stellt das Kooperationsprinzip eine weitere Säule der Umweltpolitik dar. Das Kooperationsprinzip verlangt das enge Zusammenwirken (Kooperieren) von Unternehmen, privaten Haushalten, staatlichen Stellen und Verbänden in Angelegenheiten des Umweltschutzes.

Beispiele:

Ein großer Brillengestellhersteller verzichtet seit einiger Zeit auf die Herstellung von Brillen mit Schildpatt-Fassungen – ein konsequenter Schritt hin zum Artenschutz der Schildkröten. Eine Kaufhausgruppe hat 2000 Artikel aus Umweltgründen ausgetauscht oder völlig ausgelistet, zum Beispiel alle Sprays mit FCKW als Treibmittel. Ein bekannter Kosmetikhersteller verzichtet ebenfalls auf den Vertrieb derartiger Sprays. Eine Lebensmittelgruppe appelliert in einem offenen Brief an ihre Lieferer, auf unnötige Verpackungen zu verzichten. Warum dies alles? Die Marketing-Strategen haben erkannt, dass sich das „Öko-Marketing" auszahlt, weil es die Mitarbeiter motiviert und weil die Zahl der umweltbewussten Kunden zunimmt.

Hinzu kommt das „Öko-Sponsoring", d. h. die Leistung von Spenden für Wiederherstellungsmaßnahmen (z. B. Wiederaufforstung) und/oder Zahlungen an Umweltverbände [z. B. GREENPEACE, ROBIN WOOD, World Wildlife Fund (WWF), Bund für Umwelt und Naturschutz Deutschland (BUND) und der Deutsche Bund für Vogelschutz (DBV)]. Diese Verbände nehmen in der Regel Spenden nur dann an, wenn umweltschädigende Produkte in großem Umfang vom Markt genommen werden.

Käme es zusätzlich noch zu einer Verlagerung des Konsums hin zu den umweltverträglichsten Produkten, dann wäre der Umweltschutz in einigen Jahren ohne langwierige und oft lückenhafte Gesetzgebung ein großes Stück vorangekommen, ein unbestreitbarer Vorteil des Kooperationsprinzips im Rahmen der sozialen Marktwirtschaft.

Umsetzung des Prinzips der Nachhaltigkeit. Ursprünglich verlangte der Grundsatz der Nachhaltigkeit (engl. Sustainability), ökologische Maßnahmen so zu gestalten, dass eine *Dauerwirkung* erzielt werden kann. Seit dem Umweltgipfel von Rio de Janeiro im Jahr 1992 hat der Begriff der Nachhaltigkeit jedoch eine wesentliche Ausweitung erfahren (siehe Kasten). Die Vertreter von 170 Industrie- und Entwicklungsländern hatten sich auf das gemeinsame Ziel geeinigt, ein Gesellschaftsmodell zu entwickeln, das *wirtschaftliche Entwicklung, soziale Gerechtigkeit* und *Umweltschutz* erdweit (global) verwirklichen soll.

Dimensionen der Nachhaltigkeit

Das Prinzip der Nachhaltigkeit, das dem Leitbild des „Sustainable Development" zugrunde liegt, ist in der Forstwirtschaft als eine physisch-naturale Regel entwickelt worden: Der Wald wird „nachhaltig" genutzt, wenn nur so viel Holz geschlagen wird, wie auch nachwächst. Allgemein formuliert bedeutet Nachhaltigkeit in diesem Sinne, natürliche Ressourcen, die der Mensch nutzt, so zu bewirtschaften, dass ihr Potenzial auf Dauer erhalten und unbegrenzt nutzbar bleibt.

Sowohl in der Forstwirtschaft als auch in der allgemeinen wirtschafts- und umweltpolitischen Diskussion wird inzwischen der Nachhaltigkeitsbegriff umfassender verstanden. Neben der naturalen, ökologischen Komponente schließt er im heutigen Verständnis auch ökonomische und soziale Dimensionen mit ein. Inhaltlich werden diese Dimensionen wie folgt abgegrenzt.

- Die ökonomische Dimension (Erhaltung und Zunahme des Wohlstands durch wirtschaftliche Entwicklung): Aus der Zielsetzung, alle heute lebenden und künftigen Generationen ausreichend mit Gütern und Dienstleistungen zu versorgen, ergibt sich die Aufgabe, für angemessenes Wirtschaftswachstum zu sorgen. Das Konzept des „Sustainable Development" ist damit mit der allgemeinen Frage nach Sinn, Zweck und Struktur des wirtschaftlichen Wachstums verknüpft.
- Die soziale Dimension (Schaffung gesellschaftlicher Werte und sozialer Sicherungssysteme): Die ungleiche Verteilung des Wohlstands und des Wirtschaftswachstums zwischen den heute lebenden Menschen und den zukünftigen Generationen stellt die Frage nach der gerechten Verteilung der Güter auf der Erde.
- Die ökologische Dimension (Schutz der natürlichen Lebensgrundlage): Das Nachhaltigkeitsprinzip setzt auf angemessenes und gerecht verteiltes Wirtschaftswachstum bei gleichzeitiger Sicherung der natürlichen Lebensgrundlagen.

Quelle: iwd, Wirtschaft und Unterricht, Nr. 7 vom 28. August 1997, S. 3.

Vorgaben für die Gestaltung der globalen Entwicklung enthält der von der Rio-Konferenz verabschiedete Aktionskatalog, der als **„Agenda 21"** bezeichnet wird.

Die Agenda 21 beschreibt, was in den einzelnen Regionen der Erde und von den verschiedenen Akteuren weltweit koordinierend getan werden kann, um dem Prinzip der Nachhaltigkeit unter ökologischen, ökonomischen und sozialen Gesichtspunkten gerecht zu werden.

Beispiele:

Änderung der Konsumgewohnheiten der Industrieländer – Schutz der Atmosphäre – Erhaltung der Artenvielfalt – Bekämpfung der Wüstenbildung – Verhinderung der weiteren Entwaldung der Erde – Beschreibung der Rollen, die den verschiedenen Einrichtungen (z. B. Staat, einzelnen Bevölkerungsgruppen, wissenschaftlichen Institutionen) im Prozess der nachhaltigen Entwicklung zukommen.

12.2.12.3 Instrumente staatlicher Umweltpolitik

In einer sozialen Marktwirtschaft sind Instrumente der staatlichen Umweltpolitik wünschenswert, die in *marktkonformer* Weise Nachfrage und Angebot in die gewünschte Richtung lenken. *Marktkonträre* Maßnahmen sollten die Ausnahme bleiben.

Marktkonforme Maßnahmen

Mit Hilfe marktkonformer Maßnahmen strebt der Staat eine preisgesteuerte Beeinflussung des Verhaltens der Wirtschaftssubjekte an. Mit Hilfe von **Umweltabgaben** sollen als umweltschädigend erkannte Maßnahmen und Produkte so stark belastet werden, dass in absehbarer Zeit sowohl Nachfrage als auch Angebot reagieren werden. Umgekehrt sollen alle als umweltschonend erkannten Maßnahmen und Produkte so stark entlastet (erforderlichenfalls auch subventioniert) werden, sodass sich Nachfrage und Produktion in die gewünschte Richtung bewegen.

1. Abgaben

Abgaben lassen sich u. a. in Steuern und Sonderabgaben einteilen.

Steuern sind dadurch gekennzeichnet, dass es sich um Geldleistungen der Bürger handelt, für die der Staat keine konkrete Gegenleistung erbringt. Sie werden zur allgemeinen Finanzierung eines öffentlichen Haushalts herangezogen. Das schließt nicht aus, dass Steuern der Erreichung bestimmter wirtschafts- und sozialpolitischer Ziele dienen können, z. B. verteilungspolitischen, beschäftigungspolitischen, wachstumspolitischen oder strukturpolitischen Zielen.

Umweltsteuern (Ökosteuern) haben somit den Zweck, umweltpolitischen Zielen zu dienen. Sie sollen die Nachfrage der Wirtschaftssubjekte in umweltfreundlichere Bahnen lenken. Sie fließen in den allgemeinen Staatshaushalt und *können* dazu verwendet werden, an anderer Stelle die Steuerbelastung der Bürger und der Unternehmen zu verringern (z. B. Subventionierung umweltschonender Produkte).

Sonderabgaben dürfen nur erhoben werden, wenn eine besondere Beziehung zwischen dem Kreis der Abgabenpflichtigen und dem mit der Abgabe verfolgten Zweck besteht. Belastet man also z. B. Industriebetriebe mit einer Abwasserabgabe, müssen die eingenommenen Mittel für den Bau von Kläranlagen oder für einen ähnlichen Zweck eingesetzt werden.

Umweltsonderabgaben wirken im Übrigen wie Umweltsteuern. Ihr Vorteil ist, dass sie der Umwelt wieder zugute kommen. Nachteilig ist, dass sie die Steuerlastquote erhöhen.

Beispiele:

Abwasserabgabe (in der Bundesrepublik Deutschland seit 1976 eingeführt), Luftschadstoffabgaben wie z. B. eine CO_2-Abgabe (in der Diskussion), Deponieabgaben, Abgaben auf einzelne Produkte (in der Diskussion befinden sich z. B. Abgaben auf Batterien, Phosphatdünger, phosphathaltige Waschmittel, Farben, Lösungsmittel und tropische Hölzer).

2. Staatliche Zuschüsse

Ebenso wie die Erhebung von Abgaben ist die Bezuschussung (Subventionierung) umweltschonender Produktionsverfahren und Produkte eine marktkonforme Maßnahme der Umweltpolitik. Umweltsubventionen sollen das Angebot verbilligen und so die Nachfrage auf umweltschonende Produkte umlenken.

Die staatliche Förderung kann aus unmittelbaren Zuschüssen (direkten Subventionen), Krediten oder Bürgschaften bestehen.

Beispiel:

Förderung von Vorhaben zum Schutz der Umwelt unter besonderer Berücksichtigung der mittelständischen Wirtschaft nach § 2 Abs. 1 UStiftG (Gesetz zur Errichtung einer Stiftung „Deutsche Bundesstiftung Umwelt“).

Eine weitere Form staatlicher Bezuschussung ist die indirekte Subventionierung in Form von Steuervergünstigungen und öffentlichen Entschädigungen.

Beispiele:

Erhöhte Absetzungen für Wirtschaftsgüter, die dem Umweltschutz dienen (§ 7 d EStG). – Erstattung für bauliche Schallschutzmaßnahmen nach § 9 FluglärmG. Steuerliche Förderung von Rußpartikelfiltern für Dieselfahrzeuge.

3. Umwelthaftungsrecht

Das Umwelthaftungsrecht hat die Aufgabe, die Umweltgefährdung von Produktionsanlagen und Produkten zu überprüfen und durch Vorsorgemaßnahmen die finanziellen Risiken und somit die Entstehung von Ersatzansprüchen zu vermindern. Je strenger die Haftungsvorschriften sind, desto mehr wird der Staat vom Erlass immer neuer Umweltvorschriften entlastet. Umweltkosten werden internalisiert (von den Unternehmen übernommen), auch dann, wenn sie sich versichern lassen. Die Versicherungsunternehmen werden hohe Risiken mit hohen Versicherungsbeiträgen, niedrige Risiken mit niedrigen Beiträgen belasten.

Das Haftungsrecht allein kann nur dort zum Zuge kommen, wo ein unmittelbarer Zusammenhang zwischen Verursacher und Wirkung besteht.

Beispiel:

Ein Landwirt spritzt seine Obstanlage mit für Fische gefährlichen Substanzen. Daraufhin sterben alle Fische im nahe gelegenen Teich.

In allen Fällen, in denen mehrere Ursachen zu Umweltschäden führen, kann das Umwelthaftungsrecht nicht weiterführen.

Beispiel:

Nach derzeitigen Kenntnissen hat das Waldsterben mehrere Ursachen, z. B. den sauren Regen, der wiederum aus zahlreichen Quellen stammt, die Ozonbelastung bei trockenen Sonnentagen, Monokultur, Wildverbiss. Die geschädigten Waldeigentümer können deshalb keine Schadensersatzansprüche geltend machen.

Umwelthaftungsgesetz. Für die Bundesrepublik Deutschland gilt das Umwelthaftungsgesetz (UmweltHG), das 1991 in Kraft getreten ist. Durch das UmweltHG wurde eine umfassende Gefährdungshaftung eingeführt. Das bedeutet, dass der Betreiber einer Anlage für Schäden an Personen und Sachen auch dann haftet, wenn ihn kein Verschulden trifft. Das Gesetz bestimmt, dass sich die Betreiber bestimmter Anlagen um eine Deckungsvorsorge kümmern müssen, damit sie ihren gesetzlichen Verpflichtungen im Fall eines Schadens nachkommen können. § 15 UmweltHG sieht allerdings eine Haftungshöchstgrenze vor, die die Unternehmen vor dem wirtschaftlichen Ruin schützen soll.

Das Gesetz über die Haftung für fehlerhafte Produkte (Produkthaftungsgesetz) dient in erster Linie dem Verbraucherschutz. Wird durch den Fehler eines Produkts jemand getötet, sein Körper oder seine Gesundheit verletzt oder eine Sache beschädigt, ist der Hersteller verpflichtet, dem Geschädigten den daraus entstehenden Schaden zu ersetzen. Im Fall der Sachbeschädigung gilt dies nur, wenn die fehlerhafte Sache für den privaten Ge- und Verbrauch bestimmt und hierzu von dem Geschädigten hauptsächlich verwendet worden ist.

4. Umweltstrafrecht

Dem Umweltstrafrecht obliegt es, umweltschädigendes Verhalten als Straftaten oder Ordnungswidrigkeiten zu ahnden. Ordnungswidrigkeiten unterscheiden sich von den Straftaten dadurch, dass sie nicht mit einer Kriminalstrafe (Freiheitsstrafe, Geldstrafe), sondern mit einer *Geldbuße* belegt werden.

Straftatbestände finden sich vor allem im 28. Abschnitt des Strafgesetzbuches (StGB) „Straftaten gegen die Umwelt“.

Beispiel:

Wer unbefugt ein Gewässer verunreinigt oder sonst dessen Eigenschaften nachteilig verändert, wird mit Freiheitsstrafe bis zu fünf Jahren oder mit Geldstrafe bestraft (§ 324 StGB).

Ordnungswidrigkeiten sind in den einzelnen Umweltgesetzen geregelt.

Beispiel:

Wer eine Anlage entgegen einer vollziehbaren Untersagung nach § 25 BImSchG[1] betreibt, kann mit Geldbuße bis zu fünfzigtausend Euro belegt werden (§ 62 Abs. 1 Nr. 6 BImSchG).

Marktkonträre Maßnahmen

Zu den marktkonträren Maßnahmen gehören *Auflagen*, die Vorgabe von *Grenzwerten* und die Ausgabe von *Umweltzertifikaten*.

1. Auflagen

Die Auflagen unterscheidet man in *Ge- und Verbote*.

Verbote sind erforderlich, wenn auf umweltschädliche Produkte vollständig verzichtet werden kann.

Beispiele:

Ein Verbot enthält das DDT-Gesetz (Verbot der Herstellung, der Ein- und Ausfuhr, des Inverkehrbringens und der Anwendung von DDT und DDT-Zubereitungen). – Verbot der Anwendung umweltschädlicher Treibgase in Sprühdosen.

1 Bundes-Immissionsschutzgesetz.

Gebote sind Vorgaben für gefährliche Anlagen und für mögliche Emittenten umweltschädigender Stoffe. Leitgesetz für den Umweltpflegebereich „Immissionsschutz“[1] (Luftreinhaltung und Lärmbekämpfung) ist das Gesetz zum Schutz vor schädlichen Umwelteinwirkungen durch Luftverunreinigungen, Geräusche, Erschütterungen und ähnliche Vorgänge (Bundes-Immissionsschutzgesetz = BImSchG). Es wird durch das Gesetz zur Vermeidung von Luftverunreinigungen durch Bleiverbindungen in Ottokraftstoffen für Kraftfahrzeugmotore (Benzinbleigesetz – BzBlG) und das Gesetz zum Schutz gegen Fluglärm (Fluglärmgesetz) ergänzt. Der Schutz vor Gefahren der Kernenergie und der schädlichen Wirkung ionisierender Strahlen obliegt dem Gesetz über die friedliche Verwendung der Kernenergie und den Schutz gegen ihre Gefahren (Atomgesetz).

Ge- und Verbote (Auflagen) sind erforderlich, wo es um die unmittelbare Gefahrenabwehr geht. Der Erfolg soll durch Strafen und Bußgelder gesichert werden. Der Nachteil der Auflagen besteht darin, dass sie den umwelttechnischen Fortschritt hemmen, denn ist der Stand der Technik in einem Gesetz bzw. in einer Verordnung einmal festgeschrieben, gibt es für die Verursacher keinen Grund mehr, die vorgegebenen Grenzwerte mit einer fortgeschrittenen und möglicherweise teureren Technik zu unterschreiten.

2. Vorgabe von Grenzwerten

Einzelschadstoffe, die mit technischen Mitteln auf einen bestimmten Stand reduziert werden können, sind mit Hilfe von Grenzwerten zu verringern (z. B. Schadstoffe in Autoabgasen).

Das Problem der Vorgabe von Grenzwerten ist jedoch, dass diese auch noch unterboten werden könnten, die Wirtschaftssubjekte aber nicht einsehen, dass sie die Kosten für eine weitere Verringerung von Schadstoffen tragen sollen, wenn dies nicht gesetzlich vorgeschrieben ist.

3. Emissionshandel

Mit Hilfe von Umweltzertifikaten soll eine zu starke Beanspruchung der natürlichen Umwelt verhindert werden. Die Ausgabe der Zertifikate (= Berechtigungen) erfolgt durch eine staatliche Behörde. Die Summe der Nutzungsrechte wird von Staats wegen so gewählt, dass in einer Region ein bestimmtes Immissionsvolumen[2] je Periode nicht überschritten wird. Man spricht von der **„Glocke“** oder von einer **„Deckelung“.** Die Nutzungsrechte (Zertifikate) werden börsenmäßig gehandelt. Der Preis ergibt sich aufgrund von Angebot und Nachfrage.

Als **Anbieter** treten solche Betriebe auf, denen es bei dem Preis, den sie für ihre Zertifikate am Markt erzielen können, rentabler erscheint, ihre Emissionen durch Einbau von emissionsmindernden Maßnahmen zu verringern (z. B. durch Einbau von Filtern, Abgasreinigungsanlagen, Katalysatoren, Bau von Kläranlagen usw.). Als **Nachfrager** erscheinen die Betriebe, deren Vermeidungskosten höher sind als die Kosten des Zertifikatkaufs. Es kann sich hierbei um Betriebe mit veralteter Technik handeln. Zusatzbedarf an Nutzungsrechten kann auch bei Betriebserweiterungen oder Neugründungen entstehen.

Die **Glockenpolitik** trägt dazu bei, dass Produktionskosten, die bislang der Allgemeinheit angelastet wurden (= externe Kosten, social Costs), internalisiert werden (= interne Kosten).

---

1 Immission = das Einwirken von Luftverunreinigungen, Schadstoffen, Lärm, Strahlen usw. auf Menschen, Tiere und Pflanzen.

2 Immissionsvolumen = Umfang der zugelassenen Schadstoffeinleitung in die Umwelt.

Fällt die unentgeltliche Nutzung und Benutzung von Produktionsfaktoren der Allgemeinheit zur Last, spricht man von *externen Kosten.* Leitet z. B. ein Betrieb ungereinigte Abwässer in einen Fluss, werden u. a. die Fischwirtschaft, die Wasserwirtschaft und die privaten Haushalte geschädigt, weil die Wasserqualität abnimmt.

Unter *internen Kosten* versteht man den in Geld gemessenen und bezahlten Verbrauch von Produktionsfaktoren zum Zweck der Leistungserstellung. Externe Kosten werden dann zu internen Kosten, wenn z. B. der Staat die Betriebe durch entsprechende Auflagen zwingt, ihre umweltschädigenden Emissionen (z. B. Abwässer) zu reinigen *(Internalisierung externer Kosten).*

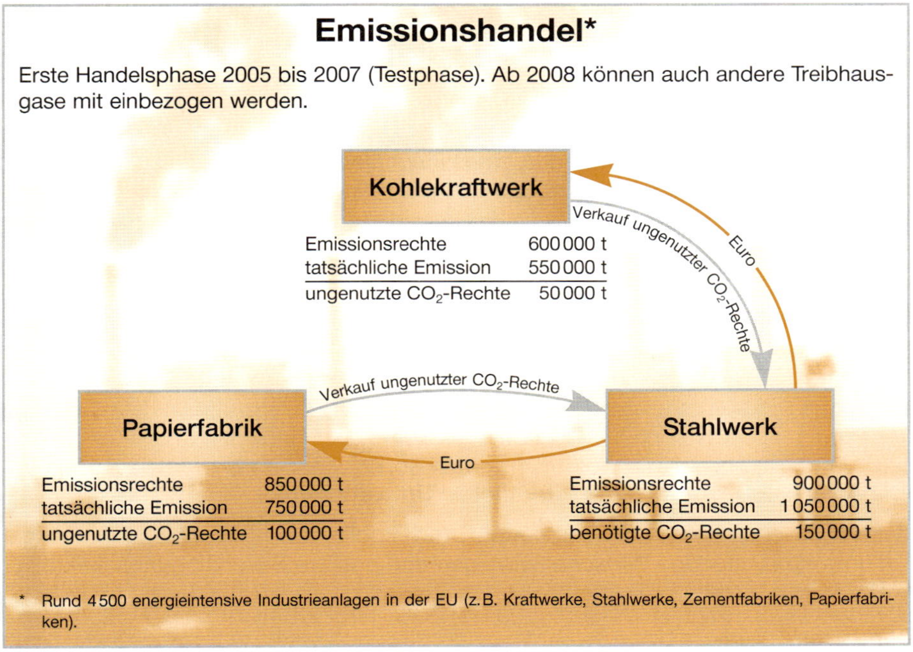

Die Glockenpolitik hat gegenüber der Festlegung von Grenzwerten den Vorteil, dass die Wirtschaft eines Staates oder die einer ganzen Staatengruppe auf *marktkonforme* Weise zu einem von Jahr zu Jahr sinkenden Gesamtausstoß von umweltschädlichen Stoffen gelenkt wird. Seit 1. Januar 2005 ist der **Emissionshandel** in der Europäischen Union eingeführt. Er beschränkt sich zunächst auf Kohlendioxid (CO_2).[1] In Deutschland legt z. B. der Zuteilungsplan für Emissionsrechte die Zuteilung der Emissionsberechtigungen (Zertifikate) für die einzelnen Kraftwerke und Industrieanlagen für die Jahre 2005 bis 2007 verbindlich fest.[2] Der Hintergrund: Deutschland hat sich im **Kyoto-Protokoll**[3] verpflichtet, nach und nach seine Treibhausgas-Emissionen bis 2012 auf 495 Millionen Tonnen zu ver-

1 Vor allem Kohlendioxid wird für den erdweiten (globalen) Temperaturanstieg (den „Treibhauseffekt") verantwortlich gemacht. Wenn der Anstieg nicht aufgehalten wird, werden nach den Prognosen der Klimaforscher katastrophale Klimaveränderungen eintreten.

2 Der Emissionshandel ist im Gesetz zur Neugestaltung des Umweltinformationsgesetzes und zur Änderung der Rechtsgrundlagen zum Emissionshandel vom 22. Dezember 2004 geregelt.

3 1997 verpflichteten sich die größten Industriestaaten in Kyoto (Japan) im Rahmen des Kyoto-Protokolls, ihre Kohlendioxid-Emissionen im Zeitraum von 2008 bis 2012 um mindestens fünf Prozent unter das Niveau von 1990 zu senken. Die Länder hatten unterschiedliche Verpflichtungen zur Emissionsreduktion akzeptiert, deren konkrete Ausgestaltung in Bonn verhandelt wird. So sieht das Kyoto-Protokoll neben der Reduktion von Emissionen im eigenen Land auch so genannte „flexible Mechanismen" vor. Die Länder können einen Teil ihrer Verpflichtungen im Ausland erfüllen. Die USA und Australien fühlen sich nicht an das Kyoto-Protokoll gebunden.

ringern. (Zur Information: Die zugelassene Ausstoßmenge an Kohlendioxid betrug im Jahr 2006 insgesamt 499 Millionen Tonnen.)

Die börsenmäßig in der gesamten EU handelbaren Zertifikate über die zugebilligten Emissionen werden kostenlos abgegeben. Das Management (die Führung) des Emissionshandels obliegt dem Umweltbundesamt (UBA), bei dem sich die Deutsche Emissionshandelsstelle (DEHSt) befindet, die die jährliche Zuteilung an die betreffenden Unternehmen auf deren Antrag hin übernimmt. Bei der DEHSt wird auch das nationale Emissionshandelsregister geführt, in dem die Emissionszertifikate und der Handel mit ihnen verbucht werden.

4. Umweltverträglichkeitsprüfung

Die Umweltverträglichkeitsprüfung (UVP) ist ein Instrument der Umweltvorsorgepolitik. Sie soll sicherstellen, dass vor Entscheidungen über öffentliche und private Vorhaben deren Umweltauswirkungen frühzeitig geprüft und angemessen berücksichtigt werden.

Die Umweltverträglichkeitsprüfung muss die Folgen abschätzen, die ein Vorhaben (z.B. Bau eines Kraftwerks, einer Fernstraße, eines Flughafens) auf Menschen, Tiere und Pflanzen, Boden, Wasser, Luft, Klima und Landschaft sowie Kultur- und sonstige Sachgüter haben kann.

Die Ergebnisse der Umweltverträglichkeitsprüfung sind bei der Entscheidungsfindung über die Zulassung eines Vorhabens zu berücksichtigen.

Das Gesetz über die Umweltverträglichkeitsprüfung (UVPG) ist seit 1990 in Kraft. Es basiert auf der Richtlinie des Rates der EG vom Juni 1985.

12.2.12.4 Wirtschaftliche Folgen staatlicher Umweltpolitik

Die wirtschaftlichen Folgen der skizzierten Umweltpolitik sind Beschäftigungsrückgänge in den umweltbelastenden Wirtschaftszweigen und positive Beschäftigungseffekte in den Umweltschutzindustrien.

Die meisten Wirtschaftswissenschaftler sind der Meinung, dass die positiven Beschäftigungseffekte überwiegen, d.h., dass langfristig der Umweltschutz kein „Jobkiller“ ist.

Kurzfristig führt der Strukturwandel in bestimmten Bereichen sicher zu sozialen Härten, die der Staat – also die Allgemeinheit – ausgleichen muss.

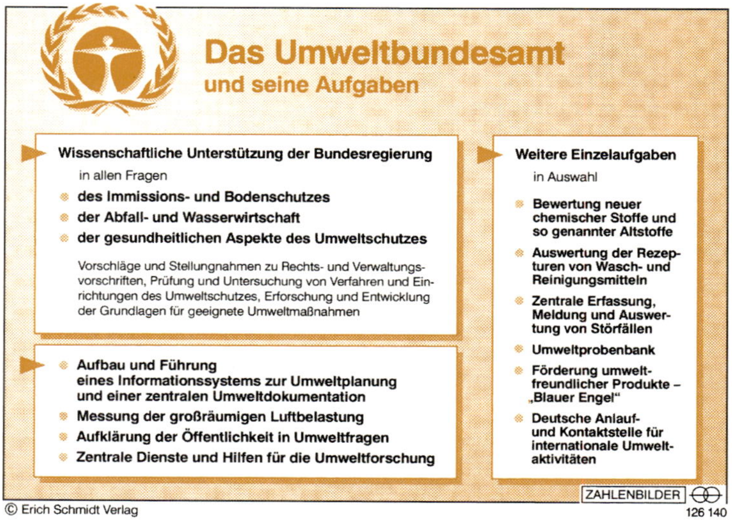

Zusammenfassender Überblick über umweltpolitische Maßnahmen des Staates

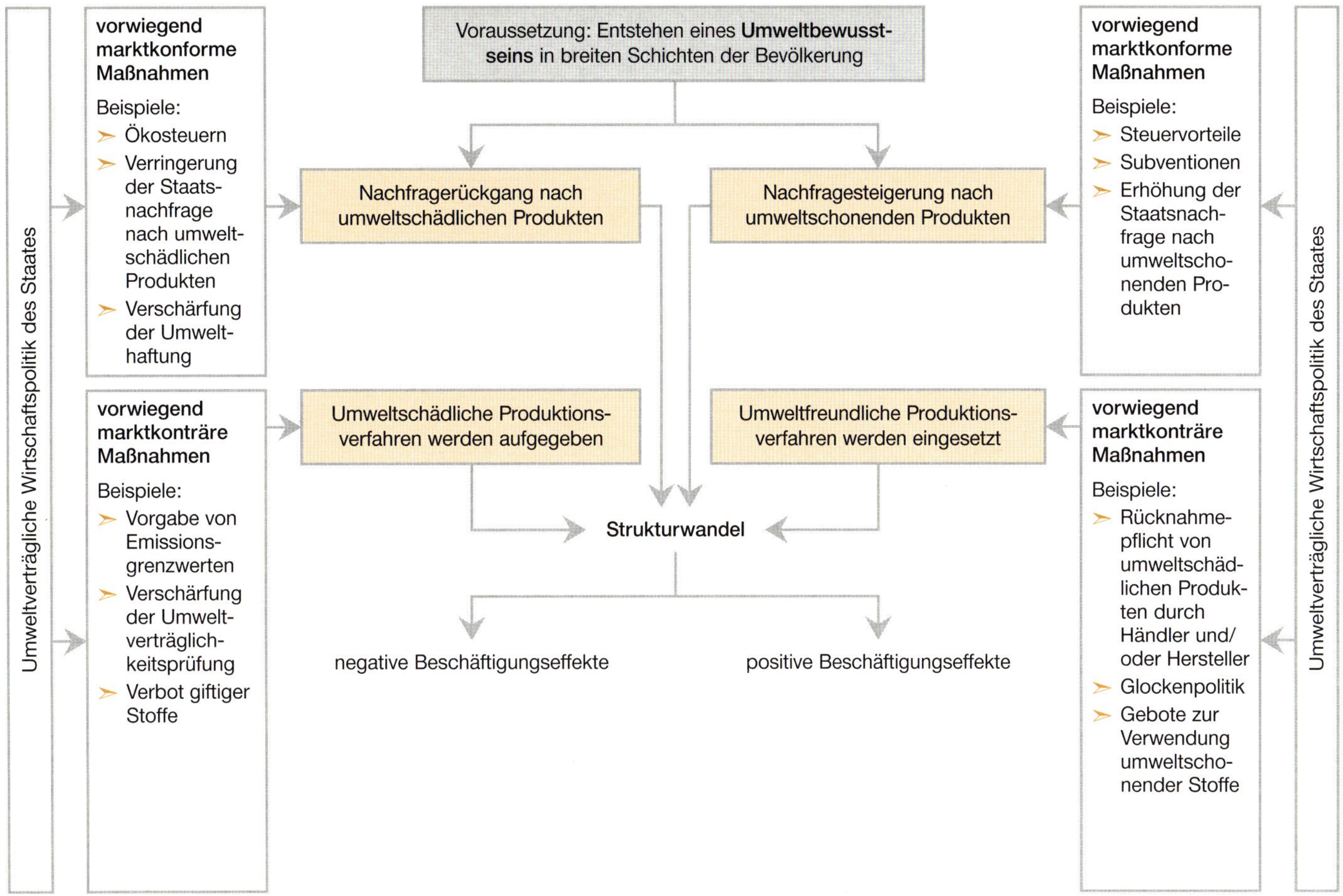

12.2.13 Maßnahmen der außenwirtschaftlichen Absicherung

12.2.13.1 Zahlungsbilanzungleichgewichte und Zahlungsbilanzgleichgewicht

Es wurde bereits im Kap. 11.2.1.3 (Außenwirtschaftliches Gleichgewicht) darauf hingewiesen, dass man nur dann genauere Aussagen über die Wirkungen von Zahlungsbilanzungleichgewichten machen kann, wenn man von den Zahlungsbilanzen einzelner Länder mit eigener Währung oder von der Zahlungsbilanz eines Währungsgebiets ausgeht. Das Problem besteht nämlich darin, dass die Warenverkäufe z. B. nach Großbritannien und nach Frankreich für die Bundesrepublik Deutschland zwar Exporte darstellen (beide Länder sind „Ausland"). Der Export nach Frankreich führt jedoch nicht zu Deviseneinnahmen, weil der französische Importeur mit Binnenwährung (also mit Euro) bezahlt. Der Export nach Großbritannien wird hingegen i. d. R. mit Fremdwährung (mit britischen Pfund) bezahlt, sodass der Geldumlauf im Euro-Währungsgebiet (in der WWU) steigt.

Die Wirkungen von Zahlungsbilanzungleichgewichten gegenüber Fremdwährungsgebieten sind:

- **Zahlungsbilanzüberschüsse** gegenüber Fremdwährungsgebieten (i. d. R. auf einen positiven Außenbeitrag zurückzuführen) bewirken, dass das Devisenangebot (die Exporterlöse) höher als die Devisennachfrage (für Importausgaben) ist. Der Geldumlauf im eigenen Währungsgebiet steigt. Es besteht Inflationsgefahr (importierte Inflation).
- **Zahlungsbilanzdefizite** gegenüber Fremdwährungsgebieten (i. d. R. auf einen negativen Außenbeitrag zurückzuführen) bewirken, dass die Devisennachfrage (für Importausgaben) höher als das Devisenangebot (die Exporterlöse) ist. Im eigenen Währungsgebiet verringert sich der Geldumlauf. Es besteht die Gefahr, dass Arbeitslosigkeit (Unterbeschäftigung) entsteht (Konjunkturrückgang).

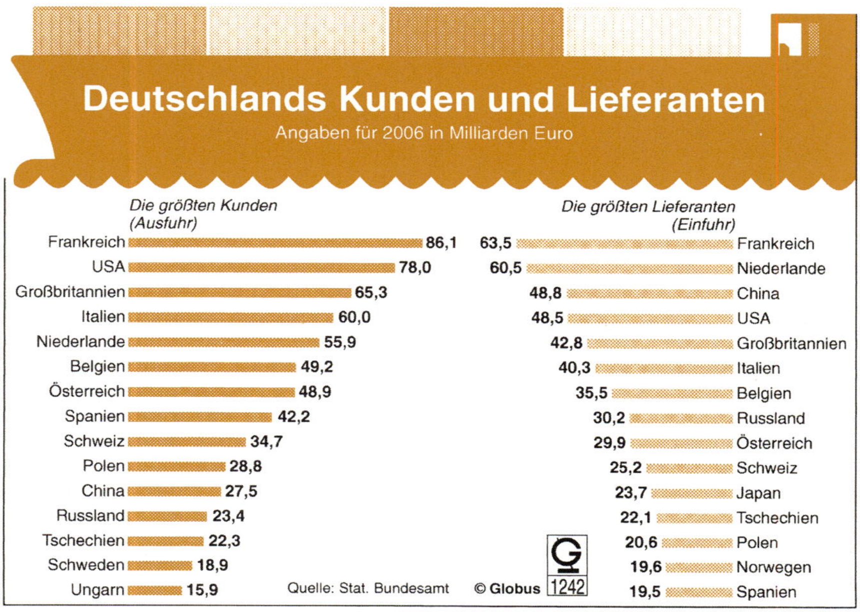

Es zeigt sich, dass langfristig weder dauernde Zahlungsbilanzüberschüsse noch -defizite wünschenswert sind, weil sie die Binnenkonjunktur nachteilig beeinflussen können. Gegen nachteilige Einflüsse von außen lässt sich die Wirtschaft am besten dadurch absichern, dass sowohl die Wirtschafts- als auch die Geldpolitik für eine ausgeglichene Zahlungsbilanz Sorge tragen. Das außenwirtschaftliche Gleichgewicht trägt so auf lange Sicht zur Preisniveau- und Beschäftigungsstabilisierung bei.

12.2.13.2 Unmittelbare Maßnahmen zur Beeinflussung der Zahlungsbilanz

1. System freier Wechselkurse

Bei frei schwankenden Wechselkursen (beim „Floating") haben die Regierungen nicht die Möglichkeit, unmittelbar auf das Devisenangebot bzw. auf die Devisennachfrage Einfluss zu nehmen, weil sich die Kurse auf einem freien Devisenmarkt einpendeln. Sie können nur mittelbar auf die Entwicklung der Zahlungsbilanz einwirken, indem sie beispielsweise die Exporte in Fremdwährungsländer fördern oder die Importe aus Fremdwährungsländern bremsen. Beim System freier Wechselkurse ist es vielmehr der Zentralbank überlassen, ob sie marktkonforme Eingriffe für erforderlich hält oder nicht.

Noch geringer ist der Einfluss der Regierungen einzelner Mitgliedsländer einer Währungsunion wie z. B. der EU auf die Entwicklung der Zahlungsbilanz. Hierzu wäre eine gemeinsame Wirtschaftspolitik aller Mitgliedsländer erforderlich.

Die Zentralbank kann Devisen kaufen (d. h. eigene Währung anbieten), wenn sie die Wechselkurse halten oder senken möchte (Stützungskäufe). Diese Maßnahme bewirkt, dass die Exporte gefördert und die Importe gebremst werden. Ein etwa vorhandenes Zahlungsbilanzdefizit wird verringert bzw. ein vorhandener Überschuss wird vergrößert.

Die Zentralbank kann Devisen verkaufen (d. h. eigene Währung nachfragen), wenn sie die Wechselkurse erhöhen möchte. Devisenverkäufe bewirken, dass die Exporte gebremst und die Importe gefördert werden. Ein etwa vorhandener Zahlungsbilanzüberschuss wird verringert bzw. ein vorhandenes Defizit vergrößert.

2. System relativ fester Wechselkurse

Bei festen Wechselkursen obliegt es den Regierungen (in Zusammenarbeit mit der Zentralbank), Wechselkurspolitik zu betreiben, denn dann besteht die Möglichkeit, die eigene Währung auf- oder abzuwerten.[1]

Liegt der Gleichgewichtskurs langfristig unter dem unteren Interventionspunkt, muss der Wechselkurs herabgesetzt, d. h. die eigene Währung abgewertet werden. Die Folge ist, dass die Exporte gefördert und die Importe gebremst werden. Es ist zu erwarten, dass sich infolgedessen ein Zahlungsbilanzdefizit verringert.

Liegt der Gleichgewichtskurs langfristig über dem oberen Interventionspunkt, muss der Wechselkurs heraufgesetzt, d. h. die eigene Währung aufgewertet werden. Die Folge ist, dass die Exporte gebremst und die Importe gefördert werden. Es ist zu erwarten, dass infolgedessen ein Zahlungsbilanzüberschuss abgebaut wird.

1 Siehe Kap. 10.2.3.

22 Richard/Hartmann/Boller – ISBN 987-3-8120-0173-1

Unmittelbare Maßnahmen zur Beeinflussung der Zahlungsbilanz	
Arten der Maßnahmen	**Zweck und Wirkungen**
1. Maßnahmen der Regierungen	
a) bei festen Wechselkursen	
aa) Aufwertung	Kurs zu niedrig; Importe werden gefördert, Exporte werden gebremst; Zahlungsbilanzüberschüsse werden abgebaut; Dämpfung der Hochkonjunktur; Verringerung der Preissteigerungsraten.
ab) Abwertung	Kurs zu hoch; Importe werden gebremst; Exporte werden gefördert; Zahlungsbilanzdefizite werden verringert, Konjunkturförderungsmaßnahme.
b) Übergang zu freien Wechselkursen	Abwehr von Spekulationen, Versuch, „natürlichen" Wechselkurs durch Marktmechanismen finden zu lassen.
2. Maßnahmen der Zentralbank	
a) bei festen Wechselkursen	
aa) Devisenkäufe	Kurs droht oberen Interventionspunkt zu überschreiten. Der Geldumlauf im eigenen Währungsgebiet wird vermehrt. Zahlungsbilanzdefizit wird verringert; Beschäftigung wird erhöht, bei Vollbeschäftigung verstärkte Inflationstendenzen.
ab) Devisenverkäufe	Kurs droht unteren Interventionspunkt zu unterschreiten. Der Geldumlauf im eigenen Währungsgebiet wird verringert. Zahlungsbilanzüberschuss wird abgebaut; Dämpfung der Preissteigerungsraten; Gefahr für Vollbeschäftigung.
b) bei freien Wechselkursen	Zentralbank *muss* nicht, *kann* aber eingreifen. Devisenkäufe, um weitere Kurssteigerungen, Devisenverkäufe, um weitere Kurssenkungen zu verhindern.

12.2.13.3 Mittelbare Maßnahmen zur Beeinflussung der Zahlungsbilanz

Eine **aktive Zahlungsbilanz** ist verhältnismäßig leicht zu korrigieren, z.B. durch Aufwertung, Einstellung der Stützungskäufe durch die Notenbank und Importerhöhung. Deshalb sind mengenmäßige Exportbeschränkungen (Exportkontingentierungen) oder gar Exportverbote sehr selten, um eine aktive Zahlungsbilanz abzubauen.[1]

Eine **passive Zahlungsbilanz** stellt die Wirtschaftspolitiker vor ungleich größere Probleme: Die Devisenvorräte sind knapp, Importe müssen mit zu verzinsenden Krediten aus dem Ausland finanziert werden und die inländische Beschäftigung wird beeinträchtigt. Das Zahlungsbilanzdefizit kann auf lange Sicht nur behoben werden, wenn die Exporte gefördert und die Importe eingedämmt werden.

1 Exportbeschränkungen (Kontingentierung und Verbote) haben den Zweck, knappe Rohstoffe im Inland zu behalten bzw. Rohstoffvorräte zu „strecken". Mitunter soll mit Exportbeschränkungen auch der Preis in die Höhe getrieben werden. Dies hat den Zweck, die Zahlungsbilanz zu verbessern, d.h. die Einnahmen zu erhöhen.

1. Exportförderung

➢ **Internationale Warenabkommen**

- Handelsabkommen stellen kurz- und mittelfristige Verträge mit einzelnen Ländern dar, so z.B. die Handelsabkommen, die die Bundesrepublik Deutschland mit der Volksrepublik China abschließt, in denen Warenart und -menge, die zu liefern bzw. abzunehmen sind, festgelegt werden.
- Handelsverträge sind langfristige Vereinbarungen mit anderen Ländern, um den zwischenstaatlichen Handel zu regeln. Handelsverträge enthalten unter anderem auch Zollvereinbarungen.

➢ **Steuerpolitische Maßnahmen**

Ausfuhrlieferungen der Bundesrepublik Deutschland sind steuerfrei. Desgleichen wird für Waren, die aus dem Ausland zum Zweck der Veredelung eingeführt und wieder exportiert werden, kein Einfuhrzoll erhoben.

➢ **Staatliche Bürgschaften und Garantien**

Wirtschaftliche und politische Risiken werden den Exporteuren auf Antrag teilweise vom Staat abgenommen, und zwar in Form von Ausfuhrgarantien und -bürgschaften.

➢ **Subventionen (Exportprämien)**

Während Steuerbefreiungen indirekte Subventionen darstellen, können die Exportländer auch direkte Subventionen leisten. Dazu gehören z.B. Barzuschüsse, Zinssubventionen, Ausfuhrprämien, Investitionshilfen und Exportkredite. Obwohl die direkten Subventionen als Verstoß gegen die internationalen Handelsregeln angesehen werden, sind sie an der Tagesordnung.

➢ **Exportdumping**[1]

Ländern, die ihre Waren und Dienstleistungen weit unter den Preisen ihrer Konkurrenten anbieten, wird häufig der Vorwurf gemacht, sie betrieben Dumping.

Man unterscheidet:

- Subventionsdumping. Die Regierungen der Lieferländer subventionieren ihre Exportwirtschaft derart, dass die Hersteller in den Importländern konkurrenzunfähig werden.
- Sozialdumping. Hier wird Ländern mit niedrigen Reallöhnen vorgeworfen, sie beschafften sich durch unterdurchschnittliche Bezahlung ihrer Arbeitskräfte ungerechtfertigte Vorteile im internationalen Handel.
- Valutadumping.[2] Ländern, die abgewertet haben, oder Ländern, die trotz hoher Exportüberschüsse und Vollbeschäftigung nicht aufwerten wollen, wird vorgeworfen, dass sie ihren Export und damit ihre Beschäftigung auf Kosten anderer Länder förderten.

2. Importdrosselung

➢ **Importzölle**

Zölle, die aus zahlungsbilanzpolitischen Gründen eingeführt bzw. erhöht werden, sind Schutzzölle. Soll eine im Aufbau befindliche inländische Industrie vorübergehend vor ausländischer Konkurrenz geschützt werden, spricht man von Erziehungszöllen. Erzie-

---

1 Dumping (engl.) = Druck; hier: Ausfuhr zu Schleuderpreisen.

2 Valuta = Kurswert einer Währung.

hungszölle spielen vor allem für die Entwicklungsländer eine Rolle. Haben Zölle den ausschließlichen Zweck, die Staatseinnahmen zu erhöhen, handelt es sich um Finanzzölle.

3. Administrative[1] Maßnahmen

- **Importkontingentierung.** Hier wird den Importeuren von einer Behörde (z. B. dem Handelsministerium) der mengen- oder wertmäßige Import vorgeschrieben. Die Importkontingentierung führt häufig dazu, dass die Importeure größere Mengen bei den Genehmigungsbehörden anmelden, als sie tatsächlich zu importieren beabsichtigen. Deshalb verlangen Staaten mit Importkontrollen häufig finanzielle Hinterlegungen in Höhe eines bestimmten Prozentsatzes des Importwerts (= Bardepot), sodass sich indirekt der Import verteuert und auf diese Weise gebremst wird.
- **Einfuhrverbote.** Das radikalste Mittel, Zahlungsbilanzdefizite abzubauen, sind Einfuhrverbote. Diese können sich auf bestimmte Warengruppen oder (theoretisch) auf die gesamte Einfuhr beziehen.
- **Devisenbewirtschaftung** (Devisenzwangswirtschaft). In diesem Fall werden die Exporteure gezwungen, ihre Erlöse an ausländischen Zahlungsmitteln an die Devisenbehörde (z. B. an die Zentralbank) abzuliefern (zu verkaufen). Die Importeure (auch private Auslandsreisende) müssen die Zuteilung von Devisen beantragen. Die Devisen werden rationiert, d. h. nach bestimmten Gesichtspunkten den Antragstellern zugeteilt. So können die verfügbaren Devisen z. B. nach Importländern, Importwaren und -dienstleistungen sowie auf die verschiedenen Importfirmen anteilsmäßig verteilt werden. Für die Kreditinstitute bedeutet dies, dass sie zu ausführenden Organen der Kontrollbehörde werden. Freie Devisengeschäfte sind nicht mehr möglich.

  Die genannten administrativen Maßnahmen stellen marktkonträre Eingriffe in die Außenwirtschaft dar.

Übersicht: Wirkungen der Zahlungsbilanzungleichgewichte	
Zahlungsbilanzdefizit	**Zahlungsbilanzüberschuss**
1. Geldumlauf verringert sich. 2. Zinsniveau steigt. 3. Rückgang der Beschäftigung. 4. Rückgang der Preissteigerungsraten, deflatorische Tendenzen auf vollkommenen Märkten.	1. Geldumlauf erhöht sich. 2. Zinsniveau fällt. 3. Beschäftigung nimmt zu. 4. Bei Vollbeschäftigung Preissteigerungen („importierte Inflation“).

1 administrativ: Von Administration (lat.) – Verwaltung betreffend, verwaltungsgemäß.

Übersicht: Zahlungsbilanzausgleich

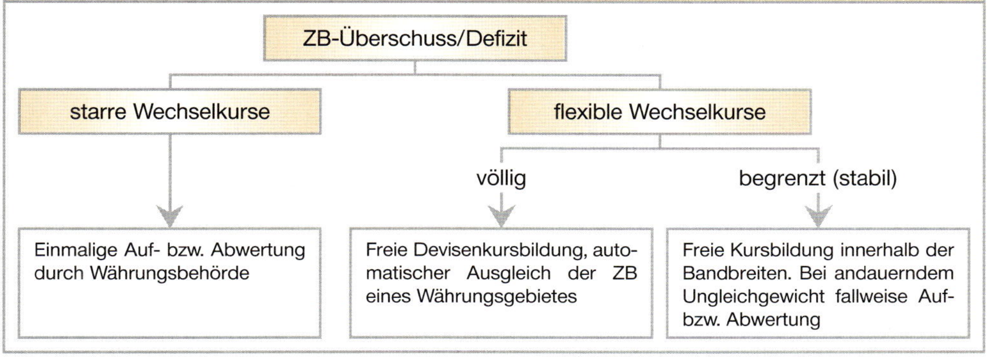

Übersicht über die Wirkungen von Devisenüberschüssen und Devisendefiziten einer Zentralbank bei stabilen/relativ festen Wechselkursen

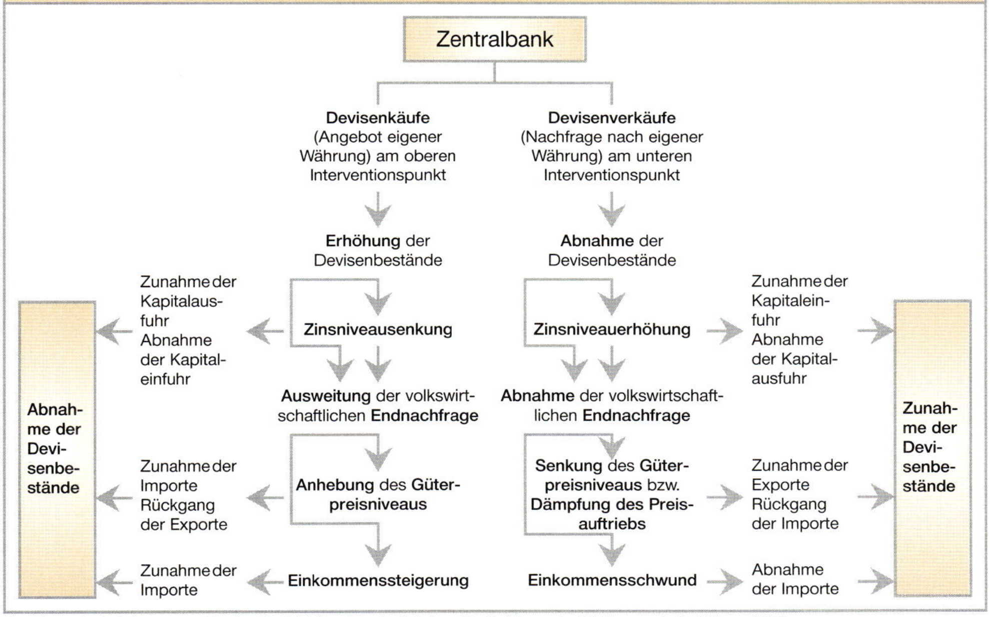

Quelle: In Anlehnung an Becks, Rolf: Volkswirtschaftslehre, Berlin/Darmstadt/Wien o. J., S. 261 und 263.

Wiederholungs- und Vertiefungsaufgaben zu Kapitel 12

1. Beschreiben Sie die Organisationsstruktur der Deutschen Bundesbank.

2. Nennen Sie die Organe der EZB und ihre Aufgaben!

3. Kennzeichnen Sie die Hauptaufgaben der Deutschen Bundesbank!

4. Wie kann die Bereitstellung von Liquidität durch die EZB erfolgen?

5. Die folgende Übersicht macht deutlich, dass die Europäische Zentralbank (EZB) im Jahre 2000 die Leitzinsen sechsmal erhöht hat.

Instrument	2000-02-03	2000-03-16	2000-04-27	2000-06-08	2000-09-01	2000-10-05
Hauptrefinanzierungsgeschäfte	3,25 %	3,45 %	3,75 %	4,25 %	4,5 %	4,75 %
Spitzenrefinanzierungsgeschäfte	4,25 %	4,5 %	4,75 %	5,25 %	5,5 %	5,75 %
Einlagefazilität	2,25 %	2,5 %	2,75 %	3,25 %	3,5 %	3,75 %

Erläutern Sie drei mögliche Begründungen der Europäischen Zentralbank für die Erhöhung der Leitzinsen!

6. Die Europäische Zentralbank (EZB) unterscheidet folgende geldpolitische Instrumente:
   1. Hauptrefinanzierungsgeschäfte
   2. Längerfristige Refinanzierungsgeschäfte
   3. Feinsteuerungsoperationen
   4. Strukturelle Operationen
   5. Einlagefazilität
   6. Spitzenrefinanzierungsfazilität

   Ordnen Sie die Instrumente der Geldpolitik den folgenden Aussagen zu!

   a) Dieses geldpolitische Instrument dient stets dem Ziel der Liquiditätsabschöpfung.
   b) Regelmäßiges Offenmarktgeschäft, das von der EZB in Form einer befristeten Transaktion durchgeführt wird. Als Verfahren dient der Standardtender mit einer Laufzeit von einer Woche.
   c) Unregelmäßiges von der Zentralbank durchgeführtes Offenmarktgeschäft, das vor allem darauf gerichtet ist, unerwartete Liquiditätsschwankungen am Markt auszugleichen.
   d) Automatischer Ausgleich von durch den Zahlungsverkehr entstandenen Sollsalden auf Bundesbank-Konto durch Darlehensbereitstellung.
   e) Der Zins des zentralen Refinanzierungsinstruments der Europäischen Zentralbank bewegt sich innerhalb eines vorgezeichneten Zinskanals.
   f) Der Zinssatz für dieses Instrument bildet die Untergrenze des Zinssatzes für Tagesgeld.
   g) Sie werden im Wege von monatlichen Standardtendern mit einer Laufzeit von drei Monaten durchgeführt.

7. Am 4. Januar 2000 kündigte die Europäische Zentralbank (EZB) an, dass das Eurosystem am 5. Januar 2000 eine liquiditätsabsorbierende Feinsteuerungsoperation mit gleichtägiger Abwicklung durchführen wird. (Quelle: EZB [Hrsg.], Monatsbericht Januar 2000, S. 57*.)

   Erläutern Sie dieses geldpolitische Instrument der EZB!

8. Ordnen Sie die folgenden geldpolitischen Beschlüsse des EZB-Rats den unten stehenden Aussagen zu!

Geldpolitische Beschlüsse

1. Beschluss, den Mindestbietungssatz für die Hauptrefinanzierungsgeschäfte des Eurosystems zu erhöhen.
2. Beschluss, den Mindestbietungssatz für die Hauptrefinanzierungsgeschäfte des Eurosystems zu senken.
3. Beschluss, den Mindestbietungssatz für die Hauptrefinanzierungsgeschäfte des Eurosystems unverändert zu lassen.

Aussagen

a) Dieser Beschluss spiegelte die Einschätzung des EZB-Rats wider, dass sich die Zeichen für ein Nachlassen des Inflationsdrucks gemehrt haben, was insbesondere auf die verhaltene konjunkturelle Entwicklung zurückzuführen ist. Zudem sind nach wie vor Risiken für das Sinken des Wirtschaftswachstums vorhanden.

b) Während des Sommers 2000 mehrten sich die Anzeichen, dass sich die Ölpreise nicht zurückbilden würden. Es zeichnete sich immer deutlicher ab, dass die Verbraucherpreisinflation länger als erwartet über 2 % bleiben würde. Diese Bedenken wurden durch die Mitte Juni erneut einsetzende Schwäche des Euro-Wechselkurses verstärkt.

c) Aufgrund dieser Unsicherheit und der nur mäßigen Abweichung der Geldmenge M3 vom Referenzwert war der EZB-Rat insgesamt seinerzeit nicht der Auffassung, dass die Entwicklung der Geldmenge Risiken für die Preisstabilität in sich berge. In einem Umfeld, das sich durch deutlich unterhalb der von der EZB definierten Obergrenze für die Preisstabilität liegende Inflationsraten auszeichnete, kam es zu diesem EZB-Beschluss.

d) Der Beschluss spiegelt die Einschätzung des EZB-Rats wider, dass die Risiken für die Preisstabilität weitgehend ausgeglichen scheinen und das derzeitige Zinsniveau somit geeignet ist, die Preisstabilität auf mittlere Sicht zu gewährleisten.

9. Am 8. Juni 2000 beschloss der EZB-Rat, dass die Hauptrefinanzierungsgeschäfte des Eurosystems als Zinstender nach dem amerikanischen Zuteilungsverfahren durchgeführt werden sollen. Für diese Geschäfte wurde ein Mindestbietungssatz von 4,25 % festgelegt. Dieses neue Tenderverfahren soll als Reaktion auf die massiven Überbietungen verstanden werden, die die bis zu diesem Zeitpunkt nach dem Mengentender durchgeführten Hauptrefinanzierungsgeschäfte beeinträchtigt haben. (Quelle: EZB [Hrsg.], Monatsbericht Juni 2000, S. 9.)

   Erläutern Sie das neu von der EZB verwendete Tenderverfahren und machen Sie deutlich, inwiefern von diesem Verfahren ein verändertes Bietungsverfahren des Finanzsektors erwartet werden darf!

10. Die Europäische Zentralbank verfügt u. a. über folgende währungspolitische Instrumente:

   a) Offenmarktgeschäfte,
   b) Emission von Schuldverschreibungen und
   c) Einlagefazilitäten.

   Erklären Sie die mögliche Wirkung dieser Instrumente auf die konjunkturelle Entwicklung im Euro-Raum!

11. Welchen Zweck verfolgt die Notenbank mit der Swapsatzpolitik?

12. Nennen Sie die Begrenzungen des Zinskorridors des Tagesgeldes!

13. Wie wird die Notenbank die Hauptrefinanzierungsoperationen gestalten, wenn es ihr um die Abschöpfung von Liquidität geht?

14. Wie beurteilen Sie eine Abwertung des Euros – verbunden mit einer Senkung des Zinssatzes der Basisrefinanzierung – im Hinblick auf die wirtschaftspolitische Zielsetzung der Geldwertstabilität?

15. Erklären Sie den ordentlichen und außerordentlichen Staatshaushalt!

16. Nennen und erklären Sie wenigstens 3 Grundsätze der Haushaltsführung!

17. Der Staatshaushalt hat auch als Mittel zur Konjunkturbeeinflussung Bedeutung. Zählen Sie die Einflussmöglichkeiten auf!

18. Nennen Sie jeweils drei Beispiele für Besitz-, Verkehr- und Verbrauchsteuern!

19. Welche Zielsetzungen nennt das Stabilitätsgesetz?

20. Durch welche Maßnahmen kann nach dem Stabilitätsgesetz versucht werden, eine Konjunkturdämpfung zu erreichen? Nennen Sie die Maßnahmen und ihre Wirkungsweise!

21. Zeigen Sie auf, was unter außenwirtschaftlicher Absicherung zu verstehen ist! Nennen Sie Maßnahmen, die Devisenüberschüsse abbauen helfen!

22. Beschluss der Regierung: „Der Abschreibungszeitraum für betriebliche Anlagen wird verkürzt", z. B. von zehn Jahren auf sieben Jahre.
    a) Wie wirkt sich eine solche Maßnahme auf Unternehmen aus, die neue Maschinen anschaffen?
    b) Zu welcher konjunkturellen Situation passt diese Maßnahme?

23. Kennzeichnen Sie die folgenden konjunkturpolitischen Maßnahmen mit (1), wenn sie im Boom, mit (2), wenn sie in der Rezession angebracht sind:
    a) Erhebung eines Konjunkturzuschlags auf die Lohn- und Einkommensteuer, der der Konjunkturausgleichsrücklage zugeführt wird.
    b) Gewährung eines Investitionsbonus für die Neuanschaffung von Maschinen.
    c) Beschleunigung von öffentlichen Investitionsvorhaben.
    d) Begrenzung der öffentlichen Kreditnachfrage.

24. Welche Maßnahmen staatlicher Konjunkturpolitik sind einer angebotsorientierten (A) bzw. nachfrageorientierten (N) Konjunkturpolitik zuzuordnen?
    a) Erhöhung der Staatsausgaben in der Rezession.
    b) Die Regierung beschließt, den Staatshaushalt mittelfristig um 4 % wachsen zu lassen. Dies entspricht dem erwarteten Wirtschaftswachstum.
    c) Abschreibungserleichterungen sollen die Rentabilität von Investitionen steigern und zugleich neue Investitionsanregungen geben.
    d) Ein motivierendes Steuersystem soll die Investitionsbereitschaft steigern.
    e) Erhebung eines Konjunkturzuschlags zur Dämpfung einer zu hohen privaten Nachfrage.

25. Gehören die nachfolgend aufgeführten Maßnahmen zur 1. Fiskalpolitik, 2. Außenwirtschaftspolitik oder 3. Geldpolitik?
    a) Aufhebung von Exportkontingenten.
    b) Senkung des Mindestreservesatzes.
    c) Gewährung von Investitionsprämien.
    d) Abwertung der Inlandswährung.

e) Zeitliche Verschiebung von Rentenerhöhungen.

f) Ankauf von Wertpapieren mit Rückkaufsvereinbarung durch die Deutsche Bundesbank.

26. Es sind die Sparquote und die Konsumquote zu errechnen!
Verfügbares Einkommen: 151,6 Mrd. €, private Ersparnis 22,1 Mrd. €.

27. Wie wirkt sich eine Erhöhung/Senkung der Sparquote auf das Volkseinkommen (auf die Konjunktur) aus?

28. Wie können Staat und Notenbank auf die Konsumquote einwirken?

29. Welche Beziehungen bestehen zwischen den Schwankungen der Konsumquote und der Konjunktur?

30. In der Regel steigt die Sparquote im wirtschaftlichen Abschwung. Warum?

31. Auszug aus einem Monatsbericht der Deutschen Bundesbank.

Arbeitsmarkt

Zeit	Erwerbstätige Tsd	Erwerbstätige Veränderung gegen Vorjahr %	darunter: Abhängig Beschäftigte insgesamt Tsd	darunter: Abhängig Beschäftigte insgesamt Veränderung gegen Vorjahr %	darunter: Ausländer Tsd	Kurzarbeiter Tsd	Arbeitslose Tsd	Arbeitslosenquote gemessen an den Erwerbspersonen insgesamt %	Arbeitslosenquote gemessen an den abhängigen Erwerbspersonen %	Offene Stellen Tsd
1. Jahr	27 741	+ 1,4	24 757	+ 1,6	1 678	108	2 038			251
2. Jahr	28 447	+ 2,5	25 477	+ 2,9	...	56	1 883			314

Errechnen Sie die in der Tabelle fehlenden Werte!

32. Im Januar 2007 waren in Deutschland 4 247 000 Personen arbeitslos. Dies entspricht einer Arbeitslosenquote von 10,1 %.

a) Ermitteln Sie die Anzahl der Erwerbstätigen.

b) Die Zahl der Erwerbstätigen betrug im November 2006 39 620 000. Um wie viel Prozent hat sich die Zahl der Erwerbstätigen in diesem Zeitraum verändert?

33. Welche Form der Arbeitslosigkeit wird in den unten angegebenen Sachverhalten vorrangig beschrieben?

Form der Arbeitslosigkeit

1 konjunkturelle Arbeitslosigkeit
2 strukturelle Arbeitslosigkeit
3 friktionelle Arbeitslosigkeit
4 technologische Arbeitslosigkeit
5 saisonale Arbeitslosigkeit

Sachverhalte

a) Die gesamtwirtschaftliche Nachfrage entwickelt sich rückläufig.

b) Die Zahl der Arbeitslosen nimmt zu Beginn eines Jahres bedingt durch schlechte Witterungsverhältnisse und dem großen Kündigungstermin zum 31. Dezember in der Regel zu.

c) In der Eisen- und Stahlindustrie wird aufgrund des hohen maschinellen Einsatzes eine so hohe Arbeitsproduktivität erzielt, dass der erforderliche Arbeitskräfteeinsatz sinkt.

d) In den neuen Bundesländern besteht ein Überhang an Arbeitskräften.

e) Der Verlust bzw. die Aufgabe eines Arbeitsplatzes hat in der Regel zur Folge, dass die Aufnahme einer neuen Tätigkeit nicht zeitlich reibungslos an die bisherige Tätigkeit anschließt.

34. Stellen Sie fest, welche Arten der Arbeitslosigkeit in den folgenden Texten sowie in der folgenden Abbildung[1] angesprochen werden!

a) Der Deutsche Arbeitsmarkt blieb im Oktober schwach. In den alten Bundesländern spiegelt die Entwicklung weiterhin das langsamere Wirtschaftswachstum wider. In den neuen Ländern macht sich insbesondere der Rückgang bei der Arbeitsmarktpolitik negativ bemerkbar. Die Kräfte eines selbsttragenden Aufschwungs sind noch zu gering, um dies ganz zu kompensieren.

Immerhin dürfte der Abbau der Beschäftigung im Sommer zum Stillstand gekommen sein. Nach vorläufigen Schätzungen des Statistischen Bundesamtes hat sich die Erwerbstätigkeit – von jahreszeitlichen Einflüssen abgesehen – im Juli weiter geringfügig erhöht (+ 6000), ähnlich wie bereits im zweiten Quartal. Denn seit dem Frühjahr waren – anders als noch im ersten Vierteljahr – die Zuwächse in den neuen Ländern größer als die Abnahme in den alten. Nicht saisonbereinigt lag die Erwerbstätigkeit im Juli mit 34,82 Millionen um rund 20000 unter Vorjahresniveau, nach – 30000 in den Monaten zuvor und – 50000 im Durchschnitt des ersten Quartals.

Auszug aus dem Monatsbericht Oktober 1995 des Bundesministeriums für Wirtschaft, in: Presse- und Informationsamt der Bundesregierung: Bulletin vom 13. November 1995, S. 922f.

b) Durch Wechsel des Arbeitsplatzes, Umstrukturierungen in den Unternehmen und die oft zeitaufwändige Suche nach einer angemessenen Beschäftigung bleibt auch in Zeiten der Vollbeschäftigung eine niedrige Arbeitslosenquote bestehen.

c)

Waldemar Mandzel, in: DER SPIEGEL vom 30. Januar 1995, S. 7

35. Halten Sie die Vollbeschäftigung für ein unbedingt anzustrebendes Ziel?

Begründen Sie Ihre Ansicht unter Berücksichtigung des wirtschaftlichen und sozialen Aspekts!

1 Zitiert nach: Kontrovers – Arbeitsmarktpolitik, Bundeszentrale für politische Bildung 1996.

36. Studie von McKinsey: Hohe Löhne, zu viel Staat (Quelle: Badische Zeitung vom 14. März 1997).

Deutschland und Frankreich müssen nach einer Studie der Unternehmensberatung McKinsey den Dienstleistungssektor ausbauen, die Kosten für geringer qualifizierte Tätigkeiten senken und das dichte Regelwerk staatlicher Vorschriften reduzieren: Nur so könnten die Länder bei Gesamtleistung, Produktivität und Beschäftigung zulegen, schreibt das McKinsey Global Institute (Washington) in einer Studie.

McKinsey berät 80 der 100 größten Unternehmen Deutschlands und ist dafür bekannt, über Personalabbau die Produktivität von Unternehmen zu steigern. In der Untersuchung werden sechs wichtige Bereiche beider Länder – Automobil- und Softwareindustrie, Bau, Telekommunikation, Kleinanlegergeschäft und Einzelhandel – mit entsprechenden Branchen Japans und der USA verglichen. Diese Länder hätten „Weltklasse-Standards" erlangt.

In Deutschland und Frankreich behinderten hingegen in allen Sektoren überholte Regulierungen Wachstum und Beschäftigung. „In vielen Fällen wurden die negativen Auswirkungen auf Beschäftigung und Wachstum nicht hinreichend erkannt", schreiben die Autoren.

Das für den Vergleich betrachtete alte Bundesgebiet produziere pro Kopf 30 Prozent weniger Güter und Dienstleistungen, habe eine um 20 Prozent niedrigere Produktivität und eine um 15 Prozent geringere Beschäftigungsrate als die USA. In Frankreich liege die Produktion von Gütern und Dienstleistungen um 40 Prozent unter der der USA, bei der Arbeitsproduktivität fehlen 20 und bei der Beschäftigung 25 Prozent. Der Strukturwandel müsse beschleunigt werden, da die „Kernländer" der EU unter anhaltender Wachstumsschwäche und steigender Arbeitslosigkeit litten.

Eine Senkung der Arbeitskosten - vor allem bei niedrig bezahlten Tätigkeiten - sei eine wirkungsvolle Maßnahme gegen Arbeitslosigkeit, heißt es. Die dann vergrößerte Einkommensspanne könne der Staat mit Unterstützung für unterste Lohngruppen etwas verkleinern. Solchen niedrig bezahlten Tätigkeiten stünden bislang aber vergleichsweise hohe Mindestlohn-Niveaus in Frankreich und Deutschland entgegen.

Die Verfasser verweisen darauf, dass die USA etwa im Einzelhandel viele Stellen mit geringer Bezahlung geschaffen haben, im Handel pro Kopf 50 Prozent mehr als in Frankreich und Deutschland. Das „Job-Wunder" USA sei jedoch nicht nur auf neue Stellen bei Imbissketten zurückzuführen. Mehr als 80 Prozent der zwischen 1990 und 1995 im Dienstleistungssektor entstandenen Arbeitsplätze, behauptet die Studie, seien überdurchschnittlich bezahlt. dpa

Auf welche Ursachen führt McKinsey die hohe Arbeitslosigkeit in Deutschland und Frankreich zurück?

37. Beschreiben Sie die psychischen (seelischen) Folgen der Arbeitslosigkeit anhand der Abbildung auf S. 299!

38. Textauszug:

Ratschläge für Arbeitslose

Einige Tips, die manchem Betroffenen helfen können, hat Jürgen Grunau vom Psychologischen Dienst des Stuttgarter Arbeitsamtes ... parat: Dazu gehört der Rat, sich nicht abzukapseln, „auch wenn man sich lieber verkriechen würde." Es tue den Betroffenen gut, sich mit Bekannten, Freunden oder auch ehemaligen Kollegen zu unterhalten, meint Grunau. „Das hilft meist, nicht in ein tiefes schwarzes Loch zu fallen". Auch Gespräche mit anderen Betroffenen können helfen. „Da merkt man schnell, dass man nicht allein dasteht." Wichtig ist ... auch, sich klarzumachen, was man kann, was man gerne macht, um es dann auch möglichst zu tun. „Egal, ob man etwas bastelt, die Wohnung tapeziert oder für die alte Dame in der Nachbarschaft einkaufen geht." Außerdem empfiehlt der Psychologe, sich regelmäßig beim Arbeitsamt über Stellenangebote zu informieren und trotz aller Enttäuschungen immer wieder Bewerbungen zu schreiben. Ganz wichtig ist Jürgen Grunau die Empfehlung, morgens schon um sieben Uhr aufzustehen – obwohl man nicht zur Arbeit muss – und sich quasi einen Stundenplan für jeden Tag zu machen. „Die meisten Arbeitslosen leiden am stärksten darunter, dass ihr Tagesablauf nicht strukturiert ist, dass sie keine Aufgabe haben.“ [...] Dabei komme es weniger darauf an, was man unternehme, ... Hauptsache, man halte sich an seinen Plan.

Quelle: „Arbeitslosigkeit hat nichts mit Schuld zu tun“, in: Stuttgarter Zeitung vom 13. Dezember 1993, S. 10, zitiert in: Kontrovers, Arbeitsmarktpolitik, a.a.O., S. 58f.

Welchen Rat des Psychologen halten Sie für den wichtigsten?

39. Textauszug:

Die politische Dimension der Arbeitslosigkeit

Erinnern wir uns an das Jahr 1932. Damals dürfte es ganz wenige Orte in Deutschland gegeben haben, in denen mehr als ein Drittel der Menschen arbeitslos waren. Die durchschnittliche Arbeitslosigkeit war 1932 geringer als die gegenwärtige durchschnittliche Arbeitslosigkeit in der ehemaligen DDR, wenn ich die verdeckte Arbeitslosigkeit hinzuzähle.

Das erzeugt große Hoffnungslosigkeit. Und die war 1932 einer der wichtigsten Gründe für die Machtergreifung von „Adolf Nazi“. Zugegeben, die heutigen Arbeitslosen sind materiell unendlich viel besser gestellt als die damaligen Arbeitslosen. Aber das Gefühl, zu nichts nütze zu sein, nicht gebraucht zu werden, ist zerstörerisch.

Es kann sich politisch entladen. Und dann sicherlich nicht zugunsten irgendwelcher Linksextremisten ... Die politische Entwicklung kann ins Rechtsextreme gehen, wenn es weiterhin an geistiger Führung und politischer und ökonomischer Plausibilität fehlt.

Quelle: Schmidt, Helmut, in: Stern vom 2. April 1992, S. 20, zitiert in: Kontrovers, Arbeitsmarktpolitik, a.a.O., S. 59f. Helmut Schmidt war von 1974 bis 1982 Bundeskanzler und ist heute Mitherausgeber der Wochenzeitung DIE ZEIT.

Wie begründet Helmut Schmidt die Gefahr der Radikalisierung?

40. Überlegen Sie, welche wirtschaftlichen Folgen die Einkommenseinbußen für einen Arbeitslosenhaushalt haben können! (Zwei Beispiele!)

41. Steigende Arbeitslosigkeit bedeutet steigende Transferzahlungen des Staates.

a) Nennen Sie wichtige Transferzahlungen, die unmittelbar von der Höhe der Arbeitslosigkeit abhängen!

b) Beurteilen Sie volkswirtschaftliche Folgen steigender Transferzahlungen! (Zwei Beispiele!)

42. Beschreiben Sie zwei Auswirkungen der Arbeitslosigkeit auf das Arbeitspotenzial einer Volkswirtschaft!

43. Beschreiben Sie die voraussichtliche Veränderung der Altersstruktur im Zeitraum 2005 – 2050 und die Wirkung auf die Altersversorgung!

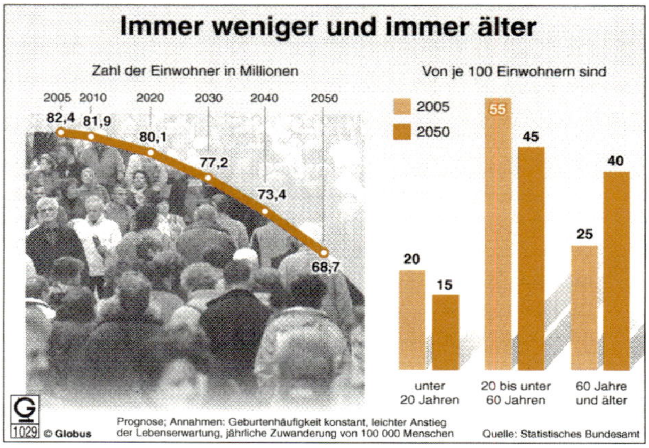

44. Zu den staatlichen Maßnahmen zur Bekämpfung der Arbeitslosigkeit zählen z.B. die Maßnahmen der Gebietskörperschaften (Bund, Länder, Kreise, Gemeinden), der Sozialversicherungsträger (vor allem der Bundesagentur für Arbeit) und der Zentralbank. Zu den *nichtstaatlichen* Strategien gehören u.a. die tarifvertraglichen Regelungen und die Betriebsvereinbarungen.

Nennen Sie fünf staatliche und fünf nichtstaatliche Maßnahmen zur Bekämpfung der Arbeitslosigkeit!

45. Unterscheiden Sie zwischen marktkonformen und marktkonträren Umweltschutzmaßnahmen und nennen Sie Beispiele!

46. Nennen und erläutern Sie die drei wichtigsten Prinzipien der Umweltschutzpolitik! Nennen Sie Beispiele!

47. Führen Sie sich die in der Abbildung auf S. 335 dargestellten Zusammenhänge vor Augen und beantworten Sie folgende Fragen:

a) Nennen Sie Beispiele für Öko-Steuern!

b) Wie wirkt sich die Erhebung einer Öko-Steuer auf die Angebotskurve eines Gutes aus? Welche Wirkungen ergeben sich auf einem polypolistischen Markt im Hinblick auf den Preis sowie die absetzbare Menge des belasteten Gutes?

c) Überlegen Sie sich ein praktisches Beispiel, wie durch Steuervorteile die Nachfrage nach einem umweltfreundlicheren Produkt zu Lasten eines umweltschädlichen Produkts erhöht werden kann!

d) Nennen Sie ein Beispiel, wie der Staat selbst durch sein Nachfrageverhalten Einfluss auf die Produktion umweltfreundlicher Produkte nehmen kann!

48. Erklären Sie den Begriff primäre Einkommensverteilung!

49. Definieren Sie den Begriff funktionale (funktionelle) Einkommensverteilung und erklären Sie die einzelnen Einkommensarten nach funktionalen Gesichtspunkten!

50. Interpretieren Sie diese Aussage:

„Geschichtlich gesehen hat die Arbeitsteilung das Problem der richtigen (‚gerechten') Verteilung des Volkseinkommens verstärkt. Da die Produktion das Ergebnis eines Kombinationsprozesses ist, und weil dieses Ergebnis den einzelnen Produktionsfaktoren nicht zurechenbar ist …, muss die Frage nach der ‚gerechten Verteilung' politisch gelöst werden. Wie aber die politische Entscheidung aussieht, hängt wiederum von der realisierten Gesellschaftsordnung ab."

51. Erklären Sie mit eigenen Worten, was unter personeller Einkommensverteilung zu verstehen ist!

52. Das Verteilungsproblem wird heute meist auf den Gegensatz zwischen Arbeit und Kapital zurückgeführt. Warum?

53. Nennen Sie wesentliche Ursachen ungleicher personeller Einkommensverteilung!

54. Erklären Sie die Ihnen bekannten Verteilungsprinzipien!

55. Welche Vor- und Nachteile weist jedes Verteilungsprinzip auf?

56. Nachstehende Zitate enthalten drei Meinungen zur Frage der „gerechten Verteilung" des Volkseinkommens:

a) „Jeder soll das Gleiche verdienen. Schließlich sind die Menschen von Natur aus gleich. Überhaupt ist jede Arbeit für die Gesellschaft gleich wertvoll."

b) „Die Einkommen müssen sich am Beitrag des Einzelnen zum Sozialprodukt orientieren. Nur diese Entlohnung ist gerecht. Wer mehr und besser arbeitet, soll auch mehr verdienen."

c) „Die Menschen der Industrieländer leben zu gut. Der Staat soll dafür sorgen, dass (um den Entwicklungsländern nachhaltig helfen zu können) für jeden Bürger ein bestimmter Wohnraum festgelegt wird. Der heutige Wohnungsluxus ist übertrieben. Außerdem soll der Staat für jeden Arbeitnehmer und seine Familie die Lebensmittelrationen festsetzen, wobei die Schwerarbeiter eine Sonderration beanspruchen können. Der private Autoverkehr soll zugunsten des öffentlichen Verkehrs abgeschafft werden."

Welche Verteilungsprinzipien werden angesprochen? Welche Für und Wider sind anzuführen?

57. Erklären Sie den Begriff Sekundärverteilung!

58. Warum streben die Gewerkschaften eine Erhöhung der Lohnquote an? Mit welchen Mitteln?

59. Unterscheiden Sie die Begriffe Lohnquote und Pro-Kopf-Lohnquote!

60. Berechnen Sie die Lohnquote und die Pro-Kopf-Lohnquote mit Hilfe nachstehender Zahlen:

Jahr	Volkseinkommen in jeweiligen Preisen und in Mrd. DM*	davon Arbeitnehmerentgelt in Mrd. DM*	Erwerbspersonen insgesamt in Mio.	davon abhängig Beschäftigte in Mio.
1964	327,3	212,1	26,7	21,5
1968	419,9	271,9	26,0	21,2
1972	645,5	448,8	26,7	22,4
1976	876,7	626,4	25,1	21,3
1980	1 155,4	830,0	25,8	22,3
1984	1 346,3	952,7	25,4	22,1
1988	1 751,1	1 176,1	27,7	24,7
1992	2 430,3	1 787,6	37,2	33,5
1996	2 702,5	1 966,1	36,1	32,3
2000	1 508,4	1 099,1	38,7	34,7
2004	1 636,1	1 134,3	38,9	34,6
2006	1 730,4	1 144,9	39,1	34,7

* Ab 2000 in Mrd. €.

Quellen: Leistung in Zahlen, a. a. O., mehrere Jahrgänge sowie Monatsberichte der Deutschen Bundesbank.

Beantworten Sie im Zusammenhang mit dieser Statistik folgende Fragen:

a) Wie haben sich Lohnquote und Pro-Kopf-Lohnquote in den letzten Jahren in der Bundesrepublik Deutschland entwickelt?

b) Welche Zahl sagt mehr über gewerkschaftliche Erfolge im Verteilungskampf aus? Warum?

c) Sind gewerkschaftliche Erfolge allein an der Entwicklung der Löhne zu messen?

61. Unterscheiden Sie Versicherungs-, Versorgungs- und Fürsorgeprinzip!

62. Kennzeichnen Sie den Begriff Investivlohn und beschreiben Sie mögliche Formen des Investivlohns!

63. Welche Möglichkeiten hat der Staat, auf die Vermögensverteilung Einfluss zu nehmen?

64. Welche Wirkungen auf Konjunktur und Wachstum kann eine dauernd aktive Zahlungsbilanz haben? Begründen Sie Ihre Antwort!

65. Welche Wirkungen auf Konjunktur und Wachstum kann eine dauernd passive Zahlungsbilanz haben? Begründen Sie Ihre Antwort!

66. Warum sollte langfristig die Zahlungsbilanz eines Landes ausgeglichen sein? Begründen Sie Ihre Antwort!

67. Nennen und begründen Sie unmittelbare außenwirtschaftspolitische Maßnahmen der Regierung und der Zentralbank zur Beeinflussung der Zahlungsbilanz

a) beim System freier Wechselkurse,

b) beim System relativ fester Wechselkurse,

wenn ein langfristiges Zahlungsbilanzdefizit vorliegt!

68. Nennen und begründen Sie mittelbare staatliche Maßnahmen zur Behebung eines langfristigen Zahlungsbilanzdefizits!

69. Warum bevorzugen die Regierungen eher eine aktive als eine passive Zahlungsbilanz?

70. Warum sind Zahlungsbilanzüberschüsse leichter abzubauen als Zahlungsbilanzdefizite?

71. Das Steuersystem der Bundesrepublik Deutschland zählt gemäß einer Studie der OECD zu den weltweit kompliziertesten Systemen und bedarf einer dringenden und umfänglichen Reform im Sinne einer Vereinfachung. Dies dokumentiert nicht zuletzt nachfolgender Artikel.

Lesen Sie zunächst diesen Artikel und erläutern Sie mögliche Ursachen für das Zustandekommen derart unübersichtlicher Regelungen, die zudem in sich zumeist nicht schlüssig sind!

Der Mehrwertsteuerwahn

Der Gestaltungswille der Politik treibt die seltsamsten Blüten.

Die Gäule, lateinisch Equidae, sind eine weitverzweigte Familie, ihrem Paarungsverhalten sei Dank. Es gibt Pferde und Esel, Maultiere und Maulesel. Sogar die Liebe zwischen Pferd und Zebra ist möglich; heraus kommt dann ein Zebroid.

Entsprechend groß sind die Anforderungen an die deutsche Steuergesetzgebung. Im steten Bemühen, das Steuerrecht möglichst exakt der Lebenswirklichkeit anzupassen, haben sich Spitzenbeamte des Bundesfinanzministeriums gründlich in die Pferdematerie eingearbeitet. Es geht um die Frage, welches Tier bei einem Kauf mit dem normalen Mehrwertsteuersatz zu belegen ist und welches mit dem ermäßigten Satz.

Die Zeit drängt. Im Januar nächsten Jahres soll der Normalsatz von derzeit 16 Prozent auf 19 Prozent steigen. Der ermäßigte Satz hingegen bleibt „unter dem Gesichtspunkt der sozialen Balance“ (Finanzminister Peer Steinbrück) bei 7 Prozent. Schon heute entgehen dem Minister wegen des Mehrwertsteuernachlasses auf besonders förderungswürdige Güter und Dienstleistungen mehr als 16 Milliarden Euro im Jahr.

Klar ist: Pferd ist nicht gleich Pferd. Während für „Hengste, Wallache, Stuten, Fohlen“ grundsätzlich der ermäßigte Steuersatz gelte, sei auf „Przewalski-Pferde, Tarpane (Mongolei) sowie Zebras und Zebroide“ der volle Satz anzuwenden. „Kreuzungen zwischen Eselhengst und Pferdestute (Maultier) sowie zwischen Pferdehengst und Eselstute (Maulesel)“ werden steuerlich gefördert, der einfache Esel hingegen nicht - jedenfalls zu Lebzeiten. Geschlachtet und zum Verzehr bestimmt, erfreut auch er sich der steuerlichen Begünstigung.

In ihrem 140 Seiten starken Schriftsatz, der dem FDP-Bundesabgeordneten Volker Wissing in die Hände fiel, gaben sich die Finanzbeamten alle Mühe, sämtliche Fragen der Umsatzsteuerermäßigung umfänglich zu beantworten.

Konkret sieht das so aus: Für Hummer und Langusten ist die volle Mehrwertsteuer fällig, für Krabben und Garnelen hingegen nur die ermäßigte. Steuerlich subventioniert werden Quallen, die Fettlebern von Gänsen und Enten sowie die „Schlachtnebenerzeugnisse von Bibern, Walen, Fröschen und Schildkröten“, sofern sie „zur menschlichen Ernährung geeignet“ sind.

Bei Kartoffeln hingegen kommt es ganz darauf an. Handelt es sich um die ordinäre Variante, gilt auch für „Pflanz- oder Frühkartoffeln“ der ermäßigte Steuersatz. „Süßkartoffeln“ dagegen werden voll besteuert.

Auch die Verarbeitung von Lebensmitteln ist für die Steuerbehörde von allergrößter Bedeutung. Solange Gewürze wie „Spargelmehl, Knoblauchschrot und Majoran (gerebelt oder gemahlen)“ sauber voneinander getrennt sind, ist alles in Ordnung. Der Staat gewährt einen Steuernachlass. Doch wehe, es handelt sich um „zusammengesetzte Würzmittel“

oder gar „getrocknete Erzeugnisse für Zwecke der Medizin". Dann schlägt der Fiskus mit dem vollen Satz zu.

Wer versucht, hier einen Hauch von Systematik oder gesundem Menschenverstand zu erkennen, kann leicht verzweifeln. Ziermais wird vom Staat gefördert, Zuckermais nicht. Pilze und Trüffel werden subventioniert, sofern sie nicht in Essig eingelegt wurden. Die Umsatzsteuer auf Leitungswasser ist ermäßigt, nicht aber die Steuer auf Abwasser.

Kein Bereich des Lebens bleibt von der lenkenden Hand des Staates verschont - auch wenn die Absicht oft rätselhaft ist. Malbücher für Kinder? Werden gefördert - aber nur, wenn auszuschließen ist, dass „auf mehr als der Hälfte der Seiten" eine Bastelschere zum Einsatz kommen soll. Beinprothesen? Die Grundausstattung wird subventioniert, die Ersatzteilbeschaffung hingegen nicht. Kunstwerke? Ein Originalstich wird gefördert, ein vom Künstler signierter Siebdruck oder eine Kunstfotografie gilt nicht als förderwürdig.

„Ein Irrsinn" schlussfolgert denn auch FDP-Politiker Wissing. Die Beamten des Finanzministeriums hingegen scheint das Kompendium des Mehrwertsteuerwahns mit einigem Stolz zu erfüllen. „Der Gesetzgeber", heißt es in ihrem Schreiben, habe „ein Gesamtkonzept für alle Bereiche des täglichen Lebens entwickelt".

Alexander Neubacher

Quelle:Spiegel Nr. 18 vom 29.04.2006.

72. „Eilig rief der IWF-Chef - dessen Organisation sich schon für viele Staaten als Retter in letzter Stunde bewährt hat - seine Direktoren aus dem Urlaub zusammen. Am vorletzten Montag konnte Argentiniens Finanzminister Wehbe aufatmen ...

Der IWF billigte das Sanierungsprogramm. ...

Drei Tage später war ein neues Kreditpaket für die bereits mit rund 40 Milliarden Dollar verschuldeten Argentinier fertig: 1,5 Milliarden Dollar von 263 Banken, Auszahlung weiterer Tranchen von IWF-Krediten in Höhe von insgesamt 2,2 Milliarden Dollar."

Quelle: Spiegel, August 1983.

a) Welche Aufgabe erfüllt der IWF im vorliegenden Fall?

b) Woraus besteht das „Kreditpaket"?

73. Aktiva — Zentralbankbilanz — Passiva

Aktiva		Passiva	
SZR	5	Ausgleichsposten für SZR	5
Sonstige Aktiva	95	Sonstige Passiva	95

a) Stellen Sie die Bilanz auf, nachdem die Zentralbank 1 Mrd. SZR gegen Devisen angekauft hat!

b) Wie sieht die Bilanz aus, wenn die Zentralbank SZR gegen Zentralbankgeld angekauft hat?

74. Die bilaterale Kursfestlegung im WKM II hat zur Folge, dass immer zwei Währungen an ihren Interventionspunkten, die eine Währung an ihrem unteren, die andere Währung an ihrem oberen, anlangen.

a) Wie wird sich die dänische Zentralbank verhalten müssen, wenn die dänische Krone den unteren Interventionspunkt erreicht hat?

b) Wie kann die EZB das Bemühen der dänischen Zentralbank unterstützen?

c) Was wäre zu tun, wenn die Bemühungen der Notenbanken, den Kurs innerhalb der Bandbreite zu halten, nicht zum Ziele führten?

75. Worin unterscheidet sich der Europäische Wechselkursmechanismus (WKM II) vom reinen System relativ fester Wechselkurse?

76. Auch innerhalb des WKM II wird von Auf- bzw. Abwertungen gesprochen. Erklären Sie, was hierunter zu verstehen ist!

77. a) Erläutern Sie die Grundelemente der Währungsunion nach dem Vertrag von Maastricht!

b) Nennen Sie die Konvergenzkriterien zum Inkrafttreten des Vertrages!

78. Textauszug:

Die Grenzen staatlicher Konjunktursteuerung

Von Ray Barrell

Financial Times Deutschland, Hamburg, vom 9. September 2003

Das Wirtschaftswachstum der Euro-Zone ist im Frühjahr praktisch zum Stillstand gekommen. Dies hat Forderungen lauter werden lassen, dass Regierungen und Zentralbanken endlich kräftig gegensteuern sollen. Nun können Notenbanken und Regierungen natürlich eine Rolle bei der Stabilisierung der Wirtschaft spielen, aber ihr Spielraum ist möglicherweise kleiner, als es ihnen lieb wäre – und als allgemein erwartet wird.

Das bedeutet nicht, dass die Politik bedeutungslos wäre. Fiskal- und Geldpolitik haben heute die Mittel, tiefe Rezessionen und übermäßige Inflation zu vermeiden. Diese Instrumente und die Bereitschaft, sie auch einzusetzen, sind ein wichtiger Grund dafür, dass Konjunkturschwankungen in den vergangenen 50 Jahren schwächer geworden sind. Die Menschen können sich heute relativ sicher sein, dass wir nicht wieder Inflations- und Deflationsdebakel wie in den 20er- und 30er-Jahren des 20. Jahrhunderts erleben werden.

Schwieriger sieht es mit einer Feinsteuerung der Wirtschaft aus. Weil Deutschland und Frankreich bereits hohe Staatsdefizite aufweisen und ihr Spielraum durch den Stabilitätspakt eingeschränkt ist, sind es vor allem automatische Stabilisatoren, die bei der Konjunktursteuerung heute eine Rolle spielen.

Diese Stabilisatoren wirken, indem im Abschwung die Staatsausgaben etwa für Arbeitslosenunterstützung steigen und die Steuereinnahmen zurückgehen. Die Wirkung ist allerdings relativ beschränkt. Sinkt die private Nachfrage um ein Prozent des Bruttoinlandsprodukts (BIP), so steigt das Etatdefizit um etwa ein halbes Prozent des BIP – was wiederum den Rückgang der Wirtschaftsleistung um etwa ein Sechstel verringert.

Von 2001 bis 2002 stieg das Haushaltsdefizit in Deutschland wegen des langsamen Wirtschaftswachstums um ein Prozent des BIP. Das dürfte das Wachstum um einen drittel Prozentpunkt erhöht haben, sodass im Endeffekt das Wirtschaftswachstum noch gerade positiv war. Diese schwache Reaktion lässt zusätzliche Maßnahmen der Regierung angemessen erscheinen.

Doch eine aktive Konjunkturpolitik mit dem Ziel, die Produktionskapazitäten in jedem Moment voll auszulasten, birgt Schwierigkeiten. Zum einen ist nur schwer zwischen mangelnder Nachfrage und tieferen Strukturproblemen zu unterscheiden. Es gibt zudem kaum Beweise, dass eine aktive Fiskalpolitik die Wirtschaft stabilisieren kann.

Veränderungen bei der Besteuerung und den Staatsausgaben können eingesetzt werden, sind aber nicht sonderlich effektiv. Ausgabenimpulse versickern zum Teil über höhere Importe ins Ausland. Im Fall von Steuersenkungen besteht die Gefahr, dass diese nicht die Nachfrage, sondern nur die Ersparnis erhöhen. Eine Ausweitung der Staatsbeschäftigung oder eine zeitweilige Veränderung der indirekten Besteuerung ist wenig Erfolg versprechend. …

Fortschritte bei der Umsetzung der Strukturreformen sind ebenso wichtig wie umsichtiges Handeln vonseiten der Finanzpolitik. Alle Anstrengungen, die staatlichen Rentenversicherungssysteme auf einen tragfähigen Pfad zu bringen und die private Altersvorsorge weiterzuentwickeln, sollten unterstützt werden. Gleichzeitig sind weitere Reformen nötig, um die strukturellen Verkrustungen an den Arbeits- und Gütermärkten abzubauen. Solche Reformen sind der Schlüssel zur Bewältigung des größten wirtschaftlichen Problems im Euro-Währungsgebiet, des hohen Niveaus der strukturellen Arbeitslosigkeit.

Quelle: Deutsche Bundesbank, Auszüge aus Presseartikeln.

a) Welche positiven Effekte staatlicher Konjunktursteuerung werden vom Autor zu Beginn seiner Ausführungen genannt?

b) Was beinhaltet der „Stabilitätspakt“?

23 Richard/Hartmann/Boller – ISBN 987-3-8120-0173-1

c) Die mangelnde Verbrauchernachfrage in der Bundesrepublik verursacht u.a. die Konjunkturschwäche.

   Welche Probleme erwachsen für die Konjunkturpolitik im Zusammenhang mit dem Stabilitätspakt?

d) Wo sieht der Verfasser Schwierigkeiten aktiver Konjunkturpolitik?

e) Welche beispielhaft genannten Maßnahmen sind der Konjunkturpolitik, welche der Strukturpolitik zuzuordnen?

   Nennen Sie je zwei Maßnahmen!

f) „Veränderung der Besteuerung und der Staatsausgaben", „Ausgabenimpulse", „Ausweitung der Staatsbeschäftigung". Welchem theoretischen Konzept würden Sie die genannten Maßnahmen vorrangig zuordnen?

79.

Prozyklische Finanzpolitik in der Euro-Zone

Neue Zürcher Zeitung, Zürich, vom 6. Oktober 2004

Ht. – Sie predigen Wasser und trinken Wein: Obwohl sich die Finanzminister und die Staats- und Regierungschefs der EU wiederholt zu einer symmetrischen Finanzpolitik über den Konjunkturzyklus hinweg und zur Haushaltskonsolidierung im Aufschwung bekannt haben, bestätigen Analysen der EU-Kommission für 1994 – 2003 eine Tendenz zur prozyklischen Politik. Die Behörde nahm in einem Sonderkapitel ihres am Dienstag veröffentlichten Quartalsberichts zur Euro-Zone den strukturellen Primärsaldo der Staatshaushalte (um Konjunktureinflüsse bereinigter Saldo abzüglich Zinszahlungen) als Maß für jene Komponenten, die der Kontrolle der Behörde unterliegen. Gemessen daran war die Politik in Abschwungphasen tendenziell restriktiver und im Aufschwung lockerer. Dies verstärkt in prozyklischer Weise die konjunkturellen Ausschläge und reduziert die Wirksamkeit der automatischen Stabilisatoren, die zum Beispiel durch höhere Steuereinnahmen im Aufschwung und höhere Sozialausgaben im Abschwung die Schwankungen dämpfen.

Die Kernursache für die prozyklische Tendenz ortet die Kommission auf der Einnahmenseite: In guten Zeiten würden unter Nutzung temporärer Spielräume Steuern gesenkt, im nächsten Abschwung würden diese nicht finanzierten Erleichterungen prozyklische Einschränkungen erzwingen. Die Inkraftsetzung des Stabilitätspakts 1999 habe etwas zur Reduktion des prozyklischen Verhaltens beigetragen, dieses aber nicht aufgehoben. Bei Staaten mit geringen strukturellen Defiziten oder Überschüssen sei dieses weniger verbreitet, da diese die automatischen Stabilisatoren frei wirken lassen könnten. Euro-Staaten mit höheren Defiziten hingegen hätten in guten wie in schlechten Zeiten eine Tendenz zu einer prozyklischen Haltung. Seit 1999 sei dies im Aufschwung besonders ausgeprägt gewesen. Vor diesem Hintergrund ruft die Kommission dazu auf, im beginnenden Aufschwung mit dem prozyklischen Muster zu brechen und stattdessen den nötigen Spielraum für den nächsten Abschwung zu schaffen.

Quelle: Deutsche Bundesbank, Auszug aus Presseartikeln Nr. 43, 6. Oktober 2004, S. 18.

Werten Sie den vorstehenden Text aus!

a) Was versteht man grundsätzlich unter prozyklischer Finanzpolitik? Wie lautet der gegensätzliche Begriff?

b) Kennzeichnen Sie das im Artikel genannte prozyklische Verhalten der politischen Instanzen!

c) Was versteht man unter „automatischen Stabilisatoren"?

d) Erläutern Sie die Kernursache prozyklischer Tendenzen, die die Kommission benennt!

e) Welche Feststellungen trifft der Kommissionsbericht der Euro-Zone bezüglich der Staaten mit hohen Defiziten und worin sieht er die Ursachen?

13 Wirtschaftsordnungen

13.1 Wirtschafts- und Gesellschaftsordnung

Gesellschaftsordnung. Jede Gesellschaft[1] braucht, damit das soziale (= zwischenmenschliche) Zusammenleben ohne allzu große Konflikte ablaufen kann, einen Ordnungsrahmen, also gewisse Spielregeln (Normen). Die Summe aller Spielregeln, denen sich die einzelnen Mitglieder der Gesellschaft verpflichtet fühlen, bezeichnet man als *Gesellschaftsordnung*.

Die Gesellschaftsordnung kann nun von verschiedenen Gesichtspunkten (Aspekten) her betrachtet werden. Will man in erster Linie den Aufbau (die Struktur) der *rechtlichen* Normen untersuchen, spricht man von *Rechtsordnung*. Will man hingegen die Art und Weise beschreiben, wie eine Gesellschaft ihre Mitglieder z. B. gegen Armut, Arbeitslosigkeit oder Krankheit schützt, befasst man sich mit der *Sozialordnung* einer Gesellschaft. Die Summe aller für die Wirtschaft einer Gesellschaft geltenden Regeln kommen in ihrer *Wirtschaftsordnung*[2] zum Ausdruck.

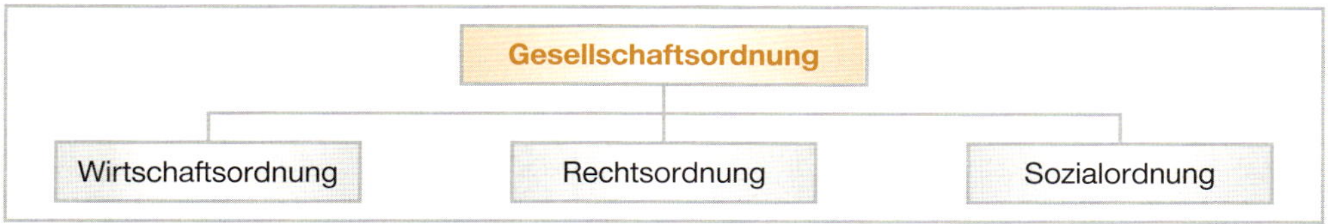

Zwischen Wirtschafts-, Rechts- und Sozialordnung besteht ein enger Wirkungszusammenhang.

Wechselwirkungen zwischen Wirtschafts- und Gesellschaftsordnung. Die Gesellschaft stellt eine Verbindung von Menschen dar, die durch Geschichte, Konventionen (Sitten und Gebräuche) und Rechtssätze miteinander verbunden sind. Die Unterbereiche (Subbereiche) der Gesellschaft (z. B. Wirtschaftsordnung, Rechtsordnung und Sozialordnung) sind derart vielfältig miteinander verknüpft, dass sich eine sinnvolle Unterteilung der Gesellschaft kaum unternehmen lässt.

Wenn wir dennoch eine Unterteilung der Gesellschaftsordnung vornehmen, muss man sich darüber im Klaren sein, dass diese Einteilung lediglich eine Arbeitsgrundlage darstellen kann, um die Probleme isoliert behandeln zu können. In Wirklichkeit sind alle Bereiche der Gesellschaft voneinander abhängig; sie durchdringen und beeinflussen sich gegenseitig.

1 Unter Gesellschaft versteht man ein soziales Gebilde mit einem verhältnismäßig engen Beziehungsgeflecht, wobei sich die Mitglieder weitgehend den gleichen Normen (= Ordnungsvorstellungen) verpflichtet fühlen und ein bestimmtes „Wir-Gefühl" empfinden.

2 In der Regel werden die Begriffe Wirtschaftsordnung und Wirtschaftssystem gleichbedeutend gebraucht. Vgl. z.B. Hensel, K.P.: Grundformen der Wirtschaftsordnung, Marktwirtschaft – Zentralverwaltungswirtschaft, C.H. Beck'sche Verlagsbuchhandlung, München 1972.

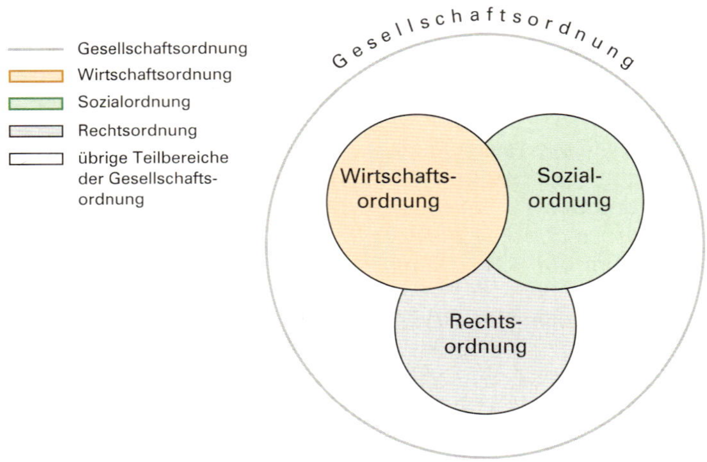

Die Teilbereiche der Gesellschaftsordnung überschneiden sich und sind voneinander abhängig. Ändert sich auch nur ein Teilbereich, verändert sich auch die Gesellschaftsordnung.

Ändert sich *ein* Teilbereich der Gesellschaftsordnung, ändern sich zugleich alle übrigen Teilbereiche und damit die Gesellschaftsordnung als Ganzes. Hierzu lassen sich zahlreiche Beispiele anführen.

Veränderung der Rechtsnormen. Neue Gesetze aller Art beeinflussen in der Regel die Wirtschafts- und damit auch die Sozialordnung. Angenommen, die Pflicht zum Besuch der Grund- und Hauptschule wird von neun auf zehn Jahre erhöht. Davon werden zunächst die Dispositionen vieler Unternehmen betroffen, weil die durchschnittliche Zeit, die die Bevölkerung einer Volkswirtschaft im Arbeitsprozess steht, um ein Jahr verkürzt wird. Während im Frühkapitalismus Kinderarbeit auch ein Ordnungselement war, ist die heutige soziale Marktwirtschaft neben vielen anderen Merkmalen durch das Verbot der Kinderarbeit gekennzeichnet.

Die enge Verzahnung der Rechts-, Wirtschafts- und Sozialordnung wird, um ein weiteres Beispiel zu nennen, am Problem der Mitbestimmung deutlich. Ein rein kapitalistisches System kann eine Mitbestimmung der Arbeitnehmer in den Unternehmen nicht dulden, weil damit in das Eigentumsrecht der Unternehmenseigner (der „Kapitalisten") eingegriffen wird. Beschließt das Parlament jedoch eine gleichberechtigte (paritätische) Mitbestimmung, ist ein wichtiges Ordnungselement der Marktwirtschaft entscheidend verändert worden: Das Eigentum an den Produktionsmitteln garantiert nicht mehr zugleich auch wirtschaftliche und politische Macht, während Einfluss und Macht der Gewerkschaften zunehmen. Aber nicht nur dies: Während bisher die Unternehmen auf Änderungen der Marktverhältnisse rentabilitätsorientiert reagieren konnten, brauchen sie nunmehr die Zustimmung der Arbeitnehmer bzw. der Gewerkschaft. So mag es beispielsweise sein, dass die Geschäftsleitung der Meinung ist, aufgrund gestiegener Löhne ein Zweigwerk im Inland zu schließen, um dafür ein Zweigwerk im Ausland aufzubauen, weil dort das Lohnniveau niedriger ist. Besteht ein Mitbestimmungsrecht, werden die Arbeitnehmervertreter die Schließung u.U. verhindern oder verzögern, um die Arbeitsplätze zu sichern. Dadurch ergeben sich völlig andere Verhältnisse auf dem Binnenmarkt: Die Absatzpreise des betreffenden Unternehmens werden gedrückt und/oder die gesamte Produktion wird nicht vom Markt aufgenommen. Es wird „auf Halde" produziert. Falls staatliche Hilfen ausbleiben, müssen mit verzögerter Wirkung Arbeitskräfte entlassen werden.

In ähnlicher Weise ließe sich jede Gesetzesänderung bzw. jedes neue Gesetz hinsichtlich seiner Wirkung auf die Wirtschaft und letztlich auf die Gesellschaft untersuchen. Man denke hier beispielsweise an das Gesellschaftsrecht, das Eigentumsrecht, das Erbrecht, das Steuerrecht, das Wettbewerbsrecht, die Arbeitsschutzgesetzgebung oder die Rechtsvorschriften, die etwa die Verbände (Gewerkschaften, Arbeitgeberverbände) betreffen.

Wirtschaftlicher Wandel. Veränderungen der Rechtsnormen beeinflussen die Wirtschaft. Umgekehrt zieht aber der wirtschaftliche und technische Wandel eine entsprechende Änderung der Rechtsnormen (und natürlich auch der sittlichen Normen der Wirtschaftssubjekte) nach sich.

Die mittelalterliche Gesellschaft Europas war eine statische Gesellschaft, deren Aufbau (Struktur) sich über lange Zeit nicht veränderte, weil sich eben die Art der Gütererzeugung und -verteilung während einiger hundert Jahre nicht oder nur sehr wenig änderte. Erst die Industrialisierung Ende des 19. und Anfang des 20. Jahrhunderts brachte einen gewaltigen sozialen Wandel mit sich, der sich sowohl auf die Rechtsordnung als auch auf die Sozialordnung auswirkte. Die Beispiele liegen auf der Hand: Mit der Entstehung des besitzlosen Industrieproletariats musste ein System der sozialen Sicherung geschaffen werden (Schaffung der Sozialversicherungen, Kündigungsschutzgesetze usw.). Um die neuen Erfindungen und Entdeckungen zu schützen, brauchte man Urheberschutzgesetze. Mit der Erfindung des Autos musste eine Straßenverkehrsordnung geschaffen werden. Und um noch ein aktuelles Beispiel zu nennen: Die Einführung der elektronischen Datenverarbeitung mit den neuen Speichermethoden (Memory Stick) lässt das Problem auftreten, welche Rechtsvorschriften geeignet sein könnten, einen Missbrauch der Daten zu verhindern („Problem des Datenschutzes"). Des Weiteren ergaben sich durch die Informationstechnologie sowohl neue Vertriebsmöglichkeiten von Waren und Dienstleistungen (z.B. Internethandel) als auch neue Formen der Abgabe von Willenserklärungen (z.B. mittels elektronischer Speichermedien oder E-Mail), was entsprechende Anpassungen in der Gesetzgebung erforderlich machte.

Änderung der Sozialordnung. Die oben genannten Beispiele machen allein schon deutlich, dass Änderungen der Wirtschaftsordnung zugleich einen Wandel der Sozialstruktur bedeuten. Die Verbindung zwischen beiden Aspekten der Gesellschaftsordnung bildet das Recht. Nehmen wir als weiteres Beispiel den Ausbau des Bildungswesens. Durch ein System von Gesetzgebungswerken, das die finanzielle Lage einkommensschwacher Bevölkerungsschichten verbessert (Kindergeld, Wohngeld, Ausbildungsförderung, Freibeträge, Steuerprogression), werden auch die Ausbildungschancen für alle Schichten der Bevölkerung größer und damit auch die Chance des sozialen Aufstiegs. Dies hat wiederum unmittelbare Auswirkungen auf die Wirtschaft: Je besser die Bevölkerung ausgebildet ist, desto größer ist auch die Produktivität einer Volkswirtschaft.

13.2 Wirtschaftsordnungen

13.2.1 Geistige Grundlagen der Wirtschaftsordnungen

Die Wirtschaftsordnungen sind weitgehend von der Auffassung vom Wesen des Menschen abhängig. Als die beiden großen gegensätzlichen Anschauungen über das Wesen des Menschen kann man den *Individualismus* einerseits und den *Kollektivismus* andererseits bezeichnen.

Individualismus. Im Mittelpunkt der individualistischen Geisteshaltung steht der einzelne Mensch, das *Individuum*. Die sozialen Gebilde wie Betrieb oder Staat sind nichts weiter als die Summe von Einzelmenschen.

Für den Individualismus ist die Freiheit des Einzelnen oberster Grundsatz. *Liberalismus* und Individualismus sind also eng miteinander verknüpft. Der Staat ist nur ein Zweckverband, innerhalb dessen die Bürger ihren einzelwirtschaftlichen, egoistischen Zielen nachgehen. Er hat nur den inneren und äußeren Rechtsschutz zu gewährleisten (Nachtwächterstaat).

Freilich war der Individualismus davon überzeugt, dass gerade die uneingeschränkte Verfolgung der Einzelinteressen der Erreichung des höchsten Allgemeinwohls diene. Das ist der Gedanke der *natürlichen Harmonie*. Wenn nämlich jeder seinen eigenen Vorteil sucht, so wird der Produzent diejenigen Waren herstellen, die er am billigsten herstellen kann, um einen Höchstgewinn zu erzielen (Maximalprinzip). Auf der anderen Seite wird jeder die Waren dort kaufen, wo sie am billigsten zu haben sind (Minimalprinzip). Der freie Wettbewerb ist so imstande, wie eine unsichtbare Hand die Einzelinteressen auf das Gesamtinteresse zu lenken: *Eigennutz ist zugleich Gemeinnutz*.

Kollektivismus. Für den Kollektivismus (Kollektivum = das Ganze) ist der Mensch in erster Linie ein Sozialwesen (Sozialismus). Seine gesellschaftlichen Verbindungen (z.B. Familie, Gemeinde, Betrieb, Staat) sind mehr als die Summe von Einzelwesen. Sie erlangen gleichsam eine höhere, überindividuelle Eigenpersönlichkeit, etwa so, wie sich eine Familie als Ganzes versteht, als ein über das persönliche Leben des einzelnen Familienmitglieds hinausreichendes Gebilde. Im gleichen Sinne stehen auch Staat und Gesellschaft über dem Einzelnen, woraus folgt, dass sich der Einzelmensch deren Prinzipien und Gesetzen unterzuordnen hat.

Im Gegensatz zum Individualismus behauptet der Kollektivismus, dass sich die Einzelinteressen keineswegs immer mit dem Gesamtinteresse decken. Vielfach stehen sie derart im Widerspruch, dass dem Satz *„Gemeinnutz geht vor Eigennutz"* Geltung verschafft werden muss. Für die Wirtschaftspolitik ergibt sich daraus die Notwendigkeit der *zentralen Planung,* der Aufhebung des Privateigentums zumindest an den Produktionsmitteln, die Einführung der Sozialpolitik und der Einflussnahme auf den Außenhandel.

13.2.2 Modell der freien Marktwirtschaft

Unter „Modellen" versteht man von der Wirklichkeit weitgehend losgelöste Denkschemata, deren Ergebnisse nur unter den von vornherein festgelegten Voraussetzungen (Prämissen) gültig sind. Diese Voraussetzungen sind notwendig, weil nur so eindeutige Aussagen gemacht werden können. Dennoch sind Modelle wichtige Hilfsmittel in den Wissenschaften, weil mit ihrer Hilfe *wesentliche* Erkenntnisse gewonnen werden können.

Begriff. Ohne Planung ist wirtschaftliches Handeln nicht möglich. In der freien Marktwirtschaft werden von autonomen, d.h. in ihrer Handlungsfreiheit unbeeinträchtigten Unternehmen und Haushalten Pläne erstellt und durchgeführt.

Folgende Abbildung stellt das Modell der freien Marktwirtschaft dar:

Die privaten Haushalte (= Verbrauchseinheiten) treten auf den *Faktormärkten* als Anbieter der beiden *Produktionsfaktoren* (vgl. Kap. 3.1) Arbeit und Boden auf, die von den Unternehmen nachgefragt werden. Die Unternehmen bieten auf den *Konsumgütermärkten* ihre Fertigerzeugnisse an, die die Haushalte aufkaufen. Umgekehrt fließt den Haushalten für Arbeitsleistungen und zur Verfügung gestellte Bodennutzung *Einkommen* zu. Die Einnahmen aus dem Verkauf der Fertigerzeugnisse stellen für die Unternehmen *Umsatzerlöse* dar. Den Leistungs- und Güterströmen entsprechen also entgegenlaufende Geldströme (monetäre Ströme). Dies gilt auch für die *Kreditmärkte:* Den Banken fließen die Ersparnisse der Haushalte zu, es entstehen Forderungen der Haushalte an die Banken. Die Unternehmen erhalten finanzielle Mittel, es entstehen Verbindlichkeiten der Unternehmen gegenüber den Banken.

Im Modell der freien Marktwirtschaft regulieren sich die Gütermärkte mit Hilfe des *Preises*, die Kreditmärkte mit Hilfe des *Zinses* und die Faktormärkte mit Hilfe des *Lohns* und des *Pachtzinses*.

Ordnungsmerkmale. Damit eine marktgesteuerte Wirtschaft funktionsfähig sein kann, müssen folgende Ordnungsmerkmale gegeben sein:

1. Der Staat greift überhaupt nicht in das Wirtschaftsgeschehen ein. Er hat allenfalls eine Überwachungsfunktion (Nachtwächterstaat).
2. Die Entscheidung darüber, was und wie viel produziert wird, liegt ausschließlich bei den Unternehmen (Produktionsfreiheit).
3. Die Entscheidung darüber, was und wie viel gekauft wird, liegt ausschließlich bei den Konsumenten (Konsumfreiheit).
4. Es bleibt den Unternehmen und Haushalten überlassen, ob und wie viel sie importieren oder exportieren wollen (Freihandel).
5. Die Ausgestaltung der Verträge (Kauf-, Miet-, Pacht-, Kartellverträge usw.) wird den Vertragsparteien überlassen (Vertragsfreiheit).
6. Die Steuerung der Wirtschaft über den Preis setzt das Vorhandensein eines allgemein anerkannten Zahlungsmittels, also von Geld, voraus (Geldwirtschaft).
7. Das Privateigentum an den Produktionsmitteln (am „Kapital“, daher „Kapitalismus“) muss gewährleistet sein.
8. Freie Berufswahl, Arbeitsplatzwahl und Freizügigkeit müssen garantiert sein (andernfalls kann der „Lohnmechanismus“ nicht wirken).

13.2.3 Soziale Marktwirtschaft

Begriff. Die soziale Marktwirtschaft der Bundesrepublik Deutschland ist eine in der Wirklichkeit existierende Wirtschaftsform (Realform). Aufgabe der sozialen Marktwirtschaft ist, auf der Grundlage der Marktwirtschaft das Prinzip der Freiheit mit dem des sozialen Ausgleichs und der sozialen Gerechtigkeit zu verbinden.[1]

In der Wirklichkeit (= Realität) bestehende Wirtschaftsformen bezeichnet man als „Realformen", während die Modelle „Idealformen" genannt werden, weil sie nur in der „Idee", im Entwurf bestehen. Wenn wir in diesem Kapitel die in der Bundesrepublik Deutschland verwirklichte Wirtschaftsordnung als „Realform" bezeichnen, entspricht das zwar dem wirtschaftspolitischen Sprachgebrauch. Wissenschaftlich gesehen ist dies jedoch nicht korrekt, denn die Idee der sozialen Marktwirtschaft ist ebenfalls ein Modell, das in der Bundesrepublik Deutschland nur näherungsweise realisiert ist.

Die Marktwirtschaft ist durch dezentrale Planung gekennzeichnet. Das heißt, in den Privathaushalten wird entschieden, welche Güter nachgefragt werden, und die Unternehmen entscheiden, welche Güter angeboten werden.

Dem Markt kommt in der Marktwirtschaft eine zentrale Funktion zu:

Staatliche Maßnahmen in einer sozialen Marktwirtschaft sollten marktkonform sein. Marktkonforme Eingriffe liegen vor, wenn der Staat die Nachfrage und/oder das Angebot erhöht oder senkt, die Preisbildung aber dem Markt überlässt. Man spricht daher auch von *indirekter* Marktlenkung.

Beispiele:

Steuererhöhungen bzw. -senkungen; Erhöhung bzw. Streichung von Subventionen.

Marktkonträre Maßnahmen des Staates, d.h. Eingriffe, die den Preismechanismus außer Kraft setzen, sollten die Ausnahme sein.

1 Nach Müller-Armack, A.: Soziale Marktwirtschaft, in: Handwörterbuch der Sozialwissenschaften, Bd. IX, 1956, S. 390. Müller-Armack gehört, wie z.B. Walter Eucken (1891 – 1950) und Ludwig Erhard (1897 – 1977) zu den „Vätern" der Idee der sozialen Marktwirtschaft.

Beispiele:
Festsetzung von Verbrauchsmengen (Rationierung); Festsetzung von Produktionsmengen; staatliche Preisfestsetzung (z. B. Höchst-, Mindest- oder Festpreise).

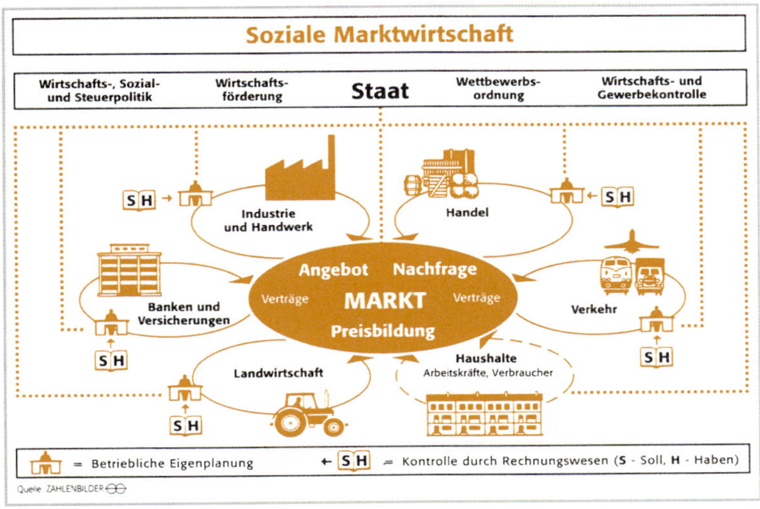

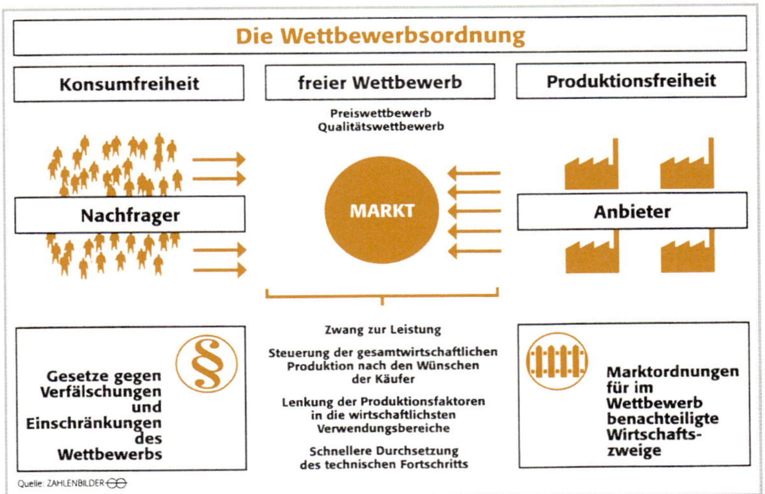

Ordnungsmerkmale der sozialen Marktwirtschaft. In der Übersicht auf S. 364 sind die wesentlichen Ordnungsmerkmale der sozialen Marktwirtschaft denen der freien Marktwirtschaft gegenübergestellt. Greifen wir zur näheren Erläuterung einige Merkmale heraus.

1. Einschränkung der Freiheit der Wirtschaftssubjekte

Nach Art. 20 I GG[1] ist die Bundesrepublik Deutschland ein demokratischer und sozialer Bundesstaat. Hieraus folgt, dass im Interesse der *sozialen Gerechtigkeit* die Freiheit (Autonomie) der Wirtschaftssubjekte eingeschränkt werden muss.

1 GG = Grundgesetz.

Beispiele:

Einschränkungen der Vertragsfreiheit durch Vorschriften bezüglich der Geschäftsfähigkeit, der Nichtigkeit und Anfechtbarkeit von Rechtsgeschäften und durch Verbraucherschutzgesetze. – Einschränkung der Gewerbefreiheit [z. B. durch Approbation[1] von Ärzten und Apothekern, durch die Anmeldepflicht der Gründung eines Gewerbebetriebs (§ 14 GewO),[2] die Genehmigungspflicht für eine ganze Reihe von Gewerbebetrieben (vgl. §§ 30 ff. GewO) oder die staatliche Überwachung gefährlicher Anlagen]. – Eingeschränkt sind ferner die Eigentumsrechte. Auch staatliche Eingriffe in die Marktpreisbildung engen die Autonomie der Wirtschaftssubjekte ein.

2. Einschränkung der Eigentumsrechte

Die Wirtschafts- und Gesellschaftsordnung der Bundesrepublik Deutschland basiert u. a. darauf, dass sich das Eigentum an den Produktionsmitteln weitgehend in den Händen Privater befindet.

Das Eigentumsrecht geht so weit, dass man nach dem BGB mit den meisten beweglichen Sachen machen kann, was man will, schlimmstenfalls auch zerstören. Anders ist dies bei größeren Wirtschafts- und Sacheinheiten. Niemand darf beispielsweise sein Haus oder gar seine Fabrik anzünden. Er würde bereits gegen § 903 BGB verstoßen, der bestimmt, dass das Verfügungsrecht dort seine Grenzen hat, wo diesem andere Gesetze (z. B. das Strafgesetzbuch wegen Brandstiftung) oder Rechte anderer Personen (z. B. Gefährdung oder Belästigung durch Feuer und Rauch) entgegenstehen. Hinzu tritt die Vorschrift des Art. 14 II GG, wonach „Eigentum verpflichtet. Sein Gebrauch soll zugleich dem Wohle der Allgemeinheit dienen" *(soziale Bindung des Eigentums).*

Nach Art. 14 III GG ist auch in der Bundesrepublik Deutschland eine Enteignung möglich.

Beispiel:

Eine Gemeinde möchte ein neues Krankenhaus bauen, weil die Bevölkerung derzeit noch medizinisch unterversorgt ist. Der gemeindeeigene Bauplatz reicht nicht aus, die Gemeinde muss noch Grundstücke hinzukaufen. Ein Teil der Grundstückseigentümer weigert sich jedoch, die erforderlichen Grundstücke an die Gemeinde zu verkaufen. Die Folge: Die bisherigen Eigentümer werden *enteignet.*

Die bisherigen Eigentümer müssen *entschädigt* werden (Art. 14 III GG). Im Übrigen ist eine Enteignung nur möglich, wenn sie dem „Wohle der Allgemeinheit" dient (Art. 14 III GG). Die Entschädigung darf auch nicht einseitig vom Staat[3] festgesetzt werden. Vielmehr hat jeder durch ein Enteignungsverfahren betroffene Bürger das Recht, wegen der Höhe der Entschädigung vor einem ordentlichen Gericht (Amtsgericht, Landgericht, Oberlandesgericht) zu klagen, um eine unabhängige richterliche Entscheidung zu erhalten.

Nach dem Grundgesetz (Art. 15 GG) ist es möglich, neben Grund und Boden auch Naturschätze (Kohlevorkommen, Eisenerzvorkommen, Uranvorkommen) und private Produktionsmittel (bisher im Privatbesitz befindliche Unternehmen) zu *sozialisieren*, d. h. in Staatseigentum (Gemeineigentum, Volkseigentum) zu überführen. Hierzu ist ein besonderes Gesetz, das Art und Umfang der Entschädigung regelt, erforderlich.

Daneben kann der Staat (wie jede andere juristische Person auch), sein Eigentum nach BGB erwerben (z. B. durch rechtsgeschäftlichen Erwerb von Grund und Boden, von Aktien und anderen Beteiligungen an Unternehmen). So gibt es in der Bundesrepublik Deutsch-

1 Approbation = staatliche Zulassung.

2 GewO = Gewerbeordnung.

3 Zum „Staat" zählt nicht etwa nur der Bund, sondern auch die Länder, die Gemeinden, die Kreise und andere öffentliche Körperschaften wie z. B. Sozialversicherungen.

land viele wichtige Unternehmen, die teilweise oder ganz in staatlicher Hand sind (sich also im Eigentum der „öffentlichen Hand" befinden).

Beispiele für staatliche (öffentliche) Betriebe:
Deutsche Bundesbank, Sparkassen, Versorgungsunternehmen, öffentlicher Personennahverkehr.

3. Einschränkung des Gewinnstrebens

Das Gewinnstreben (das *erwerbswirtschaftliche Prinzip*) ist zwar der „Motor" der Marktwirtschaft, kann aber zur Ausnutzung und Übervorteilung der wirtschaftlich Schwächeren führen. In einer sozialen Marktwirtschaft *muss* daher versucht werden, das Gewinnstreben der Wirtschaftssubjekte zu kontrollieren und auf ein sozial vertretbares Maß zu begrenzen.

Der Staat hat zahlreiche Möglichkeiten, das Gewinnstreben der Wirtschaftssubjekte einzuschränken. Beispiele sind:

- **Kartell- und Fusionskontrolle.**
- **Missbrauchsaufsicht über marktbeherrschende Unternehmen.**
  In der Bundesrepublik Deutschland kann z. B. das Bundeskartellamt die *missbräuchliche* Preiserhöhung eines marktbeherrschenden Unternehmens untersagen (vgl. §§ 14 ff., 19 ff. GWB).
- **Verbot von sittenwidrigen Rechtsgeschäften, insbesondere von Wuchergeschäften** (siehe § 138 BGB).
- **Beschneidung der Einkommen** (Gewinne und Löhne) **durch Steuerprogression.** Unter Steuerprogression versteht man einen Steuertarif, bei dem der Steuersatz schneller als die zu versteuernde Größe (z. B. Gewinn, Lohn, Gehalt) steigt.

4. Verbraucherschutz

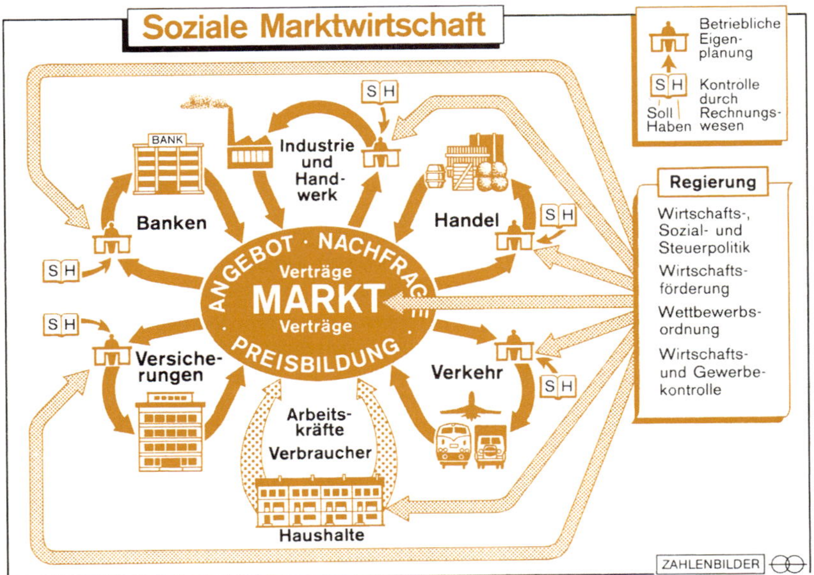

Gegenüberstellung der freien Marktwirtschaft und der sozialen Marktwirtschaft	
Freie Marktwirtschaft	**Soziale Marktwirtschaft**
Der Staat greift überhaupt nicht in das Wirtschaftsgeschehen ein. Er hat lediglich Überwachungsfunktionen (Nachtwächterstaat).	Der Staat greift in das Wirtschaftsgeschehen ein, um den Wohlstand und die soziale Sicherheit breiter Schichten zu gewährleisten (Sozialstaat).
Die Entscheidung darüber, was und wie viel produziert wird, liegt ausschließlich bei den Unternehmen (Produktionsfreiheit, Gewerbefreiheit).	Grundsätzlich besteht Gewerbefreiheit, nicht jedoch für Gewerbezweige, die die Gesundheit und/oder die Sicherheit der Bevölkerung gefährden können (eingeschränkte Gewerbefreiheit).
Die Entscheidung darüber, was und wie viel gekauft wird, liegt ausschließlich bei den Konsumenten (Konsumfreiheit).	Grundsätzlich besteht Konsumfreiheit, nicht jedoch bei gesundheitsgefährdenden Konsumgütern (z. B. Rauschgifte).
Es bleibt den Unternehmen und Haushalten überlassen, ob und wie viel sie importieren oder exportieren wollen (uneingeschränkter Freihandel).	Grundsätzlich besteht Freihandel und freie Austauschbarkeit der Währungen. Eingriffe in den Außenhandel sind aus konjunkturpolitischen Gründen erlaubt und erwünscht (z. B. Auf- oder Abwertungen, Freigabe der Wechselkurse, Devisenpolitik der Notenbank, Zollsatzänderungen, Verbot des Waffenhandels mit kriegsgefährdeten Gebieten usw.).
Die Ausgestaltung der Verträge (Kauf-, Miet-, Pacht-, Kartellverträge usw.) wird den Vertragsparteien überlassen (Vertragsfreiheit).	Eingeschränkte Vertragsfreiheit durch Verbot des Wuchers, der Ausnutzung der Notlage eines anderen, Kartellgesetzgebung, Missbrauchsaufsicht, Fusionskontrolle, Unternehmensrecht usw.
Das Geld übt seine Funktionen ohne Eingriffe des Staates bzw. einer Zentralbank aus.	Das Geld ist darüber hinaus Steuerungsmittel: Durch die notenbankpolitischen Instrumentarien (z. B. Offenmarktpolitik, Mindestreservepolitik) soll der Wirtschaftsablauf in der gewünschten Richtung beeinflusst werden.
Das Privateigentum an den Produktionsmitteln ist gewährleistet.	Grundsätzlich steht das Eigentum unter dem Schutz des Staates. Staatseigentum an Produktionsmitteln ist möglich oder erwünscht (z. B. Sozialisierung, um Arbeitsplätze zu sichern).
Freie Berufswahl, Arbeitsplatzwahl und Freizügigkeit müssen garantiert sein.	Grundsätzlich bestehen freie Berufswahl, Arbeitsplatzwahl und Freizügigkeit. Um Fehlentwicklungen auf dem Arbeitsmarkt abzuschwächen, sind staatliche indirekte Lenkungsmaßnahmen erwünscht (Beihilfen zur Umschulung, Stellenvermittlung durch die Agenturen für Arbeit, Berufsberatung, Bildungspolitik).
Die Verteilung des Volkseinkommens ist das Ergebnis der Marktprozesse.	Der Staat nimmt eine Einkommensumverteilung mit dem Ziel einer „sozialverträglichen Einkommensverteilung“ vor: prozentual höhere Versteuerung der mittleren und höheren Einkommen (Steuerprogression), Kindergeldzahlungen, Wohngeld für Bezieher niedrigerer Einkommen, Ausbildungsförderung, Arbeitslosenunterstützung, Sparförderung.
Bildung ist Privatsache.	Bildung ist grundsätzlich Aufgabe des Staates. Jeder soll gemäß seinen Fähigkeiten und Neigungen die gleichen Bildungschancen haben („Chancengleichheit“). Der Staat stellt die Mittel für die Bildungseinrichtungen zur Verfügung. Die sozial Schwachen erhalten Beihilfen.

13.2.4 Modell der Zentralverwaltungswirtschaft (Exkurs)

Begriff. Als Zentralverwaltungswirtschaft (Zentralwirtschaft, Gemeinwirtschaft, Planwirtschaft, Kommandowirtschaft) wird ein System bezeichnet, in dem Produktion und Konsumtion durch zentrale Stellen geplant werden. Dabei ist zwischen kurzfristiger und langfristiger Planung, d.h. zwischen *Operativ-* und *Perspektivplanung* zu unterscheiden.

In diesem Grenzmodell gibt es keine Märkte, also weder Preis-, Lohn- noch Zinsmechanismus. Das Geld hat nur die Aufgabe, Verrechnungseinheit zu sein.

Will der Staat die Produktion planen, muss er sich ein genaues Bild über die einsetzbaren *originären* und *abgeleiteten* Faktormengen, d.h. über Boden, Bodenschätze und Arbeitskräfte einerseits und Fabrikanlagen, Transportmittel und Rohstoffe *(Produktionsmittel)* andererseits machen. Die Güte des Produktionsplans hängt damit weitgehend vom Stand der Statistik ab.

Noch schwieriger als die zentrale Produktionsplanung ist die Konsumtionsplanung. Die Planungsbehörde muss sich vollkommen über die Verbraucherwünsche im Klaren sein, es sei denn, sie setzt von sich aus fest, was der Einzelne zu verbrauchen hat bzw. verbrauchen darf. Will sie das nicht, ist eine Orientierung beispielsweise über Verbraucherbefragungen möglich, wenn Fehlplanungen vermieden werden sollen. Fehlplanungen im Konsumgüterbereich bedeuten, dass entweder ein Teil der Produktion nicht absetzbar ist (die Nachfrage ist zu gering) oder das Angebot nicht ausreicht (die Nachfrage ist zu groß). Im letzteren Fall muss das Angebot *rationiert* werden, d.h., jeder erhält eine von der Planungsbehörde festgelegte Zuteilung (Gutschein- oder Bezugsscheinsystem).

Nachstehendes Bild zeigt in vereinfachender Weise das Modell einer vollständigen Zentralverwaltungswirtschaft.

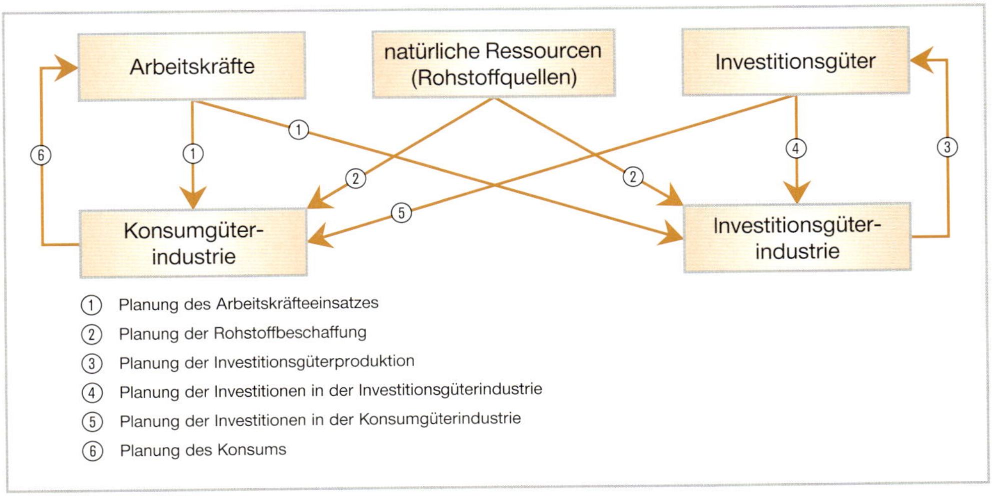

Die Planungsbehörde plant den Einsatz der Arbeitskräfte, der natürlichen Ressourcen (Boden, Bodenschätze) und der vorhandenen Produktionsgüter in der Produktionsgüter- und Konsumgüterherstellung. Gleichzeitig müssen die Lieferungen der Produktionsgüterabteilung an die Konsumgüterabteilung festgelegt werden.

Ordnungsmerkmale. Damit eine zentralgesteuerte Wirtschaft funktionsfähig sein kann, müssen folgende Ordnungsmerkmale gegeben sein:

1. Eine zentrale Planungsbehörde (eine staatliche Behörde) plant Verbrauchs- und Produktionsmengen.
2. Die Verteilung der zu erstellenden Gütermengen und Dienstleistungen wird zeitlich und örtlich vorausgeplant.
3. Die Produzenten können keine Entscheidungen darüber treffen, was und wie viel sie produzieren wollen (keine Produktionsfreiheit).
4. Ebenso können die Verbraucher keine Entscheidungen darüber treffen, was und wie viel sie verbrauchen wollen (keine Konsumfreiheit, sondern Zuteilungssystem).
5. Weder Unternehmen noch Haushalte können darüber entscheiden, ob und wie viel sie importieren oder exportieren wollen (kein Freihandel, sondern staatlicher Außenhandel; Devisenzwangswirtschaft).
6. Keine Vertragsfreiheit.
7. Die Geldfunktionen sind überflüssig, weil es keine Märkte im Sinne einer freien Wirtschaft gibt und die Steuerung der Wirtschaft nicht über die Marktpreise erfolgt.
8. Da der Staat die Produktions- und Konsumentscheidungen trifft, kann es kein Privateigentum an den Produktionsmitteln geben. Die Produktionsmittel sind verstaatlicht (= in Gemeineigentum überführt = sozialisiert).
9. Keine freie Berufswahl, keine Arbeitsplatzwahl und keine Freizügigkeit, weil die Planerfüllung verlangt, dass die Arbeitskräfte dort eingesetzt werden, wo sie am dringendsten benötigt werden.

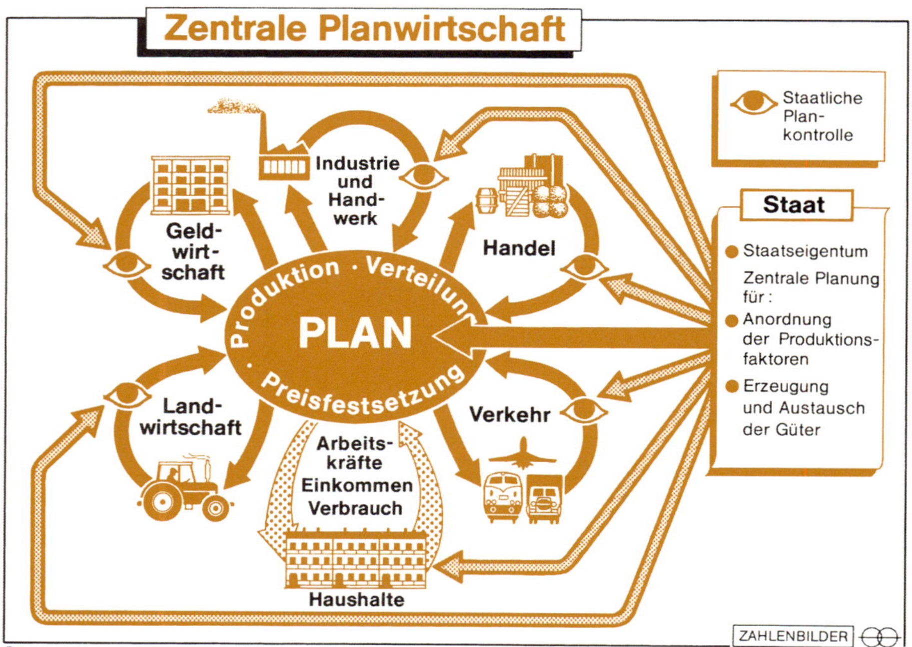

Wiederholungs- und Vertiefungsaufgaben zu Kapitel 13

1. Lesen Sie sorgfältig nachstehende Zitate. Stellen Sie fest, ob diese Zitate von Anhängern der freien Marktwirtschaft oder von Verfechtern der Zentralverwaltungswirtschaft stammen. Begründen Sie Ihre Ansicht!

   a) „Da nun jedermann nach Kräften sucht, sein Kapital in der heimischen Erwerbstätigkeit anzulegen und diese selbst so zu leiten, dass ihr Erzeugnis den größten Wert erhält, so arbeitet auch jeder notwendig dahin, das jährliche Einkommen der Gesellschaft so groß zu machen, als er kann. Allerdings strebt er in der Regel nicht danach, um wie viel er es fördert. Auch ist es nicht eben ein Unglück für die Gesellschaft, dass dies nicht der Fall war. Verfolgt er sein eigenes Interesse, so fördert er das der Gesellschaft weit wirksamer, als wenn er diese wirklich zu fördern beabsichtigt. ... Ein Staatsmann, der sich einfallen ließe, Privatleuten darüber Vorschriften zu geben, auf welche Weise sie ihre Kapitalien anlegen sollen, würde sich nicht allein eine höchst unnötige Fürsorge aufladen, sondern sich auch eine Autorität anmaßen, die keinem Senate oder Staatsrate, geschweige denn einem einzelnen Manne mit Sicherheit überlassen werden könnte, und nirgends so gefährlich sein würde als in der Hand eines Mannes, der töricht und dünkelhaft genug wäre, um sich für fähig zu halten, sie auszuüben."

   b) „Alle aber fürchten Armut und Deklassierung. Dass der Gesichtspunkt der Rentabilität die Produktion beherrscht, beweist also nicht, dass die eigentlichen Motive heute weniger mannigfaltig sind als zu anderen Zeiten. Dieser Umstand beweist nur, dass wir in der Rentabilität einen zuverlässigen und unersetzlichen Maßstab dafür haben, ob sich ein Unternehmen in den volkswirtschaftlichen Gesamtzusammenhang einordnet oder nicht. Die Herrschaft der Rentabilität bewirkt, dass ein Unternehmer, der sich einfügt, vom Markte belohnt, und ein Unternehmer, der sich nicht einfügt, vom Markte bestraft wird."

   c) „Die Verteilung nach der Leistung ist ein objektives ökonomisches Gesetz ... Da das gesellschaftliche Produkt das Ergebnis der Arbeit der Mitglieder der Gesellschaft ist, kann nur die für die Gesellschaft geleistete Arbeit der Maßstab ... der Verteilung und damit die Grundlage für die Befriedigung individueller Bedürfnisse sein."

2. Die geistige Grundlage des Modells der freien Marktwirtschaft ist der Individualismus. Was heißt das?

3. Überlegen Sie sich wesentliche Vorzüge und Mängel des Modells der freien Marktwirtschaft!

4. In nachstehendem Zeitungsartikel beklagt der Verfasser den krisenhaften Zustand der sozialen Marktwirtschaft in der Bundesrepublik Deutschland. Er schreibt u.a., dass für Privatinitiative, Eigenleistung und -verantwortung, dynamisches Unternehmertum immer weniger Freiraum übrig bleibe. Er fährt fort:

   „Dieser Freiraum ist umso kleiner, als in der real existierenden ‚gemischten' Wirtschaftsordnung die eigentliche Marktwirtschaft auf eine Restgröße zusammengeschrumpft ist. Sie ist nämlich heutzutage auf die Industrie, den Dienstleistungsbereich und - mit Einschränkungen - auf den Handel begrenzt. Große Sektoren der Volkswirtschaft wie die Energieversorgung, der Verkehr, die Landwirtschaft sind mehr oder weniger dirigistische Enklaven im Bereich freien Wettbewerbs ..."

   „Unter diesen Bedingungen ist es reine Heuchelei, wenn der freiheitlichen Wirtschaftsordnung von ihren Gegnern Versagen ihrer ‚Selbstheilungskräfte' und Marktmechanismen vorgeworfen wird. Denn Arbeitslosigkeit, Unterauslastung des Produktionspotenzials, verzögerte Strukturanpassung an die energiepreisbedingten neuen weltwirtschaftlichen Rahmenordnungen sind nichts anderes als die Folgen ordnungswidriger Misshandlungen, die dem System, seinem Steuerungs- und Preismechanismus in den zurückliegenden ein Dutzend Jahren nach und nach zugefügt wurden. Es gibt eben keine Wirtschaftsordnung, die unter anderen als den eigenen Existenzbedingungen und Spielregeln funktionsfähig wäre."

a) Stützen oder widerlegen Sie die Behauptung des Verfassers, dass die soziale Marktwirtschaft eine „gemischte" Wirtschaftsordnung ist!

b) Suchen Sie eigene Beispiele für die Feststellung, dass in der sozialen Marktwirtschaft der Bundesrepublik Deutschland die eigentliche Marktwirtschaft auf eine Restgröße zusammengeschrumpft sei!

c) Überlegen Sie sich, was unter „Selbstheilungskräften" in der Wirtschaft zu verstehen ist!

d) Nennen Sie wesentliche Beispiele für die „Spielregeln" in einer sozialen Marktwirtschaft!

5. Zeigen Sie mit Hilfe von sechs selbst gewählten Beispielen die Wechselwirkungen zwischen Wirtschafts- und Gesellschaftsordnung!

6.

Absurde Steuern, korrupte Beamte

MOSKAU. Russland hat seine Finanzkrise nach Darstellung von Präsident Boris Jelzin überwunden. Vor seinem am Montag beginnenden Deutschland-Besuch sagte er dem Nachrichtenmagazin „Der Spiegel": „Der Höhepunkt der Krise liegt hinter uns, ausländische Investoren haben keinen Anlass zur Panik."

Vor Jahresfrist sah alles noch rosig aus. Die russische Börse galt unter risikofreudigen Investoren als ein Geheimtip. Der Moscow Times Index stellte sogar die beachtlichen Kursgewinne in New York, Frankfurt und Zürich in den Schatten. Als die Finanzkrise in Asien ausbrach, hieß es, Russland sei nicht Indonesien und werde nur am Rande berührt. Heute wird die Diagnose gestellt: Russland leide nicht an der „asiatischen Grippe", sondern an einer „schweren Lungenentzündung".

Die asiatischen Symptome, Korruption und die enge Verflechtung von wenigen Finanzklans mit der politischen Macht, sind auch für Russlands neuen Kapitalismus typisch. Im Unterschied zu Russland haben die asiatischen Länder aber bereits einen Boom hinter sich. Russlands neue Kapitalisten jedoch haben noch gar nicht zu produzieren begonnen. Ihr Reichtum stammt aus der Ausbeutung von Rohstoffen, wo Konkurrenz eine minimale, Beziehungen zum Kreml jedoch eine entscheidende Rolle spielen.

Eine gravierende Ursache der russischen Krankheit ist die Unfähigkeit der Regierung, ein effizientes Steuersystem aufzubauen. Wie die Regierung ihre Steuern eintreiben will, wird der Öffentlichkeit im Fernsehen demonstriert. Live-Reportagen zeigen, wie vermummte Polizeitruppen Firmen in Moskaus Hinterhöfen und Kellern überfallen, als ob es Terrorgruppen unschädlich zu machen gälte. Etwa 50% der russischen Wirtschaft befinden sich im Untergrund und werden vom Fiskus nicht erfasst. Vor allem kleinere und mittlere Unternehmer, die in Russland die Basis für eine Marktwirtschaft schaffen müssten, werden wegen irrationaler Steuern und einer korrupten Bürokratie in die halbkriminelle Schattenwirtschaft abgedrängt.

Mitverantwortlich für das Blockieren von Reformen ist ironischerweise der Westen. Im Allgemeinen macht der Internationale Währungsfonds (IWF) für seine Kredite strenge Auflagen. Diese Bedingungen wurden aber im Falle von Russland eher lasch gehandhabt. Entscheidend war, Präsident Jelzin als Garant der Stabilität zu stützen. Doch der 66-jährige autokratische Herrscher ist zum größten Faktor der Instabilität geworden.

„Wie können wir erwarten, dass ausländisches Kapital in Russland investiert wird, wenn nicht einmal Sie bereit sind, Ihr Geld hier anzulegen", redete Jelzin den sieben Oligarchen ins Gewissen, die er zu einer Krisensitzung eingeladen hatte. Laut Schätzungen des *Economist* sind in den vergangenen zehn Jahren 200 Milliarden Dollar aus Russland abgezogen worden. Im Land selber befinden sich 150 Milliarden Dollar – im Strumpf oder unter der Matratze, weil die so oft betrogene Bevölkerung auch der jetzigen Führung misstraut. Würde nur ein Bruchteil davon in die Produktion investiert, müsste Moskau nicht ständig die hohle Hand machen für Kredite, die ins Land gepumpt werden und auf einem anderen Kanal Russland wieder verlassen.

Quelle: BZ vom 8. Juni 1998.

a) Welcher Wirtschaftsordnung (welchem Wirtschaftssystem) kommt die russische am nächsten? (Begründung!)

b) Welche Ursachen für die Wirtschaftskrise werden im Zeitungsartikel angeführt?

7. Durch welche Aussagen wird das Modell der Marktwirtschaft beschrieben?

Aussagen

a) Die Wirtschaftspläne der Haushalte und Unternehmen werden unabhängig voneinander aufgestellt.

b) Im Gegensatz zu anderen Wirtschaftsordnungen macht der Marktmechanismus in der Marktwirtschaft Pläne einzelner Wirtschaftssubjekte überflüssig.

c) Neben der Gewinnmaximierung werden die Ziele Umsatzmaximierung oder Marktanteilsmaximierung in gleichem Maße verfolgt.

d) Der Marktmechanismus enthält kein Informationssystem.

e) In der Marktwirtschaft nehmen die Preise Lenkungsfunktionen wahr.

8. Welche Maßnahmen sind mit der sozialen Marktwirtschaft – der Wirtschaftsordnung Deutschlands – vereinbar?

Maßnahmen

a) Die Bundesregierung verpflichtet die Tarifparteien, die Lohnerhöhungen in den nächsten Jahren zu begrenzen.

b) Der Gesetzgeber bestimmt, dass die Einkommensteuersätze innerhalb bestimmter Grenzen mit der Höhe des zu versteuernden Einkommens steigen.

c) Die Landesregierung ordnet einen allgemeinen Mietpreisstopp für die Dauer von fünf Jahren an, um sozial schwache Mitbürger zu schützen.

d) Wegen unerlaubter Absprachen sind Bußgelder vom Bundeskartellamt gegen mehrere Unternehmen verhängt worden.

e) Durch ein Bundesgesetz werden Unternehmen verstaatlicht, die gegen Umweltschutzgesetze verstoßen haben.

9. Die beiden idealtypischen Wirtschaftsordnungen bringen Vor- und Nachteile mit sich. Kennzeichnen Sie nachfolgende Aussagen mit einer:

(1), wenn es sich um einen Vorteil der Marktwirtschaft handelt,

(2), wenn es sich um einen Nachteil der Marktwirtschaft handelt,

(3), wenn es sich um einen Vorteil der Zentralverwaltungswirtschaft handelt,

(4), wenn es sich um einen Nachteil der Zentralverwaltungswirtschaft handelt!

Tragen Sie eine (9) ein, wenn keine Zuordnung möglich erscheint!

a) Die Durchsetzung individueller Interessen kann zu Lasten des Gemeinwohls gehen.	
b) Die Eigeninitiative der Wirtschaftssubjekte wird mehr oder weniger unterdrückt.	
c) Die Produktionsfaktoren werden in möglichst gewinnbringende Sektoren gelenkt.	
d) Die tatsächliche Knappheit der Güter spiegelt sich kaum mehr in den Preisen wider.	
e) Für die Mitglieder der Gesellschaft besteht die Möglichkeit zur Selbstverwirklichung.	
f) Die Machtbefugnisse des Staates im Wirtschaftsleben sind sehr umfangreich.	
g) Die Entscheidung zur bedarfsdeckenden Versorgung orientiert sich nicht ausschließlich am Gewinn.	

24 Richard/Hartmann/Boller – ISBN 987-3-8120-0173-1

h) „Schwächere“ Wirtschaftssubjekte werden durch den fehlenden Wettbewerb nicht an den Rand ihrer Existenz gedrängt.	
i) Jedes Mitglied der Gesellschaft handelt nach dem Minimalprinzip.	
j) Es werden wenig öffentliche Güter angeboten.	
k) Das Risiko der Arbeitslosigkeit ist – insbesondere bei schlechter Konjunkturlage – sehr hoch.	
l) Der technische Fortschritt kann sich nicht voll entfalten.	
m) Es kommt zu einer Überforderung von Zentralbehörden.	
n) Ein wesentliches Ordnungsmerkmal dieser Wirtschaftsordnung ist die Konsumfreiheit.	
o) Es kommt zu Machtkonzentrationen und Monopolisierungen und somit zur Ausbeutung schwächerer Marktteilnehmer.	
p) Für breite Bevölkerungskreise besteht – wenn auch auf einem vergleichsweise niedrigen Niveau – Versorgungssicherheit.	

10. Sie sollen die Wirtschaftsordnung einer „Marktwirtschaft“ erklären? Welche nachfolgende Erläuterung sollten Sie in Ihren Ausführungen nicht verwenden?

(1) Durch die wettbewerbliche Koordination der Einzelpläne über den Markt sind Unternehmenskonzentrationen ausgeschlossen.

(2) Die Marktwirtschaft ist eine in sich geschlossene Wirtschaftsordnung.

(3) Die Notwendigkeit staatlichen Eingreifens beschränkt sich auf die Festlegung eines Ordnungsrahmens.

(4) Die Koalitionsfreiheit der Tarifparteien lässt sich mit dem System der Marktwirtschaft vereinbaren.

(5) In einer Marktwirtschaft werden nicht alle von den Wirtschaftssubjekten aufgestellten Pläne realisiert.

Internet-Adressen

Im World Wide Web (WWW) des Internets gibt es eine Vielzahl hochinteressanter Seiten aus dem Umfeld von Wirtschaft. Leider ist es nicht immer ganz einfach, die entsprechenden Seiten zu finden. Die nachfolgende Auflistung von Internetadressen soll Ihre Recherche nach aktuellen Informationen zu ausgewählten Wirtschaftsthemen erleichtern.

➢ Arbeit und Recht	www.arbeitsrecht.de
➢ Bankakademie Frankfurt am Main	www.bankakademie.de **oder** www.hfb.de
➢ Bank für internationalen Zahlungsausgleich	www.bis.org
➢ Bundesagentur für Arbeit	www.arbeitsagentur.de
➢ Bundesarbeitsgericht	www.bundesarbeitsgericht.de
➢ Bundesgerichtshof	www.bundesgerichtshof.de
➢ Bundesinstitut für Berufsbildung (BIBB)	www.bibb.de
➢ Bundeskartellamt	www.bundeskartellamt.de
➢ Bundesministerium für Gesundheit und Soziale Sicherung	www.bmgesundheit.de
➢ Bundesministerium der Finanzen	www.bundesfinanzministerium.de
➢ Bundesministerium der Justiz	www.bmj.bund.de
➢ Bundesministerium für Wirtschaft und Arbeit	www.bmwi.de
➢ Bundesministerium für wirtschaftliche Zusammenarbeit und Entwicklung	www.bmz.de
➢ Bundesstelle für Außenhandelsinformationen	www.bfai.com
➢ Bundesverband der Deutschen Industrie (BDI)	www.bdi.de
➢ Bundesverband der Deutschen Volksbanken und Raiffeisenbanken e. V. (BVR)	www.bvr.de
➢ Bundesverband deutscher Banken e. V. (BdB)	www.bdb.de
➢ Bundesverfassungsgericht	www.bundesverfassungsgericht.de
➢ Bundesversicherungsamt	www.bundesversicherungsamt.de
➢ Bundesversicherungsanstalt für Angestellte (BfA)	www.bfa.de
➢ Bundeszentrale für politische Bildung	www.bpb.de
➢ Bundeszentrale für gesundheitliche Aufklärung	www.bzga.de
➢ Club of Rome	www.ClubofRome.org
➢ Deutsche Bank Research	www.dbresearch.com
➢ Deutsche Börse AG	www.exchange.de
➢ Deutsche Bundesbank	www.bundesbank.de
➢ Deutsche Wirtschaft	www.deutsche-wirtschaft.de
➢ Deutscher Industrie- und Handelstag (DIHT)	www.diht.de
➢ Deutscher Sparkassen- und Giroverband e. V. (DSGV)	www.DSGV.de
➢ Deutsches Institut für Wirtschaftsforschung (DIW)	www.diw.de
➢ Die Welt	www.welt.de
➢ Die Zeit	www.zeit.de
➢ EuroNet Informationen zur Währungsunion	www.wwu.de
➢ Europäische Freihandelsassoziation (EFTA)	www.efta.int

➢ Europäische Zentralbank	www.ecb.int
➢ Europäisches Institut für internationale Wirtschaftsbeziehungen (EIIW)	www.euroeiiw.de
➢ Europäischer Gerichtshof	http://europa.eu.int/cj/de/index.htm
➢ Europäisches Parlament	www.europarl.eu.int/
➢ EUROSTAT	http://europa.eu.int/comm/eurostat.htm
➢ Frankfurter Allgemeine Zeitung (FAZ)	www.faz.de
➢ GfK Marktforschung	www.gfk.com
➢ Gewerkschaft Handel, Banken und Versicherungen (HBV)	www.hbv.org/
➢ Greenpeace	www.greenpeace.de
➢ Handelsblatt	www.handelsblatt.de
➢ Institut der deutschen Wirtschaft Köln e. V. (IW)	www.iwkoeln.de
➢ Institut für Weltwirtschaft an der Universität Kiel	www.uni-kiel
➢ Internationaler Währungsfonds (IWF)	www.imf.org
➢ Jura-Lotse	www.jura-lotse.de
➢ Jusline	www.jusline.de
➢ Konrad-Adenauer-Stiftung e. V.	www.kas.de
➢ Marktforschung	www.comcult.de/infopool/index.htm
➢ Organisation für wirtschaftliche Zusammenarbeit und Entwicklung (OECD)	www.oecd.org/
➢ Paperball	www.paperball.de
➢ Pipeline	www.pipeline.de/pipeline
➢ Regulierungsbehörde für Telekommunikation und Post	www.regtp.de
➢ Sachverständigenrat zur Begutachtung der gesamtwirtschaftlichen Entwicklung (SVR)	www.sachverstaendigenrat-wirtschaft.de
➢ Sozialpolitik aktuell	www.sozialpolitik-lehrbuch.de
➢ Spiegel	www.spiegel.de
➢ Statistisches Amt der Europäischen Gemeinschaften (EUROSTAT)	http://europa.eu.int/comm/eurostat
➢ Statistisches Bundesamt	www.statistik-bund.de
➢ Stiftung Warentest	www.stiftung-warentest.de
➢ Umwelt	www.umwelt.de
➢ Umweltbundesamt	www.umweltbundesamt.de
➢ Verband Deutscher Rentenversicherungsträger	www.vdr.de
➢ Weltbank	www.worldbank.org
➢ Welthandelsorganisation (WTO)	www.wto.org/
➢ Weltwirtschaftsforum (World Economic Forum)	www.weforum.org/
➢ Wirtschaft Online	www.wirtschaft-online.de
➢ Wirtschaftswoche	www.wiwo.de
➢ World Wide Fund for Nature (WWF)	www.wwf.de
➢ Zentrales Informationssystem zur gesetzlichen Unfallversicherung	www.hvbg.de

Stichwortverzeichnis

H

I

J

K

L

S

T